这是一座亚洲古兵器的纸上博物馆

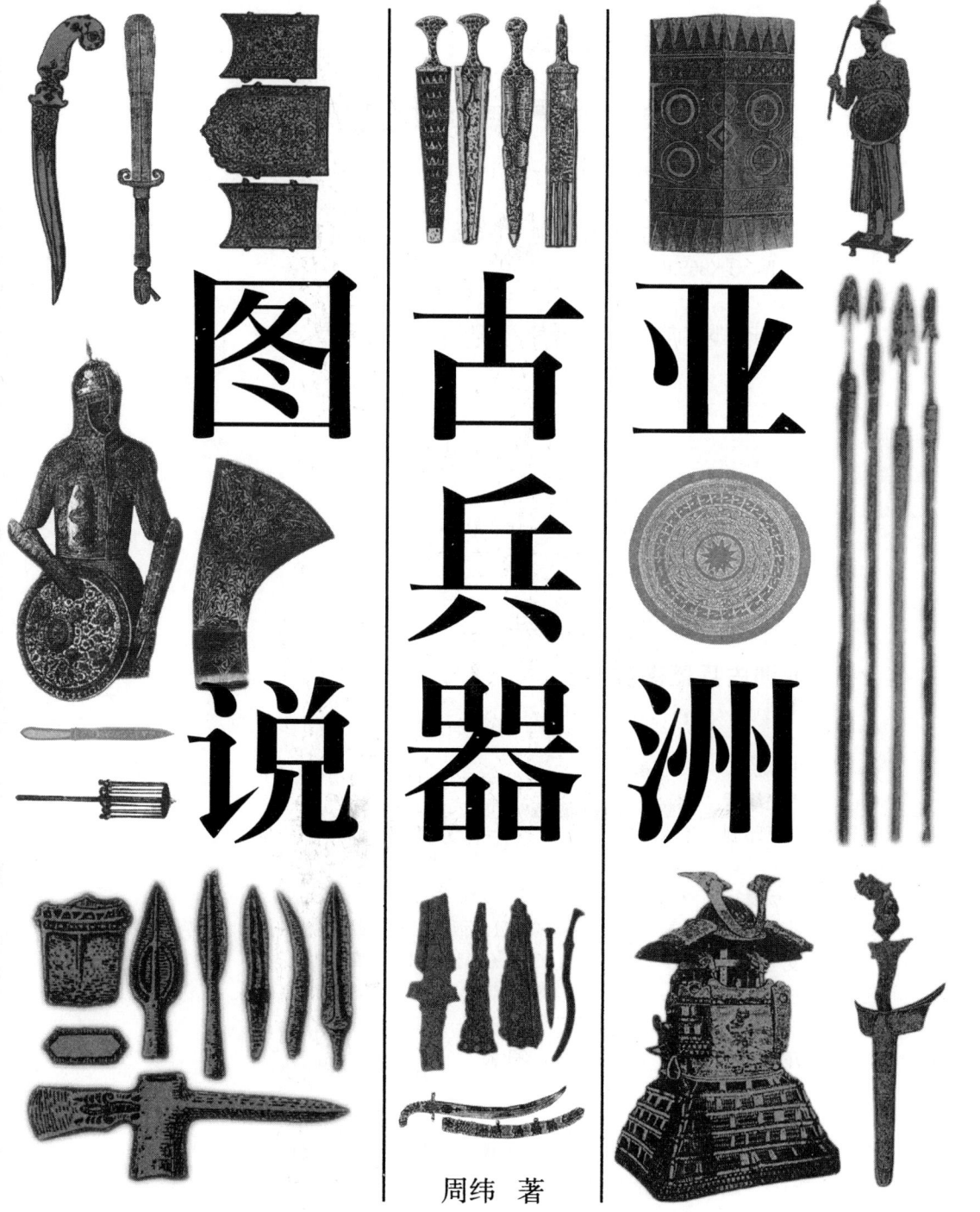

亚洲古兵器图说

周纬 著

中国画报出版社·北京

图书在版编目（CIP）数据

亚洲古兵器图说 / 周纬著. --北京：中国画报出版社，2018.6
ISBN 978-7-5146-1597-5

Ⅰ.①亚… Ⅱ.①周… Ⅲ.①兵器(考古)—亚洲—图集 Ⅳ.①K865.82

中国版本图书馆CIP数据核字（2018）第056931号

亚洲古兵器图说
周纬 著

出 版 人：于九涛
责任编辑：李 媛
责任印制：焦 洋

出版发行：中国画报出版社
地　　址：中国北京市海淀区车公庄西路33号　邮编：100048
发 行 部：010-68469781　010-68414683（传真）
总编室兼传真：010-88417359　版权部：010-88417359

开　本：16开（710mm×1000mm）
印　张：30
字　数：420千字
版　次：2018年9月第1版　2018年9月第1次印刷
印　刷：三河市龙大印装有限公司
书　号：ISBN 978-7-5146-1597-5
定　价：78.00元

导言

史前人类之生活状况及其文化遗迹，大都可于兵器中索而得之，直至太古洪荒原人（即"猿人"。——编者注）时代为然。何以故？殆因远古人群穴居野处、茹毛饮血，其始与凶猛动物争生命，近而与异群异族之人类争生存，其所恃而无恐、日夕不离，人人必备且求尽善者，即此杀兽杀人之兵器耳。是以周口店原人之石兵、爪哇曙人之石兵以及欧洲猿人之石兵，均数十万年以上人类之兵器，世界考古家均赖是以获证明斯期人类之生活者也。降至旧石器、中石器时代，人类制兵杀敌之方法已形进化，石镞、石矛、石刀、石斧及其他石兵均已具体化，考古家乃得依据其兵器之形式、制造之方法及出土之区域，以推定人类进化之程序、人种分合之源流，及地理、天时乃至动物变迁之过迹焉。迨至新石器时代，人类文化愈高，兵器之制造愈精巧，其种类亦更繁多完备，其磨工有可与今日极精巧之石工相比拟而无逊色者，考古家乃得依据之而为世界各地人种文化之详细分析焉。石铜器时代之兵器，工具愈精，犀利精美胜前，人群之组织亦愈严密，已有真正的具体国家存在，史前之研究乃较易。降至红铜乃至青铜器时代，兵器之精美犀利盛极一时，铸造之学术极精，装潢镶嵌之艺术极巧，迥非后人之所能冀及，是为人类有史初期之文化，亦即人类有史以来最优美之文化期，亚洲为冠，非洲（指东北非洲埃及等民族之居住地而言）次之，欧洲较迟，美洲则尚无所发现焉。凡此数十万年间之人类变迁、人种播衍、人群进化、社会组织、科学演进、技艺改良、手工变巧、美术进步、制造改法、工具易形，均得以各期人类所用之兵器比较观察，推阐而得其大凡。是以史前乃至有史以来世界人类之文化与其兵器，盖如影之随形，不可分离，欲明乎此，必求诸彼者也。然此非谓远古之人除兵器外并无他物可供考古家之研究也，尤其是石铜器乃至青铜器时代之器物种类繁多，兵器或利器外大都有容器一项可供研究，但远古容器迥不如兵器制造之精、出土之多、种类之易分、区域之易别耳。亚洲古兵器之优良甲于天下，至今尚名垂不朽，且可实用，迥非欧美白刃之所能抵御者。推其来源，实以中国三代铜兵及战国时吴之干将、越之欧冶子等专家所铸之花纹刃铜兵及铁兵为其始祖。所谓花纹刃者，即刃上铸成天然花纹呈各种图形，如《吴越春秋》及《越绝书》之所谓龟文、缦理、流水、芙蓉、珠衽、深渊、高山、大川、流波、冰释等形是也。汉人之所谓松纹剑及蟠钢剑亦是也。① 此种花纹铜或花纹钢铁不但可以制刀剑，亦可制他种兵器。以制刀剑，其锋刃极为坚韧犀利，其锋口具有暗藏锯齿之作用，有斩钉削铁之功、切玉断金之力，他种刀剑一与接触抵御，鲜有不被其削损或斫断者，此东方花纹刃之所以名垂不朽，至今欧美大钢厂尚不能制造可以抵御之刀剑也。

亚洲花纹刃有两种。一为天然结晶平面花纹刃，其花纹深居刃内铁中，刃面平滑，视之图形垒垒而扪之无物，可以摄影而不可以墨拓。此类花纹刃虽深埋土中千数百年，刃面花纹已不可辨，但如以合法之化学剂攻蚀之，则其花纹尚可显露于刃上，唯识者始能为之，此其出土物之所以常遭废弃、被常人以废铜烂铁视之也。二为人工焊接糙面花纹刃或烂焊花纹刃，系以多数铁片反复入火、层叠卷打而成各种美观之花纹者，其入火之次数有多至五百次以上者，可见其工作之精细矣。谓之糙面者，因其刃面花纹图形不甚平滑，望之灿烂缤纷，扪之若有痕迹触指，有时且竟作隆然凸起之图形，盖与第一类花纹刃之制法迥不相同。

---

① 见沈括《梦溪笔谈》卷十九"器用"。——作者注，后同。

其来源或一，其方法已殊矣。此类花纹刃较易辨别认识，即深埋土中至二三千年以上，出土时尚可依稀辨认，一经拂拭洗濯，无须用化学剂攻蚀，其花纹即已显露于目前，可以摄影亦可以墨拓，此其出土物之所以易为人识而宝藏者也。

中国吴越文化时期南方名师良匠所铸之花纹刃，如《越绝书》等载籍之所言者，平面、糙面两种均有之；干将一派与欧冶子一派，其铸造之方法必有相异之点存于其间。唯是平面者锈污掩盖，难识其形，目前似亦无注意研究及此之人，是以出土即被抛弃，或有藏者亦不过以常物视之，从未以合法之化学剂攻蚀之，其花纹安能显露，此所以中国古代平面花纹刃迄今尚未现露于斯世也。糙面花纹刃易于辨出，在昔收藏家已有注意及此者。如瑞典青年考古家扬瑟（Olov Janse）对于中国古剑努力研究，曾谓瑞典京城古物博物馆所藏中国周代战国铜剑、铁剑百数十器中有铜剑数具，其刃上显露如鱼鳞或如兽皮之花纹，扬氏初以为此系偶然之事，嗣经细心观察，始知系由古代铸剑者有意为之，并非偶然者。但扬氏并未曾为兵器学之研究，故不能认识此数剑乃中国吴越花纹刃之一种，遂任意解释此种花纹系铸刃者欲使刃面仿效鞘面之故，是以铸成此种类似鲨鱼（鲛）皮之刃面，因中国古剑大都用鲨鱼皮为鞘也云云。① 此虽失之误解，但除扬氏以外尚无他人注意及此。糙面花纹刃之深藏于不识其物之人士之家者尚不知凡几，其幸运较之平面花纹刃所胜亦无多耳。数年前，友人范恒斋先生惠寄伊偶于北平琉璃厂收得之清吴大澂愙斋氏所藏战国鱼肠剑（铜剑）之墨拓本一纸，遍刃花纹毕露，有如鱼肠，或即鱼肠剑命名之由来乎？亦即吴越名手所铸糙面花纹刃之一也。②

中国铸造花纹刃之科学艺术，始自远古，盛于春秋战国，衰于秦汉，汉以降失传无闻，亚洲其他民族之花纹刃则至早不过始于东汉，至唐宋时始名传于世，故吾人认为亚洲各民族之花纹刃悉源出于中国（吴

---

① 见瑞典《远东古物博物馆专刊》，第2号，1930年。
② 中国糙面花纹刃见拙作《中国兵器史稿》第四十三、四十四图版。

越文化）。盖秦始皇既并六国，欲立万世之业，销兵禁铸，焚书坑儒，奇才异能之士尤其是铸兵专家，其幸免诛戮者乃挟术而出亡于四方，东去者授其术于日本，西北徙者传其学于匈奴、突厥、回纥、大月氏诸族，南下者泄其秘于马来人。此所以自汉以来中国花纹剑失传于中土，而伊斯兰诸族之大马士革平面花纹刃、马来诸族之焊接帕莫糙面花纹刃以及日本之暗光花纹刃乃先后并同时称雄于世，至今尚名垂不朽焉。

  虽然花纹刃为亚洲兵器之最大特彩，永受世人之推崇，但亚洲兵器之特彩实不只此，如柄鞘质料之佳美精良，装潢镶嵌技艺之纤巧华丽，均非欧洲兵器之所能冀及也。三代时中国兵器装嵌金玉及松绿石者极多，雕镂精美，嗣后高加索及伊斯兰诸族之兵器用金玉象牙及红绿青蓝等色宝石以至金刚钻石装饰镶嵌者居多，其珐琅及比德利（Bidri）装潢之艺术亦曾盛极一时。马来兵器，金鞘金柄而镶嵌珍珠宝石者颇多，雕刻艺术之精巧亦不亚于伊朗、印度、阿富汗、土耳其及高加索诸民族。日本兵器之装潢镶嵌虽不用玉及宝石，但金银、象牙、珊瑚之雕镂细致，亦为远东艺术之一特彩而为世界收藏家所重视。

  由此观之，研究亚洲各国或各民族之兵器，不但可以明了人类之起源、人种之播迁、文化之渊流、科学艺术之演进，抑且可知亚洲古人之艺术品实较欧洲同时代之器物更为精巧优良、华美富丽，自远古以迄近代皆如是也。抑有进者，亚洲各民族之间常有不可磨灭之相互关系存在，远古已然。如石兵自旧石器、中石器时代以来，自中国以至马来群岛、马来半岛均已发现同类同源之器，新石器时代之同类同源之石兵尤多。铜兵则除斯基泰人（Scytheans）之兵器曾盛极一时，东自日本、西达东北欧洲匈牙利及瑞典等国之古兵器均曾受其影响外，西伯利亚与高加索、古埃及之铜兵以及初期之铁兵均与中国古代兵器极相类似。以中国文化之古、铜器铁器时期开始之早，或者除花纹刀外，曾有孕育世界古兵器之功能也。

周纬

目录

第1章　中国台湾少数民族之兵器 …………………………… 001
　　一、概述 ………………………………………………… 001
　　二、枪 …………………………………………………… 003
　　三、弓箭 ………………………………………………… 007
　　四、鱼骨槊 ……………………………………………… 008
　　五、刀剑 ………………………………………………… 008
　　六、防御武器 …………………………………………… 011

第2章　日本兵器 ……………………………………………… 015
　　一、概述 ………………………………………………… 015
　　二、刀剑 ………………………………………………… 036
　　三、巴什福德·迪安之日本兵器研究 ………………… 052

第3章　朝鲜兵器 ……………………………………………… 066

第4章　越南兵器 ……………………………………………… 071
　　一、汉代以前之越南古兵 ……………………………… 071
　　二、铜鼓 ………………………………………………… 078
　　三、汉代以后之越南兵器 ……………………………… 092

第5章　缅甸兵器 ·· 093

第6章　泰国兵器 ·· 099
　　一、概述 ··· 099
　　二、长兵 ··· 101
　　三、短兵 ··· 103
　　四、射远器及护身具 ··· 104

第7章　马来兵器 ·· 105
　　一、原始时代之石铜兵器 ······································· 105
　　二、马来兵器之独立性 ··· 109
　　三、克力士剑 ··· 122
　　四、刀 ··· 129
　　五、长兵 ··· 133
　　六、射远器 ··· 133
　　七、达雅克人之兵器 ··· 134

第8章　菲律宾兵器 ·· 141

第9章　尼泊尔兵器 ·· 146

第10章　印度兵器 ··· 150
　　一、上古时代之石铜兵器 ······································· 150
　　二、冷兵器时代之兵器 ··· 155
　　三、印度之兵器史及战史 ······································· 178
　　四、塔顿之印度古兵器研究 ····································· 191

第11章　伊朗兵器 ··· 196
　　一、概述 ··· 196

二、长兵 ·· 207
　　三、短兵 ·· 207
　　四、射远器 ······································· 212
　　五、卫体式装 ···································· 213
第12章　土耳其兵器 ································ 214
　　一、概述 ·· 214
　　二、长兵 ·· 215
　　三、短兵 ·· 216
　　四、射远器 ······································· 224
　　五、卫体武装 ···································· 225
第13章　阿富汗与克什米尔兵器 ················ 229
　　一、阿富汗兵器 ································· 229
　　二、克什米尔兵器 ······························ 233
第14章　西伯利亚兵器 ···························· 235
第15章　高加索兵器 ······························· 239
　　一、上古时代之石铜兵器 ····················· 239
　　二、上古时代之铁兵 ··························· 246
　　三、历史时期之铁兵 ··························· 247
第16章　埃及兵器 ·································· 258
　　一、石兵 ·· 258
　　二、铜兵 ·· 264

附录　亚洲古兵器铸造图说

导言	275
第1章　日本古兵器之制造	**279**
一、日本古兵器制造之源流	279
二、日本刀剑之制造技术	284
三、日本刀剑之装饰	306
第2章　伊斯兰诸族古兵器之制造	**307**
一、花纹钢之冶炼	307
二、古兵器之装饰质料	315
三、乔克博士之花纹钢刃制造技术研究	323
四、夏尔·毕丹之花纹钢兵器制造研究	344
第3章　马来古兵器之制造	**352**
一、马来古兵器制造之源流	352
二、马来克力士之制造技术	354
三、马来制兵质料之性质	368
四、克力士以外之马来兵器制造技术	372
第4章　缅甸古兵器之制造	**375**
一、缅甸之传统冶铁技术	376
二、缅甸刀之制造	380
图版说明	**383**
图版	**407**

第1章
中国台湾少数民族之兵器

中国为亚洲文化最古之国，其古器之优美精致早获举世之称誉，铜兵即其一端。近年河北周口店（今属北京。——编者注）出土之原人石器、西北西南各省出土之旧石器时代之石兵、广西出土之中石器时代石兵以及全国各省陆续出土新石器及石铜器时代之石兵，均已证明中国人种自有其石器时代之文化，且其文化甚为悠久美备，影响及于其他亚洲民族者甚大。是以中国之石兵、玉兵及骨、角、蚌、贝等兵器，均在青铜兵器之前占有重要位置。举凡中国之石兵、铜兵与历代铁兵、近代兵器以及各边疆少数民族之兵器，均已详细阐述于拙著之《中国兵器史稿》，[①]计23万字，图版92、插图51幅，共示实物900余器，阅之可以洞悉一切。此处再补述中国台湾少数民族之兵器一节。

一、概述

台湾兵器者，乃台湾原有少数民族高山族之兵器。台湾高山族旧称

---
① 生活、读书、新知三联书店出版，北京，1957年7月。

番族，①其支族有七，即泰雅（Taiyal，旧称太么），赛夏（Saisett，旧称萨衣设特），布农（Bunun，旧称蒲嫩），曹（Tsuou，旧称朱欧）、阿美（Ami，旧称阿眉），排湾（Paiwan，旧称派宛）及雅美（Yami，旧称野眉）是也。各支族之风俗习惯大都相仿，其男子均系战士，须从军作战，自幼即练习登山涉水、跳跃潜伏等技能，故动作均甚敏捷。其长短兵器，昔时均用长矛、标枪、长刀、短刀及锤、斧等器；射远器则用弓箭及掷远之标枪。百余年来，初得汉人之火绳枪铳，后复获新式枪炮，射击极精，占据其地之日人常为所窘。其战术亦颇令人棘手，盖高山族人巧于布置障碍以阻敌军之逼近，或以竹钉插路，或铺毒草于路，更于崖上推落巨石以击敌军，其住屋邻近之高地则暗置炮火突发袭敌，其战士则藏身丛林崖隙之中发枪、发箭或突出以白刃袭敌，敌人颇为所苦。据林惠祥统计，日人侵略台湾后至昭和二年（1927）末止，死者计有6918人，此外伤者10965人，②其中死于高山族旧兵器者必甚众。

台湾高山族殆经历石器时代文化，其出土石锛与山西出土者极相似，又其佩刀极似埃及苏丹族之刀（参见图版五十）。高山族之文化固有来源，系在蚩尤、黄帝以前自北而南由南中国徙者（越南、泰国、缅甸、马来群岛、马来半岛、菲律宾诸民族均有自北而南由石器文化之南中国迁往之可能），非由南洋移入也。日本学者尾崎秀真氏曾谓，《禹贡》中所言"岛夷卉服，厥篚织贝，厥包橘柚锡贡"即指台湾高山族而言；③林惠祥则以为"卉服"即番族麻质之衣，"织贝"即高山族贝衣（图4第3号），是则夏禹时高山族已在台湾发展其文化也。

台湾出土之石兵，有石刀、石斧、石锛、石锤、石矛、石镞、石锥、三角形石斧等器，有系完全打制者，有系半打半磨者，有系完全磨制者，更有精工细磨者。骨兵及贝蚌兵器亦曾发现多具。图1之1、2、

---

① 见林惠祥：《台湾番族之原始文化》，国立中央研究院社会科学研究所专刊第三号，上海，1930年。
② 林惠祥：《台湾番族之原始文化》，第23页。
③ 见尾崎秀真：《台湾古代史纲》。

3、4号及图2所示均台湾石器时代之物,但不能断定即台湾高山族之物,盖不知台湾石器时代之人类是否即现在高山族之远祖,抑另系一族业已再南而入南洋群岛也。至于图1之第5号石杵则确系现在高山族之器,因为高山族人至今尚利用此等石器为其家庭常用具,其中颇多石器时代之遗型焉。

高山族旧兵器至今仍为其主要兵器,计有枪、刀、短剑或匕首及弓箭等器以及防御武器,兹分述其大致于下。

二、枪

台湾高山族各部之枪(矛)与中国西南各地少数民族及马来各族之枪同制。就用法而言分为二种:其一为矛枪,以之刺敌而从不脱手掷出,其枪头(刃)大都大而重,柄亦较为粗大沉重;其二为标枪,用以掷远杀敌,其枪头大都小而轻,柄亦较为细小轻便。图3之第1、2、3、7、13、14、15、16、17、18号均矛枪也,其第4、5、6、8、9、10、11、12号则均系标枪。

就形式而言可分为六种:一为大叶形矛枪(图3之第1、9、13、15号);二为三角剑尖形之两用枪,可以近刺亦可远掷(图3之第3、9、15号);三为桃核形或杏仁形矛枪(图3之第7、9、16号);四为箭镞形标枪,此即古人之长杆箭,可射亦可掷者(图3之第4、8、11、17号);五为单倒钩及双倒勾形标枪,系原始民族投水叉鱼之鱼枪之变体(图3之第4、6、12、18号);六为鱼形矛枪,枪头(刃)甚为特别,长大笨重而中部突凸如鱼腹,殊不多见(图3之第2、14号)。

就质料而言,各种枪头(刃)均系铁制,铜制者山中或有,然甚难见及;柄杆大都木制,有时加裹藤皮,钩形标枪之刃柄衔接处有缨络,

亚洲古兵器图说

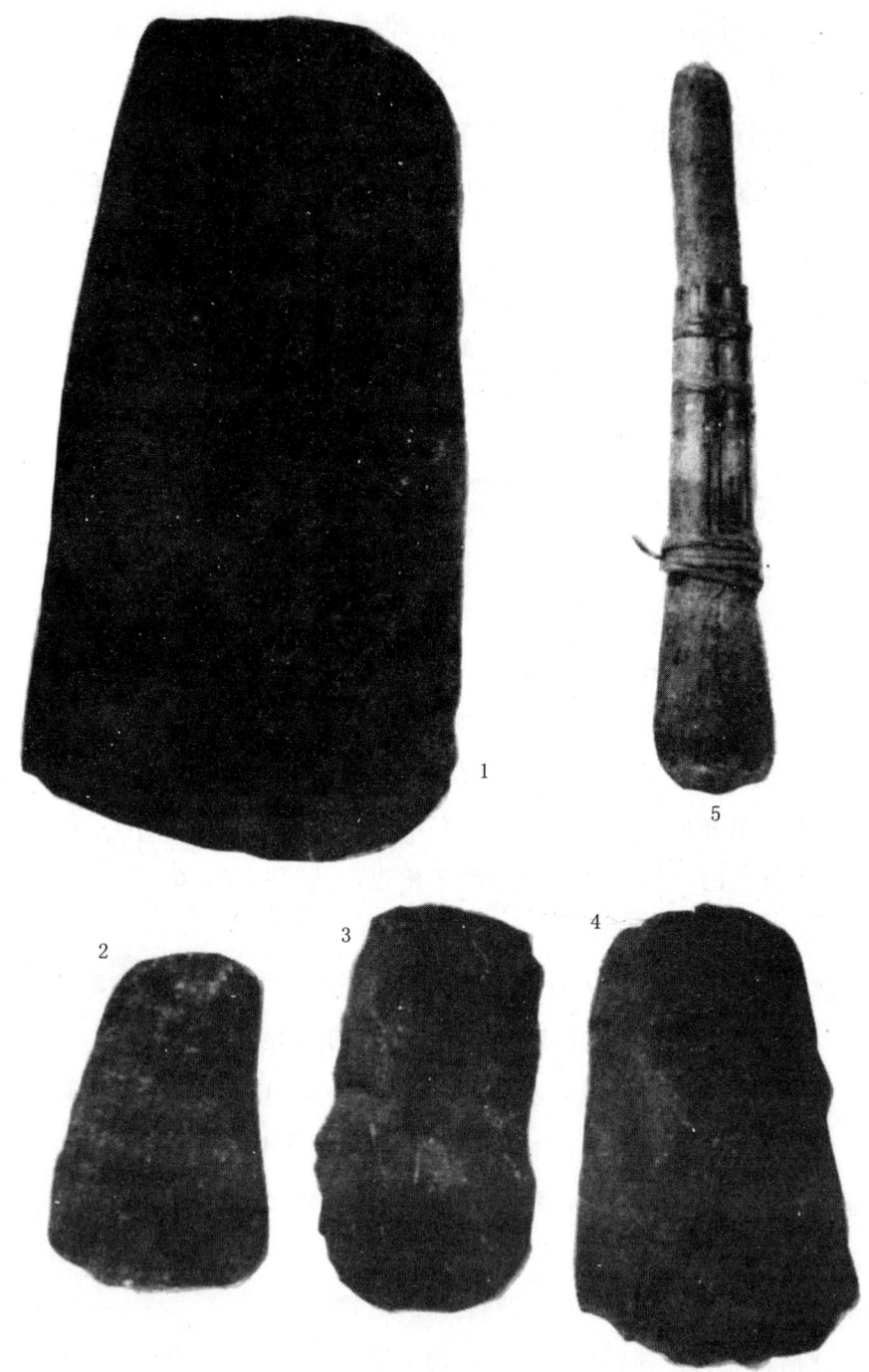

图1　台湾高山族石兵
1.石锄。2—4.粗制石斧。5.石杵。（采自林惠祥《台湾番族之原始文化》）

第1章 中国台湾少数民族之兵器

图2 台湾高山族石兵
1—6.石锛。7—8.石铲。9—11.石镞。（采自林惠祥《台湾番族之原始文化》）

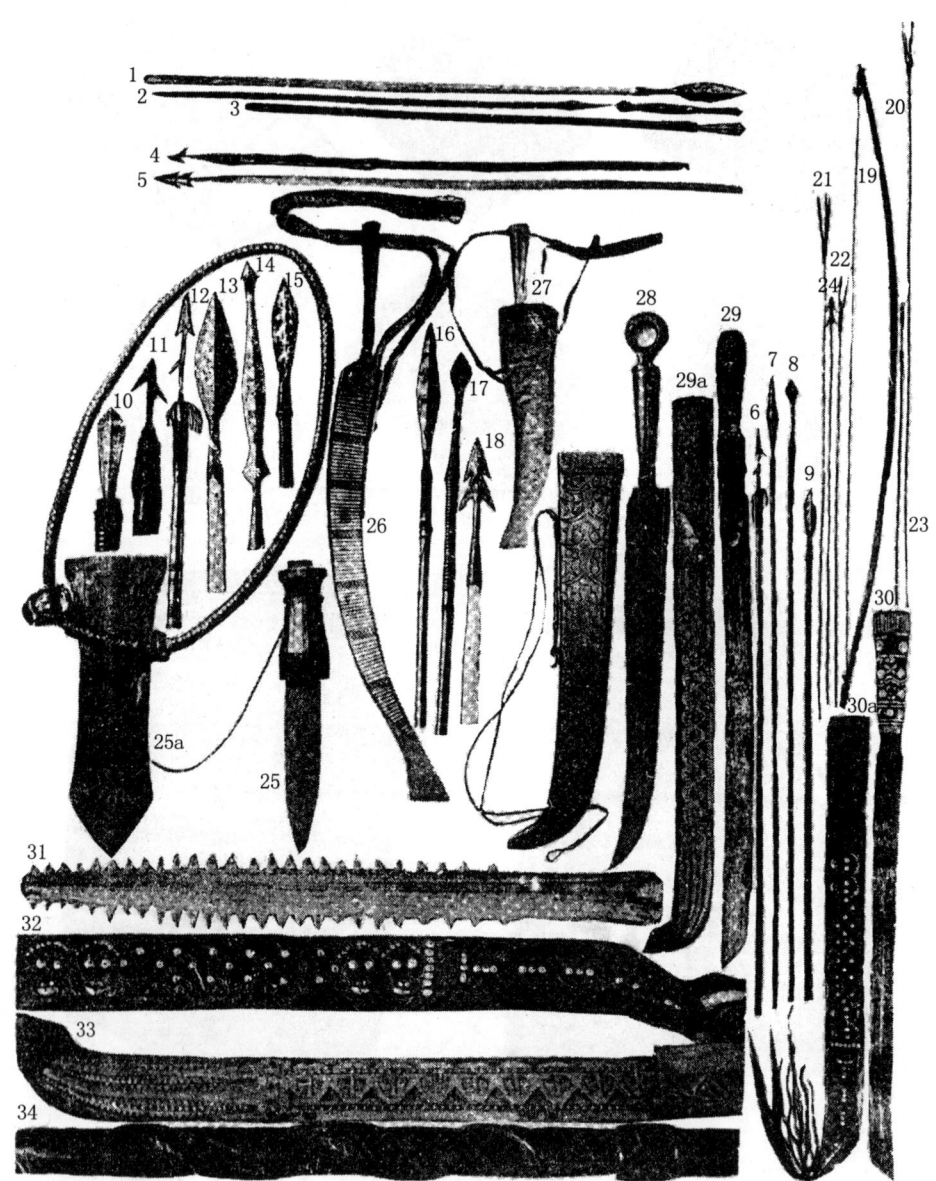

图3 台湾土著之旧兵器

1—5.短矛。其中，第2号柄部雕蛇，第4号矛头可脱出。6—9.标枪。10—18.各种矛头之形状。19.大弓。20—24.矢。除21—22为竹箭外，其他均为铁镞。其中，20—21号为四镞，22号为三镞，24号镞有四倒钩。25.雅美人匕首。26—30.刀。其中，26号为北部高山人所用，27号为中部高山人所用，28号为雅美人所用，29—30号为南部高山人所用（29号为细雕刀，30号为银饰刀）。31.鱼骨桨。32.银饰刀鞘。34.雕蛇枪。

竹制枪杆及竹柄藤箍之枪杆亦有，则取其轻而易于掷远，盖脱胎于箭也。此外尚有一种脱头枪，原为该族猎兽或猎大鱼之枪，有时亦在高处用以杀人或擒敌。此种枪之竹柄甚粗大，枪头可以脱离柄首但有绳索牵连之。其用法为先将其绳索盘缠于柄杆之上使枪头牢固，野兽或大鱼中枪后因有倒钩不得挣脱，必负枪奔逃，逃时绳索渐松弛，枪头遂与柄脱离而绳索仍连柄上，如系大鱼可以拖之出水，如系野兽则将柄杆抛弃任其拖逃，因绳索乃系于柄杆之中部，势必横拖于道，兽负行不远将为木石等物所碍，不能再逃而就擒矣。

三、弓箭

台湾高山族各部之弓，其外形与苗瑶诸边族之弓相类，以木杆制成，富弹性。其弦用麻搓成，弦之一端有二扣，张弓时穿入内扣，弛弓时穿入外扣，扣之编制甚精致。战争与狩猎均用此种弓，无甚变体（图3第19号）。

高山族之箭则不然，形制特别，迥异他族之器，即马来各族与菲律宾各族间亦罕见之。其箭均无羽，如一小型标枪，想系远古遗制。其镞可以分为三种：一为常形铁镞，刃无倒钩，竹制柄杆，镞为一小锐叶形（图3第23号）；二为双倒钩铁链，其镞之制造甚精，工作甚细，足以见台湾高山族固有其悠远之文化也（图3第24号）；三为多镞箭，此种箭镞极为特别，甚属罕见，可细分为多镞铁箭及多镞竹箭两种。普通多镞箭之铁链有四分枝且具小倒钩，寻常用以射鸟，因镞多易于中的且可夹住鸟羽使之坠下也（图3第20号）；多镞竹箭有三镞、四镞之分，其法削竹为箭作三镞或四镞形，寻常用以射鸟，偶然亦可射人，制价极廉而又易制也（图3之第21、22号）。

四、鱼骨槊

此系利用特种鲨鱼嘴前向外直伸、两面有锯齿之长骨而为此兵器者。清宫所藏明代兵器中亦有类似之器，饰以木柄，名之为御用鱼骨剑，[①]或系由台湾贡进而改制者。高山族之槊则直用鱼首锯骨，不加装饰（图3之第31号）。此种大鱼，法文名为锯鲨鱼（Requin à Scie），英文名为锯嘴鱼（saw-fish），大洋中均有，太平洋中诸岛民常用之，如新几内亚岛等处土人均用之为兵器。据皮特·里弗斯（Pitt Rivers）之著作，大凡东海岸土人均知利用此种原始兵器。

五、刀剑

刀剑为台湾高山族各部之主要兵器，有二特点极值得世界考古家之注意。一即该族刀剑不完全同于中国其他各边疆少数民族（如瑶、苗、戎、羌、彝、西番、回等）之兵器，抑且不与马来诸族及菲律宾诸族之刀剑相似，装饰刻绘亦殊，完全另有来源。二即高山族刀剑与东北非洲邻近红海（与印度洋）诸土族之刀剑极相类似。如雅美人之匕首（图3之第25号），长30.5厘米，极似埃及苏丹族（El Sudani）之匕首（图版五十之第237、239号），可谓如出一手；雅美人长刀及南部高山人之细雕刀（图3之第29、33号）则类似卡比尔族（Kabyle）、埃塞俄比亚族（Abyssinians）及苏丹族之刀（图版五十之第228、229、230、236号）；南部高山人之银饰刀及雕蛇刀（图3之第29、30、32、33号）则类

[①] 见《中国兵器史稿》，第八十二图版第9—11号。

似突尼斯族（E Tunisi）、苏丹族及埃塞俄比亚族刀之雕刻镶嵌艺术（图版五十之第230、234、235号），而且南部高山人银饰刀之柄及带尾之鞘（图3之第30号）与苏丹刀极相似，均系直形、大头柄，均于鞘末加尾（图版五十之第238、240号），显有同源之可能，非如马来诸族刀之柄首加饰人发、鞘末不加尾者也；至于苏丹族之倒钩标枪头（图版五十之第233号）亦与高山族之倒钩标枪用意相同。何以台湾高山族之兵器不与南亚邻近诸族之兵器相似，而与远隔印度洋之红海西口东北非诸族之兵器同源。非洲诸族如阿比西尼亚、如埃及苏丹固亦有悠远之文化，且距今数世纪前尚为埃塞俄比亚人之全盛时代，曾出兵东下，越印度洋而侵入印度，战绩颇伟，印度诸族至今尚能述之。另一方面，中国台湾之石兵（如石斧锛）极类似中国山西一带所出土之石器，岂现今之台湾高山族并非石器时代之台湾居民，石器时代后之铜器时代兵器现尚无所发现，以理度之，高山族必有所藏，地下尤必有埋器，特尚无人能往高山族山林中为之发掘耳。在南中国铜器文化时代之遗物中有铜鼓，台湾诸族未闻有铜鼓，殆其俗迥异，故不尚铜鼓抑且不知用铜鼓，此又一种族异源之佐证也。

台湾高山人各支族之刀剑，就林惠祥氏所采集之标本而言，有以下几类：

1.北部高山人之刀

图3之第26号。刀长74.93厘米，鞘长63.5厘米。刃及鞘形弯曲如镰。鞘颇特别，系在一块木片之一面剜出凹槽，上用铁丝横钉如网格，入鞘后全刃可见，佩时露刀之铁丝一面向外使刀易于出入。鞘上有二绳扣，一扣系带，带围腰间，另一端穿入他一绳扣打结，佩挂时刀平横而不垂。拔刀及入鞘只需一手，但拔时当以拇指按鞘端。刀形曲如钩月，其用全在横斫而不能直刺。战争枭首（即番人割取人头以为武之风尚）或狩猎均用此刀，平时亦佩之不去身。云南彝族之刀亦用此种一面式木

鞘，但不用铁丝而用细少线索为横格，故抽拔及归鞘更难，其刀形亦不相同也。[①]

2. 中部高山人之刀

图3之第27号。刀长40.13厘米，鞘长33.78厘米。此系悬腰小刀，刃直而尖微曲，常佩于身，兼为工作之用。亦有用一面式木鞘者，均以皮为带系于腰。

3. 南部高山人之刀

银饰刀（图3之第30号）　其刀形极直，锋末微削，异于北部高山人之刀形。刀长63.5厘米，鞘长50.8厘米，亦为一面式木鞘，其末端翘起约8厘米。鞘上雕蛇一、人头四及几何形纹饰。蛇眼及蛇身之点、人眼及额上之点、柄上之巨点及直线纹皆以银为之，鞘边以铜条为饰，柄上银点之下衬以贝壳圆片。鞘之末端有一孔，穿以细绳，以系所获人头上割下之发。佩挂时并不将有装饰之鞘面向外，而将露刀之面向外。

细雕刀（图3之第29号）　刀长67.82厘米，鞘长59.7厘米。直刃偏锋，亦用一面式木鞘（曲尾），鞘上近柄处加一三角形长木块。木鞘雕刻精细，鞘之尾段刻三长蛇，三角形附木上刻一小蛇及七个人头，鞘身刻九个人头，均直排，余为几何形饰物，类似图版五十所示东北非洲各土族兵器柄鞘上所雕刻之几何形。蛇身人头之眼额及颈下皆嵌铜或加细长铜条为饰，亦与非洲各族之作法相同。刀之用途及使用法同上。

4. 雅美人之刀

长刀（图3之第28号）　刃长58.42厘米，鞘长41.9厘米。刃形上宽下窄，尖锋微曲，颇似非洲卡比尔族及苏丹族之刀。柄为铁制，与刀身

[①] 参阅《中国兵器史稿》第三章第八节"边疆各族兵器"，第327—328页及第九十一图版。

为一体，筒形，上粗下细，柄首加一大铜环。一面式木鞘，上以凹线深雕张腕张脚之人形，大者连贯6个，小者24，此系雅美人之艺术。此种刀与鞘之构造颇奇，因鞘与刀之尾皆弯曲，故不能直拔直插。拔时须先将刀尾举离鞘内，然后抽出鞘口之环；插时则先通过铁环，至刀末与鞘尾齐，方合于鞘内。

短剑或匕首（图3之第25号）　刃长30.48厘米，鞘长31厘米。此器完全与非洲苏丹族之匕首相同。其锋刃宽而短，柄用一块木刳成。鞘虽亦用一块木挖成却系两面鞘，乃从一面开一长隙，由此以刳内部，此为异于以上诸刀之点。鞘上凹线雕刻全体人形，一面8个，一面2个，其状与长刀略异，且作联续形。编藤为圆带以挂肩上。此种短剑或匕首用以近划敌人之胸，亦作渔猎之用。

六、防御武器

高山族最喜依林傍岩为战，故无佩带防御武器之必要，但如大队出征远袭敌人，则为避箭射、枪刺及刀劈计，亦有甲、盾、盔、冠、战衣等武器。台湾既然经过石器文化期，想必亦有铜器及铜铁合制等文化期可言，但铜铁制甲胄及其他防御武器或尚安眠台湾土中，与其他铜兵相似，或被高山族酋长藏于深山丛莽之中，从不出示外人，至今亦乏人见及耳。不得已而论其次，姑就林惠祥君冒险搜集之实物而言，计有背心甲、战衣、盔、冠及牌盾等器，试分言之。

1. 甲衣

背心甲（图版三第7号）　此甲系以椰树皮制成，颇为平泽，有沿边。有二正胸纽扣，上有护肩，后有护背，前有护胸，长43.18厘米。御矢格刃，不亚于古代皮甲也。

战衣（图4之第3号）　此衣作长背心式，无腕袖，系用6万数千颗贝壳珠制成者，长99.06厘米，可以护膝。《禹贡》中已有"织贝"之言，周秦汉唐以来载籍亦有关于贝胄、贝甲之记载，如《诗·鲁颂·閟宫》曰："公车千乘，朱英绿縢，二矛重弓；公徒三万，贝胄朱綅，烝徒增增。"疏："以贝饰胄，其甲以朱绳缀之。"是周代鲁人之贝胄也。近年山东出土石兵中常杂有贝壳编制物，颇类服装残遗零片，然则齐鲁在三代以前即有贝衣之风矣，高山族贝衣当系中国石器或石铜器文化时代之遗型。

2. 战盔

台湾之铜胄铁盔均不可得而见，不得已而言其次，则有下列诸种：

北部高山人之藤盔（图版三之第3号）　半圆形，径18.8厘米，以藤编制，极坚固，工艺甚精致。下系以绳，扣于颏下。泰雅人无论战时或平时均戴之。

雅美人藤盔（图版三之第5号）　径28厘米，较北部高山人藤盔大且高，厚约3厘米。编藤稀松杂乱，迥不如上盔工艺之精细整密。盔有两层，其内部系用椰子皮为底。外面用藤编为直埂及斜条，编法颇不规则，但求其厚，不求美观。高山族常有投石之战，故其人均戴此盔以御飞石，但亦可防御刀枪及箭也。

独木盔（图版三之第6号）　用木一块刳成，径33厘米，其下沿向外斜凸，颇似欧美、日本之现代新式军盔，可见台湾高山族距今甚早即有作战之常识矣。盔上之钵雕刻几何形而隔以直埂，纹饰下限缀刻齿形圆边，雕工匀整。盔顶有小座，贯一短索，想系悬盔之用者。

带角鹿头盔（图版三之第2号）　高山族通称皮帽为Tarupung。此盔状貌凶猛，颇似殷商人之饕餮虎盔，系以"羌仔"即带角及耳之小鹿头皮制成。前部至口而止，眼缝合，后方添一垂块以蔽颈项。此类冠盔系高山族之珍贵品，南部高山人酋长及勇士往往于祝祭等礼仪时戴之。

插羽鹿皮冠（图版三之第1号） 此冠亦俨然一军盔也，系将鹿皮一方剪去一角缝合而成，后方加一垂块护颈。冠上插鸟羽并绘红色纹样，其羽出自台湾特产之"帝雉"鸟。此冠为南部高山人之物，饰羽每于盛装炫众时插戴，实战及狩猎时则拔藏。

带毛山羊皮帽（图版三之第4号） 用山羊皮一块制成，其皮不割不剪，原为平面形，系强压其中部、展延其边部而成为半球形。具有御雨作用，南部高山人喜戴之。

3. 盾牌

台湾铜铁盾及革盾皆不可得而见，所可论者仅有下列二种：

木盾（图4之第2号） 此为南部高山人之物。通长63厘米，阔41.2厘米。系用长方坚木二块分制合成，形如一块，以藤条扎扣联合之，后面附加一木条贯合。盾上雕刻人头及方、圆、斜方、三角等几何形，皆深刻，刻后涂搽颜料。

藤盾（图4之第1号） 此系阿美人之物。通长94厘米，阔58.4厘米。系将纵劈成长条之粗藤排列成长方形，用五木条横贴于其后，以细藤皮紧扎而成，另用弯形木扎于后为手提之把。

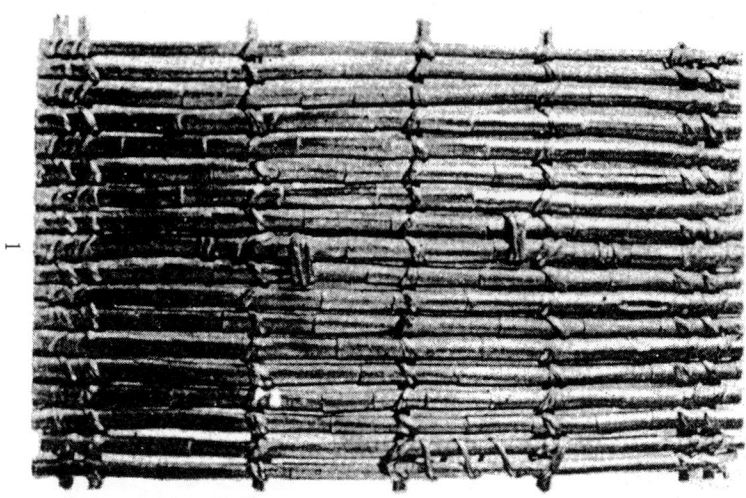
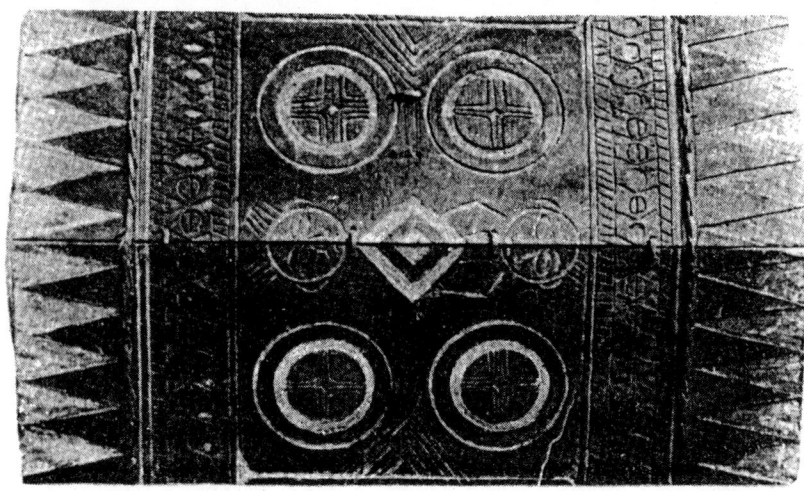

图4 台湾高山族护身具
1.藤盾。 2.木盾。 3.织贝衣（采自林惠祥《台湾番族之原始文化》）

第2章
日本兵器

一、概述

1. 石兵

日本自明治维新以来，发掘事业与年俱盛，各种打制石兵、磨制石兵出土者日多，各处收藏者颇备。如京都帝国大学文学部所藏石兵中有石矛头、石斧、石镞、石锤、石刀、石棒、石剑，双孔石刀（石刨丁）以及无茎、有茎、双层茎石镞，均完整可鉴（见图9）。东京帝国大学及帝国博物馆所藏石兵亦多。近年日本考古学者不乏专论日本石兵之著作，如中谷治宇二郎氏所著之《日本石器时代提要》即其一种。[①]其内容可以分为打制石器、磨制石器、玉器、装饰石器、异形石器、石剑、石棒、石镞型类及骨、角、牙制器等类。今专就兵器观之，日本出土打制石兵之较为重要而形式变化较多者，有石斧、石镞及石枪等类器（均见图5），形式迥不一致。磨制石兵之较为重要而形式变化较多者，有长方形石斧、有角石斧（或称凸腰石斧）、有孔石斧等类器（均见图6），形式互有差异。石器时代之玉兵有玉戚、玉钩、玉圭、玉刀、玉锤、双

---

① 昭和四年（1929）东京冈书院发行。

孔玉锤或玉碾等器（图7之1—6号）。装饰石兵有刻椭圆圈及刻文字之小石刀3具（图7之第7—9号），已系铜器时代之石器，即上述玉兵恐亦系铜器时代之物，盖其形式非用金属器不克制之也。异形石兵有人耳形青龙刀石斧（图6之17号）、凹腰香蕉形石槌或石匕首（图7之10、11两号）、挖边荷叶形多头石斧（图7之第12号，其中心有孔安柄，疑非石器时代物，或竟系铜器时代以后之用具亦未可知）等石兵。石剑及石棒（图7之13—23号），其磨工已近于后代化，中国虽尚无石剑出土，但长体石矛头即系中国石剑或石匕首也。日本石镞之型类，中谷治宇二郎氏仅据其茎之有无分为三类，即有柄式（即有茎者）、无柄式（即无茎者）及中间式（即茎若有若无者），其中以有柄式为最多，无柄式次之，中间式最少，但其原图表仅以陆奥、信浓、肥后三地出土物为准，不知能否包括日本全国各地出土之石镞耳（三地共出土石镞567具。陆奥为381具，其中有柄式213具，无柄式105具，中间式63具；信浓为136具，其中有柄式29具，无柄式100具，中间式7具；肥后为50具，均为无柄式）。日本出土之骨、角、牙制武器，有斧、镞、针、铦、钩、刃等器（图8）。贝蚌兵器必有，但日本关于石器时代之著述中罕见图示其形者。木刀虽有一具，但恐非石器时代之遗物耳（图6之18号）。

2. 铜兵

日本虽尚无关于铜器时代之专书，但散见于其他著作及各国博物馆专刊之中者则亦屡见不鲜。如法人若利（H. L. Joly）与日人稻田（Inada Hogitaro）合著之《刀剑与鲛》[①]、佐藤虎雄所著之《日本考古学》[②]、原田淑人与驹井和爱合著之《中国古器图考兵器篇》[③]，以及英人尤莫福波洛斯（George Eumorfopoulos）之《远东青铜器》等著作中，均有日

---

① *Sword and Samé*，伦敦，1913年（此书系私版，只印200部即毁版）。
② 昭和十年（1935）日本文学社国史讲座刊行。
③ 昭和七年（1932）东京东方文化学院东京研究所发行。

第 2 章　日本兵器

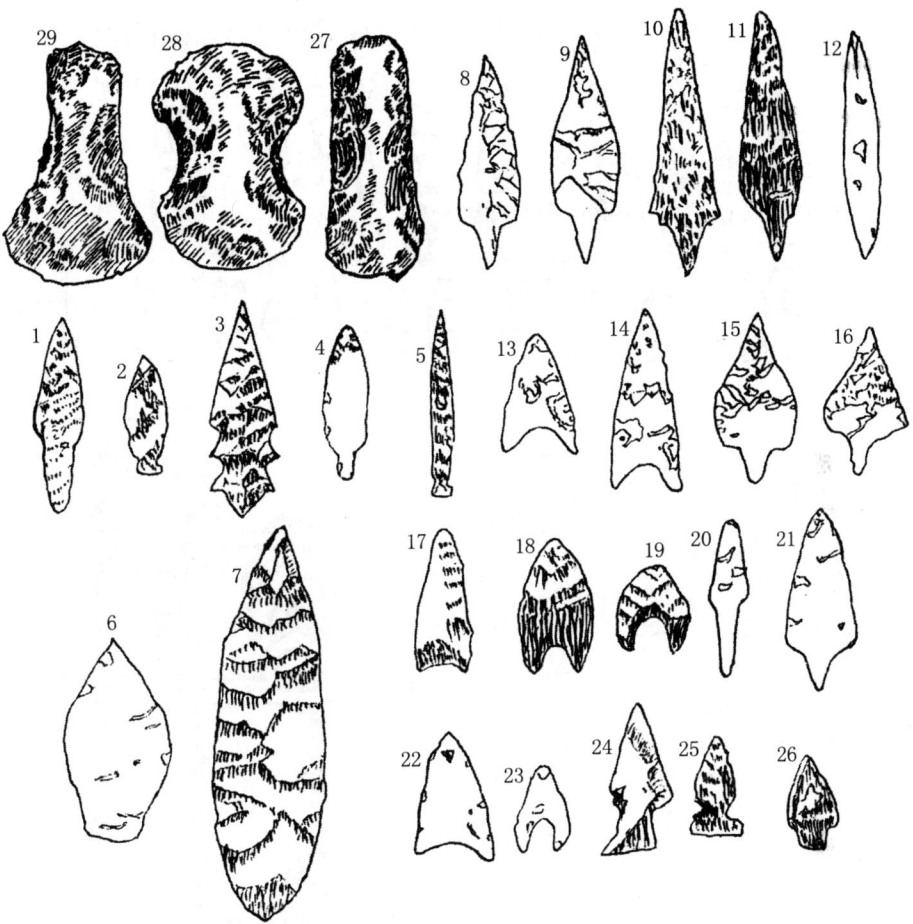

图5　日本旧石器时代之石兵

1—7.石枪。8—26.石镞。27—29.石斧。（采自中谷治宇二郎《日本石器时代提要》）

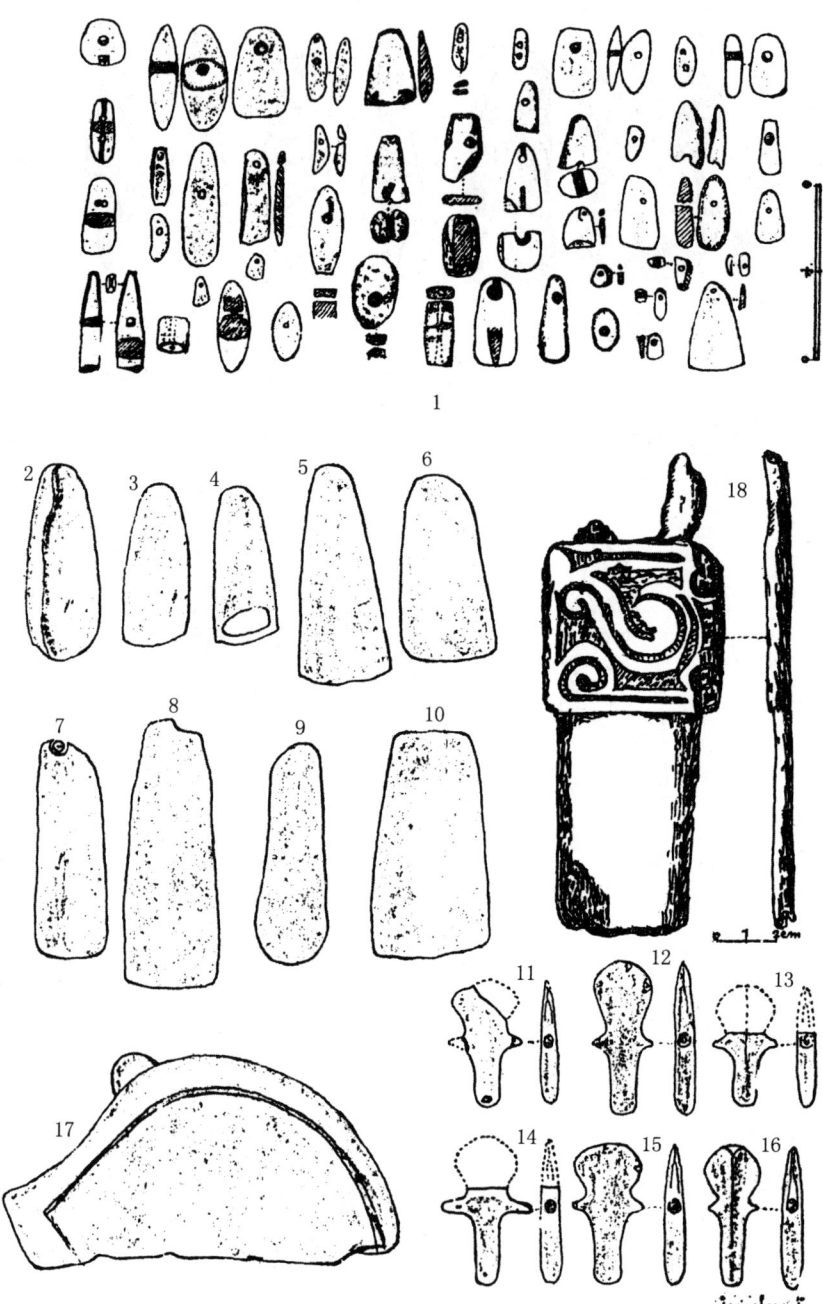

图6 日本新石器时代之兵器

1.有孔石斧。据谷川氏。2—10.石斧。其中，7、8有擦截跟。有坂铝藏氏藏。11—16.有角石斧。17.刀形石斧。陆奥出土，有坂氏藏。18.陆奥是川出土木刀样制品。（采自中谷治宇二郎《日本石器时代提要》）

第 2 章 日本兵器

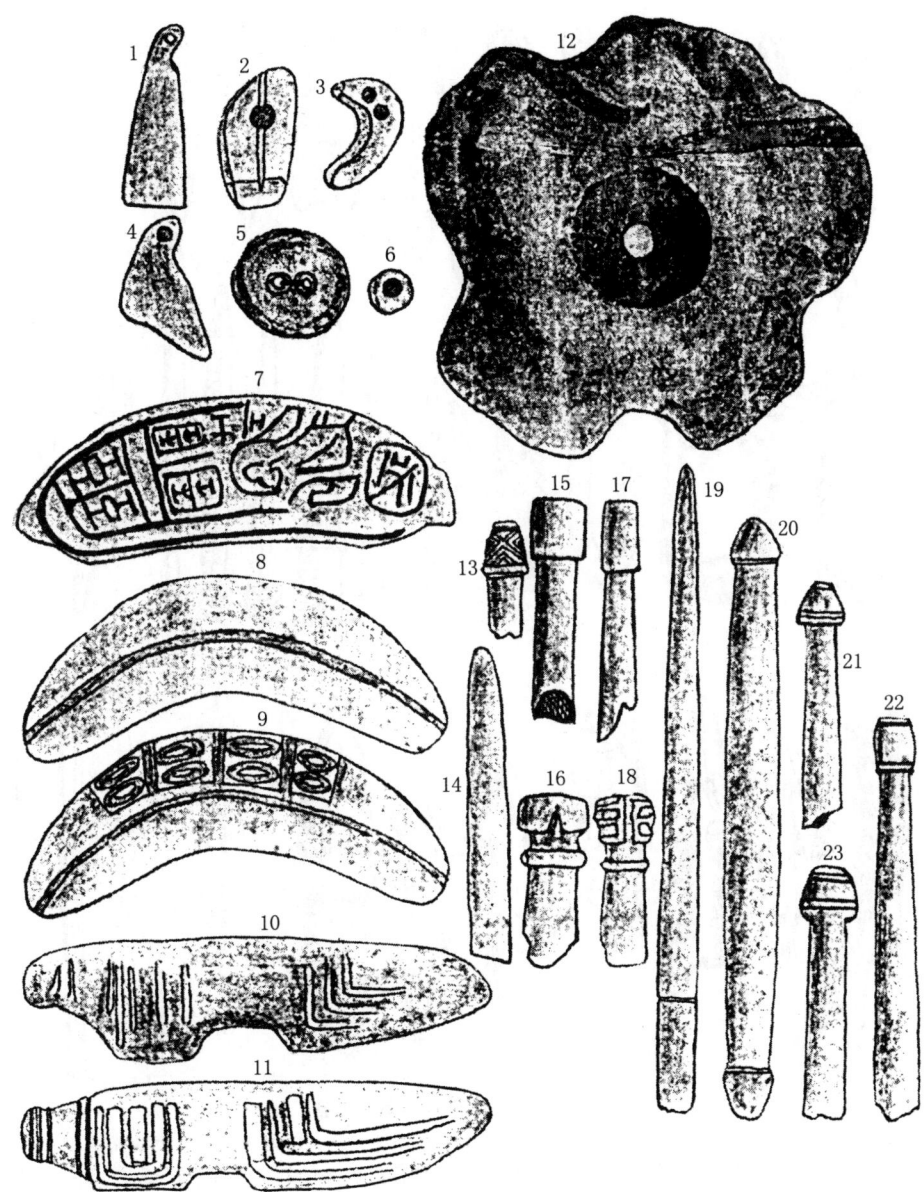

图7　日本石铜时代之石兵

1—6.玉制兵器。其中，1、4为刀，2为斧，3为曲刃，5、6为锤。有坂鉊藏氏藏。7—9.疑为石刀之纹饰石器。其中，7出土于越前木部，8、9为一器之正反面，出土于越中田向。10—11.异形石槌。东京帝室博物馆藏，即所谓御物大石器。12.多头石斧。羽前国其轮山出土。13—23.石棒及石剑。陆奥是川出土，泉山氏藏。（采自中谷治宇二郎《日本石器时代提要》）

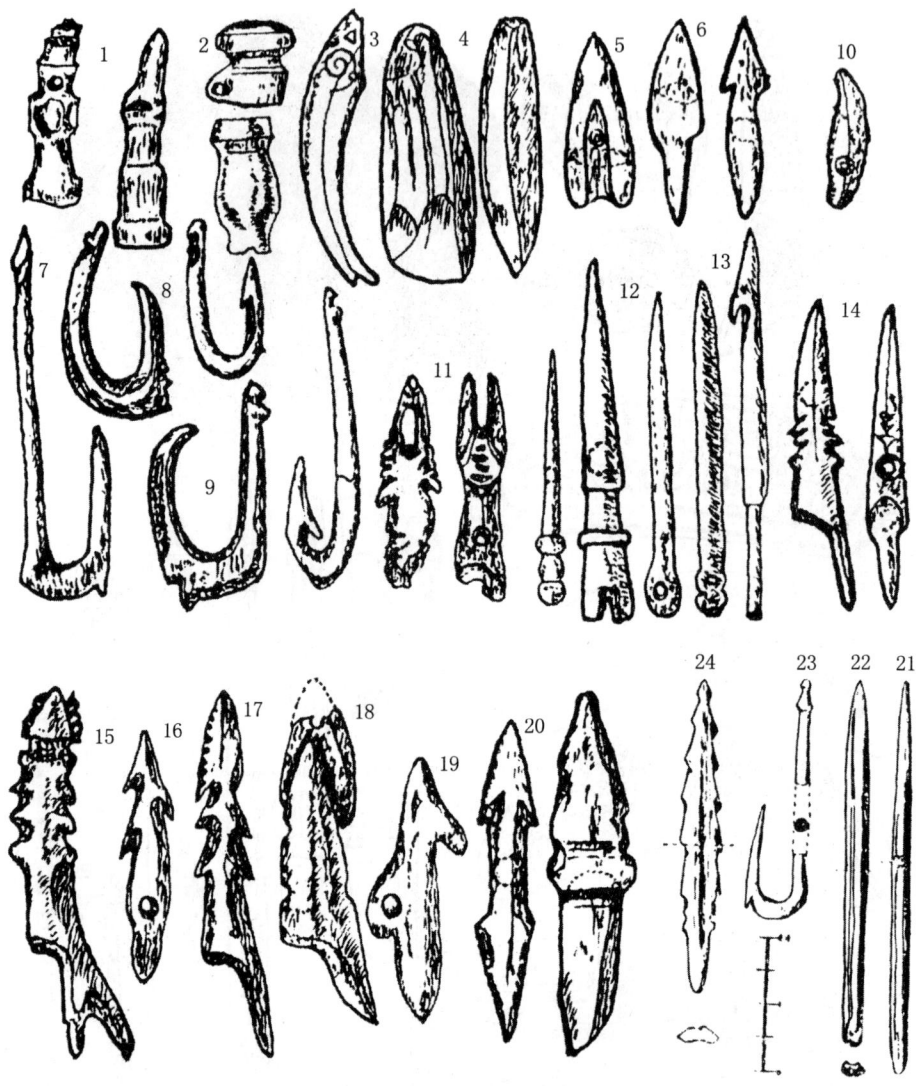

图8 日本石器时代之骨角牙制品

1—2. 浮袋之口。系捕大鱼、海兽之兽皮袋浮海面者之銛纽。3、10. 牙制勾玉。有以猪牙制者，有小孔佩用。4. 牙斧。北海道出土，有用鲸类肋骨制者，长一尺余，体大。5—6. 骨镞。有用猪牙及鲛齿作天然材料者，加工即成三角形。7—9、23. 钓钩。骨角制，长自四五分至三四寸。11—12、14—22、24. 骨銛。鹿角制者居多，有名燕形銛头者其尾部呈燕尾形。13. 骨针。用以饰发者，有兽骨针与鸟骨针之别，又有角针，雕刻精美。（采自中谷治宇二郎《日本石器时代提要》）

第2章 日本兵器

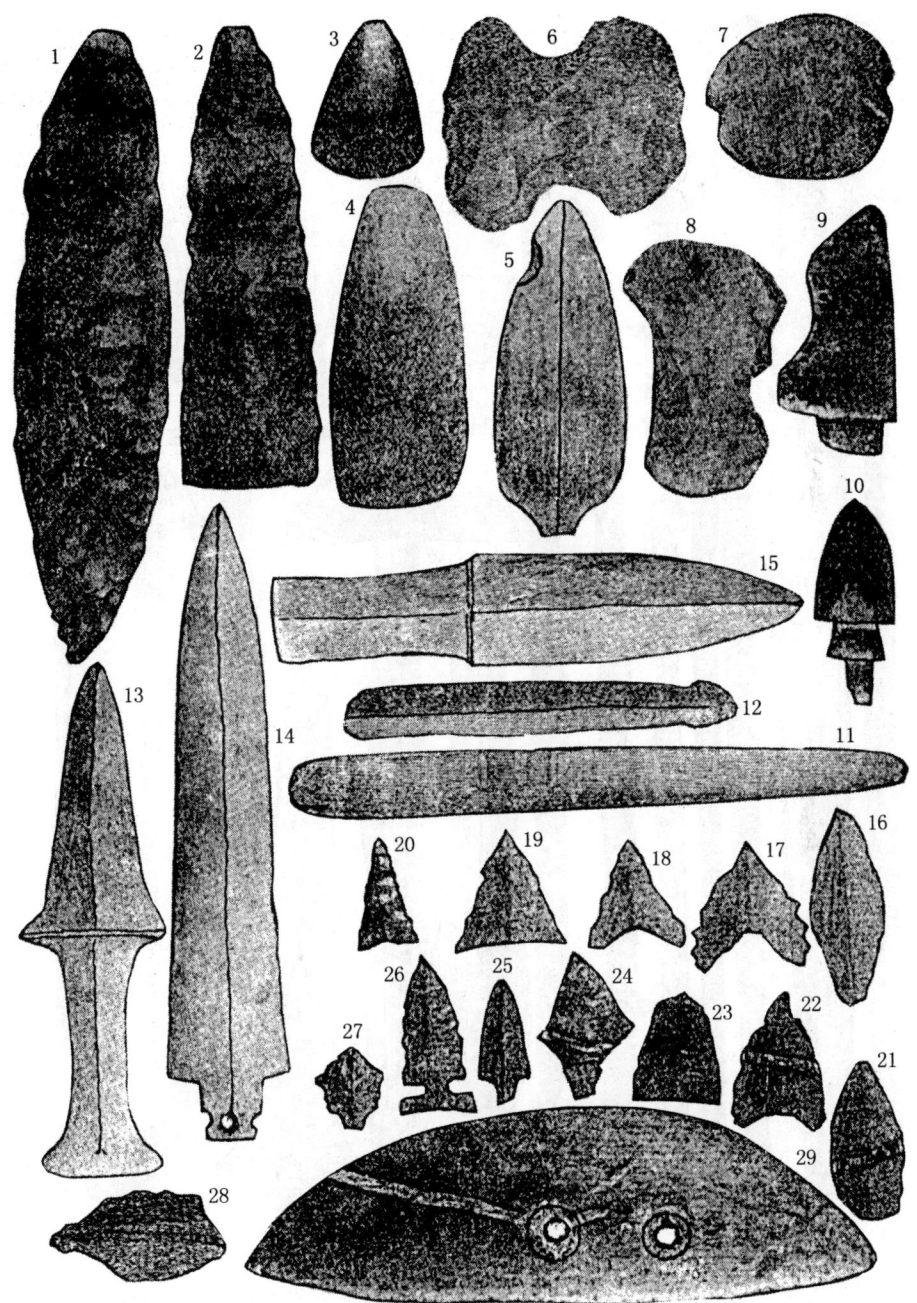

图9 日本各地出土之石器时代兵器

1—2.石矛头。3—4、6、8.石斧。5、10.石镞。7.石锤。9.石刀。11、12.石棒。13—15.石剑。16—28.无茎、有茎及磨制石镞。29.有孔石刀（石包丁）。均日本京都帝国大学文学部藏品。（采自佐藤虎雄《日本考古学》等）

图10 日本各地出土之铜器时代兵器

1.斯基泰式铜剑。长51.6厘米。九州出土，尤莫福波洛斯藏。2—7.铜刀。其中，5为东京帝国博物馆藏，长109厘米，此外为高兰藏。8—14.铜镞。15.铜剑。长33厘米，东京帝国大学文学部藏。16.铜剑。柄长12.5厘米，山口县出土。17.铜匕首。长30厘米。18.铜剑。柄刀一体，长42.4厘米。山口县大津郡向津具村出土。19—22.长茎铁镞。羽后四小屋村小阿地出土。（采自佐藤虎雄《日本考古学》、若利及稻田《刀剑与鲛》等）

第 2 章　日本兵器

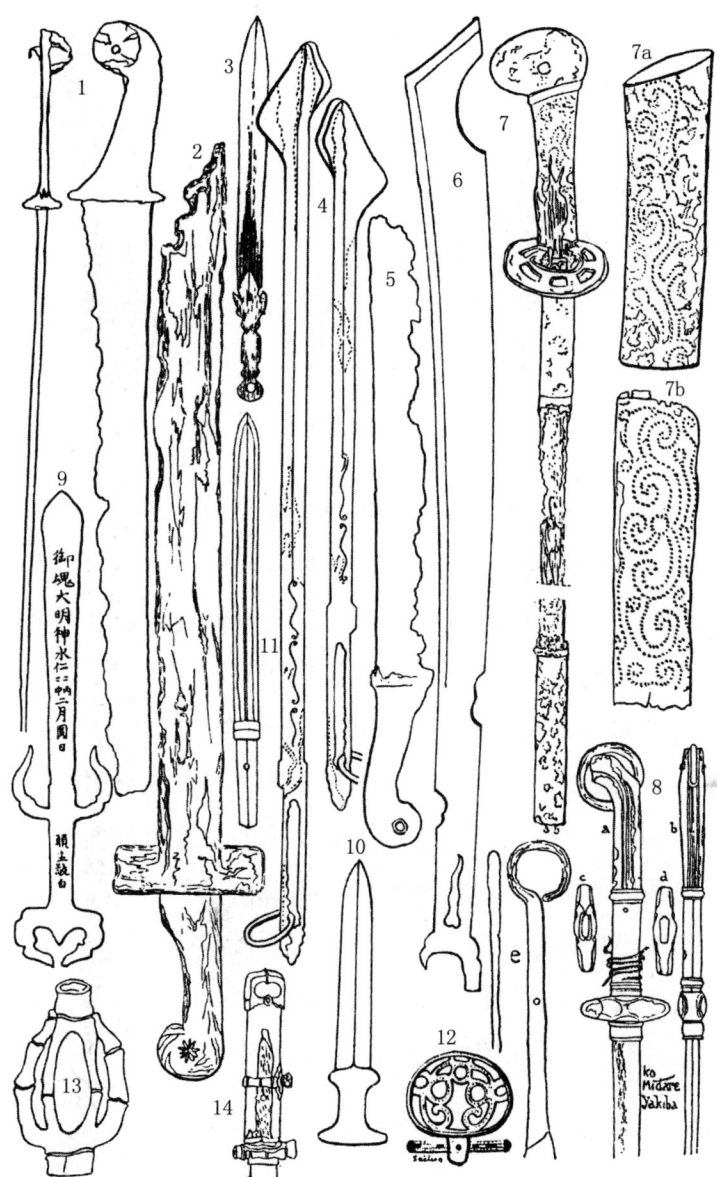

图11 日本各地出土之铜铁刀剑

1. 蕨手刀。Shoko Zuroku出土。2. 刀。丰冈（Toyoka）出土。3. 剑。长42.5厘米，Shoko Zuroku出土。4. 刀。英彦山（Hikozan）出土。5. 蕨手刀。Shoko Zuroku出土。6. 刀。丹波之大江山（Oyevama）出土。7. 太刀。陆奥（Mutsu）等地出土。8. 刀剑。七宫（Shichinomiya）所藏。9. 剑。长一尺，蜷川（Ninagawa）所藏。10. 剑。高松（Takamatsu）海中出土。11. 剑。长一尺二寸。12. 刀把头。东京博物馆藏。13—14. 剑与太刀。田村麻吕（Tamuramro）之物，播磨之清水寺藏。（采自若利及稻田《刀剑与鲛》）

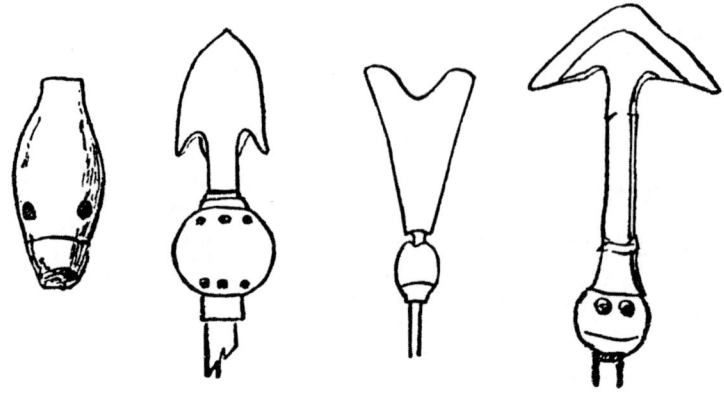

图12 鸣镝矢

本出土铜兵图像可考。图10所示日本出土各种铜兵即采自此等著述者，其中第2、3、4三号青铜大刀及第6、7两号古代圆头大刀均为英国高兰（Gowland）教授之藏器，不易见及。第1号斯基泰式双耳形柄青铜剑，日本出土者颇有所闻，此件系尤莫福波洛斯藏器（三四十年以前，日本古物如铜兵等器遭欧美人购去者不少），颇有历史价值。第15、16、17、18四号青铜剑亦均系日本各地出土之物（出土地见图版附注），形似中国周初及周代以前之矛形剑，但其菰形柄及笠形柄则非中国所有之形状，想均系日本铜器时期之物也。第8至第14号均为日本出土之各种短茎铜镞，其锋不尖锐而作圆头阔体形，此系日本铜镞及多数镶嵌金银之美术铁镞之普通形制。第19、20、21、22四号长茎镞则系日本羽后四小屋村出土之铁链，其形已近于汉链，犹如日本之鸣镝亦类似汉器也（图12）。

3. 铁兵

日本各地出土之古代铁刀剑，其刃尖特大而作人足形（图11之4号）或半圆缺口形（图11之6号），柄首有环（图11之4、8、9、13号），或作大头形（图11之7号），均日本最古之刀剑也。日本古代以至唐时，虽刀剑并重，但仍专喜用刀而不甚喜用剑，宋以后则日本刀著名于世而愈重刀制矣。日本近代之刀，刃不甚曲，且有近于直形者，古代之刀则不然，长刀、短刀之刃均甚曲（参见图13），且有曲作弓形较古波斯长刀尤曲者（图22之6号）。日本刀之形式及名称众多，其柄形与柄首形、鞘形与鞘尾形颇多变化，古器尤甚。至其武士佩刀之式，偏重肩甲及胯甲之后面，执弓式则箭略向下斜，均择要图示其实物及形象于图13及图22中且附加注释，阅之可得日本古刀剑之大致情形矣。图14所示者为日本各地出土之各种刀环，颇类汉代之器，显有受中国文化之影响者。日本古代战士之武装甚盛，其战马之武装卓有可观，故亦图示其大致（图20及图版五之J、K）。日本铸造刀剑及其他兵器之技艺颇精，且深趋艺术化。在唐宋之时，其贵重刀剑之刃专重雕刻，或一面刻龙身绕剑形、一面刻一长剑形而加刻梵文及莲花，①或一面刻老龙抓剑形、一面刻战神执剑形而上缀梵文，或仅于近柄处刻一执刃火神，或仅刻吉光、行光及达摩为铭（见图23），其雕刻之手工颇为精美，堪与其刃质之犀利优良相伯仲。宋以后则日本名刀偏重花纹，其花纹可能脱胎于穆斯林所用之名刃之天然结晶平面花纹（Cristallisation）或马来名刃之人工焊接糙面花纹（Corroyage），然均有变相。盖日本之花纹系于暗中发亮且偏处于刃之近锋口一边，至中部而止，虽堆云叠锦、起浪翻花而长及刃体，但近背及近锋两边均无花纹外露，既异于穆斯林所用之刃之花纹亦非如马来刃之花纹，可谓为日本刃之花纹而已。此种日本花纹刃之佳品极为珍贵，日本收藏家轻易不出以示人，图23所示之刃系英国收藏家哈定·史密斯（W. Harding Smith）之藏器，系于数十年前（大约明治维新以前）以重价购自日人之手者，今则难获矣（日本世家均有家徽，其武装及兵器上刻以为志，图24所示系其较著之32家）。

日本古代武装极盛，但其佳品均深藏宫邸、神庙或世家私库中，见及匪易，遑论购买。然在明治维新以前，亦有为欧美人乘间易去者，其

---

① 见仰木弘邦《古刀铭尽大全》，宽政辛亥年（1791）。

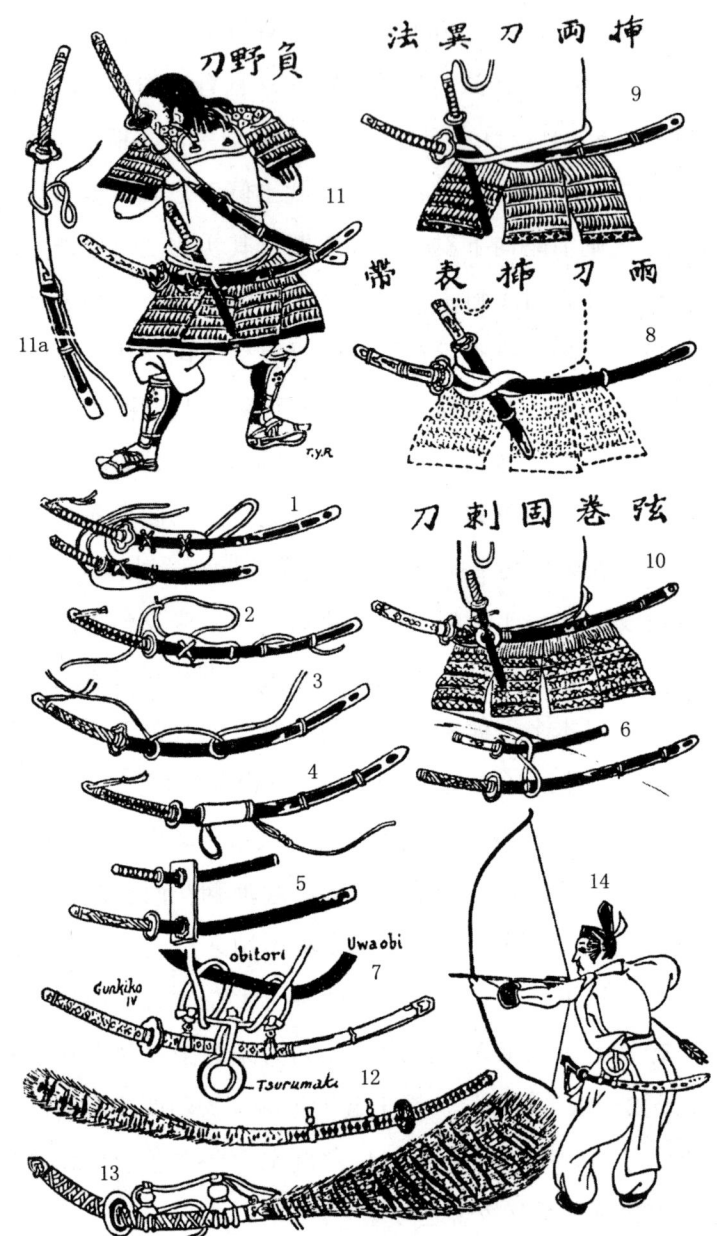

图13　日本古代佩刀式样

1.双刀佩法（リお腰当）。2.单刀佩法（かた腰当）。3.贵族佩法（ひも腰当）。4.管式佩法（つつ腰当）。5.板式佩法（いた腰当）。6.环式佩法（輪奈）。7.太刀与刀带之联结。8—9.插两刀之法。10.以弦卷（つゐまき）固定小刀之法。11.背负太刀之法。12—13.尻鞘（しりさや）太刀。即以毛皮作刀鞘袋。14.佩带尻鞘刀之武士。（采自若利及稻田《刀剑与鲛》）

第2章 日本兵器

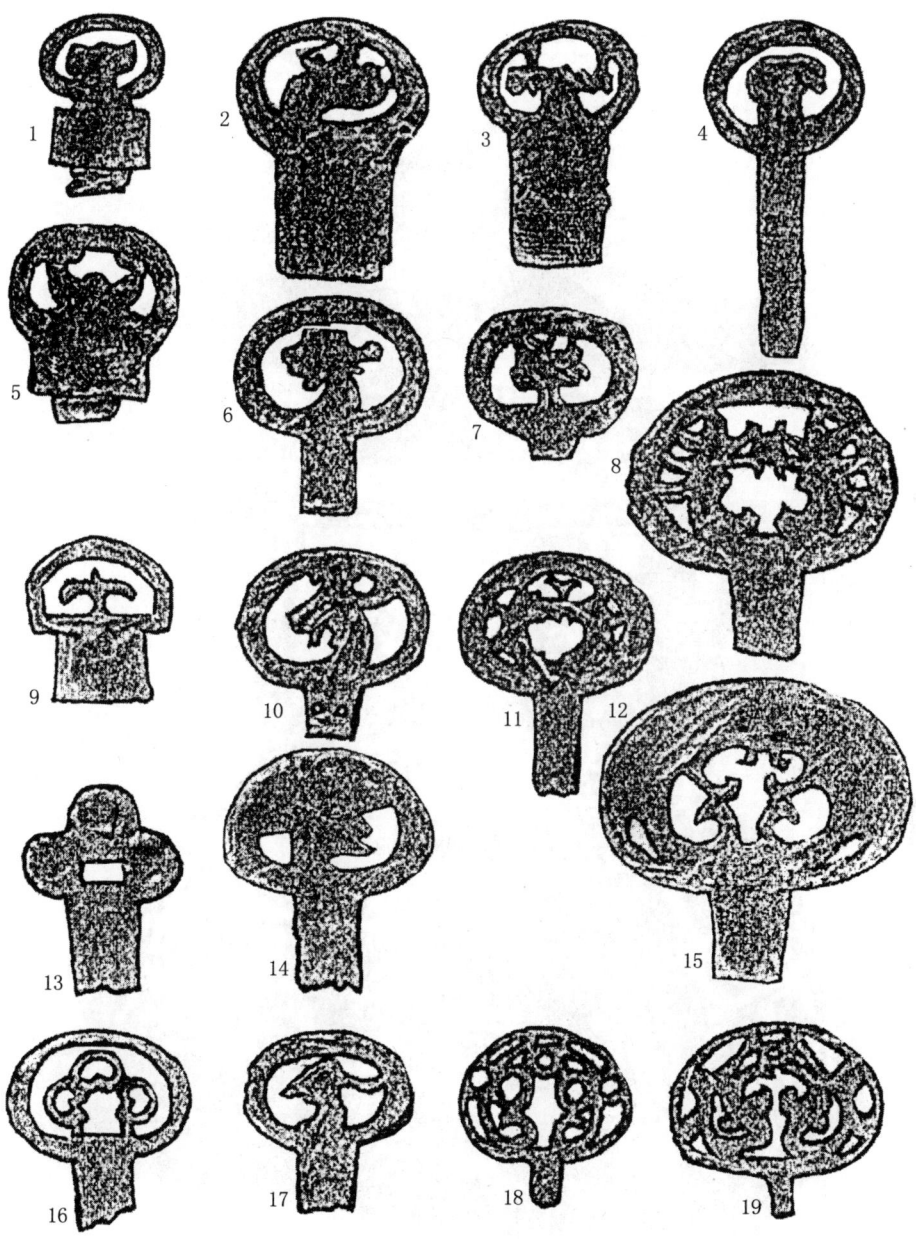

图14　日本出土之古刀剑环头

图15 迪安所藏12世纪日本甲胄

第2章 日本兵器

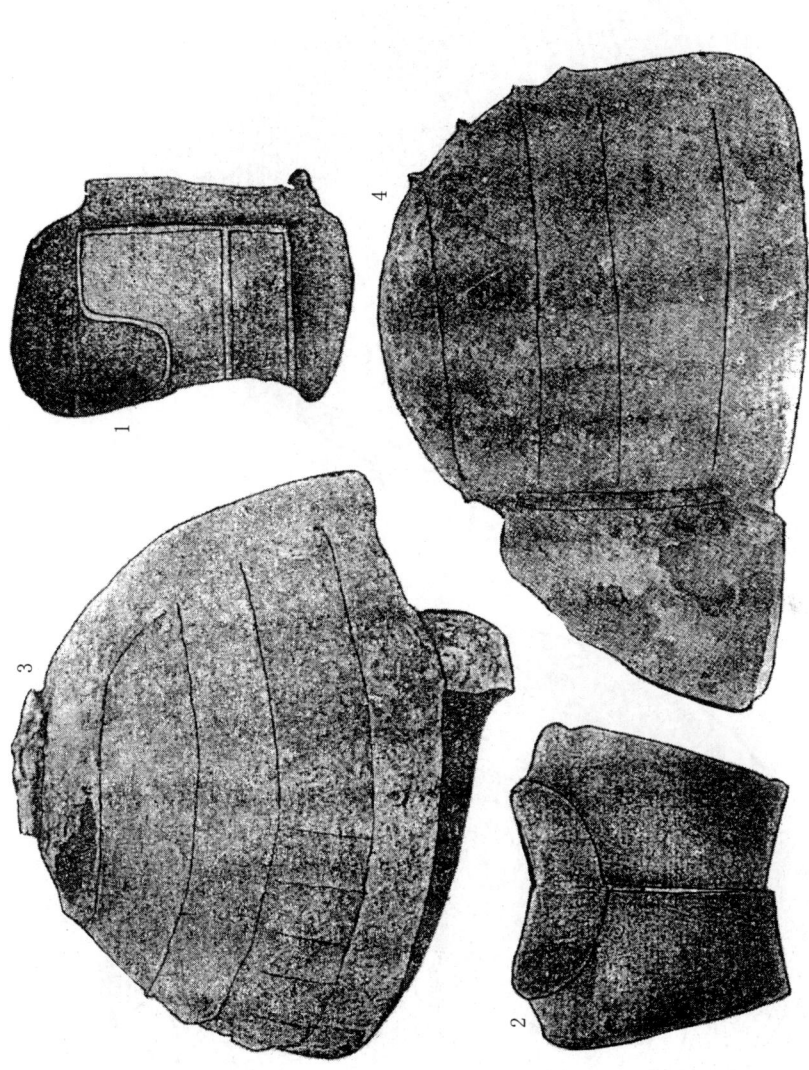

图16 日本古代甲胄
1. 短甲。备后国芦田郡舍村大字三玉出土,东京帝室博物馆藏。 2. 颈铠。均丹波云部出土,东京帝国大学文学部陈列馆藏。 3—4. 胄。均丹波云部出土,东京帝国大学文学部陈列馆藏。(采自佐藤虎雄《日本考古学》等)

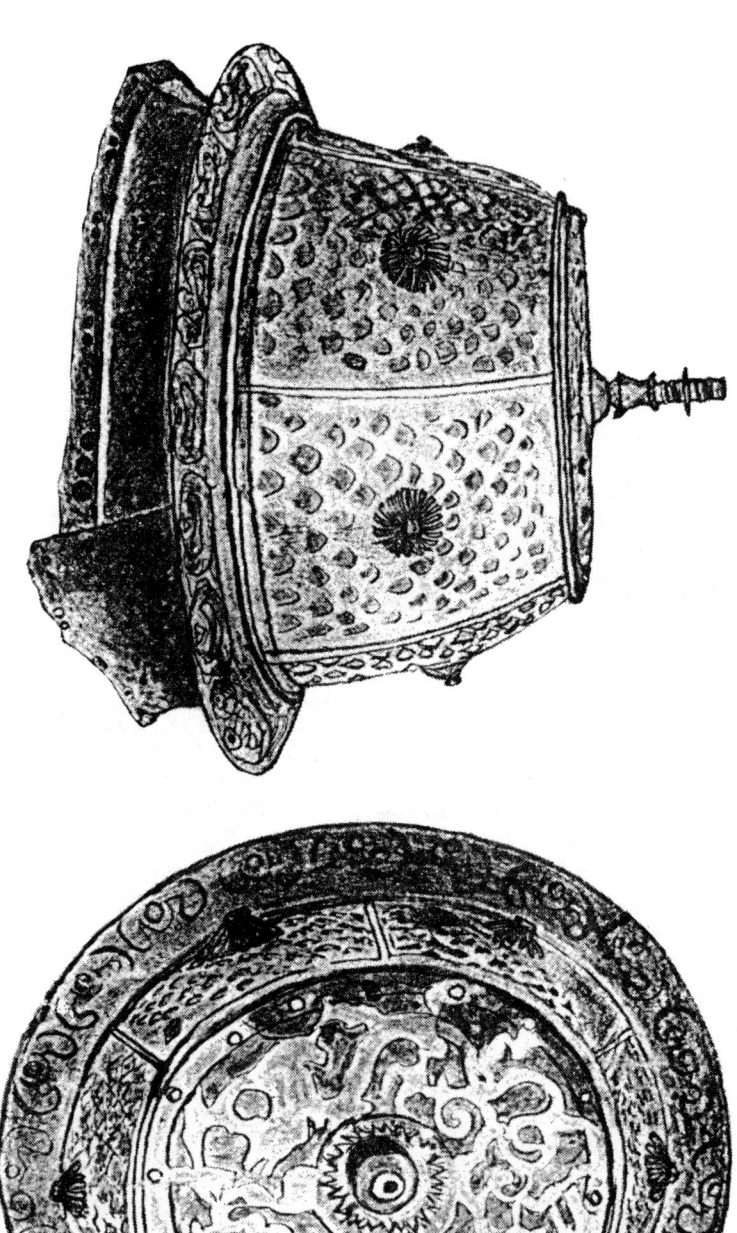

图17 日本古铁胄
（采自原田淑人、驹井和爱《中国古器图考兵器篇》）

第2章 日本兵器

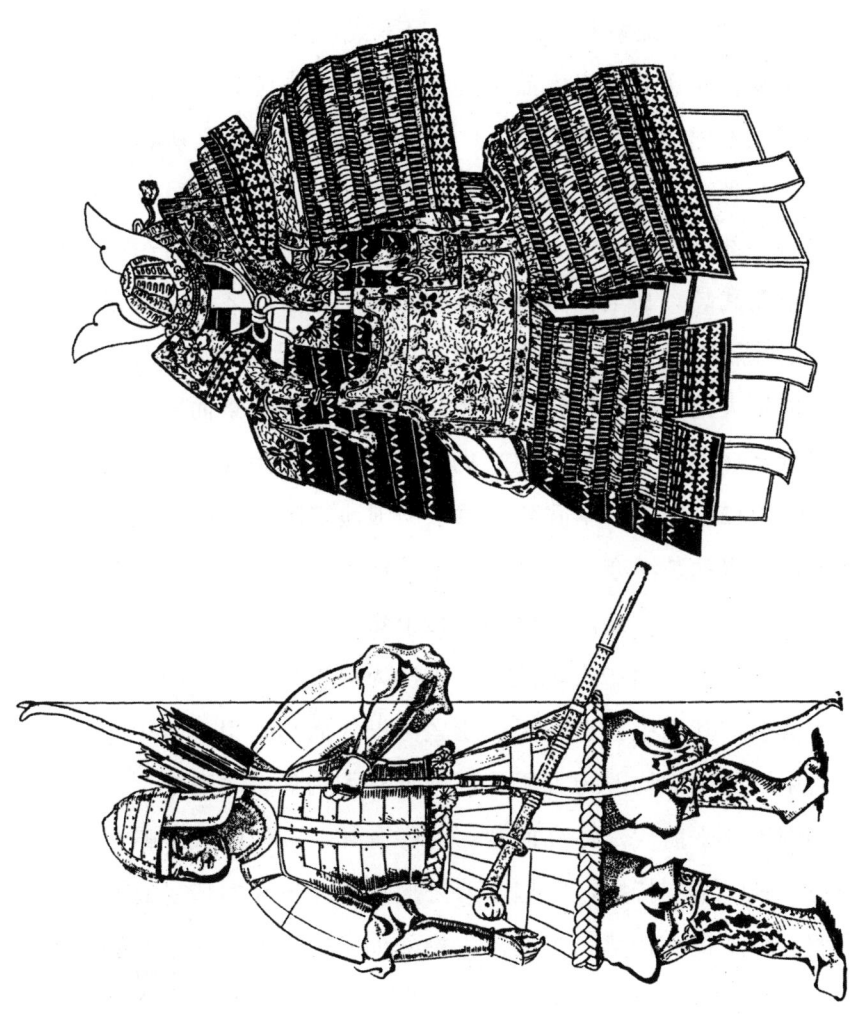

图18 日本古代甲胄

左为7世纪或更早之甲胄式样；右为日本营田神社所藏10或11世纪之甲胄。（采自纽约大都会艺术博物馆年鉴）

较古者则以日本京都帝国大学文学部之所藏者为最，均系铁质而式样极为简单。计有护背护胸铁衷甲、护肩护胸铁胸甲及铁胄（盔）等器（图16），均日本各地之出土物，完整无缺，未见有雕刻之迹，或系早期铁工所制。原田淑人及驹井和爱二氏曾图示东京汤池敬吾氏所藏有沿边之铁胄一具（图17），疑系元胄，但峨然日本式，或系宋元间之日本胄。①欧美博物馆及收藏家藏有日本武装及兵器者颇多，尤以纽约大都会艺术博物馆及意大利佛罗伦萨斯提波特（Stibbert）博物馆之所藏者较为可观。法国古兵器专家夏尔·毕丹（Charles Butten）所收藏者较少，但亦各色俱备。纽约大都会艺术博物馆所藏之日本武装，最古者系公元7世纪或更早之武装，其全体甲胄及佩刀大弓均隋唐时之日本武器（图18之左图），殊属不易得之品；次古者为10或11世纪之日本武装，得自日本某寺，庞然大铠，雕绘俱佳，已非如上器之简单朴素而紧小矣，其双钜角铁胄直至16世纪（自宋迄明）犹然，17世纪时始变更之（图18之右图）；再次为12世纪之日本武装，原系美国迪安氏（Dean）之藏器，胸甲雕绣人形，胄铠装潢亦精，其外形则较10世纪之武器为小（图15）；再次为16世纪之日本武装，似脱胎于12世纪之器而形式有异，雕绣以鸟兽为多，装饰秀雅（图19之左图）；再次为17世纪上半期即德川时代初期之日本武装，其胸甲又返归无雕绘之黑板式而与腿甲、腕甲相映衬，耳甲、肩甲及胯甲则均改为大甲片，未见有人物鸟兽之雕绘，仅缀有家徽，胄形则迥异于前代，钵高而圆，两旁有耳，颇似明代纱帽，顶装月牙形锐角一具，形制特别，所握短刀之形仍甚曲也（图19之右图）。意大利佛罗伦萨斯提波特博物馆远东古物陈列室中所藏之日本武装较多，全体武装有十数具（图版五G组），另有十数具胄（图版五F组），并装有武装佩刀执大弓之武士一人、人马全体武装之骑士二人，但恐均系16

---

① 此胄高约20厘米，汤池敬吾氏藏。该胄异于其他铁胄之处在于：铁钵之顶部及周围均透雕挖空，作上圆下尖形及近于兽形之花纹；钵之立体分为六格，每格之中央有一真鍮制之菊花形圆饰品；钵之下边有近于元宝形之花纹；钵顶有穿孔备者羽饰之柱；眉庇甚广。此胄虽传为御元时之战利品，然依其菊花等饰品观之，疑系元代前后日本武士之遗物。

第 2 章　日本兵器

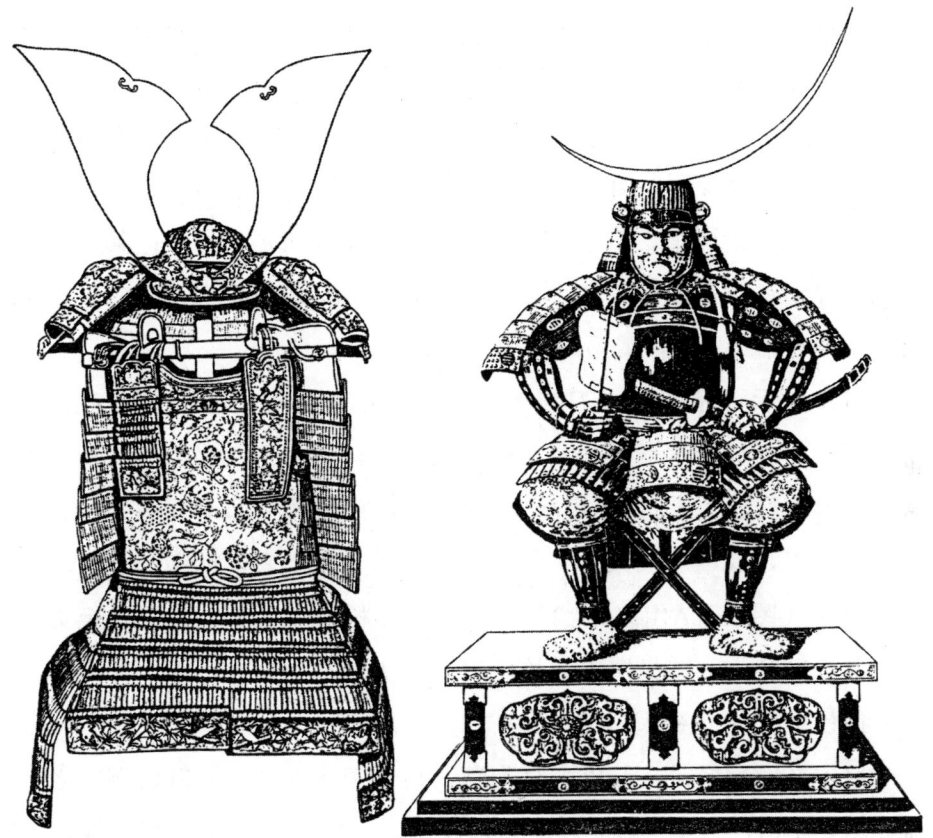

图19 日本古代甲胄
左为日本奈良春日神社所藏足利时代（16世纪）之甲胄；右为伊达政宗（1567—1636）像，所示系德川初期之甲胄。（采自纽约大都会艺术博物馆年鉴）

世纪以后之武装，可以上接纽约博物馆之器而续供研究耳。执弓武士之武装，胄小而蒙布，胸甲与腿甲系铁片制，胸甲雕凸龙形，腕甲、腹甲及胯甲则系于柔体棉织底上加装小圆形及小长方形铁甲片多块而成（图版五Ⅰ组）。两骑士之人马武装均异，其一顶双角胄、服软甲而护项与护胸、护胯，另披丝棉织物为外罩，马项与马身前后均披软甲，蒙蔽甚广，马首覆遮铁甲，形如马之首而加双角，项下有缨络（图版五J组）；其二首无胄而束白布，腕甲与腿甲均外铁而内织物，胸甲及胯甲均革质而加装金属圆星多件，双手执长矛，马鞍甚大，马首有双角铁面甲，项之上下软甲，项下近腿处有硬铁甲，马首两旁拖丝蒂过马腹，马身前后均披盖软甲，较小于前马之甲（图版五K组）。法国毕丹氏所藏日本兵器中有革制胸甲一具及革制圆盾一具可资参考，其胸甲系用6大片长方革质缀连制成，漆绘云龙图形，后面背甲较为短小，亦用6片革质缀成，下装铁纽环联合于胸甲之右下方而成为一器（图版四之19号）；其圆盾系用一块厚质漆革制成，中有小顶，周围有凸体蚌蛤形4个、凸体螺形3个（图版四之第20号），或系海上战士之盾乎？

日本长兵以薙刀、大刀与矛枪为最。薙刀之刃尖曲向背，刃体直形，刃长不及尺而木柄极长，常在八尺以上，至今日人尚练习此种刀术（图版五A组之3—8号）。日本长柄大刀略如明季腰刀而体形直，但柄长于刃二三倍，其属于长兵乎？其刃有长至一尺以上者，柄则长至五尺以上者亦有（图版五A组之1、2号）。日本矛枪较刀尤长，常有长至丈余者，其刃则甚小，略如清末之枪头形而略为圆窄，柄大刃小，非力小者所能挥使裕如也（图版五B组）。

日本之射远器，在昔以大弓为著，弓长每逾人高。石镞、铜链之形制已略述于前，日本铁镞之精美殊堪注意。如毕丹氏所藏之5镞（图版四之12—16号）尚非最佳之品，然嵌金镂银、雕花透挖，颇具艺术性，其茎均锐尾，长短俱不等，第14号镞系装有箭杆者。日本古镞之形异于他国，颇为特别。其大多数镞刃之前锋不尖锐而作人字形，镞体如一短肥之秋叶，其宽乃过于其长之半，如非日本弓特大恐难以穿坚贯铠也。16世纪时日本已有欧式之燧石枪铳，19世纪中叶则改用铜帽发火枪铳，其枪之钢管常有雕刻长龙形者，手工甚佳（图版四之18号）。其火绳小手铳甚小，类似意大利之旧式小铳，可藏置袖中或怀内，铳管亦有雕刻花纹者。枪与铳之钢管均甚厚阔、粗大，反是枪尾之托乃作尖尾形，锐薄如镈。

第 2 章　日本兵器

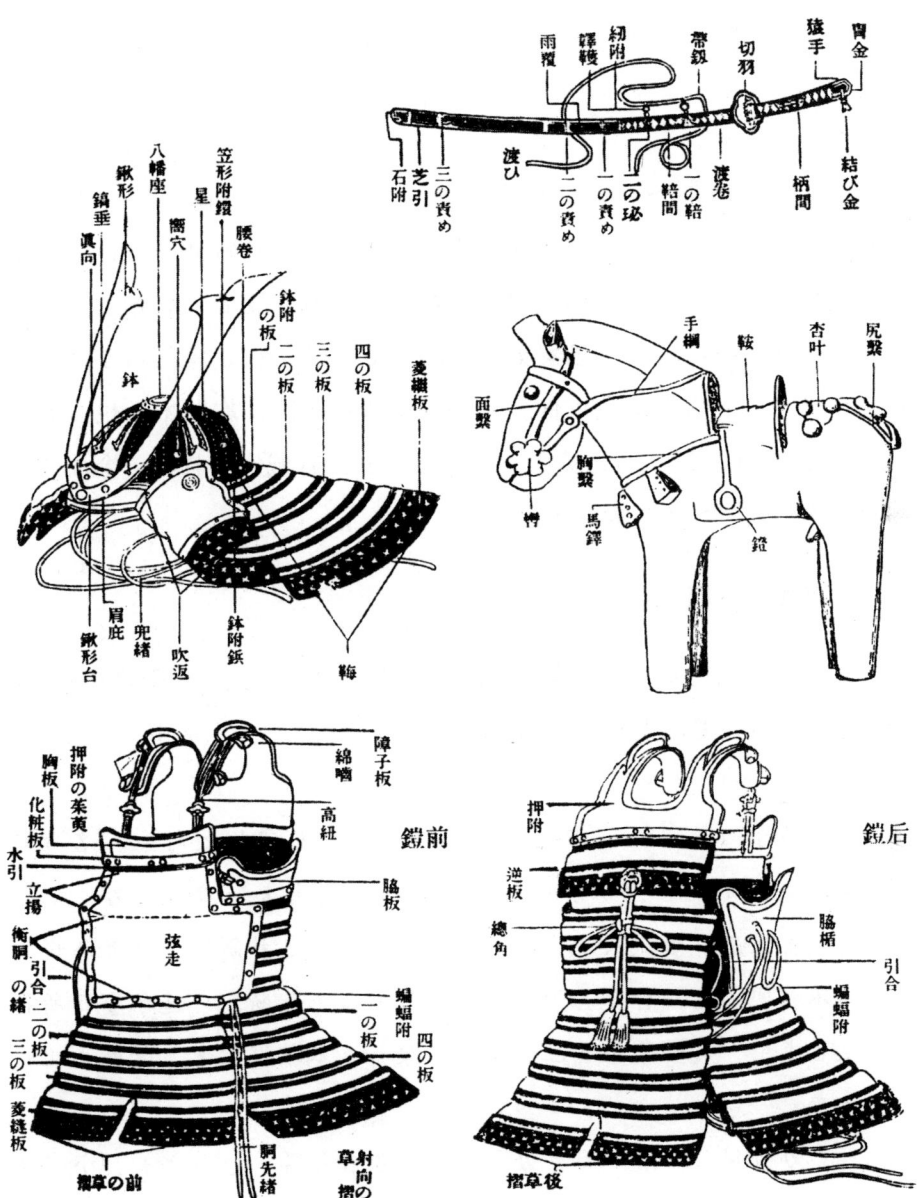

图20　日本甲胄与刀剑各部分名称示意图

二、刀剑

日本刀长短不齐，名目甚为复杂（详下文），观图版四、五中各组刀可得其大致。欧美人之收藏日本古刀者，辄喜收藏其附件，如护手片、如鞘饰、如柄之上下饰、如柄上缠绕之小偶像物像、如鞘上所附之小刀等均有专门收藏者。巴黎集美（Guimet）博物馆、里昂市立博物馆均藏有日本刀上附件至数百件之多，手工皆不相同，均艺术品也。图版四之7—10号即系日本刀之护手片。日本古武士有戴假面具者，金属制、木制、漆制者均有（图版五H组）。

1. 名称与源流

关于日本刀剑之名称及源流，日人清水橘村氏曾于昭和七年（1932）刊布《刀剑大全》一书记述尚详，今译述其大意如下：

> 关于刀之名义、刀剑之种类及其名称与实物之对应、名称与实物之区别，常为识者所苦。今日所研究尚未知刀与大刀、剑与宝剑之区别。古代及现代之学者对于此点似已作解决，然其所说则各不相同，诸家皆异其说，因之此等名称不能断定。迄于今日所存之古书中，《和名抄笺注》《和训栞》《本朝军器考》等所志比较正确。
>
> 刀似剑，乃谓一面有刃者。其大者名大器（たいき）、小者名克鞑拉（かたな），见《和名抄》。按《和名抄》所记有剑与刀二种，刀中似记有大器与克鞑拉二种。刀与剑原非纯日本物，虽不能断为确定不可移者，然此区别在今日似亦大抵得当。但在《笺注》，刀即大器，为断物之意义，乃刀剑之总称；克鞑拉系指非两面有刃之器，非大小之别名。新井白石亦于《本朝军器考》中

谓刀剑之类别特多，有古所见而今不见者、有今所见而古不闻者，或名同而实异、或名异而实同，不可一概而论。故《笺注》所志亦不能强谓为臆言。采取双方之说以为参考，庶几可学。又《和训栞》曰：《神代纪》有横刀、《万叶集》有志咏剑。此横刀与大刀等乎，抑古制之大刀似剑者乎？无论如何，横刀与剑等想无甚区别。

关于名义，今日学者所考证与之大同小异，故此等之研究为第二问题。直说明古制之剑，此剑书中多有记载，实物亦略有残存。关于此等事项顺次说明之。唯可怪者，上古刀剑多属两面刃，而今日由土坟掘出上古之刀，两面刃者少而一面刃者却多。例如由肥前平户之志自岐山（《延喜式》所记载志自岐神社之某处）掘出之古刀（图21之上器），形状似天国（人名）所造之"小乌丸"，然其制造情形却近似后世所称冠落之物。此刀之刃背反转，锷柄均以兽皮制成，柄卷以铜丝，鞘合竹造成，外面包以兽皮。此乃天明四年（1784）平户人冈山彦辅所发现者，现今虽不能骤称为古代之真品，总之非新物也。次则丹波之土民由大江山地方掘出之物，其刀非两面刃而为一面之直刃，如图21之中器。虽不知是何时代，然以为系自景行天皇（？—130）至仲哀天皇（148—200）、推古天皇（554—628）治世之时期所用。其次如图21之下器，由肥后之彦山掘出之古刀，此刀似《神代纪》之头樋剑，其头粗。此二者形状

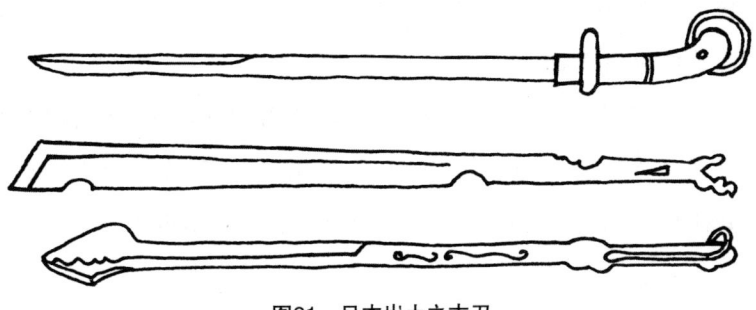

图21　日本出土之古刀

亦相似，但前者无装饰，后者颇技巧，似制作之处所不同或年代相隔乎？彦山之古刀亦为一面刃，有一顾之价值。①实物以此三刀为最古，见于文字者为《古事记》之十握剑。十握剑乃伊奘诺尊斩轲遇突智神之刀，其后素戋鸣尊砍八头八尾大蛇亦用十握剑。素戋鸣尊斩蛇时，自大蛇之尾取出之剑，嗣后乃后之参诣于日神之天丛云剑。其剑与八尺琼曲玉、八咫镜为天孙降临所携之三种神器。而此天丛云剑日后授于本武尊重征之时，尊以之薙草，免贼夷之危难，自是为薙草之剑，纳于帝室。剑不但有十握，亦有九握剑、八握剑，四指为一握，则所谓十握、九握者乃其长度，非剑之名。后世量箭用指而称为几束者，系因此也。伊奘诺尊斩轲遇突智神之十握剑称为天之尾羽张，又名棱威之尾羽张；素戋鸣尊砍大蛇之十握剑称为蛇之鹿止；此外，又有所谓素戋鸣尊转地之蛇转锄之剑，此刀之形式似锄；又有所谓天蝇砍之剑，是亦素神砍蛇之刀。此等刀概为纳于备前国赤坂郡石上之布都之魂神社者，但有无不得而知。又有大叶刈剑，一名神度剑，乃味相高彦根神天雅彦砍丧屋之剑之名；又有所谓颊灵之剑，乃给武甕槌神高仓下（人名）之剑名，舐谓截断快利者也。

以上现于神代及本邦固有有名之刀剑。稍降有百济供奉之日月护身剑、三公斗战剑、丙毛槐林剑、七星剑等名称。丙毛槐林与七星同其形，系一面刃，前者长二尺一寸五分，后者长二尺三寸，有血槽，以金属嵌为七星及丙毛槐林之文字。二刀皆天王寺之物而圣德太子之所御者也。

刀剑之见于历史者如此。是故若谓刀剑是否为我国锻冶，吾人以为多半为舶来品。何以言之？观诸载于《万叶集》之刀剑歌多云高丽剑而非大和剑，至人代推古天皇誉赞马子之歌，如神乎苏

---

① 英国研究东方古兵器专家塔顿爵士（Lord Egerton of Tatton）曾谓日本刀系源出缅甸。今观此三古刀之形式颇近于缅甸及马来之古兵器，而日人亦公认刀与剑非纯日本物，或竟来自缅甸乎？

我（地名）之儿辈，若为马则日向（地名）之驹，若为大刀则句礼（地名）之摩差比（宝刀名）。想以当时本邦刀剑锻冶之创始，亦因吴国之剑极锐利，大加赞美。次如天王寺之七星剑及丙毛槐林之剑则来自韩国，新井白石谓此刀刀背之铭为汉篆"丙毛槐丙子椒林"也。"丙子"为年号，"椒林"为锻工之名。又白石谓伊势神宫之玉缠横刀、须贺派之大刀等当为高丽剑。我国古代衣食住乃至工艺美术、百工之技术皆由中国传来，刀剑既非本邦特有之器物，则其初之锻刀皆为舶来品，乃任何人不能争论者。

清水橘村氏坦然承认日本古刀剑来自高丽与中国，而高丽古文化本自中国迁往，是不啻谓来自中国也。其言甚近于事实，徐福渡海赴日本时从人甚多，大概均携有周代战国时吴越之名刀宝剑，且或有谙铸造之术者相与俱去。日人至今尚处处尊吴，或者清水氏所称之舶来刀剑，在昔均为吾战国时吴国良工之制造品也。唯图21之三刀铜环兽皮，不类中国古产，其形式迥异三代或秦汉之器，亦不类北亚或西亚之古物，却与马来人或缅甸人之古刀形制相同，图中之下器直是马来之器，想系秦季以后之物而由缅甸人或马来人、东印度人输入日本者。此种马来刀或古缅甸一带民族所用之刀，背厚刃直而柄微弯者，至今尚可见于马来人所居各地。或者其初输入日本而合于日本人之嗜好，遂以日本之铁仿造厚背重刃之刀，渐渐放弃双刃之剑，积年既久，又因曾得徐福等人之传授而冶铸之术日精，遂开日本刀之纪元也。

关于日本刀之沿革，清水氏以舶来品为最早时代而分为三期8时代，兹将其表译列出如下：

第一期：1.刀剑舶来时代。
　　　　2.归化人打制时代。
　　　　3.邦人打制时代。

第二期：1.天国以后。①

　　　　2.元历以降建武顷间。②

第三期：1.南北朝以后。

　　　　2.足利时代。

　　　　3.织田、丰臣时代。

第二期中日本名工良匠辈出，冶锻之术日精，又有日本天皇之提倡、巨阀之资助，故至第三期其术愈精，所谓刀之利可以切须断膝已成普通童谚，铸造者亦日益增多，已非远东各国及南亚洲诸民族所可冀及矣。

2. 种类

日本刀剑之种类，似可分为下列各种（参看图10、11、13、22等图）：

（1）玉缠横刀　此刀为伊势大神宫之神宝，柄与环均以五色玉镶缠。又副铃八玉二个、鲋鱼皮鞘。

（2）节刀　据日本《本朝军器考》，凡大将出征时均授以节刀。节如氂牛之尾，使者所执也。日皇宫有二宝剑，曰日月护身剑及三公斗战剑。往古王政盛时，征夷大将军及遣唐大使等出发时仪仗甚严，天皇亲临佩剑而授与节刀焉。

（3）仪刀　仪刀为仪仗、仪式所用之兵器。古太刀及长刀有为仪仗之用者。武士入参禁卫时、军中出兵列兵仗时，其威仪之具为仪刀。后世有用木刀者，如天皇即位，庭上所立之铧。

（4）饧太刀　此亦为仪仗之用，如一种装饰剑。节会、大赏会之际用之。古物饧剑有木制者，系天皇救赐诸大臣上殿佩带之物。

（5）莳绘太刀　此为昔关东卫府太刀之称，极为华美。三位以上之人佩者可用金饰，四位以下用银饰，白鲛为柄。于节会、大赏会、贺使

---

① 天国系文武天皇（697—706年在位）时大和之铸剑名工。

② 元历为安德天皇（1180—1184年在位）之年号，仅一年（1184）。建武系后醍醐天皇（1318—1338在位）年号，共4年（1334—1337）。

第2章 日本兵器

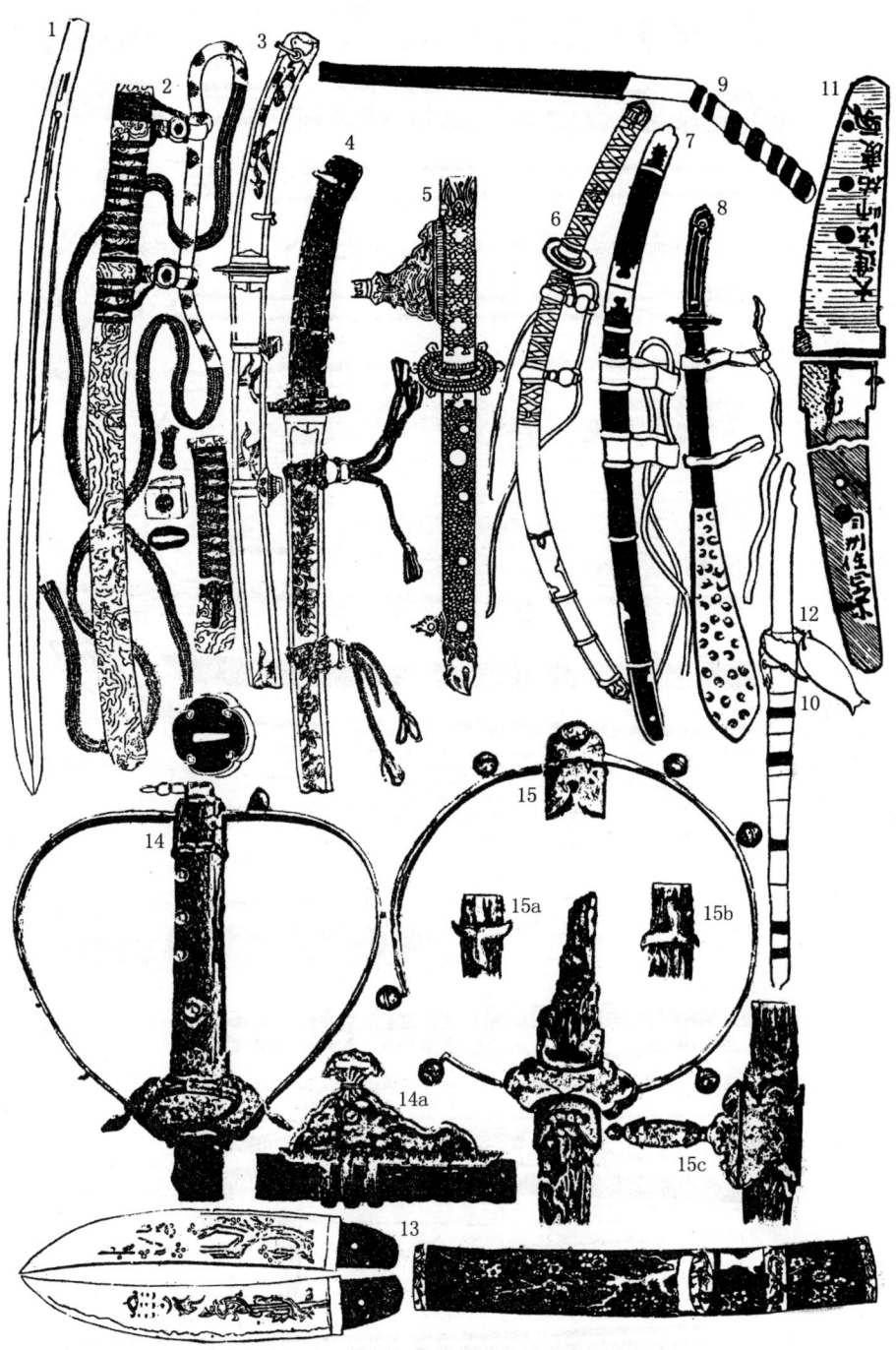

图22 日本古代各种刀形及柄鞘形
（采自若利及稻田《刀剑与鲛》）

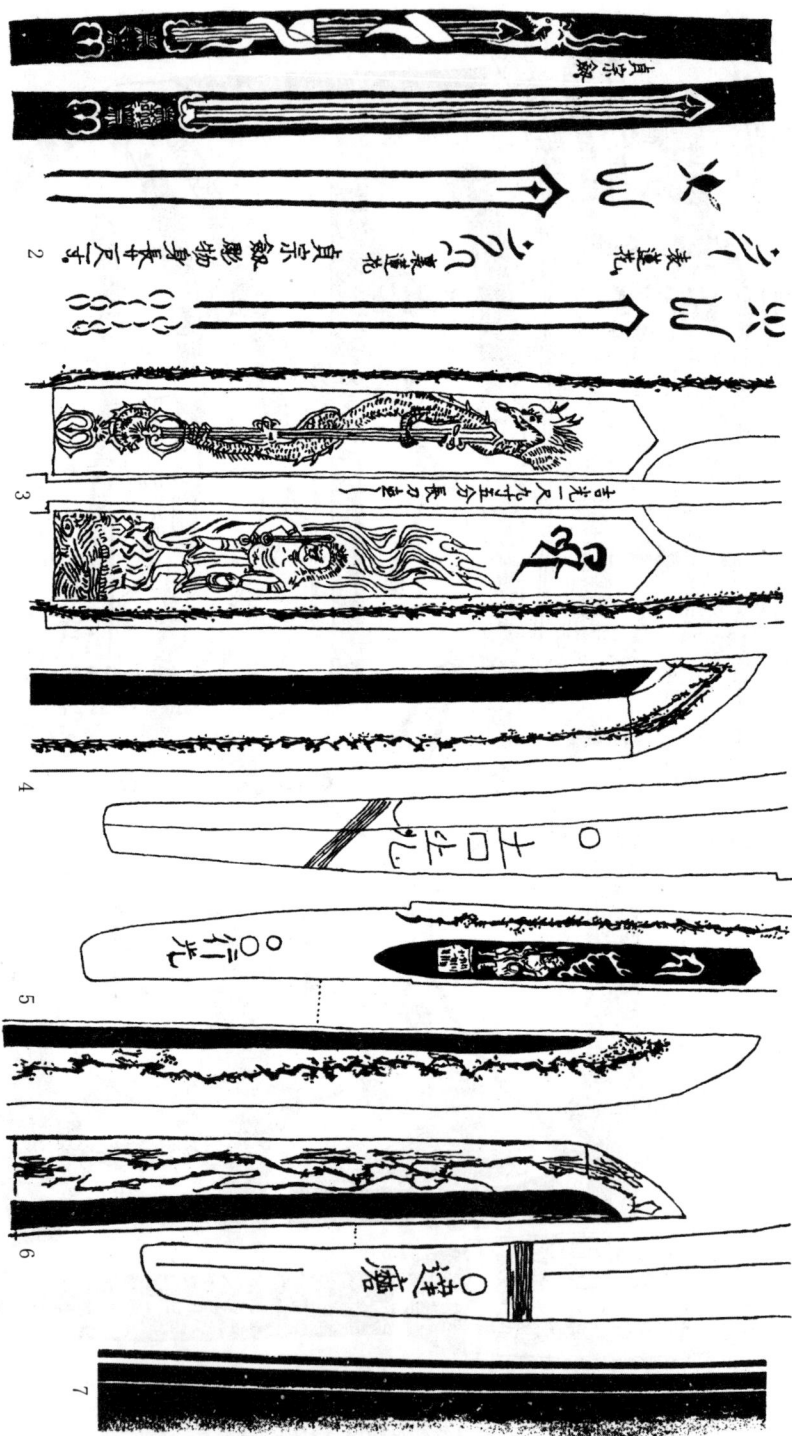

图23 日本花纹名刃
（采自仰木弘邦《古刀铭尽大全》等）

节、任大臣、立后、御幸时佩之上殿。其名目有螺钿太刀、木地螺钿太刀、平尘太刀、薄尘太刀、黑漆太刀、沃悬地太刀、海部太刀、鹦鹉太刀、苇手绘太刀、瑠璃柄太刀、水精柄太刀、樋螺钿太刀等等名目。此等真刀与江府所造刀同,用生铁造刃,鞘上苹箓形位极细致。

（6）野太刀　野太刀之名称出于近代,古代无之。凡武太刀、白太刀、黑太刀、丝卷太刀均属于野太刀一类。与装束时佩带之锛太刀、莳绘太刀、卫府太刀有别。然有螺钿莳绘等野太刀,与纽小刀、匕首、打刀、腰刀等同称。

（7）打刀　打刀一名锷刀,刀长锷利,须视持刀人之臂力以定其长短。此为战阵带铠时所用之刀。

（8）大太刀　大太刀为镰仓幕府时代前后所出之刀。畠山重忠所用备前作之太刀,平四寸,长三尺九寸（其后元弘、建武之间有长至五尺六尺者）,皆泽山所出之战场用刀也。当时武士兼佩小太刀,大小二刀不离。大太刀且有长至七尺者,然不多见,因太长则腰佩、出战不便也。

（9）鞘卷　此谓拔刀时其刃卷鞘而出之义。此刀武家所用,军阵之中与野太刀并重。鲛鱼皮饰而锦布装,并以赤铜、鱼子、玉缘、毛雕为饰,并副以大切羽、小切羽、胴金模样等柄头,鞘有莳绘唐草类。

（10）胁差　胁差系插腰之刀,为近代所出之物。古代有守刀、短刀、怀刀、隐剑等插腰之器,系密置怀中之物。其长大抵仅八九寸,可以破铠。近代胁差较大,分为大、中、小三种,尺寸均较古代为长,于是亦不能密藏怀中而显然插于腰外矣。

（11）兵库锁太刀　此类刀系以金或银饰其柄与鞘之全部。兵库锁者谓古时禁卫中兵库寮之义,刀成而纳藏兵库也。故其手工装饰均极细腻,与兵库寮其他兵器如甲胄剑等同重,兵库锁名垂至今,后世以为细工之称。

（12）丸鞘太刀　此谓鞘如船形并常包金也。

（13）细太刀　细太刀非实用之刀,系仪式用而饰金之太刀,重臣佩之。

（14）佩太刀　佩太刀为常佩之刀，与出战之野太刀不同，须视佩者之身体大小长短及腕与手之长短以为制刀之尺寸，俾便于常佩而美观。其长度大概至长三尺、至短二尺，普通在二尺数寸之间。

（15）银剑　银剑与银作太刀大概均为上古礼式进物。德川时代有大和国多武峰总献上银剑之事。

（16）黑作太刀　其鞘与锷均涂黑色，与黑太刀同。

（17）长伏轮太刀　谓其长及筋金也。

（18）锦包太刀　以锦布为鞘袋，并以锦坚缝包卷刀柄。

（19）守刀　守刀极小，密藏怀中，长仅六寸五分左右。以锦布包其柄鞘，俾便入怀。

（20）ツカヒ太刀　此为太刀进物，应仁以来战乱丧失，今只有目录及刀铭可考。

（21）小太刀　小太刀仅长一尺余。

（22）革卷太刀　鞘用革包坚缝之，皮上饰金物作施卷形，鲛柄涂黑。

（23）中平太刀　此为战场使用之太刀，较长于佩太刀而较短于大太刀，故谓之中平。

（24）葬礼刀　短刀无锷，白绢为袋。德川时代武家用胁差，以白纸包其柄。

（25）大小　此为织田信长、丰臣秀吉时代始用之物，其长短在刀与胁差两者之间，类于古代腰刀。

（26）木刀　木刀或称木太刀，系看而不用、佩而不拔之刀。木雕涂漆，外表类于真刀。或有以竹为刃者，大概儿童所佩或无力置备真刀之人佩之（然日本昔时医士亦佩之）。

3. 徽铭及流派

日本刀上有铭，且家徽颇多，从前日本大族贵胄或武士必以金银或铜作成各家徽之花样形（现在日人和服上尚多绣其家徽者），嵌入刃上以为志别。纽约博物馆曾在其《东方兵器目》中详图此项刃上家徽以分别其来源，有百余徽形，兹不赘述。日本古人习佩二刀，一长一短，尚武之风偏于三岛全国，清季犹然。故其制刀名手亦各处均有，家徽所以志别佩刀者，与刃之良否无关。刃之辨别须求之于铭。日本古刀均有铭，至少刻有制刃者之姓名。仰木弘邦氏在其著作中，分地列举制刀者姓氏及刀铭，计列200余铭，考据详尽。仰木弘邦氏谓尽而大全，想可置信。此为原刃之铭，即制者之铭。日本古刃均由制刃者先配白木柄、白木鞘以保存待售，迨至购刃者购入后大都另配美丽柄鞘，并在刃上或近柄处及夹刃之金银或铜片上铭刻其家族之徽印。此种家徽大都作小圆体形，分为瓣块，各家不同，各族不同，前已述及（见图24）。清水橘村氏所著《刀剑全书》之第五章论刀之锻冶，复分为二十六家派，其详如下：

天国　安纲　吉备前　三条锻冶　三池锻冶

青江锻冶　千手院　月山锻冶　福冈锻冶　丰前锻冶

番锻冶　复の番锻冶　长船一流　来一流　岛田一流

菊池锻冶　粟田口　镰仓锻冶　博多锻冶　吉冈一文字

当摩锻冶　手掻锻冶　鹈饲锻冶　三原锻冶

法成寺锻冶　千子锻冶

其第五章论诸国锻冶之特色及其传系，分为畿内及东南西北七道共六十五国，其详如下：

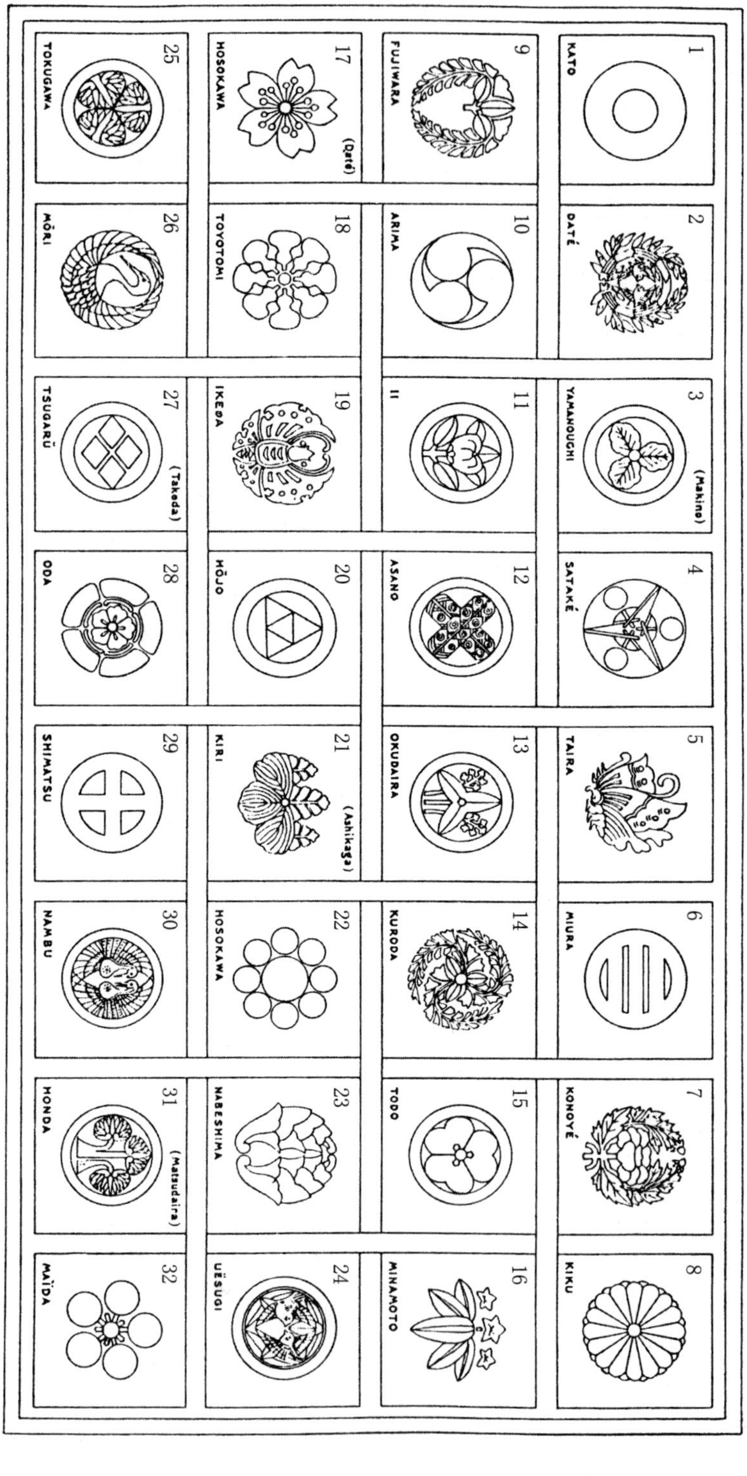

图24 日本古兵器之徽铭

畿内五国：大和　山城　河内　和泉　摄津

东海道十五国：伊贺　伊势　三河　远江　骏河　相模　武藏　外八国

东山道八国：近江　美浓　信浓　上野　下野　陆奥　出羽　外一国

北陆道七国：若狭　越前　加贺　越中　越后　外二国

山阳道八国：播摩　美作　备前　备中　备后　周防　长门　外一国

山阴道八国：丹波　丹后　但马　因幡　伯耆　出云　石见　外一国

南海道五国：纪伊　阿波　赞岐　伊豫　土佐

西海道九国：筑前　筑后　丰前　丰后　肥前　肥后　日向　萨摩　外一国

清水氏之所列者，不出仰木氏旧书之范围而予以补充之。自上世纪（指19世纪。——编者注）以来，日皇禁止私人佩刀，制刀之风渐衰，且新式军械中刀已退居末位，仅为指挥之需，其制造亦日趋简易矣。日人忧之，是以日本下议院有复兴日本刀之议案，而日本侵华时吾国之大刀队特建殊勋，日军亦改用古式刀起谋抵制，日本各级军官业已一律改佩旧式日本刀，完全废弃欧美式指挥刀矣。

4. 欧人对日本刀剑之研究

关于日本刀剑之考古，欧洲人亦有所贡献。如居留英伦之法人若利与日人稻田合著之《刀剑与鲛》一书中曾研究此问题，考据颇详，不无可采，兹译述其大意如下：

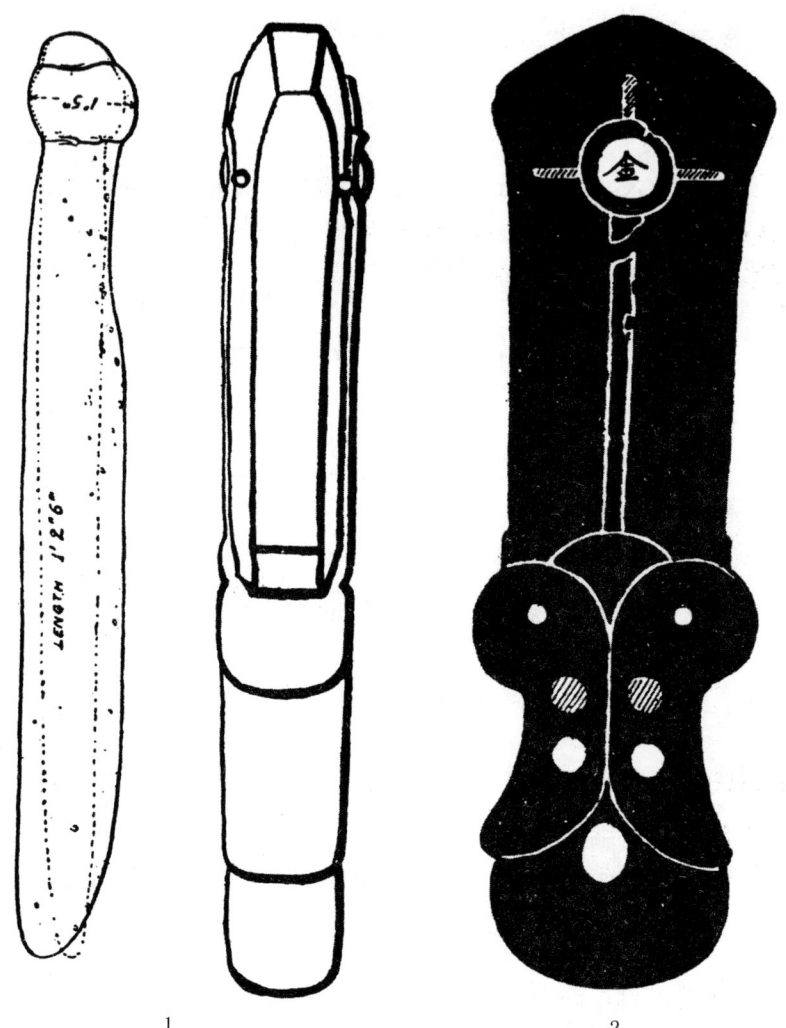

图25 大和时代以前之刀剑

1.石棒。 2.被认为石剑之石制刃器。（采自若利及稻田《刀剑与鲛》）

大和（ヤまと）时代以前之刀剑

除石棍（日名"石棒"，读音为せまぼら）以外（棍长自30厘米至91厘米），曾发现大和时代类于金属器之石制刃。中有数刃，系由Shoko Zuroku产出者，被认为剑器，名之为石剑（せまけん）。然依图25观之，其长仅19.4厘米，且镶嵌金质于中上部，其非剑器也显然，恐非石剑也。

大和时代之铜刀剑

据日本东京《人类学杂志》所记，大和古墓出土之古器中有铜兵二种，一为Bizen（备前，びぜん）之铜刀剑，一为Chikugo（筑后，ちくご）长柄铜戚。然据美国史学家芒罗（Munro）所著《日本史前》一书之意见，则此二种器之来源似尚无可信之凭证。或者属于信仰或仪仗之兵器，如仪仗剑，系脱胎于远古石墓穴中所发现之铜剑也。就其形式而论，殊与马来民族之克力士（Kris）短剑相似，或系在先与马来民族曾有往来之关系。然克力士之来源至今亦尚无定论，颇难断言非从中亚之铜兵中脱胎而出者。

椎头刀（かずち、かぶつち）　在日本关东地方及北方诸省出土之蒜头形柄带草发或带织条者之刀（Baelz博士有一庞大木柄之刀，刃上嵌有镀金铜丝，似属于此类之物），在正仓院藏有多件，如确系唐时（618—907）自中国传入日本之物，有如日本桓武天皇（781—805）时之记载所言者，则可为此种柄形刀来自中亚或西亚斯基泰人或波斯之一种好证据。日本著述家高桥氏曾指出此类刀16具，其中之一具长三尺七分，[①]其柄为浪体形之镀金铜质。此种刀均系直形，一面锋利，刃尖直或微曲。

据日本古书神话之记载，日本神武天皇即位之第三年东征至

---

① 系近年在Kogaigasaki Hitachi（日立）地方出现者。

熊野，山神怒而以毒气迷倒天皇及其军队。斯时熊野地方有一人名高仓下者，乃以一神刀献与天皇，天皇立醒而起立，其军队亦均无恙。此刀即所谓"韴灵剑"（ふつのみたまのつるぎ），乃遵建御雷神（たけみカつい）之命送来者。此系神刀显灵之第一事件。同年，神武天皇将叛军征服，斯时天皇军队均用平头刀（かずちのつるぎ）。剑系双锋铁刃，切面作◇形，想系由铜器时代脱胎而来，唯不作叶形耳。大家都以为剑器系仪仗之用，尤与佛教仪式有关，疑非古代之物，然此疑团亦尚未能证实耳。①

英国高兰教授（Prof Gowland）曾谓："单锋刀之前并无双锋剑，此事已经证实，因在日本各地向未发现古代双锋剑也。故吾人如谓日本剑之起源至早不过在佛教输入时代，盖非违背事实之论。"②对戈氏此种见解持反对意见者颇不乏人，如日人高桥教授曾在《史学》杂志中著论痛驳。又美国史学家芒罗亦曾论及此事曰："在大和时代之铁兵中，至少双锋剑居刀之十分之一，在他省或者更多。此种双锋剑中有凸脊，颇似亚述及迈锡尼之直形铜剑。"③日本出土之若干汉剑，颇似矛头形之剑而具◇切面形，其柄仅长9厘米，中有两凸环，似为隔受食指与中指以及中指与四指之用，有此则较易抓握此小形瘦茎之柄也。④

狛剑（こまつろぎ）　此即旧时所谓之高丽剑，剑柄有环者名为狛剑（据日本古史所载，百济国曾以两神剑献与日本，一名曰月护身剑，一名三公斗战剑）。然日人高桥教授则以为狛剑系宽

---

① 此点显有错误，佛教不用兵器，道教则喜用剑避邪。然如谓剑系专与道教有关，则将蹈同一语病。铜剑在中国起自三代，周代极盛。在高丽曾掘出周代及秦汉之铜剑不少，铜剑曾经渡海至日本不成疑问。唯日本人喜用刀而不喜用剑，此事在古时已然，是以日本剑少而无甚可考。又日本各地大寺、佛教兴盛之所均藏有古兵器颇多，其中常有唐代中国之剑，或者为此误点之起因乎？
② Trans, *Zapon Soc*, IV, 1897, p.209.
③ 见芒罗氏所著《日本史前》，第411页。
④ 此为吾国周代服剑之普通形式。

刀（からんとう）之名，古书中曾载及高丽刀银饰、银头鲛鞘。此刀样系来自高丽无疑，在奈良时代此刀尚与蕨手之剑、刀同为时好品。日人间生千觉胜氏（Manyo Senkakusho）曾谓："高丽刀在其刃尖（铓子，ぼうし）上有分枝，其刀形至为美丽，故有れざみ之名。"按此论似属错误，因有若干中国刀其刃尖亦有叉角，略如钓鱼钩之枝叉也。又日人Moshiwōgusa氏曾谓，高丽剑系长柄之刀，柄之两端有环。高桥氏曾造一详单，开列宽刀30具，均有镀金铜环，其少数有龙形及宝石，多数简单，亦有作鸟首形者。又日人东大路氏（Todaiji Kemmotsuchō）书中曾载有玳瑁（龟壳）联柄之刀。而仁德天皇墓中发现之刀，则有一铁丝编成之鞘袚焉。是以高丽剑虽来自朝鲜，恐其来源实在中国。带环之柄在中国各书，如《释名》及《唐六典》中均可见及也。

  圭头太刀（けとうのたち） 此种大刀之柄系以金丝或银丝缠绕者，其底有时为金属，有时为皮质。[①]阿伊努人（Ainu）所用之刀（Makiri）亦可稍为比拟。高桥氏曾详列此种刀13具。

  圆埽或图头大刀（えんとうだち） 此种刀较少，仅发现4具。其头大都作骰子形或椭圆锤形，有如欧洲人手杖之头形，柄之上端均穿一孔，以系索链。曾发现3具，其大柄均作方形。

  蕨手（めちびで） 据东京人类学及考古学协会之报告，正仓院《古兵目》中所载之蕨手不及10具。图26系高桥教授之所示者，异于正仓院《古兵目》中之图样。此蕨手长一尺二寸，大约系奈良时代以前之物。教授且谓日本蕨手颇与印度刀相似，或者其源均出于埃及刀。至于名称，系就柄形而言也。

---

① 参阅Tsuzura Maki, Nihongi, Kojidi, Soken Biko及东大路等氏之著作。

图26 蕨手

圣德太子剑（Swords of Shotoku Taishi） 此种刀之护手甚大，柄上之装饰极美，且有旁片夹持其柄与护手，在中亚地方尚可见及此种装饰艺术。英国扬哈斯本（Younghusband）探访队曾在印度Guru附近之温泉（Hot Springs）寻得一中国西藏来源之刀，现陈列于英伦南肯辛顿博物馆（South Kensington Museum）之印度部分。其形式极类此处所述之圣德太子剑，其柄旁有旁片，穿孔系之，护手甚窄，厚2.5厘米，与鞘紧相衔接。英伦不列颠博物馆之人类陈列所亦有一中国西藏刀，其装饰完全相类，该所长斯坦利·克拉克（Stanley Clarke）认为此系江仔（Gyantsze）之特性产物。扬哈斯本探访队又获一银饰美丽之刀，上有宝石，可以表示斯时制刀者已知利用颜色宝石或玻璃质假宝石以为鞘与柄之装饰品，与日本正仓院宝物中之微凸工艺颇属相类。此类刀之外，中国西藏刀大都另具一形，其护手大多平体或凹体，接合于刃体之上。

三、巴什福德·迪安之日本兵器研究

上述若利氏之研究颇有见地。美洲人士亦不乏收藏并研究日本古兵器及武装者，如美国巴什福德·迪安（Bashfork Dean）即其较著之一人也。迪安之研究著作名为《日本之兵器及盔甲》，载于1921年纽约大都会艺术博物馆出版之《欧洲与东方之兵器及盔甲手册》一书中。[①]其研究

---

① *Handbook of Arms and Armour European and Oriental*，纽约，1921年。

第2章　日本兵器

之性质及次序异于若利氏而可补充其不足,爱为译述如下:

日本在武装与兵器方面,其旧时美术之出品几足与欧洲颉颃,且事实上较易搜集。盖因欧洲制造旧式武装及兵器者于200年前即已衰歇渐灭,在日本则直至1868年即封建割据制度告终时始行衰歇。因此,日本武器仍然随处可见,非但众多且尚未离原来所在之地,吾人可以从容于多方面研究之。譬如铸造、配带、试验、保存、修理、装饰等问题,及其珍贵之程度如何,在社会上及对于物主之意义如何,信仰如何,崇拜如何,均系研究之细目也。简言之,吾人今日研究日本武装及兵器颇似200年前之研究欧洲武装及兵器者,盖因日本维新派不惜毅然割断其与旧时代衔接之链锁之故也。日本青年虽知保藏其家传之武装及兵器,然已不注意其武教之家训,利益之见既异,于是日本武士(さむらい)之子对于父祖视为生命要诀之使用兵器技术方法现已茫然莫名其妙矣。犹忆余于1900年在日本曾见制兵者数家,其中有一家系历史有名之世家,名曰Miochin(みおちん),均制造武装及兵器。五年后余再赴日本,则此数家制兵者均已亡故,其家人以贫故,业已将存器及图案书籍悉数贱价售出矣!在此时期,即20世纪开始之时,在日本任何古玩店中甚易购得日本旧式武器,然大都均系近代晚季之物,且非佳品。余尝在一大店中见及旧武装至数百套之多,然无一套值得购买者。如有佳者,立被少数好古者攫去,如是乃至一二十年未变。一般言之,日本数百年前以至千余年前之武装,实可代表斯时之工艺美术。如本体钢铁与铜之工艺,配料纺织物、绵布绣金织花、皮花纹之工艺,均曾盛极一时。且武装与兵器曾代表日本民族之阶级及宗教,各种徽志均有分别。若就其对外关系而论,则日本旧时武装及兵器可为研究东亚文化来源与发展以及其对于其他亚洲民族关系之一种资料。日本武装虽尚未得世界人士之相当注意,然日本刀之护手及刃则已在欧美任何城市中均可见及，唯佳品不多见。至于箭镞及矛头则更多，到处可见。1750年以后之武装亦尚易得，唯非良工所作之品，其质贫而粗耳。是以真正佳品、有历史及艺术之价值者，盖均未出日本国门也。职是之故，研究日本古武装及兵器者至今仍只能在日本国内研究之，盖因值得研究之实物均藏置于日本也。其最名贵者系藏在东京帝国博物院、京都及奈良等处，东京美术院中亦藏有若干佳品。然如就时代之古远及器物之稀少而论，实以日本各地佛教及神道教各寺庙中之藏品为最。如日光、宫下、松岛、山田（双海）、中禅寺、吉野、高野山、京都、春日（奈良）、仙台、严岛、鹿儿岛等地方之寺庙均藏有古代武装及兵器，尤以大三岛老神庙之所藏者为最富。在日本内海一小岛之上，尚藏有1200年至1500年间之武装及兵器多件，宝如神器焉。次古之武装及兵器则各贵族家中所藏者不少，如池田（Ikeda）、米田（Maida）、德川（Tokugawa）、上杉（Vesugi）等族府中，其宝库内均有古武装及兵器，质品甚佳，如得介绍可以见及。至于私人藏器亦甚不少，尤以东京及京都两城为最，然此等私家藏器具有代表之价值者亦不多耳。今为详晰起见，分为下列六类研究之：

盔甲　刀剑　长兵　弓箭　枪铳与炮　战马之武装

1. 盔甲

表面观之，日本武装似与欧洲武装相异，犹如东方与西方之不同，然就事实而论则实不尽然。日本武装，轻而用绳结式，肩甲甚大，裹甲系以小片联成，护颈甲甚宽，其颜色光亮，用丝与绳维系织联甚美，底片则以皮为之，作各种颜色。在欧洲则反是，欧洲古武装较日本武装重至二倍或三倍，仅以简单笨重之皮条联贯之，装饰简素，钢片普通不着色。两者何以相异如此之甚乎？依吾人之一管之见，以为此乃日本武装进化停滞之一种表现，因日本政府及领袖在数百年前先后极力守旧，尊古敬往而不愿改良，维持旧时武人习惯与服装唯恐不至。伊等以为日本之英烈黄金时代盖在七八百年以前，斯时技艺之发展犹其次焉者，斯时所制之武装遂被奉为金圭玉律，视为无上之宝。早岁战争技艺发展于大弓、长矛及长刀之上者已系近代之物，至于枪铳及欧洲重量武装则长期遭日本人士之轻视。迨至维新之时，日本人不但能了解其基本条件，且已能精细制造新器矣。实因欧洲兵器如战斧、星形刺锤、短柄圆锤等兵器业已广为应用，日本旧武装即轻薄戎装势不能不随时势需要而变更也。唯近于欧洲式之变更从前均不甚受人欢迎耳。又关于坐骑一层，日本马之体质实为维持旧武装之一原因。日本马体小，犹如其他多数岛上之马，不胜欧洲式重甲骑士之乘骑，且马之性情无常，即不载重甲之骑士有时亦难控制之。况战斗之习惯方式，在日本保持古风时实有利用轻量兼有弹性之武装为宜，是以战士少用其贵族之兵器作战，且不喜用牌盾护身，以便灵敏动作，此种武装实为防御刀矛及箭之日本最佳制造品。后来发展为轻巧浮着之复体钢甲、皮块及钢网，用生皮条及丝织物联接之以成武装。此实类于欧洲12至14世纪初年所用之钢网条片裹衣与钢片肩甲及煮皮合制之武装之遗迹。

三四十年以来，考古家对于日本古时之武装获得不少材料。在此时间，日本政府之专家曾发掘不少古墓，其发现均陆续公布，且解释分析甚详。据此可以认为，日本古时兵器至少有下列三种来源：

（1）土著。其中以阿伊努人（Ainu）为最，此族今日仅散见于日本北方岛上（北海道）之各村落中。

（2）马来。[①]

（3）中国与朝鲜。

---

① 按，此或即黄帝以前南中国之吴越文化。

土著即阿伊努人的古兵器包括石器时代之遗物颇多，如石刮、石镞、石锤、石斧之类是也。马来的古兵器初见于日本古刀剑及矛头，嗣后马来纹身及割头之习亦在日本出现，如日本数代以前曾用一种马络头（即马缰头），可以悬挂敌人首级于其上，其源盖来自马来人之武俗也。中国与朝鲜的来源，以装绵军服及各寺庙跳舞服装所从出之古戎盔戎装为最，又钢铁片制成之武装以及长柄斧戚之类亦来自中国。剑亦系来自中国，唯形式略有改变。

在此三种来源不同之基础上，日本民族乃建立其国民武装。据多数古书之记载，在公元7世纪之间，日本铜兵与铁兵已能自立而与他族相异。是时日本武士之装束，依图画论之（6世纪或更早），系服一铁片裹衣，其铁片系钉联者；头戴有护额片之长盔，亦系以铁条片制成；两腿之护甲形如围裙；两肩及双腕之护器系以皮质制成者。武士背负大且长之弓一具，其刀直形而长，一面有锋，柄作梨形，护手作椭圆形。有时且带短刀及匕首，其护手与柄形若有若无，不甚显露。所须注意者，即此时之重量裹甲系开边门者，但将边门之铁片移动，武士之身即可从旁套进，即将裹甲戴上矣。此旁门方式遗留甚久，视为贵族亲王武装之绵啮（わたがみ）焉。然就普通事实言之，日本古武装均系用小铁片联贯制成。在铜器时代及早期铁器时代，铜铁片武装盛行，其片系在边上穿孔贯联者，或作条段形、或作行列形，略如欧洲罗马时代之物。其行列系以鹿皮绳上下贯穿以衔接之，或以绵绳或丝绳为之。① 此种武装普遍系在11世纪用之。日本各地可以见及者正复不少，其最佳者系藤原时期（约8至11世纪）之物（参见图18之右图）。其甲片甚宽，系以重量涂漆生皮为之；胸甲系以压花皮裹之；腿裙作四宽片形；肩甲系以方形甲块制成；盔之护颈颇大，下垂及耳以护面之两侧；盔盆甚重，分

---

① 铜片武装（有时镀金）曾在埃及、西班牙、印度、中国、日本及两河流域发现。

为八出，铁片作日光形，前首有两叶形片为饰品，有如兽角形，或如虫头准角须形。自此时期以降，日本武装之主要变迁甚少。直至次期或镰仓时期（1185—1333），依近代图画及现存武装论之，其典礼武装之御铠（およろい）与上述者无大差别。数年前在日本丹波地方发现一斯时期保存完整之佳品武装，可谓未受修补之唯一品（图15）。其与较古武装不同之点，乃在其甲片较小而甚密，且系隔以皮片者，一片铁、一片皮，如是辗转更替以制成，与昔时条段行列之式不同。至于同时期之其他阶级各类武装，与此御铠大致无甚差别。且据日本酒井伯爵所藏公元1000年间之珍本《伴大纳言绘词》中之图画观之，此种武装似在藤原时代已有之矣。阶级较低者之是种武装，其护腿甲裙不止四片，而有六片、八片以至十二片之多；衷甲间有边旁开门者（胴丸，どまる），亦有背后开门者（腹卷，けらまき），均如较古时期实物之形式。镰仓时代之战盔大概与前两世纪之物相同，其铁盆系用日光形之铁片制成，有时用凸头大钉定连；其护颈铁片甚宽，两边卷起，下为大形护耳片，此护耳片虽已较早期者为小，然尚巨大；至其额前护片上之叶形饰片，在此时期中其长度异常发展。两腕之护袖，系以宽平大铁片数片用小铁环连接于衣袖之上者。腿上之战裤，系用小铁片列行护之，腿之前面另用大皮块保护，骑士所用者上下突出以护其膝盖。在此时期之末，小铁片之行列或替以整块之铁带，其武装之形式即随而更易。斯时亦有护脸假面具，颇似欧洲之蒙面盔（Beaver）仅在眼前开一极细微之横线漏光，而非欧洲活体盔之护额片可上下活动者。

再次期即足利时期（约1336—1600）。在此时期中，日本武装颇为发展，产出众多不同之式样。纽约大都会艺术博物馆中藏有数件。一般而言，高等式样大多守旧，寻常之品则有进化形式。如足利时期之御铠（图19左图），初视之颇与镰仓时期之物相混，且边门甲（胴丸）与背口甲（腹卷）亦均尚延用。唯此时期之衷甲，系用大型铁片制造者，尤以末季为最。盔盆则用多数日光形之小铁片制成，或作不规则之形式，如果形、贝壳形或首饰冠帽形均有。护颈片较小，护耳片亦大为缩小。假面具之形状亦多，如猴面形、魔鬼形、燕子形以及老幼男女人面形均有（图版五H组）。在此时期中，护腕及护腿器上已增用钢铁小环套制而成之网甲。最后因广用金属之关系，乃产出一美术装满之新式样，即镶嵌金银之武装及凸纹武装之开始是也。自此时期起，各美术制兵专家，如Miochin制兵家，其艺术工作渐次显露，且系经历若干代而不断者，其家传之业已始于13世纪矣。再次则至德川时代（约1603—1867）。在此时期中，日本武装渐次衰落，最后乃完全失用。此时期虽系和平时期，但系武装的和平，封建制度下之将军均整军经武，未敢稍松其防务。斯时维持日本国家统一之方法系定立规则，所有各地大名（诸侯）须于讨论国事时齐集东京（斯时称为江户）。此规制曾严守二百余年未变，其影响于兵器及武装之发展者甚大。因各地大名率兵前赴东京之时，沿途警卫森严，卫队之服装兵器各相夸耀，各级武士均着华装、持美兵，四方齐来，举国可见。如长柄美丽矛头、美术柄鞘、各色徽旗、武士用以披掩铁甲武装之华美外衣（阵羽织，じんばおり）及盔上之软帽（阵笠，じんがさ），等等，均因彼此观摩而改进。是以此时期极利于推广散播，武装之发展乃至千种异样而不止，甚至细微之处亦各不同。如各省有各省之时髦颜色、形状、绸布、金属工艺及漆料，各不相同。且总式样时常变更，于是情形更为复杂。制兵者逐渐为官方服官，每次制装时既预知不久即须更变，于是节省其视为最贵重之部分，不用佳质金属以省费用，而多用漆料与光辉织物及盔之饰品以补济之（图19之右图）。至所试作贵重之式样，如凸纹武装，其结果均归衰败（如Miochin、Munéchika制兵家之武装是其较著者，纽约大都会艺术博物馆陈列数具)。斯时各省藩镇及富有之家均喜用复杂之武装,镶嵌金银,甚至近于奇异,有如欧洲18世纪时之洛可可美术装潢。有时日本藩镇颇似法国路易十四时之诸侯,均以服装表示其富有,谚所谓"背负家产"(Fortune on his back)是也。此种武装为数不多,其价值至为昂贵,现在仍存于东京及京都两地,因价值太昂之故尚未经人购出日本国门,纽约大都会艺术博物馆只藏有衣袖一对。就普通状况言之,德川幕府时之武装大都体轻而外华,贱作而廉售。在此时期中,尤其在1750年至1850年之间,曾制有武装及戎服极多,至今尚保存未用。故就事实言之,在各地古玩商店及博物馆中所陈列之日本武装,几乎十之八九均系此时期之物。

　　此时期中武装之特点,系小耳之盔、紧接之护颈片,盔盆以多数日光形之铁片制成,有时乃多至百余片(纽约大都会艺术博物馆藏有一具);肩甲与战裙均小,常只以铁片一大块护之;腕与腿之武装轻而具有弹性,多用铁环网甲合制。但亦不能普遍为例,因斯时上层阶级之服装大都守旧,其衷甲及盔饰尚类于镰仓时期之物,仅于详察其衰弱之工艺及研究其细节以后始能确认其为近代所制之物。上述各特点,在德川早期即已发现,如仙台之冈崎亲王(死于1636年),其武装即具有此种特点,在日本松岛神庙中可以见及(冈崎亲王曾为德川之劲敌,因学识渊博之故,同时为文学家、工程师、美术家、大将及外交官,名噪一时,为斯时日本最负盛誉之贵族。又曾被派遣为专使,前往西班牙及意大利处理外交及研究一切)。其厚重之衷甲颇似欧洲之式样。就事实言之,在冈崎亲王时期,受欧洲之影响甚巨。葡萄牙商人之进入各港、耶教士之招徕多数信徒、荷兰人之在长崎附近开厂栈,均为促进欧化之助力。于是欧洲的武装及兵器亦随此潮流而输入日本,而荷兰人之红呢及印皮亦逐发现于日本军装之上。实则日本人之竞进心在昔年犹如今日,伊等既明了欧洲武装技术之超越,一得藩镇之允许,立能改变其军装之整个制度。譬如伊等既知舶来品"南蛮铁"（なんばんてつ）较佳于日本铁（因伊等喜用火枪实弹发放以试验各铁），同时亦知舶来品之刀剑刃不如日本刀剑刃之佳，其鉴别力与进化力盖具有同等热度。于是，伊等恰就其所需要者采取西方时髦式样。如有覆额片及无覆额片之欧洲军盔，日人极喜购之，加以翻造修改，以成日本式样（纽约大都会艺术博物馆陈列多具），将盔后之插羽管移置于盔前。为伊等所显著赞许之欧洲豆荚形衷甲，直接采用并时常仿制，名之为鸠形护胸（はとむね）。自此时期起，日本人关于武装之著述书籍及稿本渐多，取而读之，可以知日本人如何着戴武装及其日月贝草角与各种怪兽形徽志之意义，兹不赘论。

2. 刀剑

外国人颇难了解古时日本人崇拜刀剑之程度。古时日本人对其刀剑之心理，含有家规、情感、宗教、道德等观念。譬如中世纪早期之武士，其刀剑均各命名，视同活物，盼其显圣通灵，或盼其自飞出鞘而往杀戮敌人焉。今日日本绅士之属于旧社会者，尚具有是种心理，不愿谈论其刀剑，尤不愿出以示人，如果出以相示则必先已认来宾为其亲密之友人矣。其刀剑之出示也，裹以丝囊或函诸漆篋，由主人细心开露。古刀之尚未装饰者极多，大多白木原柄、白木原鞘，主人鞠躬捧敬于来宾之前。来宾须以两手受之，将手掌举起，拔刃时须十分恭敬并须先求主人同意，然后缓缓将刃抽出，逐节逐寸细心视察钢质。务须将刃锋对自己之胸面，而决不能对主人。刀刃视察既毕，须再求主人同意，完全将刃抽出鞘外，以便视察刃尖，因日本积习不轻易在友人家中抽刀离鞘也。刀刃不能触手，以防生锈，来宾须于相当时间取出其预备之桑葛手巾以承其刃而平持之。刀刃为日本旧社会最有价值之家产，系武士道之灵魂。某幕府将军曾曰："刀刃为其主人荣誉之代表，故人人均宜学习制刃之礼节，均宜试刃、购良刃，自用之并以遗留后人。"其制刃者均系日本超等艺术家，盛名制刃师所制之佳刃，不但从前，即现在尚价值连城，豪富之外国人亦往往望而却步，不能照给其巨价焉。是以日本昔年武士之经常练习，一部分系在认识有名誉之制刃艺术家之姓名。此种研究颇非易事，今日能胜其任者盖寥若晨星矣。东京刀剑会中曾有一著名之专家，谓日本人至少研究并参观日本各地名刃十年，然后始自行购刃！盖因盛名制刃师所制之真刃，常为他人仿制而僭刻其名，并且在真刃制造人尚生存之时即已为之，故时代虽同而实系赝品也。盛名制刃师之尤著者，如12世纪之则宗（Norimune）、13世纪之正宗（Masamune）及吉光（Yoshimitsu）、14世纪之村正（Muramasa）诸家所制之刃，出必流血，为避免意外起见，盖均不敢完全抽之出鞘焉！纽约大都会艺术博物馆中藏有上述诸家之刃，系出自佩德森教授（M. Pedersen）之藏器中者，可信为真物。其最美之处为刃上之脉络，各名家所制刃之脉络各不相同，有时可在钢中之带色线纹上认出，有时则在特别淬出之水纹线（烧刃，やきば）上认出，即在刃锋之钢与刃背或刃中之铁衔接处是也。有时全刃之钢质上面均现各色之水纹脉络形，则近于欧洲均知之大马士革钢之花纹矣。①

日本刀剑之种类。日本刀可以显著判分无议者有三种：长刀（刀，がたな）、短刀（胁差，わきざし）小刀或匕首（短刀，たんとう）是也。单锋微曲或作马刀形，其装饰大都相同。长刀与短刀配对，为名家之成偶刀（大小，たいしよう），直至1877年，日本军人或武士均出门即佩带之。长刀为战斗之用，短刀为补助之

---

① 欧美人所谓之大马士革钢或花纹钢（水纹钢），系指东方或亚洲各民族昔年所制之面上现露各种花纹之名钢而言，世界最佳之刃均系以花纹钢制成，阿拉伯、土耳其、波斯、阿富汗、印度、日本及马来全境昔均以制花纹刃著名，尤以穆斯林所制之花纹刃最佳，至今欧洲制钢名厂尚未能制出较佳之品，亦尚未能制出完全可与比肩之物。至于欧洲制兵家，亦曾于16至18世纪间用焊接花纹钢制造双管短铳之管，如英、法、德等国均曾为之。

用，或在物主危急时剖腹自杀之用，然在最后数世纪中，日本人之自杀者均用小刀而不用短刀矣。成偶佩带之两刀，其装饰完全一样，故搜求日本刀之装饰品如护手之类者，必购双份也。小刀或匕首则无护手，且形体甚小而可以藏之怀中。其余尚有他种刀式，然不多。如大名（诸侯）之长刀，其刃狭而长者作悬腰式之装饰，日名为太刀（たち）。双锋之剑亦常见及，有时其形式颇具原始形，然大都系后世之物，且形式有奇异怪诞者。其物主大都系日本美术界或专门职业人士，如日本旧医士佩一短刀，并无钢铁之刃，或虽有一刃而式样笨钝，并不能用以刺人杀敌，是其例也。

日本刀剑之装饰。至今日本武人家中，其客厅套间内均有一盘形矮箱，用以储刀剑之装饰品或其家中刀剑刃上装饰之各种配料，如扁圆形之护手（镡，つば）、柄上之环形箍（かしら）、套环（ふよ）、附品人物形体、连络刃与柄者（目贯，めぬき）均是。尚有插于鞘外缝中之平柄起花小刀（小柄，てつか），体小如案上之小型裁纸刀及长针（てがい），犹如搔发之针。小刀可以远掷杀敌，据云善掷者可于十尺外穿入敌人武装假面具之眼孔中。长针乃为留于敌人之记号，或割下敌人首级时用以穿其耳孔持归以为胜利品者。有时长针作双体式，则可以为筷子之用，然非进食，不过于祀礼时用以拈香及拨灰耳。刀之装饰系高等日本人实验教育重要部分之一，富贵之家常改变其佩刀之装饰，甚至每月数变。是以绘画雕刻及制工常出日本最高等艺术家之手，而其装潢之式样又各代不同、各省不同，随时随地而变易焉。昔曾有关于刀剑装饰之专门学说，而制造护手之各艺术家遂从而发扬盛茂。任何武士均知若干此等艺术家之姓名及其工作之概要与特长，如Nobouiye及Kaneiye为制造最美铁护手之专家，Goto为制造金狮或金龙护手之专家，Kinai为制造花叶果及鸟冠等形雕空挖花护手之专家，非特为日本武人之所熟知，自日本开港通商以来亦为欧美人士所知，且争先购买其作品。即纽约一市已有可以代表之藏器数家,就中乔利纳(Adrian H. Joline)之藏器已全部遗赠纽约大都会艺术博物馆矣。①

3. 长兵

日本人善用长矛及投枪,且曾广用之,至今日本人之家庭中犹储留此物,而各书店中亦尚易购得使用矛枪之技术书籍。然日本人之长兵殊不如欧洲长兵之复杂,其最著者系坚强长体切面作四方形之矛头,其尖钝固;第二种为带斧形之矛,其矛头作十字形;第三种为刀形矛(なぎなた,昔日本女子喜练习此长兵);第四种为长柄宽刃大刀。此外虽偶有不同之器,然此四种长兵实可代表八九百年以来日本人所用之长兵。至于刃上有环、有叉枝之中国长柄大刀,日本人虽曾利用,此处并未计入,因非日本本民族之兵器也。上述各长兵尚可于日本旧武士之遗族或子孙家庭故宅之入门处见及,肃列成行,气象森严,昔年用以斗敌者今仅为装潢陈列之品而已。日本长兵之花样及工艺均甚精致,其工艺之细与制刃相同,悉由制造者签名为铭。至于有关之书籍亦甚不少,极易购买。矛柄可为坚固轻便之模范,系用多种坚木制造,极便把握,尾作马来鞭式,且加环形铁箍,有时镶饰甚富,颇似昔年欧洲之长兵。

4. 弓箭

日本人用弓箭甚久,无论贫富贵贱昔均娴于射术,唯因时代关系,弓箭之形式及用法屡易。弓之形态极多,近射之弓小而柔细,犹如细密精准之器;远射之弓则甚大而沉重(参阅图13及图版五)。弓质采用多数有伸缩性(弹性)之材料制成,弓形则互异,

---

① 著者所藏日本刀仅二十余器,中有一得自巴黎之小刀(图版四十六之156号),其柄鞘系涂金底而饰花银者,全体装嵌凸体各色珐琅质制成之花卉、花篮及双鸳鸯浮水状,工艺精致、色彩鲜妍,刃质有暗花纹,鞘背及小刀柄亦系珐琅花钢,乃日本小刀之艺术品也。

有时如半月形，有时作不规则形，其最普通者乃较长于箭甚多而弯曲度亦甚大，于是弓手可以将弓之一端立于地上而放箭，射出较准。近数百年间日本人之射术极佳，较15世纪之土耳其弓手及14世纪之英吉利弓手尤为巧捷，有书可以证明。唯日本人从未用或不喜用弩机，此亦为可以注意之点。纽约大都会艺术博物馆虽陈列日本弩机一件，然系中国传往之物。日本弓制既屡易，其箭亦受非常之变迁，较任何时代之箭类为多，且近于艺术品。日本箭镞之形体甚美，图画细致，工艺精良，有光体者，有作织花形者，有雕作花卉、龙形或神像形者（参见图版四所示法国毕丹之藏器）。关于箭镞（やのぬ）一门，日本专书甚多，可供参考。弓箭之附件亦不少，如弓箭之囊袱，有作筐形者，有作袋形者，亦有作编制甚美之篓形者。此外尚有小络车，以承备换之弓弦。弓手之手套，有时系印皮之极佳者。

5. 枪铳与炮

日本封建时代之战争不甚用火器，故火药军械在日本发展甚为缓滞。日本在开港与外国通商之前一世纪虽已习用火枪，然其枪制均袭16世纪时葡萄牙航海家输入日本之燧石发火枪。吾人所见日本各种火枪，其详细构造容有不同，如大小、轻重、装饰及枪管均各有相异之处，但其总体则完全相同。自1853年美国东印度舰队司令佩里（Perry）率舰进入日本以后，日本火器随而改变进化，新式器械出现，如短铳与手枪均乘时盛行，其少数仍用火石，余则用铜帽打击发火矣。其时颇有奇异之制品，如日人曾用钢丝作圈以充铳管，是其一端也。日本旧炮形甚笨重，显系仿制17及18世纪时欧洲人输入日本之物。故就枪铳及炮而论，日本昔年并无自制之品，完全系仿造舶来品者，其历史尚不及百年也。

6. 战马之武装

　　日本古时之战马实为作战时之第一牺牲品,马首露出,仅护以丝网,别无他种保护。敌人箭如雨下,马必先被射及,然日本武士并不因此而不喜乘马,日本骑兵固早已普遍作战而未曾稍衰替也。直至德川时代阅兵典礼盛行,马之装束遂成为一种装潢华丽仅供检阅之陈列品。然与欧洲战马之马首、马背、马臀等武装比较,德川时代之战马武装仍属普通而简单。一般系以方形或圆形之硬皮或铜片制成,着色光亮,镶镀金银或漆红、漆黑;马首之护片常作怪面形,有耳有冠(图版五J、K两组)。至于日本马鞍则颇为华丽,各国艺术博物馆大都有藏,其装潢常过于奢侈。一般而言,日本马鞍系中国形式,但有时较小而轻便,颇近似欧洲木马鞍。日本马蹬与鞍相同,装潢常甚富丽,自古以来即作月牙形、无边,颇为实用,蹬体重而平滑,不至扣留骑士之足而拖之于地。日本东京及西京博物馆有昔时全套马装陈列,纽约大都会艺术博物馆陈列之足利时期或镰仓时期之马鞍等器颇似东京博物馆陈列之物。

第3章
朝鲜兵器

朝鲜兵器自远古以至19世纪殆受中国影响，或由华人直接输入，或由仿制，几至与中国兵器难以分论。自日本侵略朝鲜以来，日本考古家历次在平安南道、乐浪郡及黄海道等处发掘古墓达三十年之久，但墓之时代不逾周秦，是以各报告中鲜见石兵。铜兵之出土者则较多，且有在日本人士发掘之前已为欧洲人购去者，如英国收藏家尤莫福波洛斯即为藏有高丽青铜器较多之一人也，其藏器曾于1928年由耶特教授（W. Percevat Yettes）为之整理，并刊印有藏器目录。[1] 中有两青铜矛头颇类商周之器（图27之1、3号），[2] 又有青铜小剑或匕首则完全系朝鲜形式（图27之2号），其刃大头而圆尖，颇似暹罗刀形而异于中国之剑，护手则近于汉式，柄形特别，近护手处有一中孔，柄尾二孔排列如双目，下有凸槽如鼻，鼻旁有一突出之舌，由一小钉绾束而可以上下活动。耶特氏断定此剑系朝鲜石器时代所遗留之形状，想有所见而云然。至由日本人士掘出之铜兵则大都为周秦之器，亦多汉代之物，尤以汉代玉具剑较多于别处出土者，汉弩机亦不少。周秦铜矛、戈、戟、刀、斧、箭镞尤多，汉铁兵亦众，均藏朝鲜总督府博物馆及东京帝国大学等处，日本私人收藏者亦有。其铜矛有时如周秦之器（图28之8号），有时形制特异，刃下

---

[1] *The George Eumorfoulos Collection Catalogue of the Chinese and Corean Bronzes*，伦敦，1928年。
[2] 其中之第1号器归属不明，据朝鲜出土之残余木柄鞘悬测，当系朝鲜古兵。

乃作山字形之筒首，筒体较长于刃体（图28之9号），有时乃系大体中轴之剑形矛，其茎极短，不可名筒。日本考古家称为铜剑，或者系古式矛形剑之遗型，[①]但恐实系矛头，其茎已折断耳（图29之5号）。平安南道所出青铜剑系与秦始皇二十五年戈同出土者，其柄亦异于周剑之柄，乃朝鲜剑也（图29之4号）。其他铜兵大都与秦汉铜兵同形，此不赘述。铁兵之出土者亦多，如类于战国及汉初铁刀之环首长刃铁刀（图29之2、3号），金铜护手或饰玉之铁剑（图29之6、7号），三角形长体铁镞（图28之5、6号）、扁体铁链（图28之1—4号）等均是。至于原北平历史博物馆所藏之朝鲜长刀（图29之8号），大约系明时贡品。

---

① 见《中国兵器史稿》，第122—124页。

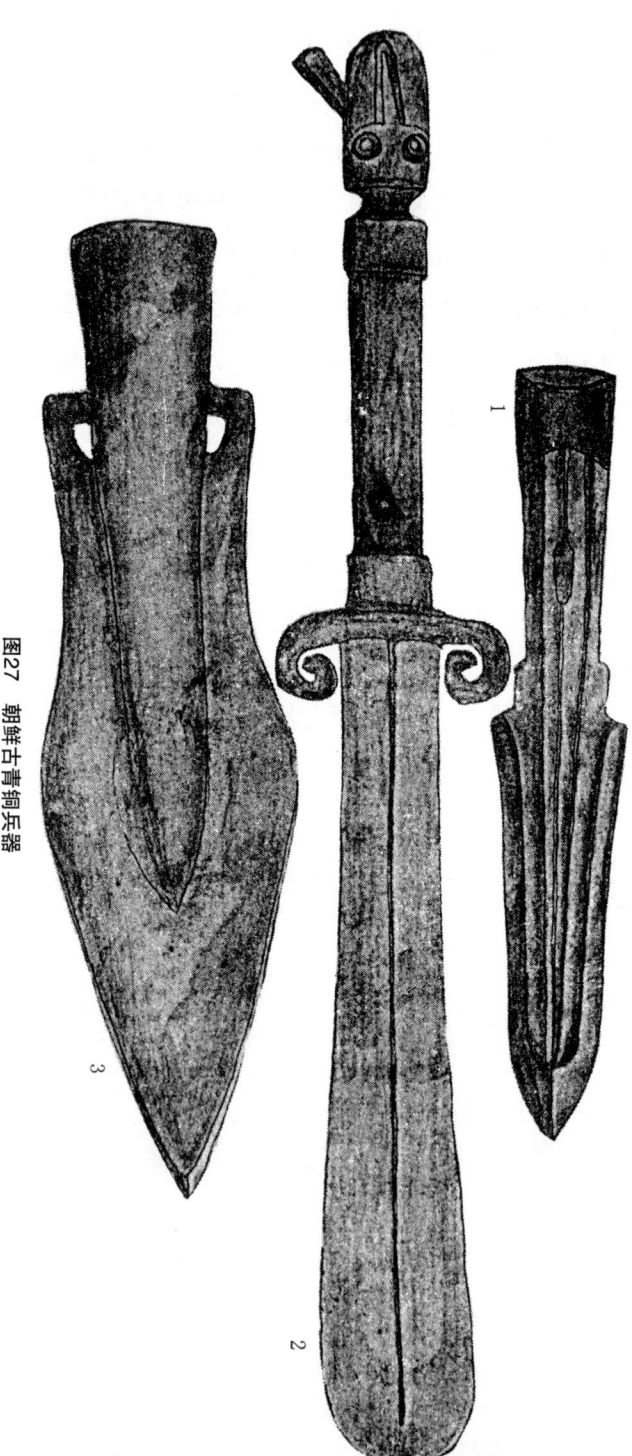

图27 朝鲜古青铜兵器

1.矛头。长20厘米，下部有一小孔，当为系联柄鞘之用。2.小剑或匕首。长33厘米。刃首微向左曲，柄部有三眼孔，眼特谓为石器所遗留之形制。柄之下端有一由小钉铸束之小舌，可上下活动。3.矛头。长25厘米，得自朝鲜。（采自《尤莫福波洛斯所藏中国与朝鲜青铜器目录》）

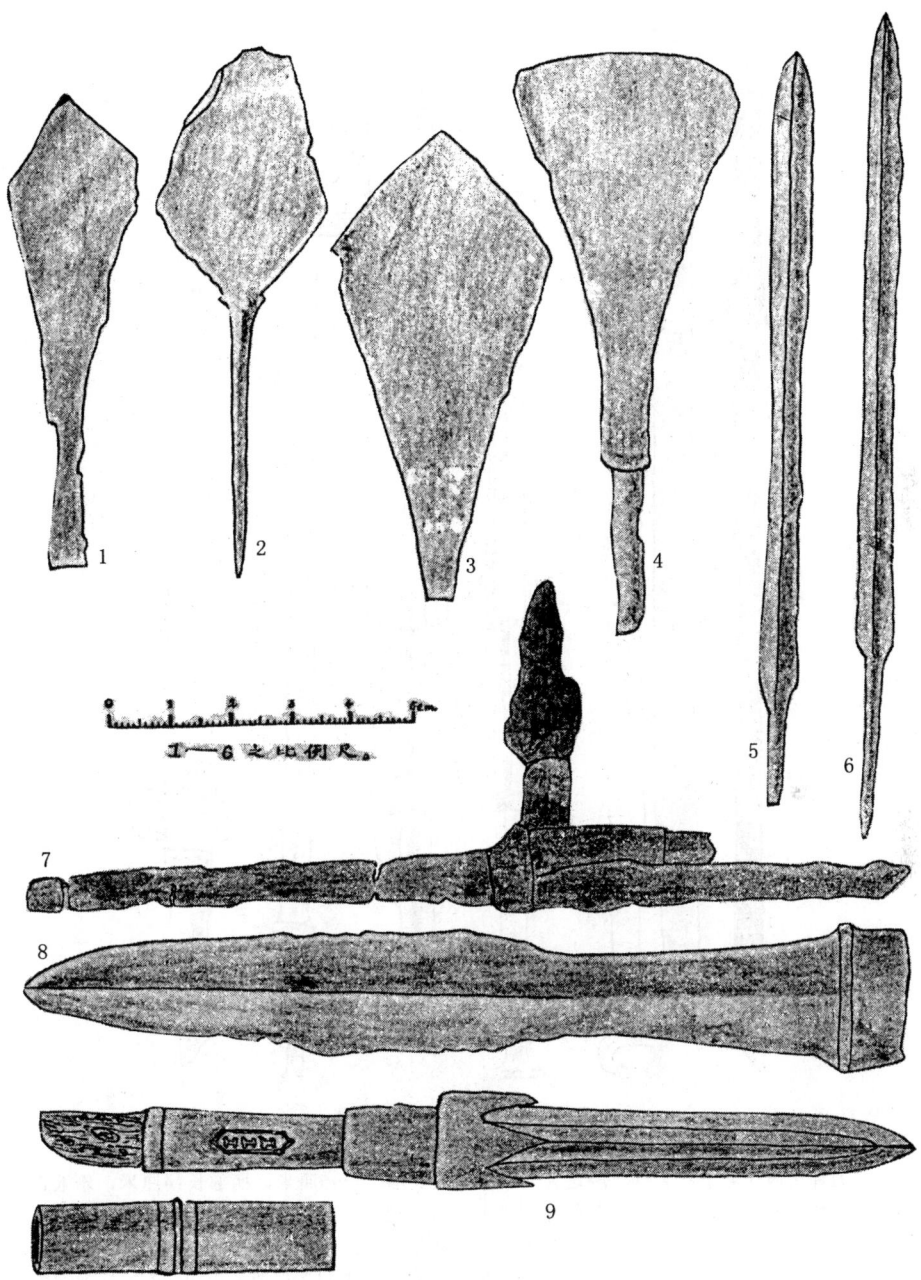

图28 朝鲜出土之铜铁兵器

1—4.汉铁镞。5—6.战国铁镞。7.汉铁戟。长69厘米。以上均平安南道乐浪郡治出土,朝鲜总督府博物馆藏。8.战国或汉铜矛。长12厘米。黄海道黄州郡黑桥面出土,李王家博物馆藏器。9.铜矛及镦。矛长33.8厘米,镦长10.8厘米。平安南道乐浪古墓出土,平壤桥都芳树藏。(采自原田淑人《中国古器图考兵器篇》)

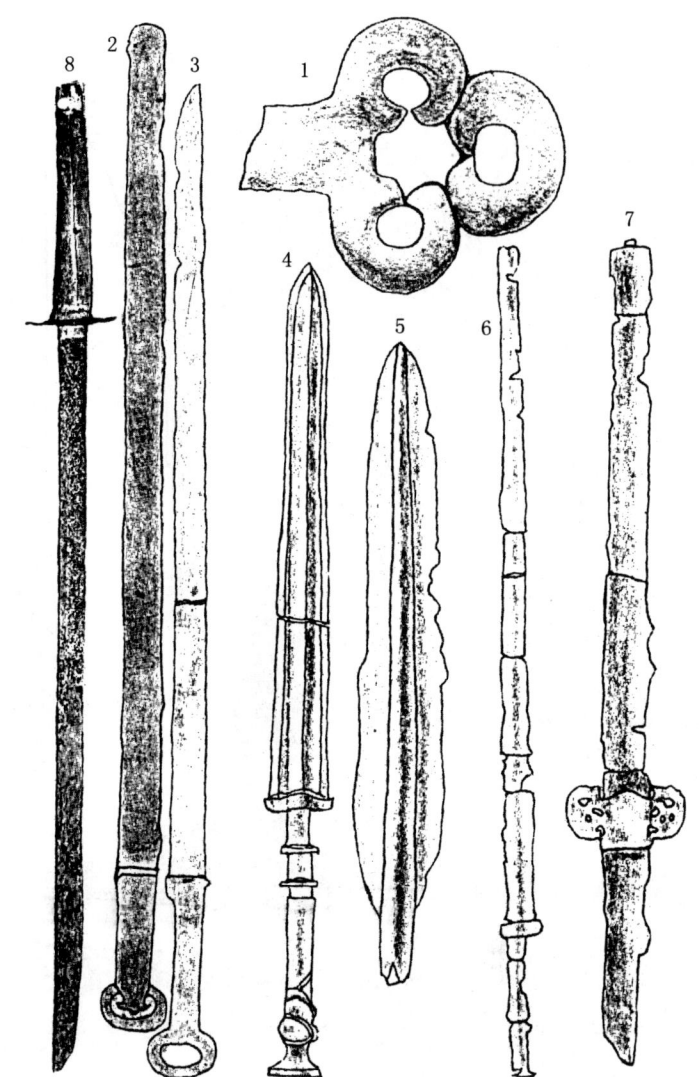

图29 朝鲜出土之铜铁兵器

1.金铜制环头大刀。此种柄形之刀,朝鲜及日本古坟中常有出土。原大,庆州金冠塚出土。2.铁刀。此刀环头内作蕨手状装饰,颇足为刀形进化之表示。长95厘米,柄部长14厘米,乐浪古坟出土,平壤警察署保管。另有一类似形状之刀,长76厘米,有漆鞘同时出土。3.铜刀。刀身有镀金痕迹,疑系汉代仪仗所用之刀。长93厘米,乐浪古坟出土,东京美术学校藏。4.铜剑。柄之下半部作龙首珠形,有镀金痕迹。长50厘米,平安南道大同江郡船里出土。5.被称为铜剑之矛头。长21.8厘米,平安南道出土。6.铁剑。1/7原大,乐浪古坟出土。此剑出土于9号墓死者左侧,剑柄木制,鞘为布裹加黑漆,柄之两端及鞘上附有玉制装饰,即汉代所谓之玉具剑也。7.铁剑。护手铜质,作鸟兽形,柄与鞘木制,鞘裹丝布涂朱漆,鞘端有金铜帽。长82厘米,乐浪古坟出土。8.铁刀。长119.4厘米,背厚1.8厘米,木柄。原北平历史博物馆藏。以上未标明收藏单位者均朝鲜总督府博物馆藏。(采自原田淑人《中国古器图考兵器篇》)

第4章
越南兵器

一、汉代以前之越南古兵

越南新石器时代之人群及青铜器时代或铜铁并用时代之民族，系先后两次由南中国迁往者。南中国古人第一次南下而抵安南（越南古名）大约在新石器时代之末期，其时黄帝族尚未南下，迨至蚩尤之族战败，南下之民愈多，越南始形发达。近数十年来，法国所设之安南地质调查所（Service geofogique de l'Indo-Chine）在印支半岛中部、北部（东京一带）及南部（柬埔寨）等地方先后掘出新石器时代之石兵、石具不少，其中颇多与中国南方各省出土同时代之石兵、石具同形同质者，是其一证也。① 第二次南下而建安南国之南中国人，系吴越文化末期之越国人，于越亡后分途南下而至越南，其时约当中国青铜器时代末期或铜铁器时代。此次南下建国之经过，法国学者奥鲁索（L. Aurousseau）论之颇详，其文另为摘述于下方。此第二次移民所遗留之青铜兵器及铁兵，近三十年来在越南地方尤其北面一带出土颇多，显然具有吴越文化色彩，且有与越中（浙江）石铜器同具特形而异于他地之出土器者（如浙江出土之足形或马蹄形石斧与越南北部之足形或马蹄形青铜斧完全同形，同

---

① 见法国安南地质调查所逐年总报告中所示石器图形。该报告至今已出三十余巨册。

一来源，他处罕见其器形也），是其一证也。另有一种青铜器，其来源亦在吴越石铜器或青铜器文化时期，而可为南中国古代民族被迫南下遗迹之佐证，如苗、瑶、羌、傣、彝诸边族乃至越南、马来以及新加坡及南印度诸土族至今尚利用此器，或埋藏于地，奉为祖遗家宝而尊崇备至者，即青铜鼓是也。铜鼓为南中国古人发明创制之器，迹其所至，即可知古人南下之途程及其沿途逗留之地方，其鼓上之花纹均为南方先人所留遗之标志，吾人已于《中国兵器史稿》中论之甚详矣。[①]十数年来，越南之北部出土铜鼓甚多，且有形体极小不能实用而系越南古人特制以殉葬者，可见越南人重视铜鼓之甚矣。

　　法国安南地质调查所历年报告所图示之越南各地出土石器何止数千具，其中颇多新石器时代之石兵，可资参考。图30所示者为越南北部出土之石兵，图31所示，为印支南部柬埔寨出土之石兵铜兵及骨兵、贝兵，其风格颇类于吴越文化之器也。

　　越南清化东山村（Dong-Son）所出土之兵器，其石兵有青燧石制之锤、刀、凿与枪头或矛头，灰沙石制之小刀，沙石制小斧，青沙石小斧等，均藏河内博物馆（见图34）。青铜器有仪斧，作舟形，其上有凸形纹殆满，法人谓为花纹，但颇似一种象形文字，或为三代以前吴越古文化时代所用以代语言之符号（图34之3号）；有足形铜斧，上刻武士及云雷形与龙形（图34之1、2两号）；有铜剑、铜斧、铜镞、铜矛头及铜匕首，其柄特具安南色彩（图34、35）；有空首斧锛（图32之1号）；有与西伯利亚式相类似之小铜剑或匕首（图35），均为越南青铜器时代之遗物，即吴越青铜器文化之遗器也。此外有中国青铜剑，体似周剑而柄上刻花，法人断为汉代之物，谓为伏波将军马援部下所带往而殉葬者（图34之11号）。越南出土之兵器，有铜铁相合制成者，颇足代表铜铁两时代之过渡时期遗物，如铜体铁尖锋之剑及铜体铁刺尖之矛头，以及铜护

---

① 见《中国兵器史稿》，第192—206页，第四十九至五十四图版。

手之铁剑，东山村出土而藏诸河内者均是（图34）。至于铁剑，在东山村出土者作两头尖之长剑形，或作西伯利亚式匕首形，其时代较早（图34之5号）；在七庙地方出土者作平长体环首柄斜尖锋长剑形，近于长刀，似中国秦汉时物，而法国考古家亦认为中国产也（图34之6号）。

图30 越南东山出土之石兵
1.青燧石锤刀。长26.5厘米。2.青燧石凿或枪头。长18.5厘米。3.灰沙石小刀。长19厘米。4.沙石小斧。长10厘米。5.青沙石小斧。长5.5厘米。均河内博物馆藏。（采自戈鲁伯《越南北部与东京地区之铜器时代》）

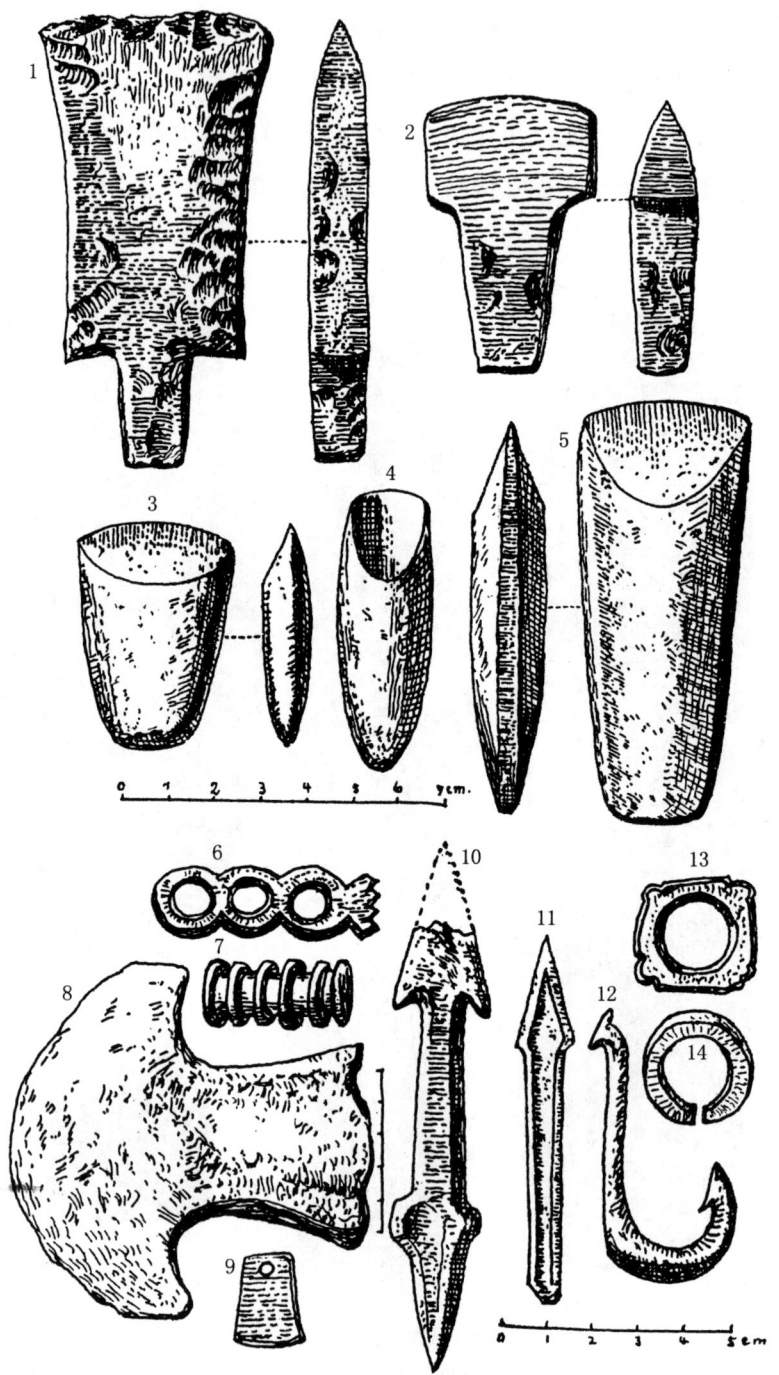

图31 柬埔寨出土之原始时代兵器

1—5.石器。6—14.铜、骨器及贝壳器。三隆（Somrong）地区出土。（采自摩根《东方史前》）

第4章 越南兵器

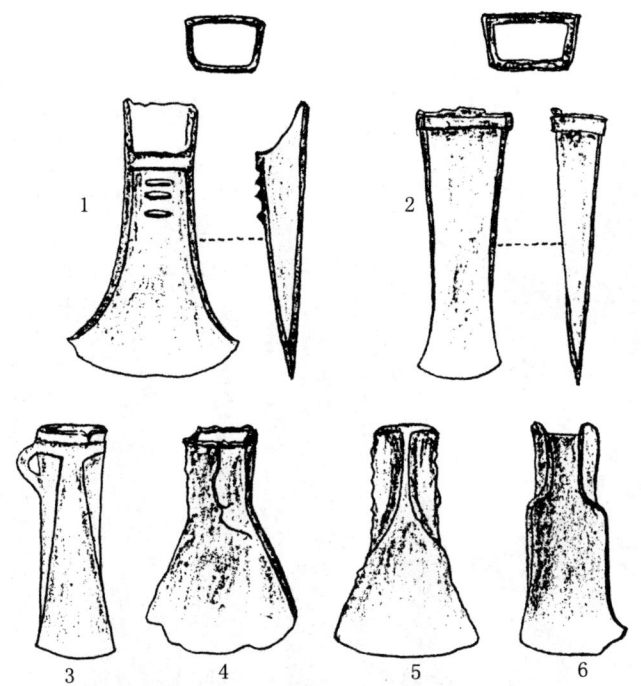

图32 空首斧锛之比较

1.越南东山出土。2.中国出土。据安特生《中华远古之文化》。3.卡利诺夫卡（Kalinovka）出土。4.匈牙利克塞格（Köszeg）出土。5.塞勒（Celles）之古墓（Tumulus）出土。6.格里茨（Göritz）之Idria出土。

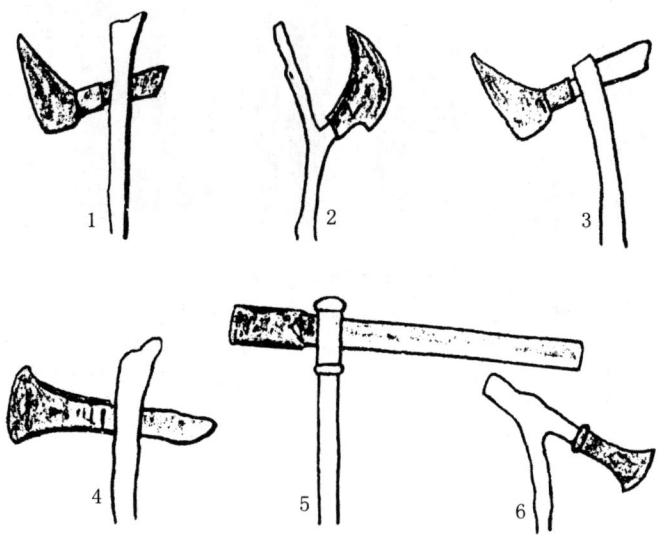

图33 东山出土铜斧装柄形式之假设

图34 越南出土之铜铁兵器

1—2.青铜斧。表面凿有纹饰，长13及12厘米。3.仪斧。长10.5厘米。4.青铜匕首之柄形。长11厘米。5.双尖铁剑。长63.5厘米。6.中国环首铁剑。长111厘米，七庙出土。7—10.铁矛头及铁镞。11.汉代青铜剑。刃长60厘米，宽4.5厘米。12.铁刃裹铜之銎柄矛头。长18.5厘米。均河内博物馆藏，未标出土地者均清化东山村出土。

第4章 越南兵器

图35 越南东山出土之铜兵

1、6—7.矛头。2—3、8—10.匕首。4—5.箭镞。11—12、14.足形斧。13、15.空首斧。均河内博物馆藏。（采自戈鲁伯《越南北部与东京地区之铜器时代》）

二、铜鼓

1. 概述

越南青铜器之最足使人注意而为欧美二洲民族所无者，厥为铜鼓（图36、37）。铜鼓原为古代南中国青铜文化民族所有之物，因其被迫南迁，遂播及南亚各地。至于三代后之第二期中国铜鼓，似在东汉时始有其物，四川所遗者想系诸葛武侯所制之物，北方所有者或为伏波将军自南方带归之物，故在昔中国考古家恒以铜鼓为汉代南来之物。近年福开森氏在陕西得二铜器，认之为周代铜鼓，而从前欧洲考古家亦颇有以铜鼓为中国创制者，又有认为南方特产者，纷纭未决。近年发掘之结果似可证明铜鼓确为中国人传往南服之物，南蛮以至马来群岛人虽曾广用此物，其铸造及刻花之法实首先由中国人传授也。其所以南方广用而中国人反不甚用之故，一者因北来民族不喜用之故，二则因气候风土之关系（南方潮湿过甚，皮鼓常不能发音耳）。法国考古学家戈鲁伯（Victor Goloabew）所著之《越南北部与东京地区之铜器时代》一书引征颇富，[①]兹节译其书中关于铜鼓之研究如下：

在河内法国远东学校（Ecole Franrçaise d'Extrême-Orient）之博物馆内有一大型青铜鼓，具有古物学上之珍贵价值。此铜鼓系一圆体圆面箱形薄铜片所制之物，其上部向外突出，其下部向外平伸，上部与中部衔接处有四耳环（图37）。鼓之上面平实，下面空心。耳环系为提鼓或用铁索系鼓之用者。鼓高63厘米，上面圆面之直径为87厘米。圆面全体镂刻花纹极富，中心作十四出之星形，向

---

① 载河内《法国远东学校学报》（*Bulletin de I'Ecole Française d'Eztrême-Orient*）第29卷，1929年。

外第一圈中有战士形及室、舆、舟形,其中并刻有铜鼓形;第二圈作大鸟形与长角鹿形,十四鸟而二十鹿;第三圈作长喙大鸟形,其项下立一小鸟;其外尚有六窄圈,二圈刻作长齿形,二圈刻作小圆圈形,另二圈作鱼形(并无蛙形)。此鼓系1903年由法国驻安南府里(Phu ly)长官在哈南(Ha Nam)之一庙中取出者,其年代及制造之处不详。另有形式相同之铜鼓一具,陈列于1889年巴黎世界博览会之印度支那馆中,系来自越南黑河流域,由法国驻安南副总督穆利耶(E. Moulié)送往者。此鼓于闭会时失踪,迄未回归越南。三十年以前,河内法国收藏家吉莱(L. Gillet)曾藏有形式与上二鼓相同之铜鼓一具,现亦不知何往矣。

2. 西方学者对铜鼓之研究

铜鼓之历史曾为东亚之重要研究物,然尚有若干点未曾明了。如铜鼓之来源及其传播之中心处所是其最要者,而铜鼓上所刻之图画及鼓面或鼓边所附之青蛙(大都立体,有时蛙背上再驮一小蛙)以及他种动物形至今亦尚无一定解释。考铜鼓之播及范围甚广,东南亚各地均曾用之,南至马来群岛,北则直达蒙古地方。各处铜鼓之发现及经研究家绘图说明者其数已属不少,现尚继续层出不已。如德国学者弗朗茨·黑格尔(Franz Heger)在其所著之《东南亚之古代金属鼓》[①]中,依其所有及所见之铜鼓165器,认为东南亚之古铜鼓可分为四类:第一类可称为直体三分之铜鼓,其最下一段为向上包之⌒形,中段为直体圆筒形,上段为向下包之⌒形。此类铜鼓最多,有产自马来群岛者,有产自越南东京及南中国者。黑格尔谓此类铜鼓系由古代未开化民族发明制造者,此等未开化民族现尚居于中国广西、贵州及四川等处,即今人所称之苗族及彝族是也。此

---

① *Alte Metalltrommeln aus Süd öst-Asien*,莱比锡,1902。

类铜鼓之研究者极多。第二类及第三类铜鼓,鼓面长出于鼓身而作⇑形,鼓面均附有蛙形,鼓身亦不可分为几部分。第三类铜鼓缅甸人用者多,其鼓体更为简单。黑格尔认为,第三类铜鼓系由一、二类脱胎化简而来,而第二类铜鼓之来源亦系南中国。第四类铜鼓之鼓面与鼓体恰相衔接,毫无大小出入,鼓面中心之星形多为十二出,鼓体较矮,其切体略如S形而曲度略减。黑格尔谓所有此类铜鼓均系在中国制造者,其中多具并非古代之物而系后世所造者。本文所论铜鼓系第一类物,今就第一类铜鼓研究之。此类铜鼓既曾在马来群岛、越南东京及中国南部发现多具,吾人果如何可以指定其最初之制造地乎?此类铜鼓之播化系由南而往北乎,抑由北而至南乎?德国人类学家施梅尔策(J. D. E. Schmeltz)曾在《国际人种学汇刊》第9期(*Internationales Archiv für Ethnographie* Ⅸ,1896)刊载《印度群岛之铜鼓》(*Bronze Pauken im indischen Archipel*)一文,谓铜鼓源出印度。尚有其他欧洲人种学家数人亦具同样见解,又有谓马来人系首先制造铜鼓者。19世纪末及20世纪初,复有德国人类学家主张铜鼓为印度支那南部之占人(Chams)或其联族所首先发明创造者,即迈尔博士(Dr. A. B. Meyer)与富瓦博士(Dr. M. F. Foy)合著之《东南亚之铜鼓》(德累斯顿,1898)。① 二氏认为,铜鼓系由近似马来人种之移民带至印度群岛者,此种移民因受来自北方之压迫而渡海居于马来群岛,故印度支那之南部颇能为铜鼓之发源地。此种理论颇足动听,但有一显然之缺陷,即此种第一类铜鼓从未在柬埔寨或交趾支那或越南之南部发现是也,而在越南北部(如东京地方)却已发现甚有价值之铜鼓多具,无疑为古代遗物。是以德国学者希尔特(F. Hirth)及冯·格罗特(J. J. M. von

---

① 富瓦又于1903年在维也纳人类学会上就此问题进行报告,并刊载于《维也纳人类学会学报》(*Mitteilungen der Anthropologischen Gesellschaft in Wien*)第33期,名为《关于东南亚铜鼓之我见》。

第4章　越南兵器

图36　越南东山等地出土之铜鼓
1.面径63厘米，高42厘米。2.面径53厘米，高41厘米。3.面径31.5厘米，高27.5厘米。以上均清化东山村出土。4.老街出土之铜鼓面纹及鼓体纹饰。面径86厘米。均河内博物馆藏。

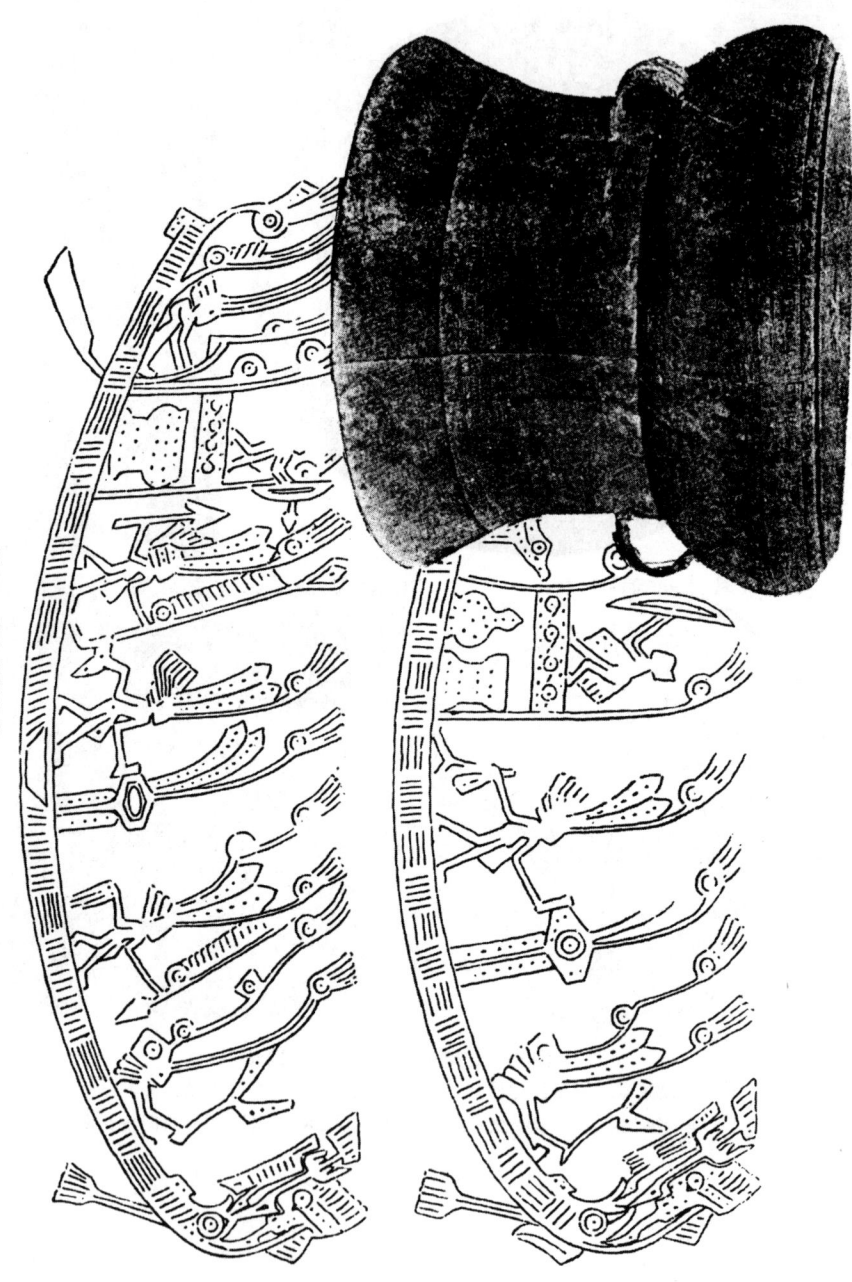

图37 越南铜鼓纹饰

此鼓出土于河内州之Ngoc-Lu，面径85厘米，高63厘米。原系河内州某寺藏，现归河内博物馆。此鼓之面纹，见拙作《中国兵器史稿》第五十图版。

Groot）均主张应在中国求其来源，谓中国载籍中关于铜鼓之记载多而且要，可资参考研究，唯二氏之结论并不相同耳。据希尔特之意见，最初之铜鼓系发源于中国，①系中国人于1世纪出兵征讨南蛮时所创制者。②首先制造之铜鼓系用以代普通之皮鼓，因皮鼓南下浸受淫雨及湿气而不能作声也。嗣后南蛮乃群起仿制铜鼓，因其性喜此类乐器，除战争外且用为祀礼之具也。南蛮平后，铜鼓乃成为中国皇帝赐给和平使者之威权记号。希尔特又谓铜鼓上所刻之大鸟如鹳如鹤，据中国载籍实具有军神或礼仪之作用。至于铜鼓上所以刻带多数蛙形者，因中国书中不少谈及蛙乐之处，且蛙鼓名词在中国早成习惯，刻蛙于鼓亦可为源出中国之又一证也。格罗特不赞成希尔特之主张，谓铜鼓并非中国民族所创造之物，而出于印度支那之土人及居于中国南部之人（即古人所谓之蛮）所造，③是以北中国之人从未见有是种铜鼓。至于中国皆习常以为马援或诸葛亮与铜鼓有关者，不过系征服南蛮后之一种作用，且出于中国人每喜自大之心理，以为各种创造均出于中国人耳。④冯·格罗特氏复谓，铜鼓在南蛮生活中有重大关系，蛮族以之为威权记号，鼓声一震，山野之民力能持刃者均当立即趋赴其首领之前听令。至于鼓上刻蛙体者，盖因南亚南部之民均信蛙鸣为季雨之兆，季雨来则稼禾丰矣。黑格尔氏之意见大致与格罗特相同，唯以为铜鼓之发源地似在越南北部及东京一带（即邻近中国边省之处），将来搜寻及发掘之工作宜注重此等地方云云。法国考古家帕尔芒捷（M. H. Parmantier）曾证

---

① 见《通报》所载《后印度之铜鼓》（*Über hinterindische Bronze Trommeln; Toung Pao*，1890，p.136），及《柏林东方语言学校学报》所载《中国人对于铜鼓之见解》（*Chinesische Ansichten über Bronze Trommeln; Mitteilungen des Seminars Für orientalische Sprachen zu Berlin*，1904，p.200）。
② 按，此即指伏波将军马援征交趾之事。
③ 见《柏林东方语言学校学报》所载《东印度群岛及东南亚地区古铜鼓》（*Die antiken Bronze Pauken im Ostindischen Archipel und auf dem Festland von Sü dostasien*，1901）。
④ 见伯希和（P. Pelliot）在格罗特《中国人对于铜鼓之见解》一文后所附之文献解题（*Notice bibliographique consacrée à l'article de De Groot*）。

明河内出土之古铜斧、铜刀等器，其上所刻之花纹如鹿形、舟形、人体形等恰与河内所存之铜鼓上花纹同样，刀斧既为越南土人自制之器，铜鼓或亦系越南古人所制之物。惜此种刀斧之年代尚无所考定，徒备一说而已。

3. 铜鼓之源流

近年越南发掘之结果已足证明铜鼓之发源地，并指定其历史之位置。先是，河内法国远东学校于1924年派帕约（M. Pajot）往清化省东山村左近从事发掘。所以择取该地者，因有重要历史关系，且与中国初次出兵征安南时有关也。此项发掘工作曾间断数次，至1928年其成绩已大有可观。在河旁不深之地面下掘现古墓多座，与东京及清化省他处之砖砌中国坟墓完全不同，仅系土窟而陈尸其中耳。遗骸之旁发现殉葬之铜器不少，尤以铜鼓为最多，其次则为铁兵器或铁具、陶器、土制珠饰、玉制耳环、钱币等物，中有一尸前腕骨套戴甚坚固之透明绿玻璃质手镯一具，又有磨光之石斧及奇形石具，可认为系时代较远之物。1924年最先发现之物为一中国制之汉剑，长60厘米，宽4.5厘米，其形式与中国古董商所认为周剑者相同（第三十二图版第11号）。吾人以为，此类短剑之大多数不逾秦季，因自公元前3世纪末中国人始普用西伯利亚式之双锋剑即所谓宝剑。[①]此种宝剑各国博物院均有，以沃纳克（Wannieck）所藏者为最佳，其柄上嵌有绿松石（Turquoise），据云系于山西黎源村（Li-Yu）与他物同获者，为秦始皇时之物，其护手上所刻之花纹则与东山村掘现之剑同样。东山村出土之物中有半两钱及五株钱，又有王莽钱，可知此类殉葬品系于公元前50年左右入土者，而该村

[①] 美国人劳弗（Berthold Laufer）在1914年所著之《中国泥像考》（Chinese Clay Figures）中曾谓，汉初青铜短剑与西伯利亚铜器时代之短剑有惊人之类似，或因历史上的接触而造成仿制之事乎？

河边之葬地之时期则在公元1世纪之中期或后期。今专就铜鼓言之，东山村出土之铜鼓实为印度支那首次出土之物，除碎片外，其完整者有二十余具。虽无一鼓可与河内法国远东学校博物馆所藏之铜鼓比大，然其形式则俨然相类，外表圆曲之形相同，圆体上肿下伸之形亦同，边环之配置亦相类。出土铜鼓几于每鼓鼓面中部均有圆星图形。其最大者之底面直径为33厘米，其高为27厘米，鼓面星形为8出，有两圆形圈绕之。第一圈作斜线配小圆圈形，第二圈作四鹤飞空形，此二形与河内所藏之铜鼓完全相同，其余图形则以短直线为多。此外有一小鼓仅高9.8厘米，直径12.5厘米，刻制颇为精巧，其鼓面星形已氧化腐蚀，然至少为20或22出之形。鼓面几乎完全用大圆圈形笼罩，用斜形直线配绕之，鼓体之花样亦同，鼓面有小蛙形4个。其蛙体背向鼓心而头向外，此为可值注意之点，因通常铜鼓面之蛙形均与半径线垂直而蹲坐鼓面也。鼓之全身与上鼓同，系分二段或三段铸成者，下面有两衔接处明示分段之处。尚有数鼓体积更小，均有此特别之点，即各鼓均有悬鼓之耳环是也。此环系在鼓面之中心，犹如古铜镜中之穿。有一鼓尤为奇特，其高仅及4厘米，上蹲一兽，颇似吠犬形（图38）。塞鲁希（Cernuschi）博物馆有一陶器兽形与此相似，据云系汉代之物。[①]除上述者之外，东村出土之其他铜鼓均系真鼓之缩体，形式甚矮小，且有数鼓铸造简陋，仅为青铜块片，敲之亦无甚声音。大概系用以替代体积较大、价值较高之真鼓而殉葬之明器。是以此种铜鼓可为仪节及殉葬之最好代表器，其所殉者必为当时蛮族领袖无疑，犹如弓箭刀矛之类均为显者及武士殉葬之要品也。

　　河内所藏之大铜鼓，在其联接鼓面与鼓身之凸形边上，刻有舟形6个，其间有大鸟形隔之（图37）。舟形一致，舟体曲作月牙

---

① 此之所谓吠犬形者恐系出于欧洲人心理之观察，实则汉代之物以兽形为饰者不易判定为犬也，且此器亦非必为铜鼓耳。

图38 越南东山出土之铜鼓模型

形,舟之中心矗一凸台形,花饰奇异,或系代桅杆者。在此凸台与舟尾之间刻有平顶小房,中置一铜鼓。舟之首尾装饰俨如鸟之首尾,每舟之上有执矛及斧之战士数人,另有一人专击桅杆上所悬之鼓,一人则执桨行舟。战士中之一人立于平顶小房之上。弯弓待发,其他战士亦有同样气概。图形之所示者,盖战争操练之状态也。今就此等人形上装饰研究之,除上立弓手外,所有人形均佩有鸟毛或鸟之残体,作奇异之鸟冠形。且舟之装配及兵器等均饰以异形,与舟之原形迥异。大概此种鸟饰系当时战士或其领袖之标志符号,非率尔为之者。鸟眼作有尖之圆形,舟前刻有此眼,舵上刻有,各处刻有,箭囊上亦刻有,此为明眼人所能识其意义者。此种特形符号,鼓面亦然。如圆面圆圈及鸟毛等形均见于鼓面,或者鼓之为物亦有神灵之作用乎?再就鼓体观之,则有半人半鸟之形体焉,或披蒙鸟羽之人体焉。凡此诸形,想系原始人群神灵信仰或祀典礼仪之征象,若缺乏记载或同形之比拟,如何而知其意义乎?幸有达雅克人(Dayaks)之壁画及图形适入吾人眼中,可推测而加以断定焉。按南洋群岛婆罗洲之达雅克人系原始人类之尚美术者,印度支那之摩伊人(Moi)实与相近。伊等喜为彩色绘画及炭绘图画,其纹身之美术可与其土布及席之花纹并称。伊等有特别想象之能力,以其远古象形之术参以近代实物绘成图形,几令人莫测其所自来。就中有一图象极似河内铜鼓上所刻之舟形,即所传达雅克人初次到婆罗洲所乘之金舟是也。据云嗣后此舟既不再入海,乃专载死者之灵魂以入云湖中之仙岛。管舟者为一仙子,名曰唐彭推橹(Tempoug Telou),其舟之首尾系模仿丁刚(Tingang)之形;丁刚者,亚洲特产之大喙上有肉角之大老鹳鸟也。于是此舟即名丁刚。舟之桅杆上饰有羽毛，以为伴送死者之鸟群之栖息所，后部有一平顶房以掩蔽锣鼓。此舟并无执棹行舟之人，掌舟者执一矛，唐彭推橹亲自执舵。据此观之，上述各铜鼓上之舟形岂非与之甚相类乎？今再细察达雅克人之绘画，更觉非虚。此画虽将舟形改为几如欧洲小火轮，然实保存其历代相传之唐彭推橹舟形，如桅上之鸟巢、鸟形之装饰、平顶房之锣以代铜鼓、炮手以代弓手或执矛之士，均与河内铜鼓上之图形相似。且在达雅克人之另一图上，舟旁绘有许多小圆圈，此种小圆圈含有神灵之意义在内，故在达雅克人之坟墓及丧门上均有之也。此种圆形且用以纹身，据德国布施安（G. Buschan）之论断，系代表大阿尔古斯（Argusianus argus）之圆羽者，有时且加绘大鹳鸟形，即丧舟之鸟也。今进而解释替瓦（Tiwah）仪式，则铜鼓上之图纹不难得其意义。替瓦者，达雅克人记念死者之大会也。此会之目的在超度死者，去其地上之恶迹而使其获得幸福于天堂。须预备数月始集会，会期七日。会仪甚为复杂，须请神在临，且有多数女巫参与其事。替瓦会开始时，先搭一高台加以绘刻，搭就时村民咸集死者之家中或其亲族家中，日夜吹笙并击铜鼓以超度亡魂，继之以跳舞游行及娱乐，其中一段则使亡魂得乘唐彭推橹之舟以去。图37所示之河内铜鼓，其图纹颇与替瓦会相似。所谓召魂台、女巫、鼓手、跳舞者、游行者以至捣米者，与备有兵器及铜鼓送魂入天堂之仙舟均历历可见。是以此种图纹来源为一，即超度死者灵魂之信仰与礼仪是也，河内大铜鼓上之圆纹与东山村出土之铜斧及其他铜器均带有此种色彩。至于鼓面所刻之鹿鸟二形则为伴送灵魂之物，其步行有序并非如行猎时之状况，所以不刻猛兽者原因恐即在此也。

综上所述，河内之纹饰富美铜鼓可为原始文化之证物，此种文化至今尚存其遗迹于婆罗洲之达雅克人中，越南东山村出土之铜器亦然。此中相关之理并不足奇,盖因荷兰学者克恩(H. Kern)早已证明马来人种与印度支那若干种族有极相近之血统关系。且近年屡于越南宁平(Ninh Binh)、和平(Hoa Binh)及东京北部等处,发现南洋群岛印度马来族人之头盖骨,尤足证明其事。十年以前菲诺(M.L. Finot)曾为河内铜鼓作评论曰:"就此种古铜器观之,可以测见当时有一种农业游猎及航海之民族,大概信仰畜类为其祖先之民族曾经居住越南地方。现在此种民族之习惯已失见于印度支那,但尚可在南洋群岛觅见之。就语言及人种方面而论,此种民族原本居住印度支那滨海一带,嗣因他族侵入而放弃海边徙往南洋群岛,虽语言尚留痕迹,然其习惯则业已忘记。"此说业经证明属实,唯当时东山村之土人系于何时居住于松马河(Song Ma)流域者、如何抵抗来自北部之侵扰者则尚无所知。此民族究竟是否因事实上之必要原因冒险进取而航海往占新地,致其尾刻动物信仰形之舟成为历史神话乎?中国载籍仅对于汉代之清化略有记载,其地系属九真之一部分。九真乃公元前2世纪时之大郡也。据《后汉书》所载,九真之地洼湿,多水与森林,象与河马及虎居之。土民以"射猎为业,不知牛耕",仅"烧草种田"以待雨至而已。嗣经太守任延之治理,由此行政区之东京地方移民多人为之开化启蒙,于是九真土人始知耕种之事焉。据此观之,此种以渔猎为生、射兽食肉之土人,是否即印度尼西亚人,有如婆罗洲之达雅克族乎?其间颇有可以信之处,惜乎《后汉书》语焉不详,略未述及此种蛮族之习惯与相貌也。所载东京遣民移居之事颇有关系,因吾人借此可知在公元1世纪时九真土人已被迫而将其土地之一部分让与外来移民耕种矣。其间有一事可以相信,即印度尼西亚人之工艺系中国人授与者。金属工艺,如青铜之铸炼及装饰、音乐器及烹饪器之改制均是。其与中国之接触,当在红河以南分为行政区及立县分治之时。但就东山村出土之钱币观之,则真正青铜器时代在九真蛮荒之区,似以公元1世纪之中期为开始。是以若干中国著述家谓马援征交趾时始首创铜鼓输入南服，其说与此事甚相符合，颇有理由也。且近年来爪哇岛雅加达等地出土之铜鼓及铜兵颇多，其鼓上之雷纹及鸟形与河内及近年老街地方发现之铜鼓雷纹及鸟形相似，而印度来西族之雷纹则与中国之雷纹似乎同源。吾人可以断定，马来群岛与越南之铜鼓均系在古清化地方土人中铸造刻花者，即中国载籍所称之九真是也，与东山村近年来出土之物同一艺术来源。

4. 铜鼓时代之古兵器

铜鼓以外，越南近来出土之古兵器不少，就中尤以帕约所掘之各墓出有古兵甚多。唯剑器甚少，仅中国秦剑或汉剑一具，此外如斧、矛、标枪、匕首则为数不少，箭镞则较少。凡此诸物均系土人制造者，其斧已属铜斧甚进化之形式，有筒承柄，颇似中国之锛，此类铜斧自西伯利亚而南达柬埔寨以至爪哇均有发现。但欲研究其真正来源及其演进之过程，必须从中欧史前之铜器入手也。除正形斧之外，东山村尚出土有歧形斧多具，甚值吾人注意，因其形适足表示当地原始人种造兵时之心理也。河内铜鼓上之图纹已指示此类斧之装置方法，譬如歧形有尖刃之斧则用一曲形叉柄套之，斧与柄乃作叉出形（图33），或者如大洋洲人用以掷击者亦未可知；有时柄与斧作直角形，大都系正形前刃之斧，此类斧至今东京樵夫及木匠尚有用之者。矛及标枪其类亦繁，形式各异（图34、35），然其制与铜斧同，每器均带一筒以备装柄之用，其长者达44厘米，其次者为25至30厘米。其翼有时宽而平，有时甚小，有时翼上且有小孔，翼旁伸出作鸡爪形，中部凸线甚为隆起。就斧与矛之筒形观之，似以竹为柄者居多。箭镞作三角形，有小眼孔。铜镞既然稀少，大约古代东山村一带之战士寻常均用木箭、竹箭或骨箭镞。据河内铜鼓之图纹观之，其弓系以一简单木料或弹性藤木为之，非如中国人之弯弓形也（图37）。东山村出土之匕首，系与中国及斯基泰式匕首同一来源（图39），其长者有时达25厘米，可与短剑相比。此类匕首，刃之中部隆起成凸埂，双锋锐利，刃与柄为一体，系一块金属铸成。其护手则甚小，有时且若有若无。柄形甚特别，与中国短剑之柄相异，其正面作两开弓形，侧面中直而两端微向外曲。有时柄身几作平体形，其匕首较易用布或皮裹插于臂或腿上。某匕首柄之上端作扁圆圈形，使人忆及武梁祠之石刻（参阅图39之3）。铸造及锤打之术不精，有时且极为幼稚（然其磨光之术有时则甚为精美，令人忆及中国周剑之优点），甚至一击即断或弯曲，须为之整直，颇似古希腊著述家波里比阿（Polybius）与普鲁塔克（Plutarch）所述之高卢人所用之坏铁剑。此外尚有铸成后未曾细加磨炼之匕首，想系专为殉葬所用之明器。凡此诸兵器均系用双盖式（蚌蛤形）之模型铸成者，此种模型昔年亦曾于中欧之史前地段发现，如法国布尔歇（Bourget）及Corcelettes、Eaux-Vives等处是也。东京古人有时亦用单体形之模型铸兵，业已发现实物数具。东山村出土物中又有护身铜片数具，想系仿造中国古武士之护身甲胄者。河内法国远东学校之博物馆中尚藏有铜盔一具，系临平省出土之物，大约与东山村之出土物同时代。铜甲铜盔大概系最高级酋长之物，其次者则披戴皮甲或木盔甲，以树皮为之，犹如现今婆罗洲达雅克人尚戴用之物是也。

戈鲁伯研究越南铜鼓及铜兵之成绩为前人所不能及，盖有越南北部之出土物为证，非空言想象者可比也。

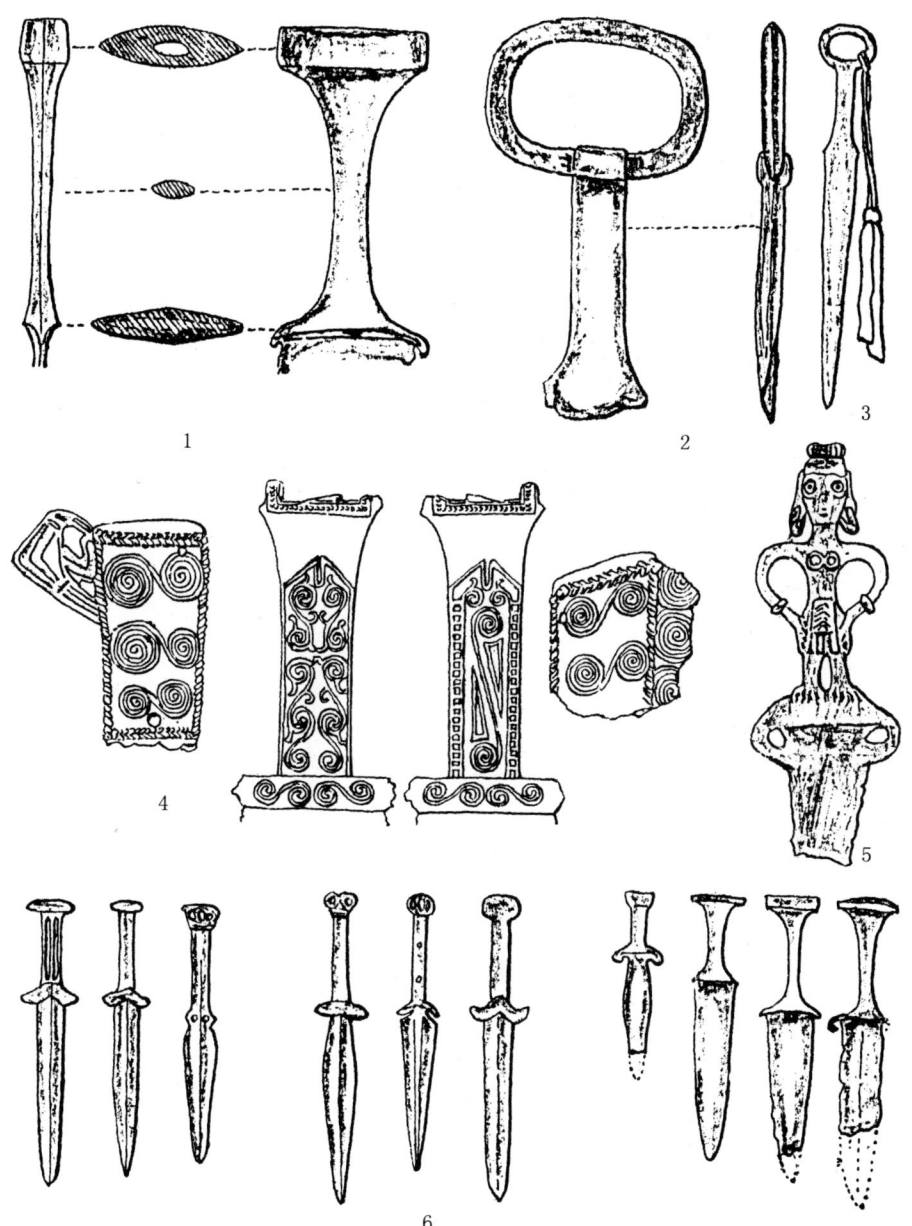

图39 越南东山出土之青铜兵器

1.剑柄。长10厘米。2.匕首柄。长5.7厘米。3.法国考古学者推测之环首匕首形式。4.剑或匕首之残件。5.匕首柄（即图33之第4号）。6.东山剑与斯基泰式剑之比较。左侧3件为西伯利亚出土，托尔（N.Toll）藏；中3件为中国西北出土，西伦（O.Siren）藏；右侧3件为东山出土。（采自戈鲁伯《越南北部与东京地区之铜器时代》）

三、汉代以后之越南兵器

汉以降进入铁兵时代，越南兵器之制造继续受中国影响，如刀、枪、藤牌、盔甲之类均带中国色彩。又因华侨之往越南者日多，经济商业均由华人经理，兵器之供给亦有华商参与其事，于是中国兵器流入越南者愈众。唯汉以后中国兵器制造之术日衰，已无精彩可言，越南兵器更无足观。仅云南省所产之钢刃质料尚佳，常配以银柄银鞘，越南人辄喜用之。海通以后，越南刀之佳者已改用法国所制之刃（因系舶来品，此不论列），但其柄与鞘则仍用中国艺术式样装饰之耳。

第5章
缅甸兵器

缅甸发现之石兵及石工具大都系新石器时代中晚期之物，颇为完好，恐距铜器时期已不远矣（图40）。新石器时代以前缅甸地方之居民属于何种人类，是否亦有如爪哇地方之原人以及旧石器，现尚缺乏实物为证，须俟将来发掘事业之发展始能推论及之。若就现已出土各种新石器时代之石兵、石具而论，则其中颇多与中国南北各地出土之新石器相类似者。

缅甸古兵器在三十余年前曾由英国官方大规模搜罗一次，曾在仰光短期陈列，旋即悉数运往英国。著者曾设法侦其底蕴以求摄影图片而未果，不知其中有无铜兵也。数年前闻霹雳岛（Perak）太平城中之太平博物馆藏有马来及缅甸青铜兵器若干具，爰以新加坡莱佛士博物馆（Raffles Museum）馆长之介绍，先后两次向太平博物馆婉商函索摄影图片均未得复，该馆意在讳莫如深，但吾人深知缅甸艺术之精美、手工之优良，绝不止铁兵及铁器为然，铜兵铜器必已如此矣。

缅甸民族为一勇敢善战之民族，极喜利用短兵，如刀剑之类，长兵则以标枪为最。缅甸铜兵器既不可得而见，姑就其铁兵论之。缅甸铁制兵器甚佳，缅刀曾名闻东方，缅人亦呼之为刀，犹如泰国及越南人均呼刀为"Dao"，脱胎于华音，故有谓系从中国传往者。其说如确，当在周及秦汉之际由吴越制刃专家南下传授至其地者，盖自唐以来中国刀已不

图40 缅甸出土之新石器时代石兵

1—2、11—13、15—16、19—21.石凿。3—5、14、17.石铲。6—7、9、18.石斧凿。8.石刮。10.石圈(石碾?)。22.石斧(?)。均加尔各答印度博物馆藏。

如缅刀之良好矣。英人斯诺德格拉斯（Snodgrass）曾著《缅甸战争》一书，其中盛称缅甸民族之勇敢及其兵器之精利，谓缅人生而具有武士之资格，体力异常强健，勤奋好动，能忍劳苦，实系英人劲敌。此外，中国武术界自昔即有盛称缅刀之锐利柔软者，然苦无图籍可考，兹就曾与缅人苦战多年之英人所著专书论之。

缅人昔时所用兵器其最普通者为刀（Da）。缅刀之形式与中国刀异，其柄微曲而圆，刃亦曲形，刃之曲度乃与柄之曲形相若，遂相连成一曲线体，此系缅刀特别之点（参阅图版四十八之180、181号）。然缅刀亦不尽曲形，颇多直形者。直形缅刀大都圆柄，间亦有平方柄者，其柄颇长，单刃者多，间亦有双刃者。双刃之刀并不若中国双刀同插一端，乃系上下对插者（图41）。除刀外，缅人所用之标枪常长达2至2.5

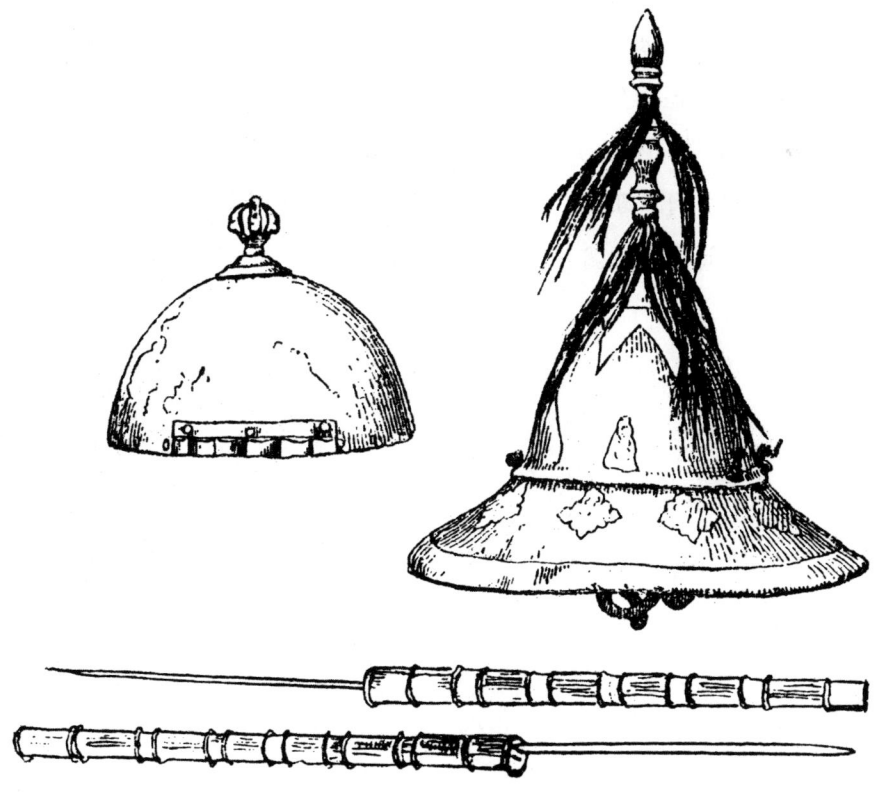

图41　缅甸土著之胄与双刀

米。缅人专喜白刃肉搏，故尤长于用刀而不喜用弓箭。然缅刀之钢并非坚纯之质，乃深具柔软性者，可以随意弯曲。有时以刀点地，略用力刀即弯转，此所以欧洲人谓其钢质不佳而中国昔时武术家则相传缅刀可以围腰作带，用时一拍即直也。此种刀如善于使用常能以柔克刚，使刀刃深入敌身，是以英军昔时常受其害。百年前英缅战争时缅人已有火器，其名为金枪儿（JinJal），缅人使用甚熟。至其抗英之欧式火枪则制造甚劣，然因缅甸有铅矿并早能制造火药，故其火器亦颇能自给。缅甸之金枪儿即中国明清鸟枪、抬枪之类，用两人抬放，以架乘之，中实一弹，约重六两至十二两。缅甸步兵多而骑兵少，象队尤少。如百年前缅甸大将邦都拉（Bandula）积极抗英之时，有步兵35000人，多持金枪儿，骑士700人，象队仅足敷载运火器之用，另有无火器步兵甚多，均持标枪及短刀。兹图示缅甸钢盔二具（现藏英国伦敦印度博物馆）及双刀一具（图41），小盔系波当（Bhotān，喜马拉雅山西脚下邻近尼泊尔地方）之土人所戴者，盔形如覆碗，下有小短边而上有小顶；高盔得自阿萨姆（Assam），颇类中国盔形，内有绳而上有高顶，戴羽两层。双刀则为上下对插之刀，由阿默斯特·科尔（Amherst Coll）所藏。图42、43所示之刀剑则可为缅甸美术技艺之代表器也。

第 5 章　缅甸兵器

图42　缅甸艺术刻花铁刀
通长87.4厘米，柄长几及刃之半。刃之两面均刻有缅文成语及缅装人物、花卉。

图43 缅甸艺术刻花铁匕首

通长35.2厘米,柄长为刃长之半。刃锋极为尖锐,刃之两面均刻有缅文成语及缅装人物、花卉。

第6章
泰国兵器

一、概述

泰国旧称暹罗，其旧武器如刀、矛、弓箭、盔盾之类均带中国色彩，唯因系较为后起之民族，故其石器、铜器时代几于渺不可考，且在其专制王国时期禁止发掘古墓，石铜兵器之偶然出土者亦甚稀少。唐宋以降，华人传入之兵器颇多，因有此来源，故其千数百年以来之文化较高于柬埔寨、越南及缅甸等族，而其兵器之种类亦较繁焉。

泰国人至今尚呼其刀为Dao，源自华音，与缅甸同。唯其刀之形式颇异于中国后代之刀而与缅刀大同小异，即刃与柄同为一顺形曲线而向一面微曲作弓形（参阅图版四十八之179号），其刀柄甚长，有长至刃长十分之六者。泰刀银柄银鞘者甚多，其银皮系反面钻花者，其柄大都甚长。吾国云南省旧刀亦多银柄银鞘者，柄鞘虽系直形而大都圆体，颇与泰刀相似，唯泰刀圆鞘之下端尾部大都扁形而非圆形耳。泰国人在火器未输入以前所沿用之兵器有刀、矛、标枪、弓箭之类，剑则罕见，今就泰国名称将其各种旧兵器译音略述如下：

钢背（Khang Prai） 此为华人昔时在泰国所制之火枪名，曾经泰国军队利用者。据英人塔顿爵士之著述，在明季时此种火枪非但在泰国曾有华人设厂制造，抑且在马六甲一带及南洋群岛各地均曾有中国人前往制造此类火枪，传与土人以抵抗白人。其枪膛（即钢管）之外观颇好，内部则嫌粗糙云。

他密（Thami） 大弓名。约长1.52米，其背（即弦）长1.1米左右，两端用硬木或铁装夹，发矢处加皮并用棕树叶包之。泰人开弓手足并用，颇为特别，其箭则能及远。

哈沙（Hak Sat） 标枪名。长约2.1米，用脚掷出。

哈（Hak） 小标枪名。

孔姆（Khoam） 长标枪名或矛名。长约2.5米，有时更长。其尖有角，战时可用手掷出30至40米之远以杀敌，缅甸人亦曾用同样之标枪作战。

特利（Tri） 叉名。叉为三齿形，三刃向外向前。此器较古，想系唐时由中国传往者。

达斯（Dass） 曲形大刀名。长约46厘米至1米。

卡锡（Kassi） 新式马刀名。

刀（Ngao及Dao） 曲形大刀，刃长约46厘米，柄长约1.8米，系古代战士用之长柄大刀。恐系脱胎于中国同类长刀。

卡苏（Kasun） 普通弓名。

洛飞（Lok fai） 火球名。可自一塔座放出，以燃烧一城市。

菲洛（Phlo） 小火球名。

特龙（Tront） 火箭。被敌人攻击时伸手可以放出。

洛（Lo） 护身之圆盾。

达（Dang） 长圆形护身牌，以木或牛皮制成者。

般杰（Panji） 用以绊敌之竹制武器。

邦兰（Pun-Lang-Chaang） 象背载放之火枪。

邦耶（Pun-yai） 大炮。

除上述武器之外，其武士尚有小刀小剑等武器，装潢较为精美，然系贵族或富户所有，非普通战士之物也。就上列泰语各种兵器观之，其中大半汉音，或源出中国、或由在泰华人创制，可以想见昔年中泰关系之密切及泰国所受中国文化之深、受益之广。

1936年著者函致该国教育部时任部长，请将其博物馆及公家所藏各种旧兵器以及古兵、铜兵等古兵器摄影寄赠，以资研究而便著述。旋得复书，寄来泰国旧兵器之摄影若干帧，共计兵器及武器23件，即图44之所示者也；至于石铜兵器则均付阙如，亦未言及，大约并非吝讳，或因发掘事业未兴而古器物尚长眠地下耳。今就所得材料，将泰国旧兵器分为长兵、短兵、射远器及防御武器四类述之如下。

二、长兵

长矛　泰名为孔姆（Khoum）。其柄长而其刃亦甚长，大都作三棱形而上宽下窄，刃锋不甚尖锐，木柄或竹杆柄缠藤，有时在刃柄御接处缀以缨络（图44之5、7、14号及第10号之d器）。

标枪　泰名哈（Hak）及哈沙（Hak Sat）。有用手掷者，有用脚掷者，分为长短两类（图44之第4号，系长标枪）。

大刀　有两类，均曲刃，其柄较长而刃不甚曲，略如日本剃刀形者，泰名为达斯（Dass，图44之1、2号）；其柄略逊长而其刃较曲作月钩形，刃背有山状凸体者，系中国大刀形（图44之第3号），泰名为刀（Ngao）。

三叉　泰名为特利（Tri）。略如中国明代之叉镋而三刃较直，如三矛并列形（图44之第6号）。

象戟或象钩　此为乘象战士用以刺或钩象使之前进之长兵，亦可用以临敌，其形与印度人所用之象钩不同而颇似中国周秦、两汉之戟形

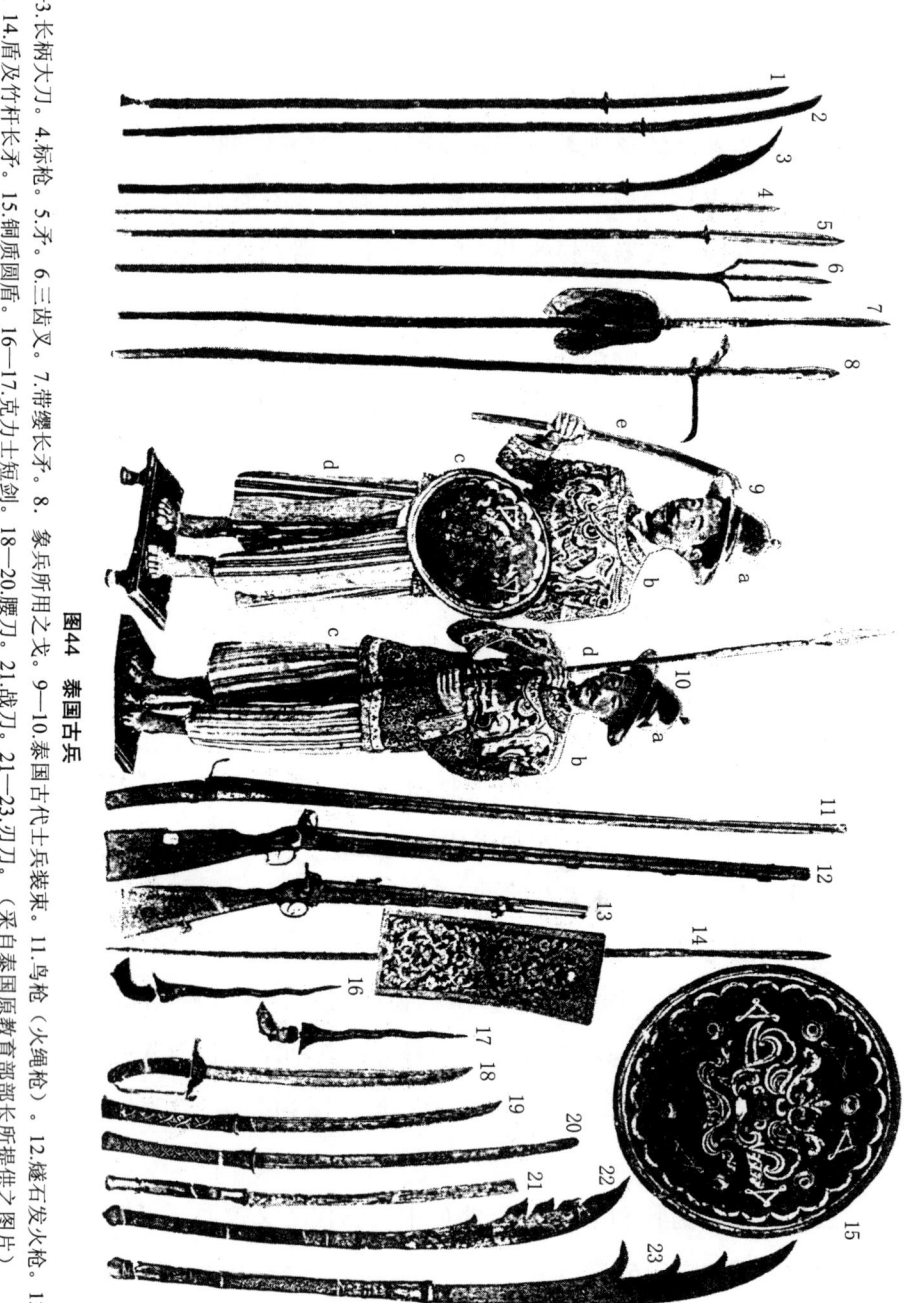

图44 泰国古兵

1—3.长柄大刀。 4.标枪。 5.矛。 6.三齿叉。 7.带缨长矛。 8.象兵所用之戈。 9—10.泰国古代士兵装束。 11.鸟枪（火绳枪）。 12.燧石发火枪。 13.铜帽发火枪。 14.盾及竹杆长矛。 15.铜质圆盾。 16—17.克力士短剑。 18—20.腰刀。 21.战刀。 21—23.刃刀。（采自泰国原教育部部长所提供之图片）

（图44之第8号），或系华人所制欤？此外有近于长兵而柄体较短之大刀，刃背有三钩，大约系明或清季之中国大刀，泰人改用短柄装置之，其柄外包银皮，雕镂精细（图44之23号），或系郑昭或郑和辈之遗器乎？

三、短兵

泰国之短兵似甚简单，普通只有刀之一种，可分为五类：一为暹罗刀，二为中国刀，三为日本形之刀，四为欧洲式之刀，五为马来克力士剑。

暹罗刀 大都圆柄圆鞘（但鞘之尾端作扁形），平刃全体近于等宽，近首处较阔，刃质大都柔钢。钢不甚佳，不如缅刀，更不如马来刀剑。暹罗刀微曲，但形状特别，其刃与柄乃系同一曲度、同向一面曲者，此为异于他族刀形之处。其刀制有三式，较为贵重者均银柄银鞘，系用压花之厚银皮为外套，内衬竹木片为底鞘及柄体者。第一式平刃无槽，刃宽而刃首作半圆锋形，银柄甚长，鞘上缀粗丝索可悬腰（图版四十八之179号）；第二式亦平刃无槽，刃不甚宽而刃首横切，如中国戒刀或剃刀形，柄较短，木柄仅上下包银或包铜者居多（图44第9号之e，及第21号）；第三式为明清中国马刀刃式短刀，刃有血槽而锋尖如叶，柄为泰式形制，圆体包压花银皮，与刃亦同一曲度、同向一面曲，柄长略长于刃长之三分之一，护手小不可辨（图44之19号）。

中国刀 本为中国所制刀背带钩之大刀，为泰人或旅泰华人改装为泰式柄之短刀。其柄约与刃长相等，外包压花银皮，颇美观，刃则中国物也（图44之22号）。

日本式刀 其刃近于日本刃，柄为泰式银皮柄，与刃同曲（图44之20号）。

欧洲式刀 其刃与柄及护手完全欧洲式，柄亦不复与刃同曲，恐系舶来品（图44之第18号）。

马来克力士剑 完全马来式，想系自马来群岛输入者。此种马来剑之传播范围甚广，缅甸、中国西藏、尼泊尔及印度等地土人昔均购用之（图44之16、17号）。

四、射远器及护身具

泰人昔年喜用大弓，大致如中国或日本之弓，但用脚开弓为其特点。其后由华人输入火枪，始为火绳燃放之抬枪，继为铜帽发火之火枪（图44之11、12号），其后则用欧洲式之短铳矣（图44之13号）。

泰国旧式护身具脱胎于中国制品，其盔则大帽，其圆盾则虎头牌，其衣则虎衣。其长方形印花皮腕盾颇美观。但除金属盔及木、革所制之盾外，殆无卫体武器可言也（图44之9、10号武装及15、21号）。

泰国旧兵器及武装之种类形制或不止于此，但其教育部及所属博物馆惠赠之实物图片仅此耳。

第7章
马来兵器

研究马来古兵器须先注意三要点：一为马来石器时代及铜器时代文化之特异性；二为马来兵器之形制迥异于世界任何其他民族之兵器，可谓在世界兵器史中独树一帜；三为在昔马来人制兵技术之超绝，其糙面焊接花纹刃精美绝伦，举世无双，昔时欧洲王室与欧美收藏家、博物馆咸以得其一佳刃为荣焉。

一、原始时代之石铜兵器

近年来，马来群岛（如爪哇等地）曾掘出原人或猿人之化石头盖骨及其他体骨，嗣又掘出前旧石器时代之石兵、石具，皆数万年前之物。此类出土物虽正由世界考古专家研究中，但吾人至少可断定马来群岛及马来半岛一带地方在太古人类初生时即有人群居住，且其旧石器文化独具渊源，并不在欧洲或东北亚洲旧石器文化之后也。至于新石器时代之石兵及石具，则马来群岛及马来半岛出土者极多，今择示其若干件于此（图45、46）。其中石链数具，极为古老别致，想系旧石器时代末期或中石器时代初期之物（图46之2、3号）。数年前中国广西桂林等地亦曾发现中石器时代之石器，其中颇多与马来群岛及越南等地出土之中石器时代石器同其形式、同其制法、同一来源者，此点可使吾人设想由广西、越南以达马来群岛为一古文化之连贯路线。或谓其方向系由西南而东北者，吾人则以为由东北而西南者，盖实系南中国古吴越石器文化南下之遗迹也。例如马来群岛及马来半岛近年出土之腰形石斧（即上中部两旁向内凹入之石斧，见图46之13、14号），其分布地域极为广大，自新疆、内蒙古、东北等地以至南中国近来均曾先后发现此类特形之石斧，英荷等国考古家均已注意及此，认为必有关联，[1]是此类石器文化由东北而西南之又一证明也。马来石兵与中国有关联者尚不止此，如图45所示马来半岛之新石器时代石兵，极可比拟中国山西、山东以至浙江最近出土之石斧锛，以及东北、河南、山东与南方各省大批出土之双孔石刀。至若石铜时代以至铜铁器时代仍旧使用之马来凹腰形大头及小头石斧（图47之5、6号），则尤类似中国之斧锛矣。

马来民族之铜兵亦与中国铜兵有关联，特出土物较少，难于比拟，但即就图46、47所示各种铜兵而观其形制，颇有脱胎于南中国吴越铜器文化时期兵器之可能。蚩尤三苗之族被迫南迁，必曾越海以至马来群岛，其后千余年越亡而越族南迁以建安南国，其先迁居安南之族复南下而至马来群岛，是以马来石铜器文化均系由中国播迁以往者。马来铜兵中之最足令人注意者为火焰形或波折形之克力士剑或长矛头（图46之20号及图48之第5号），实有脱胎于石矛头（图46之1—3号）之可能。近年爪哇、马六甲及印度Johore河（柔佛河，现属马来西亚。——编者注）等地均曾掘出象鼻形之石兵，英国专家加德纳（G. B. Gardner）认为此即波形克力士以及普通克力士剑之来源，即系古代克力士，斯说似可置信。因吾人亦主张中国之剑源出石矛头与铜矛头，[2]夏代尚用矛头形无柄之

---

[1] 参阅《莱佛士博物馆专刊》（*Bulletin of the Raffles Museum*）B种第1号（1936，新加坡）中各种论文。
[2] 见《中国兵器史稿》，第112—116页。

第7章 马来兵器

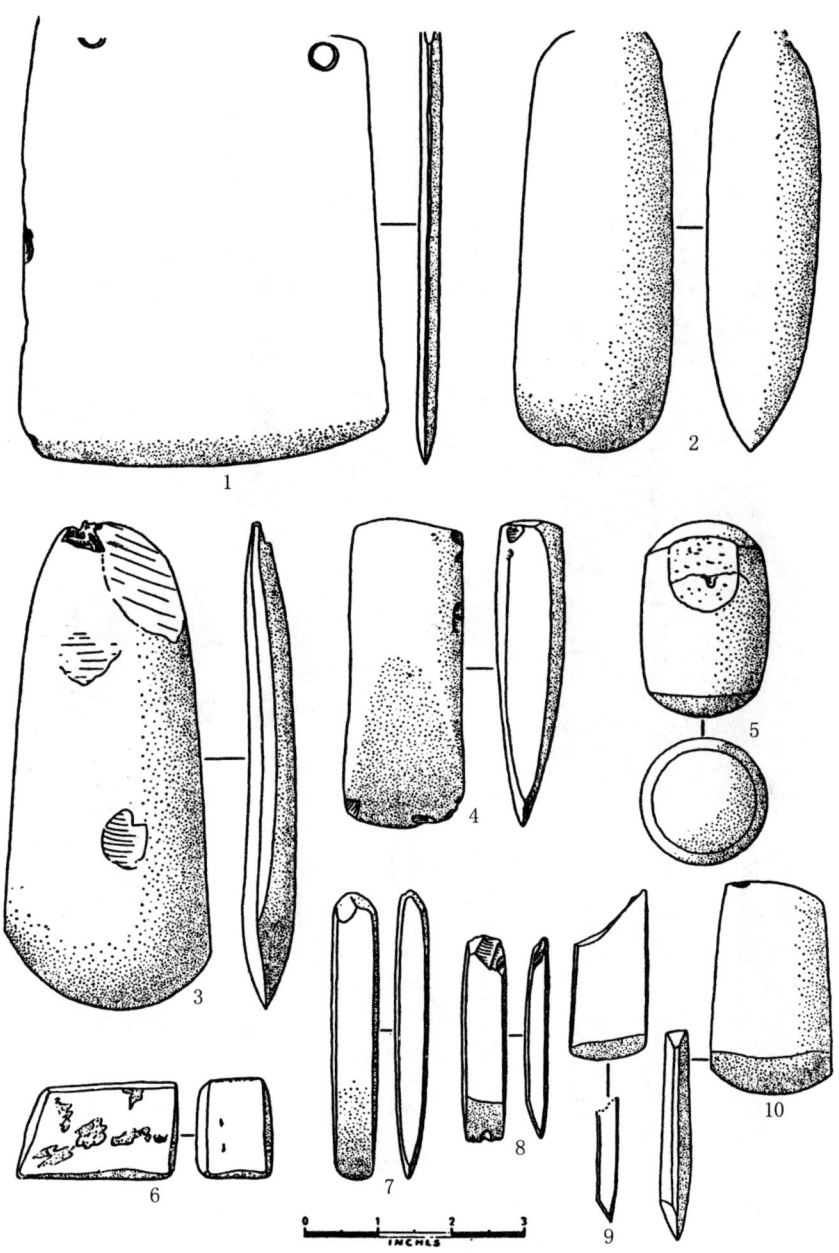

图45 马来新石器时代石兵

1.斧（？）。黑页岩制，似由天然裂石加工而成。2.斧或凿。粗黑页岩制。3.手斧或铲。细斑暗绿石制，磨工精细。4.斧。细斑暗绿石制。5.杵或锤。粉红色石英岩制。微加磨光，底端无打磨痕迹。6.砺石（？）。黄边石制，上下两边磨光，疑系打磨石器或皮革之砺石。7.凿或锛。黑页岩制。9.凿或小斧。浅灰色页岩制。10.凿或锛。暗绿石制。均出土于马来半岛之华玲（Baling）及其邻近地区。（采自新加坡《莱佛士博物馆专刊》B种第1号）

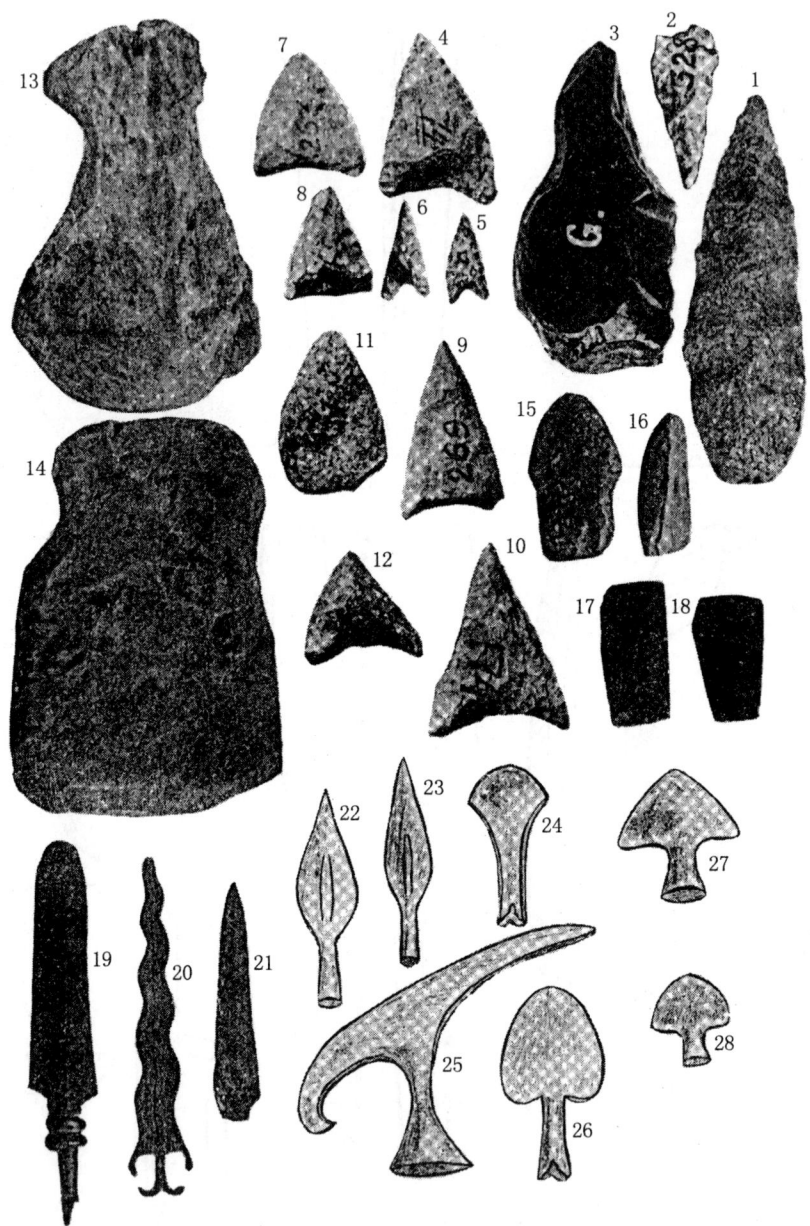

图46 马来群岛出土之石铜兵器

1—3.石箭镞或矛头。出土于吉打（Kedan）及爪哇。其中，出土于爪哇之第3号打制粗糙，系中石器时代之物，疑系第1号之祖型。4—12.石箭镞。出土于爪哇及苏拉威西。此类石镞在马来各地出土数量甚大。13—14.腰形石斧。出土于苏拉威西。15—16.石矛头。17—18.石斧。19、21—23.铜矛头。20.铜克力士剑。24.铜斧。出土于爪哇。25.铜镰。出土于爪哇。26—28.铜矛头或箭镞。出土于爪哇。（采自新加坡《莱佛士博物馆专刊》B种第1号及加德纳《克力士及其他马来兵器》）

剑，至周代中期铜剑始有柄但仍无护手，降至《考工记》时代乃有剑格（腊）可言也。第不知马来克力士剑是否脱胎于吴越石兵时期之石矛，抑脱胎于蚩尤铜兵时期之铜矛耳。中国之考古发掘工作，在卢沟桥事变之前正在发达时期，所出土铜兵范围尚止于商代，将来远溯三皇至于南方铜器始期文化，如能掘出蚩尤族所用之火焰形、波折形铜矛头或三皇以前之火焰形石矛头，则吾说更有证矣。

二、马来兵器之独立性

世人每因马来地方久已沦为殖民地而文化落后，遂误以为马来民族之文化历史及手工技艺无甚可观，此实大谬不然也。即以兵器一端而论，马来之石兵、铜兵均有特彩且与中国古文化有关，而其旧石器时代之石兵、石具及太古原人之发现又可证明马来人种文化之悠远，且有凌驾欧洲之势焉。马来铁兵尤具独立性质，与世界任何其他民族之兵器不同，即其邻近诸族如印度、缅甸、泰国、越南等只有利用马来兵器（克力士剑）之事，从无马来兵器受其影响之事。[①]不宁唯是，欧美专家多谓日本古兵器（如铁刀、铁剑）系源出马来者，而日本考古学者亦皆承认一千数百年以前之日本古兵器曾深受马来影响，近年来出土物中颇多可以为证者，[②]可见马来铁兵传播范围之广矣。马来最初之铁剑（克力士）柄刃一体，一炉冶成，犹如周之铁剑系用陨铁打制者。其最古者难见，次古者如图51之第9号是也。依吾人观察，马来兵器之独立时期大约始自汉代，即中国兵器进化中止之后，经过一千数百至两千年，直至白种人

---

① 马来人亦有用印度式长刀者，不过仅居其百分之一，乃偶然之事，且恐系印度人居留马来者所携往之自用兵器耳。
② 见本书第二章。

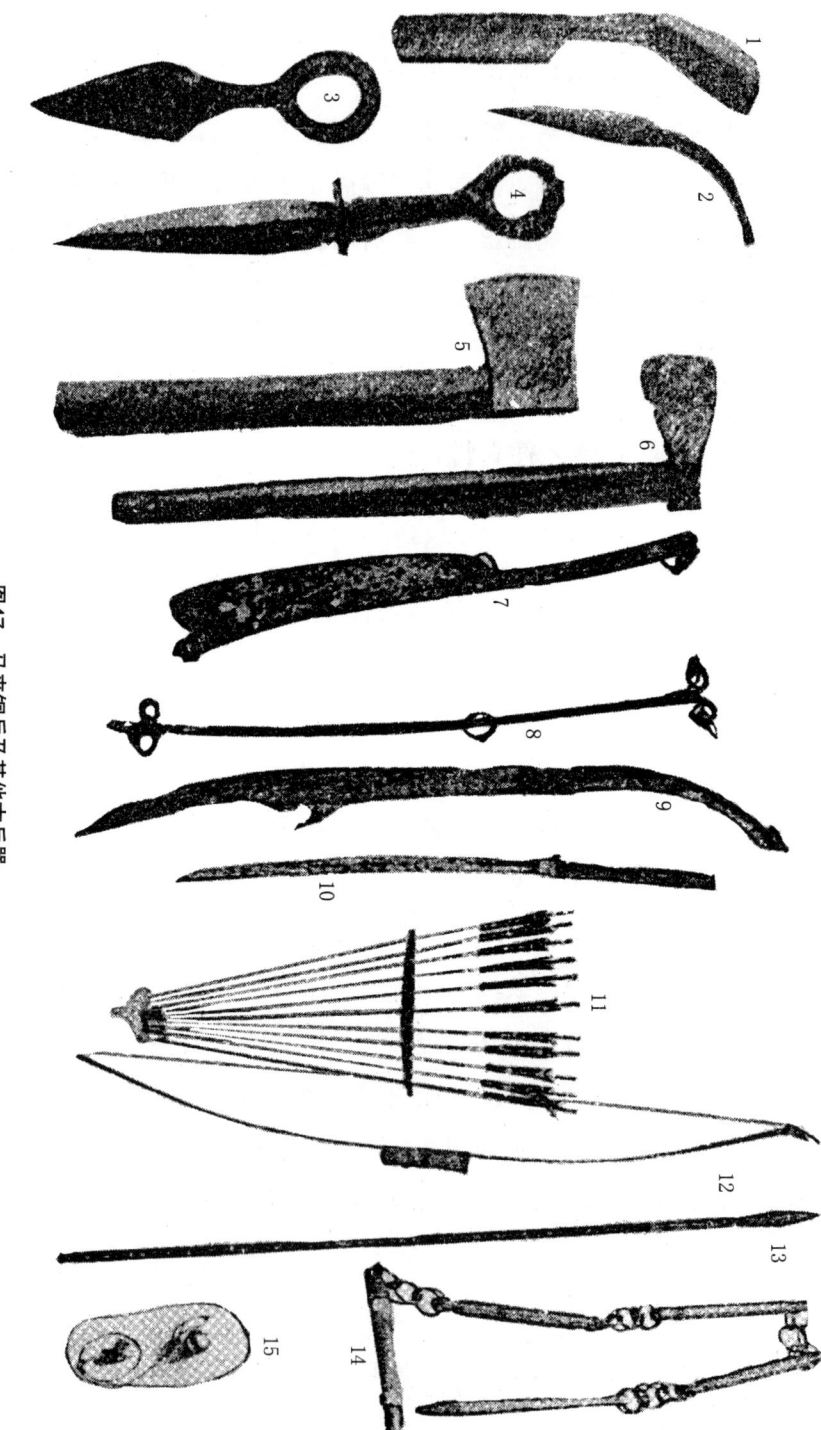

图47 马来铜兵及其他古兵器

1.铜刀。2.铜镞或锥。3—4.矛头形之铜匕首。可能为悬腰之用。5—6.石斧。7.铜刀。8.奇形刃锋兵器。9.中国式大刀。10.日本式刀。11—12.爪哇人之弓箭。13.婆罗洲人之毒矢吹管,或系掷远之标枪。14.中国式之五节铁鞭。15.掷击铜球。(采自加德纳《克力士及其他马来兵器》)

第7章 马来兵器

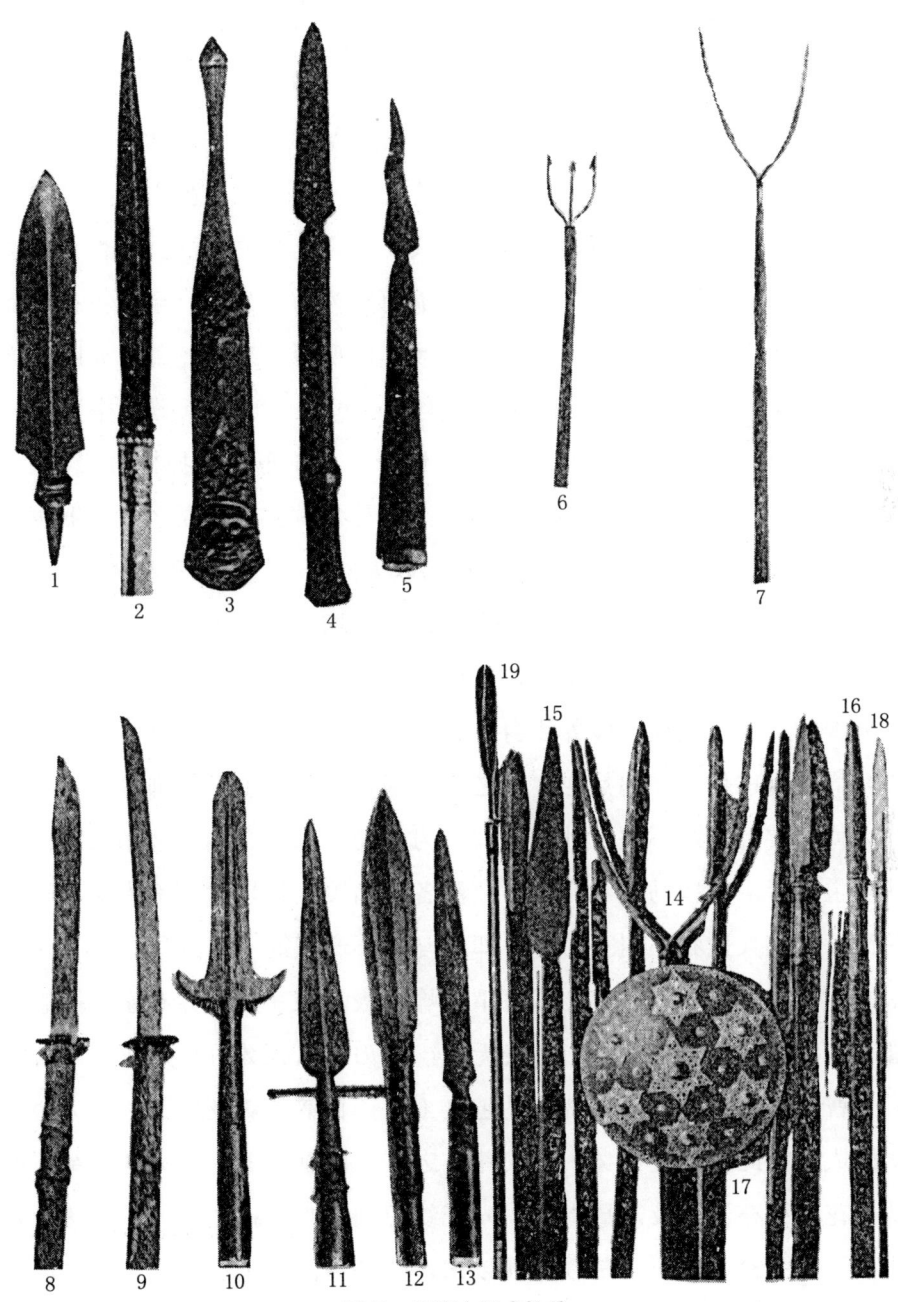

图48 马来之旧式长兵

1—2.矛头（Lêmbing）。3.矛鞘。4—5.刺矛（Chandak）。6.三叉矛（Serampang）。7、14.叉形大矛（Sangga mara）。8—11.长矛（Tombak pengawinan）。其中，第10号可能出自锡兰。12—13.婆罗洲矛。15.大矛。出自吉兰丹（Kelantan）。16.有中脊之矛及矛鞘。17.盾。18.步矛。19.短刺矛。

完全占领马来群岛及马来半岛时乃止。或谓以一智识日低之热带民族何以能保持其兵器之独立性至如是之长久，殊不知马来地域极为广大，马来人种至今尚在5000万人以上，在昔殊有气吞南洋之概，其势力实未可侮也。

　　马来兵器之独立性可分为三方面论之。一为形制之独立。凡马来长短兵器（如刀、剑、匕首、标枪、矛头、叉镀之类）均深具个性，历久不渝，绝不与他族兵器同化，令人一望而知为马来兵器。至其不得已而采用中国火器及欧洲枪炮之时，亦复改其外观为马来形制焉，如图57之第8号等器。其刀剑形制之独立，不但刃形可谓在世界兵器史中独树一帜，且其柄形、鞘形以及护手形、柄饰形、鞘饰形乃至握柄方式，①无一不特别、无一不异于他族之兵器，谓为马来古文化独立之代表器也亦可。二为材料之独立。马来兵器在昔均以天然陨铁（马来语称为Pamor）制造，精美犀利绝伦，嗣后发现少数铁矿，均由各地王室收归国有，须由铸刃师请得国王之特许始准领铁铸兵，其铸刃师之待遇极为优崇，被尊为国师，赐以采地，俸养终身，并准世袭其禄，于此可见马来兵器之继吾周代而进化盖非偶然也。刃之外如柄、腊、鞘室、鞘饰等无一不用马来特产装置，从不取材外地。其较为华美之剑有金柄、金鞘或加嵌明珠及宝石者，亦皆马来土产也。亚洲各国精美兵器均常用玉为柄、鞘或鞘饰，马来兵器独不用玉为饰，即因马来不产玉而不用外货耳。三为艺术之独立。马来人之制刃艺术可谓登峰造极，深获全世界专家之推崇称誉。其所铸糙面焊接花纹刃精美无匹，一刃有入火数百次始成者。昔魏太子曹王爱剑并善击剑，曾召楚越良工为铸百辟刀剑及匕首，入火至百次始成，视此亦为逊色矣。且其花样之多、图画之美，即大马士革平面结晶花纹刃亦不能及，日本之暗光花纹刃则更难比拟之矣（参阅图版六至十二及图51、54）。是以海通以来，欧洲各国君主贵族、收藏家以及欧美各博物馆均以获得马来花纹佳刃为荣而视若珙璧焉。关于此种马来

---

① 马来人系以克力士剑之全柄顶其柄首紧握于掌中，而以腕力推其紧握之掌向前直刺者，并非用五指握柄，故其剑柄极为短小而其柄首又较为庞大也，参阅图56。

第7章 马来兵器

人特有之高超技艺，欧美人均不能悉其来源，只知为马来艺术而已。吾人以为，此即南中国吴越古文化南迁之遗迹，其术系由中国人传往者。试观《越绝书》之记纯钩剑曰："其华捽如芙蓉始出。观其钑，烂如列星之行；观其光，浑浑如水之溢于塘；观其断，岩岩如琐石；观其才，焕焕如冰释。"又风胡子之论剑曰："欲知龙渊，观其状如登高山、临深渊；欲知泰阿，观其钑巍巍翼翼如流水之波；欲知工布，钑从文起，至脊而止，如珠不可衽，文若流水不绝。"此非各图版所示马来剑刃上所铸之花纹乎？且近年各地已有周代糙面天然花纹刃之剑发现，[①]可为吾说之佐证矣。

马来人种之分布范围甚广，就地理言之，自新加坡、马六甲、爪哇、婆罗洲以至菲律宾群岛均系马来人之居地。其人数在五千万左右，不可谓非一大民族，惜其人种来源尚无一定之考据。据英人塔顿爵士之记载，马来人种系于12世纪或13世纪初始由苏门答腊出发，占领并发展新加坡一带地方者。又据英人玉尔（Yule）《马可波罗行记》一书观之，马六甲城系于14世纪末年或更早建设者。斯时土王为穆斯林，至马来人之宗教则为婆罗门教。爪哇人据云系波利尼西亚人种，其先曾受印度佛教影响，至1478年乃以伊斯兰教为其国教。至苏拉威西人则为该岛年代较远之土人，性较骁悍。该等地方马来语之人种已形庞杂，又加以印度人、阿拉伯人及中国人等群来卜居，宗教语言文化各异，马来人种所受影响甚巨。明代华人徙居马来群岛者愈众，可以操纵当地之经济、政治，兼以武力及华人自制之火枪抵御白种人侵略，帮助马来独立。直至1739年（清乾隆四年），爪哇等地始完全陷入荷兰人之手。白种人曾与马来人苦战多年始征服其地，故马来兵器卓有可观，荷兰各博物馆陈列几满。然并未见有石器，亦鲜有铜制之兵器，唯铁兵极多。马来人炼钢之术、淬刃之法颇为精奇，据云荷兰人之火枪钢管常有被马来大刀

[①] 见《中国兵器史稿》，第153—158页。

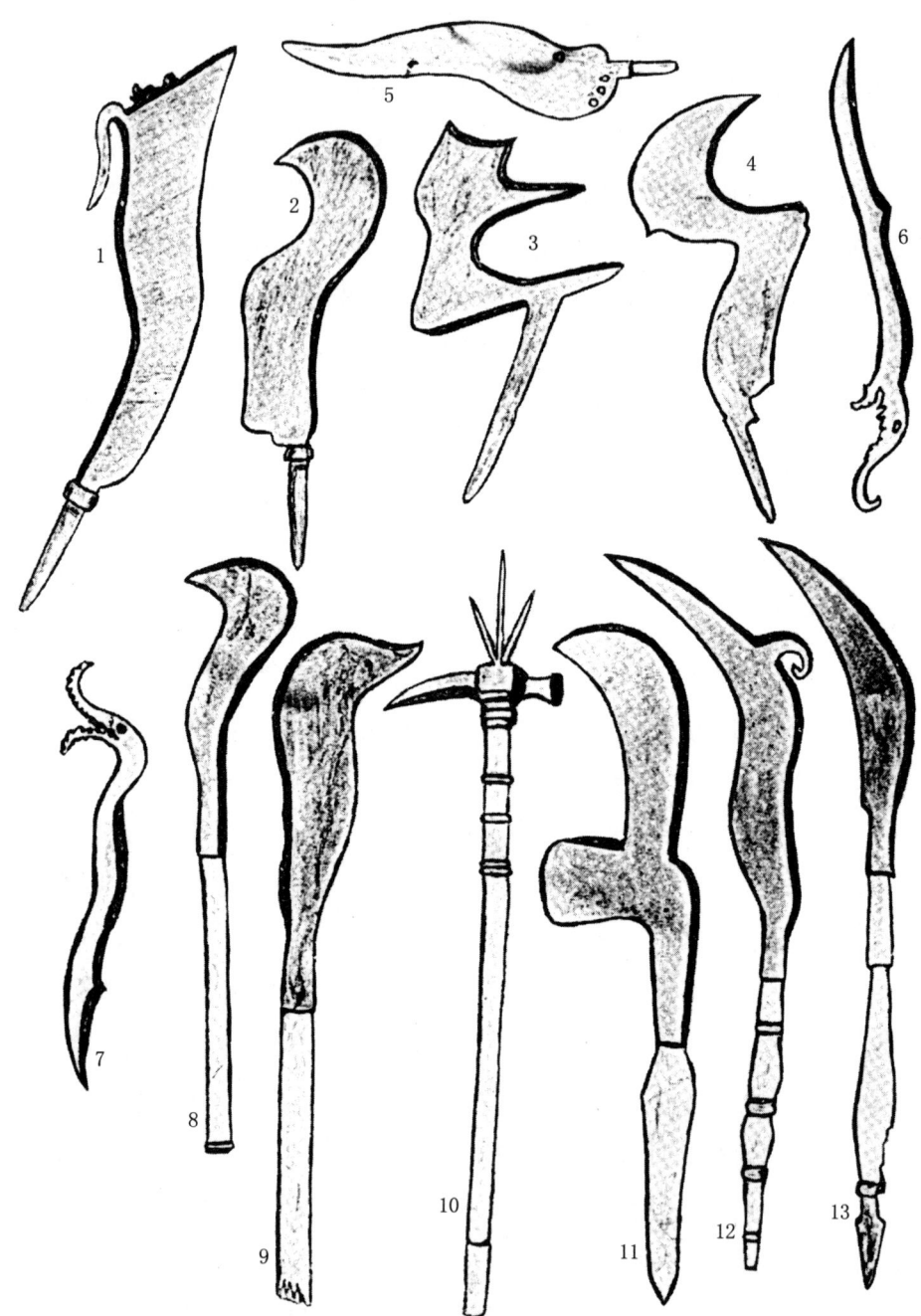

图49 马来特有之长兵

1—4、11—13.钩形刀（Kudi）。5.矛头。6—7.蛇首刀。8—13.钩形刀（Ruding lengong）。10.长柄斧（Kapak jêpu）。其中，8—13号出自东爪哇。

第7章 马来兵器

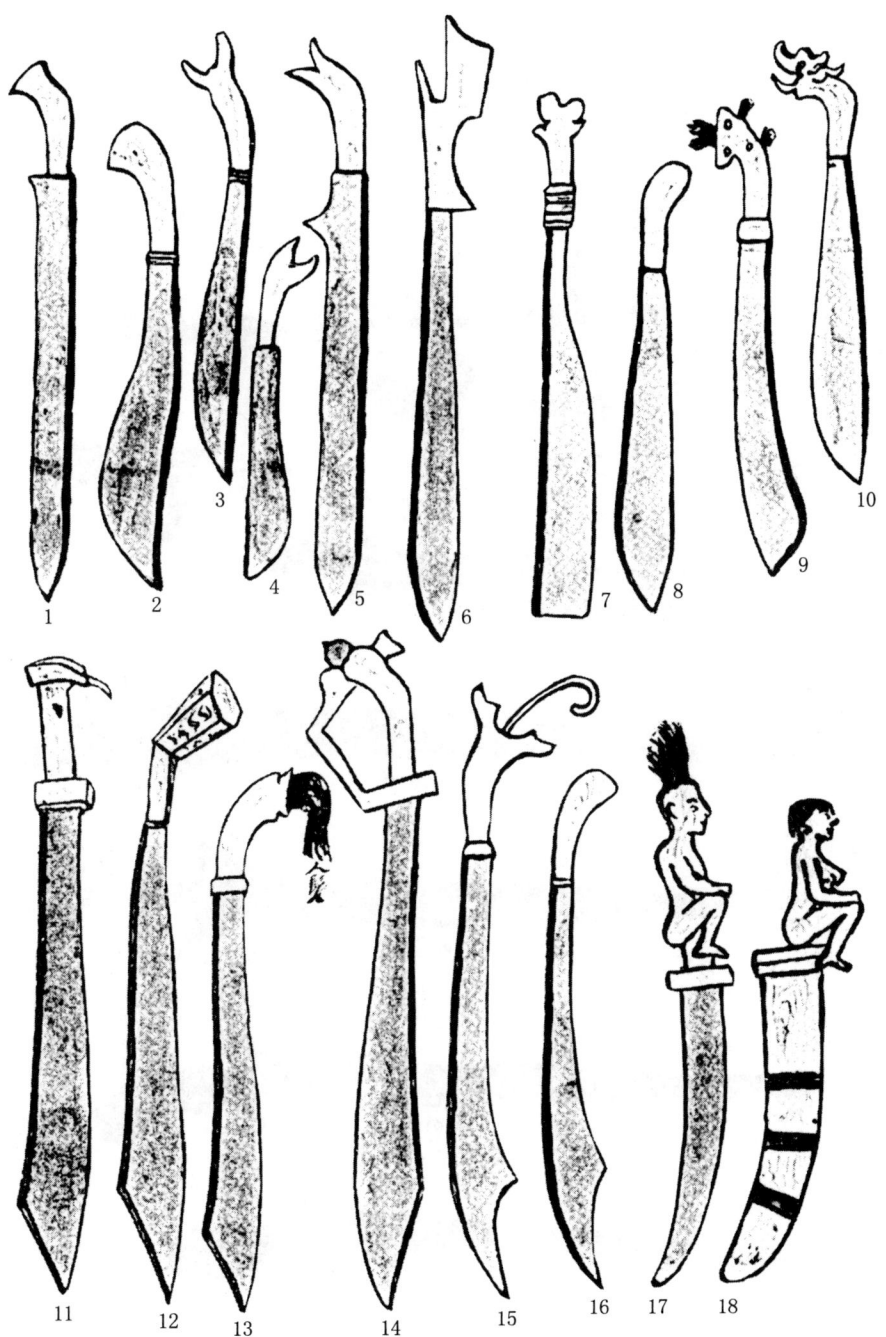

图50 马来特有之短兵

1—9.帕兰刀（Parang）。其中，2号出自西爪哇，6号出自爪哇，8号出自马六甲，9号出自帝汶。10.刀，即背唐（Pedang）。11—16.刀，即克雷瓦（Kelewang）。其中，15—16号出自西苏门答腊。17—18.巴达客（Batak）刀及鞘。

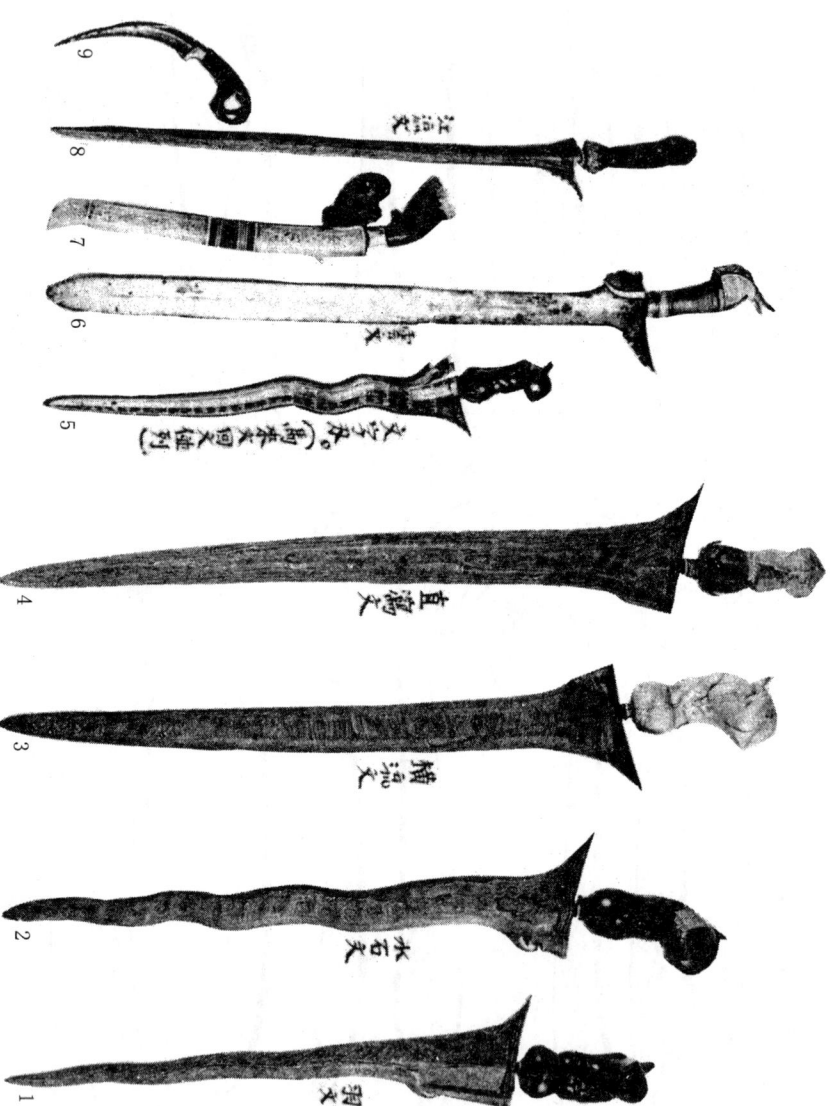

图51 马来糙面花纹克力士剑
（采自新加坡莱佛士博物馆藏品）

一劈而断裂者，可见马来刀剑之精良早在缅甸、泰国之上也。马来石兵前已言之矣，其铜兵（如铜镞）直至16世纪尚被马来人用以杀敌。今就火器输入以前之数百年间，即千年以来之马来兵器论之，除标枪一项曾略受阿拉伯人影响外，马来刀剑实有其甚深之个性、逾恒之色彩、精美之制造及奇异之方法。马来直形长刀虽似脱胎于中国之刀，然已改易形式。其他刀类甚多，有大小、曲直、宽窄及波形曲体之别，其最普遍而最奇异者厥推克力士短剑。

爪哇人所用之克力士，其柄均木制，作奇形之雕刻；其鞘亦大都均系硬木质；鞘外铜套、银套或金套，装潢富丽者不少。其刃之钢质锻炼特佳，较优于其他马来岛之所产者。唯因土族甚杂，故即一岛之刀剑其形式亦不统一，不同之处甚多。据英人及荷人所云，克力士剑之种类乃有100余种之多，各不相同。若就其土名判别计之，略有54种之多，其中33种为波浪曲折刃形，21种为直刃形。克力士间亦有双刃者，一鞘左右各一刃，有如中国之双剑，然甚罕见。据英、荷人之记载，克力士剑系于15世纪制造成功者；据爪哇人之传说及记载，则在14世纪中，有杨哥洛（Janggolo）王名义纳卡多·帕利（Inakato Pali）者实为克力士剑之发明人。两说恐均非是。在马来人抵抗荷兰人时，亚齐地方土人（Achinese）尤为勇猛，所用刀剑制造甚精，极为锐利，非欧洲刀剑所能抵御。亚齐人并曾用磁弹实枪以击荷军，[①]其磁弹必系来自中国而由华侨授与者，据云较铅弹为强。苏门答腊地方土人另有一种长剑，其刃极锐利而细小，长而窄、锐而柔，曾用为抵抗荷人之器。此兵器恐较克力士剑为古，荷兰人仅于1837年在土著酋长之尸上夺得一柄陈列于博物馆中。巴厘岛之马来人喜用毒箭，不用弓而用筒射出，至今尚有此风，其克力士之刃尖有时亦涂蛇毒或其他毒汁。然据爪哇本族之历史记载，马来文化甚古，早已不用毒箭，因荷兰人以枪炮屠杀土人，故马来人于

---

① 见1874年8月28日伦敦《泰晤士报》。

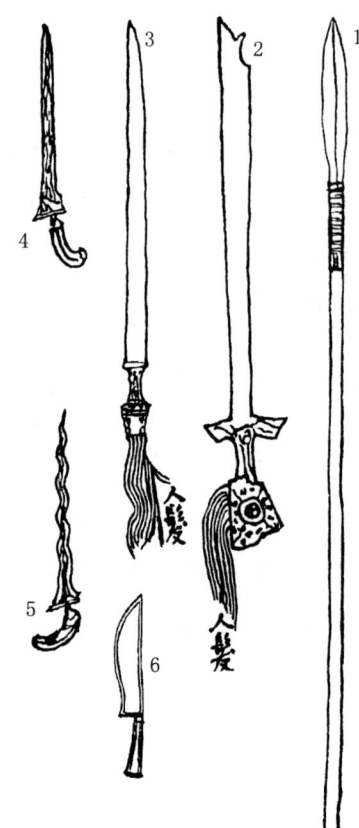

图52 马来常用兵器之器型
1.标枪。2—3.刀。4—5.克力士短剑。6.匕首。

1639年巴厘岛之战复用毒箭云。[①]1812年,爪哇人曾用石块及石弩攻击回王,未获胜利。至爪哇人所用之弓长约1.5米,其箭名吉特厄(Gendewa)、帕纳(Pana),弓之两头常以角制。马来人及色内白人所用之标枪,其形甚短而略长于箭,爪哇人之标枪则甚长。据英人沃利斯(Wallace)所著《马来群岛》一书观之,爪哇标枪长及3.6至4.3米,坚强而柔软,爪哇人精于使用,其术甚巧妙娴熟。苏拉威西人喜服钢网护身甲,喜执护手牌。爪哇南端之巴厘岛及龙目岛(Lombok)土人崇信佛教较深,与印度之来往较多,故其火器之输入较早,又得中国人之传授,早能自造火枪。马六甲城于1511年为葡萄牙人占领时,葡军曾夺获马来火枪300支(华侨所制者居多),据云尚有4500支系由爪哇供给者(大都亦系华侨督率土人所制者)。其火枪有长至2米者,亦有双管者,枪柄多镶嵌金银,手工颇为精致,其较佳者大多已为欧洲人搜去,或陈列于博物馆、或早入收藏家之手,今之游马来群岛者已难见及矣。苏门答腊沿海岸之拿骚(Nassau)群岛,其土人不喜刀剑而专用弓矢,隐身树丛之中发箭杀敌。据英人克里斯普(Crisp)所著《亚洲研究》一书观之,拿骚(Nassau)岛人所用之弓系用一种特别棕树质料制成,其名为尼弗(Neefong),坚而有弹性。弓弦系用兽筋制成,其箭则用小竹制造,以

[①] 见塔顿所著《印度及东方武器装备》,第97页。

铜或一种硬木为链。弓身并无小皮套护指，然拿骚人力大身强，开弓发箭甚为自如也。至于克力士剑，拿骚人虽有佩带者，然甚居少数，非如爪哇、巴厘及苏拉威西等地之马来人几于人佩一剑，即盛暑之际全身皆裸，腰间一绳仍系克力士不舍也。克力士短剑之外，马来人尚有常用之圆头宽刃曲形短刀，名为巴带客（Badek）者，系为防身兼御毒蛇猛兽之用，其角制柄有刻龙首形者。

马来刀剑之特点在其花纹刃之精良，花纹刃之佳者为帕莫钢刃。其刃花纹甚富，望之如浮云星辰、如流泉瀑布、如层峦叠嶂、如乱发散丝，铸炼之术颇精。虽不如大马士革花纹刃之细腻平滑而稍嫌粗糙凸凹，抚之刺手，然实马来民族之特产，非其他民族所能制造也。马来花纹钢刃混似粘贴大小铁片而成，几如质若纸之薄铁片再叠堆锤打始成为刃者，其坚固虽不如穆斯林所用之大马士革钢刃，然亦可以斩钉削铁，非常刃之所能抵御也。马来剑柄多数以大块刻花木质为之，犹如中国载籍所记隽不疑之櫑具剑，其较贵重者以黄金、老象牙或海沫为柄，雕刻奇形怪像，且有与金质或银质鞘皮并镶嵌珠宝者（荷兰各地博物馆藏有金质柄鞘嵌珠宝之马来克力士多具）。马来刀直形者多，有刃尖带一小钩而木柄带人发一束者，亦有小而如中国小菜刀者，其名曰危登（Wedung）。马来民族之古标枪甚长，其钢刃大都有中脊而作三角形，刃之长度不齐一。其刃较为宽大者，名曰胜必当（Sampitan）。较短之标枪，有大刃者、有小头者、有带钩者，且有用毛发饰其枪杆望之蓬蓬然者。马来最佳美之克力士在昔曾为俄皇获得一具，陈之皇村别宫（Zarkoe Selo）。其花纹刃之佳堪与伊斯兰诸民族之花纹刃相比拟，或者另具精彩、更形美丽，其牙柄与金鞘之雕镂镶嵌工艺精绝，极为细腻，可为马来文化艺术增色，非凡品也（图54）。

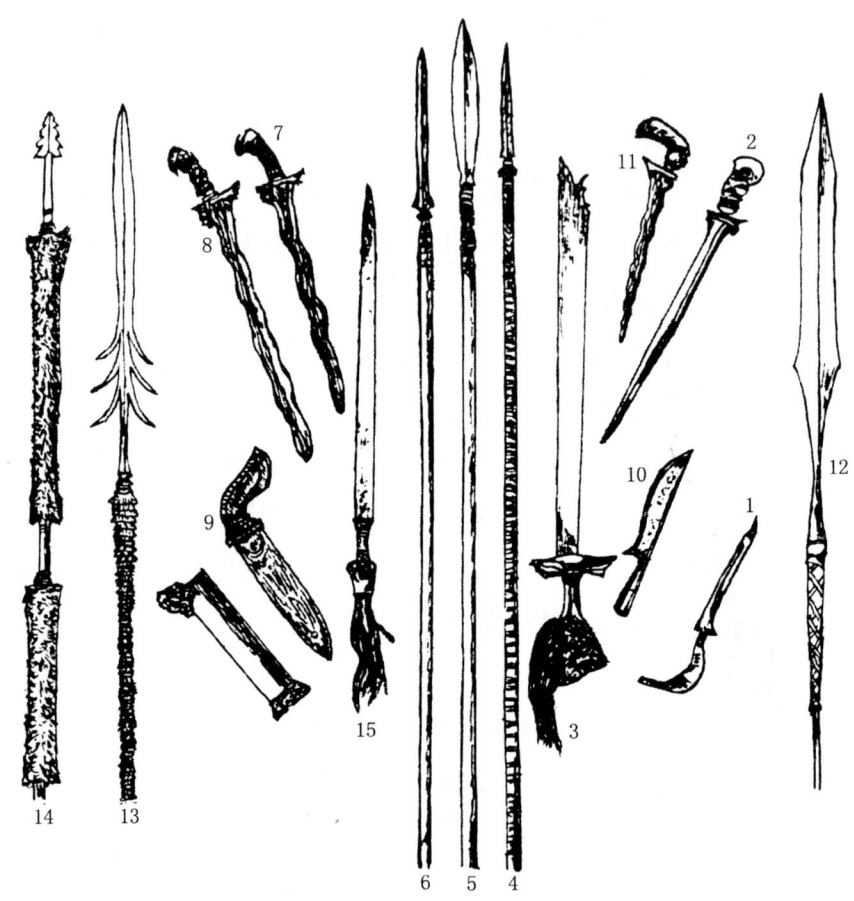

图53 马来土著之旧兵器

1.克力士剑。长31.8厘米，刃长24.1厘米。牙柄，水纹钢刃，刃之近背处隆起，柄部作半钩形系使用时便于持握。新加坡一带土著之随身插腰器。2.巴厘岛克力士。小护手钢质，短圆柄为刻槽牙质。3.直形长刀。长99厘米，刃长71厘米。刃尖有小锯齿，刃体平面无槽。护手及柄均为刻花木质，柄首配人发一束。婆罗洲达雅克人喜之。4.标枪。刃为三棱，长22.9厘米，水纹钢制。柄为黑竹长杆，上有镶金铁环甚多。新加坡一带土著所用，为马来人之常用武器。5.宽刃标枪，即胜必当，杆底有尖，配铜。新加坡一带土著所用，为马来人之常用武器。6.标枪。刃为三棱，长33厘米，枪全长196厘米。杆为木质，上套镶金之铜铁环。马六甲一带土著所用，为马来人之常用武器。7.克力士剑。长56厘米，刃长45.7厘米。刃为水纹钢质，柄缠银丝，微曲。8.克力士剑。长63.5厘米，刃长53.3厘米。木柄刻花。马来人多用此种剑插腰。9.宽刃短刀，即巴带客。刃为水纹钢质，木柄、木鞘均刻花。帕朗岛人喜用之。10.直形小刀，即危登。长30.5厘米，最宽处5厘米。木柄之首有牛角片护之。爪哇岛土著常用武器。11.克力士剑。长43.2厘米，刃长35.6厘米。刃为水纹钢质。12.铁矛。通长233.7厘米，刃长76.2厘米，作双头剑形，基部有管套装木杆。13.六刺铁矛。通长205.7厘米，刃长73.7厘米。柄饰毛发，系阿萨姆之利器。14.小头矛。通长208厘米，矛杆饰加色人发，系高地阿萨姆之利器。15.直形长刀。刃长61厘米，通长73.7厘米。木柄包皮，缀以人发一束。系帕朗岛人之利器。（采自塔顿《印度及东方武器装备》）

第7章 马来兵器

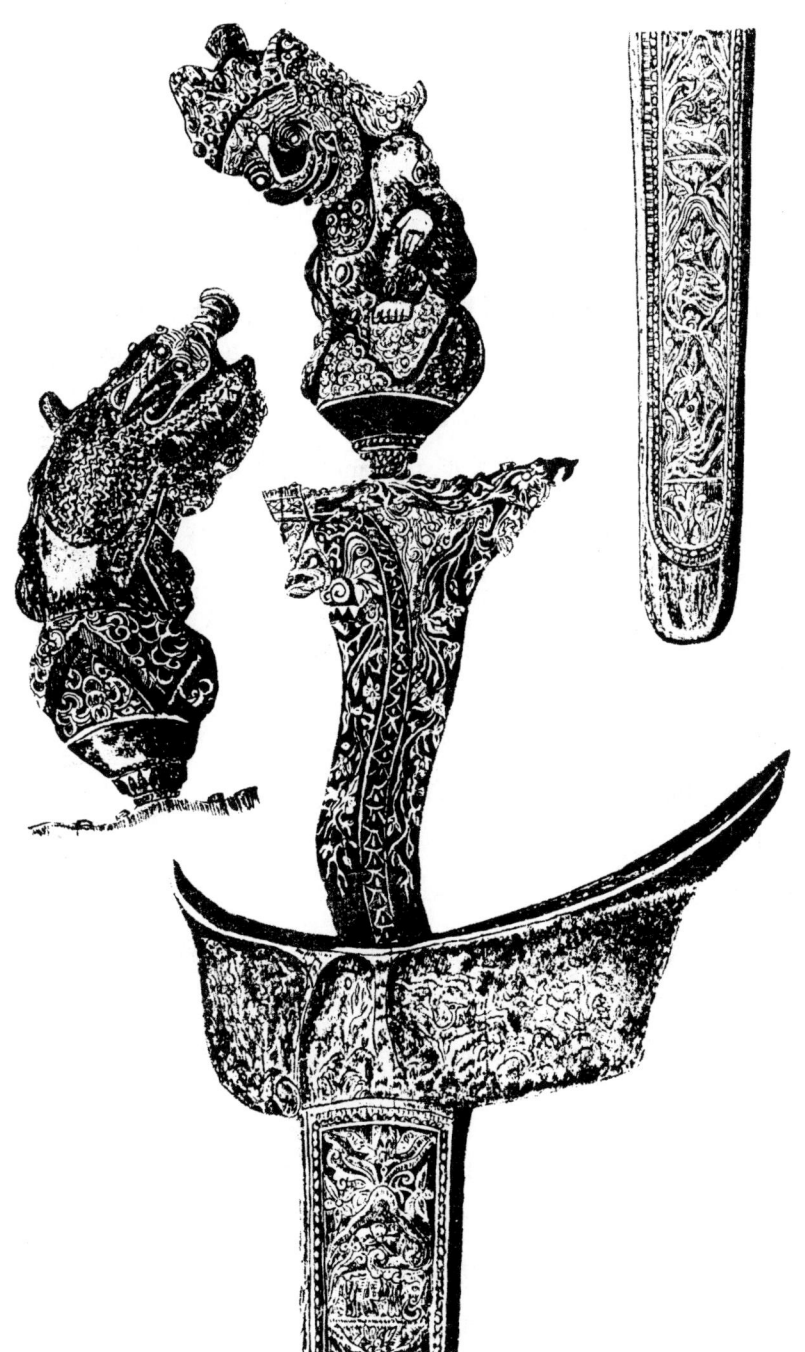

图54 马来克力士剑之艺术

此剑为俄国皇村别宫藏品,可视为马来最美之克力士剑。其刃系最上品水纹钢所制;柄为牙质,镶嵌宝石、珍珠多粒;护手木质,刻花鸟纹饰;鞘为金制,所刻花纹甚精细。

三、克力士剑

游于马来群岛者常见各地所陈列之克力士,有以鱼骨为刃而安柄者,有为宽长之刃者,有无数双锋或单锋之匕首,又有在上列形式之间而变幻无穷之刀剑,马来人皆称之为克力士。盖因克力士有两千余年之历史,在此两千年中不知几经改变,形式质料后先相异,理有固然也。据马来人之定义,克力士可分为下列五种:

1. 马来群岛北方诸国及北大年(Patani)之克力士
2. 林茂(Rembau)克力士
3. 爪哇克力士
4. 布吉斯(Bugis)克力士
5. 苏门答腊克力士

其分类之理由,则云系根据下列条件:

1. 帕莫(Pamor,陨铁及其花纹)。
2. 铁(Iron)。
3. 刃之形式。
4. 柄。然古代克力士之柄,或者以时代关系已屡易其物,迥非原来之柄矣。

今就马来一切兵器而言,但系以金属制成者均计,则可依以下式分为三类:

1. Berpamor,即有花纹而打成薄片者。
2. Melela,简单平面钢质者。
3. Besi pari,粗糙钢质(有如沙纸之面)者。

据英人加德纳之著述,[①]伊曾将平生所藏之克力士四百件出示诸马

---

① 《克力士及其他马来兵器》(*Keris and other Malay weapons*),1936,新加坡。

来大家，此辈均依柄形及鞘形以为判断，此系实验功夫。中有一爪哇柄之克力士曾被一人断为爪哇物，然在六个月之前伊乃认之为布吉斯克力士，盖因斯时加德纳佯装一布吉斯柄于其刃上也，若装一北大年柄则必被认为北大年之物矣。当然，马来群岛不乏专家，可依铁质以评定一克力士。然据加德纳最近三十年之经验，所遇马来识兵者均往往对于一器而先后断定各异，错误百出，加德纳颇以为骇异。殊不知自白种人统治而禁佩克力士以后，马来制刃专家日少，铸刃术日渐澌灭，今之马来人数典已忘其祖，何足骇异，其咎亦可归之白种人耳。加德纳又谓马来人每恃其嗅觉与听觉以判断一克力士之产地，嗅其刃面即知其来源，或凑近耳部听之（并不击敲成声）亦可知其制造之地，此种神秘之官能或者属实。然如每次佯装他柄则评判者往往误认，可见伊等实以柄为根据。

据加德纳之意见，下列分判克力士之方法似为现时最妥善之分类法：

1. 森巴拉（Sempana）克力士。此为普通直形或波形克力士。

2. 邦江（Panjang）或巴哈里（Bahari）克力士。此为苏门答腊之宽长克力士（执行斩刑时所用之克力士）。

3. 孙唐（Sundang）克力士。此为马来宽剑或宽刀。

4. 邓波客拉大（Tumpok lada）。义为打椒之器，系就其柄之形状而言。

5. 巴带客（Badek）。甚短而宽厚之防身御兽砍劈之小刀。

6. 满者伯夷（Majapahit）克力士。即爪哇克力士。

7. 比奇特（Pichit）克力士。义谓手指捏制者。

8. 夷康巴里（Ikan pari）克力士。

上述八种克力士，其体形均见所附各图版，不难一望而知其不同之处。今先为说明其大致如下：

森巴拉克力士　此种克力士之专名甚多，如沙布库尔（Sapukul）克力士为直形克力士，克洛克（Kelok）克力士为波形克力士等。马来克力士之波刃（fok），其波折之数目从不相等，刃之每一面之每一波折皆须计算。如一曲之刃则算为3波，3波之刃名为森巴拉克林（Sempana keling）克力士，5波或7波之刃名为森巴拉克力士或巴龙沙利（Parong sari）克力士，9波或更多之克力士则名为切利达（Cherita）克力士，13波或15波之克力士，则有时呼为唐邦锡莱（Tampang serai）克力士。加德纳自谓其有一31波之克力士，系其在南洋群岛40年仅见之物，而另一英国收藏家伦纳德·雷（Leonard Wray）则称其有47波之克力士。

邦江或巴哈里克力士 此种苏门答腊刀如系长体则呼为邦江克力士，如系中等体长则呼为阿朗（Alang）克力士，如系短体则呼为潘带客（Pendek）克力士。此种克力士之柄形特异，视图版可知，其见于苏门答腊或米南卡保（Menang Kabau），因米南卡保人亦系苏门答腊人也。此种刀本为战争之用，行刑不过附带为之，不可因此而误认其用途。在昔马来人执行死刑常用吊死之法，名为"Kujut"，但马来人普通执行死刑乃用克力士刺死，名为"Salang"。其法先使犯人跪下，头向地垂，行刑者乃将邦江克力士自其脊骨某部分（即马来人所谓"Tepat penggalan"之部分）插刺透入其心。执行之迟速，视刑令为准。抽出克力士后立用毛棉拭净，因马来习俗只有王者能使人溅血及地也。

孙唐克力士 孙唐为直体或波体双锋剑，其甘加（Ganja）及阿林（Aring）以及其他部分与克力士同，但其柄形特异，锋尖常秃。又有朗帕卡加（Lampai gajah）及帕拉莱卡加（Belalai gajah），此种克力士菲律宾人亦用之，仅简单呼为克力士。

邓波客拉大 此种刀之刃微曲，其锋芒乃在凸出之部分，其柄均与刃成一顺形，不若真正克力士之柄与刃成一角度者。此刀其始亦作刺击之用，有如匕首，但同时亦可用以砍劈。其长度普遍在15至25厘米之间，但加德纳藏器中有数刀长至46厘米。柄之形各有异点，乃以名其刀。"Tumpok"系打破或捣碎之意，据云系因其柄像捣胡椒粒之杵，或谓系因腹胃被此刀砍入之人如食胡椒之辣味，恐均不甚确实。在北大年地方不名此刀为邓波客拉大而呼为巴带客，而马来人对于不识其名之刀亦往往均呼为巴带客。在米南卡保及森美兰（Negri Sembilan）等地，只有高级酋长可佩克力士之地方，邓波客拉大系低级酋长之仪兵。在霹雳岛及雪兰羲（Selangor）等地方则皆轻视邓波客拉大为女人之兵器，呼之为"捣椒杵"，因可出人不意下暗手而刺击敌人体软部分也。邓波客拉大尚有二别名，一为塞瓦（Sewar），其柄形有别而用法则同，皆以刺入人体者；一为兰琼亚歇（Renchong Acheh），其柄亦异，在少见克力士之地方常为礼仪兵器，亦可为割裂破解之刀。

巴带客 此种克力士之柄与其刃同在一平面，与真正克力士之柄向刃作直角形者不同。刃为单锋，直或微凸，短小尖锐，有如中国剑形之缩体，此为与邓波客拉大不同之点。因邓波客拉大之刃近尖部分较窄也。巴带客之柄亦异，一望而知。此外，邓波客拉大单锋而非双锋，巴带客则虽单锋者较多，然有时亦作假双锋或竟真双锋。

满者伯夷克力士 此为最古之金属制克力士，其惯见者系黑铁之窄薄直形刃，其名称似谓此物系来自爪哇岛之满者伯夷（Maja Pahit）地方者。满者伯夷在13世纪时曾以一小国征服马来群岛之大部分，其兵器大有可观，然满者伯夷克力士之来源似更早。据荷兰考古家卡伦费尔斯博士（Dr V. S. Callenfels）之记载，此兵器系属于爪哇早期铁器时代（约7世纪）。据马来文之古书，其刃之所以薄而窄者，因欲作"LaLang"即粗草之形也。此兵器之刃与护手系以一块铁铸成，其柄大多作人体形，头向前屈如鞠躬然，戴冠帽或有发饰。马来人谓其体大者为男性，小者为女性；亦有谓有项珠或颈圈者为男性，无此者为女性。此种兵器极含毒性，仅在人身一划，譬如指甲之一抓爬，即可致人于死。马来人均信毒在铁中而非在克力士外面加毒者，欧洲人则以为数百年之老锈即系毒物，未知孰是。此种兵器中有可为铁质珍贵稀少时代之代表物者，加德纳藏兵中有数件，其长仅12厘米，刃长约8厘米，柄长约4厘米。迨至铁质较多之时，马来人乃造较大之克力士。但加德纳以为，原始之克力士所以短小者，可于马来历史中搜求其故。盖马来史中有名"Sang Puna"

者，为起始制造克力士之铁匠，其所造之克力士仅长三掌又半，而马来人之掌又特别短小也。然以此种弱小兵器迅入人身而立即拔出，其毒创已可致人于死，故克力士本属刺兵而不利于砍劈，以免折断。马来人之动作敏捷机巧，固善刺术者，其喜用此种短兵殆属天性也。马来人又多迷信，对于满者伯夷克力士均以家传或偶获为吉，不以购得为佳。据一马来著名之霸王（Pawang）名"Sallen"者言，满者伯夷江塘（Jantan）男性克力士系由一男性铁匠铸造者，铸成之后经过精细之淬炼。其淬法系先将刃烧红，从铸刃者之腋下取出使之稍冷，然后抛掷入水中淬之。至于满者伯夷白朗邦（Peranpuan）女性克力士系由一女性邦丹（Pandai）铸造者，其淬法系将刃烧红，从铸刃者之胯下取出，向后反掷入水淬之。邦丹如不受伤，始得信任而成为真邦丹云。马来人相信满者伯夷克力士可以祛虎、象及"Seladang"兽，一抽刃则诸兽返避；又信有危险时刃在筐中跃动作声，战斗时能引导主人之手取胜，并能自行飞出伤敌，故常佩此兵器者可以永不受害。此则近于神话，颇似中国自唐以降刀剑书籍中所载之各种神奇怪诞之说，或竟由华人传说而往者亦未可知。

比奇特克力士　此种克力士据云系以手指捏制而成，其刃与护手一如满者伯夷克力士，系以一块铁制成者，但其护手极纤小，几乎容易忽略。此类克力士颇多，其刃甚宽而薄，刃之一面常作锯齿形，他一面则微凸以应之，其痕迹宛然手指之工作，有如蜡制之刃以拇指及他指压捏而成之者。马来人从前迷信有神力之邦丹可以手指捏铸铁器，有如捏蜡然。马来谚语云"Jikalau feri pun di-pichit-nya, menjadi lilin"，意为"钢在其手，一捏变蜡"；又呼此神工为"Suru"。吾人如以科学眼光观之，略将此种兵器视察，即可知其刃之铸造本系用普通铸刃方法为之，毫无神奇之处，至于锯齿系用圆颈之锥凿为之，但刃甚薄，或者有马来铁工指之力量甚大且熟能生巧，如将其手先置油中，迅速翻转刃上之锋使成锯齿，亦属可能也。据云，若干铁匠以樟脑油及安息香油混合涂其手上，则可手握烧红之铁而不受灼，且能执铁而工作其上，或者马来古代邦丹早知此法而利用之亦可能也。加德纳藏兵中有比奇特克力士十具，仅有二具稍厚可为克力士之用，其余八具乃薄如白铁，稍用力压之即已弯曲，可知指捏此类刃成齿并非难事。且既不可为兵器，想系为符咒祈祷或驱邪迎神之用者，但若含有毒质，则可如满者伯夷克力士及夷康巴里克力士一样用法而可杀人也。至于带有比奇特符号之满者伯夷克力士，则恐为爪哇岛之物，系在公元1500年间制造者。此外又有仿制之品甚多，其刃甚厚，且具有各种幸运符号（比奇特在内）锤打入刃内者，均系来自丁加奴（Trengganu）地方之物。

夷康巴里克力士 此种克力士实为所有各种克力士之渊源，因其制造特佳，故用之至于近世而不稍衰。英国金利特博士（Gimlette）曾在所著《马来毒物及魔法之祛除》（*Malay Poisons and Charm Cures*）中述及夷康巴里克力士，谓其用途为暗杀者居多，不久前在马来群岛北部尚有以此种兵器杀人之事。因须其锋之二三留入人肉内，则毒入体而人不可救矣。数年前在霹雳岛之"Selinsing"掘出之夷康巴里克力士，曾经杀人者，其鞘尚存，抽出其刃视之，其锋锐犀利而纤小尖窄，真如一鹞鱼之刺，处处有尖锋可以刺人。[①]Selinsing之土人系于6世纪时移居该处，故知伊等在1500年以前已知铸造铁兵及木柄矣。该地出土之夷康巴里，虽柄已腐烂，鞘亦残缺，但属原始克力士则无疑。

除上述八种克力士之外，尚有许多因状变名及杂类克力士，略陈如下：

克力士之柄与刃稍偏而略作筒形者，谓之斜拉江塘（Jalar gantan）克力士，因其柄形之各异，又分别名之为森巴拉克林（Sempana keling）克力士、贝帕莫（Berpanior）克力士、胡鲁加定（Hulu gading）克力士，或爪哇地蛮（Jawa deman）克力士。又因其鞘上各箍围之金属不同，亦有名为西吉（Sigi）克力士者。

凡一克力士有大护手尖头者，即系爪哇岛之物。爪哇岛克力士之

---

① *Journal F. M. S Museum*，伦敦，1932, Plate. XLI, Fig. 2.

杂名有：佩乔（Perjol）克力士，系直形短而简单之克力士；帕苏帕底（Pasupati）克力士，系女人用之小刃克力士（马来神话谓，爪哇第一王 Saputran 生时有一帕苏帕底克力士在其手中或其身旁）；舒邦（Chopan）克力士，刃之近柄处有双血槽，载一中线下降至刃之下方，但吉兰丹（Kelantan）之克力士亦有此形。甚古之克力士属于此类者，其双槽常已锈不可辨认，马来人则视为幸运，反以为吉，呼之为"Bertuwah"。

马来群岛北部诸国及北大年之克力士杂名有：佩西帕利（Besi pari）克力士，刃中并无帕莫花纹，其表面粗糙有如沙纸。在吉兰丹地方有一种两面带直槽之克力士，无帕莫花纹而有若干波折，系磨成而非曲制者。此种克力士形状虽特别，然并无专名，或者今人已不能道出。乌鲁佩卡客（Ulu pekakak）克力士系北大年之物，其柄有如捕食塘鱼之长喙翠鸟头。据马来文典籍，此种克力士亦名为太拉江（Tera jang）。因其体特长，故其鞘须平持始能在肩上抽出其刃。但加德纳谓曾觅许多马来人用此方法抽刃，均谢不能，诿为闻之吉兰丹地方之土著而已。依近代人佩刀剑之习惯，固可将此种刀剑悬于腰间，用时一抽即出，唯昔时马来人或者故意在肩上抽拔之，俾迅于杀敌，一抽出即可砍刺及于敌人之身，较之矮拔再举刃应敌似尤迅速便利，或系事实也。

如一克力士无甘加（Ganja，近于护手）尖嘴而在西郎（Silang）下有箍，或其甘加之端作尖形者，均系马来群岛之物。甘加夷拉斯（Ganja iras）克力士，系刃与护手为一体之古克力士。近来有许多克力士妄称此名，实则均系常品，不过失去其护手而已。达加（Daga）系菲律宾群岛所用之小克力士，已有真形护手，非如上述之甘加假护手。达加字义或出于英文"Dagger"，系短剑或匕首之义，但此系英国人之解释。布阿佩加（Buah peka）克力士或布阿普加尔（Buah pungkal）克力士，此系圆头扁刃克力士，有如欧人所用之餐刀，不常见。就实际言之，凡孙唐（Sundang）均系布阿佩加，但亦有普通克力士作此形者。大概此种不甚锋利之器难于杀人者，多给精神不健全之小孩或成人佩之，或为礼祀仪式之用，不为战斗之器。苏都佩康（Sudu pekang）克力士，此种克力士有如泥水匠用以楣水泥之小铲子形，不多见。特特拉邦（Teterapan）克力士，此种克力士之刃全系空洞之体，其中可容空气进入所刺者脉络之内，于是伤人更可致死。

马来人系崇信多神教之民族，故其克力士之柄往往刻作神奇鬼怪之偶像或神龙（Naga）形也。

以上所述各种马来克力士剑，均见图版六至图版十二、十四、四十九及图51、53—55。

四、刀

1. 短刀

马来民族所用之短刀或匕首大致可分为四种：

（1）江碧鸦（Jambian） 此系源出阿拉伯或来自印度之曲形匕首。马来人亦自行仿制，柄形略异，于爪哇及苏门答腊等地可见及。有用阿拉伯或印度之江碧鸦刃而加装马来柄鞘者，亦有完全仿制者。

（2）拉威阿亚姆（Lawi ayam）或库库阿亚姆（Kuku ayam）、凯兰毕特（Kerambit） 拉威阿亚姆或库库阿亚姆系一种钩形小刀或小剑，用以钩划敌人之肠肚者。此为阿拉伯人之习惯，马来人曾仿效之，但对于欧洲人则不甚生效。因欧洲人衣裤坚厚，尤其是腰绷皮带者，可不受此种曲刃之划入。其柄大都作圈形以套食指，使刃在小指下向上划出，大拇指在上而余三指在外，以备将刃尖划入人腹而拖出其肠。其刃小易藏，划时向上挥腕，可乘人不备一举手而歼之，故此系绝佳之暗杀兵器，非冲锋陷阵之物也。有时柄上之圈孔太小不能容指，亦有时柄上端

图55 马来克力士剑之柄形

1—5.巴厘岛克力士剑之柄。6、11、14.木质。7.兽骨质。8.木质镶金属。9、15~16.象牙质。10、13.银质。12.鱼骨质。（采自加德纳《克力士及其他马来兵器》）

作半孔形，则可按指其上。盖因柄端有圈则易为敌人所见，故不如无圈也。此种匕首或小刀可插腰亦可藏袖内或置袋中，闻爪哇妇女曾暗藏于发中，出以割强暴者之势（图56之第1号）。

（3）佩拉都（Běladau）　此系曲体单锋或双锋之划割武器，马来人喜其形状如马来阿拉伯文之福字（Wau）形也。其刃如拉威阿亚姆而不如是之曲。佩拉都之执法略如拉威阿亚姆，系将小指填入半孔之中而使刃依大拇指向前偏上划出。拉威阿亚姆与佩拉都所划出之方向，皆直指敌人胃部而兼及其肚肠也（图56之第2号）。

（4）拉定特路斯（Lading terus）　此类匕首之刃颇似矛头之形，其柄则似拉威阿亚姆之柄，上有半孔以容小指。此种刺兵大概暗中刺人之事较多。马来人有呼为佩拉都者，误也，实系矛头改造或进化之兵器。

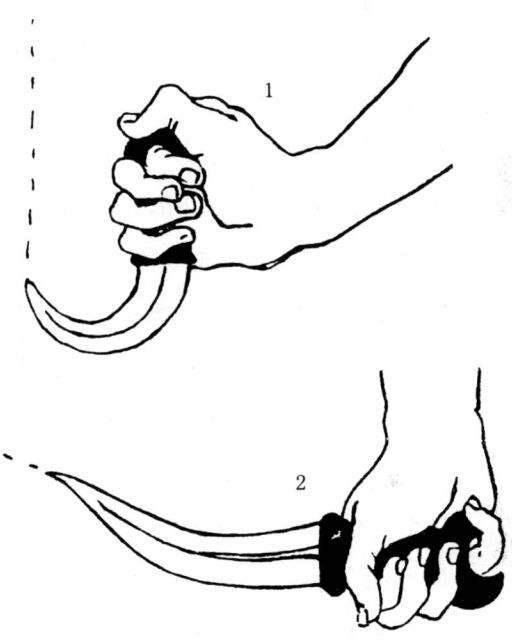

图56　马来匕首之握持
1.钩形匕首（Lawi ayam）。2.曲刃匕首（Běladau）

2. 长刀

马来之古代长刀，刃直而柄头作叉形者名为西启姆（Sikim）。嗣后柄形随地而变，有作龙首形者，有饰人发者，刃均直形或下较宽而微曲，名为帕兰（Parang）。刀之较长而刃首特阔，有如中国大刀形而刃首有钩突出，护手平阔特大而柄首特异者则名为克雷瓦（Kêlewang）。各岛各族之克雷瓦刃形大同小异，柄形则各自不同，故至今马来人辄依各刀之柄以断定其来源。爪哇刀有名为背唐（Pedang）者，其刃宽而下端甚曲，或宽如双锋之剑；名为巴达客（Batak）者，则刃较窄而曲，柄形特异，常作人体形。马来刀剑有受印度影响而与印度马刀踏瓦或锡兰岛之腰刀同形者，亦有受中国影响而与中国双锋剑同形者，但均不多见。

上述普通刀名之外，马来各岛各族之刀尚有其他名称如下：

苏禄（Sulu）克雷瓦 系近刃尖部较为宽重之刃，其刃锋部分为直体，近乎欧洲之手半（Hand and a half）或巴斯达刀（Bastard sword）。其柄可以一手或双手执之，刃首有钩。

格都邦（Gedupang） 其形略如克雷瓦，较短而重。

夷拉奴康比朗（IlanunKampilan） 此种刀系戈洛克刀（Golok）中之最长而格都邦刀中之最短者。

特巴赫琼（Tepal hn-jong）克雷瓦 此种刀在刃尖处加宽加重。

布乔佩凯特（Puchot perkait）克雷瓦 刃尖曲弯。

邦空戈洛克（Golok bankong）或佩拉克戈洛克（Golok perak） 此为刃之中部加宽之刃。

达兰帕佐（Taran paju） 系亚齐土著之刀，略如戈洛克。

佩拉都 系苏禄岛（Sulu）或婆罗洲巴乔人（Bajau）所用之笨重戈洛克刀或树叶形之刀（注意勿与同名短刀相混），然与尼泊尔人之苦克励（Kukri）叶形刀亦自不同，但刃之锐利堪与苦克励相比拟。其柄形尤特别，略如鹦鹉之首。尤在狭巷相逢、室中相斗而短兵骤接之时，其锋锐莫当。有时马来人亦用此名称呼土耳其式之短刀。

上述各种马来刀，均见图版十三、四十九及图49、50、53。

五、长兵

马来长兵颇多脱胎于中国者。其石铜时代之兵器近来出土者日多，石兵则有新加坡莱佛士博物馆1936年出版之《马来群岛石器时代之器物报告》一书，铜兵则霹雳岛太平城中太平博物馆所藏者较多。

马来长兵之主要类型为矛与长刀：

矛（图46—48） 马来群岛出土石兵中，石斧及石矛头不少。石矛头之形式有数种，或作⇧形，或作△形，均甚短。铜矛头亦有数种，或作长圆形，或作矛尖形，或作火焰形，其后两形颇似马来克力士剑形之嚆矢。马来铁矛之变态虽多，其总形反较简单，概若长体尖叶形，偶有双叉及带锯齿之矛头，亦有近柄处作双钩形而上翻转者，居于少数。火焰式之铁矛头不多，至于三叉形或五叉形之矛，爪哇岛人昔曾用之。

长刀（图47—49） 马来民族昔时所用长刀可分为二种，一为来自中国者，长杆上有圆护手，贯以微曲之马刀，犹如北平古物陈列所所藏明代长刀或大刀；一为马来特产之宽大笨刃钩镰刀，形式怪异，马来人名为库地（Kudi）或洛定兰共（Ruding lengong）。

六、射远器

马来人不甚喜用弓箭，然并非不用，其所用之弓箭颇似中国人之物而比较简单（见图47）。加德纳根据马来文学作品中关于箭术方面的专门语辞推测，马来人很可能广泛使用过弓箭，至少爪哇人肯定如此。[①]其

---

① 见加德纳所著《克力士及其他马来兵器》。

所提及之语辞有：

  Panah 弓

  Anak panah 箭

  Indong panah 箭袋

  Sayap 箭羽

  Bergandi 用弓

  Main gandi 射箭、箭术

  Pikam 箭链

  Anak panah kosong 练习用的无镞箭

  Anak Sumpitan 吹箭

  马来人所用之鸟枪，其始系于明代由中国人传往者。除鸟枪与抬枪之外，马来铁质土炮之作中国式者名为莱达卡（Rentakà），其完全马来式者则名为兰拉朗邦（Lelarampang）。兰拉朗邦之形式甚为奇异，前有大帽如龙张口，中后段均有尖叶形护片，中部有三脚炮架支撑之，炮及炮架常为铜质。惜乎中国人与马来人制炮之术后来未能进步，结果马来人不得不购买欧洲人之钢炮或自行仿制其小型者。此种炮马来人名为梅利安（Meriam）。梅利安有小至可置案头为玩具者，名为梅利安卡洛克。兰拉朗邦亦有小至如抬枪者，其口上不加龙首而饰以圆花，此实为马来土炮与他国旧式火器相异之特点（图57）。

  马来人不喜用护身具，偶有所见，皆舶来品也（图58）。

七、达雅克人之兵器

  马来之婆罗洲上有一土族名为达雅克（Dayak）。此族是否纯粹马来种颇有疑问，其为外来之民族则毫无疑义。据法国考古家戈鲁伯之论

第7章 马来兵器

图57 马来旧式火器

1—4.中国式火绳枪。其中,1、2系3、4两号枪托之放大形,中间之标尺长度为2英尺(60.96厘米)。5—6.燧石枪。7.红铜枪。8.龙嘴红铜炮。即"Lela rambang"。9.钢炮,即"Meriam Kalok"。10.发射2.7公斤重弹之大铜炮,即"Meriam"。11.中国式铁质土炮,射程为400米。12—17.各式大小铜炮。(采自加德纳及马来博物馆藏品)

图58 马来护身具

1.网甲。铜质,甲衣上缀有铜片或角片。2.战盔。仿印度式样。3.网甲。铁质。此种式样可能系葡萄牙人传入。4—5.腰带。6.藤质皮面圆盾。盾面缀有铜钉。此类盾亦有铜制者。(采自加德纳藏品)

断，达雅克人或系起始居住于越南之土著，后因受南下异族之压迫，逐渐退至海滨，遂渡海而往马来群岛婆罗洲等处。①此说如与塔顿爵士所说马来人系于12或13世纪始由苏门答腊出发占领并发展新加坡之说对照，可知马来民族之势力系由东北退出而下侵西南以占领南洋群岛以及新加坡等地方者。或其出发之初系在中国吴越文化铜器末期，亦即越人前往安南建国之时，则所谓达雅克人即蚩尤三苗之后裔乎！是以此达雅克人之旧兵器颇有研究之必要焉。

马来长刀之总名可分为帕兰及克雷瓦两种，前已详述其形制矣。达雅克人似已与婆罗洲之其他土著同化于马来兵器，故达雅克人之帕兰颇与马来人之帕兰刀相似，已无特别研究之价值，其所值得研究者乃沿海达雅克人（Ibans，即伊班人）及内陆达雅克人（Kayans，即卡洋人）之其他兵器。

沿海达雅克人之兵器似可分为下列四种：

奈波（Naipor） 此系一种曲体大刀，近柄处有钩，在刃锋一面向柄曲钩，柄形如老人拐杖。刃之曲度亦如钩形，自一点起而急曲，并无倾斜偏倚之状。近柄处之钩系为保护手指之用，钩形柄常用鹿角制造，在转弯处及尖处均刻作圈项形并雕花。奈波刀不饰人发，此点与婆罗洲土著所用之夷朗帕兰刀（详后）不同。

朗凯庭刚（Langgai tinggang） 此种刀略似奈波而刃之下部稍宽，两面均有一宽槽，自护指钩起至刃尖止。此刀之名系指大鹳鸟（Hornpiel）之尾而言，因其刃槽即象鸟尾之形。护手钩之部分较低于奈波，柄形虽如奈波但加饰人发内垂，已似夷朗帕兰刀矣。

君布（Jumpul） 此刀外表有如夷朗帕兰，但并不凹亦不凸，且刃体略曲。

巴佐（Baju） 此系双锋之叶形直刃，其外表颇似夷朗帕兰但并

---

① 见戈鲁伯所著《越南北部与东京地区之铜器时代》。

不凹凸。此类刃之钢质甚佳，且钻刻各种精美花纹图样。刃上亦常有小孔镶嵌铜片，其名为朗达克巴库（Lantak paku）。菲律宾土人亦用此种刀。

婆罗洲刀剑之鞘均以中凹之两木片夹合而成，另以藤索或铜线、银线缠绕鞘外成一坚体，唯有穆鲁特人（Murut）之鞘系以铅条缠裹者。据云穆鲁特人不知造刃，但其鞘则雕刻精美，常以贝壳、兽骨及人发装饰之。

内陆达雅克人常用下列两种兵器：

布库（Buku） 此系一种小兵器，其制法系将一方体铁条曲之成一小角，乃将其较长之一段铸打成一下部较宽之刃，颇似中国戒刀，其柄则如佩塘帕兰。

邦达特（Pandat） 此为战斗所用之帕兰，略如布库而无木柄，但其铁肩膀较长，且有一孔可容铁栓以作十字形之护手。

婆罗洲之马来人则用下列两种兵器：

佩塘（Pêdang） 帕兰此系长而曲之刀，其刃之下部加宽几达刃尖，刃无镶饰雕刻而柄为木质。此种刀用途甚广，除自卫及作战外且可为农田刈割之用。

洛托克（Lotok） 此为大型之布库，体甚重，须以两手执之始能挥劈如意。

婆罗洲卡扬（Kayan）、克尼亚（Kenya）、克拉比特（Kelabit）、普南（Punans）及普龙（Pulong）诸土著所用兵器之较著者为夷朗（Ilang）帕兰。此种刀之内面（即贴近用者之身之一面）系凹体，其外面则系凸体。故其用途系向内割切，下切之角度约为45度。以之切割小树，其刃略转回即可顺手切去，滑而向前洞穿其树。若用寻常刀为之，则刃入木中，可向下割而不能滑而向前、洞穿而过也。是以寻常刀三四刀始能穿割之树，夷朗帕兰可以一刀为之。据云用此刀作45度角而向下割，则其刃转折可以一刀而割下敌人之首级。故初用者极须小心谨慎，苟劈出之角度不准，其刃将翻回手中或跳返用者之身而伤及用者。且每刀之凹度均不相等，即令善于刀术之专家使用新刀亦须小心出之也。如用左手执刀，则凸凹两面均彼此反转，刀锋乃向执刀者之身切割。菲律宾土著亦用帕兰，但其刃仅向外开口，用途则大略相同。

穆鲁特人（Murut）为达雅克人之支系，其所用之唯一特别兵器名为帕卡英（Pakayun）。其刃长窄而曲，并无镶饰。其柄大都刻作双豕形。接刃处有红铜套，向外略伸以为护指之用。

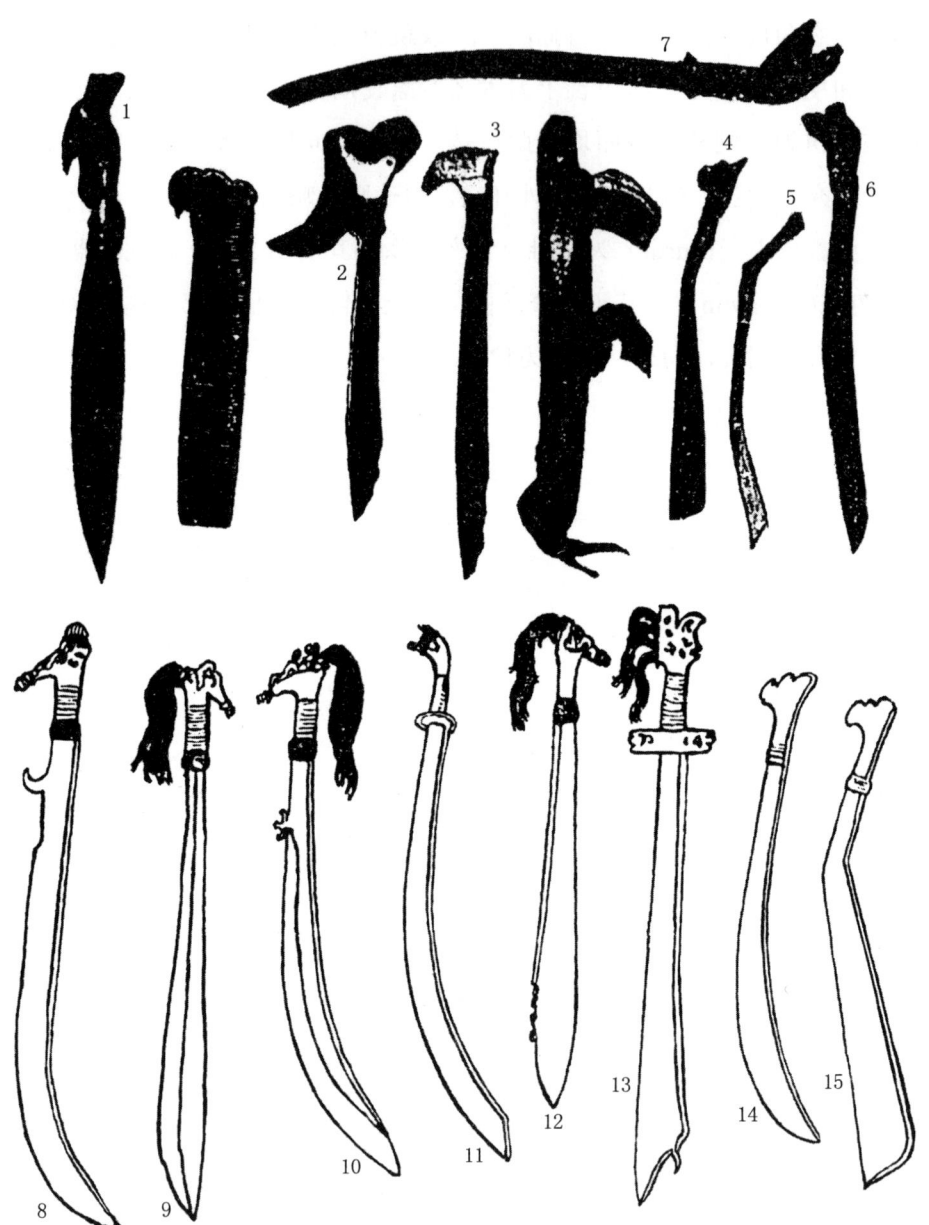

图59 婆罗洲达雅克等土著之刀

1.巴乔佩拉都。2—3、12.夷朗帕兰刀。4—5、15.布库。6、14.佩唐帕兰刀。7、11.帕卡英。8.奈波。9.巴佐。10.朗凯庭刚。13.克雷瓦。

第8章

菲律宾兵器

菲律宾群岛旧兵器可分为长兵、短兵、射远器及卫体武装四种：

长兵 菲律宾群岛各族之长兵当然不止矛枪及标枪二种，但似偏重此二器，尤以掷远之标枪为最。马尼拉菲律宾国家博物馆所藏邦都人（Bontoks）标枪（土名Fafey）4件，刃长自5至15厘米，柄长约127厘米（图60之18—21等号），其刃形极类箭镞，翼肥大而锋尖圆钝，虽近于马来铜矛头形（图46之19号），实异于马来各族之标枪。木柄近刃处加大，缠以藤织物，亦与马来各族普通标枪柄不同也。又卡林加人（Kalingas）之矛枪一具（图61之第3a号）及曼达亚人（Mandayas）之标枪一具（图61之第1a号）则较为尖锐多矣。

短兵 菲律宾群岛各族之刀剑，如直形大刀（图60之第5号）、直形光剑（图60之第4及14号）、直体波折形克力士剑（图60之第2、3、6、11、15号），其刃形似无所异于马来诸族之刀剑（第1号半波折刃稍特别），但柄形则迥然不同。菲律宾诸族之刀剑均有特殊之柄，不与其他马来刀剑之柄同形，是以马来专家之判别各族兵器亦以看柄为唯一无二之方法也（详上节）。即如菲律宾之叶形短刀或匕首（Barong），骤视之似与婆罗洲达雅克人之匕首（Bajow）无甚差别（图57之第1号），但若近察其柄则迥然不同，形制大异矣。是以马尼拉圣多玛大学教授、古器收藏家及著述家邦东（Jose Bantoug）以其所藏5件兵器之上半部照片惠赠吾人（图60之11—15号），亦表示菲律宾刀剑之特点乃在其柄首之特形而已。此5件兵器之柄均牙角质，加金银箍饰，显者之兵也。至于鸦喙形或左右双波折形之刑刀（图60之16、17号），在其他马来人之兵器中似属罕见，印度人在昔则曾经使用，[①]但印度刃较短而宽，柄形直下而不与刃同曲，异于菲族之刀。或者此种刀形系菲岛摩洛人（Moros）自行特制之刀也。

射远器 菲律宾群岛各族土著在昔之射远器，亦如他地马来各族之器，近射则用标枪投掷（犹如古代自南中国徙居中国西南边疆之苗、傈、夷、番、羌、彝诸族），远射则用弓箭。其弓以木为之，常用单弦，制造简单，颇似他岛马来人、吾国台湾高山人与边地苗族之器。箭镞铁制，古时亦有敷毒之习。但大体而论，菲族似不甚喜用弓箭。明代武功历南洋而远播至红海西口，菲岛亦大受影响，斯时中国火器由马来群岛婆罗洲就近输入菲岛者颇多，嗣后菲人用以抵抗西班牙人之侵略者即中国制或中国人在南洋设厂仿制之抬枪、鸟铳等类火器也。迨至西班牙统治菲岛以后，欧洲火器逐渐输入，其始禁止菲族购用，其后因与美国交战，始用土人为枪兵、炮卒，其枪大都为火绳枪及铜帽发火枪，炮则铜制者颇多。吾人所示马尼拉菲律宾国家博物馆所藏大小铜炮14尊，其长自127至152厘米，形制虽稍有异同，刻花亦有区别，但均系欧洲式之铜炮也（图61之4—17号）。据该馆云系昔时穆斯林苏丹在菲岛所用者，或架于所筑炮台堡垒之上，或装置战舟中，均用一简单木座架之，座首仅有二木轮以铁索拖动云（图61之第18号）。

卫体武装 菲岛土人犹如他处马来各族，不喜服戴卫体武装，大约系因天气炎热、地势崎岖，土人向不整装作战之故。但亦非无器可述者，如曼达亚人之漆木制琵琶形或琴形长盾（图61第1号之b器），摩洛

[①] 见塔顿所著《印度及东方武器装备》。

第8章 菲律宾兵器

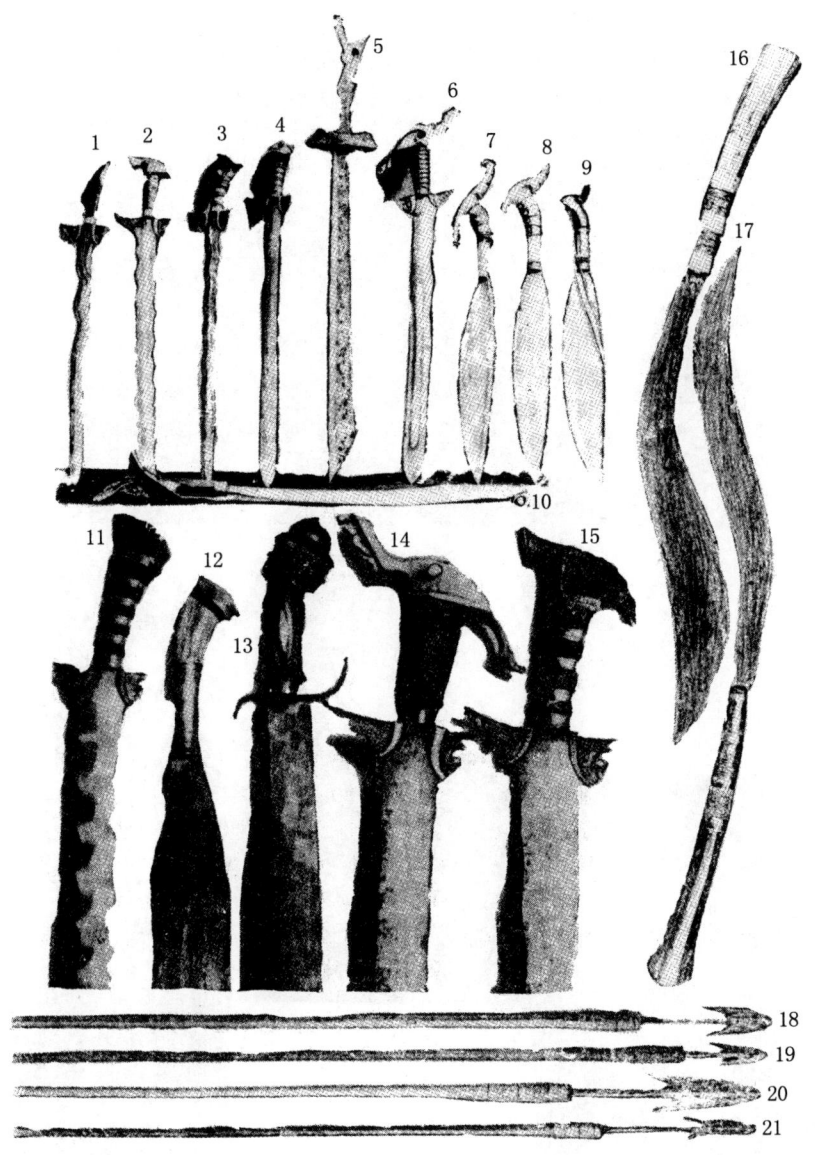

图60　菲律宾土著之旧兵器

1—3、6.克力士剑。4.直形剑。5.直形长刀。宽刃大柄，刃尖有叉，刃体有长龙形花纹。7—9.叶形匕首，即Barong。柄形与克力士剑近似。10.曲刃刀。柄为木、角、象牙或铜质。11.克力士剑。见于哥打巴托（Cotabato）地方。12.叶形匕首，即Barong。象牙柄镶银套。见于苏禄（Sulu）地方。13.大砍刀，即Bolo。柄为角质，刻成戴帽人形。见于民都洛（Mindoro）地方。14—15.克力士剑。其中，14号为角柄，上镶象牙鸟形，见于苏禄地方；15号见于拉瑙（Lanao）地方。16—17.双曲形刑刀。刃长约50.8厘米，宽约8.9厘米，柄长25.4厘米。柄长木质，箍铜并缠以藤索。18—21.长矛或标枪，即Fafey。刃长5—15厘米，柄长约127厘米。均马尼拉菲律宾国家博物馆所藏，其中，1—17号为摩洛人所用，其他为邦都人所用。

图61 菲律宾土著之旧兵器与火炮

1.曼达亚战士。所持矛通长165厘米,刃部长28厘米;盾长30.5厘米,宽为20.3厘米。2.摩洛战士。所持矛通长228.6厘米,刃部长30.5厘米;盾之直径为83.8厘米。3.卡林加战士。所持矛通长167.6厘米,刃部长25.4厘米;盾长119.4厘米,宽30.5厘米。4—17.摩洛人之铜炮。长127—152.4厘米,原系穆斯林所用之火器。见于哥打巴托地方。(采自马尼拉菲律宾国家博物馆提供之图片)

人之硬木制笠形中凸圆盾（图61第2号之b器），[①]卡林加人之木藤制短梯形长体牌盾（图61第3号之b器），形制特别，异于他族之器，大约系菲岛土人自制之物。但所示曼达亚人之装束则已完全西班牙化，其人面貌亦类菲西混血种人也。至于摩洛人之水牛皮制之背心甲及战裙，虽其远源或有出于中土之可能（周代甲胄十分之九均系革制），但其形制已酷似西班牙在昔战士之物（图版十五之第1、2号）。又该族之牛角片及红铜丝锁环合制之背心甲（图版十五之第3号）及插繁羽之红铜盔（图版十五之第4号），则除羽饰特别外，均系完全西班牙形制之器，已非菲岛土人之物矣。

[①] 此盾颇似中国器，而摩洛族之面貌亦颇似华人，所执短标枪则近于周人投壶之器，抑或菲岛最勇悍之摩洛族系越族南下先民之苗裔乎？

第9章

尼泊尔兵器

尼泊尔兵器深具个性，且未与印度或穆斯林所用之兵器同化，殊有价值。欧洲皇宫博物馆及私家藏器中有不少尼泊尔兵器，著者亦曾收集若干器。北京故宫所藏乾隆时尼泊尔兵器不下数十器，但均系晚期兵器，至早亦不过明代之器，如图62及图版十六所示英宫及英伦博物馆之藏器均此类兵器也。其较古之器何如乎？石兵铜兵何如乎？著者于1936年曾致书于尼泊尔国教育部部长，请寄该国出土石、铜、铁古兵器之摄影以资研究。嗣得该国部长复书，对于石兵、铜兵未曾答复，想其出土物或者寥寥乎？发掘事业尚未发达乎？对于古铁兵及后代各种兵器，该部长谓之特种器物，可以摄影寄赠，但英国人所著《尼泊尔国史》及他种英文著述中均有图片可以参考云云。尼泊尔之兵器未曾受伊斯兰教影响，千余年来仍保持其古代之真朴，蒙古、土耳其、阿富汗、波斯、阿拉伯等民族之兵器均未能影响尼泊尔人兵器之制造，此所以尼泊尔兵器之个性特强也。但因与中国关系密切之故，尼泊尔古兵独受中国影响不少，至今仍保持弗替。

廓尔喀人自赋为尼泊尔古武士之遗族，为其国最高尚之武人战士，其名为卡夏特利（Kshatri），其所用之兵器以苦克励刀（Kukri）为最普遍而又最奇特者。此刀似属于喜马拉雅山民杀虎刀之一种，又甚类吾国清季各屠户所用之宰牛刀，迥与他民族之刀不同。常用雅利安人种之装饰，间或以金银丝镶嵌印度佛像或花卉于其刃中。此种刀由来甚久，为深具个性之古刀，其刃锋及刃尖极为锐利，吹毛可断，有如剃刀。是为廓尔喀族之利器，几于家藏户有，杀敌必致其死而后快焉（参阅图62之第8、9、19、20等号及图版十六之3、4两号）。至尼泊尔本族之兵器，则以柯拉（Kora）大刀为最著。此刀亦深具个性，刃宽而背甚厚，刃头大如古舟舵，刀身甚重，须力大者始能挥使自如。据云善用刀者可以挥刀斩一羊为两片或两段。此刀之近柄处刃宽3.8厘米，其舵形头则宽至15厘米，圆花内钻有一八瓣莲花（图62之6、22号）。尼泊尔人又用宽刃长剑，其刃上下等宽，约10厘米，颇似秦汉长剑（图62之第5号）。尼泊尔之刀剑及锤斧等器大都镶嵌佛教花纹。

尼泊尔人之支族亦有数种之多，如切庞人（Chepang）及Kusanda是其较著者，尤以古隆人（Gurungs）为最大最勇悍之族。古隆人为用苦克励刀及柯拉刀之民族，并执一小护身牌。至马嘉人（Magars）则勇敢而有秩序，为绝好军人。英将内皮尔（Sir Charles Napier）曾于1850年召募马嘉人充兵至一团人之众；第一次世界大战时英国亦曾募尼泊尔廓尔喀军队以御德军。马嘉人喜用弓箭，并用廓尔喀人之其他兵器。尼泊尔之贵族（Brahmin）则为较纯粹之雅利安人，与上述诸族之混杂不同。喜马拉雅山侧最初本有31个小国，临山据险，称王立国，后逐渐为廓尔喀族所合并而成为尼泊尔一国，从未受英人之笼络而归附，清代按期贡进不绝。①卡瓦尔（Garhwal）地方之菩提亚人喜在其腰带上挂一宽刃轻体钢斧，名为荡格拉（Dangra）。有时亦带廓尔喀族之刀，唯佩插身前，而廓尔喀族则佩插其刀于身后也。

尼泊尔人所用之箭，其镞肥大而具特形，颇似菲律宾邦都人之标枪头。此箭长约81.3厘米，以竹制而以铁为镞，其链形虽笨，然一入人身殊不易拔出也（图62之4、24号）。尼泊尔民族与中国关系历代友善，故

---

① 廓尔喀国王所贡兵器，以乾隆时为最多，参阅拙作《中国兵器史稿》。

其兵器至近代尚深具周秦色彩，从未受伊斯兰教或基督教之影响者，是或可为周秦文化及于喜马拉雅山以西之一证。如箭镞既类战国之物，其长杆箭亦似中国各边族之标枪，而其长剑尤类周秦剑器。短剑有名邦客克鞑儿（Katar bank）及贾特哈卡达利（Jamdhar katari）者（图62之14、16、21号，又图版十六之8、9两号），均颇类周秦匕首之形。至若名为鸾刀（Ram dao）或卡尔加（kharga）之大刀者，其源必出于周鸾刀无疑。非特形式俱在，且名称流传至今未易也（图62之2、26号）。此外，柯拉大刀与小柄长刀以及苦克励短刀则纯为尼泊尔国之物，深具个性者。克鞑儿（Katar）与曲形匕首，则已受印度佛教徒兵器之影响矣（参阅图62之第6、22、23、10、11、17、7、3、27号，及图版十六之第1、2、7、10、11、12、13号）。尼泊尔人亦用印度曲刃长刀，饰以金玉，但为数不多（图版十六之5、6号）。尼泊尔之火器，其始亦受中国影响，如图62之28号抬枪俨然明代鸟枪形也。至若图版十六之第14号铜帽发火枪则系欧洲输入之新式火器矣。

尼泊尔之卫体武装似亦曾受周秦影响，直至19世纪犹带中国色彩。如犀牛皮之盾颇似周代犀盾，其盾上圈晕花纹颇令人忆及吴越古族南下时沿途所遗铜鼓上之晕纹（图62之第12号）。至若尼泊尔之箭囊（图62之1、25号）及护心镜（图62之第13号）则纯粹中国色彩，形制亦相类似，俨然明清时华人之器也。

第9章 尼泊尔兵器

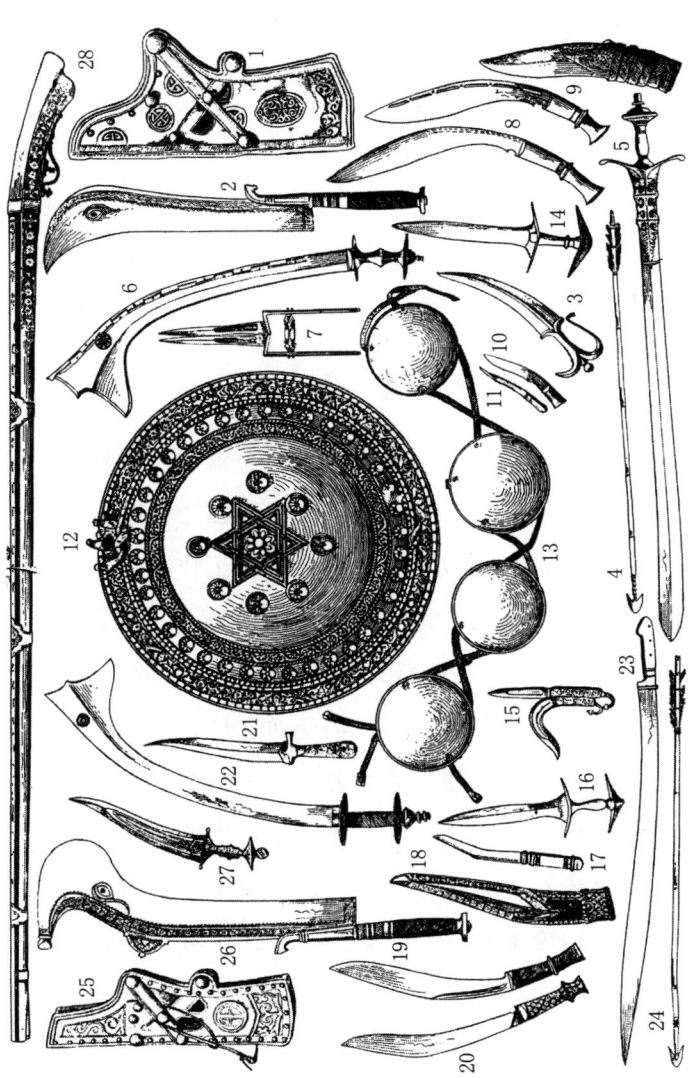

图62 尼泊尔旧兵器

1、25. 箭囊。皮底铜饰，上有中国式纹饰。2、26. 曲刃大刀，即Ram dao。第2号通长70厘米，刃长48.3厘米，宽6.4—10.2厘米；26号通长78.7厘米，刃长58.4厘米，宽7.6—12.7厘米。刃上之眼状纹内着色，均红铜乌木柄。3. 曲形匕首。长35.6厘米。4、24. 铁镞竹箭。长81.3厘米，长99厘米。5. 长剑。刃宽3.2—5厘米。近护手处以包金钢片托之，柄形甚古。此剑乃千年以上之物也。6. 曲刃大刀，即Kora。长73.7厘米，刃宽3.8—15厘米，刃部带槽，并刻有一八瓣荷花。钢柄，上下有圆形护手。水柄包皮。7. 匕首，即Katar。长36.8厘米。8—9. 曲刃短刀，即Kukri。第8号长58.4厘米，刃宽5厘米，刃部有血槽，角柄刻花。第9号长45.7厘米，上下包金铜片作花纹，并以蛇皮为绳绕之。刃背处有5孔。乌木柄，黑皮鞘。10. 角柄匕首。长25.4厘米。11. 玛瑙柄匕首。12. 犀皮盾。直径为67.3厘米。盾上以镀金或包金铜片作花并刻花。其顶部呈三蛇头缠绕之状。13. 护胸镜。凸体钢质，直径为17.8厘米。佩于网甲之外。14. 短剑花，即Jamdhan Katari。14号长36.8米，16号长34.3米。15. 刺象器，即Ankus。象不肯行时以此器刺之。17—18. 银柄小刀。长28厘米。18号为鞘。装银起花。19—20. 曲形短刀，即Kukri。长48.3厘米。19号银丝缠柄；20号银柄。镶嵌金片作花形。21. 短剑，即Katar Bank。长39.4厘米，银柄。最宽处为3.8厘米。曲刃大刀，即Kora。长76.2厘米，刃宽3.8—15厘米。刃部刻有圆形纹饰。柄端作塔顶形。23. 长刀，即Chilanum。长38.1厘米。刃为水纹钢制，上有火焰形花。长180.3厘米。枪刃为水纹钢质。柄为乌木质，嵌银。27. 曲形匕首，柄为象牙质。以银片接柄，银部嵌银几何纹。28. 矮石枪。管八角形，嵌银，嵌红铜起花。（采自伦敦印度博物馆藏品）

第10章
印度兵器

一、上古时代之石铜兵器

印度文化极古,世人周知,其古之程度当然以石器及石器后之铜器为凭。自1826年英国完全征服印度以来,其始不过政治商业之侵略,其后亦逐渐着眼于科学文化事业,是以近数十年来考古发掘工作颇为发达。即以其重要发掘区域印度河流域摩亨佐达罗(Mohenjo-daro)地方而论,十数年来所出土之石兵及红铜兵器与银器为数颇多,极饶兴趣。[①]其关于印度古文化及沟通西亚、中亚与东亚古代文物交通之途径极有关系,各国考古家且认为具有伟大之意义。如日本学者梅原末治在其所著《中国青铜器时代考》一书中曾谓:"由近时近东考古学进步所得之结果而论,如爱琴文明及埃及文化皆有'光自东方'之谚,则于通近东诸国之两河流域盖已有发达至某种程度铜文化之西来。因此,研究其文物之起源,若更东求则不能不求之东北。近时学者之所以关心于摩亨佐达罗为首之印度古代文化遗迹以及中亚尚为闭塞之地方者,即因此种关系,前途盖有厚望焉。"

---
① 见马歇尔(Sir John Marshall)所著《摩亨佐达罗与印度河文明》(*Mohenjo-daro and the Indus Civilization*),伦敦,1931年。

在摩亨佐达罗发掘工作发展以前，欧洲考古家已屡次发现印度旧石器时代之石兵、石具，如世界均知之法国考古探险家摩根（Jacques de Morgan），在本世纪（指20世纪。——编者注）初年曾图示其所发现之印度旧石器时代打制石兵（图63之第1、2、7号）及新石器时代磨制石兵、石具（图63之第3、4、5、6号），对于亚洲之史前研究独树伟大之贡献。[①]然现在加尔各答印度博物馆中所陈列之印度旧石器时代之石兵，业已较昔可观，其新石器时代之石兵、石具亦可补充摩根之所未及者矣（图65）。摩亨佐达罗地方出土之石兵、石具大都系新石器时代之物，其多数石链有磨打兼施者，亦有偏重磨工者，形式变幻颇多（图64之5—15号）。其石铲、石棒、石锤、石斧、石凿、石锛、石杵等器则纯粹磨制，磨工极为完整，与浙江近年出土之石器相近，其中之腰形石斧颇有与马来、越南及中国西北、东北各地出土之腰形斧同一来源之可能也（图64第4号）。据著者向印度地质调查所（Geological Survey of India）函询之结果，历年印度各地出土石兵、石具何止数千件，其较为完整者均已公布于逐年出版之印度地质调查所总报告中（中国地质调查所图书馆有此报告），可资参考。

印度出土之铜兵，以红铜（天然铜）兵器为多，青铜（铜锡合金）兵器颇少，且似未甚进化，此为异于其他地方之特点。但吾人尚未敢言印度红铜文化时期特长，青铜文化时期特短，未久即用铁兵；仅可信印度古代红铜兵器之制造甚精，用区甚广，持续颇久耳。且此种红铜兵器以及少数青铜兵器，其形式颇多异于他族之器而自成一类者，是否完全古印度人之作风，抑有西亚或东亚之影响掺杂其间，尚待发掘之范围较大、各地出土类似之器较多始能为详细之研究也（图66—68）。

印度铁兵之开始期甚早，惜缺乏远古铁兵为证。如收藏最富之伦敦大英博物馆所藏之印度古铁剑数具，最早亦未逾千年（图69之9—12号铁

[①] 见摩根著《东方史前》（*La préhistiore orientale*），巴黎。

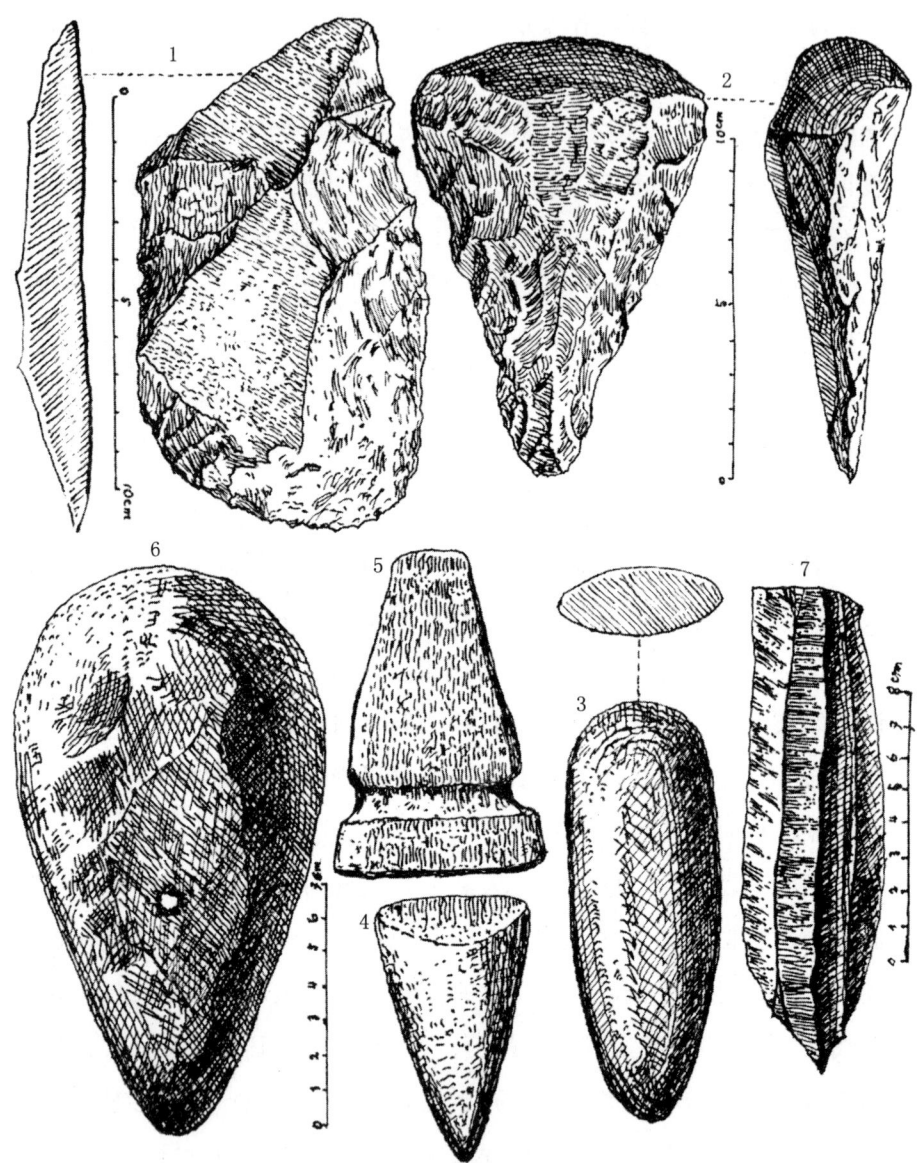

图63 印度原始时代之石兵

1.刮削器。石英质,京格尔布德(Chingleput)出土。2.拳锤。石英质,金奈之内洛尔(Nellore)出土。3.锤凿。蛇纹石磨制,金奈之阿尔果德(Arcot)出土。4.磨制石凿。金奈之chevaray出土。5—6.拳锤及不知名器。石英磨制,班达(Banda)出土。7.匕首形凿。黑燧石打制,信德之罗赫里(Rohri)出土。(采自摩根《东方史前》)

第10章 印度兵器

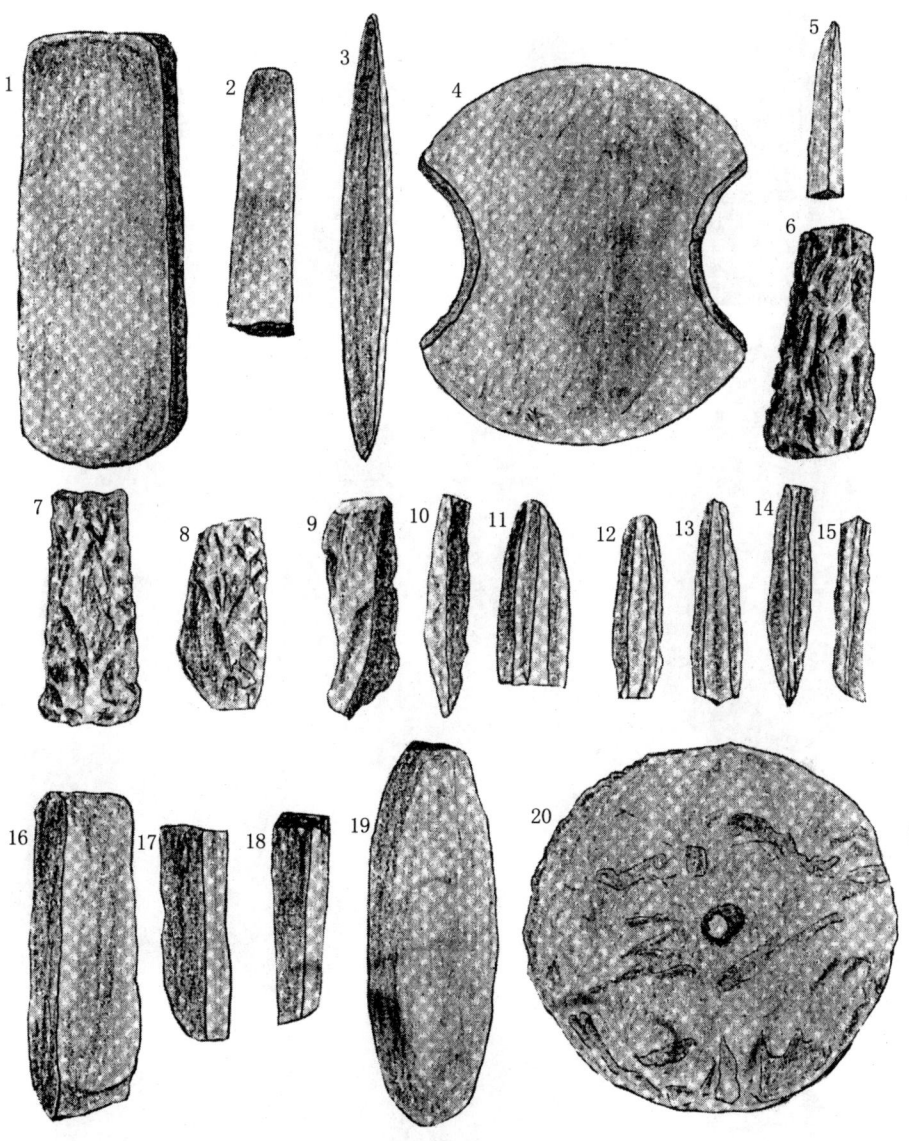

图64 印度新石器时代之石兵
1.铲。2.棒。3.锥。4.斧。5—15.镞。16—18.杵。19.锤。20.砺石。（采自马歇尔《摩亨佐达罗与印度河文明》）

亚洲古兵器图说

图65　印度新石器时代之石器
1—5、7—10.石斧凿。6.石磨盘。11.石斧锤。12.石锤。13—14.石碾锤。（采自加尔各答印度博物馆藏品）

剑），且均系南印度之古剑，其形式略有可以比拟中国古剑之处，但甚细微。不知两千年前之印度古剑是否较此数器尤类周秦之剑耳。近代考古家所谓之斯基泰式双锋短剑，影响曾遍及全亚洲及东北欧洲，尤其是双耳形柄之剑，到处均曾发现，中国、朝鲜、日本等远东国家亦曾有此类剑出土。[①]法国夏尔·毕丹所藏之柄刃一体同铸之双鸟首柄短铁剑或匕首，即斯基泰式铜剑之遗型也（图版二十之第13号）。

二、冷兵器时代之兵器

印度自千余年来以至改用火器之时，其兵器大致可分为以下几类：

1. 短兵

短兵系印度古兵中最为重要之门类，可大别为锤、斧、剑、刀四项述之：

（1）锤类。其总名为葛尔拉（Garz），形式则各地相异。有球形带尖者（图70之第3号）；有如带尖刺猬而柄中暗藏利刃者（图70之第2号）；有用八扇平刃连合以成锤头，外形如冬瓜者（图69第8号）；有锤首作双圆体形分作多边，上下配座，体形甚长有如宝塔形者（图69之第13号）；有锤首作猴形而杆作猴伸腕形者（图版三十三之第7号），式样颇多。印度锤之制法甚精，手工细腻，钢铁坚良。英国古兵专家塔顿爵士谓印度古锤源出波斯，此说未知何所根据。但中国用锤甚早，宋时将士颇多喜用锤者，如岳飞手下将士所用之锤其形式尚可得而考，颇与印度锤有相似之处。[②]或元时蒙军入印，遂致中国战锤输入印度而衍留其

---

① 见《中国兵器史稿》，第二十九图版。
② 见《中国兵器史稿》，第233页。

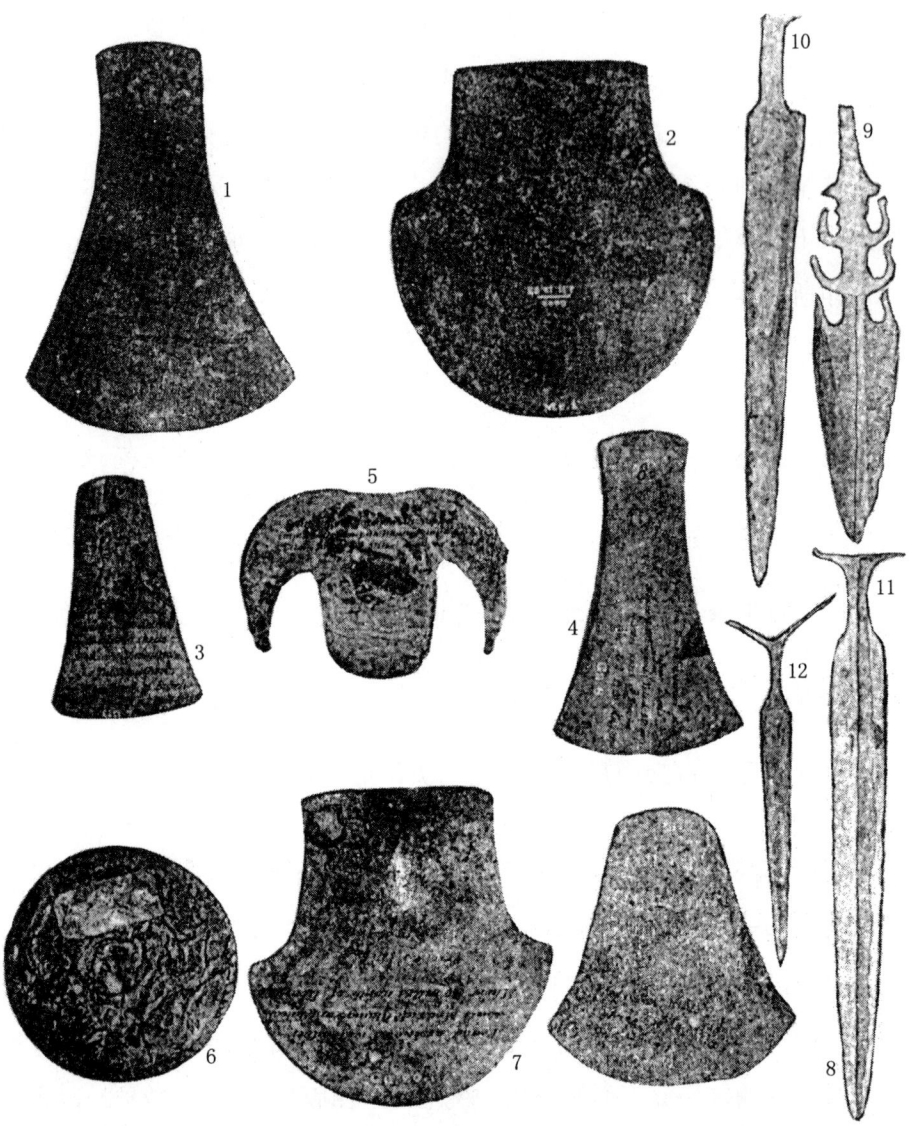

图66 中印度出土之红铜兵器

1、5.斧。2、7.戚。3.小斧。4.银质古兵或饰品。6.银镜。8.钺。9.钩尾矛头。10—12.刀剑。（采自加尔各答印度博物馆藏品及《剑桥印度史》第1卷）

第10章 印度兵器

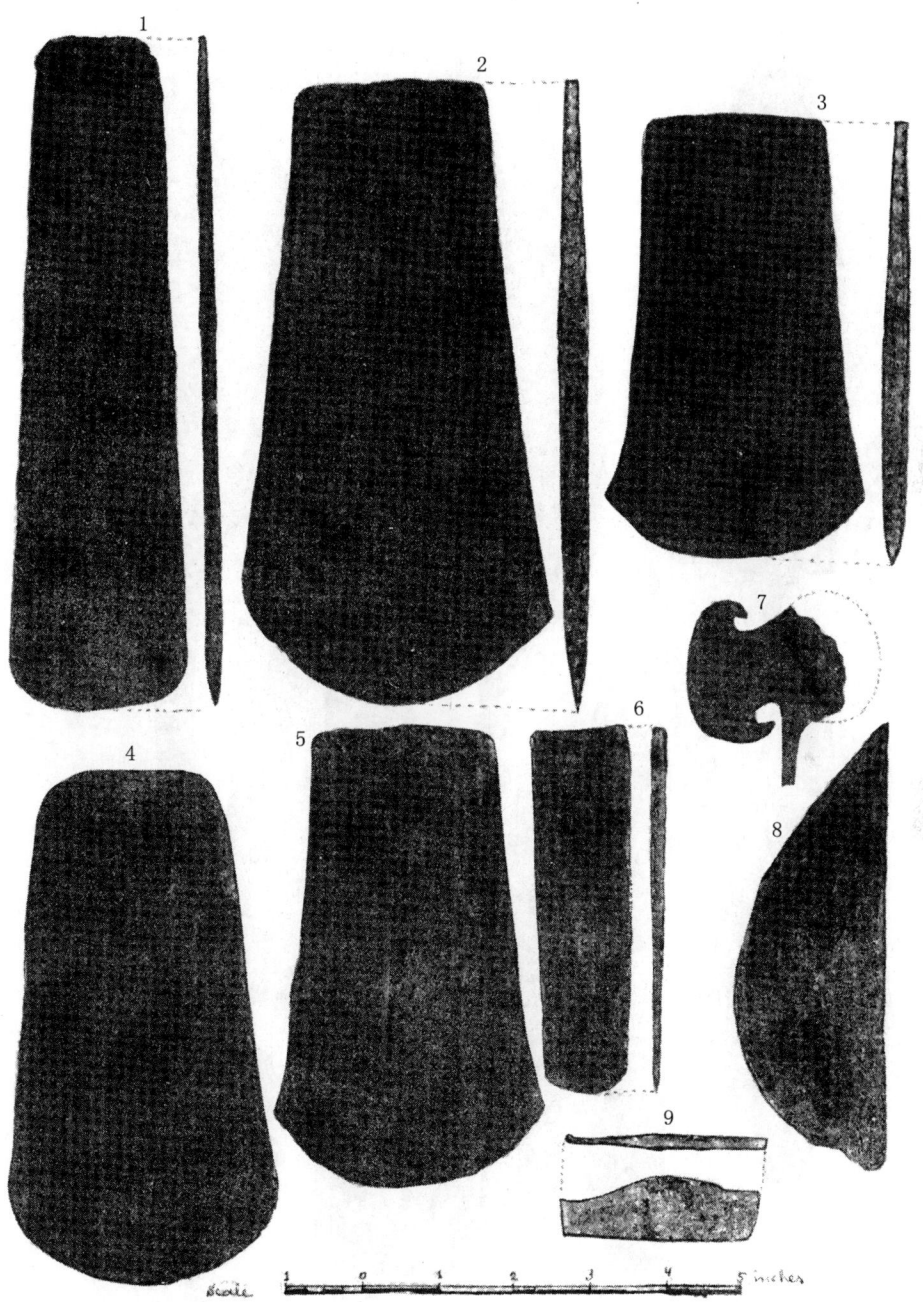

图67 印度铜石并用时代之铜兵

1—6.红铜及青铜斧锛。7.青铜战斧。8—9.红铜刀。均摩亨佐达罗出土。（采自马歇尔《摩亨佐达罗与印度河文明》）

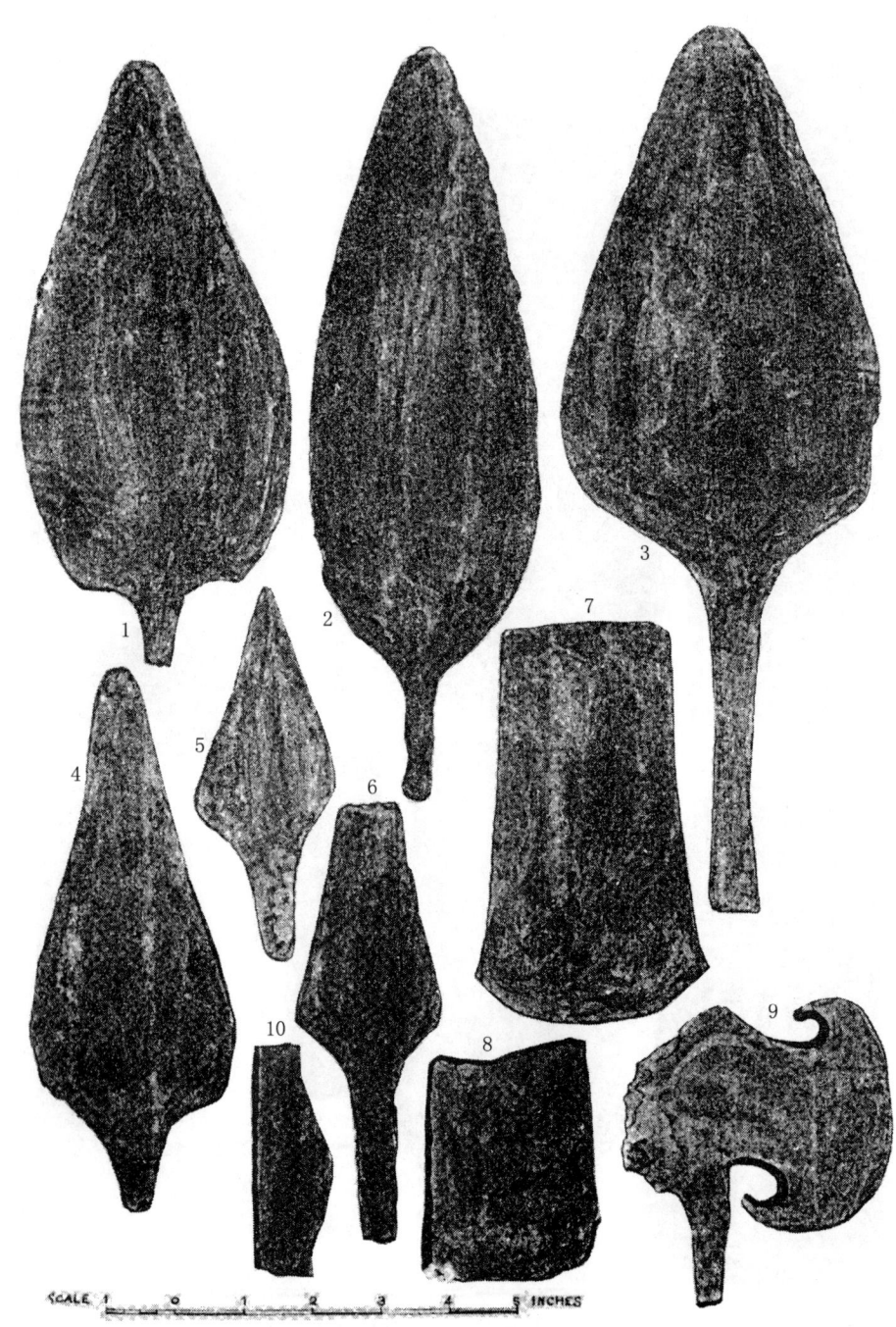

图68 印度铜石并用时代之铜兵

1—6.红铜矛头或匕首。7—8.青铜斧锛。9.青铜战斧。10.红铜刀。均摩亨佐达罗出土。（采自马歇尔《摩亨佐达罗与印度河文明》）

图69　伦敦各博物馆所藏之印度古兵

1.长刀，即Talwar。长99厘米。刃部各段刻有毗湿奴等神象，以金丝镶嵌而成，钢柄圆首。2.拐棍刀，即Crutch Dagger。入鞘后成手杖形，手柄为白玉质，镶水晶成花纹。3.长刀，即Abbasi Talwar。长94厘米。柄部钢质镶金，并嵌宝石。4.南印度之古剑。长68.6厘米。刃之上部为刀形、下部为剑形，雕有花纹。护手作蝶翅形，柄首作塔顶形。据云古希腊人曾用与此相类之剑。5.直形短刀。柄为象牙质，雕刻花纹甚精细。柄首或有钢环。刃之近柄部厚，至锋部急剧减薄。系穆斯林所佩带。6.短剑即Kanjar。刃部之花纹嵌金丝，绒鞘，柄及鞘上之套头均白玉质，镶嵌宝石及金丝成花卉形。7.大刀，即Buchie。通长86.4厘米，刃长34.3厘米。柄刃一体，钢质。柄圆体有边，雕刻花纹于上下两端。8.钢锤，即Garz。长78.7厘米。八棱锤首，镶软金银丝。柄似长剑之柄形，亦镶金银丝，内衬红绒绵，上盘外有复杯形小帽，外挂金线绳球小带。9.铁剑。刃有中槽，柄首作双复杯形，顶有一锤形。此为南印度及尼泊尔人所用之剑，为用钢制兵以前之古器，千年以上之物也。10.铁剑。亦南印度及尼泊尔人所用。其柄部颇似吾国周代服剑之柄。11—12.南印度古剑，即Katar。系一二千年以上之古物，现藏于印度坦焦尔之武库。其柄部雕刻甚精细，可代表该时代之艺术。13.锤，即Garz。长78.8厘米。锤首作双首塔形，柄尾有能上下之套圈数枚。14.莫卧儿皇帝之佩剑，伦敦温莎宫藏品。（采自塔顿《印度及东方武器装备》）

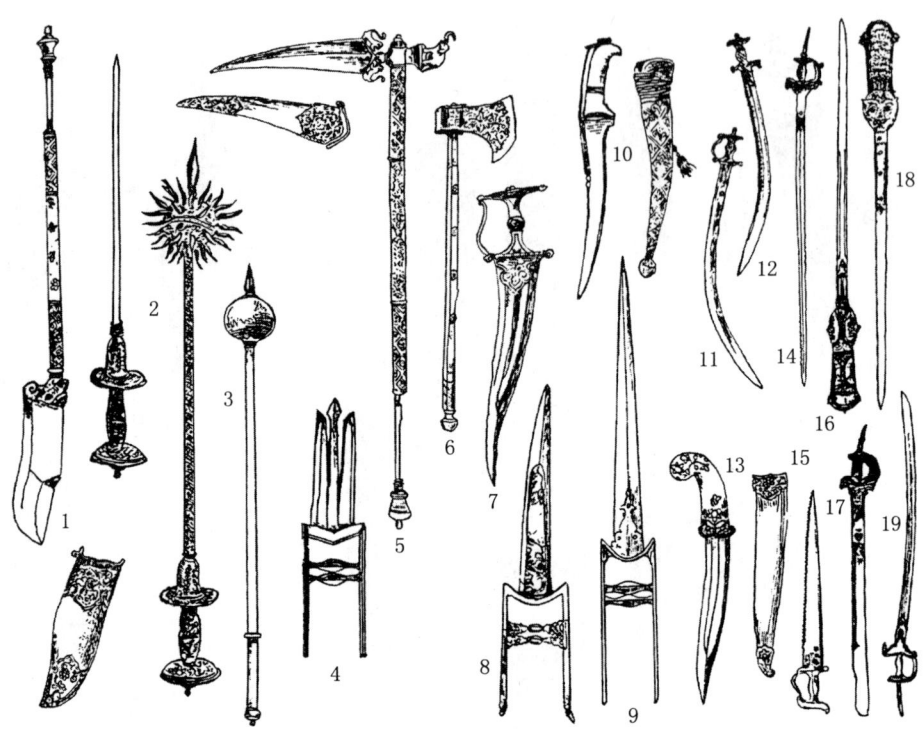

图70　伦敦各博物馆所藏之印度古兵

1.藏刀斧。刃长21.6厘米。刃柄衔接处呈象头形，镶嵌金丝及宝石。鞘为紫绒制，镶嵌软金丝。钢柄中空，内藏利刃一柄（图示已抽出三分之一），外用金丝镶花。2.藏剑锤。锤首与空柄为一体，内藏一剑，以螺纹与柄相联（左为抽出之剑形）。此为莫卧儿帝国时代德里城之武器。3.钢锤，即Garz。通长66厘米，锤首径7.6厘米。锤顶有一四棱尖镞，柄部镶金。4.短剑，即Katar。此器中有5刃，合之为一剑，拉开为5尖（图示为拉开之形）。柄套为镶金钢质。5.长刃大斧，即Hoolurge。斧具双刃如剑，有镶金紫绒鞘。刃与空体钢柄均镶软金丝，内藏一利刃，有螺纹与柄相联（图示已抽出三分之一）。6.战斧，即Talbar。长53.3厘米，刃宽12.7厘米。斧体雕花嵌金丝，八角铁柄配乌木片。系莫卧儿帝国时代之兵器。7.曲刃短剑，即Bichwa。刃部有深槽，柄及护手均雕花镶金之钢质。8.短剑，即Katar。长48.3厘米，刃长30.5厘米。刃部雕猛虎出猎图，柄部钢质刻花镶金。9.长刃剑，即Pattani Jarndadu。长68.9厘米，刃长50.8厘米。柄部及刃上护片均镶银刻花。10.曲形短刀，即Peshkabz。刃带边槽，近柄处镶金，栖为海獭牙质。11.曲形短刀，即Tegha。长96.5厘米，刃长83.8厘米。刃为三槽曲形，大马士革钢质。柄及护手为镶银钢质。12.曲形短刀，即Talwar。长86.4厘米。刃之上部为刀形，下部为剑形，背部有锯齿，长及刃之四分之三。柄及护手均镶银钢质。13.短剑，即Kanjar。刃有中槽，青绒鞘。柄及鞘套均白玉质，上嵌红绿宝石及钻石，以软金丝联贯成花卉形。14.齿刃长剑，即Firangi。护手内衬绵绒，柄尾有尖镞。系赫德尔·阿里时代之物。15.锯齿刀。长76.2厘米。柄及护手均镶银钢质。16、18.长剑，即Pata。均长132厘米，刃长96.5厘米。柄部钢质，雕刻甚精细。16号之刃部有双边短槽。17.圆头长剑，即Farang。长106.7厘米。刃为水纹钢质，上加夹片。护手镶银，内衬绵绒，凸形圆首上有锥形尾。19.长刀，即Talwar。长111.8厘米。刀微曲，有双槽。护手钢质，有锥形尾。（采自塔顿《印度及东方武器装备》）

地，亦未可知也。

（2）斧类。其种类亦多。最为普遍之月牙斧有如中国古代战斧及现代木匠所用之斧，名曰鞑巴儿（Talbar，图70之第6号）。长刃大斧名曰呼鲁杰（Hoolurge），刃长如印度克鞑儿刀而柄中后藏一利刃，用螺丝扭转入柄中。此种斧之手工极精，常在柄首雕竖象形，柄身镶嵌金丝（图70之第5号）。

（3）剑类。可分为古剑与次古剑两种。古剑大概系千年以上之物，其形式亦自不同，系以一块铁铸成者。长刃与柄系属一体，其形略类中国周代服剑之制而剑身较长。其中带护手者柄首作双盂形，古时中国亦曾有此种剑柄（图69之第9号）；无护手者则柄形较类周代服剑，腊茎镡首，俨然相似（图69之第10号）。克鞑儿剑（Katar或Kutar）之较古者，柄刃亦为一体，亦系一块铁铸而柄形特异，雕工精美，系完全印度式之古剑，其刃甚长，与次古即后代之克鞑儿不同也（图69之11、12号）。次古剑为数百年前之物，可分为长剑与短剑两种。印度长剑形式之变化甚多，其较古者名曰坎达（Khanda）或法朗（Farang）、菲朗奇（Firangi，见图版四十三之第115号及图70之14、17号）。此类剑系印度特产，他国无此形式，其柄制特异，迥与他民族之刀剑不同，一望而知为印度之物。坎达与法朗之刃无尖刺，刃首作半圆形。刃宽而平，其一边或两边镶带锯齿者居多。近柄处则加用两钢片夹刃，镶嵌金丝者居多。菲朗奇之刃则下作尖锋形，两边或一边带锯形者居多，刃较窄而中部大都有脊。此三种剑之剑柄则皆相同，即柄作D字母形，中间直画出头如一尖尾是也。D字母之下横画大都作椭圆形，内衬绒绵，上横画大都作圆饼形，两面隆起，边直画大都外为钢片、内衬绒绵，上尾作圆尖形。印度古长剑之名帕他（Pata）者亦有千年前或数百年前之物，然已略受欧洲古长剑之影响，故其长刃体窄而锐，颇似欧洲古代骑士所用之长刃，半圆形护手长柄亦类欧洲古代之物，所不同者乃在雕刻及装饰方面耳（图70之16、18号）。印度尚有半刀剑形之古兵器，刃之上端大部分为有脊刀形，刃之下端小部分为双锋宽体剑形，刃直形或曲如长弓，此亦为来源甚古之物，或者2000年前南印度人已广泛用之（图69之第9号）。塔顿爵士曾谓古希腊人曾用此种半刀形剑，或系希腊人传往印度者。然其柄形为双覆盂，颇似中国周秦时剑柄之形。至半刀形式则不独此剑为然，印度坎达剑（图版四十三之115号）亦常具此形，颇与吾国三国时代魏曹王所铸之刀形剑互相类似。[①]然则此种剑形是由中国传往印度者，抑系由印度传来中国者，颇可资考古家之研究也。印度旧短剑有三种，一为完全印度式之双刃剑形兵器，名曰克鞑儿（Katar），完全刺兵，刃宽而锐，柄作梯形，系为战斗或猎兽之用。其刃较长而窄，雕刻精致，柄亦较长者，为较古之物，常系千年以上之品（图69之11、12号）。次古者则刃较宽而短，柄亦较短（见图72、73及图版二十、四十四）。克鞑儿有单刃者，刃体宽而近于平形，刃形直或下部微曲（见图版四十四之128、129号）。有中藏一暗刃者，刃合时外表如一单刃，中部有脊，刃体较厚，但用手力握柄之横杆时刃即左右开张，露出中间暗刃，于是成为三刃（见图版四十四之第130号），尚有多至五刃者（图70之第4号），均数百年前之物也。二为印度式短剑或匕首，名曰比恰瓦（Bichwa，图70之第7号）或切洛努（Chilanum，图版四十六之第152号）。此类短剑之刃大都甚宽而微曲，有中脊者居多，略如克鞑儿之刃。唯其柄形特别，柄首作圆盘乘珠形或笠形。柄有用珐琅质或铁质者，则较钢柄者为古。此类剑之较古者大都系一二千年以上之物，但颇难见耳。三为印度贵族所佩之短剑或匕首，名曰坎查（Kanjar），与波斯人之坎查大同小异，其不同之处乃在印度坎查装饰之美。其柄及其鞘之上下两箍套大都系白玉或羊脂玉质，镶嵌印度红绿宝石及金丝金片者居多，次古者且镶嵌金刚钻石。刃质之佳亦在上述两种短剑之上，大都为大马士革钢（Damas）或花纹钢（亦称水纹钢）质（图69之第6号及图70

---

① 见《中国兵器史稿》，第183—187页。

之第13号，图版四十五之139—145号）。此种短剑之华美富丽，可为世界兵器之冠，克副宝剑二字之美名。其刃形类似周剑，伊斯兰诸族通呼为坎查，或源出干将、莫邪之剑乎？

（4）刀类。印度古刀可分为四种。一曰塔瓦（Talwar），即印度古骑士与步卒所用之长刀。其刃曲作长弓形，有全刃体刻作人物形者（图69之第1号），有仅带一槽或数血槽者（图70之19号）。其柄常作出头D字形，下为平形或椭圆形护手，上为盘形或笠形首，有短顶或长尾。有时柄作串字形或土字形，上部均作盘形或笠形（图70之12号及图版四十三）。此类长刀为印度古刀之最著者，其变象有二：其一为阿巴细（Abbasi）塔瓦，柄首作蛇头形，他无所异，据云系尼泊尔民族喜用之刀（图69之第3号及图版四十三之第122号）；其二为特卡（Tegha），刃形较曲，柄形略似塔瓦而较为短小（图70之11号），但亦有长大而带锯齿、刃首且开口如鹤鸟嘴形者（图版四十三之第123号）。长刀之外有大刀，其名布奇（Buchie）者刃体直而宽大，钢柄或铁柄有时与刃一体铸成，柄圆中空。此种刀颇似中国唐宋大刀，或元时所传往亦未可知也（图69之第7号）。三为锯刀，其刃上宽下锐，刃作锯齿形，柄为纯粹D字形，钢质者居多（图70之15号）。四为穆斯林插腰直形腰刀，其刃与柄均作直形，刃背与柄成一直线，刃锋一面上宽下锐，柄首或带圈或作凸形，柄体象牙质满刻细花者居多（图69之第5号）。五为穆斯林曲形短刀，名曰比什卡伯兹（Peshkabz），厚刃曲而尖锐，牙质厚柄微曲带上环，刃首尖锐如牛角（图70之第10号，图73之2、3、5、15号，图版十七之12—14、16—17等号及图版二十之12号）。五为拐棍刀或杖刀，系印度人坐地撑腕或作手杖之用者。其柄之外形或如一平装两菱角头之短杖，或作烟斗形，中藏利刃（图69之第2号及图72之第1号）。此外印度刀类尚有数种，系锡兰岛一带及他处土著所用者。一名卡斯坦（Kastane），系锡兰岛一带僧伽罗人（Cingalese）或土著之短刀，刃质平常而柄鞘华美，银柄作龙形者居多，全体钻花之银鞘下尖，作蛇吞卵形者居多（见图版四十四之126、127号）。二名比哈凯塔（Piha-Kaetta），系锡兰岛Candy地方土著昔时所用之短刀或小刀。此种刀甚为特别，刃短而背直，刃尖如半叶形或曲作鸟嘴形，刃甚笨重，刃背包银或厚铜，柄小而形奇，有如人参形，海沫质或老牙质者居多。短鞘为古沉香木质，包银或铜（见图版四十四之131、132号）。三曰萨拉瓦雅达坎（Salawar Yatagan），系印度白沙瓦（Peshāwar）及开伯尔（Khyber）两地区人所用之长刀（图版四十四之136号）。四曰马鲁（Maru），系印度下层社会粗人所用之羊角柄粗刃插腰小剑（图版四十四之137、138号）。五曰贾特哈卡达利（Jamdhar Katari），系印度贵族所用之直形袖珍小剑，可藏之袖中、怀中、腰中或靴中者，刃长仅及数寸（图版四十五之141号）。六曰卡达利（Katari），系半剑半刀形之印度古代小剑，刃长尺许（图版四十五之148号）。其余尚有穆斯林所用之卡马（Kama）刀剑及比查克（Bichac）小刀，印度人亦均用之。此外，印度民族尚有他民族所无之特别旧兵器二种，一为藏身暗器，一为用手指摇掷之器（图71）。其一名瓦纳（Wagh-Nakh）或巴纳（Baghnak），即虎爪之义，系古印度人之一种暗杀器，效虎爪以挝人之胸腹而致其死者。铁制或钢制，三爪或五爪，或以两环套指、或以铁片及多环套于腕与手背及手指，现在此器已不多见。其二名恰克拉（Chahkral或Tchakra），系以第二指摇转旋动远掷以伤敌人之头颈、咽喉而致其死之杀人圈。①昔时印度人颇精于此技，其手膀、手腕或颈脖以至尖帽之上，常套有多圈，以备杀敌。据法国毕丹之著述，史前之人类即曾利用此杀人圈。自印度沦为英殖民地后，此种圈已渐灭不复见，大都销毁或另作他用，各博物馆亦不多见。图71所示者系英法两大专家之藏器。蒙古人亦善用此器，但形制有别耳。

---

① 此种暗器颇似吾国清代之乾坤圈（参见《中国兵器史稿》，第296—297页）。乾坤圈据说系元代蒙古军之遗制，但如本章第三节所述，印度之恰克拉渊源甚古，似此种武器本源出于印度也。

第10章　印度兵器

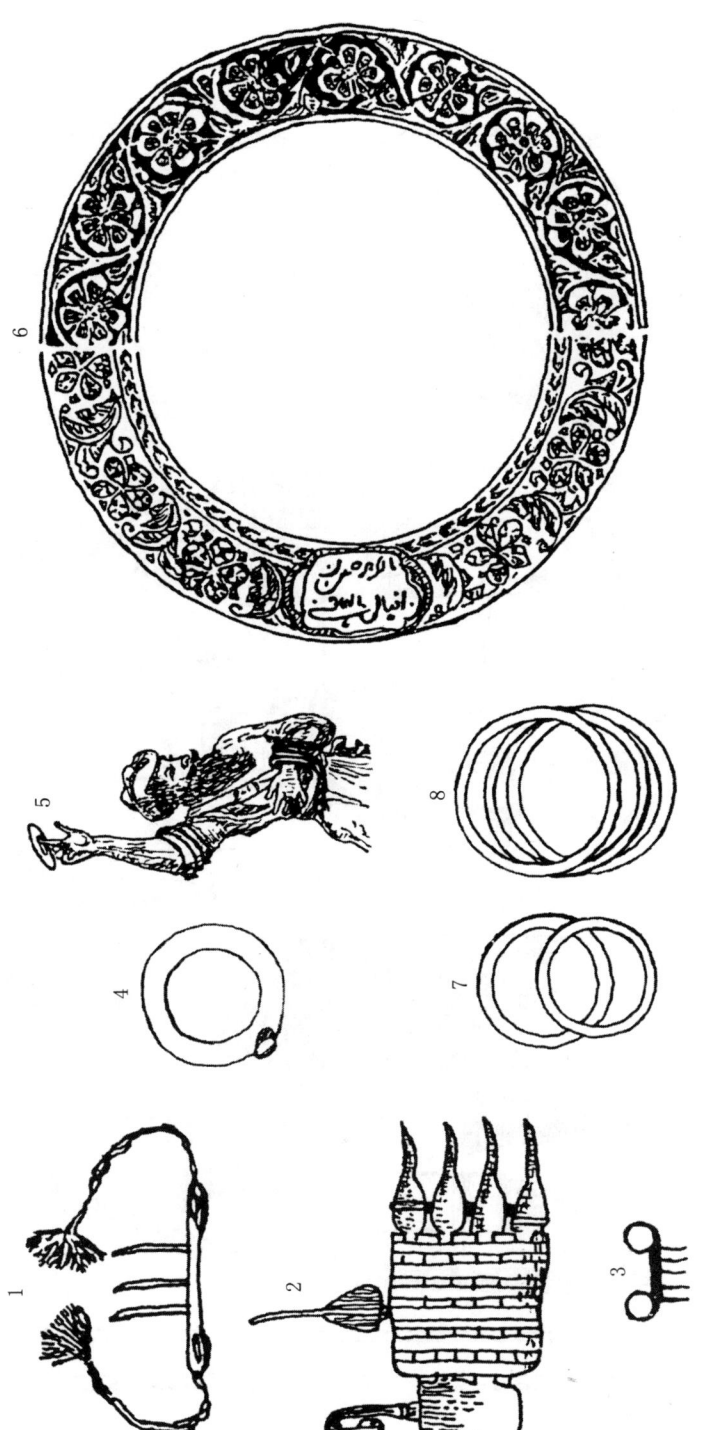

图71　印度特有之短兵

1—2.爪形器，即Wagh-Nakh或Baghnak。出自萨塔拉（Sattara）。第1号爪长5厘米，钢条两端有孔套指，上系丝索；第2号为掌形，钢板上出5爪，一端有环可套腕及指，为形式较大之器。均英国塔顿氏藏。3.爪形器。出自旁遮普。器体为一四方形铁片，长10厘米，宽7厘米，下出5爪，爪长4.5厘米，上有两环可套腕及指。法国毕丹氏藏。4.圈形器，即Chahkral或Tchakra。旁有小环可贯索悬挂。塔顿藏。印度古书中常将此种圈比作雷或火焰。5.锡克人投圈形器之姿态，另一手上奎有多圈备用。6.雕有花纹之圈形器。出自拉合尔。塔顿藏。7—8.圈形器。出自拉合尔，最大者外径29.2厘米，印度人常将此类大圈奎大圈奎于颈上。小者外径20.5厘米。当地土著常将此种圈奎于帽上；第8号三器出自拉合尔，大者外径23.3厘米，均毕丹藏。

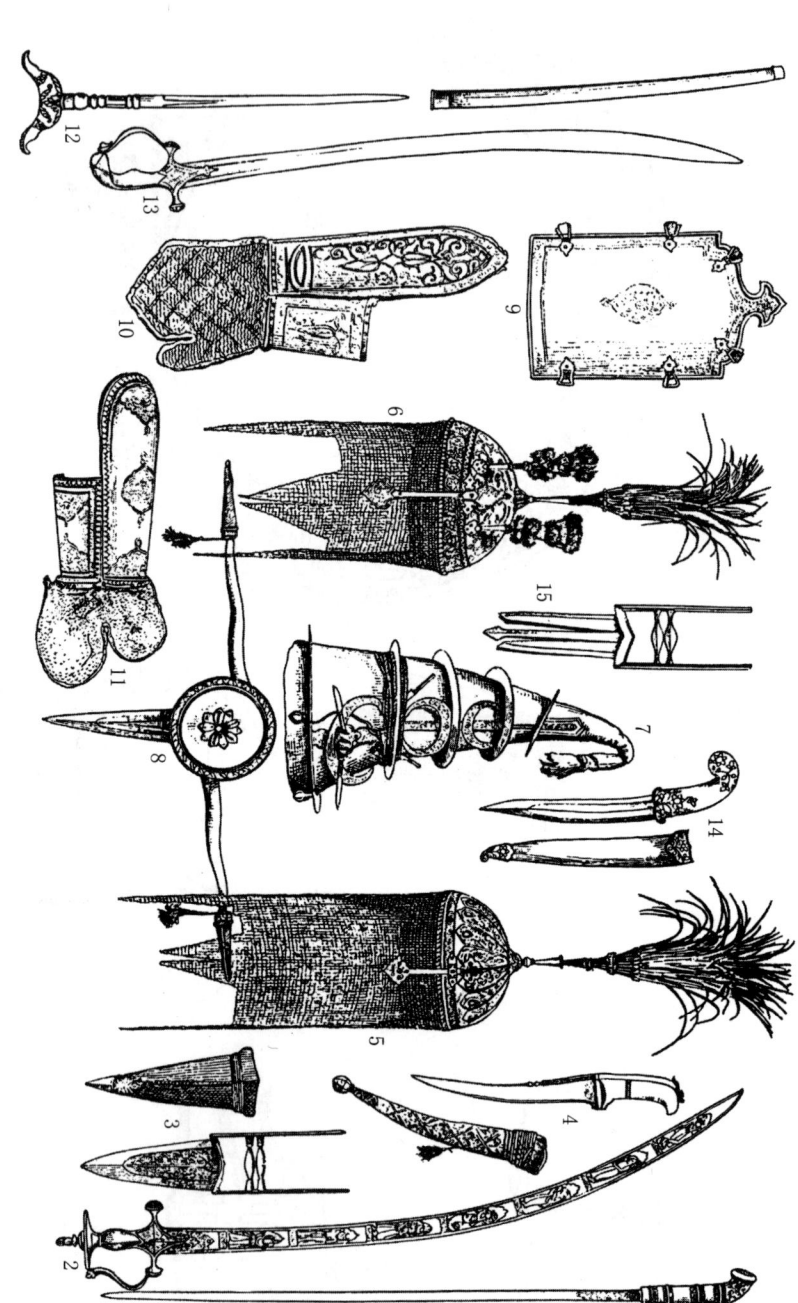

图72 印度西北地区之旧兵器

1. 手杖刀。刃之近柄处与柄、鞘套均钢质雕花嵌金丝。2. 长刀，即Talwar。长99厘米，刃部刻毗湿奴等神象，嵌金。3. 短剑，即Katar。钢刃中部刻花鸟纹，柄部刻房屋花树，嵌铜。4. 曲形短刀，即Peshkabz。牙柄嵌金。出自沙瓦。5. 战盔、护网以铜及钢编成，下垂及肩。钢质。盔体雕花嵌金。嵌有阿拉伯文字，护网铜质。6. 战盔，钢质，盔体嵌金，护鼻下端嵌宝石。出自拉合尔，上套嵌杀人圈5具，旁插月牙刀及小刀多具，又有虎爪刃及小绳锤数件，均嵌金，即Dastar Bungga。帽为布质，下为Katar短剑。9—11.胸甲及手甲，系与第6号器相配之物。出自古杰拉特(Gujrat)。12.钩短刀，中为嵌金小钢盾，左右各为一牛角，即Madu(或Maru)。13.长刀，即Abbasi Talwar。长94厘米。钢柄，嵌金镶蓝宝石。出自德蒂亚(Datiah)。14.短剑，即Kanjar。柄及鞘套为白玉质，镶红绿宝石及金刚钻，以金丝联成花并形。15.短剑，即Katar，内有5刃，抽拉可分合。柄及护手镶嵌金丝。出自巴地阿拉(Patiala)。

(采自伦敦印度博物馆藏品)

第 10 章　印度兵器

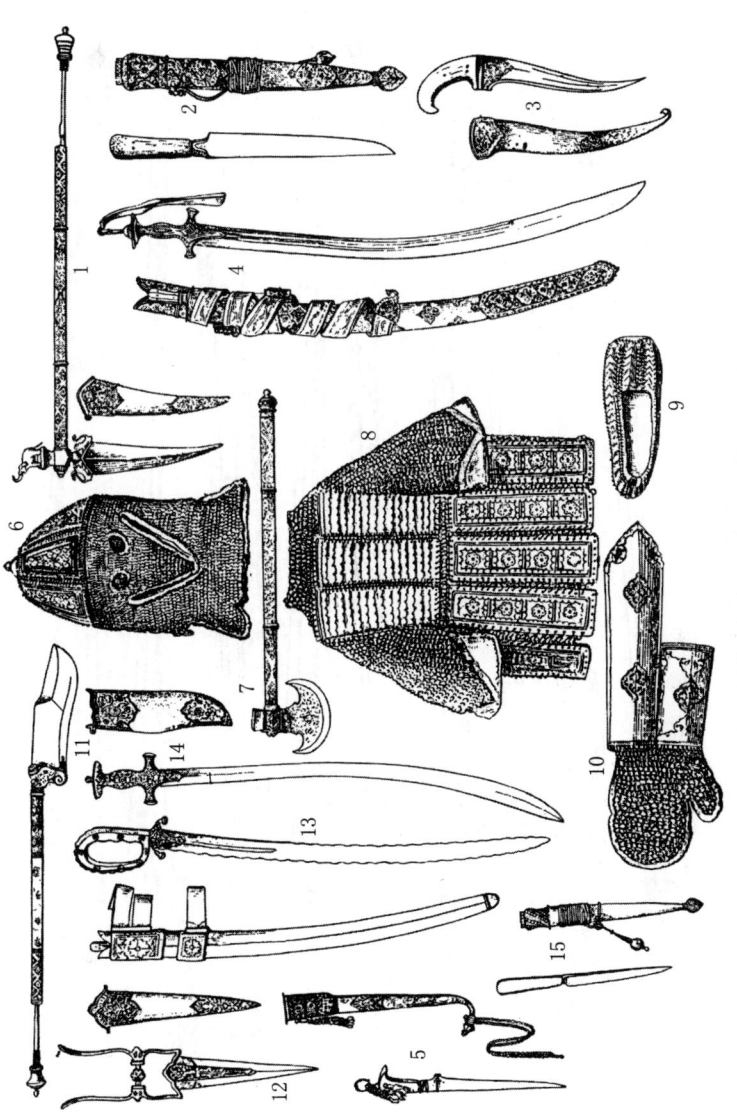

图73　印度信德地区（今属巴基斯坦）之旧兵器

1.长刀刀大斧，即Hoolurge。刀鞘之上下套钢质嵌金。柄体雕花嵌金，内藏一筓形刀，以螺纹与柄体相联。2—3、5、15.短刀，即Peshkabz。第2号长45.7厘米，柄为海獭牙质，绣花丝裹皮鞘，鞘为青蓝二色珐琅银质起花，上有小银耳贯带；第3号水珠钰琅金质，皮鞘之上下套系珠琅金质，嵌有宝石。4.长刀，即Talwar。长89厘米。钢柄嵌金，鞘均装配红铜套及珠琅银质，丝带亦装银片。出自本努（Bannu）；第15号为牙柄，两旁镶金，类似日本刀，出自海得拉巴（Haidarabad）。6.战斧，即Talbar。长58.4厘米。斧体与柄均嵌金起花，鞘上捕一牙柄小刀。出自Bhuj Kach。7—10.甲胄，其中，第9号为足甲。均以钢与红铜制成。上镂花纹，内衬绸布，系Bhuj Kach地方歧士之披挂。11.藏剑战斧。长66厘米。刀长21.6厘米。刃柄衔接处呈象头形，空柄中藏小剑，以螺纹与柄部相联。出自Bhuj Kach。12.短剑，即Garsoee Katar，刀，柄及其鞘套均嵌金起花，紫绒鞘。13.长刀。长60.9厘米。钢质护手，黑牛角柄，均镶凸体金片。14.长刀。长80厘米。刃为水纹钢质，柄部嵌金起花。出自拉合尔。鞘上捕牙柄小刀一具。15.刃为水纹钢小刀。（采自伦敦印度博物馆藏品）

167

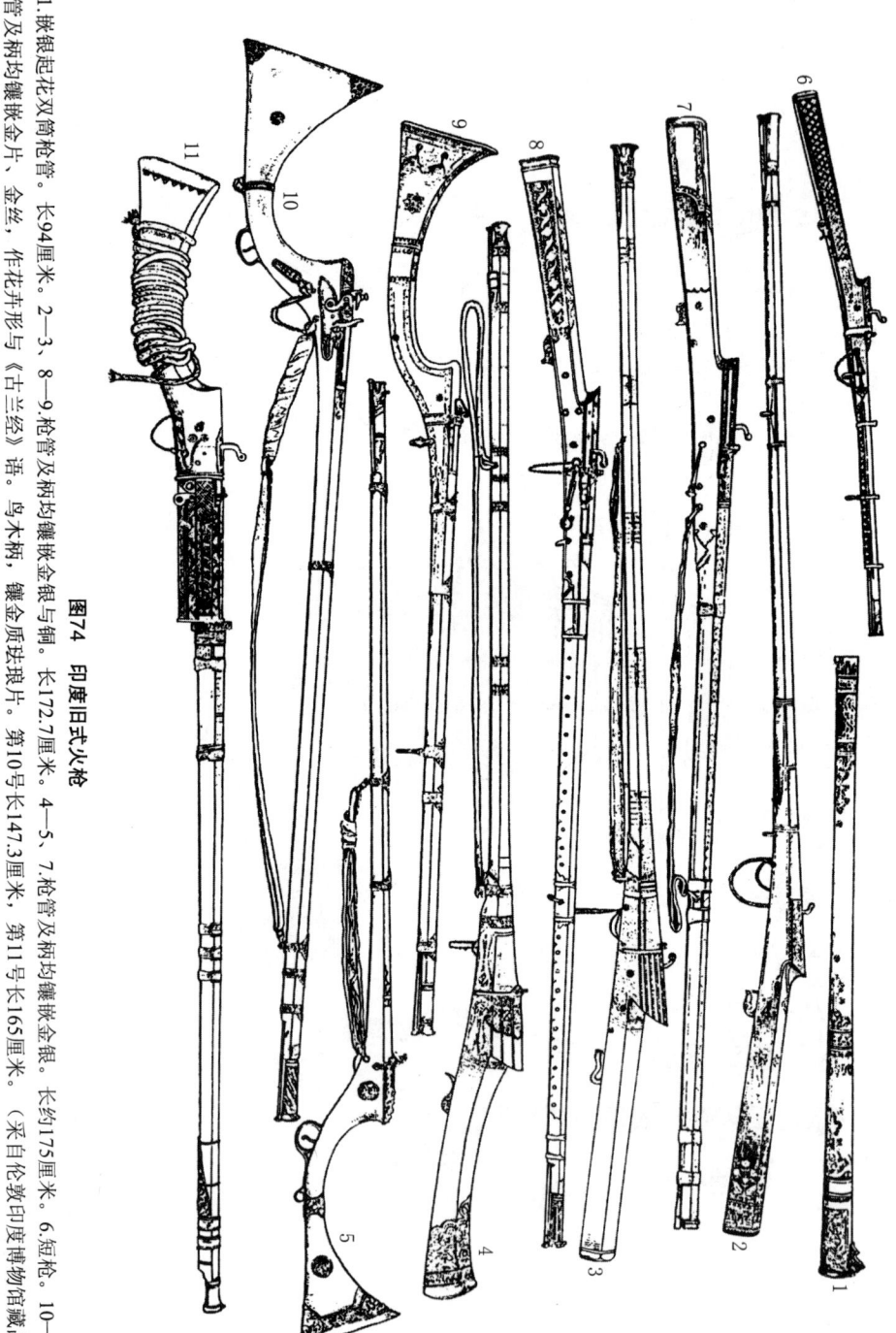

图74　印度旧式火枪

1.嵌银起花双筒枪管。长94厘米。2—3、8—9.枪管及柄均镶嵌金银与铜。长172.7厘米。4—5、7.枪管及柄均镶嵌金银。长约175厘米。6.短枪。10—11.枪管及柄均镶嵌金片、金丝,作花井形与《古兰经》语。鸟木柄,镶金质弦银片。第10号长147.3厘米,第11号长165厘米。(采自伦敦印度博物馆藏品)

上述各种印度短兵，大率以图67、70中所示各器为标准，至于图72、73及图版十七至图版二十、图版四十三至图版四十六中所示之印度华贵精利兵器均不逾此范围，名称种类及刃柄特点均不难比照而得其详，故不逐器赘及。①

2. 长兵

印度古人之长兵，刀、矛、斧均击刺与砍割兼施，其矛头不大，如一宽短匕首（图版十七之第4号），尚有其他形式甚多，有如链如钩如叶者，亦有作曲形刃者，但均系印度边族之矛及标枪也（均见图78—80）。印度刀斧之形式特异，刀常作鹰展翼形，有中脊贯于木柄杆之上端如人字形，他处罕见其器（图版十七之8、20号及图78之14、25、26号），有时亦作外凸或平斫之刃形或双层笠形，均属印度特有之器（图78之19、21、24、28、29号）。斧形亦颇繁异，有月牙、双月牙、宽锋、平锋、双尖锋等分别，大约随地而异（图78之13、15、16、18、30号）。此外当有特形长兵，介于锤与棒之间，其柄杆较长者为长兵（图78之22、23号）。

3. 射远器

印度人在昔亦用标枪投近、弓箭射远。印度弓两端曲作水牛角形，颇为特别；其箭则均叶形细长链，如短标枪（图版十七之1、19号）。印度旧式火枪、火铳用燧石或药线发火者，其形制特别，制造精美，镶嵌华丽，雕镂细致，迥异于西欧及东亚之火器也（图版十七之22—25号、图版二十之16号及图74）。

---

① 著者藏有印度珐琅质柄鞘之比恰瓦匕首一具，全体镌刻碎花有如梅花，古艺术品也（图版四十六之152号）。

4. 防御武装

印度人崇尚美术，极喜装潢镶嵌，黄金、白玉、宝石并用。除上述各种兵器之外，印度畴昔武装亦极繁荣，华贵盛极一时。石器时代之武装大约不外兽皮、兽骨、贝蚌及树皮等物，无庸赘论。铜器时期在印度似甚短促，是以印度红铜兵器尚多，青铜兵器各地均甚稀少，即印度博物馆中亦少陈列之品，法国摩根所著《东方史前》一书中已论述及之。反之，印度铁器时期开始甚早，似在邻近诸国之前，印度铁兵常有数千年前之物。今就印度卫体武器即甲胄等器而论，其往昔之制造铜铁并用，饰以金银，坚美精致，盖在东方首屈一指。

印度武士之武装有盔、盾、甲网衷衣、护腕护手甲、护腿网裤及护足网鞋等物（图75、76）。其盔大都钢帽饰金或银，一羽或三羽，均有护鼻器，帽下垂挂之护颈肩网古者大都铜制，次古者铜铁相间，若纯用钢制者则系时期较近之物。图76所示印度铁盔，系俄皇之皇村别宫武库中所藏马赫拉塔人（Mahrattas）之战盔，其形式之奇、镂刻之精，可资鉴赏，然实已受法国盔式及装饰之影响，想系此族酋长当年联络法人结为同盟军之所致，故其盔已不如其他诸盔（图72之5、6号，图75之2、3号及图版三十二之第5号）之纯为印度式样及艺术矣。印度人除盔之外尚有军帽，其酋长之帽有尾及饰品，兵士之帽则近于缠头。印度昔时曾有所谓戴兵高帽，系在帽上套戴刀圈及他种兵器者（图72之第7号）。此外尚有莫卧儿帝国时之骑士盔及拉合尔（Lahore）之小帽网盔，形制特异（见图77）。图77第1号所示之盔，为莫卧儿皇帝重骑兵（即大马、厚甲盛装骑兵）之战盔，名为托普（Tóp）。其帽系以钢铁板片及铜铁网索制成，上有一小顶，项网甚短而护鼻器则异常硕大，有如船锚形，想其功用不止护鼻，且护口及眼下骨。此盔系英军攻克塞林加帕坦（Seringapatam）时所获得，系海达尔·阿里·汗时代之物，现藏伦敦大英博物馆。据云莫卧儿帝国将崩溃时，提普（Tipu）苏丹只保留1000名带此盔之重骑兵用为皇帝之卫队，不轻作战矣。图77第2号所示之盔为印度拉合尔之小帽网盔，其盔体甚小，不类战盔而如印度人之便帽。帽以钢制，镶嵌金丝，作斜方形等花纹。帽形如一蚌蛤壳，上下如一口，帽上有可插羽毛者。盔下长网垂肩，后方有护脊双尖，左右有护肺垂尖。网以钢丝、钢圈制成而杂以铜丝、铜圈，作斜方图形。据英国古兵器专家之意见，此种盔或系脱胎于16世纪时法国人及德国人之铁帽（Eisen hut）。盔之钢质极佳，常作黄黑色。盔上每刻阿拉伯文铭，以德里一带制造者为多。

印度盾大都圆形钢体嵌金，花纹甚富。其较古之物有用犀牛皮或河马皮制造者，有时全体透明，红铜装饰。若用漆装加铜饰者，则为后代南印度人之物（见图版十七、十八及图75、79）。甲衣大都用铜铁板片及铜铁圈环制造，有领有袖及护腿。甲衣之外，尚有钢铁马甲（背心甲），坚体无袖无领，仅为护胸及小腹之用。又有护心镜或护胸镜，系以四片凸形圆钢片制成（见图72、75）。护腕甲与护手网套同为一体，腕甲坚硬而手套柔活，大都镶嵌金丝起花，有铭者居多（图72、73、75）。印度长剑有带护手及护前腕之钢片者则已近于欧洲化，受有欧洲15世纪长剑之影响矣（图版十七之12号及图70之17、19号）。护腿网裤大都连于衷甲衣之下，独立之甲裤较少。护足网鞋或足甲系以钢片及铜铁网环贯穿而成，形如中国雨季钉鞋或冬季绵鞋。此为印度卫体武装之大致情形也。

5. 土著各族之兵器

据伦敦大英博物馆及英国古兵专家塔顿爵士之意见，印度原始民族及边疆土著各族之兵器可分为以下门类：

（1）中印度及安达曼岛土著与非雅利安人（图78）　此二族之兵器大致与古印度人之兵器相同，其中有掷杀野兽或人之曲刃颇堪注意。弓形无异于印度常弓，但镞形变幻颇多。长锤形制特别、铁炼鞭亦不多见也。

（2）南印度土著及达罗毗荼人（图79）　此二族兵器亦深具印度古

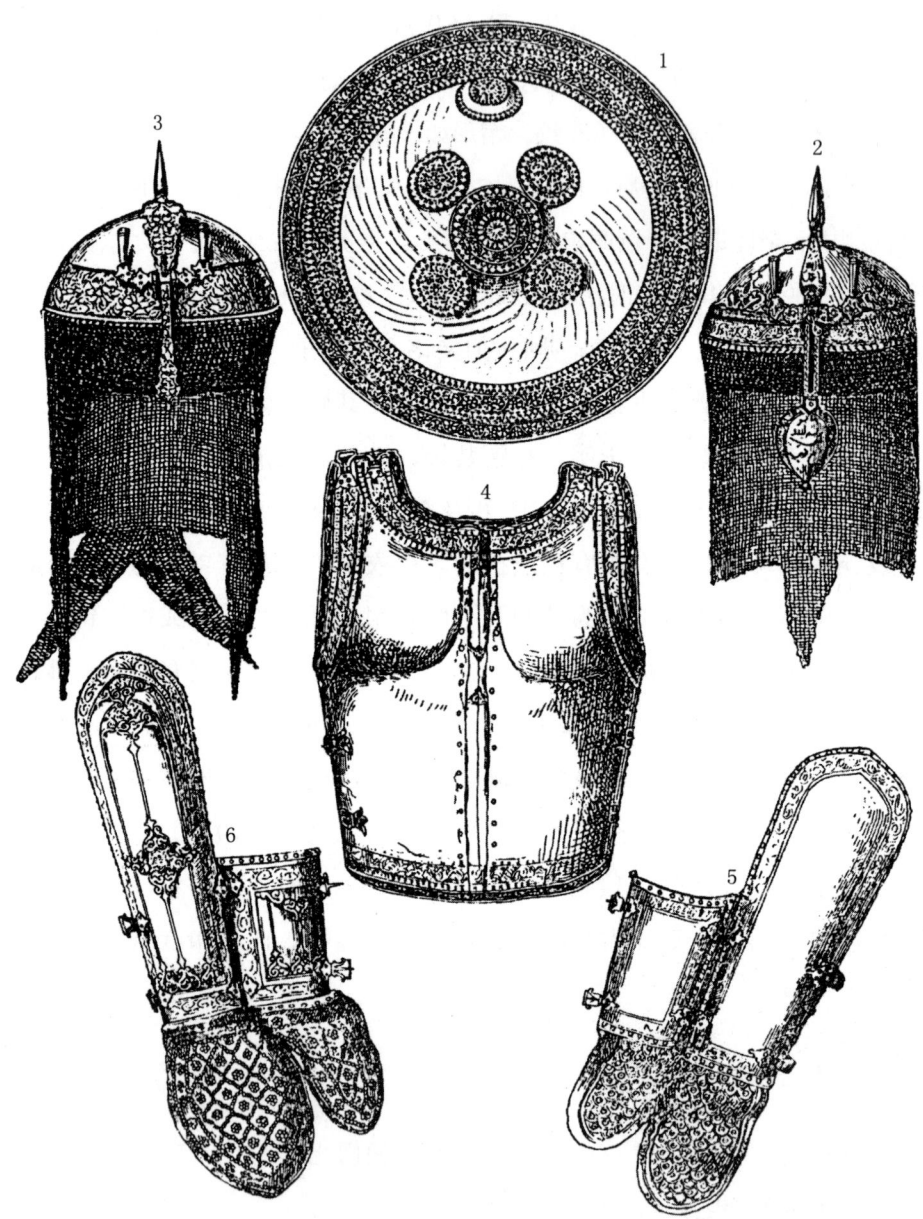

图75 印度穆斯林甲胄

1.盾。2—3.战盔。4.甲。5—6.腕甲。均嵌金起花,战盔上刻有《古兰经》语。其中,1、3、4、6出自海得拉巴,2、5系英军在塞林加帕坦所获。(采自伦敦印度博物馆藏品)

第 10 章 印度兵器

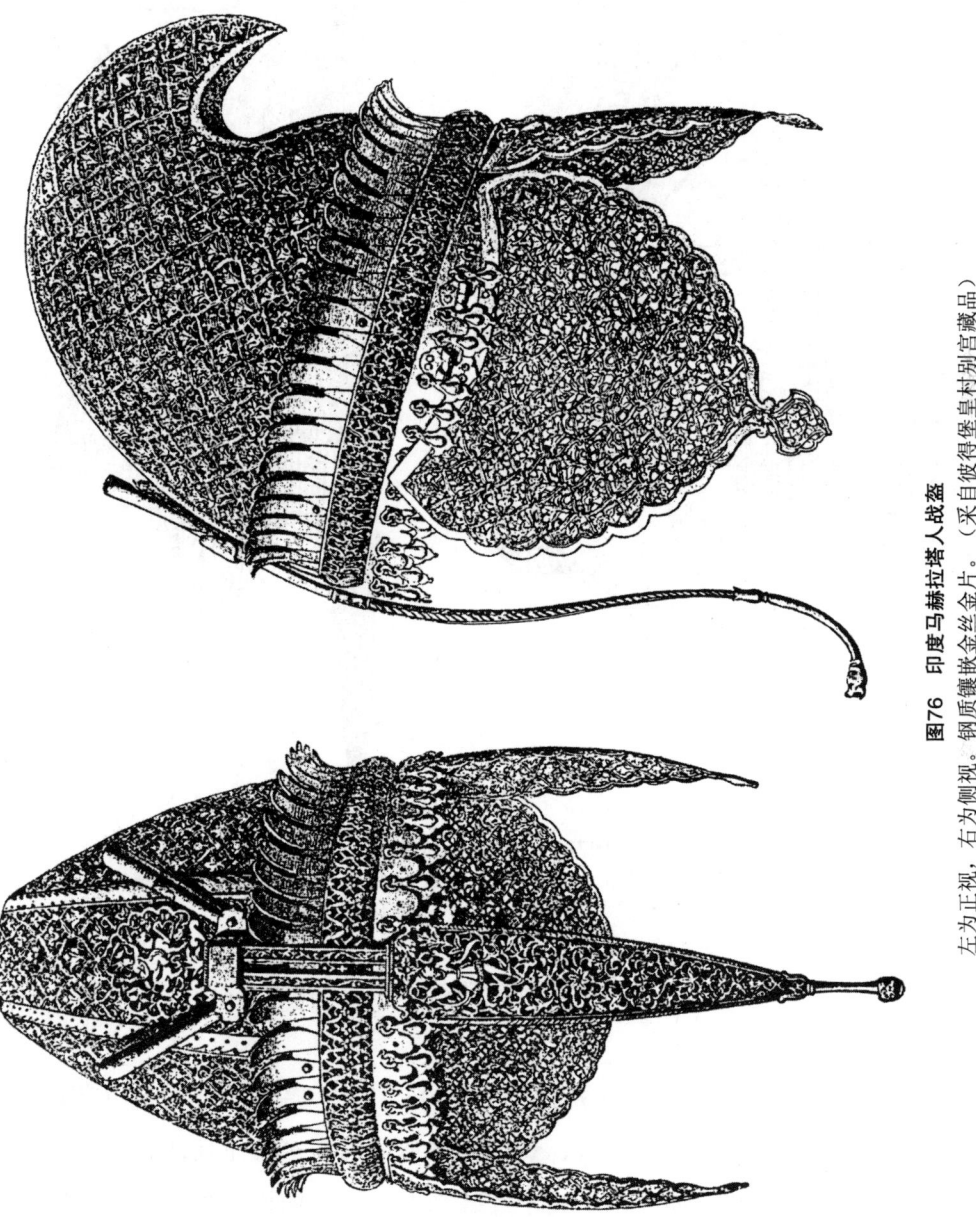

图76 印度马赫拉塔人战盔
左为正视，右为侧视。钢质镶嵌金丝金片。（采自彼得堡皇村别宫藏品）

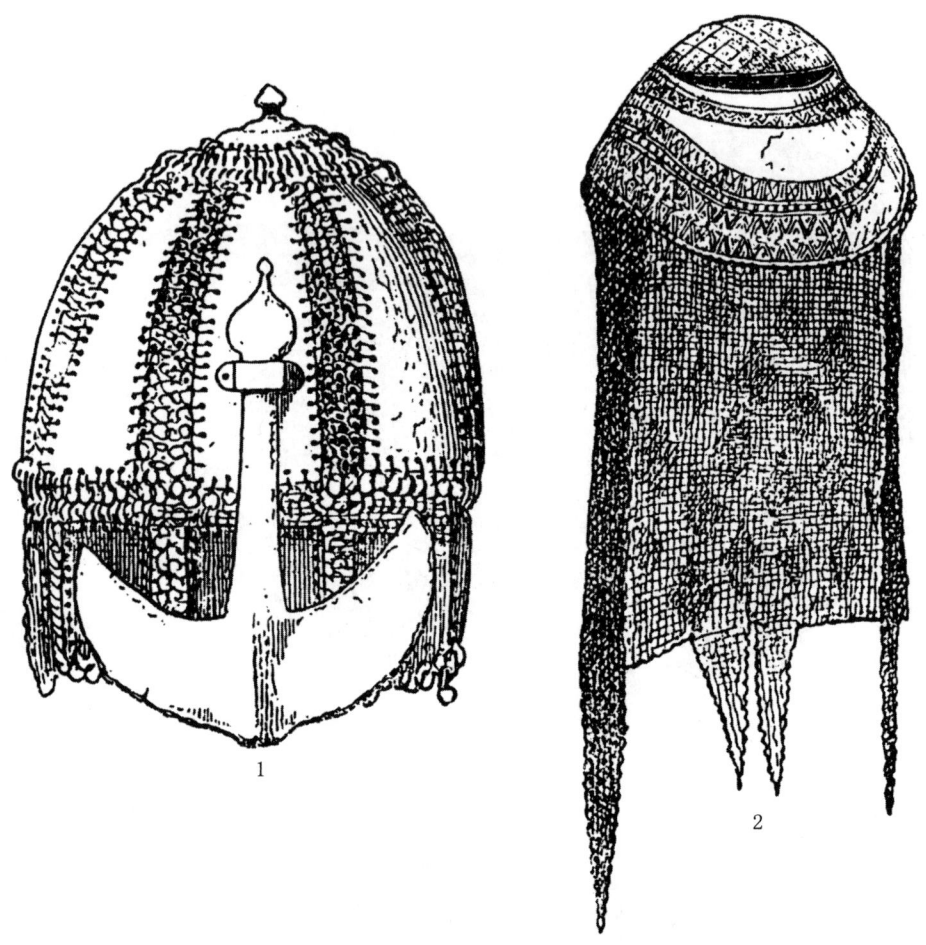

图77 印度古代之战盔
1.莫卧儿帝国骑兵之盔,即Tóp。系英军在塞林加帕坦所获。2.拉合尔之网状战盔。

代色彩。矛形繁多,宽刃挂腰短刀特别,护手及柄首悬挂缨络之长剑尤属罕见,火枪之形亦异。

(3)东北印度土著及阿萨姆人(图80) 此二族兵器亦属于印度原始兵器之一部分,但因与马来、泰国及缅甸诸民族接壤而且杂居之故,器形不无互受影响。如叶矛、钩矛及装饰人发之刀柄均具马来风,圆体长柄而刃首平横之刀系受泰国影响,人字形戒刀、剑形小匕首则带缅甸风格,但并不完全同式耳。

第10章 印度兵器

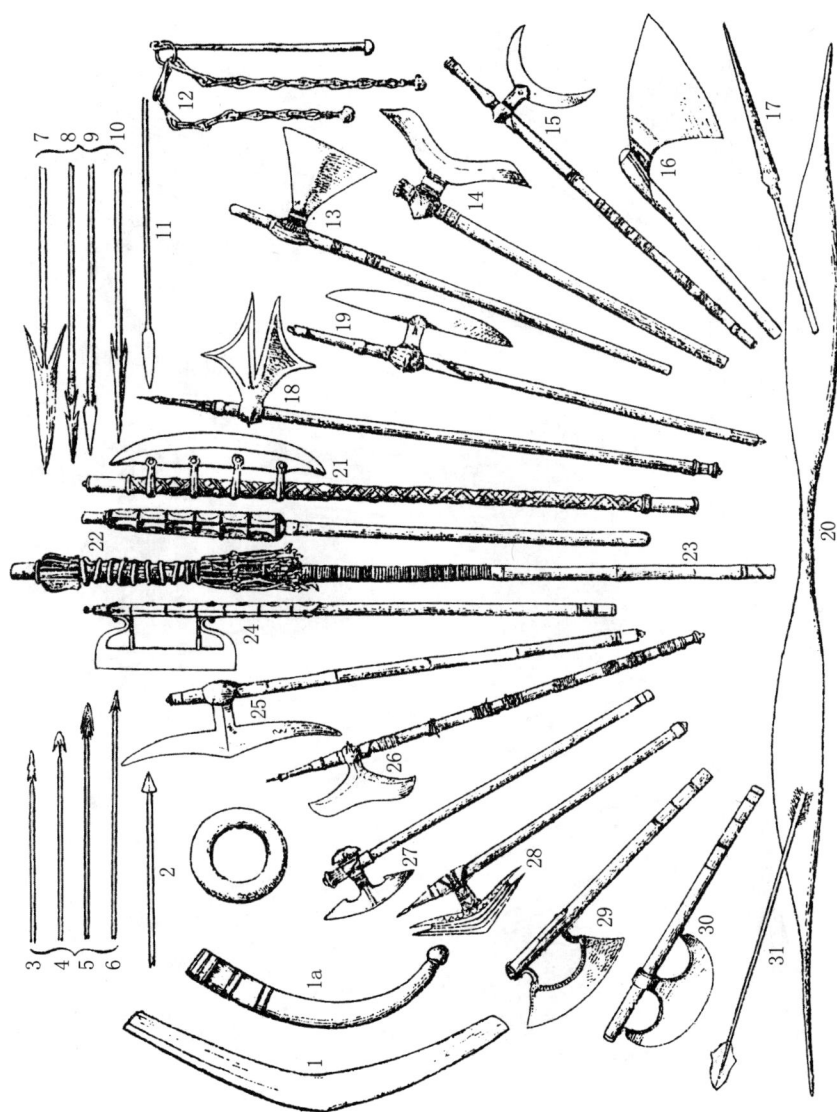

图78 中印度及安达曼岛土著与非雅利安人之兵器
（采自伦敦印度博物馆藏品）

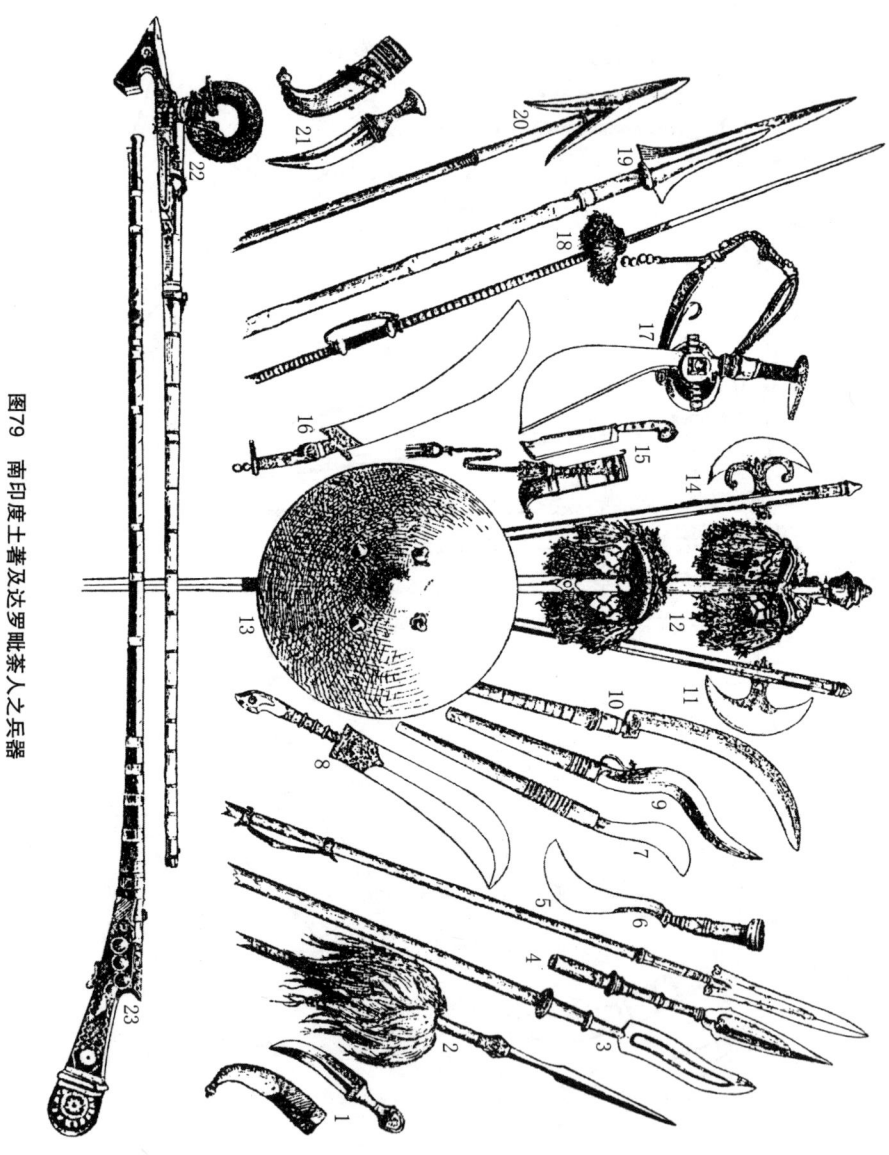

图79 南印度土著及达罗毗荼人之兵器
（采自伦敦印度博物馆藏品）

第10章 印度兵器

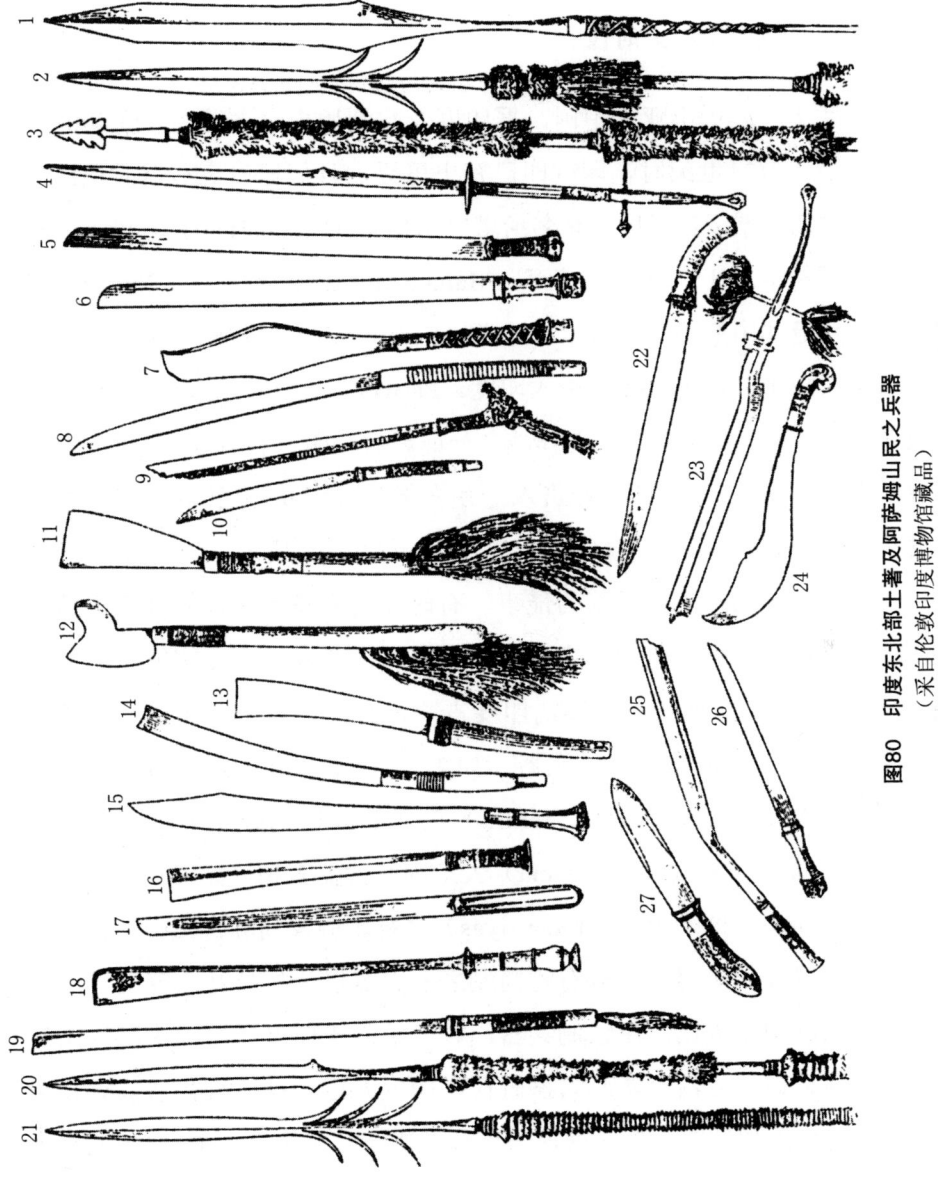

图80 印度东北部土著及阿萨姆山民之兵器
（采自伦敦印度博物馆藏品）

177

三、印度之兵器史及战史

1. 上古及亚历山大时代

印度文代之古不亚于中国，据印度及欧洲历史家之著述，在4000年以前即公元前21世纪时，印度即已有史可寻，且似已脱离石器时代而进入金属时期。据云当时印度有名斯塔巴尔帕底（Sthabarpati）之雄主，自号为山野树木之王，与马哈德万（Mahadeva）之妻名夏马（Shama）者相敌。致遭邻国亚述女王塞米拉米斯（Semiramis）之侵略。嗣复有埃及之帕鲁斯拉姆（Parusram）侵入印度。Parus者，斧也。因此人善用斧，故以斧王自名，是为其时用斧作战之一证。后有印酋名阿占纳（Arjuna）者，善骑射，能连发21箭均贯入一牛角孔之中，并能于牛车疾行时手发小铁圈（即恰克拉）直取敌人首级。嗣后印度战争，无论象兵、马兵、车兵、步兵盖均以弓箭为能事，有时数百人排列，一齐发弩，颇盛一时。据英国研究并收藏东方古兵专家塔顿爵士及法国专家德布阿主教（Albé Dubois）两氏之著述，印度古武器有32种之多，盖印人所崇尚之神有32，而每神均有特式武器。如黑天（Krishna）及罗摩（Ram）佩备弓箭及战斧；毗湿奴（Vishnu）执铁圈（恰克拉）；战神昂宿男（Kàrttikeya）及罗婆那（Rāvana）大王则有武器多种，尤多攻人之具；因陀罗（Indra）即刹帝利（Kshatriyas）之神则骑象而驰，佩带长剑及备铁圈雷带及战斧等器，并曾有竹筒制之发火器以为抵抗马队骑士之用。在此时期，印度人已广用铁制兵器，且已输入于印度洋西部埃塞俄比亚黑种帝国之口岸。沿至希腊兴盛时代，印度人已用铁镞竹杆箭杀敌。嗣后印度东部迭被波斯侵略，武器略受波斯影响。迨至公元前327年亚历山大远征东方时，印度始与欧洲有正式往来而史书记载亦较详矣。

据埃及人之记载，斯时印度不精战术而颇有武士风。当亚历山大率兵渡杰赫勒姆河（Jhelum）时，印酋坡拉斯（Porus）之抵抗军队有象85头、战车300辆，每辆战车载战士6人，其中2人披甲执护盾、2人为弓手、2人驭马并掷石。另有步兵3万人，中多弓手，所放之箭均带毛发，一入人身不易取出。又有骑士4000人。战车当先，象队次之，步队又次之。步兵于作战时，均击金鼓示威。亚历山大乃以正兵当其卫，以骑兵抄其两翼。象队受希腊人斧砍刀劈，首先崩溃，印军战阵大乱，不可收拾，坡拉斯被擒。亚历山大虽获全胜，然以印度之大、军队之多，亦不敢贸然深入，不久即复言和，仅掳获印度武器多种回国陈列。然印度文化遂渐受希腊影响，非但印度钱币直接采用希腊图案，即武器装饰一项亦受希腊美术之诱导。长矛、直形短剑、曲形剑及棒、锤等器之发现于印度，实以斯时为始。

据英人坎宁安（Cunningham）与福开森（Fergusson）等氏之著述，斯时印度桑吉（Sanchi）地方之武士咸衣紧短之衷衣，服短裙，佩形之宽刃短剑或宽刃短刀，刀剑均直形而甚短，长3腕尺（Cubit，1腕尺当45.7—55.9厘米），战时乃用两手紧握，期一击而摧敌。至步兵所用之弓则常长与人身等，适成相反。其后不久，弓即缩短，大约长122厘米。弓系竹制，中有衬料，箭锐而短，仅长3腕尺左右。射力甚强，可穿极坚固之甲盾。嗣后用长及91.4至152.4厘米之箭。间有不发箭而投石之弹弓或弩机。骑士则佩备两长矛，左手执一长形护身牌盾，其形甚窄，上方圆形，长约106.7厘米，宽45.7厘米。在麦加斯梯尼（Megasthenes）时代，牌长乃达152.4厘米。骑兵护身牌则较步兵用者为短，约长61厘米，其形如挂钟，上端正圆。步兵、骑兵之护牌上所饰花纹均有双十架，有时则刻半月形及二星形，此项雕刻似系1世纪前后印度之物。至5世纪时，印度武士乃右手持长刃，左手执护牌及一长弓，弓长及人身三分之二；刀剑直形，长及人身之半。有时步兵所执之刃颇短，然极锋利，有如现今尼泊尔民族所用之苦克励刀。至11世纪之时，印度武士普用短刀剑，直形或其尖微曲，并佩直形小剑，其柄均为方锤形，并无护手。至13世纪，印度骑士之装饰日增华丽，马缰常用金索，马鞍镶嵌宝石及金银块，左有罗马式之短剑鞘，右有箭囊或袋。步卒执短小尖利之刃，有如苦克励刀，戴重盔，常不披甲，左手执钢质护身牌，圆形雕花，手工甚细。牌之中心有一凸形座，常悬挂丝带或人发。牌上花纹常刻两四足壁虎拱卫中座。

2. 阿拉伯征服时代

自8世纪以来，印度已渐受阿拉伯人之侵入，其武器亦渐受其影响。如印度马尔瓦尔（Mārwār）邦之首府门多尔（Mandor）地方之石山岩上，有15世纪以前人雕刻之石像颇多。中有九酋长自锡兰来护卫拉凡那（Ravana）女王往嫁曼道王之公主。九人均身佩长矛长剑及护牌，戴弓箭及箭筐，并腰插阿拉伯式之比什卡伯兹曲形短剑。

就历史言之，阿拉伯人首次入侵印度盖在公元711年，斯时阿拉伯少年勇将穆罕默德·比因·毗西姆（Muhammad bin Qasim）以6000人攻入印度信德省（Sind）之代沃尔（Dewal）海口，盘踞信德达36年之久。第二次阿拉伯人之入侵在公元980年，斯时波斯已渐受伊斯兰教之影响，阿拉伯名将素卜克特勤（Subuktigin）乃取道阿富汗攻袭印度，击破印度诸王十万骑兵及数十万步兵。沿至1001年，素卜克特勤之子麦哈茂德（Mahmud of Ghaznah）为苏丹王，复大败印度王伽帕尔（Jaipal）于白沙瓦，擒伽帕尔而复纵之归。伽帕尔王乃纵火自焚一死，因印度古风，王如两败于穆斯林即应逊位或自杀以谢国人也。伽帕尔之子阿南达帕尔（Anandpal）起兵为父复仇，于1008年与麦哈茂德会战于白沙瓦左近之平原。麦哈茂德遣弓卒6000人往，阿南达帕尔以标枪队3万人迎之。此标枪队甚为勇猛，科头赤足，除标枪外兼带他种武器，几将穆斯林骑兵杀败。然印度象队因受穆斯林战士之射远武器掷击，四散奔溃，以致印度兵士顿起恐慌，返身逃遁，麦哈茂德乘势追击，又获全胜，进占印度数省。至1022年，麦哈茂德练就骑兵54000人、战象1300头，声势益大。更以战船1400艘击破印度诸王战船4000艘，并以猛火油（Naphtha）发火焚之。1030年，麦哈茂德去世，其子麦斯欧德（Mas'ūd）继位，复以勇敢称。在此数十年中，印度武器深受阿拉伯武器之影响而大有变更。

1191年，麦斯欧德族失败退位。土耳其人顾特卜-乌德-丁·艾伯克（Qutb-ud-din Aibak）代之而兴，击败印度诸王者之联军（骑士30万，战象3000头，步兵数十万）而入主印度，逐渐蚕食印度各地。斯时蒙古人逐渐强大，蒙军业已屡次侵袭印度。至那西尔-乌德-丁（Nasir-ud-din）时代，蒙王兀鲁黑（Ulugh khan）已进兵袭击印度守土军队。印王乃徇其所请，以盛礼接待成吉思汗之孙旭烈兀（Hulagu）所派来之大使，时为1259年也。那西尔-乌德-丁意欲威示蒙人，乃于接待之时，使步兵20万、炮车3000辆及战象2000头两行排列于蒙使前来之道，盛极一时，然未能抑止蒙古人之侵略也。斯时印度苏丹武装之美，亦大有可观。如史载Beder苏丹有兵30万人，苏丹之军服为金丝织成而满镶松绿蓝宝石者，身佩三刀剑均以金为柄鞘而镶嵌宝石，其猎象200头亦有披金制之甲鞍，奢华晏安，乃为蒙古人所乘。

3. 帖木耳时代

1397年，帖木耳选精兵10000人进犯印度内地，大败印度守将劳都千（Rao-Dul-Chain）并立斩俘虏500人。印人大为震愤，杀妻子焚家属而出战，誓与蒙人不两立，马茂德沙（Nasir-ud-din Mahmud Shan）力守德里。帖木耳乃将俘虏10万人一体坑杀，挥蒙兵出其所筑之壕沟来战马茂德沙。时马茂德沙有步兵40000人、骑兵10000人、战象125头，均披战甲、戴战楼，中藏投掷火药弹（Rad-andaz）与花炮爆竹及石弹之武士。帖木耳军之右翼发箭如雨，其左翼挺刃前进直取苏丹。战未久而印度军全败，德里城失守，蒙军入城大肆劫掠，奸淫焚杀之惨，史笔特书，时为1398年也。帖木耳乘胜追至印度恒河（Ganges）之后，并不再行深入，遂在德里进印度皇帝之尊号。

据斯时阿拉伯人及其他旅行家之记载，在印度属于穆斯林统治时，其武器及战术虽曾略受阿拉伯人影响，然并无多大变更。又据马可波罗之记载，当时缅甸王曾进兵至印度与蒙古皇帝忽必烈大战。缅甸王有大象2000头，象背均有精制坚固之战楼，可容战士12至16人；又有骑兵步卒约60000余人。蒙军之骑兵虽精，然数目不及其多，一见大象则马即惊溃。蒙人乃立即下骑，将马匹拴于树林之内，人亦潜伏其中。迨至象队大至，距离渐近，蒙人一齐发矢，箭出如雨，象死或伤，其存者乃返尾而奔。蒙人乃复行上马驰出，斧刀齐挥，杀声震野。缅军虽猛烈抵抗，终不能敌蒙军之冲杀，缅军之入侵遂被遏止。又据伊本·白图泰（Ibn Battutah）之记载，1333年间，印度木尔坦之埃米尔（Emir of Multān）在殿中常备有大小弓箭多具，有人来归请作武士者，王即令其自选一弓，尽力开之，能开大弓者始与以名义。如有人来请充骑士者，王即命竖一箭靶，令其人急驶射靶，并用标枪刺靶，量其能力给以职位。至于火筒爆竹等物，虽已有人用之，然是时尚无具体火器则可断言也。①斯时帖木耳之军士除极少数有火器外，多数均带弓箭及刀剑。帖木耳之卫队则除弓箭刀剑外，尚带人脑盔及胸甲。下士称"Ounbashee"者加服钢网衣，称"Eubashee"者则加持锤棒，称"Minbashee"者则加戴钢盔并持大棒。②15世纪时，尚有著名旅行家如尼科罗·康蒂（Nicolo Conti）及阿森纳锡斯·尼基丁（Athanasius Nikitin）诸人，均未言及火枪一事。尼基丁于详述印度武器之后复曰："战象尚大规模使用。战时先遣步兵冲锋。骑兵则系当地之骄主，名为Khorossamans，其人及马均满披盔甲。

---

① 帖木耳之士兵曾经使用火枪，似获有制造火药之秘密。据英将安德森（Colonel Anderson）于1862年所著之《军用火药火枪历史》一书第11页之记载，帖木耳于首次侵入中亚时似已获有制造火药之方法。至1402年，中亚已能制造火药火枪及钢管枪膛，嗣后帖木耳又带此种人往布哈拉（Bokhara）及阿富汗一带，故火器制造法遂传入亚洲。据著者观之，帖木耳之能在中亚利用火药胜敌而称王印度者，并非因其本人或左右发明火药。盖火药为中华民族所发明之物，早经世界公认，蒙人入主中夏而尽得其法，随其征战传其术于中亚，乃至及于欧洲。是以安德森谓火器系由中亚传入东亚之说甚误。
② bashee系蒙语帽子之义，而Oun、Eu则出于汉语之红、黑。

象身则挂大钯、载大筐，中容12带甲弓箭士，小象则载6人。"又一阿拉伯著述家夏哈布-乌德-丁（Shahab-ud-din）曾详述德里苏丹穆罕默德·图格鲁克（Muhammad Tughlug）之军备，其言曰："斯时骑兵有90万人之多，其中若干人驻于王侧，其余骑士则分布于印度王国之全境各地。中有土耳其人系克代（Khatai）地方之居民，又波斯人及印度人，分为Pahlwan及Shattar等名目。中有土耳其马木鲁克骑兵2万人，其马极佳，人马之服装甲盾均甚美丽。苏丹有战象3000头，战时披装金铁甲。步兵由苏丹召募，以国家公款付饷。"又据英人埃利奥特（Elliot）之游记及历史，斯时印度穆斯林军官之俸给自1000唐卡斯（Tankas）乃至10000唐卡斯。

4. 印度近世战史之始

自葡萄牙人发现好望角沟通欧亚两洲之水道以来，印度渐受欧人之侵略，是为印度近世战史及武器军制变迁之始。

先是，葡萄牙旅行探险家卡布拉尔（Cabral）及达·伽马两氏到达南印度，逐渐以西班牙制之枪炮及刀剑扩建其势力范围，遂令印度武器忽大受欧式武器之影响。至16世纪初年，葡人势力渐大，常以数百人借火器之功而胜印度弓手万人之众。又与埃及之土耳其苏丹联盟合谋印度，于是土耳其武器输入南印度者渐众，印度武器亦受此影响。斯时印度武士手执圆盾，里面裹丝。每人有两刀剑，另带一小刀及一土耳其弓，其箭质极佳，此外尚有以钢锤为兵器者。其战士大都服钢网护身甲，戴小盔，马身亦披钢甲。1570年，印度德干省（Deccan）之莫卧儿王及印度土著酋长会师果阿（Goa）城，欲将葡人逐出印度之外。土耳其阿迪勒王（Adil khan）以10万之众抵抗5个月之久，卒丧师12000人而退。据巴尔博扎（Barbosa）之记载，德干莫卧儿王之兵士乘马者多，其马与鞍均小，而骑士能使其身与马联合，运转如一体。莫卧儿骑士执一体轻而甚长之标枪，其铁镞头为四角形，甚为坚固，此为莫卧儿之主兵。

至其较为卑贱之步兵，亦为善射之弓手，其弓甚长。德里皇城之莫卧儿武士所用之武器甚多，其中一种钢圈，莫卧儿人呼曰"Chacarani"或"Chakram"，武士之左腕上常套带七八具而以右手指掷击，可深入敌人之头颈等部。嗣后印度火器之发展甚速，印葡战争常用大炮至数百具乃至千具之多。

葡人虽逐渐占领南印度滨海城市，然其航海大敌荷兰人已由爪哇进兵与之竞争，卒将葡人逐往锡兰岛及苏门答腊等地。至1661年，荷兵进攻奎隆（Quilon）时，印度马拉巴（Malabar）之赖儿（Nairs）兵士应敌者有8000之众，非但弓箭精娴，抑且善用枪炮矣。所有枪膛火药及发火器印度人已能自造。在带刀剑之腰带上，斯时印度兵乃悬挂金质片块多件，行时发音，有如音乐，颇为奇特。伊等因善用护手盾牌之故，守胜于攻，发箭尤善于发枪，发火枪常有过高之嫌。据英人约翰·弗赖尔博士（Dr. John Fryer）之记载，在1672年间，印度赖儿武士大都一手执一无鞘之长剑，一手执一牛皮制之护身牌，外面加漆，图画甚形奇异。部分人执有带毛之长矛，其尾镶铅以均重量，用法极为精熟。

5. 莫卧儿帝国时代

在上述时期中，欧洲人虽逐渐在印度沿海岸建设，然其政治影响仍甚微。于是海军大国英、德、法之竞争继起。先是，帖木耳既征服印度之北部，逐渐伸张其势力以南下。其皇孙巴伯尔（Baber）继承大业，渐渐蚕食印度之大部，创莫卧儿帝国150年之统治，全印慑从。虽由其兵精将悍及皇帝英武之故，然能联络阿拉伯人亦其一因，于是伊斯兰教影响同时亦至为庞大。斯时期之印度武器极有可观，莫卧儿皇帝曾屡次召集波斯及印度各地之良工名匠制造并装饰其各种精美之武器。据塔顿爵士之记载，斯时印度武器之精良华丽，可谓全盛时代。惜乎16世纪以前之印度武器大都罕不能觏，非但英法等国之博物馆中迄少觅得，即印度之博物馆或收藏家亦罕有此类武器矣。

巴伯尔之武士所用武器，最堪注意者为夏西帕尔（Shashpar，即六边形之铁锤）、为手掷之长箭、为小斧、为宽形大斧，而火枪亦同时为其军队所利用。火炮亦由欧洲人输入接济，大炮名为佛郎机哈（Feringiha），系谓由葡萄牙人佛郎机（Ferangis）直接运来之物；小炮名为扎尔布桑（Zarbuzan），今乃为小炮之名。斯时土耳其人已占领君士坦丁堡，曾用大炮攻城，其炮亦名佛郎机（Feringi）或佛郎克（Frank），意即葡萄牙或法兰西之谓。土耳其人既得造炮之法，献之莫卧儿皇帝，巴伯尔乃命其良匠仿造大炮。在1526年帕尼帕特（Panipat）大战之时，巴伯尔之战术弥精。伊率其卫队居于中心，外用六团步队圈绕之，各步队之前各置骑兵一连，再前则为三队炮车队。战起时炮发甚烈，然敌之骑兵冲锋前进几及炮车，巴伯尔乃将其左右翼向后缩短，使全军成一圆阵形，用全力抵抗敌军之冲锋进袭。迨至敌略疲之时，乃选精兵两团出而冲锋，佐以马炮，敌军大败，敌帅阵亡。

巴伯尔去世后，皇位由胡马雍（Humayun）继承。新君年幼，虽以勇敢著名，然印度形势已非，各处内战蜂起，穆斯林亦不复合作。延至1540年，阿富汗酋长舍尔·汗·苏尔（Sher Khan Sur）大破胡马雍军队，胡马雍被迫退位而逃往波斯。然胡马雍雄心未已，不数年后得波斯王太美斯普（Shah Tahmasp）之助，率兵将塞干达尔（Sikandar）之巴塘（Pathans）军队击败，再入主德里，但不久即于1556年死去，传位于其子阿克巴（Akber）。

阿克巴继位时年仅13岁，然其不愧为帖木耳之后裔，继位未久即发兵围攻齐图城（Chitor）并手刃拉杰普特（Rajput）军队之悍将，于是拉杰普特军队一致投诚。伊乃重整其军，编为附队，给以俸饷，声势愈振。自1562年克齐图城至1599年征服德干，中间曾大胜10次，迭克名城，莫卧儿军声大振。据土耳其人阿布尔-法兹尔（Abū'l-Fazl）之记载，伊曾受阿克巴之任命管理其武器库，此武库之所藏常可敷大军之用。莫卧儿皇帝所用之武器均各有名称，如其所喜用之坎查剑乃有30具之多，每月易一剑送往宫帐中悬挂。又有克鞑儿刀剑40具，剑带名为雅克班迪（Yakbandi），有12件，每星期换一次。又有贾特哈卡达利剑40柄，小宽剑卡帕瓦斯（Khapwahs）40柄。阿克巴之军袋上有刀8柄，有尼查（Nezas）标枪20杆、巴尔恰斯（Barehhas）标枪20杆，每月易其一杆用之。又有马须哈迪（Mashhadi）弓及帕达扬（Bhadayan）弓80具，另有他弓24具，依其日历每月32日时日易一弓，每月31日时每星期易2弓。其余锤、斧、枪、刀之属不计其数，均由随从武官于其出征时抬之、执之以往焉。兹将阿布尔-法兹尔记载中所留示斯时印度之武器图形择绘于此（图81）。

据1638年曼德斯洛（De Mandelsloe）之记载，阿克巴及其子孙之军中，其骑士并不用火器，但步兵颇能利用火枪；标枪兵之标枪长及305至366厘米，能远掷杀敌；兵士中多披网甲者，长及膝，唯无盔帽。伊等并无大规模有纪律之操练。阿克巴曾拥有战象6000头，其象背有木塔，中藏三四人，用燧石枪，唯战象有时受其背上士兵施放火器之惊，常至乱阵奔溃。莫卧儿军中又有炮车多具，其炮有时甚大，莫卧儿人自造之火药不如斯时欧人所造者之佳。

1605年，阿克巴之子贾汗吉尔（Jahangir）继位。其人曾留著述于人间，盛言阿克巴之丰功伟业，并赞其所用之都鲁斯特·昂达兹（Durust-andaz）直射炮。[①]又据英国斯时派驻莫卧儿帝国京城之专使托马斯·罗（Sir Thomas Roe）之记载，伊盛称莫卧儿皇帝服御之美、陈设之华及武士刀剑之佳。又言曾受波斯专使馈赠之美丽绣花弓箭袋及莫卧儿皇帝所赠之佳刃。其中莫卧儿皇帝所赠之剑，其鞘为纯金质而镶嵌宝石，值斯时印度10万金卢比之巨；另一短刀同样华美，价值4万卢比云云。贾汗吉尔即位后以征逐葡萄牙人为能事，然其四子则因皇位而互相争斗。其长子为达拉（Dara），次子为苏查（Shuja），三子穆拉德（Murad），幼

---

① andaz在蒙古语中为火炮之义。

第10章 印度兵器

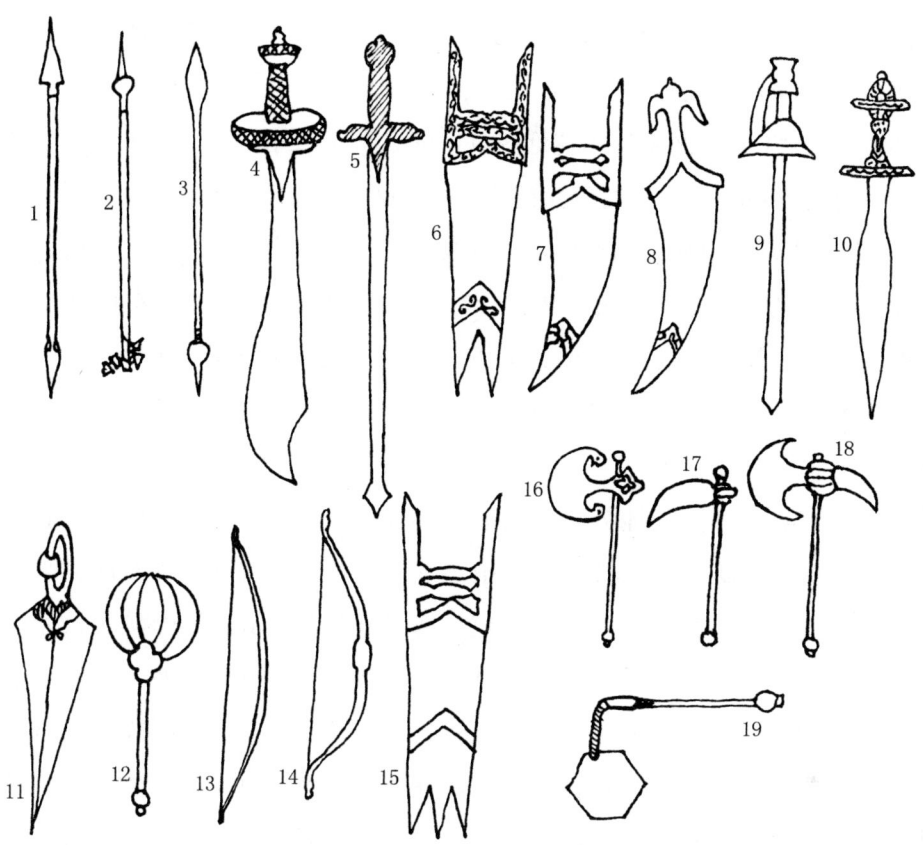

图81　莫卧儿帝国时代之印度兵器

1.长标枪（Tschehouta）。2.手掷三尾短标枪。3.长标枪（Barchan）。4.大刀（Scymitar）。5.长剑（Banen）。6—7、15.短剑（Jamdhar）。8.短剑（Khapwah）。9.长剑（Bhelhetah）。10.短剑（Katarah）。11.短剑（Narsing Mot'h）。12.瓜锤（Shushbur）。13.大弓（Maktah）。14.大弓（Kaman）。16.锚斧（Tarangalah）。17.长刃斧（Zaghnol）。18.镰斧（Tabar-Zaghnol）。19.六角锤（Flail）。（采自英Langlés著作中转录自《阿克巴则例》之军器图）

子奥朗则布（Aurangzeb），结果奥朗则布击败其三兄而独自称霸，军势倍振，雄图愈烈。奥朗则布即位以后，以扩大莫卧儿皇帝之威权自任，征服德干全境及加尔那迪（Carnatic），屡破印度拉杰普特诸王之联军。据法人柏尼尔（Bernier）于1658年所著之《蒙古大帝国》一书观之，达拉曾与奥朗则布在昌巴尔河（Chambal）地区作剧烈之争战。达拉将其炮车用链衔接排列以抗敌方骑兵，炮队后列载燧石枪兵士之骆驼队，驼队后则列配备火枪之步兵，轻骑兵则背戴弓箭并剑及标枪。奥朗则布之军队则与穆拉德联合，其阵容大致相等，唯阵之中部藏有轻炮若干尊，另有名为"Ban"之手掷小花炮多具，燃之掷于敌军骑兵队中可使马惊而溃，有时亦可伤人。斯时骑兵能力仍大，因火枪装弹2次，骑兵已可发箭6次也。战时以炮战为始，弓手相继发箭，终则双方白刃相见，仍依刀剑及武术决胜负，是战结果，达拉一败涂地。柏尼尔又谓斯时莫卧儿皇帝有骑兵20万人，步兵及炮兵15000人，其余印度步兵甚多。莫卧儿军之重骑兵均披甲胄，象队之木塔亦然。

至17世纪时，印度之马赫拉塔人渐有勃兴之势。此族向为德干苏丹之雇佣兵，然因其地势居高临下，只有轻骑兵易于进攻，颇形便利。于是其族之枭雄名西瓦吉（Shivaji）者，以草野无文之人而奋起振兴武备，首先召练步兵，令山野投军者各携刀枪来归，其余军装则由公家供给。以刀、剑、标枪、火枪及护身牌为武器，各10人间夹一弓箭手以为夜间惊敌及替换火器之用。继练骑兵，令富贵者各带其马而来，贫贱者由公家给马。西瓦吉虽目不识丁，然能与士卒同甘苦，得物均分，又以民族主义观念激励士卒，故士乐为用而军行甚利，其轻骑兵之战功最多。伊又能设计埋伏，以巧胜敌，如比贾普尔（Bijapur）之阿弗柴尔汗（Afzal Khan）即被伊邀请赴宴时遭害者。赴宴之条件本为双方仅各带一人，届时阿弗柴尔汗盛服佩刀，携一武士而往，乘轿以登四空无人之宴台。西瓦吉则在丝绒帽与布服之下暗服钢网甲胄，并于右袖中藏一蠍形短刀，左手执一虎爪形之瓦纳暗器，徐徐自炮垒而出迎接阿弗柴尔汗，亦仅随一武士。登台寒暄之际，西瓦吉以其体较短小之便，突以瓦纳挝入阿弗柴尔汗腹中，伤其肠胃，阿弗柴尔汗负痛拔刀击其头胸，乃为钢网所隔不能入，而西瓦吉右手之刃已洞其胸矣。迨至阿弗柴尔汗随从武士拔刀之际，西瓦吉已夺得阿弗柴尔汗之长刀也。现阿弗柴尔汗之长刀尚存诸印度武库中焉。西瓦吉欲将莫卧儿人及穆斯林概与逐出印度，夺回政权。为进攻奥朗则布，伊乃向法国人大买战炮，但胜少负多，虽屡次兵败逃归重振旗鼓，然进取仍属有限，仅能于德干省占一部分势力而已。

1680年，西瓦吉死，其子桑布吉（Sambhuji）未能抗御奥朗则布之征讨。据英人格兰特·多弗（Grant Duff）所著之《马赫拉塔历史》（History of the Mahrattas）一书观之，斯时莫卧儿皇帝已有炮至数百尊之多，由土人运送而用欧洲人开炮。桑布吉战败被擒而死之后，马赫拉塔人虽散逃于山野之中，仍致力于推翻莫卧儿帝国之运动。迨至奥朗则布死后，莫卧儿帝国之末运果至矣。

6. 莫卧儿帝国之覆亡及印沦为殖民地

莫卧儿统治之衰，一则因嗣皇黯弱无能，二则因英法诸国从中作祟，是以印度拉杰普特族渐获独立，锡克族乃乘机开始在旁遮普（Punjab）地方扰乱，而马赫拉塔人得有贤主巴拉占·维斯万纳特（Balaji Viswanath）之统治，税收渐富，兵力日雄。德里之莫卧儿统治势力既日形衰弱，波斯王纳迪尔沙（Nādir Shah）乃乘机起而将侵占波斯之阿富汗穆斯林驱逐出境，并于1739年乘胜进入阿富汗及印度，在卡纳尔（Karnal）地方击败萨达特汗（Saadat Khan），进占德里，大肆劫掠，将历代莫卧儿皇帝所藏宝物与镶嵌宝石、金玉之珍贵罕有刀剑以及其他武器悉数辇归波斯。

纳迪尔沙虽将西印度收入波斯版图，却并不分兵驻守，于是阿富汗人乃与印度马赫拉塔人争占德里。至1761年，阿富汗王阿马德·沙·阿卜达利（Ahmad Shan Abdali）统率骑兵24营（每营1200人），骆驼2000头（每头载火枪手2人，另有刀手），与联军合计，总有骑兵46800人、步兵38000人、大炮70门。对方马赫拉塔之大将沙达西夫·罗·鲍（Sadashiv Rao Bhan）有骑兵55000人，步兵15000人（其中9000人有火枪，系用欧洲式训练者），大炮200门。经3个月之堑壕战，马赫拉塔军队出壕杀敌，赖其炮大枪精，稍获胜利。然阿富汗人以体力较为坚强之故，于白刃短兵相接之时，用标枪刀剑及锤斧乱砍乱杀，宁死不退，以致是役印度人死亡极多，几至全军覆没。方两族争夺德里之际，南印度乃发生重大情事，遂使印度之历史完全改变。缘英、法二国在南印度沿海之势力日盛，印人虽将莫卧儿帝国之统治推翻，但并无继霸之能力。印度诸王虽大购枪炮，以欧洲新法练兵，然无统一之中心，人自为政，内乱频仍，于是英人遂有取代莫卧儿而在印度建立英帝国统治之谋矣。

1746年，法人攻击英军得胜而占领马德拉斯（Madras），然法政府未久即于1748年在艾克斯拉沙佩勒（Aix-la-Chapelle）与英缔约，归还马德拉斯与英。嗣因德干总督死去，英法两方各拥一穆斯林替代，法人得势，乃获两省之地以为报酬，遂将法国势力伸张及于德干全境。英人复于1752年起兵与法人争强，至1761年英军大胜，几夺占法人领地之大半。法人在印度之势力自斯时起，遂一跃不能复振。1765年，英酋克莱武（Clive）与莫卧儿皇帝立约，将孟加拉邦让与英国。时统有迈索尔之赫德尔·阿里（Haidar Ali）者势力渐大，屡胜马赫拉塔人，其轻骑兵名魁萨克（Qazzaks）者骁勇异常，炮队之战术亦佳。嗣由法军力助马赫拉塔人，赫德尔·阿里方受挫而退入印度中部。1771年，赫德尔·阿里复与据有海得拉巴之尼查姆·阿里（Nizam Ali）联合再攻英军，其所统之军有欧洲新式枪炮装备，颇为英军所惮，屡受其害。至1780年，赫德尔复大举进攻英军，其军计有重骑兵12000人，魁萨克轻骑兵10000人，印度骑兵15000人，常备步兵24000人，募兵60000人，大炮70门。赫德尔军之一翼由法国军官拉利（Lally）统带，拉利有欧洲士兵500人、马100匹。是役英军大败，药库爆炸，全军或死或退。翌年英将库特（Coote）卷土重来，渐恢复英军势力而连连击败赫德尔。

1782年，赫德尔去世，其子提普（Tipu）即位，继续与法军联合抗英，屡败英军，然卒为英将所惑，于1782年与英人订约而使英军得以小休。提普亦借此机会大事扩张，渐统有西南印度之全部，势力颇盛。1792年，英军复大至，突击提普军而败之，并封锁海口，断其交通。提普大恐，乃与英军订立屈辱之条约。嗣后七八年间，提普复与波斯王、阿富汗王及法军联合，整军图复，终因兵败而身亡。

时马赫拉塔人得法人之助，复大举抗英，然英军势力已日大。1803年，英军深入中印度大破马赫拉塔人，继而北上西进，不旋踵而克德里皇城，擒获莫卧儿帝国之末皇沙·阿拉姆（Shah Aiam）二世。嗣后印度诸王虽群起抵抗，然为时已晚，英人势力已固，至1826年，印度全境为英军征服，印度遂失去独立而沦为殖民地。未亡之前，枪炮已为军用利器，他种兵器无所变更；既亡之后，除欧洲式枪炮外更无他种印度兵器可言矣。

四、塔顿之印度古兵器研究

上节所述印度战史，以采自英国塔顿爵士所著《印度及东方武器装备》一书者为多。欧美人关于东方古兵器之专门著述寥若晨星，是以塔顿幼年开始研究东方古兵器时曾以不得专书参考为苦，该书自序中曾载其事并详述其研究之经过，颇足资吾人之借鉴，爰将此序文译述于次：

> 余于1855年在印度开始搜藏东方古武器时，甚需要一与有关系之书以为余助，寻觅殆遍，竟无一书可供参考而资借鉴者，抑且毫无关于印度武器及其制造方法之任何资料。穷搜之后，仅发现各种游记及关系东方之各种杂志偶记一二有关系之事件而已。于是乃尽力将所发现与东方武器有关之事物言论均摘录汇存，迨至积存渐多，复为之整理补充，乃成此书而出版以问世，付诸收藏家及民众之鉴评，以期在历史与考古及兵器诸方面增进研究之利益及兴趣。现时科学界之人士喜用图画标示有史以前人种之武器，即其最早而

最粗糙者亦常有所登载，以印度在地球上所占地位之大且重要如此，更应研究其古武器矣。然自阿克巴时代曾刊布《阿克巴则例》（Ain-i-Akbari）以后，更无专载或图示印度武器之书出现。虽欧洲有研究古武器之专家如梅里克（Meyrick）及休伊特（Hewitt）诸人，曾将欧洲古武器绘成图型遗留后人，又有著述家多人遗留关于欧洲古武器之著述，然此辈对于东方古代武器装备之记载则既少而欠准确，且常限于在中世纪时为欧洲武器点缀之用，如武士之护面护身钢网或钢柄是也。直至现今之19世纪末年，吾人始得就国有及私有之印度古武器，收藏于英国而似无可再为扩增者作一详确明了之研考。

计自火器发明兴盛以来，印度帝国解体，其古武器逐渐失其用途而配带武器之风气亦日见渐灭。自经锡克人叛乱及1857年土兵起义以后，印度曾经大规模之解除武装及搜索兵器，多数印度贵族之古装兵器均遭此劫，其中古而稀有之武器或被销毁或被作为废铁拍卖焉。然其最佳而有价值者则经英国统兵军官及驻印之大臣、总督、将军等运回伦敦，作为战利品而献之英王国家矣。且印度王公大臣及英国东印度公司尝以印度古武器之佳品贡进于英王及英国，而其次佳之品中亦有珍贵者，则多为英国私人收藏家所得，是故居今日而谈印度古兵器，其收藏之广之富盖莫过于英国矣。如伦敦印度事务部（India Office）、南肯辛顿（South Kensington）博物馆与塔宫（Tower）、温莎宫（Windsor）等处所藏之印度古兵何止数千件，均世界罕有之珍品也。本世纪中，收藏家亨德森（Henderson）及梅里克二氏复以其多年收集之印度古兵器多件（惜梅里克藏器之一部分已事先散失）赠与伦敦大英博物馆。① 嗣后有收藏家克里斯蒂

---

① 此为英国最大之博物馆，中亦有中国古物甚多。犹忆十数年前前往参观时，除得见中国普通古物及珍宝外，复见有中国历代帝王玉玺多件、大雕漆龙床数座及《永乐大典》数册，中有一卷系关于服字部首，想均系联军数次入北京及火烧圆明园时所掠往者。

（Christy）起而响应，亦以其所搜集之全部印度古兵器遗赠大英博物馆焉。英伦博物馆之外，他国亦有收藏印度及东方古兵器之公家处所，唯藏器较少耳。如巴黎（法国）、维也纳（奥地利）、都灵（意大利）、斯德哥尔摩（瑞典）、哥本哈根（丹麦）等地之国立博物馆均藏有印度古兵器，而足与英国博物馆媲美而争辉者，仅俄国彼得堡之皇村（Zarkoe selo）武库，其中珍物既多，复于1841年得收藏家索尔蒂科夫（Soltikof）贡赠之所藏全部东方古兵器。此武库中最多之珍品为高加索、波斯及土耳其等国之古兵器，印度古兵虽为数不多，然皆独一无二之稀世奇珍也。此武库之珍品曾由俄皇敕撰三大巨册，影印着色，各器跃跃如生，此外复由该武库管理大臣另编法文藏器简目一巨册，亦将所印示各器着色绘画，此二书余将时常引述及之。

上述各处之藏器，均未能作有系统之陈列，多以艺术为前提而作厅室之点缀品耳，仅哥本哈根博物馆依人种分类，为有系统之陈列。余意，古代之武器装备应按照人种历史或艺术系统排列之，武器来源之认识与语言文字及宗教之认识同其性质而较为深切，盖可借以辨别人种之来源及民族之发源，并可指示各人种各民族装饰之影响及其古语既亡后所遗留之性质。[①]于是余乃将此卷所示之藏器概依人种类别及其时代变迁之关系分类序列。设如吾人拘于欧洲习惯而依欧洲兵器之排列办法，纯依历史年代序列，则将往往有苦于无从分别东方古兵器准确年代之感焉。[②]盖因印度之人种至为错杂，渗互不齐。非但曾有至质简无文之民族与文化较为繁茂之民族并肩而生活于该地，抑且印度美术曾历数世纪之久之停滞，尚不如欧洲数

---

① 罗伯特·卡斯特（Robert Cust）在所著《东印度语文考》一书中认为，人种之衍化与语言并非平行。事实证明，常人皆认为系科拉里亚人（Kolarians）之比尔人（Bhils）及比哈尔人（Bihar）者，早已亡失其本族之语文而改用印地语文焉。
② 著者按，欧洲博物馆对于所陈列之欧洲武器均标明准确之年代，而不混称某朝、某代或某世纪之物。

代子孙间变迁之速而巨。人种关系既应本诸兵器自身之线索，而印度历代武备小史及英人侵印之经过亦应略为序述，始足使诸器得自然之系统而便于序列焉。且英军与印度以外之其他东方民族接触频繁，亦可顺序而图列各族之武器矣。吾人尚可根据艺术史之观念以排列器目，然果如是，即须注重非雅利安人种与雅利安人种在文化上之区别，及其势力互相消长之不同情形，此亦甚难分判之事也。然即如本书以人种为分判之原则，已须注意及于此问题矣。艺术与文化之发展，犹如图示最粗糙之武器以至最艺术化之武器，可自非雅利安人种以达于雅利安诸民族也。于是吾人乃特辟一篇，以判别上列每一人种所使用武器具有之特性。盖任何其他制造品均无其繁杂之装饰，此种民族古战具之艺术实值得吾人特别之注重焉。在此过程之中，吾人发现其曾受埃及、亚述、波斯及希腊诸民族之影响，且略含有中国与日本之装饰意趣与成分。中国与日本之美术曾大受佛教之影响，中国佛教系直接输自印度，而日本之佛教似亦由印度传往者。[①]余所引以为憾者，即印度政府未能收买印度坦焦尔（Tanjore）及马德拉斯（Madras）省之武器装备，任其散失零售于民间，有时乃等于废铁，实为可惜耳。[②]

塔顿爵士之书，先述印度之武功史，次述印度及东方古兵器之铸造淬炼及装饰之方法，继之以器目，每器均编号，注其尺寸及来源并加以详细之说明。如其自序所述，此器目系依人种加以序次，总分为12类及若干子目，后附以塔顿自藏之东方古兵器目一篇。其所分之12类及子目如下：

  Ⅰ.中印度及安达曼岛土著与非雅利安人之兵器

[①] 著者按，此说恐有错误。日本佛教系由中国间接传往者，历史明载，物证亦多。著者十数年前曾三游日本，见其丛林古刹、大殿供奉及佛像雕刻，各种装演均完全中国式，并非著者游历印度时所见之式样。且其经典至今尚用汉文，年老之僧人均尚能道及日本所受中国佛教之影响也。
[②] 塔顿之序文尚不止此，以下与本章论述无关，故略去。

Ⅱ、Ⅲ. 南印度土著及达罗毗荼人之兵器

Ⅳ. 印度东北部土著与阿萨姆（Assam）山民之兵器

Ⅴ. 缅甸及暹罗之兵器①

Ⅵ. 马来及印度群岛之兵器

Ⅶ. 尼泊尔之兵器

Ⅷ. 印度拉杰普特人（Rajputs）之兵器

Ⅸ.（1）印度马赫拉塔人之兵器

（2）印度德干及迈索尔之穆斯林所用之兵器

Ⅹ. 西北印度之兵器

（1）旁遮普人之兵器

（2）信德地方之兵器

Ⅺ. 印度之西北边界、阿富汗、波斯及中国等民族之兵器②

Ⅻ. 东方民族体育及祭祀之兵器

附录

东方民族之古枪炮

阿拉伯古兵器

塔顿藏器目③

  塔顿此书中所载之图像分为三类：一为有比例尺之细图，共15幅，计绘器175件；二为无比例尺之图，计绘器180件；三为塔顿藏器目所附之摄影图片8幅，计图示其所藏东方古兵器209件中之120余件。此外尚有印度着色地图一幅，附列卷首。塔顿氏之书可谓空前之巨著，惜未及石铜兵器，仅序列晚期之铁兵耳。

---

① 著者按，此组极为简单，并未图示武器。
② 著者按，此组内除波斯外均甚简略，且并未图示中国武器。
③ 著者按，塔顿藏器目分为三组，即波斯及印度、阿拉伯、日本。其中，阿拉伯与日本之古兵器均极简单而不详，唯波斯及印度之组详叙其所藏各类兵器及人马之装饰。

第11章
伊朗兵器

一、概述

伊朗古称波斯，其文化极为久远，本世纪（指20世纪。——编者注）初，法国考古学家摩根（Jacques de Morgan）曾在其史前古城苏萨（Susa）一带掘获石兵及铜兵颇多，伊朗古文化乃益显著。其普通石兵，有旧石器时代之石凿、石锤及骨兵（图82），以及新石器时代之石斧、石锯刀、石剪刀、石半月刀、石矛头或石镞及燧石刮等器（图83）。至于在苏萨城之出土者，较为完整精美，计有燧石及晶石镞、碾斧、小斧、燧石矛头、燧石刀及晶石刀、半月刀、石锛、石铲、石凿、石锤、石棒等兵器（图84、85），铜兵有铜刀、铜斧、铜锤、铜镰刀、铜矛头、铜镞、铜碾锤、铜刺兵、铜剑及铜匕首等器，其矛、镞、斧、剑之制造颇为坚利精美（图86—88）。美国历史家罗林森（G. Rawlinson）曾在其史著中图示古波斯各种铜兵与铜盔、铜盾等器及制作精美之剑柄，[①]发扬波斯古文化不少（图89）。读者临见其器，即可知波斯人在昔制兵之精、艺术之高、手工之巧矣。

---

① 见《东方古国史地：迦勒底、亚述、巴比仑、米底与波斯》（*The History, Geography and Antiquities of Chaldaea, Assyria, Babylon, Media and Persia*），共三卷，纽约，1862—1892。

第 11 章　伊朗兵器

伊朗古代之铁兵尤为著名，昔时蒙古、印度、土耳其以及东方其他各国王室均聘用波斯良匠铸兵，其技艺之高超可以想见。唯因各国兵器异形、各王室之兵器异制，制兵者未皆留名器上，时代既远，亦无从辨别孰为波斯人所造者耳。是以吾人之研究亦唯限于伊朗境内其自身所用之兵器耳。伊朗之铁器时代开始甚早，恐未必在印度诸国之后，而波斯铁兵实为天下最华美、最精良之兵器也。惜乎其古代铁兵不可得而见，今之所论皆远不及千年者耳。塔顿爵士在《印度及东方武器装备》一书中认为，波斯古兵器最精美之时代，当推阿拔斯大帝（Abbās I the Great，1587—1629年在位）至纳迪尔沙（Nādir Shan，1736—1747年在位）时代。至于波斯民族之始祖，即帕米尔高原雅利安人之远古时代是否业已开始使用铁兵，其铁兵形制如何，嗣后如何发展，曾否受有外族影响，其向外发展之区域范围若何，则塔顿爵士及其他欧美专家似未曾研究及也。阿拔斯大帝既为波斯雄主，斯时波斯人制炼之武器已蜚声西亚，为众所推，故欧美各国收藏家咸以得其一刀一剑为荣。著者在瑞士伯尔尼参观其历史博物馆时，曾见及一阿拔斯大帝之古刀，该博物馆珍为至宝。此刀原系已故著名古兵收藏家亨利·莫塞（Henri Moser）之藏器。莫塞为瑞士人，起家寒素，后投入帝俄军中，渐擢升为军官。其性喜古武器及艺术品，日久收藏佳品渐多，已亦致富，乃弃职归瑞士，在沙夫豪森（Schaffhausen）购一别墅定居，专心致力于考古研究，尤专事搜集东方古兵器。四方古董商从者如云，佳品丛集，莫塞复亲往英法德意各国及印度、埃及等处专事搜购亚洲古兵器，三二年辄往一次，以是奇刃古剑以及其他武器渐入其所藏。盖欧洲此种收藏家为数无多，且大都系学者教员之类，缺乏资金，不能与莫塞竞购也。莫塞尚以不克搜获波斯雄主阿拔斯大帝之古刀为憾。某日，其忽在巴黎一偏僻荒货店之废铁堆中发现一波斯形长刃，虽甚污锈而雄姿俨在，威气逼人，知非凡品，乃急购归，经洗濯擦拭之后，刃上赫然显露阿拔斯大帝时之铭文。据莫塞之契友法国收藏并研究东方古兵器专家夏尔·毕丹博士对著

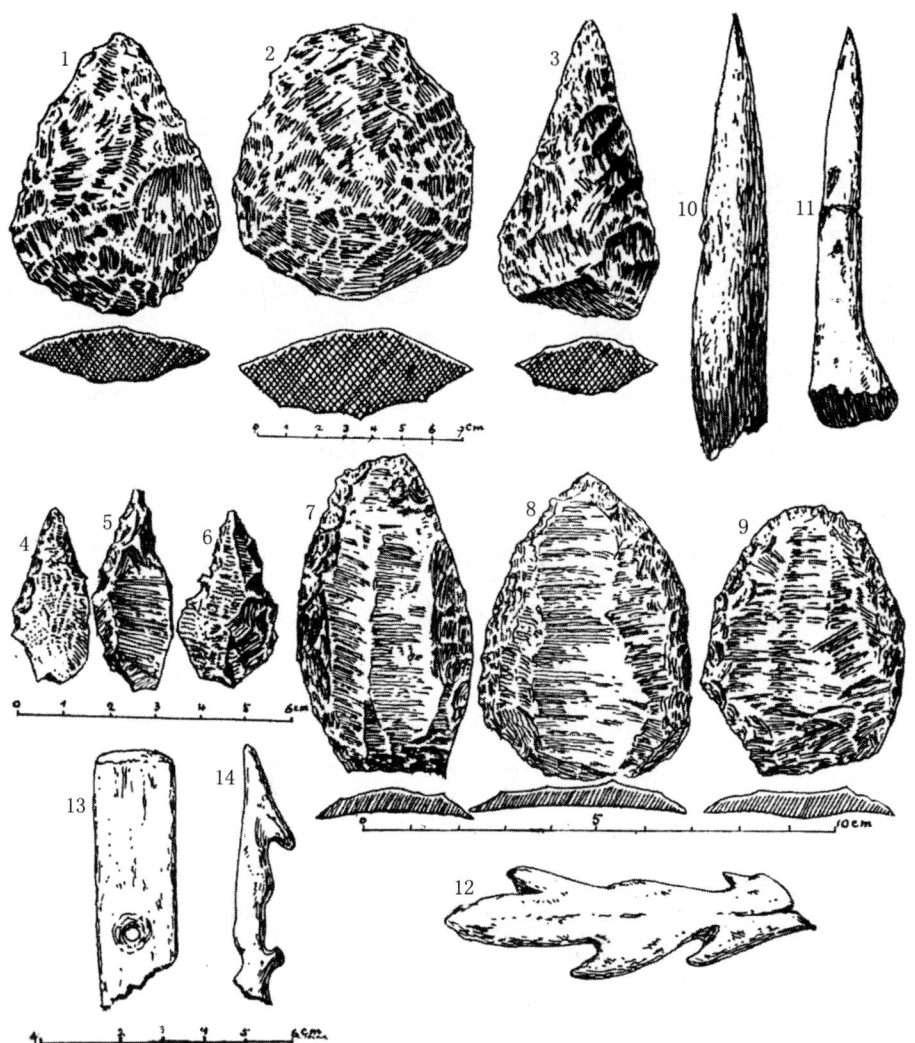

图82 伊朗旧石器时代之石兵与骨兵

1—2.阿舍利（Acheulian）型石锤。Akbiyeh出土。3—9.莫斯特（Mousterian）型石锤。其中，4—6号出土于凯勒卜河谷（Ras-el-Kelb），第7号出土于迪兹河（Djoz），第8号出土于易卜拉欣河（Ibrahim），第9号出于Adloun。10—14.骨兵。出土于安提利亚斯（Antelias）。（采自摩根《东方史前》）

第11章　伊朗兵器

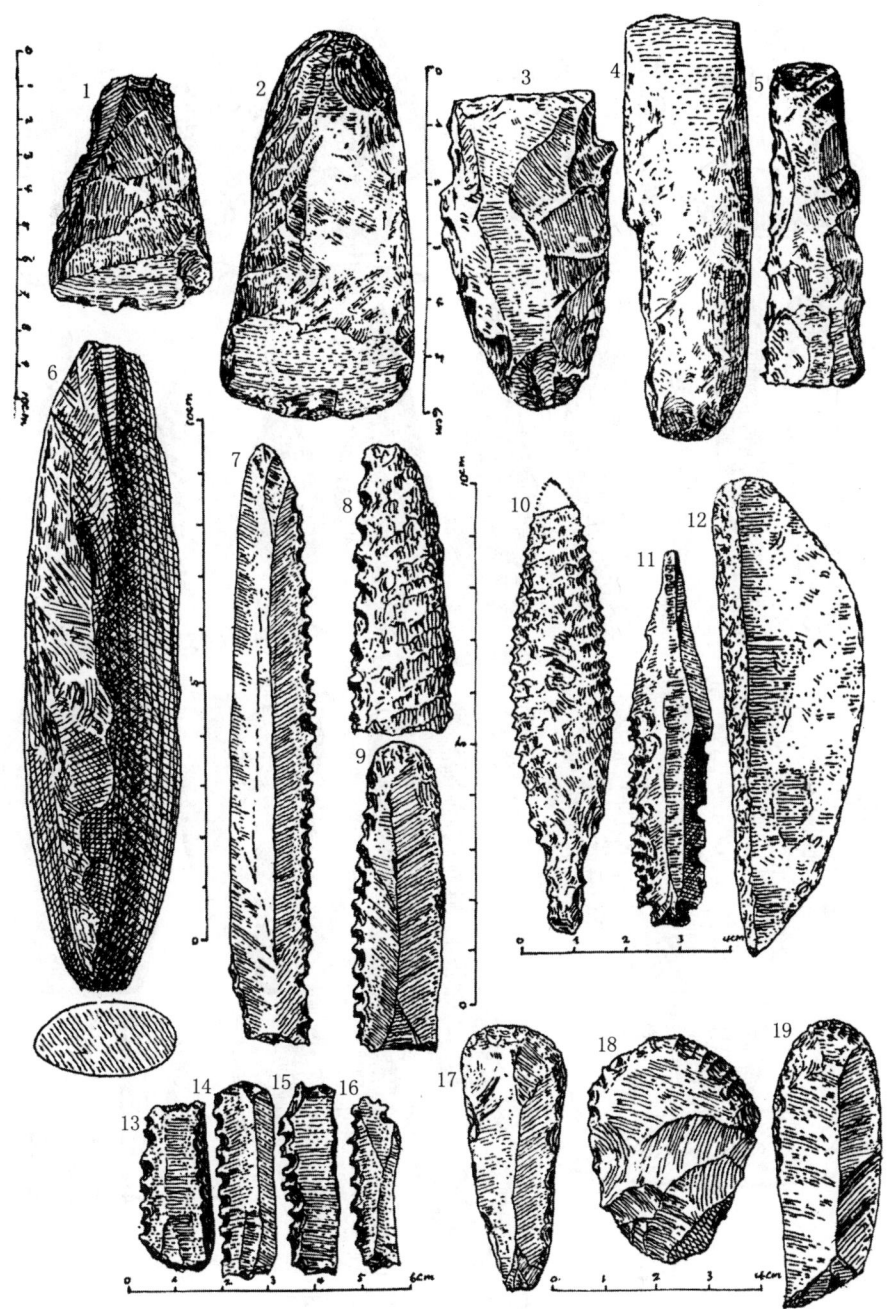

图83　伊朗新石器时代之石兵

1—5.打制石斧。6.磨制燧石刀。7—9.燧石锯。10—11.燧石手锤或矛头。12.打制石刀。13—16.锯齿形燧石器。17—19.燧石刮。除第3、10—11出土于贝鲁特外，其他均出土于凯勒卜河谷。（采自摩根《东方史前》）

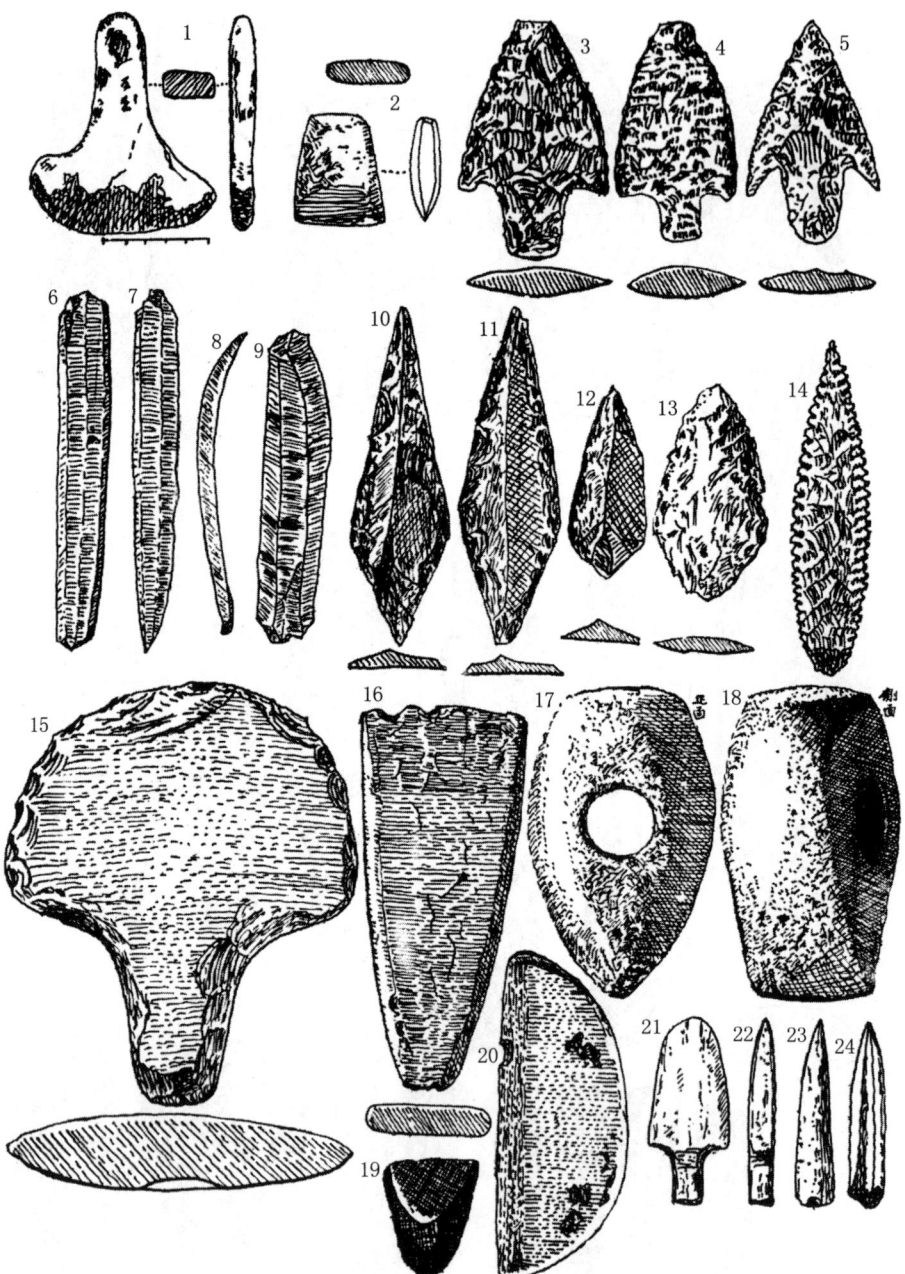

图84 苏美尔—阿卡德时代之石兵

1.磨制石碾锤。2.黑石小斧。3—5、10—14.燧石镞。6—7.燧石刃。8—9.黑晶石刃。15.灰沙石碾斧。16.黑沙灰石磨制斧。17—18.火山石锤形斧（18号为17号之侧视）。19.蛇纹石小斧。20.灰沙石刀。21—24.骨质碾及凿。均出土于苏萨（Susa）遗址。

第 11 章 伊朗兵器

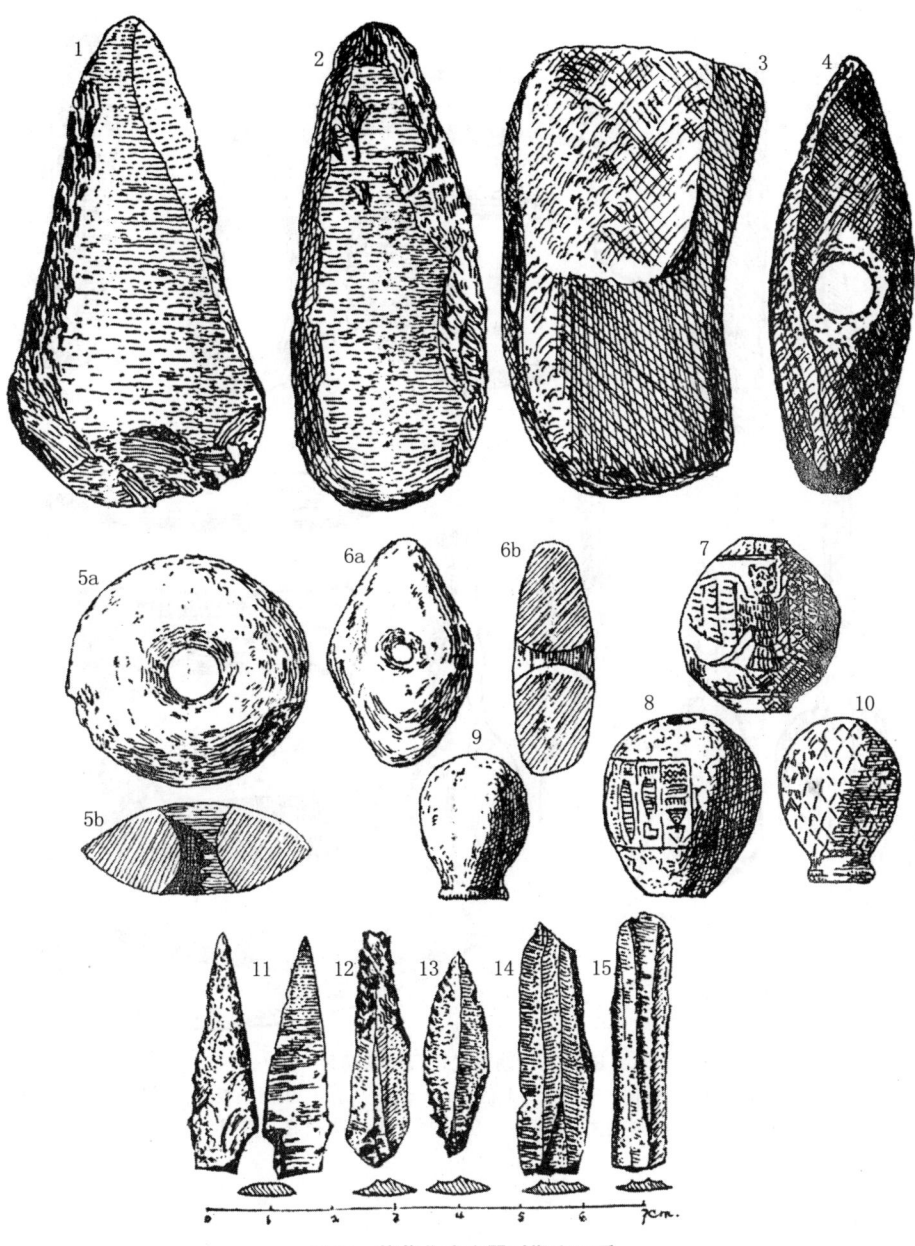

图85 苏萨Ⅱ式陶器时期之石兵

1—2.磨制石斧。出土于Tepeh-Moussian。3—4.蛇纹石锤形斧（3系4之侧视）。法国圣日尔曼博物馆藏。5—10.石锤。其中，第7号系拉格什之安那吐姆时遗物，第8号系阿卡德之萨尔贡时遗物，其他均出土于苏萨遗址。11—15.燧石打制兵器。出土于乌鲁克（Erek）。（采自摩根《东方史前》）

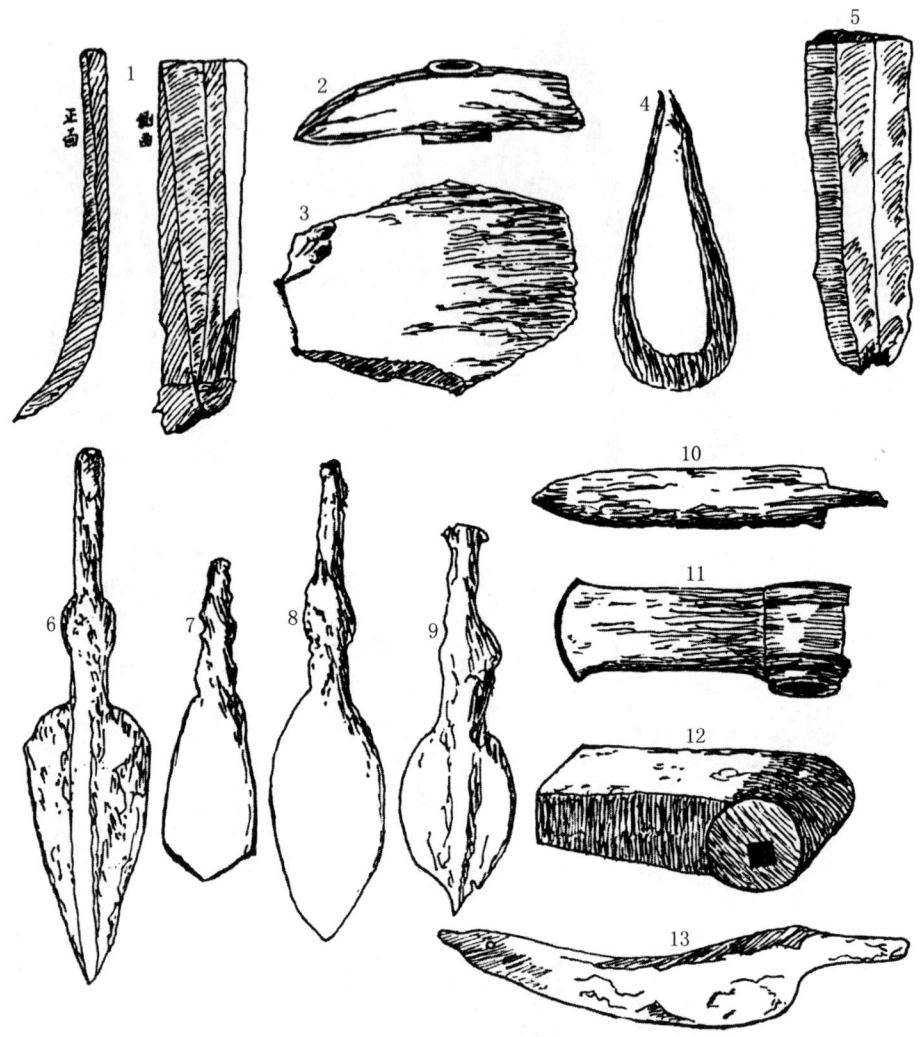

图86 伊朗古代之石兵与铜兵

1.燧石刀（右为侧视）。2.石锤。3.石斧。4.石钉。5.燧石刀。6—9.铜镞或矛头。10.铜刀。11.铜斧。12.铜锤。13.铜镰。（采自罗林森《东方古国史地：迦勒底、亚述、巴比仑、米底与波斯》）

第11章 伊朗兵器

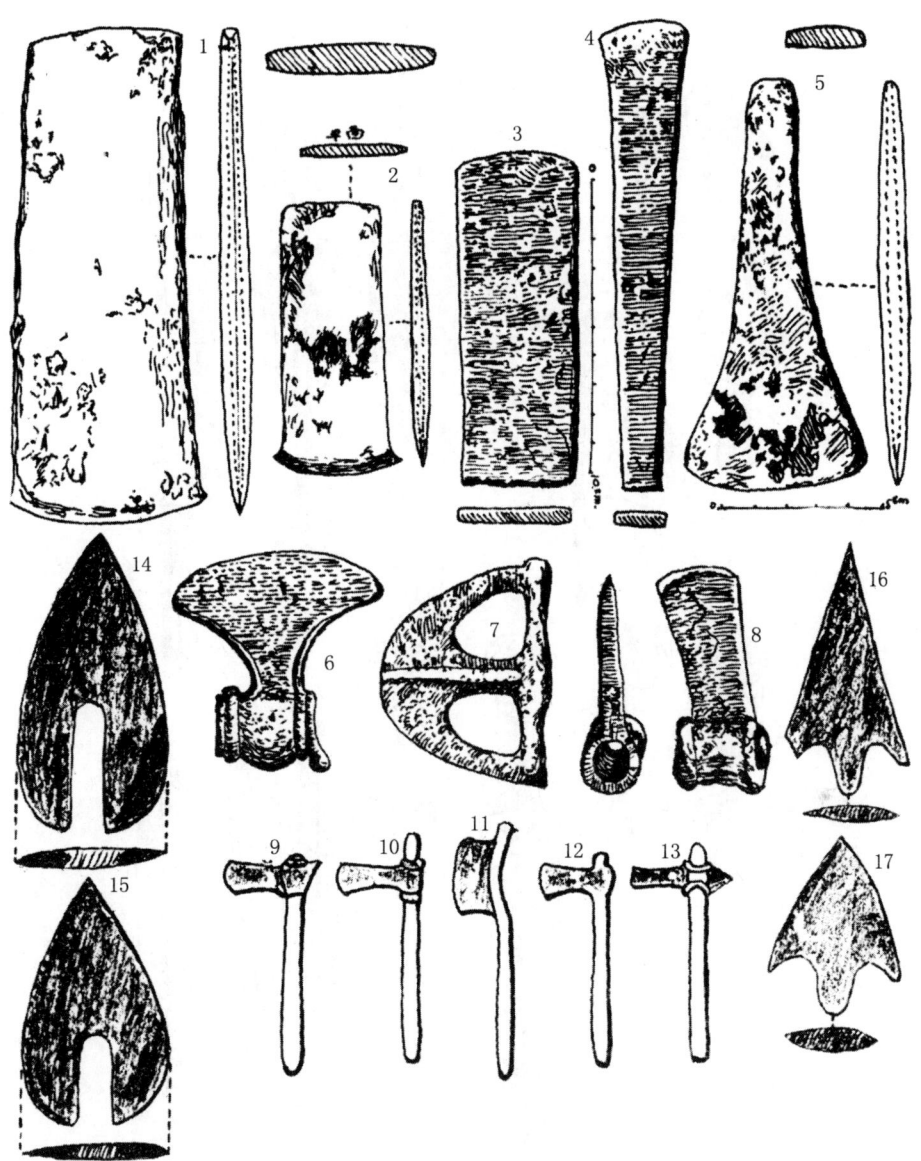

图87 伊朗古代之青铜兵器与石镞

1—4.铜斧。5.铜碾锤。6—8铜斧。以上均出土于苏萨遗址。9—13.苏萨出土之纳拉姆新（Naratrt-Sin）碑所见战斧形状。14—17.石镞。其中，14—15号为黑晶透明烟色石制，16号为红纹晶石制，均出土于伊朗北部；17号为赤晶石制，出土于Talyche。（采自摩根《东方史前》）

203

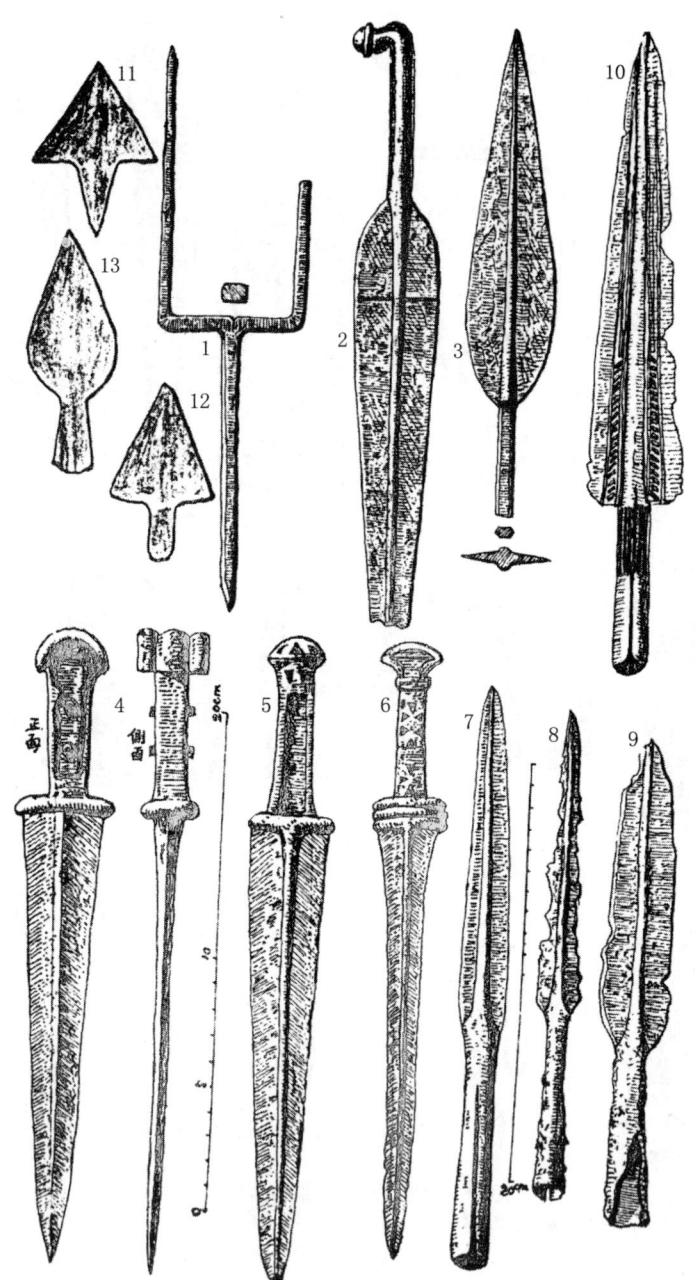

图88　伊朗古代之青铜兵器

1—3.铜兵器。库尔德斯坦（Kurdistan）出土。4—6.铁器时代之铜匕首。Hineri出土。7—10，矛头，其中，7、10号为铜质、8—9号为铁质。均出土于Talyche。11—13.箭镞。其中，11—12号为铜质，13号为铁质，均出土于伊朗北部。上述各器均德黑兰国立考古博物馆藏（采自摩根《东方史前》）

第11章 伊朗兵器

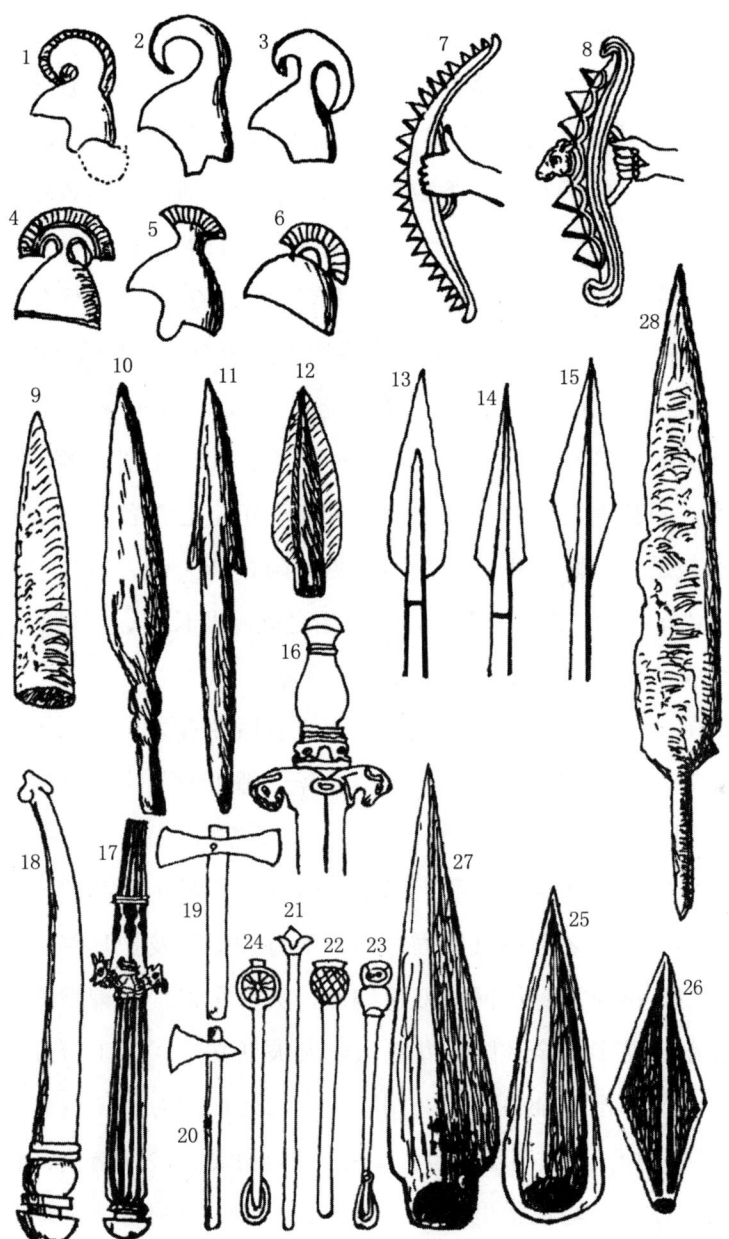

图89　伊朗古代之铜兵与护身具

1—6.亚述石碑上所见之战盔。7—8.锯齿凸形盾。尼姆鲁德（Nimrub）出土。9—12.箭镞。尼姆鲁德及Koynnjik出土。13—15.矛头。Sculptures出土。16.长剑之柄形。尼姆鲁德出土。17.带鞘之剑。Koynnjik出土。18.亚述之曲形刀。豪尔萨巴德（Khorsabad）出土。19—20.战斧。Koynnjik出土。21—24.锤。Koynnjik出土。25—27.矛头或箭镞。28.矛头。尼姆鲁德出土。（采自罗林森《东方古国史地：迦勒底、亚述、巴比仑、米底与波斯》）

者之所言，莫塞斯时乃喜悦若狂，欢笑数日，如获至宝。莫塞穷毕生之力搜集各种名贵东方古武器五六百件，此外复有东方各民族艺术品数百件，总计价值达1000万金法郎。莫塞老而无子，在去世前，不顾其少妻之竭力反对，将所有藏品悉数赠与伯尔尼历史博物馆，该馆为特辟专厅陈列莫塞赠品，莫塞临终前，尚扶病入该厅目瞻一切。据夏尔·毕丹之著述，阿拔斯大帝所创建之常备军有两军之众，第一军有火枪步兵12000人，系专为对付土耳其奥斯曼帝国之禁卫新军（Junissaries）者，第二军有骑兵10000人，此外尚有自各土库曼部落征调之基泽勒巴什（Kazilpashes，亦称红头军）。红头军原系伊朗之主要兵源，然其并不忠于王室，阿拔斯乃削减其数量而自创忠于王室之常备军，借此外抗强敌、内诛叛逆，使萨非王朝之统治复振。阿拔斯大帝之后之波斯王复募集有名为"Jazairi"之宫中卫兵，其所用之火枪及长刀、短剑、火药壶等器均银制或以银镶衬，雕刻花卉人物，颇为华美。

据德国慕尼黑图书馆所藏之伊朗古戎装原图观之，伊朗古武士乃佩长刀于左方，插短剑于右腰。至于棒、斧、锤以及刀、箭等器，均为波斯人所常用（图90及图版二十一、二十二、三十三、三十七）。直至火器使用以后，伊朗人仍喜利用弓箭，有如蒙古兵士。其武士所戴之战盔均系尖形，其下之圆边甚坚固，中部配有护喉器及护耳网。伊朗古骑士之人马均有钢质护身甲网，双层编制，夹以金银，以耀观瞻。其高级骑士之盔镶金尤多，全体雕刻花鸟人物及波斯文字，手工极细，金光耀日，炫目移情，不愧金盔之称（图版三十二之1、4号）。伦敦大英博物馆中藏有阿拔斯大帝之金盔一具，手工至为精美。波斯诸夏馈献俄皇之戎装及武器亦多，均系稀世奇珍（见图版一、二及图91），均收藏于彼得堡之皇村别宫中。自纳迪尔沙时代以至19世纪中叶，伊朗戎装及武器渐多用花卉点缀，并普用伊斯兰教《古兰经》中之诗句以为雕刻装饰之品。

伊朗刀剑之刃质大都系大马士革钢（亦称花纹钢或水纹钢）中之上品，花纹细腻，钢质坚纯，他刃遇之多遭摧折。柄质除象牙外，有珐琅、雕钢、镶嵌金银等质。刀剑之刃，在近柄处大都嵌金作花卉形。伊朗与高加索接界之塞加西亚（Circassian）一带，其人亦如高加索人而咸用直形宽刃大柄之短剑（见图版二十二、三十七）。伊朗之长标枪，其锋甚锐而窄小，旁带锯齿两三，体轻易举，不似印度标枪之沉重笨大。其短标枪则均置袋中或篓中，常有双体者（图90之第5号）。伊朗人所用之圆形护身钢牌、护腕甲套及护身钢网，其手工均至为精细，大都雕刻人物花卉及字形，作凸体阳文，镶嵌金丝，钢质极坚固，其品质及艺术之精美均在同期中亚洲其他民族武器之上也（见图90、91及图版三十二）。以下就所能得见之伊朗古兵，做简单之分类介绍。

二、长兵

伊朗古代之长兵，矛与刀、斧、锤、标枪等器并用，其精美者均镶嵌黄金宝石并有铭。其形式大约均脱胎于图87—89中诸铜兵。迨至蒙古占领时代，伊朗之长兵受其影响而有所更变，但装潢镶嵌之美如昔。如图90中之第9号六瓣锤，即袭蒙古制者。至若图版二十二所示之矛、枪、双叉、标枪及锤斧等器，亦皆蒙古帝国后期时之伊朗长兵也（斧装长柄即为长兵）。

三、短兵

伊朗之短兵，满饰黄金宝石，雕镂镶嵌极为精致细腻，虽不喜如印度人用玉而华丽则有过之无不及也。伊朗刀剑之刃质极佳，大都系天然

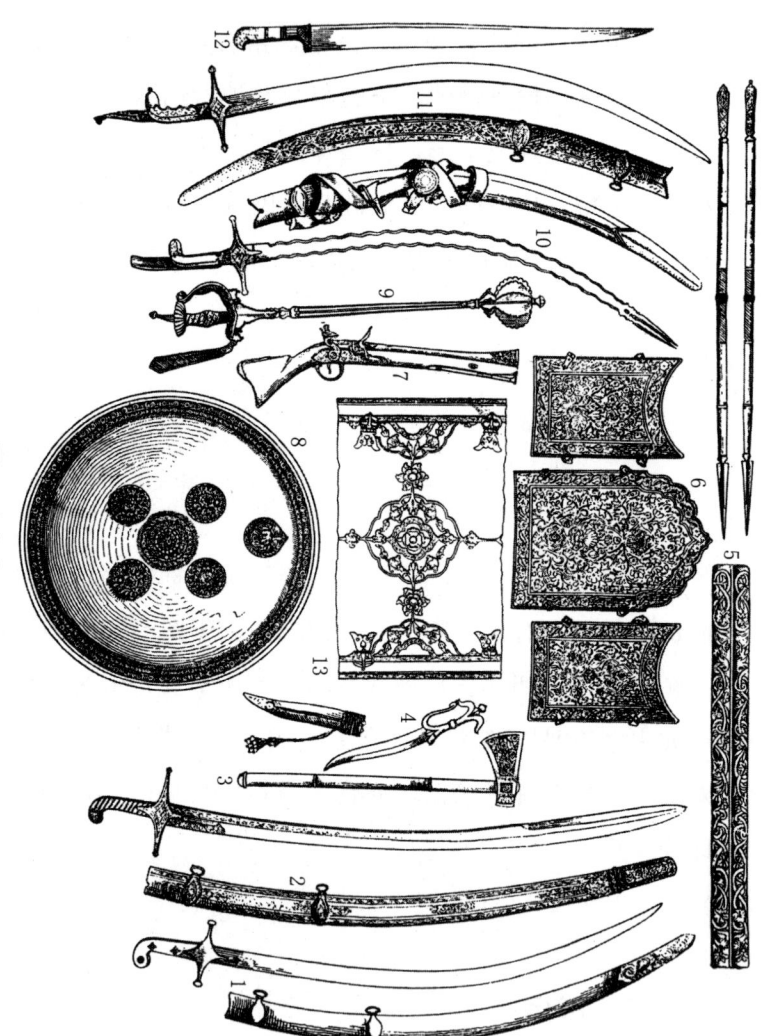

图90 伊朗古兵器

1—2.曲刃长刀，即Shamshēr，刃为水纹钢质，柄、护手及鞘套均起花嵌金。起花嵌金及蓝宝石。钢柄镶金，中段裹绒。4.曲形匕刀，即Peshkabz，水纹钢刃，玉柄，饰金蓝纹鞘。5.双标枪，钢质，柄部凸花镶金。木鞘，包紫绒并绣金花。6.铜甲，由前后左右4片组成，图示为现存之3片。上刻花纹及阿拉伯文《古兰经》语，镶以青红连琅。7.燧石铳，即Sher bacha。第10号之刃为波形，枪管水纹钢质，上下起花嵌金。8.铜裹皮盾。径53.3厘米，呈半透明。9.六甲钢锤，柄为印度式。10—11.曲刃长刀，即Shamshēr。第11号长106.7厘米，系呼罗珊城制品，象牙柄，钢护手及鞘环套均嵌金，皮鞘上带钢套，尖端呈叉形，黑花皮鞘，牙柄。长76.2厘米，刃为水纹钢质，厚背。海獭牙柄，铜装黑皮鞘，鞘带上有小钢镜。12.直形长刀，即Salawar Yataghan，亦称Khyber。长76.2厘米，刃63.5厘米，钢护手均嵌金，皮鞘，铜装黑皮鞘，可纳入全柄，类似高加索之刀。（采自伦敦印度博物馆藏品）13.伦敦温莎宫所藏波斯胸甲上之花纹。（采自贝尔《缅甸钢铁工业专论》）

第 11 章 伊朗兵器

图91 伊朗古代甲胄
钢制，起花嵌金。时代为18世纪初。（采自彼得堡皇村别宫藏品）

结晶平面花纹钢刃，刃体有全面刻花作行猎图者，人马野兽均嵌金丝，虎虎有生气，其艺术可称登峰造极（图版一之第4号）；或刻作碎锦图形，金嵌铭文，遍及全刃，望之俨如金刃（图版二十二之4—7号）。其柄与鞘之装潢华美，恰与刃相称，阅图版一、四十六中各器可以见其大概。其名为舍施尔（Sharnshir）之曲形长刀，刃常大曲如弓而过之，有时竟有近于半圆形者。据云，伊朗骑士之杀敌不事砍劈，但策马急驰而将刀平持，使其锋平划敌人首级落地，是以其刃如是之曲也。唯此法穆斯林骑士均知之，土耳其人为最，似并非伊朗人之专长耳。

舍施尔长刀之刃形虽一致大曲，但刃体却有异同。窄刃平面无槽而上宽下锐者居其多数（图版一之1、2号，图版二十二之38—42号，图版三十七之52、53号及图90之1、11号），亦有刃体较宽而下部近尖锋处尤特别放宽，并加划一血槽或数血槽者（图90之第2号及图版三十七之54号）。至于刃体两边均作波折形或锯齿形而刃首作双尖叉形者，殆不多见（图90之第10号）。舍施尔刀之柄不大，直茎曲首作直角形，牙质铁箍、铁帽而嵌金者居多数，护手均作斜扁长方十字形，中竖两头尖而中横两头圆或扁，铁质嵌金者居多。至若柄、鞘与护手满嵌红、绿宝石及钻石者，则系王者贵族之器也（图版一之1、2号）。普通舍施尔刀之鞘，盖皆压花皮质而饰以嵌金之铁箍、铁帽耳。

伊朗之直形长剑，刃体甚宽，平面或有中脊，近尖处略窄，尖锋作人字形或半圆形，不甚尖锐，且刃体不厚，恐亦重在割切而不重砍刺者。其柄形一律，均茎首作三角形，而护手柄端下曲作蛇张口形，柄与护手一体，直鞘皮质加嵌金双铁箍（图版二十二之第3—7号及图版三十七之51号）。

伊朗之短剑或匕首名为坎查（khanjar），大都刃有中脊而下部向外突曲，极为尖锐，刃质极佳，以大马士革花纹细钢制者居多数。[①]伊朗

[①] 亚洲伊斯兰诸族通呼此种短剑为Khanjar，以致亚洲其他民族及欧美人亦如此呼之，实为亚洲各种古兵中罕见之统一名种，其音与吾国之干将相近，岂真干将、莫邪之遗型乎？

之坎查剑极为精致华美，有价值连城而为欧洲各大国君主争事收藏者，如前俄国彼得堡之皇村别宫中所藏诸器是其较佳之品，非但以宝石镶嵌及珐琅雕镂炫美，且刃质均为吹毛可断之上等大马士革花纹钢也（图版二之1—4、6等号）。著者剑庐藏兵中亦有金底花珐琅柄鞘镶嵌宝石之伊朗坎查剑2具（图版四十六之150、151号）及其他雕人形牙柄、嵌金丝牙柄、嵌金牙柄牙鞘及攒花铁柄鞘之坎查数具，长短不等，柄形皆作工字形（此为伊朗坎查剑之特点），曲刃均极锐利而有中脊，多数均有嵌金阿拉伯铭文焉（图版三十七之55—60、62、63、65等号）。夏尔·毕丹亦藏有铁柄鞘之伊朗坎查剑5具，柄鞘之雕镂精美，碎锦如织，刃之近柄部分亦嵌金有铭，均元代前后之物也（图版二十二之第16—20号）。伯尔尼历史博物馆所藏坎查剑10具，牙柄之精刻人形者有4具，柄鞘嵌宝石者1具，均嵌金为铭之良刃也（图版二十一）。

伊朗人亦喜用短刀及小刀插腰，大致有两种：一名比什卡伯兹（Peshkabz），其刃上宽而直，下窄而曲，刃尖极锐。刃之接柄处宽出一段，是其特点。其柄形特异，如S字母形，又如驼颈伸首形，一望可辨（图版三十七之61号）。此种类型之刀，印度及其他伊斯兰民族亦均用之，但不知是否系伊朗人所传往者耳。一名比查克（Bichaq），系直形小刀，刃形略如锐叶形，近柄处有嵌金铭。圆体牙柄及黑皮鞘者居多，柄鞘之箍饰均嵌金，亦有铁柄嵌金铭、皮鞘铜饰者（图版二十二之9—12号及图版三十七之64号）。瑞士伯尔尼历史博物馆之所藏者颇多艺术品，有鞘户或鞘外另加一小刀者（图版二十一之左组）。此外尚有类于土耳其之亚特坎（Yataghan）长刀及高加索之卡马（Kama）宽刃短剑，伊朗人亦曾用之（图版二十二之13、15号）。

伊朗短兵，除刀剑之外尚有锤斧等器，亦均镶嵌黄金起花有铭，有时且嵌宝石，手工极为精美细致，斧形有上下不等边长方形、锯刃形、月牙形、半月形、双月牙带叉形等形（图90之第3号，图版二十二之1、2、28等号及图版三十三之8、9号）。锤形较为统一，大都为一头尖之曲香蕉形，可啄可击，其体颇为细小；亦有铁柄嵌金起花为铭者（图版二十二之33、36号及图版三十三之第10号）。伊朗人在数百年前，甚喜用珐琅起花柄鞘，著者所藏二匕首，一为金底各色花珐琅柄鞘，一为白底各色花珐琅柄鞘，均古代伊朗之艺术品也（图版四十六之150、151号）。

四、射远器

伊朗古代之射远器为标枪及弓箭两种，与亚洲其他民族相同，但其双标枪之鞘袋及剑箧形之鞘袋则独树一帜，与他族相异也（图90之第5号及图版二十二之23号）。伊朗人所用之弓，有两端微曲之长弓，略如中国弓形而弦体透空处较短者（图版二十二之25号）；有两端大曲之短弓，曲如水牛角，弦反较长，有如印度及土耳其穆斯林所用之弓者（图版二十二之24号）。其羽箭略如中国之箭，三角形镞则较为尖锐（图版二十二之21、26号）。箭囊有形如宋明箭袋者（图版二十二之21号），有形制紧窄如大刀袄者（图版二十二之27号）。

伊朗人所用之旧式火器大致与印度及阿富汗穆斯林所用之火枪、火铳相类似，但枪管制造较精，大都用大马士革花纹钢为之，并不取材于欧洲钢，而镶嵌之艺术亦较为精美。吾人所示伊朗燧石铳，其名为 Sherpacha（幼虎之义），其形虽近于欧洲同期之器，但雕刻装饰不同（图90之第7号）。至若其所用之火药壶，有扁体银质者，有囊形单嘴双嘴及长嘴者（图版二十二之29、31、35号），有曲形如旱烟斗而银制镂刻甚精者（图版三十四之15号），亦有尾端微曲、牙制而加嵌金之铁片为盖者（图版三十四之14号），大致均与其他地区伊斯兰诸族之火药壶大同小异，但工艺较为精致纤细耳。

五、卫体式装

古代伊朗人之卫体武装，犹如其他武器，亦为亚洲古昔最精美、最华丽之武装也。其制造之精、雕镂之细、镶嵌之美、质料之坚，均为首屈一指。如前俄国彼得堡皇村别宫中所藏之全套伊朗武装（图91），洵世界稀有之珍品；其盔，其盾，其胸甲，其腕甲，均钢底镶嵌黄金，为花为铭，盾上丛卉如锦，极富艺术性。其钢丝连环锁网之制造亦极精巧细密，非他族之器所能及，无怪乎莫卧儿皇帝及伊斯兰诸国之良兵均出于伊朗良匠之手也。伦敦印度博物馆中藏有伊朗之长方形护身铜甲3片，据云系1213年之伊斯兰历8月（Shahan）由伊斯巴罕之穆罕默德·阿里（Mohommed Ali of Ispaham）制造以献古兰·阿里汗王（Ghulam Ali Khan）者，甲上镂刻之花卉图形极为精致细密，雅观而且耐久（图90之第6号）。又藏装铜犀牛皮半透明盾一具，其边纹及圆体凸钵五个，花纹亦细，上端另一圆花有伸翼之鹰形，其时期想较晚（图90之第8号）。至法国毕丹所藏皮盾乃作日晕形，其年代当尤晚（图版二十二之32号）。著者藏有伊朗金盔、金盾及金腕甲各一具，均16世纪之器，以金名之者，因其钢底上嵌金为花纹及铭，金光耀目，远看俨然金制，钢底上之雕刻几满，手工极为精致细密，非他族之器所能及也（图版三十二之1—3号）。

第12章

土耳其兵器

一、概述

土耳其民族素以勇敢和善战闻于天下，其武器自有胜人之处，并多特别之点。唯欧洲收藏家常忽略土耳其兵器，著述亦付阙如。如塔顿爵士所著之《印度及东方武器装备》一书中竟无土耳其字样，未免稍持偏见，而法、意、美诸国人士之收藏及著述亦略于土耳其方面，唯德国收藏家及著述较为推重土耳其武器。中国自汉以来早与突厥、回纥等民族交往多年，谅曾获其武器不少，惜史无记载、馆无收藏，私家考古不及其物，遂致湮没无闻，或者尚埋地下。直至清代乾隆时，始因亲征西域获土尔扈特名刀、匕首多具，藏之清宫，尚非凡品（见图100），均有斩钉截铁之能，非普通刀剑所能抵御也。

土耳其民族在古代为游牧人种，其远祖在原始时代时所用之石制武器，据著者于1935年向该国古物保管委员会及博物馆之调查，迄无所获，想无藏器，故仅以石刻壁画数事之摄影见赠（图版二十三、二十四）。且土耳其系后进之国，其祖先在铜器时代时所用之铜兵，流离转徙，亦皆荡然无存，承赠石刻摄影所示之古矛、钩、胄、盾，亦不知是否铜器时代之遗型也。是以吾人研究土耳其之古武器，仅能及其铁制及钢制者。铁矛、铁枪为其长兵（图97之第4号），基利（Kilici）长刀、帕拉（Pala）马刀、亚特坎（Yataghan）腰刀、比查克（Bichac）短刀及卡马（Qama）短剑或匕首为其短兵。土耳其人不喜用剑而专喜用刀，其善用刀者可不费力而使敌人头颅落地，盖巧在迎割而不重砍劈也。至卡马短剑亦并非土耳其产，系高加索人普用之直形宽刃肥体双锋短剑，土耳其人间有用之者，为数不多。土耳其人以伊斯兰教关系曾与莫卧儿皇帝联合，参与印度战争，在印度盘踞甚久。土耳其之骑兵在古时极为著名，其人马之服装均极华丽。骑士中尤以禁卫新军（Janissaries）为最负骁勇善战之称。土耳其骑士所用之弓颇为坚强华美，系用竹木、牛筋、金银等质制成者。土耳其人之体力极强（欧洲从前曾有"强壮须如土耳其人"之谚语），故其弓力极大，可以及远。箭不甚长而镞甚锐利。禁卫新军所用之亚特坎刀，其柄甚大，有如绝大之牛蹄，故又名为"Koulach"，意即大耳之谓也。土耳其之武器，如斧、锤（土耳其之锤形，有时甚为奇异，作人首牛首或鹿首等形）、矛、棒、刀、剑之类，均有金银镶嵌之阿拉伯文《古兰经》语点缀其上，大都在刃之上部，有时乃占及全刃三分之一长。亚特坎之刃上尤多经语，并刻有伊斯兰历纪年及制刃者之名铭。土耳其因地跨欧亚，与欧洲各国之接触较易，故其火器枪炮之使用亦较早。然其古枪铳之形式迥与欧洲物不同，且装饰较为华丽，大都镶嵌金银、珊瑚、明蛤等饰品。兹按类分述土耳其之古兵如下。

二、长兵

土耳其古代长兵，据其石刻作战图观之（图版二十三、二十四），车中战士及步卒均用柄不甚长而类于标枪之矛枪。车卒之矛头作锐三角形，无中脊而两端有夹片下垂如双耳，系为固钉于柄首之用者。步卒之矛首作锐叶形，有中脊而无夹片，系以銎安柄者，或者车矛之形制较古乎？降至17世纪时，土耳其之矛枪仍不甚长，依古昔标枪之制，但柄之上下套饰精美，银套或金银嵌花者颇多，其矛刃较宽，有中脊，下部接柄处有时左右各有三钩凸出，上下两钩曲作月牙形，中钩直出作火焰形，想尚具有中国三代时之句兵（即兵器）作用也。18世纪土耳其骑士所用之矛枪较长，刃与柄皆长，刃之中部近銎处有横箍凸出，近柄处有首箍及缨络，柄亦较为粗大，想已受欧洲骑士长矛之影响矣（图97之第5号i器）。

三、短兵

土耳其人作战极喜短兵相接，白刃相加，是以土耳其之短兵在昔极负盛誉，其精锐犀利不亚于伊朗、印度之器。如其亚特坎腰刀锋刃之锐，吹毛可过，尝使敌人丧胆，而小型插刀亦土耳其人寸步不离之利器也。今分述如下：

1.基利（Kilici或Qilidj）。此为土耳其骑士及少数步兵军官所用之佩刀或腰刀，大都曲形，其长逾于他族佩刀，有长至1米以上者。刃体坚厚沉重，非体小力弱者所能挥使自如，护手大都作十字形，其中部如斜长方形。柄用黄牛角制者居大多数，金银制者居少数，柄形异于他族之刀，一望可辨，其柄之茎大都偏圆体而直形，下端宽扁，上端较为细圆，柄首突向内曲作圆锤形，与茎呈一90度之直角。锤形首之中心穿孔以备贯索者居多，但事实上除有时悬挂出鞘之刃于壁间或幕上外，均不贯索也。基利长刀之刃形有五种：一为刃首放宽之平光刃，其刃之上半段近于直形，下半段突向外曲，至相当刃长四分之一之近尖部分乃向刃背放宽。基利刀之刃本已甚宽,而在此一小段更宽之刃上,或加中槽,或加中部雕嵌,或加边槽,意在刃入敌体或敌项后易于抽出也。此类刃至为锋锐,骑士平持之而策马急驰,据云可以迎割敌人首级落地而不费气力。土皇托普卡珀故宫中藏有16世纪时之良刃,全体镶嵌黄金铭文及土耳其式花纹,刃首血痕斑斑,但毫未缺损锈坏,可见其钢质之佳。其中颇多大马士革花纹钢刃,亦有白钢无花纹者,因土耳其武士不若伊朗、印度武士之酷喜花纹钢刃也(图版三十)。二为有边槽(中槽者较少)之曲形宽刃,全刃似曲而不甚曲,刃首如半圆形,其尖极锐,刃槽不及刃首,离柄尤远。在柄与槽之间一段刃体上大都攒刻大字体之阿拉伯铭文,有时镶嵌金银。此类刃最为普通,土耳其昔时骑士均用之(图版三十九之80—83号)。三为直形有槽宽刃,刃首如半叶形,上段无槽,近柄处满刻大体铭文,亦有镶嵌金银者。此类直刃基利长刀,恐用途较狭(图版三十九之84号)。四为弓曲形窄刃,此类基利刀长短均有,大都平刃无槽,其形弯曲如弓,刃体较窄近尖处尤为锐狭,近于伊朗马刀形。此类刀之重量较轻,或系身小力弱者之佩刀(图93及图版三十九之85、86号)。五为童妇基利,窄刃曲而无槽,刃体甚短而轻,弦长70厘米左右,柄亦较小,15岁左右之青年或妇女所用之佩刀也(图版三十九之87号)。

2.帕拉(Pala)。此为土耳其昔时马步两用之佩刀,其刃较短而宽于基利刀,上半段近于直形,至中部则刃体忽然变窄,突向外弓曲,又复放宽。放宽之下半段约为全刃五分之二长有奇,此为异于第一类基利刀之处,但亦有全体等宽至尖始突变锐窄之帕拉,然为数不多。帕拉刀之刃体虽甚宽,但钢质极纯,刃较薄而又有宽槽,故刃体颇轻,身小力弱者亦能挥劈如意。帕拉刀之装饰极为华美,大都全体镶嵌黄金为铭,并作土耳其花纹及游蛇形(图版三十九之81号)。其柄鞘至为华美富丽,有以金铜为底套而全体满镶珊瑚及绿松石至数百块之多者,均用金银丝贯联于底座之上,外观俨然一宝石编制之柄鞘也(图版三十九之79

号）。亦有隔空镶嵌红珊瑚及绿松石而不及柄鞘之全体者，其华美逊之（图100之第4号清乾隆帝藏器系土尔扈特贡品，《西清续鉴》中名之为七宝刀）。

3.亚特坎（Yataghan）。此为纯粹土耳其式之插腰长刀，完全系土耳其人之创制品，他族无仿制者，除土耳其旧属地外，他族亦无使用之者。盖因此种刀均无护手，又向内曲，非精于其刀术者颇难运用自如也。亚特坎之刃极为犀利锋锐，轻轻一割，可使敌人首级应手落地，昔时欧亚健儿均见而有戒畏之心。亚特坎刀之特点有四，不难一望而知：一即刃形之特别。其刃无论长短，均为极纯美之白钢，大马士革花纹钢刃反居少数，因此种钢非土耳其所产也。白钢望之有白银光，或者铸刃时曾渗入少许白银。刃均平面，不宽亦不厚，轻而易举，极为润泽光滑，仅贴背处有一极小细槽，从无中槽或旁槽。刃形尤为特别，或微曲近于直形，或曲作月牙形，均向刃锋一面弯曲而不向背弯曲，此为异于他族佩刀之要点。刃体上下略宽而中部曲处稍窄，刃首极尖锐而作半叶形，刃锋极犀利如现代剃刀。据云两骑相冲时，土耳其人平持其刃以进，可迎割敌人之首级落地。刃之上端均用嵌金花银片、花银片或花铜片夹持于柄之下端，刃体之大半段或上半段均嵌金为铭为花纹，兼志制刃者及用刃者之姓名及伊斯兰历年份，铭文大都用伊斯兰教《古兰经》中之韵文，有时刃背脊上亦有嵌金铭文，此为亚特坎刀之大致形制也。亚特坎之第二项特点为无护手；其草为鞘体中宽者居多，恰与刃体中窄相反，鞘之下尖大都作张口蛇首形；其四则柄首均作牛蹄形或马蹄形，有庞大至手不能握者。

亚特坎之刃大都相似，无可分类，其分类可依柄、鞘而为之。第一类为银柄、银鞘（或银底镀金）。其柄完全用压花（Repoussé）之厚银皮包裹，接连夹刃于柄之银花夹片成为一体。其鞘之内底为双木片，外为压花厚银皮套鞘，此套鞘有时系两段凑合而成者，可以脱离木鞘底而凑合之自成一鞘。此种银鞘之压花极为精致繁复，有舟船、花卉、旗帜、军号、教堂、兵舰、狮、蟒、无首人身、海波、蛇首等纹形，均具土耳其民族风格，颇可代表其金属压花之艺术，其较为精美者亦颇难获得也（如图版四十之88号）。此种类型之亚特坎尚可依其柄形细分为两种：一为细茎小首之银柄，据云系昔时土耳其海军军官之亚特坎，又可名为"Kalliondji Bitchagui"，即海军佩刀之意（图93及图版四十之88—90、94、95号）；一为粗茎大首之银柄，柄上常镶嵌红珊瑚石多粒，据云大多数系昔时禁卫新军骑士之亚特坎，因其柄首庞大如一大耳，故又名为"Koulacli"，即大耳之谓也（图版四十之93号）。第二类为银鞘牙柄亚特坎，其柄大都粗茎大首，并且镶嵌红珊瑚石或红宝石，系步兵军官及骑士之亚特坎（图版四十之91、92号）。第三类为银饰皮鞘（或绒鞘）及银饰白牙柄或乌角柄之亚特坎，粗茎大首者居其多数，银鞘饰有时甚长，仅露鞘皮之中部一小段，有时且精工镀金（图版四十一之97号），大都压花者居多，亦有白银光皮者（图版四十一之98号）。此类亚特坎较多，亦较易搜获（图版四十一之96—98号）。第四类为攒花铜饰皮鞘牙柄或角柄之亚特坎，此类亚特坎最多，系土耳其常人或兵士之器，但未可以其柄鞘不美贵华丽而忽视之，因其刃有时甚佳，且系古器，特以持有人贫贱，故柄鞘不佳耳（图版四十一之99—101号）。

4.比查克（Bichac或Pitchac）。此系伊斯兰诸族所用插腰小刀之通名。但土耳其人之比查克较为玲珑精致，长短不一，在20—40厘米。其刃异于其他地区穆斯林所用之比查克而类似亚特坎之刃，白钢光亮如银，大都嵌金为铭，刃体平面无槽，大都中部微细，近于直形者居多，亦有完全直形者。其柄鞘亦略如亚特坎，鞘尖多作张口蛇首形，鞘外之银套亦为两段活动凑合者居多，故有人呼土耳其之比查克为小亚特坎也。土耳其比查克大都银柄银鞘者居多，亦有金鞘或镀金鞘者（图版四十二之106号），亦如亚特坎用银片或镀金片夹刃以固于柄，其银柄花纹及压花厚银皮外鞘之花纹均如亚特坎柄鞘上之土耳其式花纹（图版四十二之109—112等号）；亦有银鞘而用珐琅金饰柄者（图版四十二之

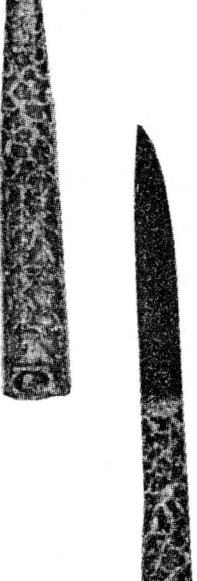

105号)、银鞘碧玉柄而顶嵌印度红宝石者,其槽皮之花卉图极为细致,有如碎锦(图版四十二之106号);此外,尚有银鞘乌角柄者(图版四十二之107、108号)。土耳其之比查克大都在鞘背近柄处有一小耳环,用以贯缀一银或金链索,索尾缀一金银球或红珊瑚球,但事实上此链索并非为挂刀之用,盖此种小刀均旁插而隐于宽腰带之中也。清乾隆帝藏有土尔扈特等回族贡进之比查克多具,^①其中有御笔题诗深加赞美者,其刃较小,其银柄银鞘之花纹已异于土耳其本族之器,柄首鞘口及鞘尾均嵌一大宝石,亦非土耳其本族之风尚也(图92)。此外尚有土耳其普通民众以皮带悬腰之小刀,其刀之牙柄或角柄与刃几于等长,银鞘或铜鞘之简单花纹近于平

图92 土尔扈特银花柄鞘小刀
(采自我国故宫藏品)

面刻划而非用压花者。此种简陋小刀虽亦有呼之为比查克者,然已非古制而属于变像之近代物矣(图版四十二之114号)。

5.坎查(Kanjar或Kantchar)。坎查为伊朗、印度、阿富汗、土耳其等东方伊斯兰诸族之短剑或匕首通称,而其他亚洲民族以及欧美各民族亦均沿用其音而呼为坎查。此类短剑之刃锋极锐利,剑形近于周代战国剑形,或者源出于干将、莫邪所铸之名剑,故其名称乃能如此之统一乎?如清乾隆帝所藏西北边外诸回族所贡进之坎查,其形犹俨如中国古剑或匕首形也(图100之3、5、7号系印度式之白玉柄干将)。土耳其人

---

① 见《中国兵器史稿》,第283—290页。

之坎查，其形微曲而不甚曲，有近于直形者。其双锋刃极为犀利尖锐，据云土耳其善于用坎查向背后旁刺，突一抬手即可划入敌人胸腹之中，故其刃形须微曲始便用云。土耳其坎查之刃大都无槽，平面者较短，有中脊者较长，但除去柄部亦不逾40厘米。有花银鞘而乌角柄者（图版四十二之103号），亦有嵌金铜饰皮鞘而海獭白牙柄者（图版四十二之104号），银柄或嵌金柄之干将不多见（图93）。土耳其坎查之柄形亦如伊朗坎查之柄形作长茎工字形，上下横等宽，颇近似战国时吴越名剑之柄形也。

6.卡马（Kama）。卡马系亚洲各伊斯兰民族及高加索、西伯利亚等民族对所用直形宽刃重体短剑或匕首之通称。其刃直而无槽，近于中国古剑形，但较为宽大笨重。其柄为广茎工字形，柄首之顶有镶嵌宝石或凸作星形者，鞘形亦近于中国古剑之镖，不知是否源出于吾国吴越名剑，特浏览古籍未曾获得与卡马二字之音相近之古剑名耳。土耳其军队所佩用之普通卡马有以铁为柄鞘者，其凹涡花纹系土耳其之通俗艺术装饰，其白刃双锋似剑，但剑尖不正而曲其一边如半月耳（图版四十二之113号）。

7.锤、斧及杂兵。土耳其人之锤作圆形或六角形者甚少，作笋形者较多，铁质镶嵌金丝，作土耳其式花纹及伊斯兰教铭文，望之亦颇精致，或琢或击，两端皆可为兵，非如圆方等形锤只能打击也（图版三十三之第10号）。土耳其人之斧，其刃锋大都向下大曲如弓，满体攒花镶嵌金银丝，作土耳其式花卉形（图93之第1号）。清乾隆帝所藏西域各回部贡进之斧，其形式及花纹已略异于土耳其本族之器矣（图100之1、2号）。

除上述各种短兵之外，土耳其人尚有杂形短兵数种。有极为别致者，其形如一小伞，伞盖周围用铁链索悬挂小瓜形锤共18具。柄与锤均嵌金，通长81厘米，柄上铭曰："Egrigazisi Mehmed III Osman"，意即"奥斯曼之穆罕默德三世所有"（图94之第1号）。此器殊属罕见。至若杖形暗刃或刀杖则较为普通，土耳其军官及贵族以至常人均有用之者，

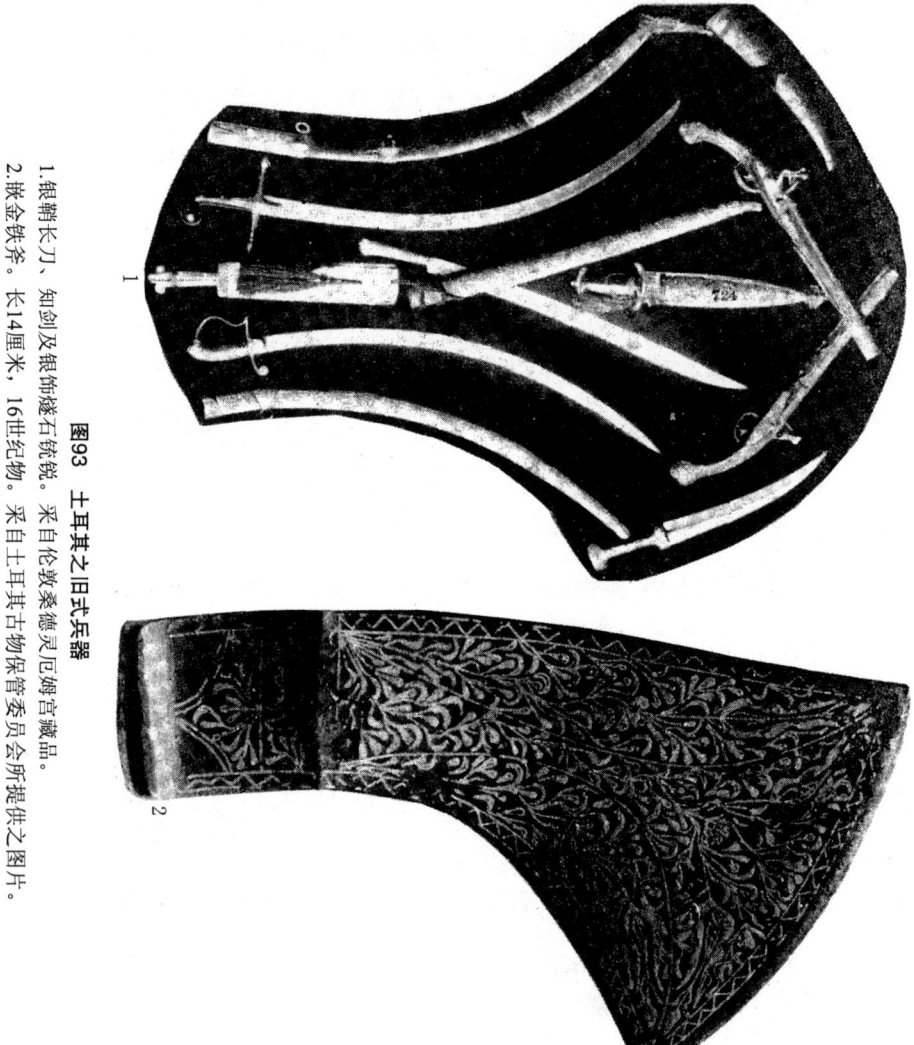

图93 土耳其之旧式兵器

1. 银鞘长刀、短剑及银饰燧石铳铳。采自伦敦桑德灵厄姆宫藏品。
2. 嵌金铁斧。长14厘米,16世纪物。采自土耳其古物保管委员会所提供之图片。

第12章 土耳其兵器

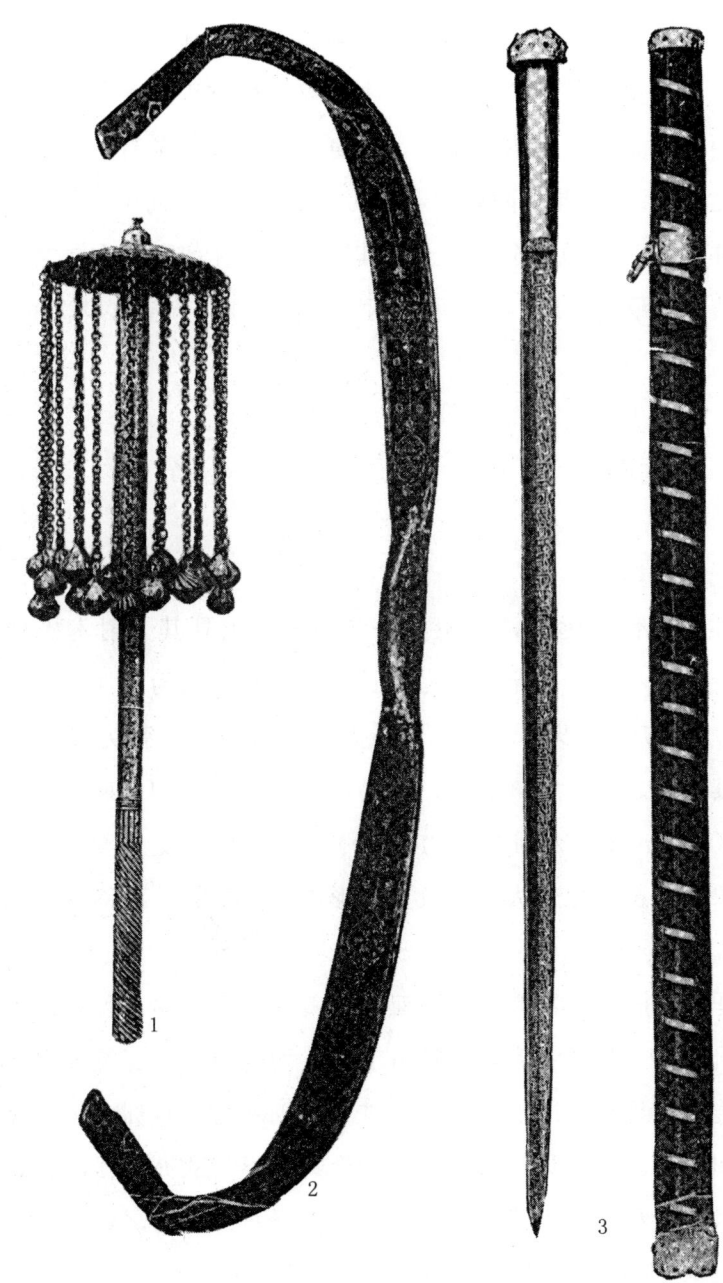

图94 土耳其之旧式兵器

1.伞形锤。铁制,长81厘米,上有小锤18具。系奥斯曼帝国穆罕默德三世之物,16世纪。2.弓。系奥斯曼帝国巴耶济德二世之物,16世纪。弓上镶嵌象牙、翡翠为纹饰与铭文。3.杖形刀。长72厘米,刃部有嵌金铭文,柄首及皮鞘上下之金饰均嵌红宝石,柄入鞘中。系苏莱曼大帝之物,16世纪。均托普卡珀宫博物馆藏。(采自土耳其古物保管委员会所提供之图片)

但非专门作战之兵器耳。杖刀之犀利尖锐不亚于他刀，亦有全刃嵌金为铭者，殊为华贵。其刀柄深插入鞘中，仅露柄首于外，柄首及鞘之上下箍套有用黄金为之，满嵌红宝石而鞘身亦缠金银丝条者，则王者之器也（图94之第3号）。此外尚有非土耳其本族之兵器，而土耳其人亦假用之作战，并在其刃上加嵌金丝为土耳其铭文者，在伊斯坦布尔之托普卡珀宫博物馆中亦藏有多具，其刃形及柄制均未改变，一望可辨认也。

四、射远器

土耳其古代射远器，标枪与弓箭并用。土耳其人射术极精，古车卒及骑士之弓不大，步卒之强弓较长，其石刻可以为证（图版二十三、二十四）。15世纪以后，其弓形仍大，材料极佳，弹力极强，可以射远，而其装饰之精、镶嵌之美，亦为他族所鲜见。如奥斯曼帝国巴耶济德二世（Sultân Bayezid-î Velî，1481—1512年在位）之弓至为华美，弓体满嵌小象牙片及碧玉作大小花纹及星形，保存如新，可称珍品（图94之第2号）。

土耳其之旧式火器亦可谓为亚洲精美华丽之火器，且其来源甚早，故欧洲研究东方兵器专家如塔顿爵士等人均认为，东亚及蒙古帝国之火器最先传自土耳其人，而土耳其人之火器则系得之欧洲而仿制改造者，其说不知信否。但土耳其人之旧火器形式殊不类欧洲之器，且其镶嵌装潢之艺术亦非欧洲旧火器所能比肩也。以燧石铳而论，土耳其之器形制特异，且大都镶嵌红珊瑚石、白明蛤片及金银丝，并以银皮为把及管托、管帽，钢管之制造亦精，大都有铭及人名（图版三十六之33、37、38、45、46等号），一望可辨为土耳其铳。以燧石发火及药线发火之土耳其长短枪而论，其枪把特大，管托亦厚，大都镶嵌珍珠、象牙、珊瑚、明蛤及金银作土耳其花纹，枪管亦有镶嵌金银丝起花为铭者，亦可一见而认识为土耳其器也（图95）。以旧式大炮而论，土耳其火炮颇长，而直径几于全体相等，近口处有双环或凸栓，尾部有二小凸栓，大都攒刻土耳其凹涡花纹及年代铭文，颇坚固耐用（图96）。

五、卫体武装

土耳其人之卫体武装颇为精美坚固，其镶嵌之艺术亦佳，虽不如伊朗古武装之细致，亦可谓在亚洲特树一帜。其骑士人马之全套武装颇为完整便利，非如欧洲古武装之笨重也（图97第4号）。土耳其古盔甲颇具特色，形制特别，雕镂镶嵌之艺术颇优。如纽约大都会艺术博物馆所藏之土耳其铁盔（图97之1—3号）及伊斯坦布尔之托普卡珀宫博物馆所藏历代土耳其皇帝之铁盔、铁护腕、铁网甲、铁胸甲（背心甲）以及马首甲等器（图版二十五至图版二十九），均雕镂各式土耳其花纹图案，嵌金为花为铭，极为美丽坚固，令人见而想象土耳其帝国在昔武装之盛况焉。

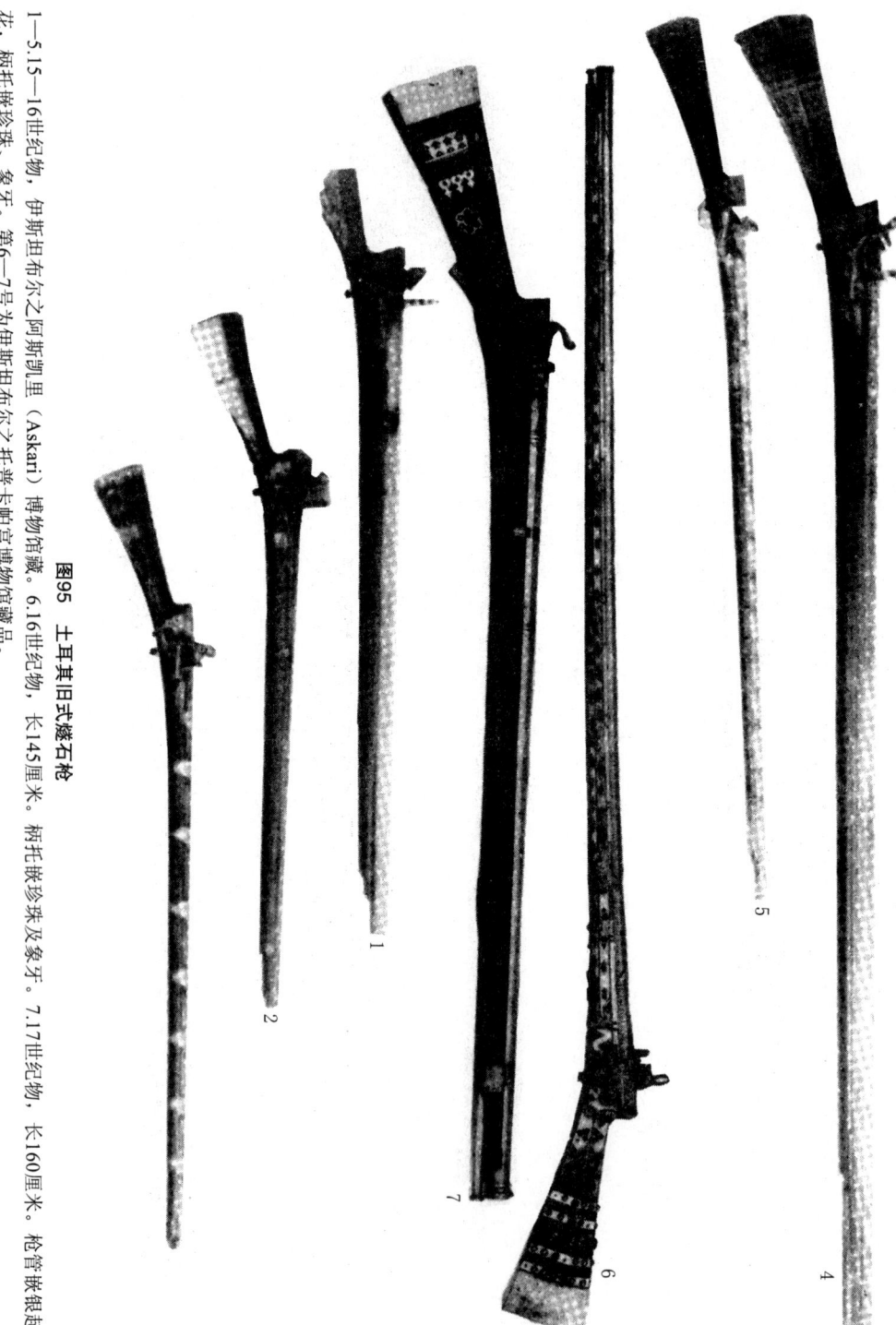

图95 土耳其旧式燧石枪

1—5. 15—16世纪物,伊斯坦布尔之阿斯凯里(Askari)博物馆藏。6. 16世纪物,长145厘米,柄托嵌珍珠及象牙。7. 17世纪物,长160厘米,枪管嵌银起花,柄托嵌珍珠、象牙。第6—7号为伊斯坦布尔之托普卡帕宫博物馆藏品。

第12章 土耳其兵器

图96 土耳其旧式大炮
16世纪物。伊斯坦布尔之阿斯凯里博物馆藏。

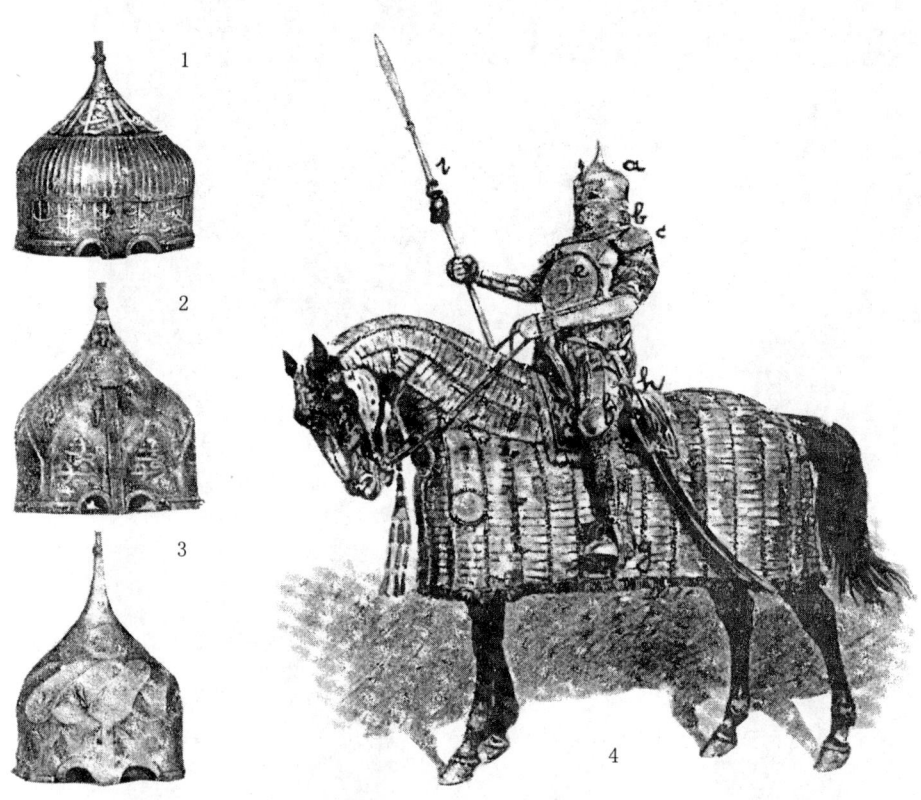

图97 土耳其古代甲胄

1—3.铁胄。美国纽约大都会艺术博物馆藏。4.全副披挂之土耳其骑士。亨利·莫塞藏品,现归伯尔尼历史博物馆。

第13章
阿富汗与克什米尔兵器

一、阿富汗兵器

阿富汗及布哈拉（Bukhara）为出产穆斯林所用之名刃天然花纹结晶钢刃之中心，故其兵器极为名贵。昔时阿富汗国为多数土著部族杂居之地，中以杜兰尼人（Durrani）最强大。其同族有称帕坦人（Pathans）者，素以善战喜兵闻于亚洲，曾在印度教诸王属下充募兵，以勇敢闻。邻印地方有罗希拉人（Rohillas）素称骁悍，曾与英军作殊死战，不让英军侵入寸土尺地，英军卒止于印度，不克入阿富汗。阿富汗人之武器，在东方武器中可获极为精良华美之称，其钢质之优良美丽、式样之玲珑秀雅、装饰之富丽豪华，堪称首屈一指（图版四十七之157号）。阿富汗在昔京城名喀布尔，英政府曾派埃尔芬斯通（Elphinstone）在百年前出使阿富汗，著有《驻节喀布尔记》一书。今据此书所记略述阿富汗人之铁兵。至阿富汗石器及铜器时代之兵器，则因发掘事业未及而尚难考知也。

距今百年以前，喀布尔一带之居民分为吉尔扎伊（Ghilzais）、图里（Turis）、欣瓦里（Shinwaris）及穆门达（Momunds）四族。此四族人大都佩用一种类似伊朗人所用之曲刃刀，但并无护手，亦名为舍施尔

（Shumsheer）；又在腰带间插一阿富汗式之直形短刀，并执一标枪及一火枪。个人之武装可谓应有尽有，极其周备。阿富汗人之护身甲胄亦甚精美，有服装金胸甲者，有服装金钢片盾或钢网护手胄者，且有用装金马身甲者。降至普通兵士，乃用皮甲盾。阿富汗人所用制造刀剑等武器之钢，有来自印度者，其质不甚佳，以来自伊朗及叙利亚者为上品。伊朗式之大柄小刀用途甚广，又有长约41厘米之伊朗圆柄短刀亦为阿富汗人所喜用。阿富汗去叙利亚甚近，叙利亚之大马士革为世界出产名钢之地。阿富汗兵器大都为大马士革钢制，尤以短兵为最精美，且其装饰艺术优于他族，此其所以为贵也。阿富汗国之哈扎拉人（Hazaras）善用弓箭，亦善发火枪（其军队召集时所用之圆形桴鼓颇似中国古时之铜鼓，岂此族乃远徙阿富汗之吴越古文化之苗裔乎）。

阿富汗坎大哈（Kandahār）及赫拉特（Herāt）两地方之杜兰尼人喜用伊朗曲形刀及火枪。阿富汗人之燧石枪形式特别，枪柄向内曲，枪管系花纹钢所制（图版三十五之23号），药弹大都用囊挂于左胸之前。杜兰尼人极少燧石短铳，其酋长乃有此物，故极珍贵罕见。杜兰尼人中之高级武士均用标枪，以为冲锋陷阵之用。百年以前乃至前数百年间，杜兰尼人喜用甲胄及护身牌，嗣即舍去。杜兰尼武士之特点，即鄙夷步卒不为而专尚骑士。据英人凯（Kaye）所著《阿富汗尼斯坦》一书之记载，杜兰尼人曾行寓兵于农、分田共治之制度，即每田一顷须出耕具一具、骑士一人，以备国用。又据英人穆尔克洛夫特（Moorcroft）1824年所著之游记观之，斯时杜兰尼人出发之骑士约有1200人，分为3队前行，其行甚速，1小时可行10公里左右。其行李系用骡装或用人背，由其马弁及差役乘马护押。骑士之装束及坐骑并不一致，然大多数均系良马，能任重致远。骑士均佩长刀，带箭镞多具而并不带箭。①亦有藏短铳之粗管于名为"Kummerbunds"之背心甲中者。又有手执燧石枪者。又据英武

---

① 按，此或系飞镖之类，犹如中国镖客之所用者，英人误认为箭镞也。

第13章 阿富汗与克什米尔兵器

图98 布哈拉骑士
（采自瑞士伯尔尼历史博物馆藏品）

官麦卡特尼（Macartney）之记载，阿富汗之波波尔扎伊人（Popolzais）均用短刀短斧作战，百年前始兼用燧石枪。古拉米人（Gholamis）则除刀斧外兼用标枪。吉尔扎伊人所用之武器与杜兰尼人大略相同，唯加用小护身牌。东部阿富汗人用印度刀剑者多，并用护身牌及皮胄标枪、燧石枪等武器。阿富汗之步兵均持长刀与护身牌，百年前复加用燧石枪。亦有不用长刀而用短刃者。吉尔扎伊人及库伯利人（Khyberies）等族，有用挂及腿际之大鞘长刀，其长约及92厘米。此种直形长刀系在贾拉拉巴德（Jellalabad）地方制造，其近柄处大都镶嵌金银丝，其柄常为海獭牙质。直至上世纪末年，阿富汗人仍习用此刀。埃尔芬斯通曾于上世纪初年，亲见阿富汗之巴布扎伊（Babuzai）及纳凯尔（Nekpikhail）两族之战斗。据云双方均有骑士若干人及协努米（Jailumees）武士数百人。协努米者，系盛装戎服之勇士，衣各色金银绒丝之戎衣，备各种杀人之武器，出则必胜、不胜则死之士也。尚有奋勇从军之民众，有着镶金厚背心甲者，有服钢网胄者，有穿皮甲者。群执弓矢或火枪及刀剑、标枪、长刀、护身牌等器。两军可以望见时，先发火枪及羽箭，旋即由协努米战士拔刀冲锋前进，战酣时两军主力悉数投入格斗，白刃耀日，声震空际。阿富汗之边境间，尚有未开化之土族，如阿夫里迪（Afridi）、瓦齐里（Waziris）、马赫苏德（Mahsuds）等族均是。其所用之武器亦不外上述诸器，唯盘踞山野中不外出，有侵之者则其抵抗力极大。

图99 阿富汗土著之直形长刀

以上所述，大部分系根据欧洲人之著述及欧洲各国各地博物馆中所陈列之阿富汗武器，著者所搜集之武器中亦有阿富汗及布哈拉古刀数件，颇非易得之品。尤以布哈拉王之大柄宝刀，可谓稀世珍品，其钢刃之花纹极为细密精致，牙柄及金鞘上镶嵌青、红、绿各色珍贵宝石至300余粒之多，饰花纹之金鞘亦美，乃各国博物馆中未见之品也（图版四十七)。清乾隆帝曾收藏阿富汗及布哈拉之名刀数具,皆西域各回族之贡进品。其中有博洛尔大柄匕首1件,为乾隆二十九年(1764)博洛尔部沙瑚沙默特伯克所进;又博洛尔匕首2件,为乾隆三十四年(1769)博洛尔部沙瑚沙默特伯克进(图100之6、8、9号);又短剑、钢斧各2件,为拔达克、金川及博洛尔部沙瑚沙默特伯克所进(图100之1—3、7号),均系阿富汗等地穆斯林所用之名刀古剑及佳斧,乃数百年以上之物,然以之比较著者所获之布哈拉王宝刀,则此各刀剑之刃质与柄鞘均远不能及也。

二、克什米尔兵器

克什米尔位于西藏西北与印度东北之间,距阿富汗及布哈拉等地不远。克什米尔地小人少;不以武士著名,而以铸武器擅长。克什米尔人所铸之刀剑,其刃质至佳,可称上品,惜不易购觅。著者在欧洲各国勤访数十年,只能获其一具(图版四十四之136号)。此种刀剑之特点,在其刃身雕刻各种凸形隆起之花纹,作人物鸟兽花卉等形,大都镶嵌金丝,钢质之佳,有时乃在印度刀剑之上。至克什米尔人曾否经过石器时代、是否土著、其所居地方曾否发现石器时代之兵器、上古时代克什米尔人所用之青铜兵器若何,均不可考,仅知其族自远古以来即利用弓矢及斧锤等器而已。18世纪上半期,葡、荷、法、英等国相继侵略印度时,短铳输及克什米尔,克什米尔人立即仿造。以其铸钢之精、炼铁之巧,一经仿造,惟妙惟肖。据塔顿爵士之记载,斯时克什米尔人所仿造之欧洲火铳,短钢管及其柄托等配件一如欧洲原制者,几令人无从辨其真伪。足见东方诸民族古时制兵技术极精,远非欧洲人之所能冀及也。

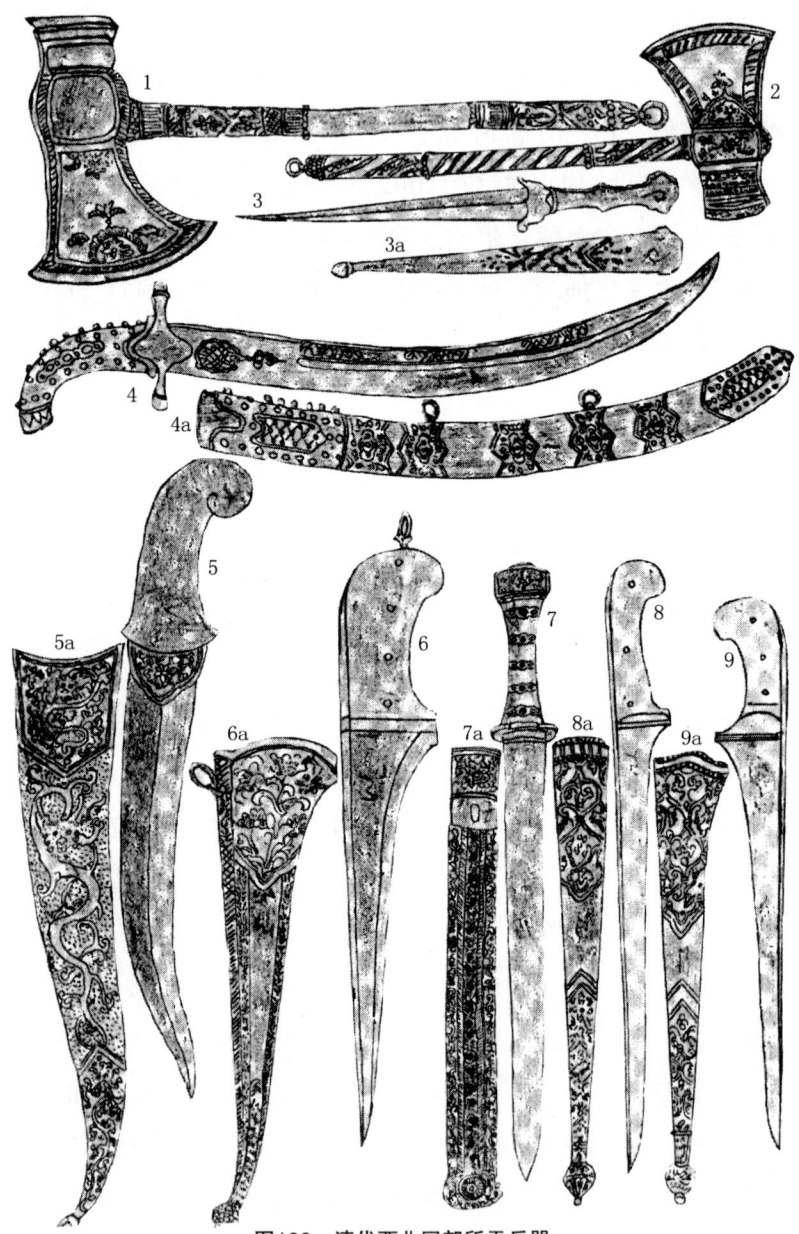

图100 清代西北回部所贡兵器

1.山斧。斧体长14.3厘米,宽9厘米,柄长60.7厘米。拔达克部贡。2.斧。斧体长14.3厘米,宽10厘米,柄长63.3厘米。博洛尔部贡。3.剑。长20厘米,宽3.3厘米。博洛尔部贡。4.七宝刀。长90厘米,宽3.7厘米。土尔扈特部贡。5.匕首。长32.3厘米,宽4厘米。安集延部贡。6.匕首。长40厘米,宽5厘米。博洛尔部贡。7.剑。长53.3厘米,宽3.3厘米。1776年平定金川时所获。8.匕首。长40厘米,宽3.7厘米。博洛尔部贡。9.匕首。长28.7厘米,宽4.3厘米。博洛尔部贡。(采自《西清续鉴》)

第14章
西伯利亚兵器

西伯利亚在旧石器时代即有人群居住，且极形繁衍。据法国东方考古专家摩根（Jacques de Morgan）之意见，[①]在世界洪水泛滥以前，西伯利亚气候不似现在之寒冷，居住其地之人群必众。迨至洪水浸淫，该地气候变寒，人群纷纷迁徙，有南迁而至东南亚洲者，亦有西迁而达欧洲者。唯因西伯利亚地方之发掘事业尚未发达，是以摩根图示吾人之西伯利亚出土石兵甚少，仅石英半晶石石刮1件可供参考耳（图101之第1号）。将来发掘事业发展之后，西伯利亚旧石器、中石器及新石器各时代之石兵必可陆续出土，其中或有与东南亚及东北欧洲之石兵同形，由古人徙居时从原地携去者，则大有裨益于世界人种学及考古学之研究矣。

西伯利亚出土青铜兵器较多，且极精美坚利，如摩根所采海克尔（Axel Heikel）图示之西伯利亚铜兵10件，其中空头铜斧3件均有凸线花纹之雕刻，或作栅形，或作鼎足形，或作多数小斜方及小圆球形，古朴精雅，可以显示西伯利亚青铜文化之艺术（图101之2—4号）；其两头铜斧，一头如斧凿，一头如矛首，确属于兵器范围，雕刻异形花纹，如卉木而冠以八卦形，刃锋尚锐，亦可以艺术品目之也（图101之第5号）。他如有边有脊而加刻圈形之铜矛（图101之第6号），长筒铜矛（图101之第7号），有中脊之宽柄石器形铜匕首（图101之第8号），角形小铜刀

[①] 见摩根所著之《东方史前》（*La préhistoire orientale*），巴黎，1932年。

（图101之第9号），矛形小茎有中脊而无柄之剑（图101之第10号），[①]均深具特彩而有冠于他处青铜器或为其先导之可能也。英国及德奥等国考古家，如柴尔德教授（Gordon Childe）、皮特里教授（Sir Flinders Petrie）、默哈特（Merhart）、明尼斯（Minns）及托尔（N. Toll）等专家，均曾图示西伯利亚青铜兵器不少。李济曾择示其矛、斧、刀、链等器（图101之11—14号）以与近年吾国河南安阳殷墟出土之同类青铜兵器相比拟，而认为形制相似，确有同源之可能。[②]此说确有根据，且早即有人主张周代短剑系脱胎于西伯利亚式短剑（图101之16—18号）者矣。然商殷铜兵及周代短剑亦自有其本源，绝非始自商周者，亦非完全受西伯利亚之影响者。中国青铜器时代起源甚早，如矛、斧、刀、镞等器远在夏代以前即有之，陈经所藏夏匕首一具，即中国上古矛形细茎无柄剑也。[③]是以西伯利亚铜兵之与殷墟铜兵同形者盖另有远因可寻，不得以其相类而即认为此出于彼；更不得因周剑中有与斯基泰式铜剑相似者，遂认为中国在晚周时始有剑且源出西伯利亚或斯基泰铜剑也。考斯基泰人（Scythians）系古代游牧人种，于距今约2600余年之时自西伯利亚等地大举西迁进入美索不达米亚，旋又进入欧洲东北，占地甚广，至距今1800余年时始被异族征服，分散澌灭，并入他国，嗣后遂不复再见斯基泰人种矣。当其全盛之时，东自日本、西达匈牙利以至北欧诸国，各地青铜兵器均曾受有斯基泰人之影响，换言之，均曾使用斯基泰式之兵器，尤以剑器为最，近年朝鲜、日本以至欧洲出土之斯基泰式铜剑可以为证。中国亦曾有此类铜剑出土，但为数极少，不如朝鲜、日本及欧洲出土者之多。是以谓西伯利亚式或斯基泰式铜兵曾经输入中国则可，若认为与中国铜兵同源则未免有误矣。

　　西伯利亚铁兵不如其铜兵之盛，各国收藏者亦少。著者藏兵中有西

[①] 此类矛形无柄剑中国三代以前即有之，实为夏剑及夏匕首之所从出，详见《中国兵器史稿》，第112—116页。
[②] 见李济所著《殷墟铜器五种及其相关之问题》，1932年。
[③] 见《中国兵器史稿》，第51—52页及第二十五图。

伯利亚直形铁匕首或小剑1件，其白刃已无中脊而有中槽，柄为带白点之深绿碧玉石制，虽柄首甚小、护手若无，亦尚可认为与西伯利亚之铜匕首同柄形。红绒鞘之上下套饰甚长，系白钢质钻点作叶形者，系16或17世纪时之器也（图版三十八之78号）。

亚洲古兵器图说

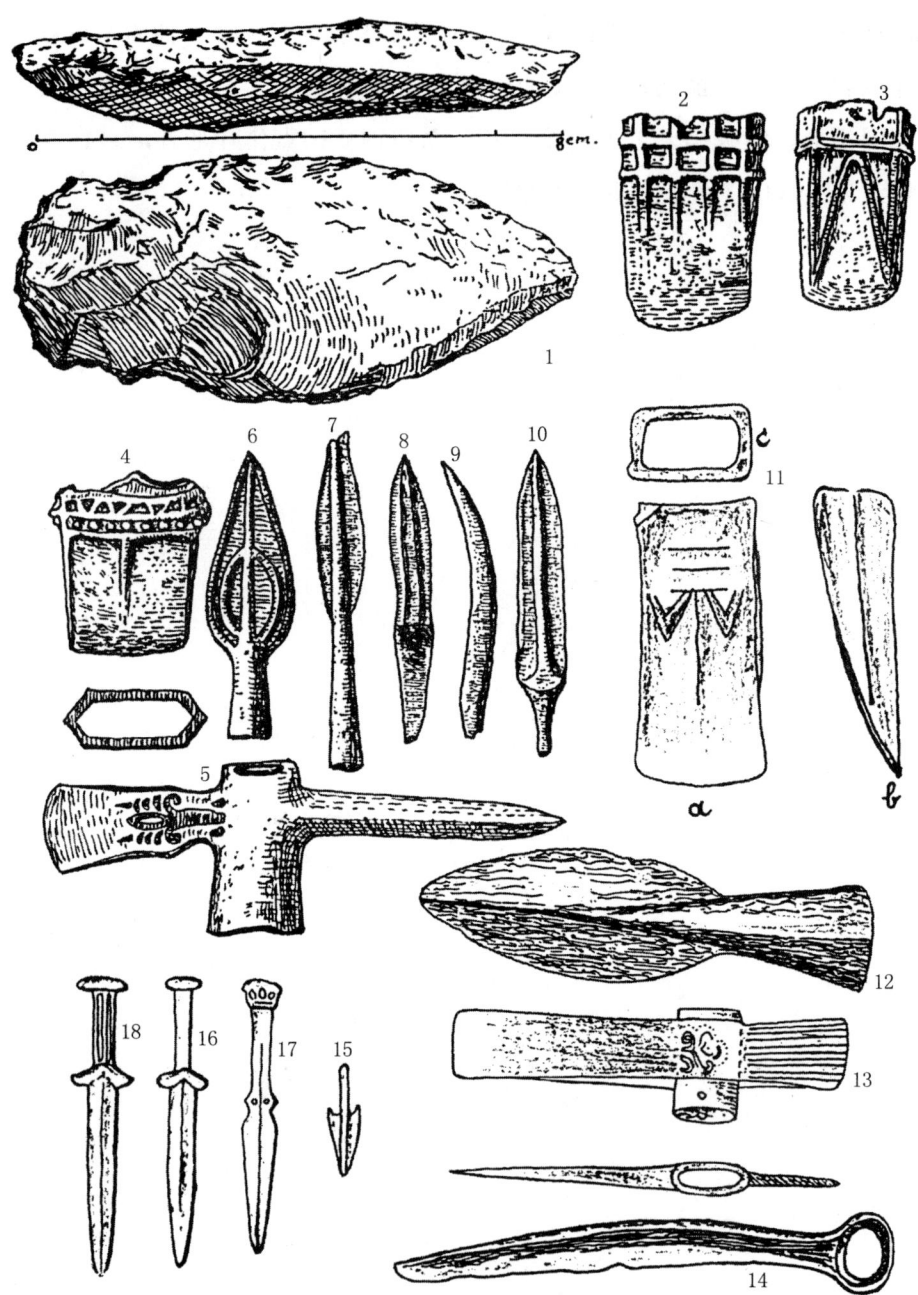

图101　西伯利亚出土之石铜兵器

1.石刮。石英半晶石制。2—4.青铜斧。5.一头作匕首形之铜斧。6—7.青铜矛头。8—10.小青铜刃。11.空首斧。12.銎柄矛头。13.銎柄斧。14.环首小刀。15.矢镞。有倒钩及脊。16—18.青铜短剑。

第15章
高加索兵器

一、上古时代之石铜兵器

高加索高原位于黑海与里海之间，为亚洲与欧洲相邻之处，各种矿产丰饶，铜铁锡均有，铜兵及铁兵之开始期甚早，文化极古，播迁极远。是以欧美各国史地学家咸称高加索为世界文化发源地，甚有判为欧洲人种之来源地，疑为中国及其他亚洲人种之发祥地，并假定为埃及民族之出发地者。由此观之，其地在旧石器、中石器及新石器各时代时必曾有人群居住，地下蕴藏石兵必多，石器时代之文化当已甚高。法国考古家摩根曾数次至其地考察，并在其著作中将所获石器公之于世。所示古亚洲晶石（Obsidienme）制之石兵，如黑色半透明晶石锤凿、黑晶石刀、透明之烟色晶石钻凿，其质料优美、造型玲珑，令人想见高加索石器文化之高超（图102之1—3号）。又晶石镞数具，形制各异，制造极佳（图102之4—6号及图104之10号）。燧石镞则较大，工艺亦细（图102之第7号及图104之第11号）。摩根认为此种镞为铁器时代之物，可见高加索铁器时代开始之早矣。高加索之红铜与青铜兵器及铜铁器过渡时期之铜铁一合制兵器，均极精雅美观，质料优良，铸炼得法，艺术高超，手工细致，令人一望而确信其地为世界古文化之渊薮。且此类兵器形制极多与中国古兵器相类似者，持西来说者据此主中国文化渊源于彼。第吾人颇信中国铜兵及铁兵之开始在远古吴越文化时期，其时代决不在高加索之后，此最古时期之铜兵铁兵未必两地同形，其同形者当系较晚之器，但亦在三代之前耳。如摩根所示古亚洲北部金属开始时期之高加索青铜剑，有无柄而上端穿一孔或三孔者（图103之1—4号），有仅具细茎而无柄者（图103之5—7、13号），均与中国三代以前以至三代时之矛形剑完全同形者也[①]。其较晚之环首铜剑（图103之26号），实茎有后剑（图103之30号）及冠首铜剑（图103之28、29号），均与周剑同形，且接近战国铁剑形制矣。其再晚之铜剑，剑首与剑茎异体判离（图104之1、2、5—8、12、18号），近而为铜柄铁刃之剑（图107之1—6号），其形制亦类似晚周及秦代汉初之剑也。两地距离甚远，而先后剑制如此同形，且未曾见于他地，其现象颇令人玩味。但夏代以前，中国铜兵业已进化，此种同形之器只能比拟夏代以后之物，故并非早期之器，西来与东往均属可能。古代伊朗人与中国之交通最早，且循海道而来，以南中国之剑制带往高加索而为其祖型，盖非不可能之事也。又如摩根所示之高加索铜斧（图103之35、36号及图105之1、2号）及铜戚或铜钺（图104之13号），亦与商周及埃及铜斧钺极相类似，刻兽纹之习尚亦相同焉。高加索之殉葬兵器，其质料较逊，其装饰及花纹则反较为丰富美丽，有与实用剑器同形者（如图105之4、6号铜剑及图106之9—12号铁剑），亦有故为奇异美观之柄形及刃形者（如图105之3、5、7号），均可视为高加索之古艺术品也。

高加索之青铜矛头，均筒柄（以銎安柲）而有中脊者，皆作长体锐叶形（图103之8—12号及图104之第3号），安长柄则为矛，装短柄则为标枪，不装柄则为匕首、为矛形剑。剑之形制出于矛首，毫无疑义，矛之形制出于兽角兵、出于石凿石刮亦毫无疑义，高加索矛剑之演变如

---

① 参阅《中国兵器史稿》，第二十九图版。

此，中国三代以前矛剑之演变亦如此，孰先孰后，彼此有无关系，有无人种及史地之关系，是非另为专论，另加考证，不足以穷其究竟。无论如何，以中国铜兵与西伯利亚铜兵相比较，已觉互相类似，但均系晚期铜兵；进而与高加索铜兵相比较，则尤相类似，而属于较早之铜兵。此种类似性之研究，实为亚洲考古学上及人种学上最饶兴趣之事，盖已超越古兵研究之范围矣。

高加索之铜镞，其最古者均系平面，中部无脊，刃体甚宽，首不甚锐，刃形为阔底之广叶形，或无茎（图104之15、16号），或茎部甚短而仅能容指。其较长者形如胡椒（辣椒），短茎上且有穿一孔者（图103之14—16号），或者为镞亦可以为矛乎？其较为短小者形如小香菰（草菌），其茎尤短，仅容一指（图103之18—22、33号），可以想见其箭杆之短小也。较晚期之铜镞，则均已非平面刃而有中脊，茎柄直上至刃尖乃止。镞形有数种：一为长茎锐三角刃形（图104之第9号及图103之23、24号），其尖锋甚锐利，圆茎上锐下粗，刃底或向上曲、或向下曲，或作平形。此类铜镞极似殷墟出土之铜镞形，李济曾谓殷墟出土铜镞颇多，但仅此一种形制，故疑为外来之器而统一仿制者，①不知李氏曾指及此种高加索次古铜镞否耳。二为长茎锐刃有底环或箍之镞（图103之32号），形如小标枪，或者确系掷出杀人之器。三为船锚形宽镞（图103之31、34号），或茎不甚长而平刃之底两面下垂如双耳，或茎较长而首大如锤以达刃之上部，此形殊属特殊，想系大型劲弩之箭镞。尚有以銎容杆之铜镞，且有加钩于銎筒之旁者，则系较晚之器矣（图108之10—12号）。高加索出土古兵中罕见铜刀，而铜剑之形制又如是繁美，可以想见其地古人之尚剑而不尚刀矣。

---

① 见李济所著《殷墟铜器五种及其相关之问题》。

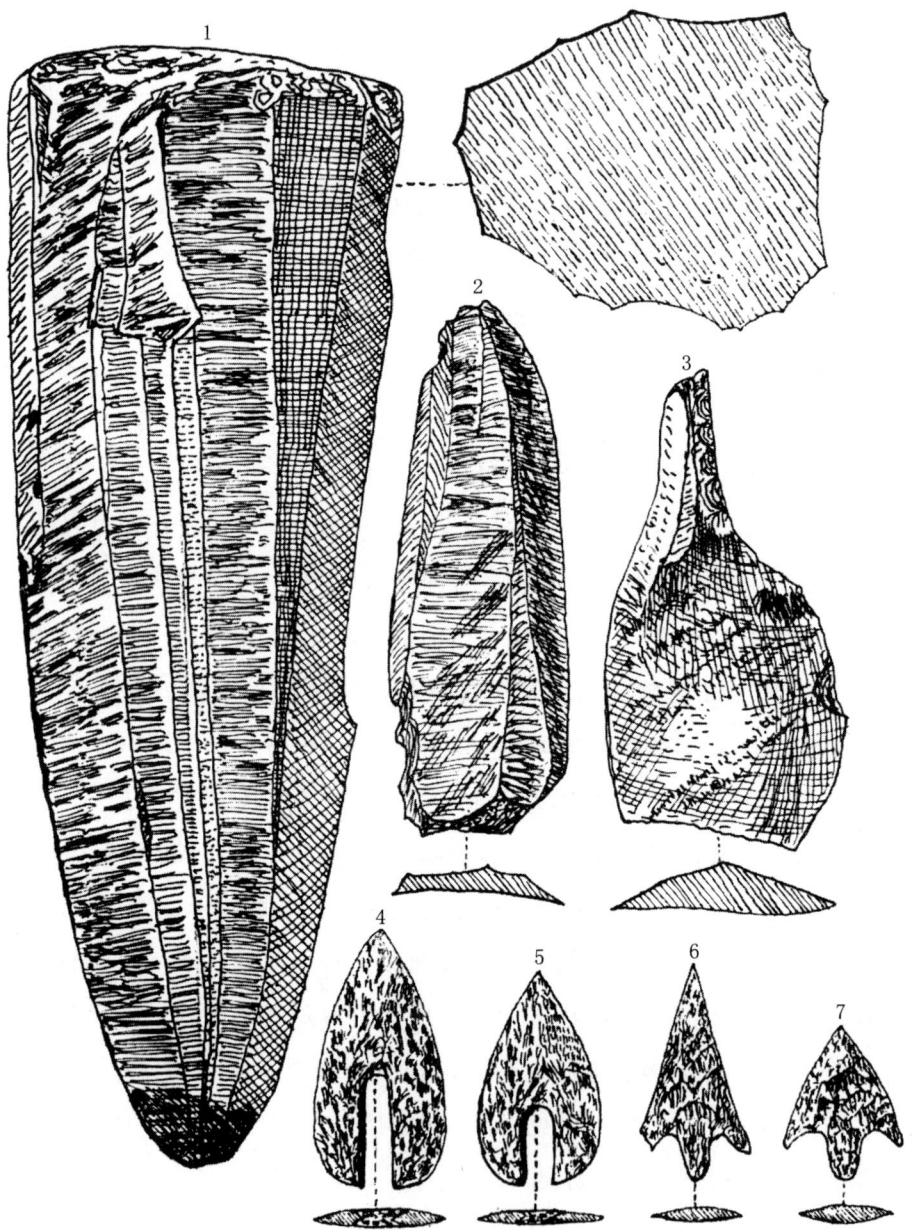

图102 高加索原始时代之石兵

1.锤凿。黑色半透明晶石制,长18.4厘米。2.石刀。黑晶石制。3.石凿。透明烟色晶石制。4—7.箭镞。其中,第4—6号为黑晶石制,第7号为黑燧石制。除第2—3号出土于Boughouti-Daghi外,其他均为法国圣日尔曼博物馆藏品。(采自摩根《东方史前》)

第 15 章　高加索兵器

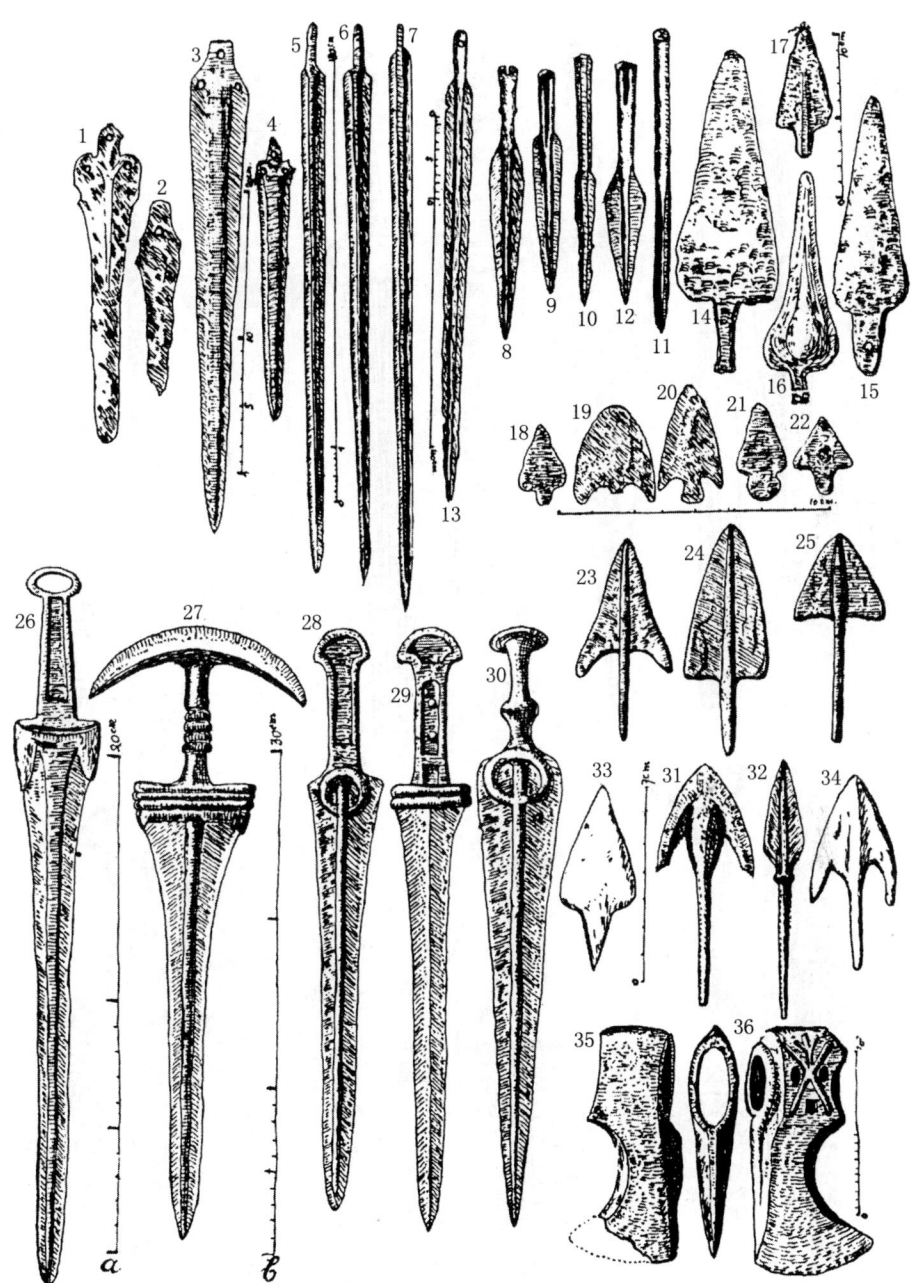

图103　高加索铜器时代之兵器

1—4.铜短剑。第一期，出土于Talyche。5—7.铜剑。出土于连柯兰（Lenkoran）。8—13.铜矛头。第二至三期，出土于Talyche。14—17.矛头。第一期，出土于连柯兰。18—25.铜镞。出土于韦利（Veri）。26—30.短剑。第二期。31—32.铜镞。第三期。33—34.骨镞。35—36.銎柄斧。第三期，出土于Talyche。（采自摩根《东方史前》）

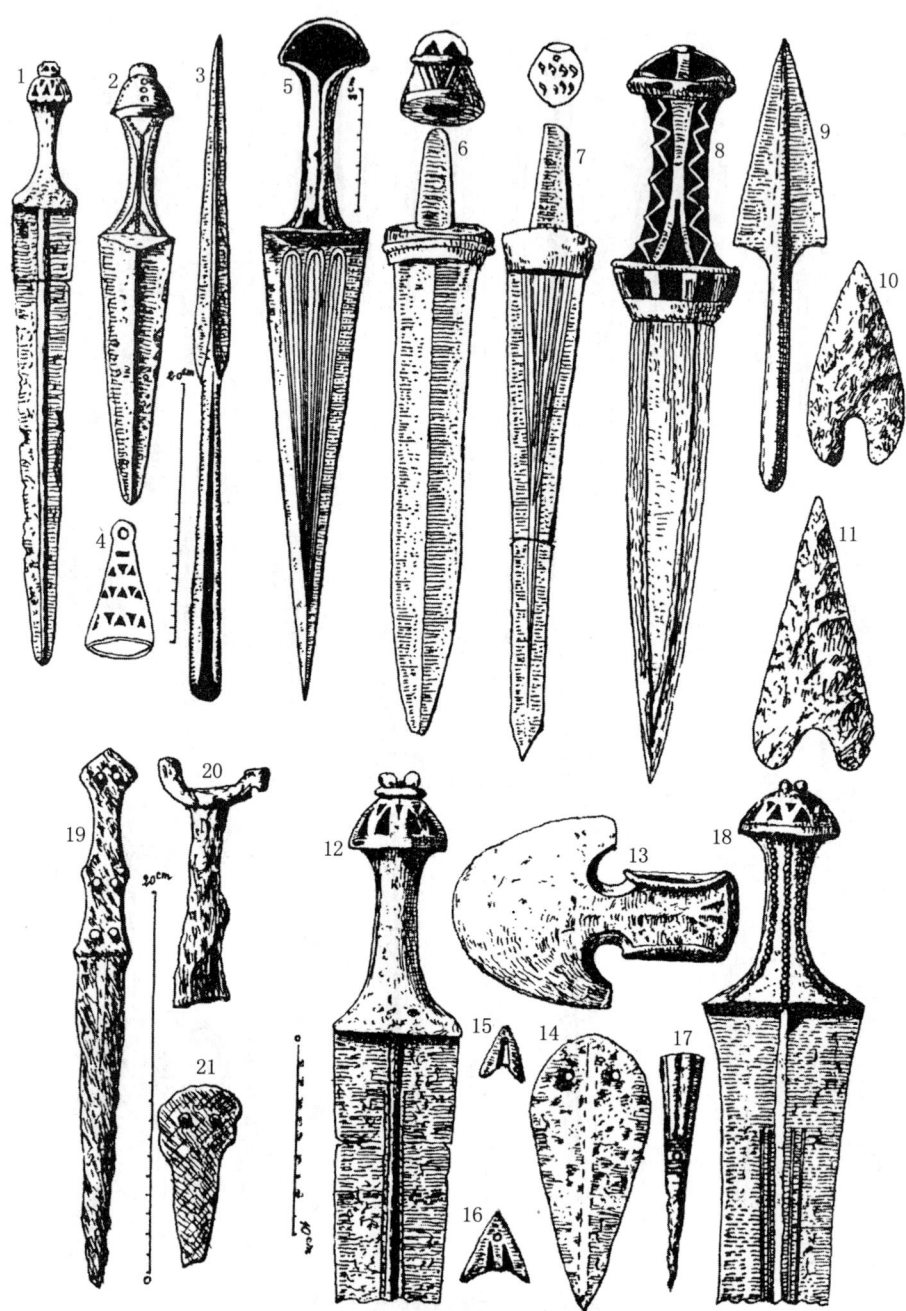

图104 高加索铜器及铁器时代初期之兵器

1—2.铜短剑。3.短剑或匕首柄部之帽。4.铜矛头。5—8.铜短剑。9.铜镞。10.黑晶石镞。11.燧石镞。12.铜短剑。13.銎柄斧。14.铜刃或矛头。15—16.铜镞。17.铜锤。18.铜短剑。19.铁剑。20—21.铁剑残件。（采自摩根《东方史前》）

第15章 高加索兵器

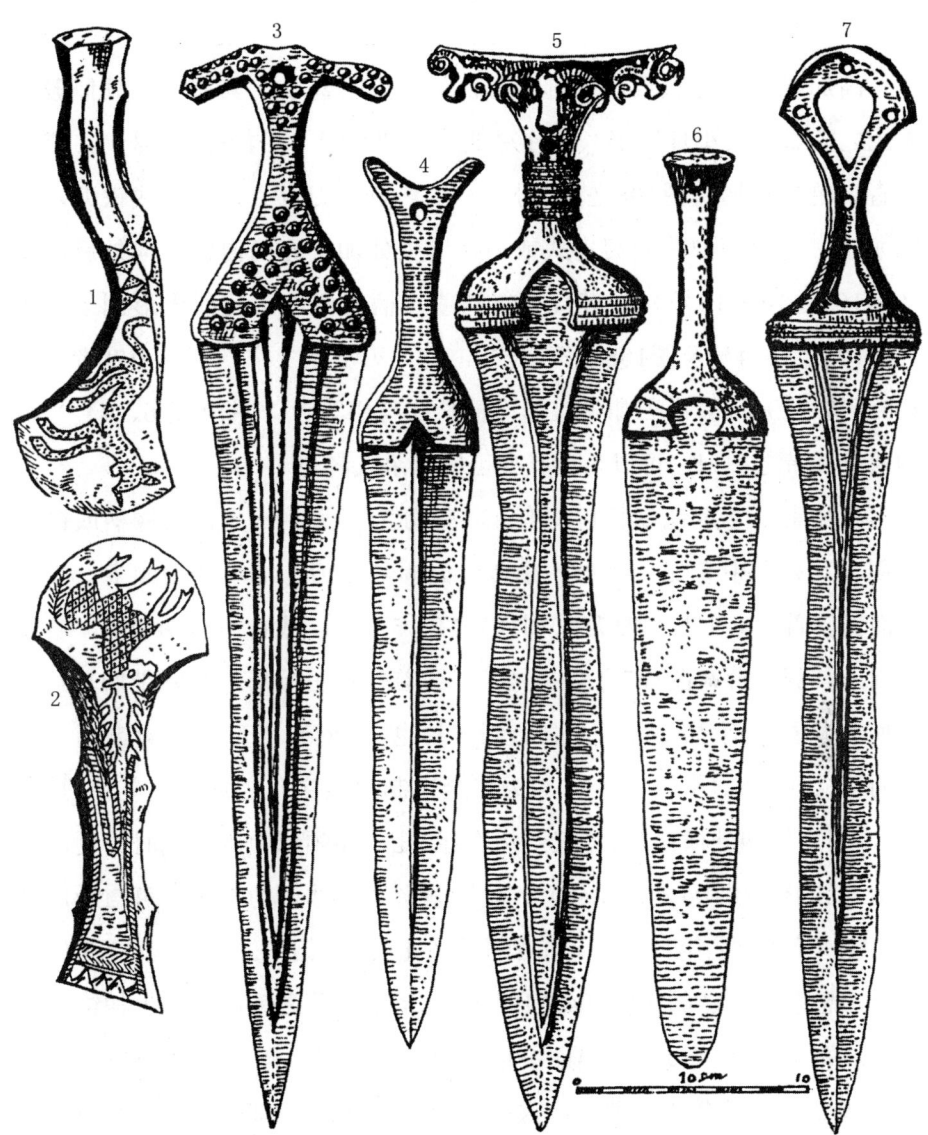

图105 高加索出土之青铜殉葬兵器

1—2.斧。3—7.短剑。均出土于库班（Koban），短剑现藏法国圣日尔曼博物馆。（采自摩根《东方史前》）

二、上古时代之铁兵

高加索出土之铁兵，刀剑均有，但其刀形甚小。其有环者颇似殷墟出土之多量一式小环刀形，或作弓曲刃双圆孔形（图108之13号），或作近直刃单长孔形（图108之第4号），均环首小刀也。其他形式铁刀，形制尤小，有柄小如茎而刃直式或刃之近尖处加宽而向内曲又向外反曲者（图107之14—16号），有直刃斜柄或直柄而柄上钻孔如矛形剑之制者（图106之3、4号及图108之第5号），有曲刃下宽上窄、柄长而宽者（图108之第3号），有小刃如尖锥形而柄长几与相等者（图108之6、7号），均随身插带之小刀，可以为用具亦可用以杀人者也。

高加索出土之铁剑长短均有，可以分为三类：一为铁刃铜柄或铜首长剑，其刃有中脊如人字形，颇似中国周剑之刃。柄形变幻颇多，或细茎而辘轳首，略似周剑柄形（图107之1、5号）；或首为活动铜帽，略如晚周玉具剑之形（图107之3、6号）；或首作古王冠形，则颇带斯基泰式剑柄之色彩，而周代固亦有冠形剑一种也。[①]尚有塔形及螺旋铜柄，恐系明器（图108之8、9号）。二为完全铁制扁茎穿孔之短剑，茎穿3孔或4孔，刃之接柄处横穿2孔或仅一边直穿2孔，亦颇似中国三代时由夏以至周初之剑形（图106之1、2号）。其圆茎者则茎体极为细小，可与矛形剑相比拟（图107之第11号）。尚有柄穿6孔而作上下三排者，其柄亦作三棱形，想系次古之剑（图104之19号）。至于殉葬之铁剑，柄上加饰凸星殆满，鞘饰亦繁，刃质则薄而不佳，出土者亦多（图106之9—12号）。三为铁匕首，其直刃如剑刃，大都有中脊，其柄或细茎小首，或扁茎冠首而饰凸星（此为后世高加索短剑及匕首柄鞘上凸星装饰之由来），或作工字形（高加索后世短剑及匕首之柄均作工字形），或柄首横出向上

[①] 见《中国兵器史稿》，第131、144页。

曲作半月形，刃均极锋锐犀利，尚有完整如新者，可见高加索古人冶铁及制刃艺术之高超矣（图107之第7—10号，图108之1、2号及图104之20号）。

高加索之铁矛，筒长而有中脊直贯刃尖，与铜矛等（图106之5—8号）。但似曾有以扁平茎穿孔安柄之铁矛，形如剑而实矛，犹之矛形剑形状如矛而实为剑，亦未可知也（图106之1、2号）。

高加索之古铁斧，制造亦极精致，且有完整如新而尚可用者，其技术之精妙可知矣。斧形有一头、两头之分，一头者銎筒较为高大，刃阔如月牙形，茎细而长，以减重量而利斫劈（图107之12号）；两头者銎筒居中，较为矮小，一头为月牙刃或锥形刃，一头为方锤或六角形锤。此第二类斧近于工具，亦可作战也（图108之13—15号）。

三、历史时期之铁兵

上述高加索石兵、铜兵及铁兵，均有史以前之兵器也。史前铁兵在他地不易见及，高加索出土者独富，可见高加索远古文化悠久、科学技术之发明亦较早。高加索既有数千年文化历史，其兵器咸能保持其本来面目，以其百年前之兵器与其千数百年或二三千年前之铜兵、铁兵相比较，尚可认识其原型，后先辉映，可见一斑。至高加索旧兵器，颇为世界收藏家所推崇，一因其形式之古，迥异他族之器；二因其刃质极为锋锐犀利，尤其是坎查短剑，吹毛可过；三因其装潢精雅美观，别具艺术特色，既异于印度、伊朗、阿富汗及土耳其等族之兵器，亦完全与欧洲兵器不同，装饰别致，自成一派也。兹依例将高加索切尔克斯人（Cherkesses）及奥塞梯人（Ossetians）自中古以迄近代之兵器，分为四类论述之。

亚洲古兵器图说

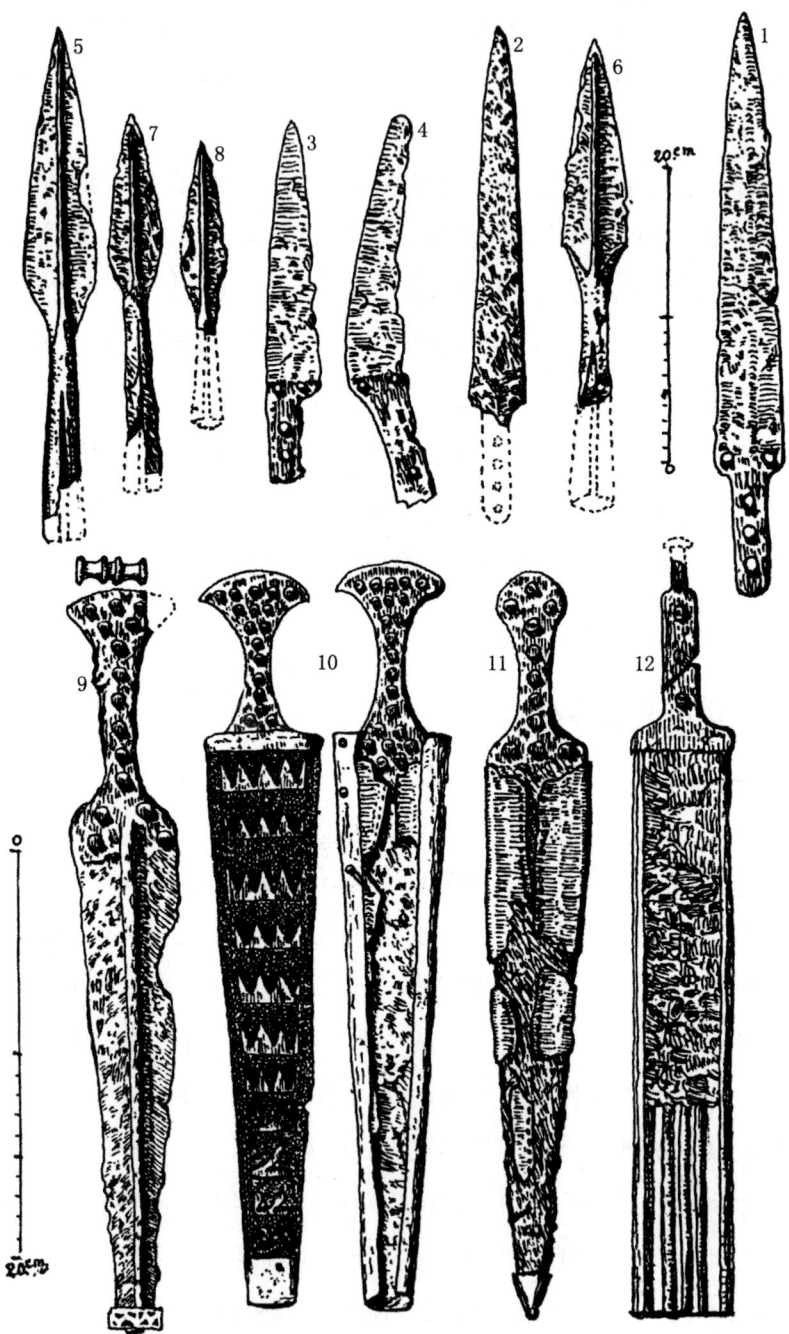

图106　高加索铁器时代之兵器

1—4.铁刀剑。5—8.铁矛头。以上均出土于Cheithan-Thagh。9—12.铁剑。出土于Mougi-Yeri。（采自摩根《东方史前》）

第 15 章　高加索兵器

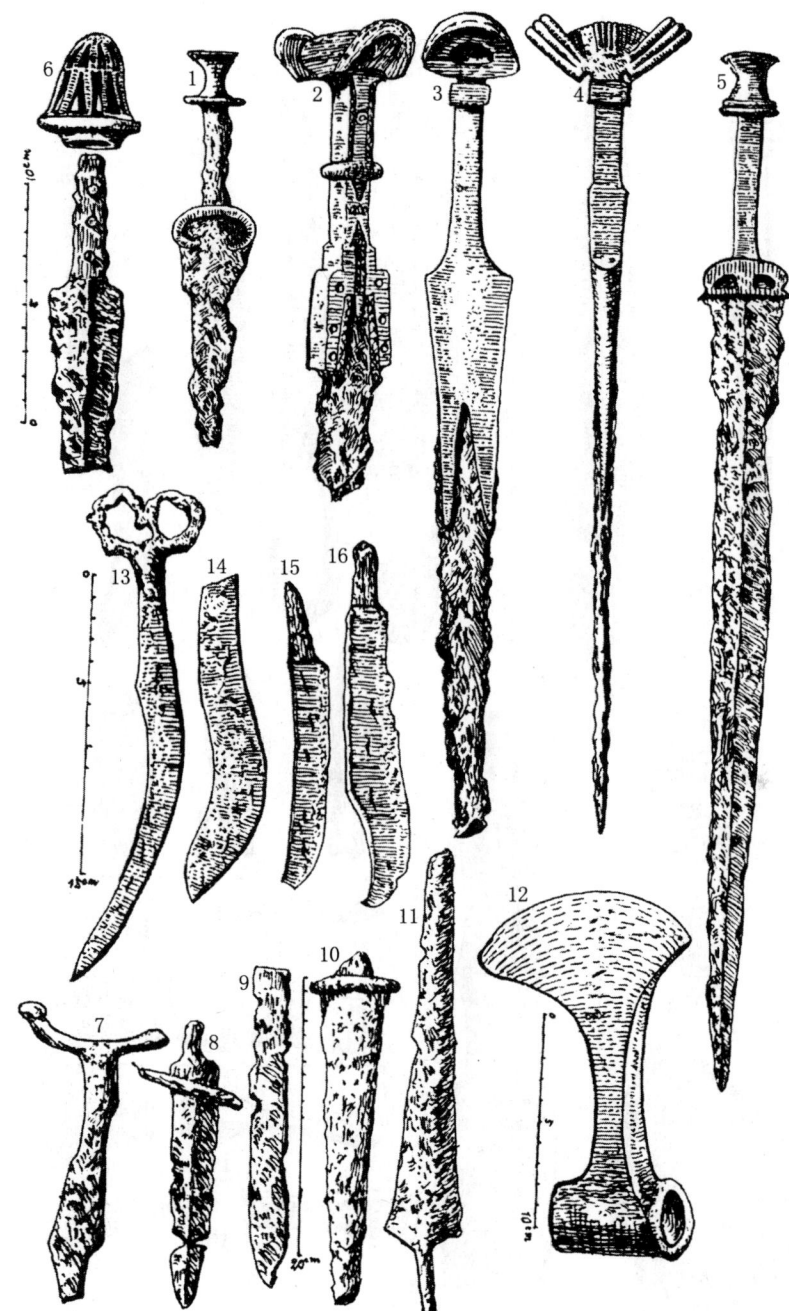

图107　高加索之铁兵与铜铁合制兵器

1—5.铜柄铁剑。出土于Chagoula-derre。6.铜帽铁剑。出土于Hiveri。7—11.铁短剑。出土于Talyche。12.銎柄铁斧。出土于Agha-Evlar。13—16.铁剑或短刀。出土于Talyche。（采自摩根《东方史前》）

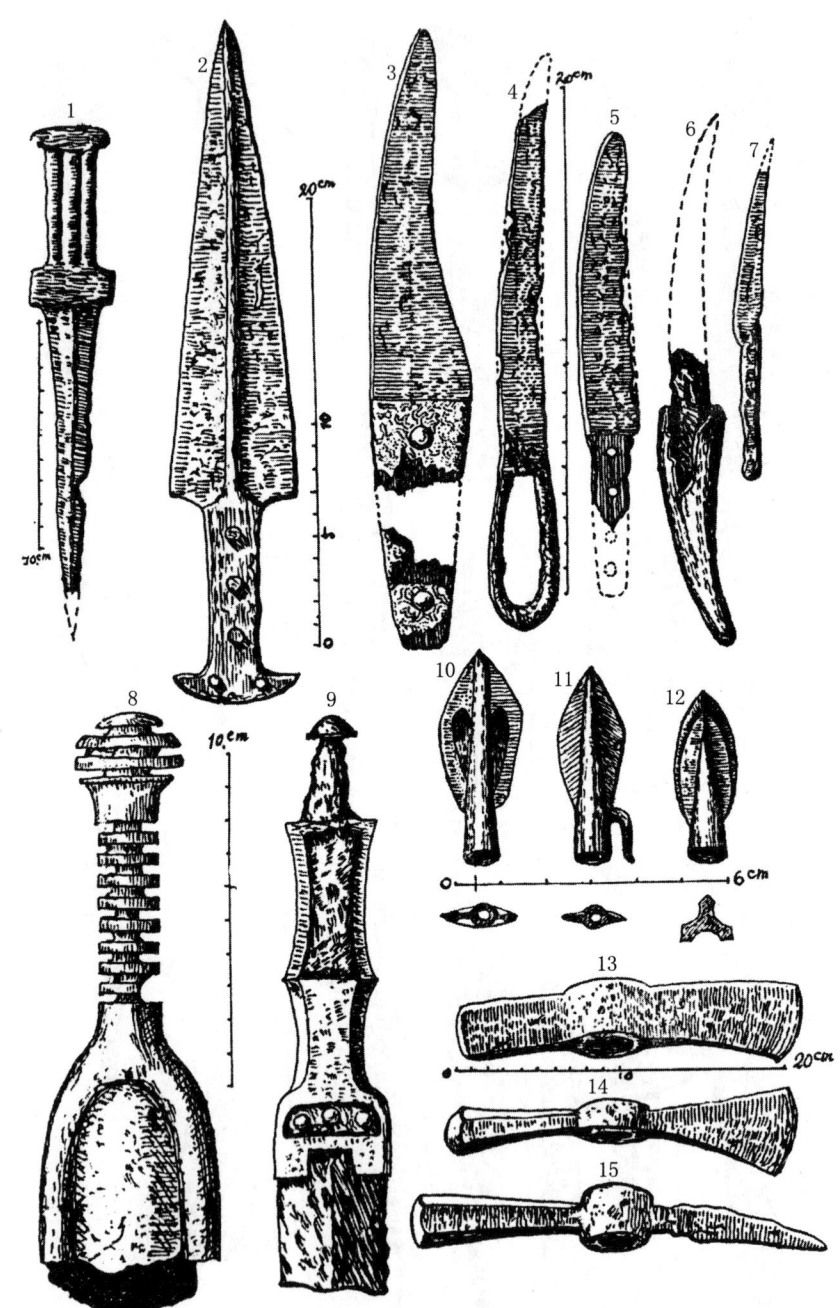

图108 高加索铁器时代之兵器

1—2.铁短剑。出土于Mougi-Yeri。3—7.铁刀。出土于Mougi-Yeri及Akthala。8—9.铁剑柄。出土于Mougi-Yeri。10—12.铜镞。出土于Talyche。13—15.銎柄锤斧。出土于Mougi-Yeri。（采自摩根《东方史前》）

1. 长兵

高加索民族为极能守土自卫之民族，故其崇古之风亦极深，直至改用新式火器以前，其所用长兵犹无所异于铜器时代及铁器初期之长兵，有如图103、104、106—108等所示者。矛、枪、斧、锤是其最著者也。

2. 短兵

高加索短兵极为精雅华美，犀利别致，深具特形，各国藏兵家均以得其佳品为荣，惜高加索人每不肯以藏器脱售。法国古兵器专家夏尔·毕丹所藏高加索兵器，数不甚多，种类尚称完备（图版三十一），但不如著者剑庐藏兵中所收集者之精美华丽耳（图版三十八）。兹就所图示者而论，高加索短兵之最著者为长刀与短剑，杂兵有而不多也。

（1）恰西克（Chacheka或Shashek）。此为长刀，高加索人多用为腰刀及马刀。其特点有四：其一为刃长而宽，极为犀利。其形微曲，刃之全体等宽，只近尖锋处缩锐，尖锋作月牙形或半叶形。刃有长槽二，并其宽几及刃宽，其长亦近于刃长，另于近背处划一窄槽，长度为刃长之五分之三，刃上金字铭用高加索文字者居多。其二，鞘曲如刃曲，但鞘环及小皮带不装于鞘之内面而装于鞘之弓背上，故挂刀于腰时刃锋不向下而向上，拔刀时须先将鞘在左手中翻转，使向上曲然后抽刀，刃始向下而出，否则刃锋乃向上而出，伤及己身矣，此点可称特异。其三，该刀均无护手。此点颇类似吾国周初及周以前之刀剑。其四，柄小而直，形如半个工字形，小头在下，柄体可以全入鞘中，仅留其鸟首形之柄首于鞘外，故刃入鞘后类似无柄之刀，亦异态也。

恰西克之品类似有通用及酋长或王者用两种，通用者大都黑皮鞘、黑皮带饰铜或银，铁柄饰银或刻花（图版三十一之30、32、35、37号）；特制者极为精美名贵，非但刃质较佳，抑且柄鞘之装潢均艺术上品。如著者所藏之器，良刃上金铭甚富并刻骑士形及高加索金星徽志，柄与鞘完全用大长片象牙制成，全体钻凿细槽，作高加索盘旋蝌蚪形大花纹，用细金丝锤打入其槽中而成金花纹及金铭文。此为高加索人特长之技术，其金丝隐嵌槽中，有历千数百年而完整如新、毫未脱落者（图版三十八之67号），返观吾国商殷时代青铜器上之起花嵌金银工艺，何其相类欤！何高加索之古文化艺术类似中国三代者如是之多欤？金牙柄上有双金星，系高加索之徽志，鞘身有黑珐琅金套饰四段，中二段以挂窄皮长带，带上亦饰小金箍套，王者之刀也。著者尚获有前高加索王者夏米尔（Chamyl）之长刀一具，刃极锋利，耀日光寒，下段血痕斑斑，盖夏米尔力抗俄军数十年手刃敌人无数之宝刀也。刃上有嵌金名铭，以赤金为柄，上刻碎锦圆花，颇有中国作风；白银为护手，作十字形，中有花纹；黑皮鞘之上下套饰及中箍以及两环亦均以白银为之，刻长圆花纹，赤色长丝带有金丝坠络，亦东方习惯也。此刀虽亦名恰西克，但已属于晚近之变体矣（图版三十八之66号）。

（2）坎查（Kindjal或Kanjal）。高加索之短剑亦名为坎查，其形极类周剑，但刃体较宽耳。高加索坎查剑之长短不等，自数寸以至一尺数寸者均有，其刃与柄鞘之特点如下：其一，双锋刃均直形，极为锋锐犀利，有如极锐之剃刀，吹毛可过。刃体甚宽，全体近于等宽，仅近尖处缩窄作锐叶形。刃均有长槽，一槽者居多，二槽或三槽者亦常见，无槽而有脊者殊罕见，或者古剑如斯。刃上刻双星、多星或双弓形花纹者易见（图版三十一之14、21、22、25号及图版三十八之72、74—76号），白刃无花纹者尤多，至于全刃钻嵌金叶为狩猎图，作各种鸟兽及猎人驰逐形状，并以金字为铭者，则系酋长或王者之剑，殊不易得。著者曾获其一佳品，上所铭刻之黄金狩猎图虎虎有生气，可见高加索嵌金艺术之巧矣（图版三十八之69号）。高加索坎查之刃虽宽，但薄而轻者实居多数，故常有将刃尖部分加厚者。其刃尖则异常锋锐，恰与刃之两边锋相称，不必用力刺敌，刃已贯入敌胸。如此利剑，无惑乎俄国虽征服其地，而俄军中反演成佩用高加索坎查剑之风气也。其二，高加索坎查之直柄均作工字形，其首作冠形而完全如周剑柄形者居多数（图版三十一之第13、14、16、17、19、21、26—29号及图版三十八之68—72、74—76号），柄首与剑格等大而作上下相等之工形柄者居少数（图版三十一之22、25号及图版三十八之73号）。此第二种柄形之坎查，大都刃体特宽而刃质较为厚重。此外尚有方形大首柄（图版三十一之20号）及尖锤形金属首柄（图版三十八之77号），殊不多见。就其质料而论，高加索坎查之柄大都系用一块原料制成，上下装嵌两星徽以为标志，其原料以白色海獭牙质为最多，乌色牛角次之，象牙制者较少，黑珐琅银皮制者则小型匕首居多（图版三十八之71、72号及图版四十六之154、155号）。若夫象牙为柄而镶嵌金丝与宝石者，则王者之器也（图版三十八之68号）。其三，高加索干将之直形鞘形如其刃，但中部直体隆起颇高，向外凸出，此为异于他族剑鞘之处。鞘之上部饰有一箍，箍之左有一小环，可挂高加索式细小皮带悬腰，但实际上此种短剑大都插腰而不悬挂也。鞘以黑皮制而无上下饰，仅有一箍一环者居多数（图版三十一之第17、19、27、29号及图版三十八之69、70、76号），皮制而上下装饰黑珐琅银皮或金皮套饰者，其物主必较为富贵也（图版三十一之13、21—26号及图版三十八之73、74、75、77号）。全鞘用黑珐琅花银皮为外套者，尤为美贵（图版三十一之20号、图版三十八之71、72号及图版四十六之154、155号）。若夫全以嵌金象牙为鞘，镶以满嵌金丝之铁片，金铭金花迨满，则酋长或王者之器也（图版三十八之68号）。高加索坎查之鞘末均作小球形，或尖或圆，其无金属下饰之鞘亦必加缀此金属小球。有时高加索坎查之鞘背贴箍处另插一小刀，长仅15厘米上下，刃细窄而柄亦细小，或以乌牛角为小圆柄（图版三十一之13、16、21等号及图版三十八之76号），或以白海獭牙为扁柄（图版三十一之第24号），且有背插一小刀及一圆体小尖锥者，其柄同式，有用象牙制满嵌金丝为花为铭者，殊不易得（图版三十八之第68号）。此种鞘外加插小刀之习尚，不独高加索为然，阿富汗人亦有此习，中国边族刀有加插四小刀于皮鞘之二面者,①日本刀则鞘背有小刀者更为普通,但小刀之外复插一小尖锥则不多见耳。高加索之直形坎查,近百年来伊斯兰诸族亦通呼之为卡马(Kama)。

(3) 短刀与匕首。高加索长刀微曲,其短刀则作直形,柄形与恰西克之柄形同,鞘形之上部如坎查之鞘,单箍带环,下部则作月牙形或半叶形,亦有尾部小球,刃宽于恰西克而窄于坎查,刃首常作圆曲形。亦有近首处一段刃作锯齿者,则不多见(图版三十一之34号)。高加索之短剑均为直形,匕首则有曲形者,但仅下部向外曲,上部及工字形柄均直形,鞘亦上直而下微曲也(图版三十一之15号)。著者所藏之高加索匕首为刻花象牙柄,黑珐琅银鞘,梯形花纹钢刃,乃北高加索之艺术品也(图版四十六之第153号)。

(4) 短鞭(Nagaika)。高加索人尤其是哥萨克骑士喜用短鞭击人,用力甚猛,往往致命。其鞭系用细皮条纽合而成,以铜丝铜片或银片联合于木柄之上,柄外包皮,上下饰银皮或铜皮,有时鞭尾后缀一金属或革制小球,击人更可重伤,其形制颇类中国旧式马鞭(图版三十一之11、12号)。亦有鞭体较长者,则专为鞭人之器矣(图版三十一之第9号)。

3. 射远器

高加索古人射远杀敌,标枪与弓矢并用。标枪即短矛、长箭也,短矛与长箭均可用手掷出,力大而技精者在平地于数十步外杀敌,山民居高临下,可远掷标枪于十数丈外击人不爽。至今中国边疆古民族,如苗、瑶、羌、彝等族,其远掷标枪之技术极准极精,汉人迄不能及也。高加索之石矛石镞、铜矛铜镞,以及早期之铁矛铁镞,上文均已略述,兹不赘。高加索人所用之弓,其始简单,其后颇为华美,且有镶嵌

---

① 见《中国兵器史稿》,第328—330页。

金银及牙片而雕刻精致花纹者，但山民富于保守性，收藏家颇难得其佳品耳。

高加索人之有火器不在土耳其人之后，且其火器极为雅致精美，非如伊斯兰诸族旧火器之长而笨重，其镶嵌雕缕之艺术尤为精巧细腻，制钢术亦臻上乘，可以衍续其旧兵器之声誉而无坠其固有之文化科学焉。就大体而论，高加索自制之旧式火器可以分为下列四种：

（1）短铳。高加索之燧石铳有长有短，其最长者在90厘米左右，其最短者在40厘米左右。就其柄之曲形而论，有大曲而与铳体作90度直角形者，有曲度较弱而作弓端之曲形者，直角曲柄者，他族之铳少见，可为高加索短铳之特点（图版三十一之第10号及图版三十六之31、32号）。此类直角曲柄之短铳，其有小环之柄尾大都作一大圆球形，其形如橙如橘，或以白海獭牙为之，或以金银为之，或以黑皮上下包金银片为之，此亦特点也。此类短铳钢管上之雕刻极为精美，或饰嵌金银而作星形及几何形（图版三十六之31号），或雕成凸体花纹作骑士、美女及花叶形而镶嵌金丝（图版三十六之32号），均高加索之艺术品也。弓角形曲柄之短铳，其柄尾大都宽出如冠形，末端亦有小环，有时系以双长丝索而缀双缨络（图版三十六之28号）。此类铳拥有者常备双数，两铳完全相同，用时手执一铳、腰插一铳（图版三十六之29、30号）。此类铳之佳者，其钢管均密嵌金丝作高加索细碎花纹，望之俨如黄金管，其托与把亦均以黑珐琅花纹金皮及银箍饰之，望之俨如黄金托把，而其燧石发火钢座亦满嵌金丝为铭，俨然黄金座，洵克副金铳之目也（图版三十六之28—30号）。

（2）喇叭铳。此种铳管异常肥大，其口向外卷出，较阔于管，形如喇叭，古者亦用燧石发火。其托柄之形近于枪托形，曲度甚微，系以双丝索而缀缨络。铳管大都刻凸体花纹，木把大都镶嵌白牙块而饰以金银作几何形，亦异于欧洲同期使用之喇叭铳形体也（图版三十一之第5号）。

（3）长枪。高加索长枪非如伊斯兰诸族火枪之长笨而较为轻短便利，装潢艺术之美则过之。著者所获之器，其钢管完全镶嵌金丝为花为铭如一黄金管，枪托及枪把则完全以花卉黑珐琅金皮包之，燧石发火座亦满嵌金丝为花为铭，望之俨然一金枪也。柄尾用一大块象牙制成，镶嵌金丝作高加索花纹，乃高加索王者之器也（图版三十五之22号）。

（4）火药壶。高加索人火器所用之火药壶亦颇精美，其外形如羊角而有盖，或以白海獭牙为之而以嵌金铁片为盖饰（图版三十一之第7号及图版三十四之14号），或以镶金白银为之而形如欧人之烟斗（图版三十四之15号），或以铁为之而包以银皮或嵌以金丝为花为铭（图版三十一之6、7、39号及图版三十四之16号），均高加索手工艺术品也。

4. 卫体武装

高加索人古时即精金丝镶嵌之技术，且其铜铁器之开始时期极早，故其古代铜铁盔铠甲盾之制造必甚精巧美丽，镶嵌必甚华富，惜此类古物罕见，仅可图示其数百年前之遗物耳。

（1）高顶铁盔。此系切尔克斯人之战盔，盔至尖顶高22厘米，连钢丝护网通高66厘米。盔钵用厚铁制，钵上有圆圈向心花纹，顶有小覆盂，上装四方形之刺尖，左右有插羽管，中有护鼻中轴，可以活动上下。钢护网甚为坚固，作三尾形，前面下覆及口，左右长尾覆肩，后面长宽尾覆后项。此盔网圈之细状如麦粒，不作圆形，为异于他族盔网之处，如专就其外形而论，固与伊朗、印度诸族之铁盔无甚特殊之点也（图版三十一之第1号）。

（2）低顶铁盔。此种铁盔之钵甚为低矮，略如覆置汤盘，钵上无中尖轴，无插羽管，钵下亦无护鼻口器，或者系脱胎于古代皮胄之制乎？盔钵系用厚铁制，上刻六出形花纹，镶嵌金银及黑珐琅银皮（用黑珐琅金皮或银皮装饰武器，系高加索人唯一之习惯及艺术），钵顶有一镀金小银座，上有一小环似为悬盔之用。钵之下边周围有小孔，悬挂钢丝麦粒形之护网，此护网下垂如罩，前面较短，仅覆及双目，两旁及后面均甚长，可以覆双肩及后项，左右有两活钩纽，扣合时则垂网紧贴于颊腮下。此盔通高42厘米，系高加索骑士及步卒之战盔也（图版三十一之第2号）。

（3）铁网甲。此为16世纪切尔克斯人之战衣，其网环系铸就而非凿成者，故厚薄不等，形体甚大，颇为坚固；近项处及护胸口之铁网环较厚，愈下愈薄，两袖更薄，想系为减轻重量起见者。项网之里面衬有红皮条片，以固其网而拒刀剑及破网锐刃之刺砍。此战衣无所异于伊朗、印度之器，但形制较为紧细，中国明代御林军之战衣亦与之大同小异。[①]

（4）皮护手。此为高加索人常用之护手具，颇为特别，盖他族护腕具均较长，手背与前腕膀均护，此则较为短小，仅以保护手背为目的也。此器系用一块厚皮制成，其形略如人字形，护掌及护指处加盖钢丝网，网环亦麦粒形，系缝于皮上者。器之近中部有一横皮带，可用铁扣纽扣合于手腕之上（图版三十一之第4号）。以此度之，高加索古战士必曾用当地兽革为胄、为甲、为盾，犹之周代战士纯用革制卫体武器，惜革质易腐，出土物殊罕见耳。

---

① 见《中国兵器史稿》，第272—274页。

第16章
埃及兵器

埃及本非非洲民族，系由亚洲迁往者，其迁往之时期大约在新石器时代之末期或石铜器时期，经过里海、黑海及高加索一带地方，越阿拉伯而渡红海，立国于非洲之东北角，北邻地中海，占有尼罗河之沃壤，一年两泛，五谷天丰，不劳而获，遂不思他往矣。欧洲史家曾谓埃及人之始祖似属柏柏尔（Berbers）白种人，嗣与南来之黑种人及苏伊士河沿岸东来之亚洲人混合，成为埃及种云云，[①]殊不确实。盖埃及铜器时代之兵器，非但与高加索及西伯利亚之铜兵颇多相类而相同者，抑且与中国三代铜兵极相类似，如铜斧、铜剑、铜镞、铜矛，往往一见埃及之器而令人忆及中国之物，至于埃及古甲胄及战车亦极似商周之制。是以吾人述西伯利亚及高加索古兵器之后，不能舍弃埃及，非但因埃及之人种及其文化均源出亚洲，且因其古兵器亦颇与中国有显著之关系也。

一、石兵

埃及文化之古举世早知，但古至如何程度，则尚无一定界说。因如

---

① 见法国《拉鲁斯百科辞典》。

第16章 埃及兵器

以埃及人种原始地之文化而论，则古至旧石器时代当然可能，若就埃及在非洲立国以后之文化而言，则最早亦不过起自新石器时代之下半期或末期耳。近来欧美考古家及发掘家亦曾在埃及领土内掘得或发现旧石器时代之石兵，如摩根曾在其著作中图示其所获或所见之埃及旧石器时代之石器不少，今择图其石兵7具（图109），不知是否埃及先民之器，抑系埃及民族到达非洲以前其地原始居民之器耳。埃及文化既为世界最古文化之一，在多数民族尚未开化之前，埃及之文化即已达到高尚优美之程度。其大型遗物，如金字塔、方尖碑、人面狮身石像以及神庙、古墓中之壁画，与出土美雕石棺椁等器，均易见及；小型遗器，如各种石像及金叶镶嵌之美术铜兵，历年出土者亦多，埃及及欧美各大国博物馆中均可发现。埃及古代艺术之美几为天下之冠，且其开始期极早，观其石兵包金、贴金及嵌金之艺术，可见其科学艺术之成就盖在石器时代已然矣。埃及美丽犀利之石兵，就吾人之所图示之寥寥30余器而论已卓有可观，迥非其他民族之石兵所可冀及，仅有吾国殷墟出土镶嵌绿松石及饰金之各种玉兵差堪比肩耳。

埃及石兵之精美者均燧石制，就其艺术方面言之，可分为装金及不装金两类。不装金之燧石兵器，少数用黄色燧石制，斧类较多（图110之第5号），大多数均用黑色或乌色燧石制。如各种曲形刀（图110之1—3号、图111之第3号及图112之第2号）、直形刀（图110之第4号）、茎尾形或洞腹形边有锯齿或无锯齿之三角形锐锋石镞（图110之8—12号）、两头尖之石刺或矛头（图110之第6号及图111之第1号）、锯齿形两头尖或一头尖之矛头（图110之第7号及图111之第2号）、笋形圆轴或尖轴茎之矛头或长体锐镞（图110之13、14号）、矛形石剑或剑形石矛（图110之15—17号及图112之第3号）、弓形石刀（图110之18—20号及图112之第2号）、单层体及双层体小石锤（图112之4、5号）等燧石兵器，其制作均极精巧，磨工、琢工极为细致。执而与吾国南北各地出土之石兵相比较，大都均有同形者，且其形酷肖焉。埃及装金之燧石兵器异常华

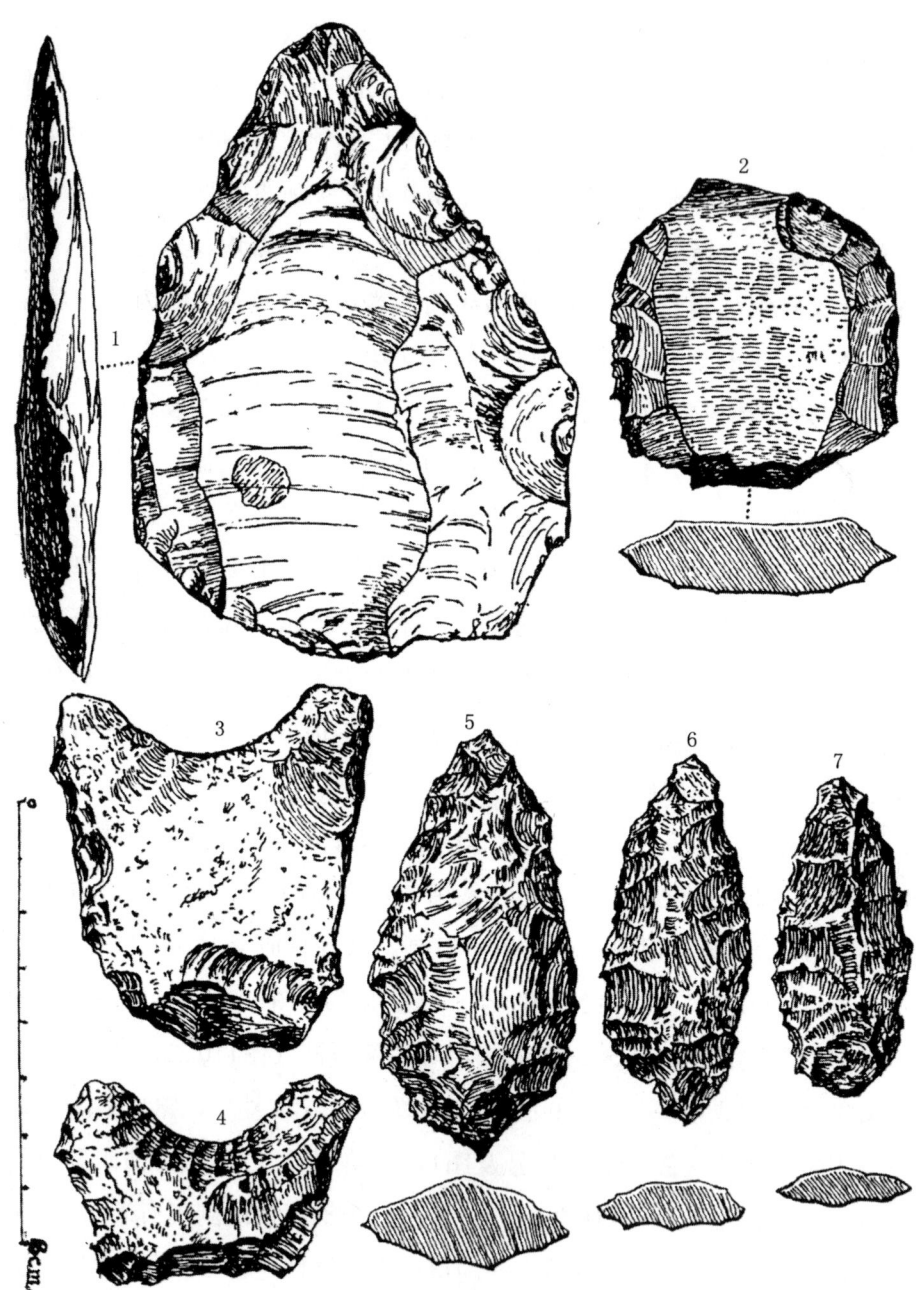

图109 埃及旧石器时代之石兵

1.拳形锤。白燧石制,图赫(Toukh)出土。2.莫斯特型石括。塞贝伊基耶(Sebayeh)出土。3—4.石括。底比斯(Thebes)出土。5—7.燧石斧。底比斯出土。(采自摩根《东方史前》)

第16章 埃及兵器

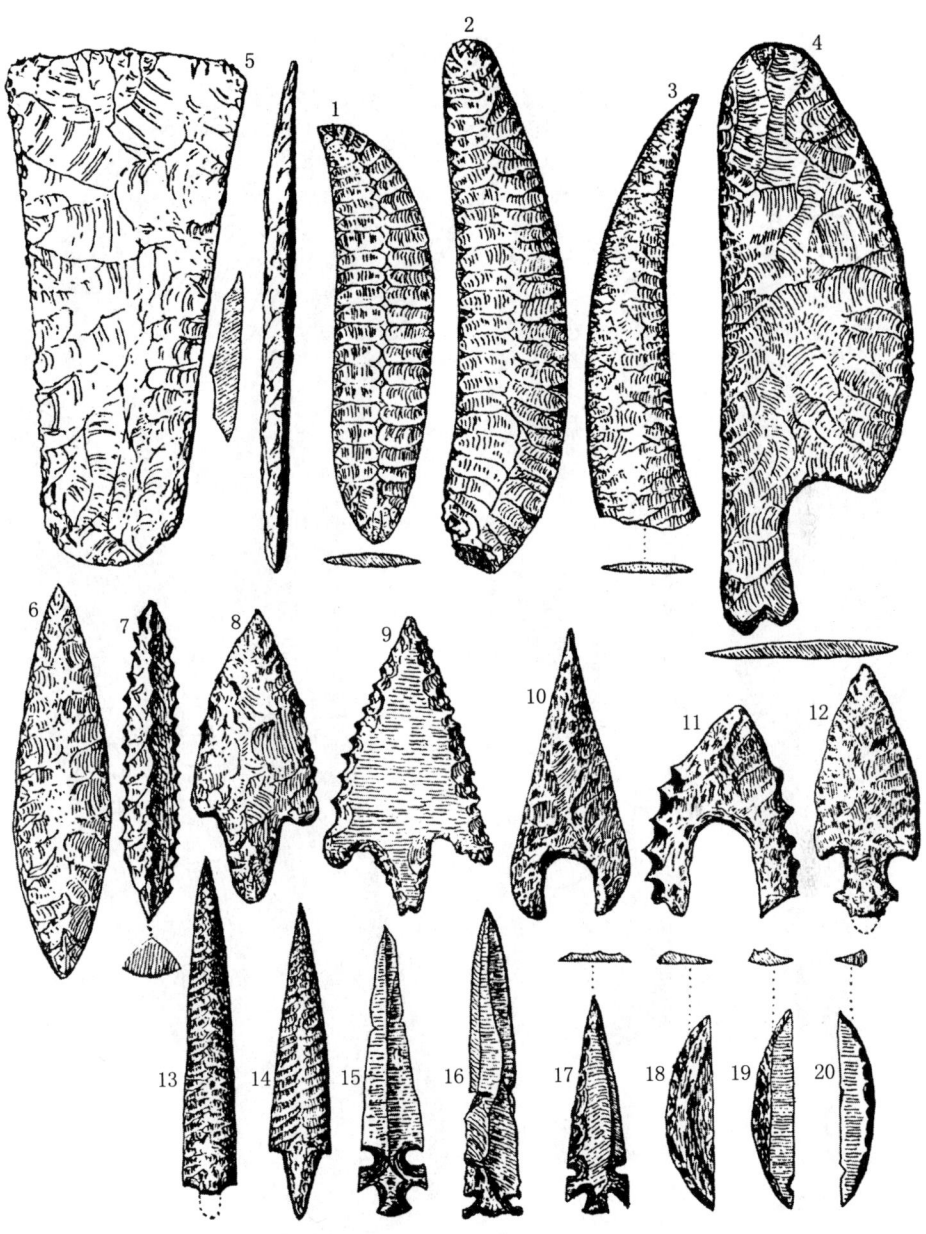

图110 埃及新石器时代之石兵

1—4.燧石刀。阿拜多斯（Abydos）出土。5.燧石斧。艾赫米姆（Akhmim）出土，吉萨（Guizeh）博物馆藏。6—9.燧石镞。下埃及之Kom-Achim出土。10—12.燧石镞。法尤姆（Favoum）出土。13—20.燧石镞。阿拜多斯及赫勒万（Hetouan）出土。（采自摩根《东方史前》）

亚洲古兵器图说

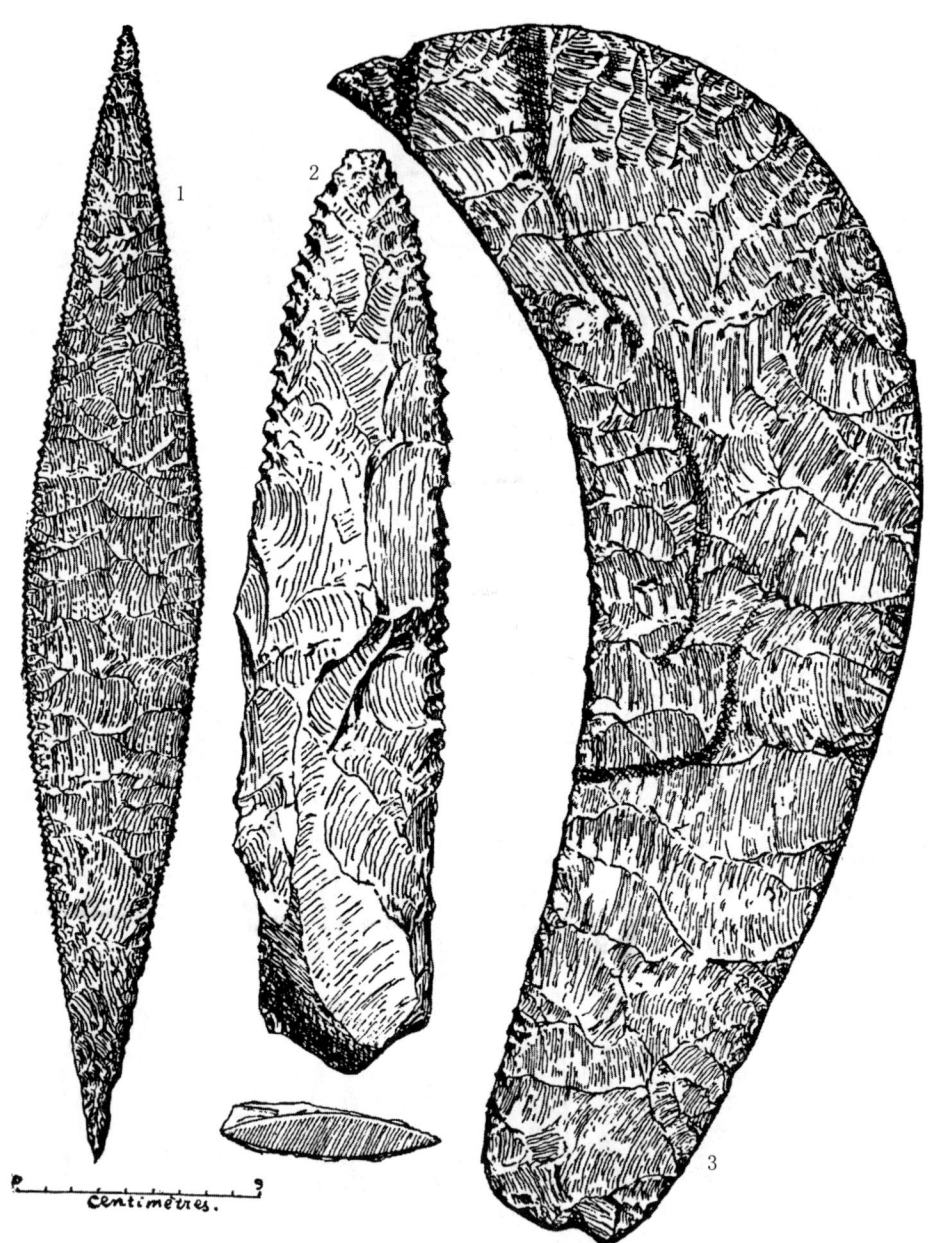

图111 埃及新石器时代之石兵

1.燧石凿。阿达伊迈（Adimiyeh）出土。2.燧石矛头。阿拜多斯出土。3.燧石刀。阿拜多斯出土。（采自摩根《东方史前》）

第16章 埃及兵器

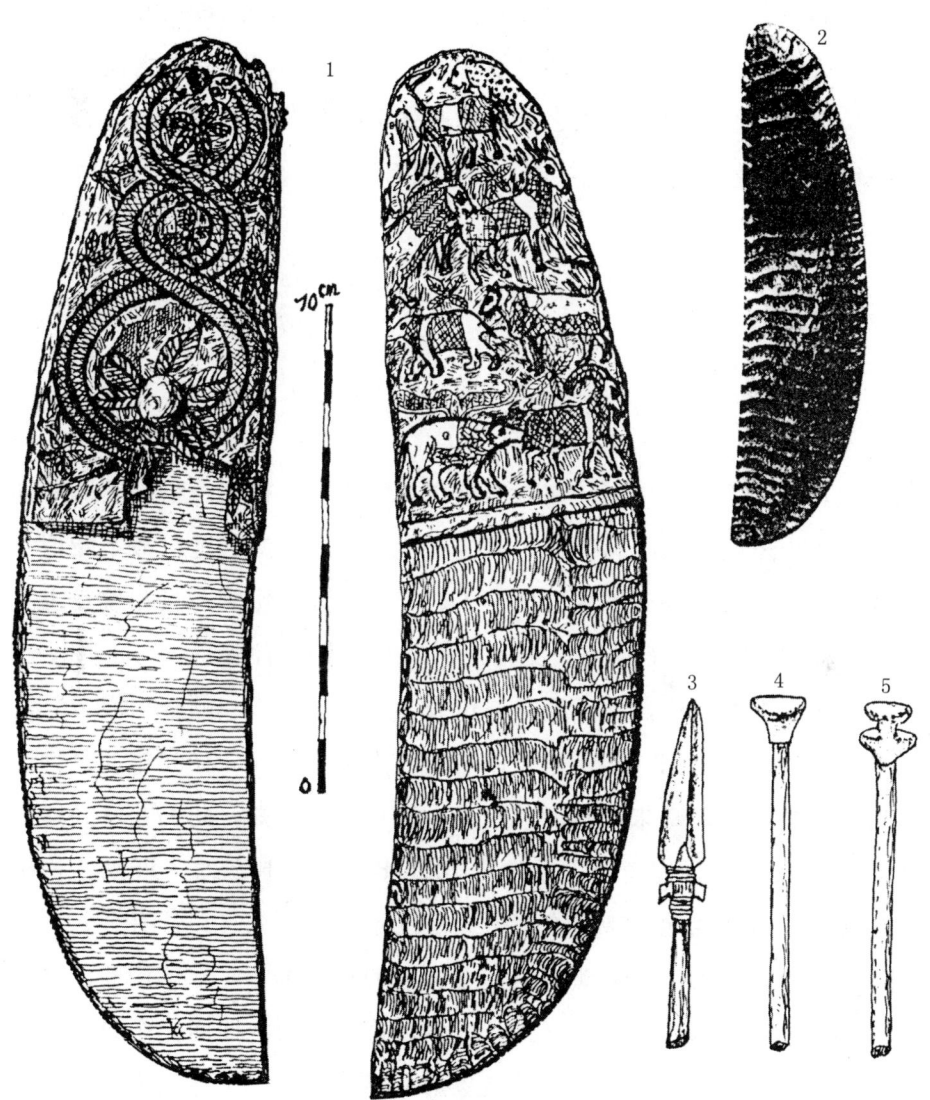

图112 埃及石铜时代之石兵

1.燧石刀。端部包金，一面雕狮、羚羊等动物，另一面雕缠结双蛇，中饰植物花纹。上埃及出土，开罗博物馆藏。2.前王朝时代之燧石刀。3—5.燧石镞。法国圣日尔曼博物馆藏。

美，系埃及黄金时代（Golden Age）代表器之一种，可称为世界罕匹之华贵石兵。以刀而论，吾人所图示者其柄部一面刻双蛇盘果图，一面刻走兽图，其中有二羊及一豹可识，其他五兽未能判定，想系5000年前埃及人常见或常蓄之兽，此八兽均绕以花果、草木纹饰。此柄部之两面图形均用黄金叶包贴，间有嵌入之处，作凸体金面图形，犹如金柄燧石刀，乃石铜兵时代之艺术珍品也（图112之第1号）。

二、铜兵

埃及铜兵之精美华丽，在世界远古艺术史中可首屈一指，其器形则与吾国出土三代铜兵极相类似。吾国三代铜兵之来源甚远，故不能谓三代铜兵曾受埃及影响或曾受巴比仑人、苏美尔人之影响，只知埃及古文化之时期与中国南方石铜器古文化之时期相埒，必有渊源存于其间耳。

就美术方面而论，埃及铜兵亦可分为装金（包金、贴金与嵌金）及不装金两种。装金铜兵异常华丽，工艺极为精美坚固，4000年前之物，金叶犹完整如新，毫未剥落，其技术之优良高超可知。此类艺术兵器，大都系埃及黄金时代之物，系距今4000年前后所制之器，近来始稍稍出土于各埃及法老之墓中。今就吾人所图示者而研究之，计有金斧、金剑、金匕首、金刀、金矛头等类。金斧之刃长而不宽，上下均曲，略如商代句兵，系可勾啄、砍劈之短兵。柄体饰金，刃之两面完全包金叶，作三层图像形，中有战士、飞马及象形文字等纹饰，工艺极为精美，均3500年前之物也（图113之1、2号）。金剑尤为精美，或用多人面像为柄首，柄部刻几何形纹饰，而刃之中体则完全包金，刻作花卉狩猎图形及象形文字，极为精雅华丽（图113之第5号）。或将刃体之大部分，自首至尾完全包金，柄亦完全包金，刻作鸟兽花卉或狩猎纹饰，工艺极为精

第16章　埃及兵器

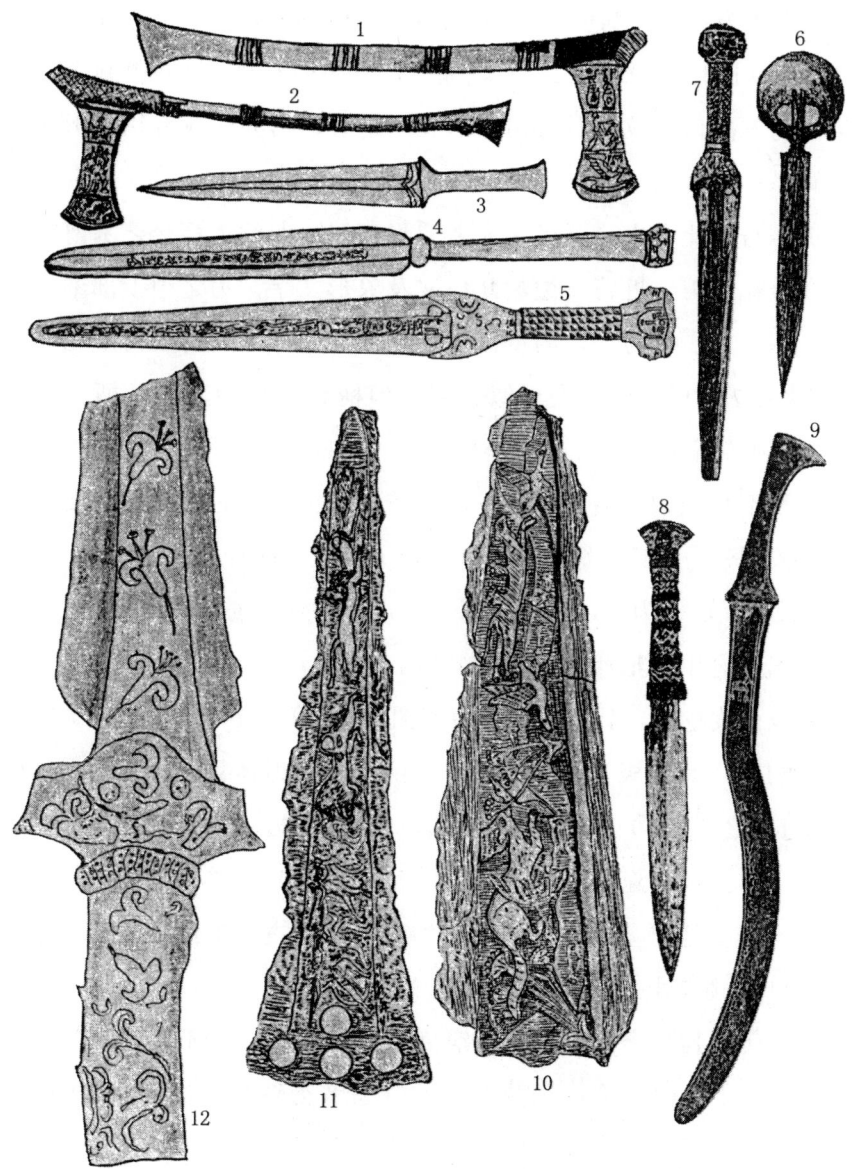

图113　埃及历史时期之铜兵

1.嵌金战斧。阿霍特普（Aan-hotep）王后之物。2.铜斧。古埃及第18王朝创立者阿赫摩斯一世（AhmoseⅠ）之物。3.短剑。第17王朝之卡摩斯王（Kames）之物。4.矛头。卡摩斯王之物。5.嵌金剑。阿霍特普王后之物。6—7.短剑。阿赫摩斯一世之物。8.铁剑。图坦哈蒙王墓出土。此剑据说系该王生前举行仪式专用，剑柄起花嵌金，另有金制剑鞘，上有浅浮雕动植物纹样。开罗博物馆藏。9.巴比仑铜刀。约3400年前之物，现藏纽约大都会艺术博物馆。10—11.迈锡尼型铜剑。剑体作嵌金狩猎图，约3540年前之物。12.迈锡尼型铜剑。剑体起花嵌金，柄中空。系阿伽门农时代之物，距今约4000年。（采自皮特里《埃及史》等）

265

细，图案极为美丽，均埃及迈锡尼文化（Mycenaeah）之艺术品，3540年前之物也（图113之10—12号）。金匕首亦在柄部及刃之中部包金，长柄之全体均刻凸体花纹，且有作球形大圆柄者，刃亦雕花有铭，形式与金剑略同，均与吾国三代时之短剑相似（图113之3、6、7号）。金刀之形作弓折，与巴比仑人、苏美尔人之刀形相似，纽约大都会艺术博物馆所藏之嵌金花纹刃，近背一边刻几何文及象形文字，刃之中上部刻一长角兽形（图113之第9号），与壁画中之埃及车中战士所持之刀形相类（见图117之第7号）。金矛头形似金剑，但柄细而长为茎筒，柄首金质刻花，刃之中部金体亦刻花鸟及象形文字（图113之第4号）。

埃及不装金铜兵较为普通，其数较多，大都系古埃及战士所用之兵器，可依例分为长兵、短兵、射远器及卫体武装四种言之：

1.长兵。以矛为最，但其茎柄有数式：一为三棱刃圆体筒柄式，与吾国殷墟出土之铜矛形相似（图114之第9号）；二为平茎有孔三棱刃式，即所谓以内安柲者，其扁平柄甚短（图114之第5、6两号）；三为有钩细茎三棱刃式，其茎极为细小，且首有倒钩，但刃体甚大，未必系标枪之首（图114之第3号）；四为无茎仅有尾孔之三棱刃式，此种矛形亦类中国三代之器，且与陈经所藏之夏匕首相似（图115之第1号）；[①]五为平刃短茎式，与上述平茎有孔三棱刃式均有属于远古矛形剑或剑形矛之可能也（图114之第7号，图115之8、11号）。

2.短兵。其种类有七，一为铜剑，刃有中脊，柄不大，其剑形酷似周秦之剑（图114之第1、2两号）。二为宽刃铜匕首（图116之10、11号）。三为弓曲形短刀（图117之6、7号图中车步战士手中所执之刀）及镰刀形宽刃短刀（图114之第8号及图116之第3号）。四为斧形刀（图116之第4号）。五为各式铜斧，其中有与中国三代铜斧完全同形者（图114之20、21、22、24、28、30等号，图115之第3、4、7、9、10、13、14、

---

① 见《中国兵器史稿》，第114页。

19等号及图116之5、6号）。六为铜锤，或系球形锤首，或作半圆直棒首，或为曲折棒首，均系以首击人之兵器也（图116之7—9号）。七为标枪，可以近刺亦可远掷者。上列各种短兵，其铸造均极精良，工艺均极细致，故出土物颇多完整如新者，有如吾国出土三代之铜兵。

3.射远器。有标枪与弓矢两种，近者投以铜标枪，远者以铜矢射之。埃及古标枪，不全同矛头形，有作斜长方有中脊之刃形者（图116之第1号及图117之第5号），有作锐窄剑刃形或锐叶刃首形者，其柄首且系索或缨络焉（图116之12、13号）。埃及铜镞有数式：或广筒锐刃，茎抵刃尖，如中国殷墟出土之铜镞（图114之16号），或短茎而无中轴（图114之27号），或形如胡椒（俗呼辣椒或青椒，图114之第10号），或形如圆首广叶（图115之第2号）。其弓形则较为简单，弦止于弓之两端，并无弓角向外直出或曲出也（图117之6、7号图中）。

4.卫体武装。其战盔之形状，有系索于顶而三曲或两曲盔沿者（见图117之第1号图中两盔），有盔顶戴一月牙形及一星形而盔沿不曲入者（图117之第5号图），有秃首而下沿覆项及肩者（图117之第6、7号图中）。盾形均作长方形，有上圆下平而上下等宽或不等宽者（图117之第3号图中两盾），亦有上作尖锐形者（图117之第4号），则系不常用之大盾也。战士之甲片长衣，领高袖短，全体皆以长方甲片联缀而成，实为后世网甲（即所谓连环锁子甲）之先型楷模（图117之第2号）。至于车中战士之卫体武装则较为柔软轻便，其马之武装亦然，外形极为华美，内质则极灵活而不笨重，亦可见古埃及战术精进高明之一端矣（图117之第7号图）。

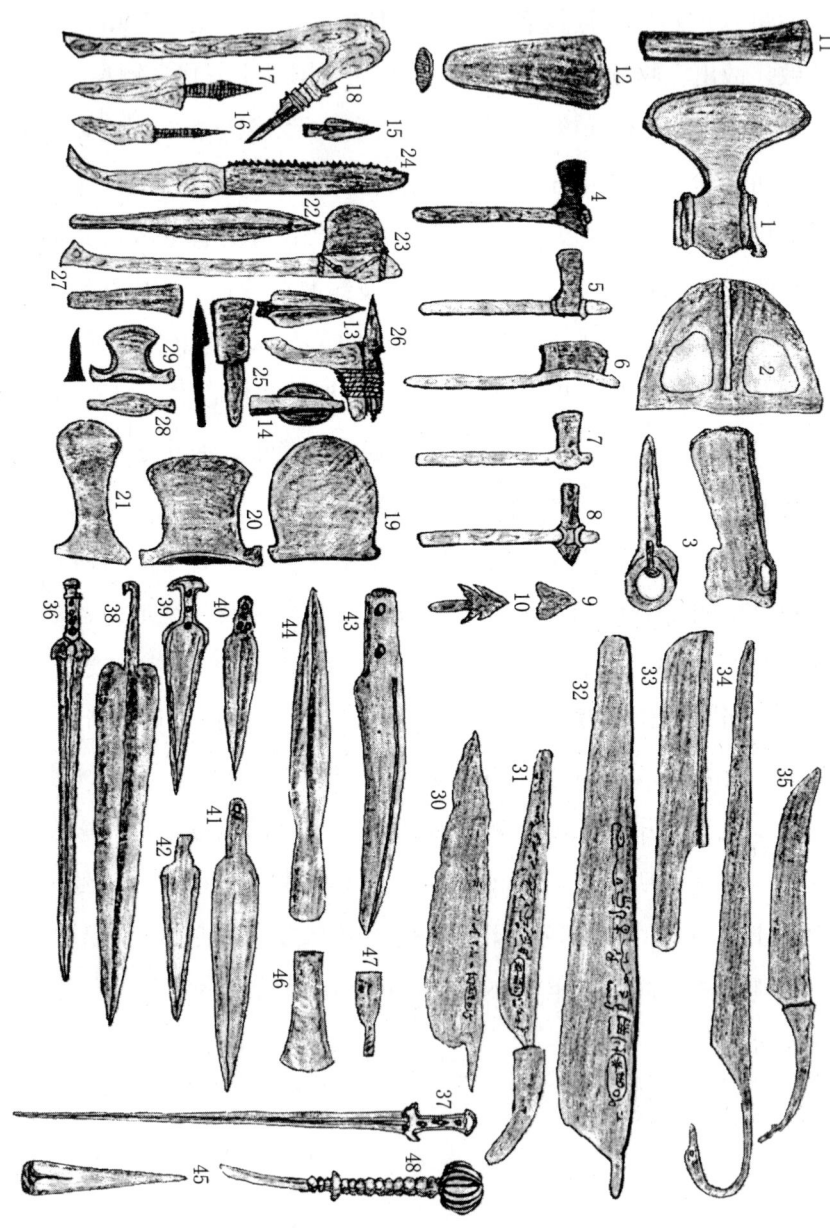

图114 埃及各历史时期之铜兵

1—12.前王国时代之物。其中，4—8为苏萨所出石碑上之战斧形状。9—12出土于阿达伊迈。13—29法老专制时代之物。30—35新王国时代之物。36—48.希腊化时代之物。（采自缪根《史前人类》）

第16章 埃及兵器

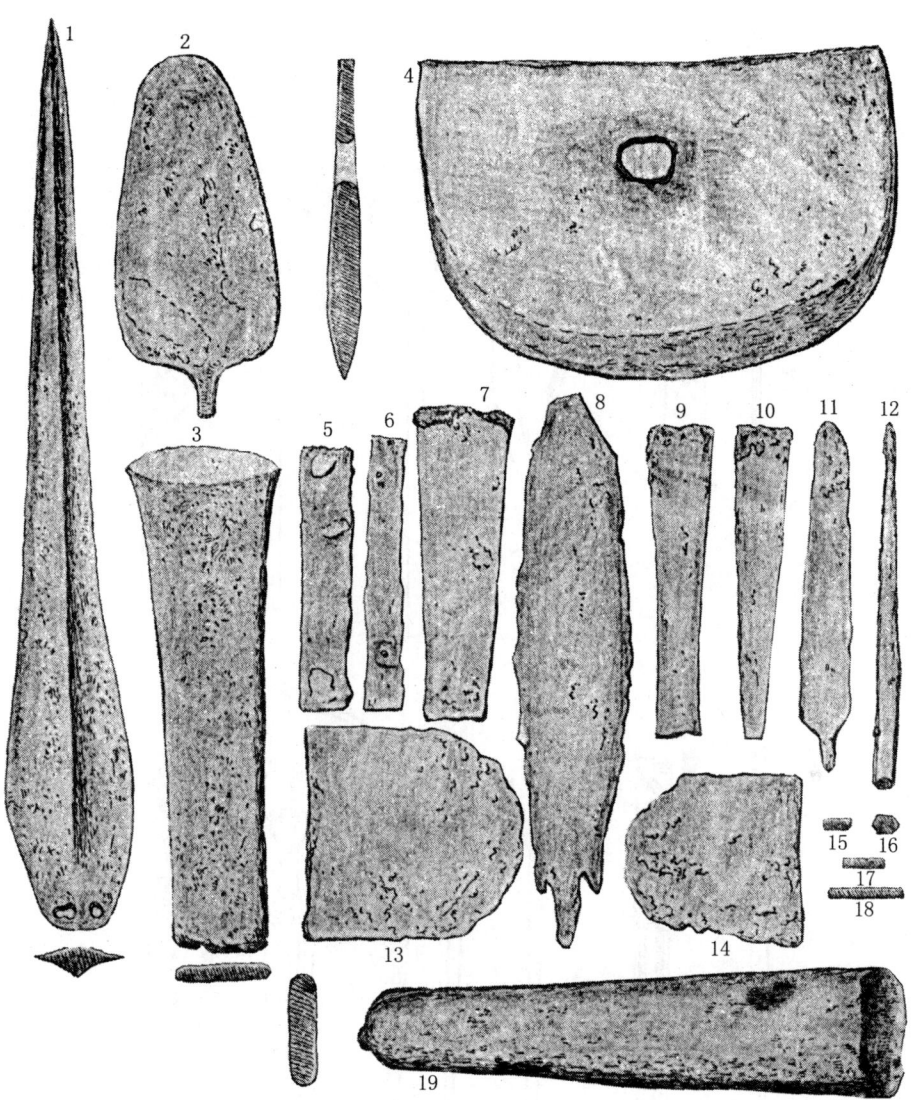

图115 埃及各地出土之铜兵

1—3.短剑或矛头等。纳加达（Negadah）出土。4.铜斧。阿拜多斯出土。5—18.剑或矛头等。阿拜多斯出土。19.铜斧。埃及女王墓出土，吉萨博物馆藏（采自皮特里《埃及史》、摩根《东方史前》）

亚洲古兵器图说

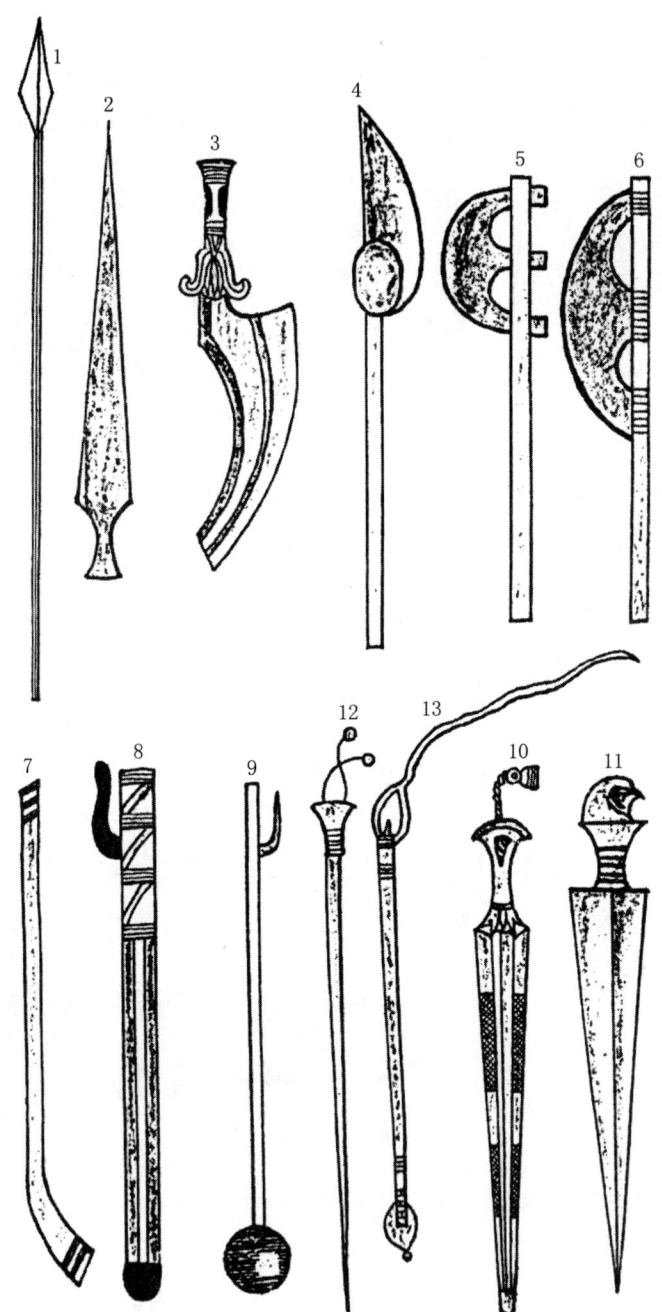

图116　古埃及战士之兵器

1.标枪。2.短剑。3.曲刃刀。4—6.战斧。7—9.锤。10—11.短剑或匕首。12—13.手掷标枪。（采自罗林森《古埃及史》）

第16章 埃及兵器

图117 古埃及战士之武器装备
1.战盔。2.护身甲。3.普通战士之盾。4.大盾。5.前进中之战士。6.前进中之弓箭手。7.车兵及步卫之装备。（采自罗林森《古埃及史》）

附录 亚洲古兵器铸造图说

导言

自吾国周口店及南洋爪哇相继发现猿人石兵以来,东南亚上古原始文化先后显露于世。近年西亚、南中国及马来半岛、马来群岛以及越南等地先后出土各种中石器时代之石兵、石具,复多同形同式者,证明各地古石器文化之联带关系,意义深远。至于亚洲各地新石器时代之石兵,出土者尤众,有联带关系者更多,且其制造极佳,至有犀利光泽如新而尚可利用者(如近年浙江各地出土吴越石器文化时代之遗物),似较优于世界其他地区出土之同期石兵。石兵之制造及骨、角、蚌、贝兵器与玉兵之制造,简言之只有打制、磨制、刮制、刻制诸种,细论之亦大有分别,其大要业已分述于拙著《中国兵器史稿》与《亚洲古兵器图说》之中。

亚洲铜兵之最古远而又最精美者当推高加索、西伯利亚及中国之铜兵,本系亚洲人种之埃及民族铜兵,尤其是埃及黄金时代之包金、嵌金铜兵,如金剑、金斧、金矛、金刀、金锤等器,尤为铜兵中之最精丽华美者。依吾人之见解,中国铜兵之开始期决不在高加索、西伯利亚及巴比仑或埃及之后,中国铜兵铸造之详细研究,业见《中国兵器史稿》中,亦不赘及矣。

亚洲古兵器之制造,关系重要而且合于实用者,当然系有史以来至今尚延续使用之铁兵,是以吾人关于铸造、锻造及其他一切有关制造方法之研究当以铁兵为范围。

亚洲铁兵之范围至广，但如从其特点即特别优良精美而且世界周知之各点，以及实用之利益两方面着想，则所有亚洲铁兵之精华可缩为花纹刃一项言之。所谓花纹刃者，即刃上有各种花纹之刀剑是也。此种良刃能削铁如泥、斩金切玉，他种刀剑不能抵御，一遭其斩削即损毁折断，为亚洲特产，直至新式火器尚未盛行以前亚洲各地尚多能制造之者，现在亦尚未完全失传且有后兴趋势，此亚洲民族可以自豪于世之一盛绩也。

花纹刃源出中国，至周代而弥盛。如花纹剑，战国时铜制、铁制者均有，皆南方吴越文化后期之艺术品也。就文献言之，如《越绝书》谓巨网剑"穿铜釜，绝铁锧，胥中决如粢米"，纯钩剑"其华捽如芙蓉始出；观其钘，烂如列星之行；观其光，浑浑如水之溢于塘；观其断，岩岩如琐石；观其才，焕焕如冰释"；又记风胡子对楚王问欧冶子、干将所铸龙渊、泰阿、工布三剑曰："欲知龙渊，观其状如登高山、临深渊；欲知泰阿，观其钘巍巍翼翼，如流水之波；欲知工布，钘从文起，至脊而止，如珠不可衽，文若流水不绝"。所谓钘，即古人所谓龟文漫理，汉人所谓松纹、蟠文，日本铸刃名家所谓铓是也。所谓如芙蓉、如列星、如溢水、如琐石、如冰释、如高山、如深渊、如水波、如珠衽、如流泉等等形状，均指刃上所铸之天然花纹而言，均铜铸或铁铸之花纹刃也。

花纹刃有两种，一为平面花纹，视之有形，扪之无物，盖纹与刀平而含于铁中者也，日本花纹刃及伊斯兰教诸族（印度、波斯、阿富汗、布哈拉、土耳其）之花纹刃属之；二为糙面花纹，视之有形而扪之亦常有物，盖在刃面常凸起为花而纷露于铁表者也，马来诸族之花纹刃属之。前者谓之天然结晶花纹钢刃（Damas de cristallisation），后者谓之人工焊接花纹钢刃（Damas de Corrayage）或烂焊花纹钢刃，均世界之名刃，欧美收藏家及各国王室与博物馆咸以获得其佳品为荣者也。

中国周代铸刃专家所制之糙面花纹刃，业已先后发现不少，仅瑞典远东古物博物馆所藏之战国糙面花纹刃（铜剑）已有十余具之多，而著者亦获得清人吴大澂（愙斋）所藏花纹刃之拓本一件（见《中国兵器史稿》，第四十三图版），其花纹均作碎锦形或琐石列星形，殆即所谓之"鱼肠剑"，可见《越绝书》所载非虚也。但数十年来，著者竭力于中国各地及欧亚各国搜求中国古代平面花纹刃，访问殆遍，迄未获见及一具。于此有二说焉，一即平面花纹尤其是铁刃，早为刃面锈污掩盖，洗濯亦不可辨认，况前此并无识此者；二即此类名刃尚无出土者，或虽有出土然已散失不彰或被人以废铜烂铁弃之矣。两说均属可能，无论如何亚洲花纹刃源出中国乃系毫无可疑之事实也。及嬴秦肆虐，销兵坑士、禁止铸兵，奇才异能之士挟其术而出亡胡越，东去者以其术传诸日本，西北迁者以授伊斯兰诸族，南下者以传马来，是以自汉以降日本、伊斯兰诸族及马来人先后均以善铸花纹刃鸣于世，而其铸造之术在中国乃反失传焉。

日本花纹刃系平面碎段复体暗光花纹刃，分为边花、腹花、界花（铓）、小暗斑、粗暗斑、细暗斑等名目，但各刃大都相同且非细视不能辨之。

伊斯兰诸族花纹刃系平面通体花纹刃，各刃之花纹迥异，或如流泉瀑布，或如琐石列星，或如云梯叠嶂，或如高山深渊，图画显明，一望可辨，而其刃之钢质亦为世界最佳之品焉。

马来花纹刃系糙面凹凸花纹刃（平面者极少），各刃花纹特异，种类繁多，更为美丽，《亚洲古兵器图说》之"马来兵器"一章中已列入佳品摄影多件，阅各图版可见大概矣。

周纬

第1章
日本古兵器之制造

一、日本古兵器制造之源流

日本民族固有之兵器，以刀剑最具特色。在承平、天庆年（931—946）以前之"古刀时代"日本人始学制刀剑，嗣后渐屏绝舶来品与归化人而自制有价值之刀剑。据英国塔顿爵士之研讨，其最古之制刃名家天国、真守为8世纪初时之人。自古刀时代始，其刀剑制造渐有本民族之特点，有名之刀剑工安房、实成即出于该时代之前期。此后日本刀之制造日精，声名日上，迥非邻近诸国所能及，即南亚诸强之刀亦不能与日本刀比其坚锐矣。[①]日本人善于模仿他人之长而得其精华，其始不惜卑礼重聘以召致异国人才，迨既学得其上乘，复精益求精且驾而上之，自古已然，刀其一端耳。据吾国史籍记载，秦始皇时曾遣徐福东渡寻求长生不老之药，吾国刀剑铸造术有借此而东传之可能。无论如何，日本铜器时代之贫弱实可置信。日本铜兵或来自西北方，或来自南方，或来自中国，日本民族本身之铜器出土者寥寥也。西北来源早断，南方文化亦绝，故自秦汉以来以至唐代，日本兵器仍继续专受中国之影响。宽政

---

① 余数年前游于日本之奈良，其地刀肆主人售余一小刀，可以当面削铁成片。伊又出示一非卖品，为千余年前之名刀一具，白刃如新，光彩夺目，据云可斩断任何刀剑。——作者注，后同

辛亥年（1791）日人仰木弘邦氏所著《古刀铭尽大全》一书中所图示名刀剑均带中国色彩（参见《亚洲古兵器图说》图23），如龙形、如唐剑形、如神像形等均受中国影响，至梵文与佛像形则可能受印度佛教影响。唐以后，日本兵器仍难免受外族势力之浸染，如日本古铁胄颇有脱胎于元盔或蒙古盔者；又如日本奈良东大寺所藏之小刀多具，颇似土耳其人之小刀，至今土耳其尚普用其物，必为突厥或穆斯林输入日本者无疑。[①]凡此均为日本古代以至距今六七百年前其兵器历受外族文化影响之铁证也。自明季以降，日本刀似已完全成就，独立不羁，其他兵器俱渐有可观，而日本国势亦年长月增。明末火器兴，日人因得风气之先起而自制枪铳，清季渐得欧美人传授始尽获其精华，然日本人终不忘情于刀剑也。1933年2月6日，荒川五郎、栗厚彦三郎等在东京下议院提出刀剑复兴建议案，以提倡日本精神及固有文化为由，请政府设法提倡日本刀之制造业及在帝国美术院第四部开日本刀部接受日本刀剑，俾助成日本精神复兴云云，获得一致通过。可见日人认刀剑为其历史文化及武德、武力之一重要事实矣。

1876年，英国收藏家阿尔特（W. J. Alt）曾将其毕生搜集之日本各种兵器陈列于伦敦贝斯纳尔格林博物馆（Bethnal Green Museum），其中有大矛、标枪、弓箭、盔胄、披甲、箭袱、战靴等物，以及日本普通武器武大刀、长刀与短刀。日本矛与标枪颇长，其木柄笨重坚固，铁尖不大而锐，外观柄大镞小，颇不美观。用时须赖平时之大力练习，否则难期灵活（参见图1）。日本亦有长柄大刀，其长几与矛等，在八尺左右，刃长约二尺，著者曾在欧洲博物馆见及数具，然恐非甚古之物。日本弓箭及其盔胄、披甲、战靴等戎器之形式及制造，大都仿自中国，系由中国传往者，似非日本民族创制之物，盖因中国文化两千年前已流传及于日本也。欧洲著述家如塔顿爵士诸人乃谓系佛教流传及于日本之故。考日

[①] 见原田淑人、驹井和爱所著《中国古器图考兵器篇》。

图1 装备各种武器之日本士兵

本于唐代深受中国佛教及文化之影响,故其各种武器均雕刻梵文经与中国诗、中国龙形及战神形,即最具个性之倭刀亦在所难免,均受中国同化。塔顿爵士此论确符事实,并有日本专家之著述可为其佐证。除清水橘村之结论业已摘述于上外,畴昔日本古刀研究家仰木弘邦于《古刀铭尽大全》一书中尝详加考据,列图达数百件。其中所列之最古吉光刀,即一面刻龙形、一面刻中国神像形,上缀梵文;又最古之行光刀亦雕刻中国神像及梵文;又古代日本贞宗剑亦一面雕刻龙形、一面刻中国唐剑形,凡此均足为日本刀直接受中国文化影响之证。不宁唯是,《古刀铭尽大全》之后序作者即日本浓州刺史坂上是村氏,文中处处征引中国古物古事,其文且习为汉文体裁而不夹日本假名,此亦可为斯时日人在武器方面崇信并服从中国文化之一证。其后序之原文如下:

盖刀剑者,君子所以讨不庭、禁暴乱,防检非常,卫身禳灾,其用期于铦利耳。然兵,凶器也,虽紫电、白虹、流星、辟邪之宝，亦当藏室以韬光矣。世衒声价，装以文犀，雕以翠绿，粉饰嫫母，刻画无盐。又有漫理而干将，龙文而镆铘。凡铁与纯钩同锋，铅刀与湛卢并锷。欧冶氏诉屈于千载，岂不哀邪。噫！君子禁暴禳灾之器，安可无辨其真假哉？曩时有本阿弥光刹者，妙于相刀剑，名声藉甚，子孙袭业，为世矜式。仰木弘邦从而学之，研精数载，得之于目而应之于心，乃作古刀全谱以示予，请叙一言。予辛然叹曰：人各有所好，或书或画，或山水或花竹，于诗于酒，乃至蜡屐锻冶，其他杂碎不可枚举也。而如弘邦之好，世所罕闻，实有益于人者也。而其所条列吴钩越剑、郑楚之刀，铮铮乎简编，自非癖于剑者安得而能之哉？尝闻神灵之物待识者出，此书行于世，□必多有识者，则龙泉太阿，旦暮遇之，不复有雌鸣而忆雄之憾哉！

宽政辛亥冬十一月浓州刺史坂上是村　[板上是村]　[信而好古]

日本刀剑虽深受吾国文化之影响，然其技术实有后来居上之势。吾国宋代诗人欧阳修即有《日本刀歌》云："昆夷道远不复通，世传切玉谁能穷。宝刀近出日本国，越贾得之沧海东。鱼皮装贴香木鞘，黄白间杂鍮与铜。百金传入好事手，佩服可以禳妖凶。"[1]对日本刀赞誉有加。降及明季，宋应星更于《天工开物》之《锤锻》篇中云："倭国刀背阔不及二分许，架于手指之上不复欹倒。不知用何锤法，中国未得其传。"日本史载丰臣秀吉征高丽时，高丽武士及中国兵之刀剑悉被日本刀削断砍折，盖非妄言。吾国《明史》亦言及戚继光兵士之刀剑为倭刀所断。至于坂上是村序中所谓"粉饰嫫母，刻画无盐"等云云，实足以代表日本古武士朴素无华之心理。盖日本之古刀剑虽名钢良刃，初均仅装白木柄鞘。十数年前著者在日本奈良地方曾见及千年以上之名刃，仍保持其原来制工之白木柄、鞘，朴实简约，不尚华丽，此为日本古兵器

---

[1] 见《欧阳文忠公全集》卷十五。

之特点，亦即其民族之特性。是以日本兵器之装饰，仅用绘漆、花钢、铜片、明蚶等物为点缀，若镶嵌金银、珊瑚、珠宝之刀剑则甚属少数也。日本各种兵器虽大都仿自中国，即其最著名之倭刀亦曾受中国文化影响，但其刀之形式与铸炼淬砺之法则迥然不同，显然深具个性。故世界收藏家之谈日本兵器者均推重日本刀，若除刀之外日本即无其他古兵器者。非无也，不足数耳。至于双锋之剑，日本人向不喜用，仰木弘邦之专著虽略载一二，已尽于是矣。

  日本刀之特点在其刀柄之特长，系为用两手举刀力砍猛劈者，其形颇与缅甸、泰国之刀相类。欧洲著述家遂据此点断定日本刀源出缅甸，先有缅刀始有日本刀，日人系仿缅人之制造者。①此说仅具片面理由，犹如塔顿在同书中声称中国刀源出西藏，恐未尝加以深切之研究也。就日本刀之构造言之，显有其自然之个性（见图2）。除鞘不计外，其刀之本体有四部分：一为刃身，二为柄之双夹片（日本刀之刃，上端均有长颈，有两三圆孔。其柄系用双片为之，以片夹颈，两边缝及头上再包铁片，用钉穿过圆孔打平，刀柄即成），三为护手钢片（护手之日名为"锷"或"镡"，读音为つば），四为柄上小件点缀品，藏于柄外及柄上所缠丝带之下者。再就鞘上特点言之，则鞘背均插一长约10厘米之小刀（日名"小柄"，读音为こづか），是为中国及南亚洲各民族之刀所无者。②今撼若利、稻田合著之《刀剑与鲛》及其他有关资料，缕述日本刀剑之制造技术如下。

---

① 见塔顿《印度及东方武器装备》（伦敦，1896），第92及143页。
② 唯高加索及其他西亚人所用之直形宽刃短剑名"Qama"者，其鞘背亦常插一或两小刀，颇与日本刀相类，而来源似较古，且其同时常并插一小圆锥耳。

二、日本刀剑之制造技术

1. 冶铁

制造日本刀剑之原料，主要来自日人自炼之钢铁。晚近亦有掺用舶来之"南蛮铁"（なんばんてつ）制刃者，所谓南蛮，乃日人对于16世纪中期来岛之葡萄牙、西班牙人之称呼，因其自南海而来，遂沿用吾国对蛮夷之习惯称谓而呼之。或谓南蛮铁可能即印度之乌兹钢或马来铁，但16世纪以前之日本刀制造决非依赖南蛮铁而形成，当可断言。日本传统之炼铁方法，称为"蹈鞴吹"（たたらき）。系其中国（在日本本州岛之西隅，非谓吾国）地方以当地所产之纯净磁铁矿为原料，借蹈鞴炉所进行之炼铁方法。在昔日本全国所需之铁几乎皆以此种方法生产，追至熔铁炉炼铁产生后方被取代，逶迤至大正（1912—1926年在位）末年方全部绝迹。最古之蹈鞴法较为简单，原始炉灶仅为单体，炼制一炉钢铁须经7日7夜之久。蹈鞴炼铁之最大特点，在于同一炉中可一次同时炼出钢、生铁、熟铁等不同品种。

蹈鞴炼铁之方法为：先筑一小屋，内挖一深1丈、长1丈2尺、宽5尺之穴。先以木炭与薪柴在其中烘烤若干日，裨使内壁干燥，乃在穴中填充木炭。然后在其上以黏土制造一高4～7尺、长10尺、宽3尺之长方形炉灶，两侧壁上各开18～20个通风口，插入竹管与鼓风器相接。炉之两侧各设一台名为"天秤鞴"之活页式鼓风器，冶炼时，每台由工人交互用足踏之向炉中送风，"蹈鞴"之名即由此而得（图3）。炉灶造毕后，复在炉内焚薪烘干炉膛。然后在炉灶内充入300～400贯木炭，[①]点火鼓风。当炭火燃炽时，交互投入铁砂与木炭。铁砂在氧化作用下还原为铁，此种铁日人称为锄（けら），系生铁、熟铁与钢之混合物。嗣后，在高温

---

① 1贯=3.75公斤。

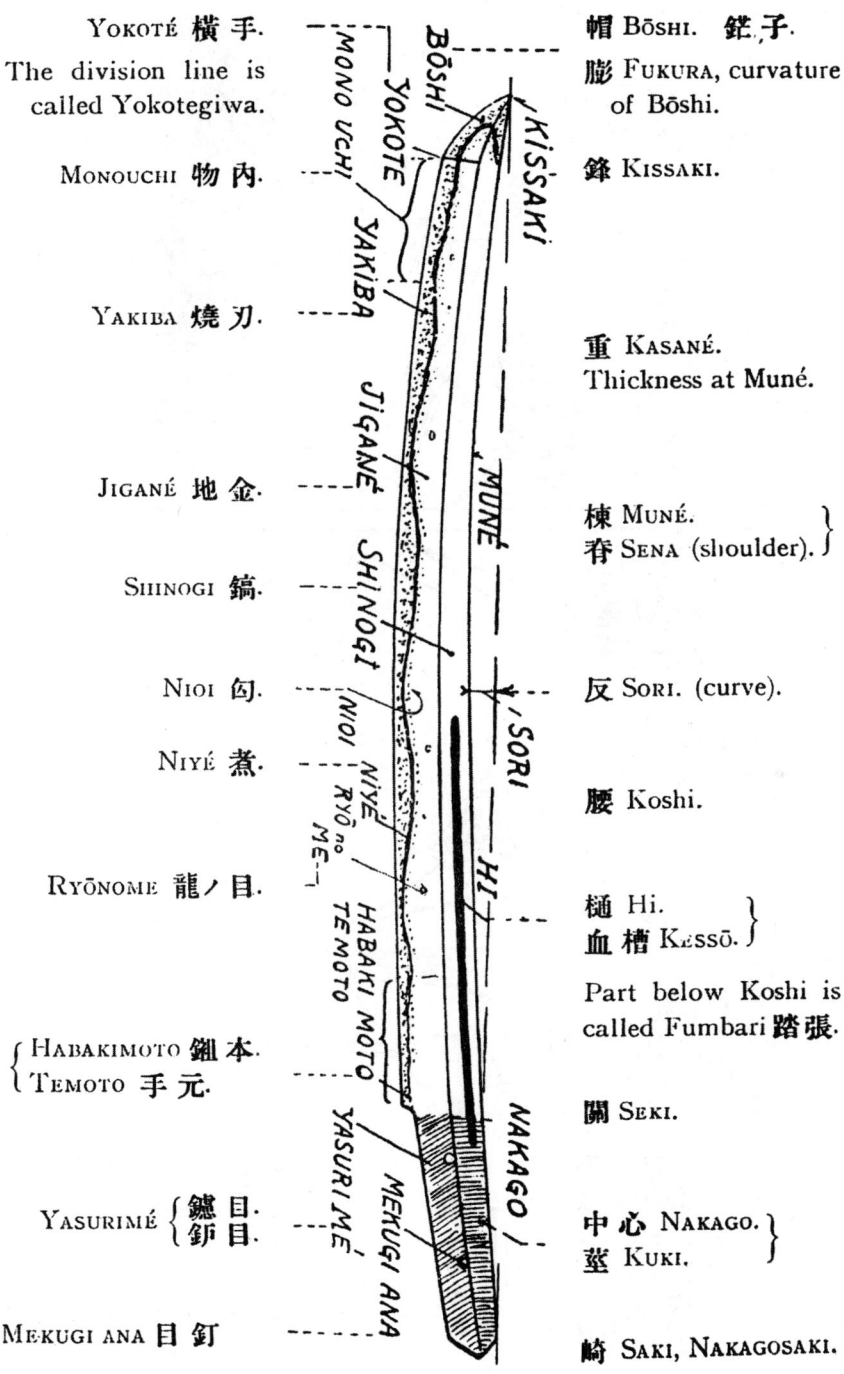

图2 日本刀刃各部分名称示意图

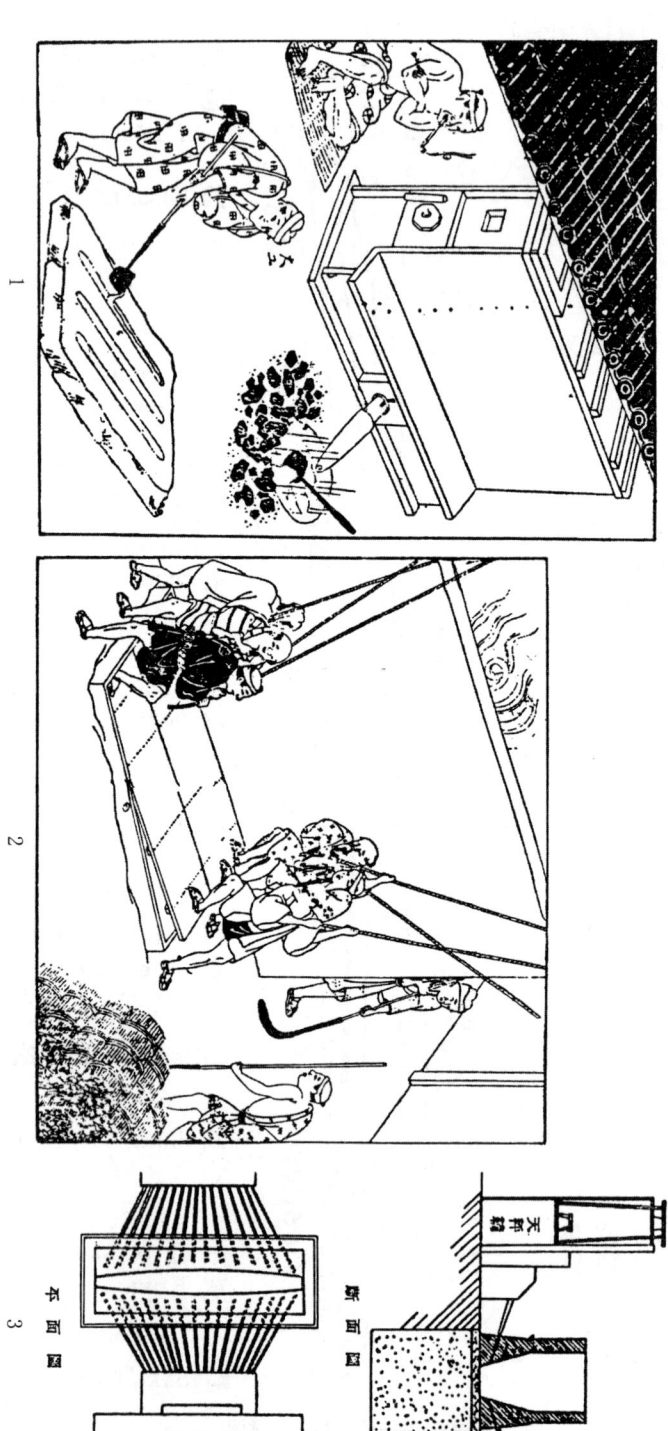

图3 日本古代之铸铁
1.小模铸铁。2.使用蹈鞴鼓风器之大模铸铁。3.蹈鞴冶铁炉之构造。

下吸收大量碳素而呈熔化状态之白口铁沉降至炉底，持续作业3昼夜后，钅母充满炉中，原料亦消耗殆尽，无法继续操作，遂停火将炉拆毁，取出钅母，将已成之生铁、熟铁、钢分别拣选出来，其无法拣选之钅母则作为熟铁使用。如此一次冶炼，可以3400贯铁矿砂、3600贯木炭炼制出钢300贯、生铁400贯及熟铁（包括无法拣选之钅母）250贯，即总量近4吨之钢铁。其生铁与钢占总产量多少，可通过炉之构造调节之，以产钢为主之炉灶，须将通风口加大数分、数量亦加多，并使之向内倾斜。其所产之钢，依其软硬、大小而分为顷钢、玉钢、造り子钢等名目；而因钅母之冷却方式不同（自然冷却或水冷）则产生火钢、千草钢、出羽钢、水钢等品种。此类钢料送至刀工手中，尚不能直接制刃，还须入炉进行脱碳或渗碳处理，并熔铸为条形（图3）。

2. 制刃

制刃之第一步，系将此类条形钢料加热至赤灼而进行锤锻，并通过加热反复折迭打延，少则七八次，多则二三十次，每一次均要锤打数十百锤。锻炼之目的，在于析出原料中之夹杂物，并借此使之成为质地匀称之钢，日本刀上之花纹亦由此锻炼而造成。折迭打延之方法有多种，较为普通者有柾目锻、十字锻，此外尚有短册锻、折子木锻、木叶锻等法（图4）。刀冶工之经心之处，在于折迭打延时不使铁锈、粉尘及空气等杂入折迭层中，否则，折迭层之间将无法融合。锻冶之主要出力者为冶工之徒弟，冶工本人观察火候并亲自执钳，另一手以小锤指点应锤打之处；徒弟（或1人或多人）以大锤随师傅小锤之指点奋力锤打，多者乃有一日而挥锤2000次。然并非锤锻次数越多越佳，因钢之含碳量在生熟铁之间，锤锻过头则反成熟铁也。古时无现代之测试设备，故是否成钢全凭经验与感觉。此乃有经验刀冶工之直感，无法以文字简单说明，在昔均通过实际操作以口头传授辅导，行外之人无法窥其堂奥。刃料经此锻炼后，重量至少减轻三分之一，除氧化、杂料析出等因素外，

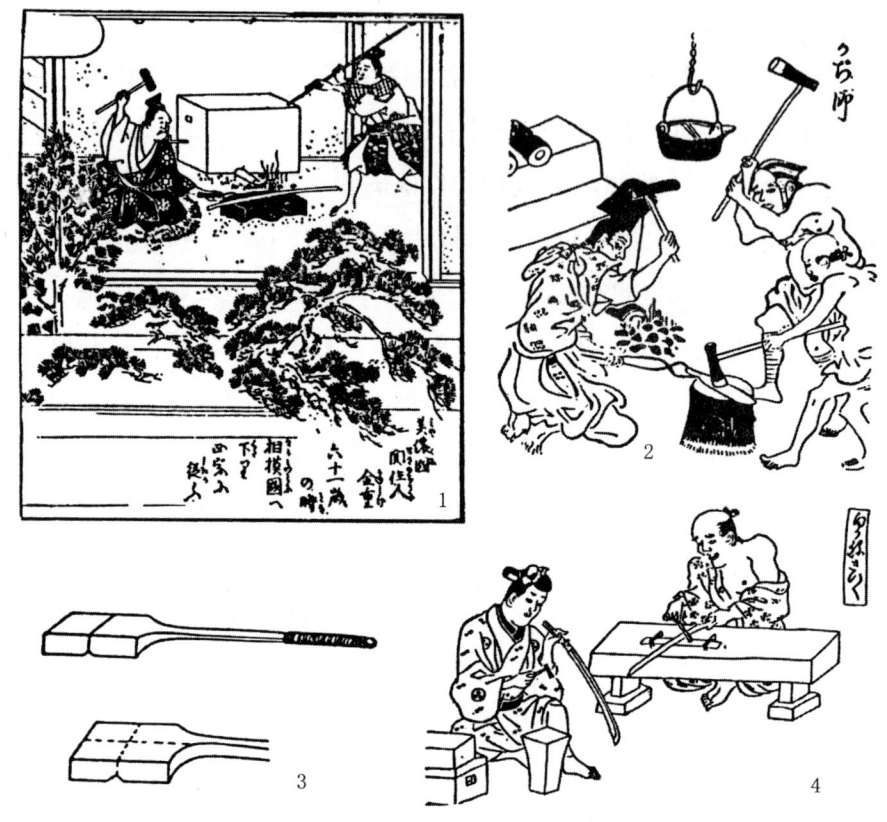

图4　日本刀剑之锻造与锉磨

质地因锻炼而致密亦为原因之一矣（吾国宋代有冷锻制甲法，在不经加热条件下，纯凭锤打，乃可将铁料锻薄至原厚度之三分之一）。①

经锻冶之钢铁已可制刃，但日人对此并不热衷，称此类刀为"丸锻"、"割刃铁"或"数打物"（即一天可以制作数把之刀）。以此类刀易折而不便武用故也。若欲求精良之刀剑，尚须将钢料与熟铁经适当组合作为刀体。因钢虽坚硬，但脆而易折，须以柔软之熟铁辅护；熟铁柔软易弯，亦须有坚硬之钢为其骨干。单一之熟铁或钢均不宜为刀体，经组合之后则既不易折，又不易弯，方为理想之刀体。据欧洲人士之研考，此种工艺约形成于10世纪末，与焊接花纹钢之制作方法稍有不同，

---

① 见沈括《梦溪笔谈》，卷十九"器用"。

此种刃可称之为复合刃或套夹刃。日本刀剑刃之常用组合方法有三合日人称"三枚合せ"，即将钢夹于上下两层铁之间）与卷合（日人称"まくり"或"半卷"，即以铁为心材外包以钢）。较为细致者则有"本三枚合せ"（以铁为刃背、钢为刃口而夹于两层铁之间）、"四方诘"（以一条铁料为干，左、右分别以铁条、钢条为刃背、刃口，上下再加层铁）、"五枚合せ"（基本结构与卷合同，唯在心材与钢之间再加一层中间层）等（图5）。此外，亦有在刃之易折部位（如柄部）特别加用铁料者。刃料之组合亦须在赤热状态下进行，将不同性质之材料经不同之打延融合为一体，且须保证全刃质地均衡，亦可谓巧艺。至此，刀剑初步成形，稍经修整锉磨即可进行淬火。

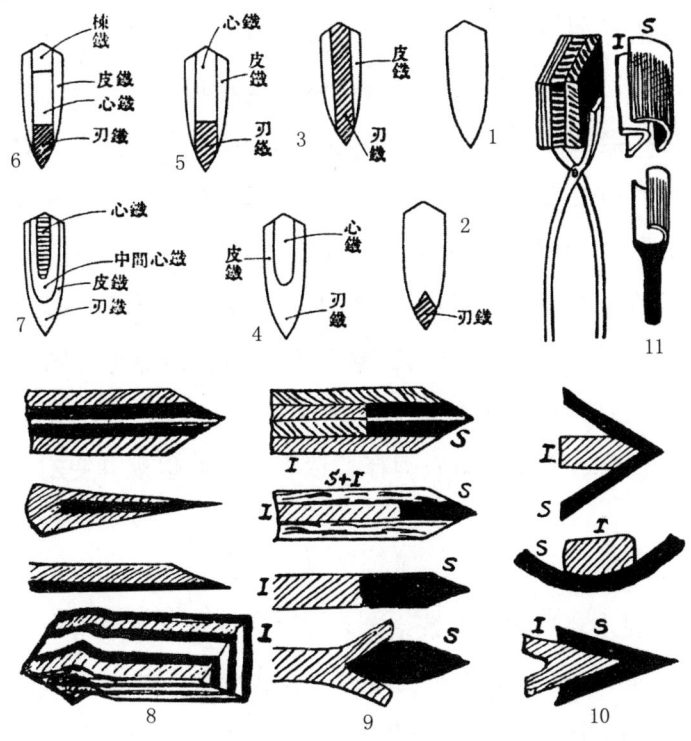

图5　日本刀刃之组合

1.丸锻。2.割刃铁。3.三枚合せ。4.卷リ。5.本三枚合せ。6.四方诘。7.五枚合せ。8.两合刃之组合。9.三合刃之组合。10.半卷刃之组合。11.三合刃之材料配制。图中，I为铁，S为钢。

3. 淬火

刀剑之淬火，须预为加热。因刃体系由不同性质之钢铁组合而成，因此，若简单地将刀剑投入火中加温，原料中之碳素将会逸出或在不同质料间互渗，影响原料之特质。为防止这一现象，在加温前必须用被称为烧刃土之土料涂敷刀剑本体（图6）。尤其是起柔软作用之刀身，必须用厚土层隔热，以免其硬化。加热时，若敷土层剥落，将会在刀剑上留下致命缺点，严重者将使淬火失败，因此，敷土前必须用灰水认真洗涤刀面以除去油污，调制敷土时亦须注意使之干燥后不致开裂。涂敷刀剑之土料亦自有讲究，不仅不同地方之土质不同，而且，还必须酌情掺合不同比例之木炭粉、砥石粉，乃至陶器末、铁屑、木屑等，不同流派各有秘传。如武藏之水心子正秀即以京都稻荷山之土三合、荒砥之粉一合加炭粉五勺混合，加水调和后用于涂敷。由于刀体上之敷土层有厚薄，故加温后，刀刃与刀身之结合部就出现种种刃纹。日本刀剑上之花纹，一得之于锻冶，一即得之于淬火时之涂敷。刃纹中最为普通而尽人皆知者为大湾刃及大丁子刃，细而言之，其变化多方（图7、8），颇难悉其奥蕴。不同流派之刀剑工，因各有秘传之敷土方法，故其刀剑上所现之刃纹亦各自不同，不得真传即无法做出该流派之刃纹。若利与稻田合著之《刀剑与鲛》中，曾据日人《本朝锻冶考》图示日本古代各流派花纹名刃30具，兹择其中16件转录于此（图9），并据《本朝锻冶考》与若利氏之说明而略做阐释，读者若综合以观其变幻，当可得其大要：

8号为山城国锻工三条宗近之刃纹。宗近系京锻冶中最著名之匠师，被称为蝶丸、小狐丸之名刃即由其所造。其他流派之锻工也制造过类似的刃纹，但要粗糙得多。

9号为三条流锻工吉家之刃纹。吉家制有名为鹈丸、银丸之名

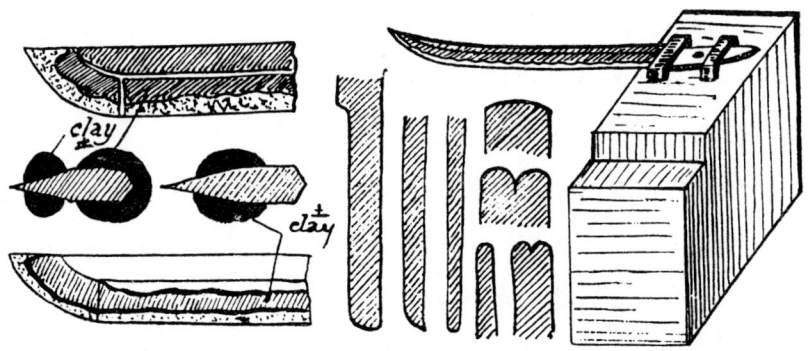

图6　日本刀加热淬火前之敷土

刃。三条流的大多数锻工打造风格类似，但在品级上有区别，且刃纹亦多有不同。

10号为粟田口流锻工国友与久国之刃纹。名闻日本之镰仓流与武士刀三大匠师（藤四郎吉光、冈崎正宗、乡义弘）即直接或间接出于这一流派。大隅权守久国系粟田口国友之兄弟，其所造之大刀胜于国友，而其小刀则与吉光流极为相似。此流派之著名匠师尚有国友之兄弟国清、有国、国安、国纲及国友之子则国，所造刃之风格大同小异，刃纹则多有不同。

11—13号分别为国吉、吉光、国纲之刃纹。国吉系粟田口则国之子，藤四郎吉光则为则国之子。国纲是Kwabinoso（即豪华之剑）的第一个制造者，其子新藤五国光是镰仓锻冶之开创者。

14号为山城国锻工来国行之刃纹。此人亦被称为来太郎元鬼，其风格兼学国纲与则宗，是来流的祖师。下面将要提及的国俊、了戒、信国等均为这一流的名锻工。

15号为来国俊的刃纹与铭文。其铭字与国行相同。与其同一流派之名锻工来光包，风格既似于顺庆，又兼有国行之长。

16号为了戒之刃纹。其所造之刃，兼有京锻冶之式样与备前之铓子，而刃纹则与本流派之刀剑相似。

17号为信国之刃纹与刀铭。其所造之刃类似于镰仓流的式样，但用京都所产原料打造。与绫小路及大宫之制品有细微之差别。

18号为秦兼平之刃纹。此人之风格近于备前锻冶，或系备前锻冶之门人。

19号为冈崎正宗之刃纹。正宗系镰仓锻冶之著名匠师，被后世推崇为武士刀三大名师之一。其技艺传自新藤五国光，曾对制刀方法做过具有划时代意义之改革，因而亦被称为刀剑界中兴之祖神。出于其门下之名锻工甚多，后人仿孔门十哲之例，将其中之佼佼者评定为正宗十哲，即越中松仓之乡义弘、越中御腹之佐伯则重、美浓多艺之志津兼氏、筑前隐岐之左卫门三郎、筑前之金刚盛高、备前长船之兼光及长义、美浓关之金重、山城之长谷部国重、石见之直纲。而正宗流之直系传人则为其养子彦四郎贞宗与秋广、广光。

20号为贞宗之刃纹。镰仓流之远祖为栗田口流，其嬗变之迹甚显然，新藤五国光之刃近于栗田口流，藤三郎行光则近于国光，而正宗十哲之首义弘之制品则与正宗极相似。

21号为广光之刃纹。广光为正宗流传人，其制品与同门中之秋广、广正、广次之制品虽有高下之分，但风格极相似。

22号为助真之刃纹。助真、家则等流派均用备前原料制刃，刃纹则近于镰仓流，亦匠师中之著名者。

刀刃经涂敷后之热处理，对制刃来说几乎是决定命运之最后一道操作，锻冶工之技艺高下亦借此可得而见之。为充分观察加热中之刀色，操作多半在夜深人静时进行。加温程度及火焰之颜色，各流派之把握不尽一致。如备前流烧至10%或15%之赤热，焰色呈小豆色或苏枋色；相州流则烧至15%至24%之赤热，焰色呈黄色。对焰色之辨认与把握，一如前述锤锻是否成钢之把握，全凭经验与口传，一旦把握不准，将使刀剑淬成后质量不良，故锻冶工在这一步操作中最需集中精力、排除邪念。万籁俱静之夜色与凝视炎炎炉火之匠师，使刀剑之制作带有了若干

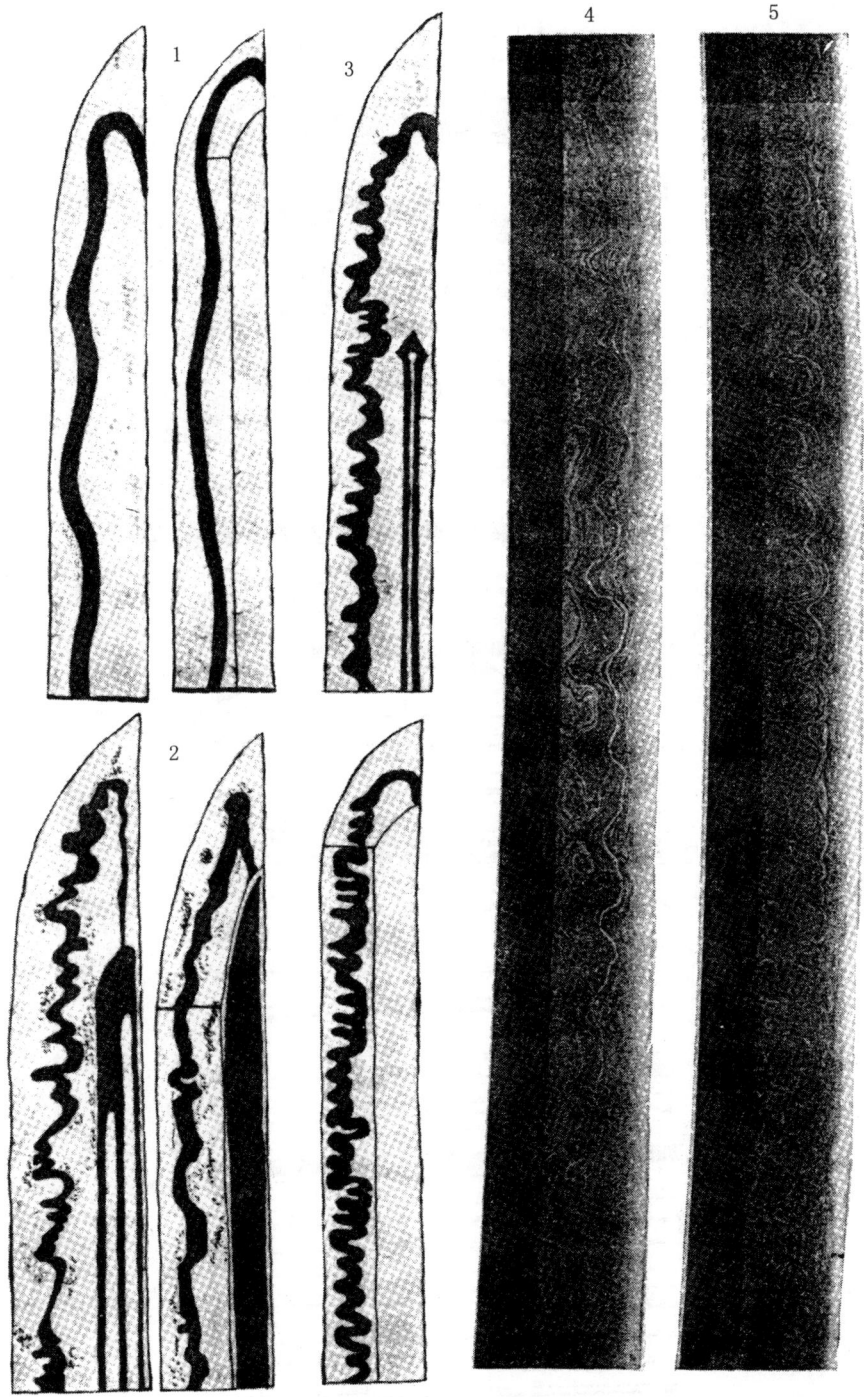

图7 日本刀之花纹
1—3.史密斯（W.H.Smith）所藏之日本花纹刃。4.大湾刃。5.大丁子刃。

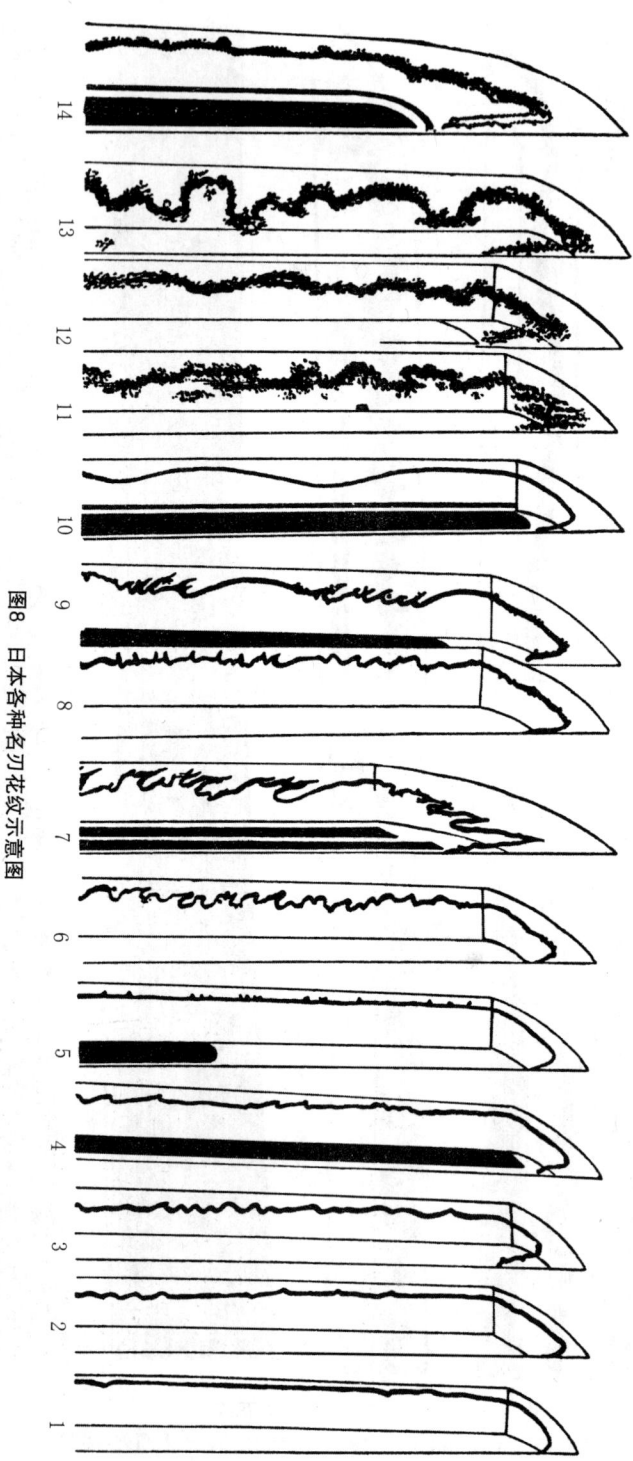

图8 日本各种名刃花纹示意图

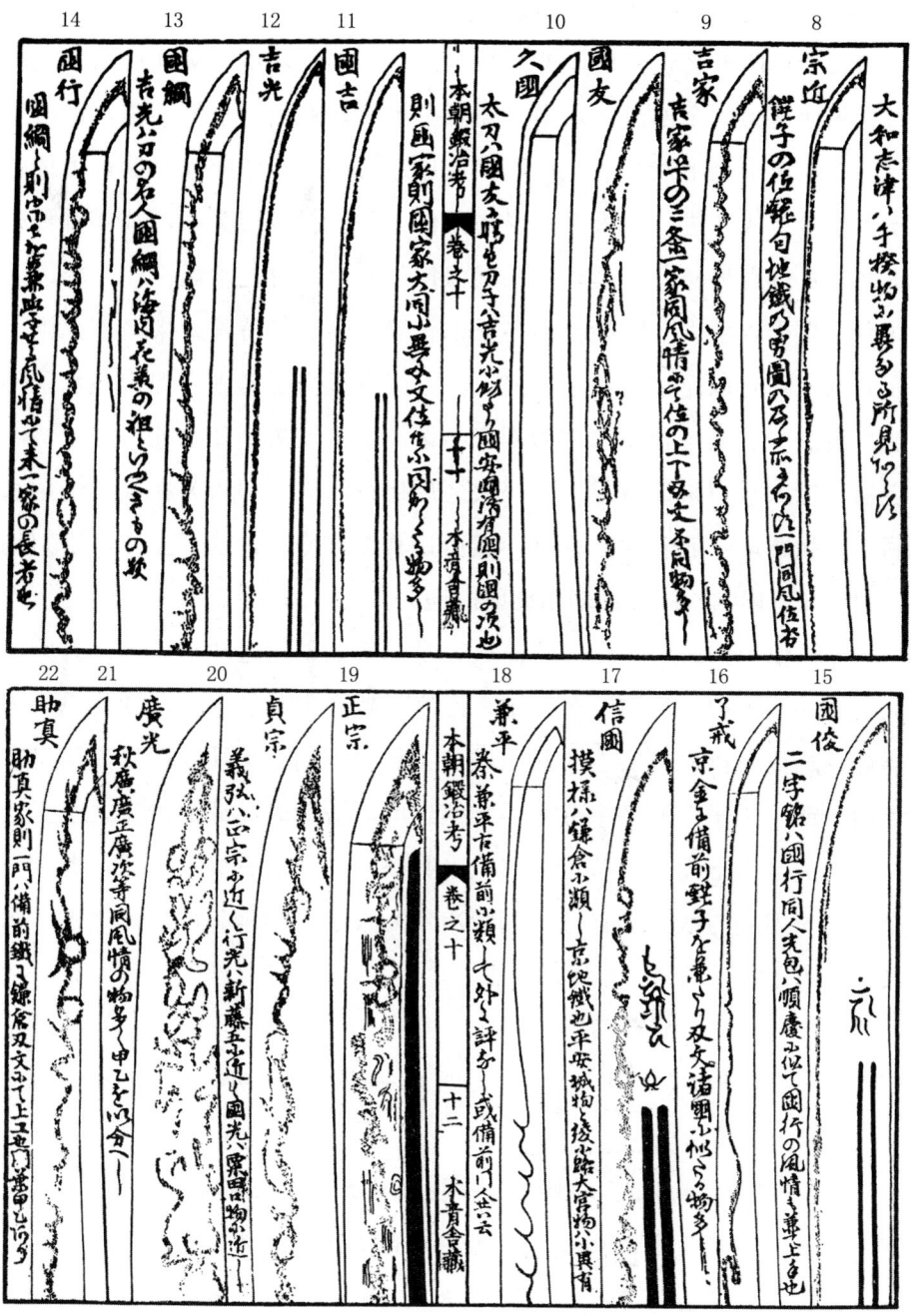

图9 日本各地所产名刃之花纹

神秘之成分。当刃体烧至所需之赤热程度时，便从炉火中抽出刀剑，迅速除去刃口附近之敷土层，然后投入水中淬火。入水之瞬间锻冶工须尽力大喝而使刃体全部没入水中，斯时有爆然之响声，水气蒸腾，锻冶工将刀剑在水中上下左右数次振动，以加速其冷却。经此淬火后，刃体之硬化始告完成。进行淬火之水温与刃体之硬化有直接关联，故亦有种种讲究与古昔之秘传。一般须使水温保持如六、七月之水温，即十余度，如此，夏季以手试之觉稍凉而冬季则稍温。为达到特殊效果之淬火则不在此例，乃有以泥水或油进行淬火者，或有提高水温者。但提高水温不能直接烧水加热，相州流之刀剑工尝谓：烧水加热则使水死，须以烧红之铜片投入水中来调节温度。淬火之后还须回火，即将刀在火上烧至水滴上去如圆珠一般转动之程度，然后让其慢慢冷却。这一操作，于刀剑之硬度几无影响，但韧性却由此而提高。

淬火使刀剑成为优良，然淬火亦易于造成刀剑之缺点。何故？因淬火之成功系于刃体均匀烧至一定之温度，然在古昔炉火中，欲将三尺刃体烧至均衡一色，事实上非常困难。尤其是刀剑之尖端（即日人所谓之"帽"或"铓子"），十分容易加热过度，故昔时品评锻冶工之水平，常以刀尖之高下而予以鉴定。然大多数缺点却又均有修补之法，若利与稻田之《刀剑与鲛》尝自《本朝锻冶考》采录一指示刃部缺点之图（图10），为之解释说明，今译述如下：

  a. 取リ口（とりくち）。有时在一面，有时两面皆有。此种疵点一般无法消除。

  b. 月の輪（つきのわ）。一般出现于铓子之两端，形状如新月或残月，其名称即由此而来。此类疵点之程度浅者尚可消除，但其十有八九较深（深者乃至穿透刃体）而无法修补。旧时亦据此类疵点之形状大小占卜吉凶。

  c. 烏口（からすぐち）。通常出现于铓子附近，一般无法消除。

d.棟しなえ（むねしなえ）。棟上之横向裂缝，可通过填补消除。

e.棟割れ（むねわれ）。棟上之纵向裂缝，可通过填补消除。

f.縱割れ（たてわれ）。刃体上之纵向裂痕。

g.蜈蚣しなえ（むかだしなえ）。指长且深之棟割れ。

h.膨れ（ふくれ）。铁渣气泡。

i.地割れ（じわれ）。刃腰部之小裂缝。

j.うめがね。填料。

k、l.鍛割れ（きたえわれ）。铗子附近之裂缝，但有时也可能出现于刃部之任何地方，其中有一部分可以消除。

m.刃しなえ（はしなえ）。刃部之横向裂缝，可出现在刃之任何一处，若在刃体上则称为じなえ。程度浅者可以磨去。此类疵点在旧刃上无碍，但对新刃却有影响。

n.突じなえ（きじなえ）。出现于刃部或刃体。浅者可消除。

o.なぎれ。近刃口之横向疵纹。

p.ながらみ。近刃口之纵向疵纹。

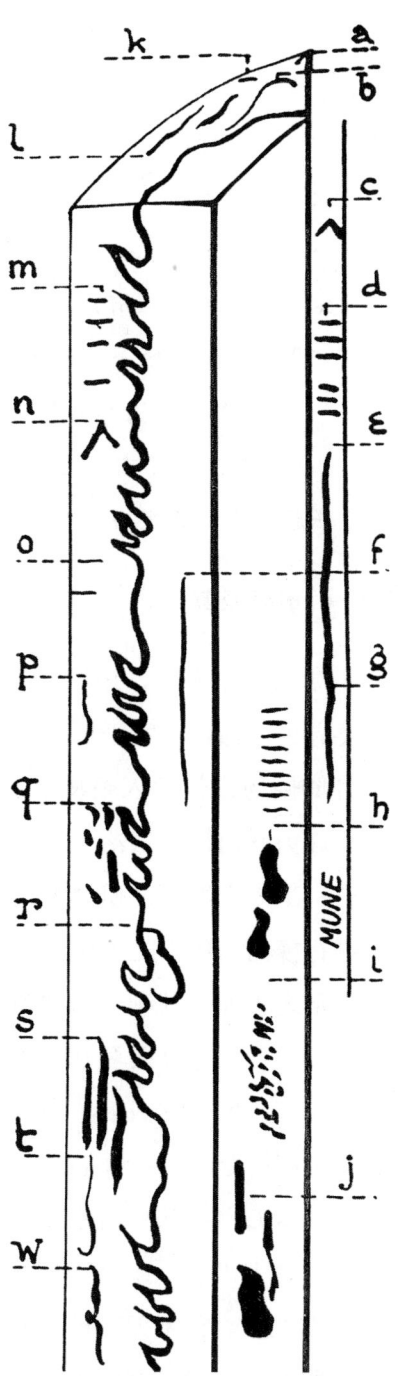

图10　日本刀各部分缺点示意图

q. 飞肝斑（とでじみ）。刃部之散斑。有时人们对此类疵点并不介意。

r. 烧崩れ（やきくずれ）。在刃纹上出现之疵点，两面皆直。若锻工技艺高超，此类疵点便无碍。

s. 肝斑（しみ）。即刃部之斑点。因部位与色泽，可分为端肝斑、白肝斑、油肝斑、花肝斑等，上述飞肝斑亦属此类。除白肝斑可磨去外，其他一般无法消除。

t. 鋏だし（はさみだし）。

u. 炭隐り（すみこモリ）。木炭杂质。此类疵点外观似粗糙之金属物，实为带黑斑之凹陷。浅者可磨去。但一般不可能去除。

4. 磨砺及其他

刀剑经淬火后，由锻冶工以砺石开出刃锋。锋刃之厚薄与使用之需要有关，锋口薄利于砍切软物，但遇铁甲之类硬物则易于缺口；锋口厚可劈硬物，但难入毛皮之类软物。须根据不同需要而开出合适之锋刃。锋刃开出后，锻冶工之任务已成，乃由专门之研磨师磨砺。名刀必须有良工为之磨砺。研磨师用布裹握刃之两端，在置于浅水盆中之砺石上进行横向与纵向之磨砺，以求在地金、镐、铓子与栋各处磨出规则与几何形之表面。其顺序乃由粗至细，依次使用所谓荒砥、伊豫砥、伊豫名仓、中名仓、高丽名仓、合せ砥、地艳、刃艳、对马砥之类砺石研磨（图11）。磨砺完成后，或有将刀刃装以试验柄进行试刃者，而其柄鞘之装饰则由专门之鞘师完成。

日本刀上各部分名称甚为烦琐，实因各家自有其不同之制法故也。以日人称为"帽"或"铓子"之刃首部分言之，其常见者即有若图12所示30形之多。日本刀之柄，骤视之颇觉简单而纯一，实则亦各自不同。图13所示之11形，制造各异，各有其长，不能一概而论也。但此之所谓柄，并非另配之刀柄，乃与刃同铸，即刃上原有之铁茎，日文亦称为茎

附录·第1章　日本古兵器之制造

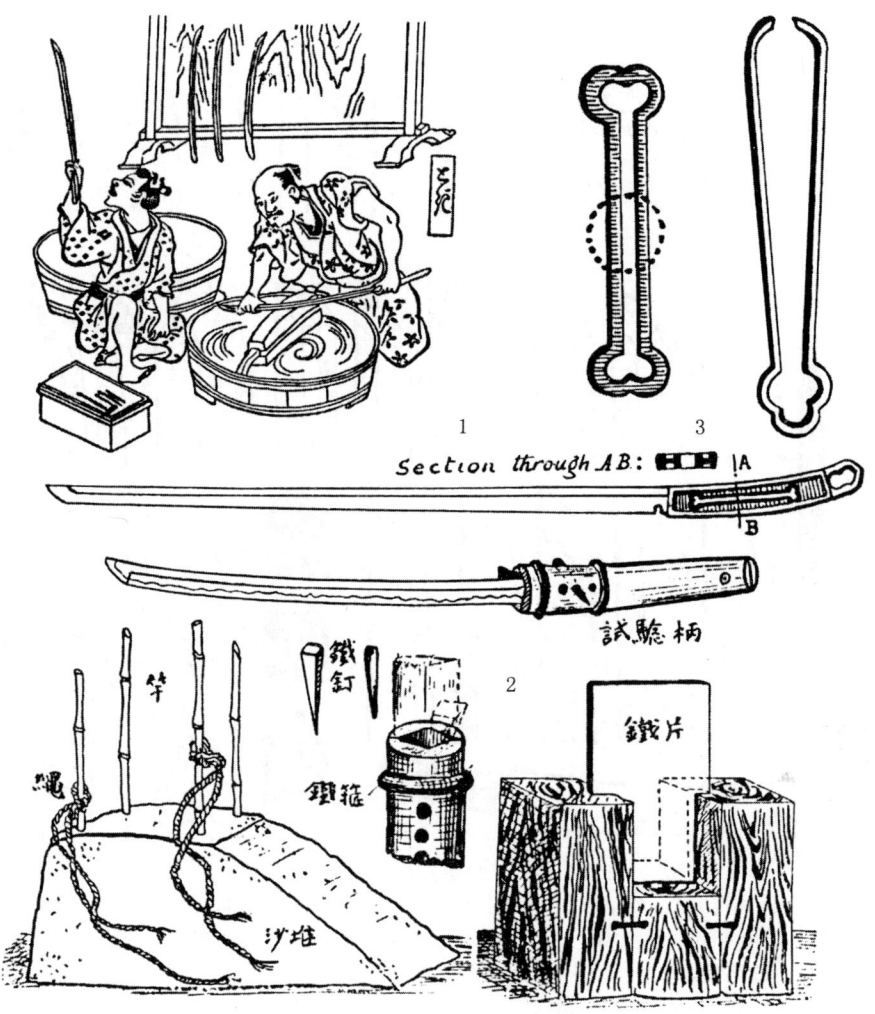

图11　日本刀之磨砺与试验柄
1.正在砺刃之研磨师。2.楔入试验柄中之刀。3.《本邦刀剑考》所示揲形目贯及其装法。

（くき）。其可分为三部分（参图12）：一为中心（なかご），二为镱目或铲目（やすりめ），三为目钉（めくぎあめ）。刀剑上之血槽凹形，亦有不同之形，若利氏曾图其19形（见图14），并据《本朝锻冶考》说明如下：

1号为天国、安纲、宗近及古备前锻冶所制刀之槽形。

299

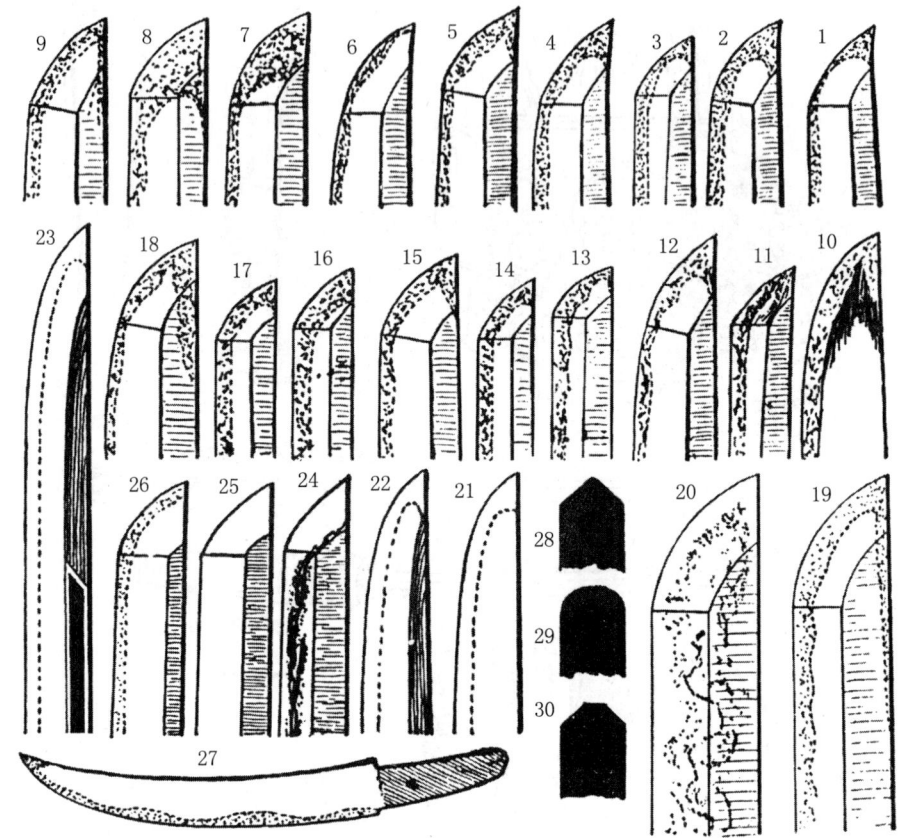

图12　日本刀之刃尖形式

1—4.丸形帽。5.乱れ。6.烧诘。7.下リ帽。8.一枚帽。9.崩れ。10—11.焰形帽。12—13.じぞ。14.葵形。15.尖リ帽。16.大帽。17.箕腹。18—19.深归帽。20.沸崩れ帽。21.普通镐造。22、27.菖蒲造。23.鹈首造。24—26.不同式样之镐。28—30.不同形状之栋。

2号为新刀之槽形。①

3号为粗制长刀之槽形。

4号为大和时代之剑槽形。

5号为京锻冶三条宗近流所制剑之槽形。

6号为京锻冶来氏流了戒、信国之槽形。

7号为相模之贞宗、信国之槽形。

---

① 日人称庆长（1596—1615）以前所制之刀为古刀，以后所制者为新刀。

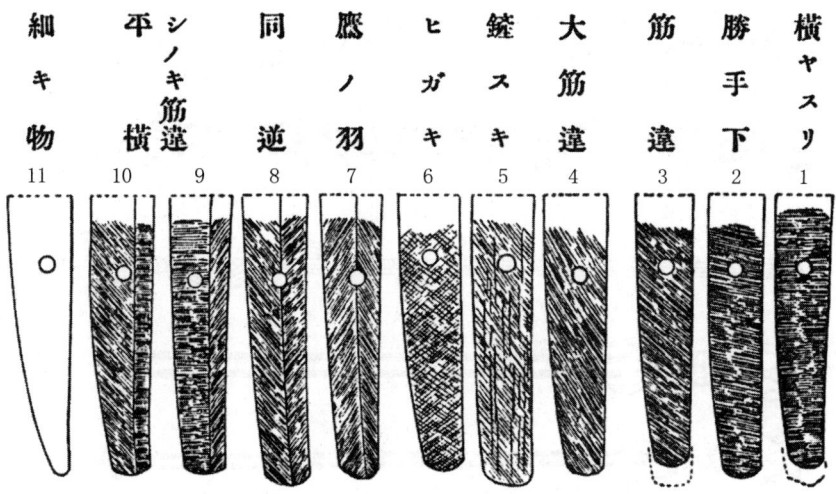

图13 《古刀铭尽大全》所示之不同柄形

8号为相模之正宗流槽形。

9号为长谷部国重、国信之槽形。

10号为陆奥之丰寿之槽形。

11号为备前、备中锻冶之槽形。

12号为备后锻冶之槽形。

13号为伯耆之安纲与长谷部国信之槽形。①

14号为平安城信国及镰仓锻冶之槽形,两者仅有细微差别。

15号为中世纪以来其他各省之槽形。

16号为棒樋(ぼうひ)。

17号为连樋(つれひ)。

18号为腰樋(てしひ)。

19号为添樋(そえひ)。

此19器中,刀居其小半(1—3、16—19号),余皆为剑形。剑之中槽未必如是之阔(如7—8、12号所示),恐系绘图者注重剑柄形而略于

---

① 著者按,此或系以叉为柄之剑乎?

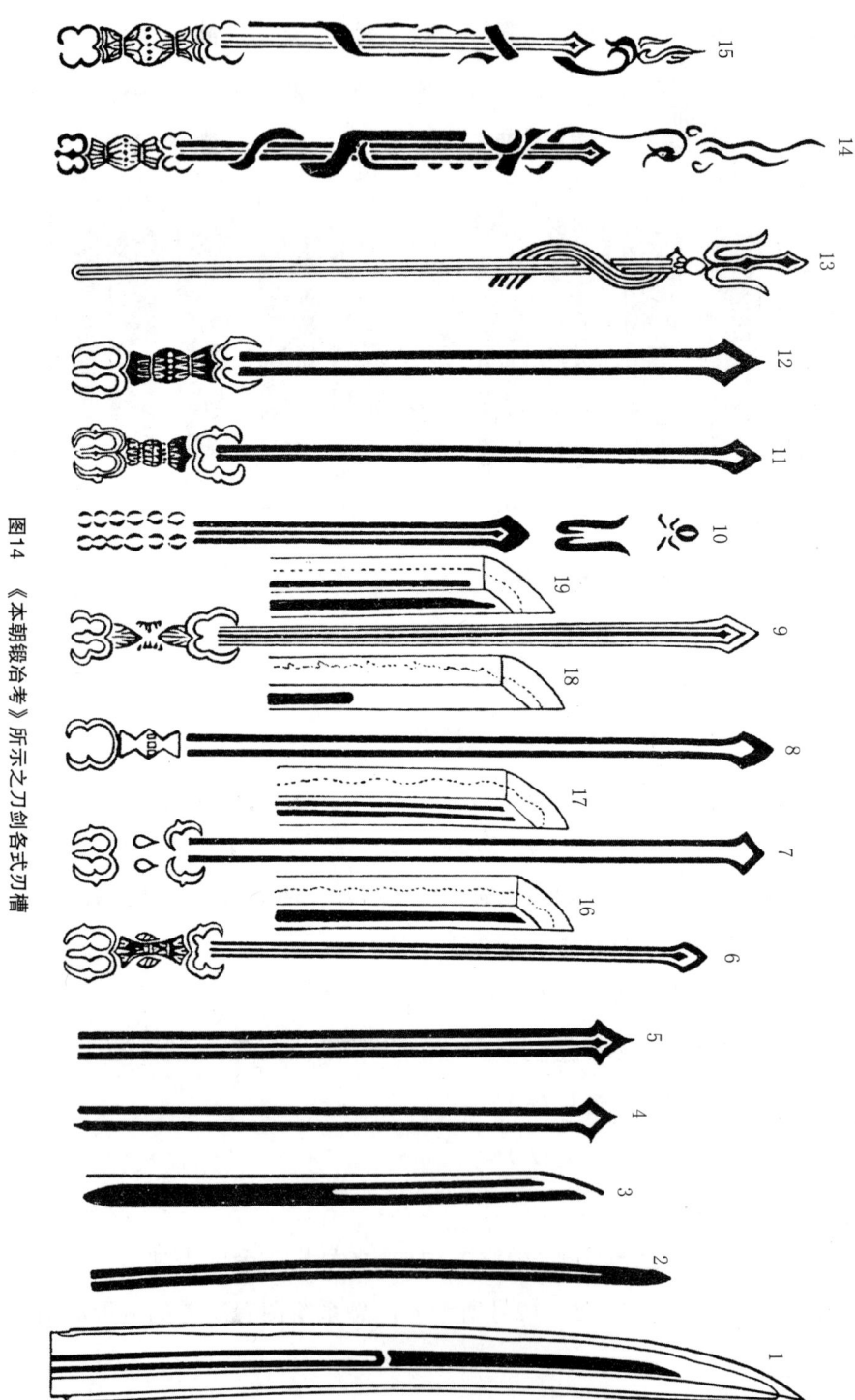

图14 《本朝锻冶考》所示之刀剑各式刀槽

刃体之所致，读者但师其大意可耳。此外，尚有刀剑之体形。此事有两方面之含义，其一为物理学上之意义，即刀之弯曲度；其二为占卜上之意义，即刃上各段之吉凶。刀体之长度与弯曲度乃影响砍劈作用之重要因素，而柄之长度与刃之长度亦有重要之作用。日本刀之柄部与刃体比例一般为1∶4；刃体有一曲度（参图2中之"反"），其弯曲常控制于物内（モのうち）部位，此处约在锋尖下5寸，砍劈时以此处与物相接，可使力量得最大之发挥矣。此点虽符合物理学之要求，然古昔之锻冶工乃自经验而得之。刀剑吉凶之说，吾国自古亦有之，《汉书·艺文志》之"术数略"载有《相宝剑刀》二十卷，惜今已亡佚，然其法必秘传于古代工匠之口耳矣。日人相刀剑之吉凶，亦其冶铸术传承自吾国之一证矣。复次，观其刀剑吉凶所列之名目，如财、病、离、义、官、劫、害、吉、财、病等，与吾国堪舆术中所用之鲁班尺极为相似（图15）。据《事林广记》，吾国宋元时代之鲁班尺以官尺一尺二寸为尺，均分为八寸，凡列财、病、离、义、官、劫、害、吉八名。术数中之《阳宅十书》复谓，鲁班尺"非止量门可用，一切床房器物但当用此，一寸一分，灼有关系者"。于此可见，相刀剑吉凶之分寸与鲁班尺有一定之联系。《事林广记》一书曾传入日本，日人有和刻本，其间于传承或不无关联。刃体厚薄及各部分之形体、比例既有如此之关碍，故昔人尝制

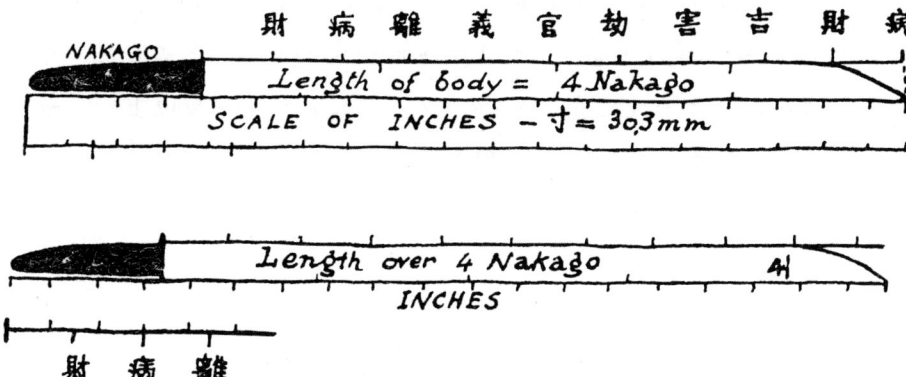

图15 刀刃各部分之吉凶名称
上刃之刃长为柄部（中心）之4倍；下刃之刃长超过柄部4倍。刃下所附之尺度为英寸。

303

有太极圆量图以辅把握，若利氏复据其比例关系制有斜线比量图（图16）。此两图均具数学性质而切合实用，今自若利氏书中移录于此，并译述其说明于下以资参考：

在一些著作中，刀剑量度的方法不尽一致，有的以长度上的1寸折合成厚度上的1厘4毛，[①]有的则以宽度上的4毛折合成长度上的1寸。这些量度上的折算是为了便于锻工在制刃时对刀剑之重量、长度与宽度进行变换，按照这种比例而获得锉子与锟本之各种宽度、厚度与长度。为了便于读者直观了解，我将这些数据制成斜直线图表。其横座标表示长度，单位为尺（SHAKU）；纵座标之外侧表示厚度（即图中之"重"），单位为分（BU）；纵座标之内侧表示宽度（即图中之"巾"），单位为厘（RIN）。以不同线段分别表示刀与剑之宽度、厚度与长度之关系。左上角一组横断面形之刀剑以左侧4条斜线表示之，右下角一组横断面形之刀以右侧1条斜线表示之。当人们在斟酌刃形时，顾及长、宽、厚种种要素的设计是一道要求很高的数学难题，而锻冶工与研磨师则用简单的量度工具来加以处理，这种惊人的技巧使得现代的测量计算手段在这个问题上相形见绌。

剑的尺寸比例与带大锉之刀相似，以宽度上的6毛或3毛折合长度上的1寸。薙刀（なぎなた）则没有固定的标准，其刃分三部分，在樋端三分之一处之宽度为1～2分，锟本则在2分5厘以上。一种较古之"菖蒲造"刀长91～122厘米，中心（なかご）很长。

[①] 著者按，此处所用系日本长度单位，1尺=10寸、1寸=10分、1分=10厘、1厘=10毛。

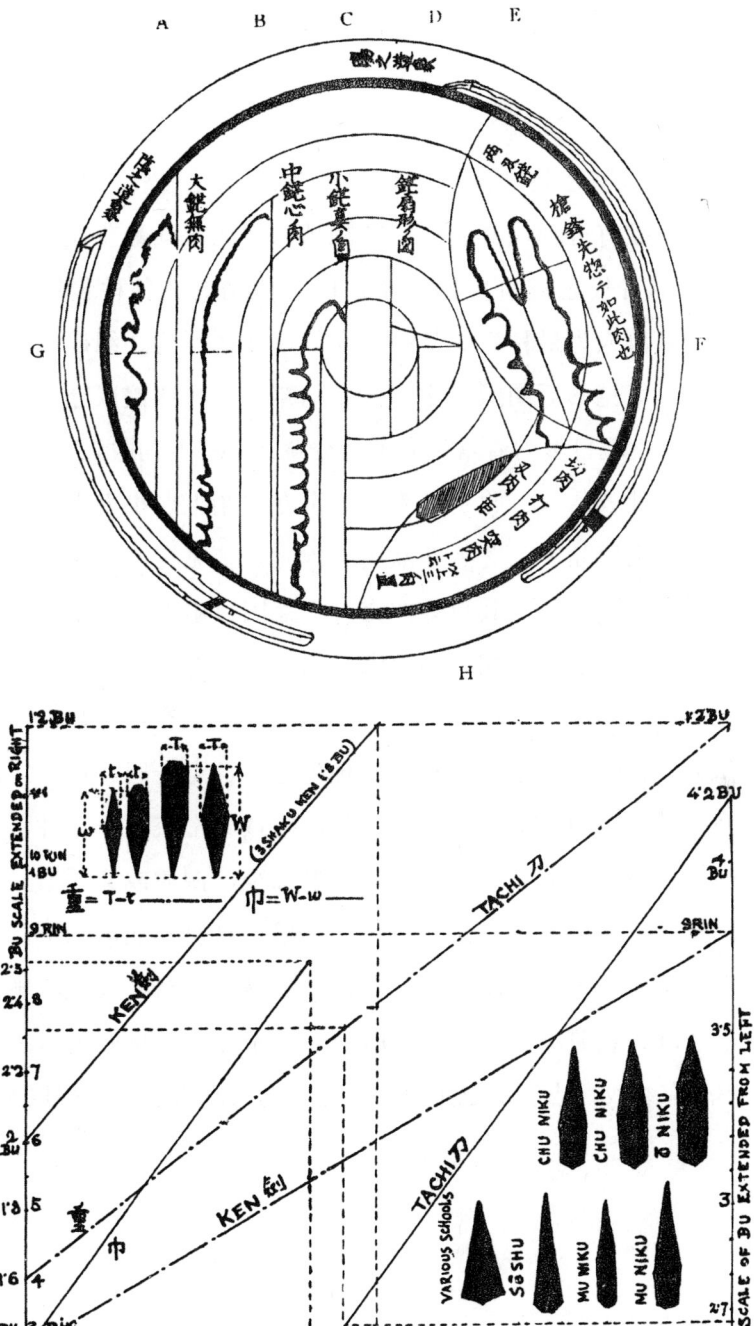

图16 日本刀各部分形状之比例图

图中，SHAKU为尺（しゃく），BU为分（ぶ），RIN为厘（りん）。

三、日本刀剑之装饰

日本刀剑柄鞘之装饰，虽不如伊斯兰诸族及马来人刀剑柄鞘之华美珍奇，但亦颇有可观，其制造工艺颇精巧细致。其最普通而亦最精美者，当推日本古代之鲛鱼皮柄及鞘，以及柄鞘上之各种装饰。制理鲛鱼皮之术，以日人为最精，其佳品光亮如珍珠之行列、细碎如樱梅之盛开，极为美观（见书后图版五十一）。柄鞘上之雕镂镶嵌亦别具风格。是以欧美人之收藏日本刀者常按其部分分藏之，有专门收藏刀刃者[①]，有专搜刀柄之配件者，有专收护手者，亦有专藏鞘上之小刀者，且有专求柄上小配件、点缀品者。著者在欧美各国时，曾见有博物馆及私家收藏刀护手至千余件之多者，其事并非奇异。盖因日本刀之护手或方或圆、或椭圆或六角，形式既不相同而纹饰复相歧异。有镂空者，有实心刻字画者，有镶嵌金银丝或珊瑚、明蛤、铜片等物者，有精工雕刻各种图画或题诗句者，有作鸟兽或花草形者，种种花样百无一同。柄上之配件及点缀品乃至鞘上小刀之柄亦皆如此，是以收藏家常获至千百件犹以为未足也。柄上之布缠独立点缀品，金银质者稀少，铜质或象牙质、鹿角质者居多，其形有人像兽形、山水花木、笔墨用具及其他器物形，裹缠于柄上之窄布带或丝带之下。为时既久，带不易解，欧美收藏者辄割裂缠带而取出之以为收藏品。故著者在欧洲时，常见有古玩商出售之日本刀其柄上小带有裂纹，点缀品已不见，盖已被商人割带取出另售他人矣。

---

① 按，日本刀刃制成时配有白木柄鞘，以为保存之准备，并非徒然一刃。

第2章
伊斯兰诸族古兵器之制造

亚洲伊斯兰教诸民族之兵器，千数百年以来驰声环宇，迄今未替，尤以印度（印度有伊斯兰教及印度教两大派，印度教人无特别兵器可言）、波斯、布哈拉、阿富汗及土耳其等族所制之水纹钢与水纹刃（即所谓大马士革钢与大马士革刃）者为最著名，精美犀利，举世无匹，其刚可以斩钉截铁、切玉断金，其柔可以迎割高掷之丝巾为二片，世界收藏家、博物馆与皇室咸以获得其佳品为荣。其刃之两面全体均有细花纹（亦称水纹），如云、如雨、如瀑布、如流泉、如山峰、如毛发、如细草、如流星、如龟背、如龙须、如凤尾、如串珠、如天梯、如漩浪，图形精美，均含于铁中，可见而不可扪，即所谓平面花纹。因深入刃里，千余年后亦尚可用化学溶剂磨濯其刃，使其花纹显露无遗，此为优于日本花纹刃之要点也。

一、花纹钢之冶炼

据英国专家塔顿爵士之记载，[①]大马士革刃之发源地似系印度而非

---
① 见塔顿所著《印度及东方武器装备》，伦敦，1896年。

波斯等地，因制造大马士革刃之乌兹（Wootz）钢系产自印度而非来自别处也。昔时此种乌兹钢系由卡赤（Cutch）地方输出以达波斯湾诸海口者。欧洲中世纪著述家埃德里奇（Edrisi）曾称赞印度古铁工非常优良，其铸铁能用各种原料配合使之具有伸缩屈折之柔性，谓之为印度钢。印度又有若干铁匠店或手工铁厂，其中所铸之刀剑常为世界最佳之品。英人玉尔（Yule）之《马可波罗行记》一书中述及拉姆西奥（Ramsio）曾谓印度钢古名翁坦尼克（Ondanique）或亨得瓦尼（Huindwaniy），其质料之佳及手工之细盛极一时，古人乃以获一翁坦尼克之镜或刃为极珍贵之品。[①]直至19世纪，东方最佳之刃仍出自呼罗珊（Khorāsān），其处之铁工厂自帖木耳时代以来存在至今而盛名未衰。帖木耳曾召致大马士革之良工，使在呼罗珊精工铸造最佳之刀剑，成绩冠乎世界。波斯旧京伊斯法罕（Ispahan）在阿拔斯大帝（1587—1629年在位）时代亦曾以铸造佳刃闻名于世，其时有铸刃者名艾塞德·欧莱（Assad'Oullah），其所铸之刃经伊署名为铭者尤为世人所珍贵。迄今举世收藏家咸以获一阿拔斯大帝时代之波斯刃为荣，然亦渺若晨星，不易获得且不易见及。著者游踪曾遍及欧美20余国，仅于瑞士伯尔尼历史博物馆皮藏莫塞（H. Moser）遗物之东方古兵器厅中见及一柄而已。此刃闻系莫塞老年时偶然在巴黎某小街一小荒货店之废铁堆中搜获者，可见此类古刃之难得矣。欧洲古著述家保鲁斯·乔维乌斯（Paulus Jovius）曾谓，16世纪时波斯铸刃家有名克尔曼（Kerman）者，其所铸之大刀及矛头异常精良，极负盛名。斯时土耳其人争购克尔曼刃，所获极多。据云，其刃可一劈欧洲武士之钢盔使成两半而不卷边，又可迎划掷空之丝巾使成完整之两片，其锋利尖锐可知。欧洲人曾为钢体水纹之仿造品，系用化学结晶法（Crystallization）使铁质物发生花纹者，然迄未能使其与钢上天然之花纹相似，以之与大马士革出品之花纹钢相比较，真如小巫见大巫，真伪

---

① 此或系周代合金冶铸之术早年传入印度之故。

立判。然数百年前英军攻克印度塞林加帕坦（Seringapatam）时曾获得一刃，现为英国德拉梅尔爵士（Delamere）之藏器。其刃系意大利人克里韦利（Crivelli）在意大利仿制之大马士革钢刃，但其水纹仅作线形且不能遍及全刃。俄国兹拉托乌斯特（Zlatoust）地方曾有制刃家名阿罗索夫（Arossoff）者曾竭力仿造花纹刃，其成绩尚佳，然亦未能与大马士革刃相比也。英人威金森（Wilkinson）曾以研究各民族兵器著名，其所述之印度人冶铁土法如下：

> 印度人铸铁之火炉甚为简单，仅用石块与泥渣或白灰砌成之。先将铁矿石捣成粗糙之粉末，乃用木炭塞炉升火，炉旁置两具以山羊皮所制之鼓风器，如中国小铜匠所用之风箱，用竹管向炉内鼓风。于是将一小筐之铁矿粉末由高处倾入炉中，再以一大筐木炭倒入炉中，炭之后再继以铁，铁之后再继以炭，如是循环不已至炉满为止。1小时之后，铁矿质渐熔，然并不用此流质。直至6小时之后，手续始完。斯时生铁并不流出，但因体重之故沉于炉底而结成铁片，如是而获之铁片或铁块可以经受锤打。于是将炉灶拆毁，夹出其烧红之铁块分成片段。此种块片售与铁工之后，再入火打成小铁条。①

印度海得拉巴（Hyderabad）之铁据云可成最佳之钢，输于波斯地方。波斯铁商之往印度购铁者曾谓波斯人虽致力铸铁之法，然未能获得如印度炉工炼成之佳品也。在距离尼尔萨（Nirsa）20英里远之贡纳萨姆德伦（Konasamundrum）及迪姆杜尔提（Dimdurti）地方曾发现形如砂石或黑晶之矿石，中含磁铁甚富，结成黑石或青石板形。印度铁矿及铁工既有不可泯灭之价值，故英人占领印度后尚用印度印多尔（Indore）生铁

---

① 此处所述铸铁之鼓风方式颇类中国旧时工匠之所为，而其铸售铁条之情形与明代王荆川所述极相类，印度古法想系由中国传往者。

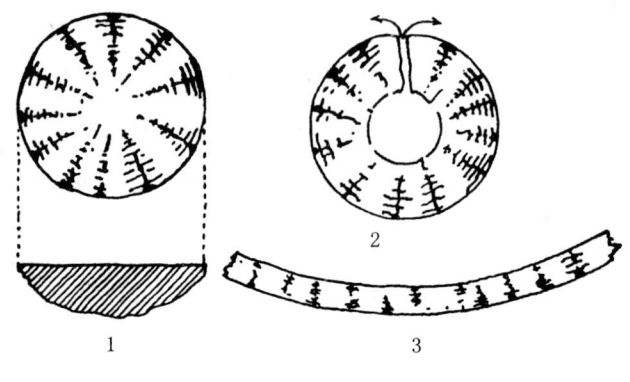

图17　花纹钢之切面图
1.乌兹钢块之切面形。2.切割穿孔以备造刃之乌兹钢块。3.显示于刃上之钢块原有花纹。

五分之二与英铁五分之三混合以炼钢造刃焉。印多尔之铁矿质似为过氧化铁，而尼尔萨地方之铁矿质则为纯净之氧化亚铁。据英人之观察，以英国生铁与印度生铁混合炼铸而成之钢刃，因钢之结晶作用受其影响，或即为产生美丽水纹刃之原因。此说似是而非，因传世之水纹佳刃在千余年前已著名于世，盖在英铁输入印度等地之前也。据英人马尔科姆森（Malcolmson）之记载，印度尼尔萨之冶炼方法如下：

首先将含铁之矿石锤打成小块，如过于坚硬，则先用火烧之再行锤打。然后将所得之矿砂加以洗濯，其重而淀下者乃取之，用木炭混合在一土坑或土窑中烧熔之。此种土窑高约1.2～1.5米，直径1.5米，窑底深入地面约61厘米。窑中之火用小牛皮所制之风箱4具鼓之，此4风箱之装置各相对成直角形，箱嘴在窑之下边以便向上吹风。风箱日夜鼓风不息，每4小时换人一次，每人一日夜共工作12小时。所成之铁可受锤打，大都切割成重一磅左右之块片，再按其用途分装于形体不同之模型或斛器中冶炼成钢。其火应烧24小时，用麻栗树（Teak）、毛竹为燃料，据云毛竹含氧化硅（Silica）甚多，可助熔化。此外，尚另加各种灌木之绿叶同烧。印度人认为，冶炼时所烧之燃料不同，故其铁或钢之质地亦异。24小时之后，乃将模型或斛器置于地上，使之逐渐退热凉冷。于是其体在凝结中形成名为"Jauhar"之花纹。追至冷透取出，则成一重约0.7公斤之球饼，于是以石灰包其外，再置入土窑中烧12或16小时。烧后取出使冷，冷后再入窑护烧之，辗转循环三四次，至铁或钢质柔和能受锻打为止。每一刀或剑大都用两球饼为之，其法先将球饼捶打成小钢条，再将各钢条打接成为一体以为刃。Jauhar大都遍及于刃之全体（图17），唯在最珍贵之刃上常有横行或斜行之Jauhar，如流泉瀑布、云雾发须，仅长2.5～5厘米，各自相接如连珠形。又有如云梯形者，穆斯林呼之为穆罕默德梯，尤为花纹刃中之上品云。①

印度昔时以铸造兵器著名之城市如下：在旁遮普为拉合尔（Lahore）及古吉拉特（Gujarat）。在拉杰普塔纳（Rajputana）为巴地阿拉（Patiala）、科塔（Kotah）、邦迪（Bundi）等城，尤以制造鸟枪火器著名。讷尔沃尔（Narwar）及德里则以制造花纹刃及镶嵌珍宝之刃与钢网护身衣、盔、盾等器著名。孟加拉之蒙吉尔（Monghyr）以制造枪铳著名。中印度之瓜廖尔（Gwalior Lushkur）及奥兰加巴德（Aurangabad）以及马德拉斯之若干城均以善铸武器著名。19世纪下半叶，印度有名阿纳哲兰姆（Arnachellam of Salem）者曾以善铸武器闻，50年间声名大噪，人咸以获得其所铸勒铭之刃为幸焉。至印度哥印拜陀（Coimbatore）及阿尔果德（Arcot）所产之佳钢用途颇广，在埃尔贡德（Elgundel）即用此种钢制造刀、剑、匕首及矛头。在灵格皮里（Lingampilly，离上地不远）即用该钢制造枪铳之管。其制法先将铁锤成粗如人指之条，嗣取三四条绕成一束，再将厚约0.8厘米之赤热铁条若干缠绕于上述所束铁条之外，于是用力辗转缠绞使成一体，多次锤打成圆柱形，再用钢钎穿凿成孔焉。在昔之时，此种铳管每件售20印度卢比，枪管为40卢比。

英人布坎南（Buchanan）在《迈索尔游记》中述迈索尔（Mysore）地方之铸造法如下：

---

① 参见《亚洲古兵器图说》图版四十六第153号。

迈索尔地方之铁系以各河滩中之黑沙炼成。火炼之后，其铁用锤打成枪铳之弹。在塞林加帕坦左近，有铸铁厂5所制造钢条输出。其钢可制破石之凿、乐器之弦及刀剑之刃。铸钢之模型或斛器系用生石灰为之，形如尖帽。在每一型内置铁一小块，加"Tangada"树（即植物学中之Cassia Auriculata树）之结实531粒及"Huginay"树之青叶2片。其火系用木炭为燃料；各种树木均可用以制炭，并不分别质料。至火灭后，取出模型开视其钢，多成纽扣或木纹形，此即结晶之表现，可为完全熔化之证。其钢饼须再下炭火重烧，经数小时之久，至将近熔化之时为止，否则不易锤打成条。起始时，炭火须甚旺，俾使模型中获得完全熔化之质，其火候过甚之处则以第二次入火手续补救之。

波斯刀剑为印度王公所喜佩用，在昔成为风气。故波斯人所制水纹佳刃，印度人曾逐渐仿造但似未能尽获其精华。据默多克·史密斯（Murdoch Smith）少校所著《波斯美术》一书之记载，波斯水纹刃实有盛极一时之事，其铸炼之法亦自有别。史密斯谓：

世界最佳之花纹钢（即大马士革钢）出自波斯。波斯名城如呼罗珊、伊斯法罕、加兹温（Kazveen）及设拉子（Shiraz）等城均为铸造名刃之地也。其铸造之法系于钢片铸成出炉之时，将其置入热水池中6~8小时，在此期间须极端注意钢体之热度及水之热度。池水系用牛粪及其他牲畜之干粪烧火煮热者，因其火不猛而继续不绝，始终为同一热度且含有必要之盐质成分，故使钢体成为天然之花纹钢或大马士革钢也。出水之后，须使其钢片缓缓凉冷，然后再加工与磨洗，则佳刃成矣。至显出花纹之磨洗法，系用一种特别矿砂名为沙格（Zag）者，[①]以3份矿砂和10份水置于一土盆或锡器中，用小火烤之使溶化。然后将钢体烧之使微热，以棉花浸此溶液涂擦其上，旋即用凉水洗洁钢体。经此擦洗之后，钢上之天然花纹当即显露。若不甚清晰则再烧再涂再洗，至其花纹毕露为止。

据波斯古书及波斯专家之传述，波斯花纹钢盖有10种之多，名称各自不同。其中最贵重而又最稀少之一种系以黄沙质命名。据近人之所知者，波斯花纹钢之最著名者普通有下列四种：

Kirk Nardupan 意为40阶之梯，盖指钢上横体层叠之褐色或黑色梯形天然花纹而名之也。此种花纹又如抛鱼网于急流中之形，曾有此种刃即以此为铭而刻载网入逆流之字句焉。

Qara Khorasan 此钢体近于黑色，水纹极细，有如极细密之流泉瀑布，左右曲流。

Qara Tapan 此为黑色光亮之花纹钢，其花纹较为宽大，带褐色。

Sham 此为简单花纹钢之名称，可以包括其余一切之花纹钢。

除上述四种外，英人伯恩斯爵士（Sir A. Burnes）为俄国皇村博物馆所编藏品目录（*Catalogue, Museum Zarkoe Selo*）之第242页尚列举有2种波斯花纹钢：其一名为Akparee，其花纹如卷线，或如丝体，遍及刃之全部；其二名为Begumee，其花纹如长丝在水中流转荡漾。

以上各种佳钢可称为世界唯一之真正花纹钢，特具东方民族古兵器之异彩。在先仅为制造刀剑及他种搏斗兵器之用，迨至火器发明以后，波斯及印度各地颇有用花纹钢制造枪铳之管者，其材料之良、手工之精、花纹之细、镶嵌之雅、装饰之美，远非欧洲制造之品所能及。唯此时期不长，嗣后即广用欧洲式枪锐训练新式陆军。是以欧美收藏家咸以获得花纹钢之枪铳为幸焉。波斯、印度等地昔时之铁匠，每家院中均有

[①] 沙格矿石分为红、黄、绿、白、黑5种。现伦敦大英博物馆中陈列之褐色沙格矿石粉，据化学家认为，系铁中之天然硫黄质或硫化铁，即印度人所用以磨刃者。

一浅井，仅深2米，其底充填厚约0.5米之鲜马粪。枪铳钢管铸成之后，涂以矿水，用绳悬挂于井中至24小时之久。取出后用灰用布抹擦，再涂矿水，再挂粪井中。如是辗转继续至20日，则管上花纹必皆显露无遗矣。

花纹钢有名"Zanjir"者，亦称链条形花纹钢，系使刃上显出有如链索形之光亮花纹，曾享盛誉，至今克什米尔（Kashmir）地方人民犹喜用之。其铸造之法如下：克什米尔人喜用之"Bajaur"铁出自优素福寨（Yusufzai）。其铁于出炉红热时曾略受数次锤打而成坚块，约重4.5～7公斤，昔时以英币1先令可购1.4公斤。铸造时先将铁块烧热，用大冷剪剪成细条，在此过程中，铁块大约将失去四分之一之重量。每一铁条用炭火烧热后，以锤打去除灰渣，并将铁条打成长约61厘米、宽3.8厘米、厚0.5厘米之铁片。然后以一铁片曲成圆形箍以扎捆20条左右铁片，以之安置炉中缓缓加热，将其两面及两头略加锤打，旋以石灰和水涂之使遍。干后乃以木炭小火烧之，轻加锤打，再以大火烧之，急用力捶打，使成长30.5厘米、厚约一指之四方铁条。再经烧热将其锤打成宽约0.6厘米之四方铁条。然后用赤灼烈火烧之，将铁条由右至左绞转。每次绞转部分长12～15厘米，全绞后乃用冷水降温，如是以至铁条成为螺旋形为止。此为制造大刃及枪铳管之做法。至制造链形花纹钢，则用8方条联为一体，锤打成宽1.3厘米、厚0.3厘米之钢条。每一刃用3钢条，1条作锁链形、2条为连贯线形。将冷后之钢条一端插入铁砧上之空洞（径1.7厘米，深约0.6厘米），俾钢条得曲成角度或圆径形。钢条之另一端亦于受剪后插入洞内作同样之弯曲。然后将弯曲后之各钢条用钳夹其一端，使其另一端各张开以入火并锤合之，炼至钢条长度渐缩而其弯曲之角度渐臻圆滑一致。复将长度约六掌弯条与成弧形之另外2钢条及4铁条交错叠合，如是而成之七条体再用制造伊拉尼（Irani）花纹钢法制成枪铳之管。如系制造刀剑之刃，则其钢已成，即按上法涂矿水入火锤打，降温后花纹必次第显出矣。链形钢颇名重一时，又有银链钢曾同时受人推重，想系用银丝嵌入钢刃中为花纹之钢也。克什米尔人直至19世纪末尚制造此类钢刃匕首，均用硫化铁盐素淬炼之。

二、古兵器之装饰质料

伊斯兰诸民族古兵器之原料及配料，计有铜、铁、钢、金、银、玉、珊瑚以及其他各种装饰配合品。今试分类略述其大致如下：

1. 铁。印度人在古时曾广用铁器。1000年至2000年前，南印度及尼泊尔人所用之直形铁剑，其双锋剑身与护手及柄系用一块铁铸成，其形式颇类吾国周秦时之铜剑及汉代铁剑。又有曲形宽刃无护手之铁剑，其刃与柄亦系一块铁铸成，其柄端之圆饼形亦与周剑形式相坍。波斯与高加索及其他地方亦曾有类似之物发现。

2. 钢。印度之古钢剑大都亦系用一块钢铸成刃柄一体，尤以克鞑儿剑（Katar）为最。南印度之古克鞑儿剑，其柄甚大，雕刻工艺极为精美，常作各种奇兽形，有如周代鸾刀上之装饰。此种剑柄及刃之上部均刻作隆起之凸形纹饰，可见古时印度铁工手艺之精。印度之钢质兵器，千年以来仿效波斯及其他伊斯兰民族之习惯，大都镶嵌金银，可别为两类：其一系用金叶或银叶镶嵌于钢上，抚之与钢面相平，毫无触指碍手之处。亦有以金银为底而于其上以铜饰为纹饰者，然较为稀少。其二系用金丝或银丝镶嵌锤打入刃与柄之小槽缝中，造成各种纹饰及铭文（大都系伊斯兰教《古兰经》中韵文与持有人之姓名、年代及制刃者之姓名），系属次古之物。

3. 铜。伊斯兰诸民族古时曾用铜刀，各博物馆中均有陈列，亦系用整块铜所制之柄刃一体者。嗣又用雕花之铜为柄者，再次则以铜块、铜片镶嵌入刃柄之中且以铜为鞘。现今埃及、阿拉伯、土耳其诸民族尚喜用铜饰武器。

4. 黑钢。伊斯兰诸民族亦有用黑铁或黑钢为兵器者，大都用小银片镶嵌其中，以使黑白生辉。或用银线缠绕其刃之上部及柄与鞘，做横体花样装饰。锡兰岛人、缅甸人、马来人、土耳其人、埃及人均喜用此类兵器。红海一带之黑种民族亦有相仿而较为粗陋之兵器。

5. 金。波斯、印度、土耳其、埃及、高加索等民族喜用金片、金丝镶嵌其盔甲及刀、剑、斧、锤等器，做各种花鸟人物及文字。印度王公及马来酋长且喜用黄金为刀剑之柄，其最富者且以金为鞘而饰以宝石焉。尼泊尔之柯拉（Kora）刀亦有用金为柄而加以精工雕刻者。高加索人极喜用金丝镶嵌武器，其铳、刃、柄、鞘遍嵌金丝，尤喜用象牙为长刀、短剑之柄与鞘而嵌金其上。有时高加索之古枪钢管或铳管遍体镶嵌金丝，望之俨如金管。高加索之长刀亦有用金柄而复以金丝缠绕之者。至于东方各民族古时曾否用黄金为刃或斧、锤，则尚未见有实物，亦未闻有人述及也。

6. 宝石、珍珠。伊斯兰诸民族均喜用各种宝石镶嵌其兵器，以示富丽光耀之气而显露物主之豪奢及兵器之珍贵。刃之佳者虽不必赖乎装饰，然此类兵器之装饰富丽者则其刃皆佳，此盖习惯使然也。其间之好尚亦自有不同，如波斯人喜用珐琅或象牙制柄、鞘，而推重绿松石（Turquoise），常普用此种玉石镶嵌甲胄、武器及马之鞍缰等物，间或夹以红宝石及绿钻石。阿富汗人及布哈拉人亦然，喜用大、小蓝宝石及绿松石装潢兵器。印度人虽亦曾推重珐琅所制之柄、鞘，然不喜象牙而喜用白玉及碧玉，①不喜用绿松石而喜用红宝石（Rubies）、祖母绿（Emerald）及钻石为装饰品。间亦用珍珠装潢，但居少数，非如马来富人最喜用珍珠为兵器饰品也。土耳其、近代埃及及阿拉伯等民族则喜用红珊瑚，将珊瑚琢成所谓滴泪形之长瓜子状，镶嵌于刃之上端与柄、鞘

---

① 著者之剑庐曾藏有印度白玉柄匕首多件，其中有羊脂玉一二件，均满镶嵌红、绿宝石，价值甚昂。又有碧玉柄小匕首一件及碧玉柄匕首数件，亦均镶嵌红宝石。

各处，或古枪铳之上，或作圆花形以为饰品。土耳其人喜用明蛤片为装饰，与珊瑚并列。高加索人则喜用银底黑色起花珐琅质之柄、鞘。以上各种装饰颇足显示东方各民族好尚与习俗之不同，收藏家可借此而知为何民族之古兵器也。

7. 玉。古兵饰品用玉最多者当推印度民族。印度王公贵族之坎查（Kanjar）小剑用白玉为柄、鞘装饰者十居六七，用碧玉为柄、鞘装饰者十居一二，用他质为柄者十不及一二焉。其长剑、长刀亦有用玉为柄者。玉柄大都雕作曲头莲花形或马首形而镶嵌红、绿宝石焉。

8. 真假水晶。穆斯林亦喜用水晶为柄而镶嵌红、绿宝石。印度信德地方人且喜用玻璃制之假水晶为柄，或以假水晶片嵌入锤、刀等器之内。其他伊斯兰民族亦为喜用水晶柄者。

9. 木料。伊斯兰民族之锤、斧等器，其柄均系木质而外包皮或绒，再饰以银片或铜片。至其刀剑之鞘，则系用两片坚木合成，木质大都为麻栗树木。此两木片并不黏合或钉合，仅外用金、银、铜、皮、绒、布等物为套，木片藏于其内以容刃，外观仅见金、银、铜、皮、绒或布而已。亦有用木为柄者，如尼泊尔之苦克励（Kukri）刀大都用乌木或黄木为柄，外包银皮或不包。高加索人所用之坎查及卡马（Kama）剑常有用乌木为工字形柄者。缅甸人及马来人则广用红坚木为柄、鞘且以竹为辅焉。

10. 漆。除日本兵器喜用漆外，其他东方民族不甚用漆，伊斯兰民族尤不喜此物。然印度之坎达（Khanta）长剑或长刀间亦有涂红漆于刃之中部数处者。尼泊尔人祭祀所用之柯拉大刀亦多用漆涂。埃及、苏丹、阿拉伯及埃塞俄比亚等民族常喜用红、绿、黑、白等色漆涂其刃身及柄、鞘，作圆星或几何角片形，下衬铜圈以假冒珐琅质。缅甸及马来人亦偶用漆护其刀柄刀鞘。

11. 玳瑁。玳瑁即大海龟壳，有黑、黄二色。伊斯兰民族用玳瑁装饰其武器者甚少，唯锡兰岛之土著喜用大龟壳为刀柄，雕作佛像或兽形。马来人之猎刀亦有用玳瑁为柄者。火器初兴之时，东方民族曾有用原形之小龟壳镶银为火药壶，然不多见。

12. 纸泥。印度旁遮普人曾捣纸为泥制护身盾牌，外表涂之以漆，体坚滑而轻便。

13. 皮革。波斯人喜用黑色皮在反面锤压成正面凸形之花纹，为其长刀、短剑之外鞘。又弓鞘、箭囊、火药壶亦有用花皮而加以彩绣者。印度长剑、长刀之皮带及箭囊亦加彩绣以增其色彩。最著之皮名为"Shagreen"或"Chagrin"者，系兽背皮，色深蓝近于黑色。印度人喜用河马皮、象皮及"Sampar"兽皮为其护身牌盾。在格杰（Kach）地方系将皮革先经煮濯使成透明体，再涂金着色以绘画之，有时且以《古兰经》中之语句为铭，或再镶嵌红、蓝宝石及金线焉。土耳其人之亚特坎（Yataghan）刀，其贵者用银鞘，普通则用凸形花纹黑皮鞘，其长刀亦然，鞘旁有时且挂一小皮带。高加索人之象牙柄鞘长刀则佩极窄之长皮带，普通刀亦用黑皮鞘。埃及人与苏丹人则喜用鳄鱼皮及蛇皮装饰柄、鞘，有时亦用红色皮为鞘；其乘驼武士所用形式巨大之长火药壶，完全用皮制者甚多。日本刀则大都用鲨鱼皮包木柄鞘名之为鲛（Same）。

14. 绒布。伊斯兰诸民族之古斧、锤等器常喜用各色绒布包裹其柄。刀、剑则包裹其鞘，或用红色，或用绿色，或用紫色、绛色，或用蓝色、青色，亦有一面用红、一面用绿者（印度坎达长刀常有此种双色鞘）。绒布则绣花、镶金银丝条，或上下佩金、银、铜小套及圆环者居多。弓袱、箭囊、火药壶及子弹袋等器，用绒布包裹者亦多。压凸花纹之绒布而用铜钉装钉者名为"Jazerant"，有时与皮料配合以制护身甲胄或马鞍等器。阿富汗人之刀鞘喜用紫绒。土耳其人之亚特坎大刀及比查克（Bichac）小刀鞘饰喜用深色绒或红绒。印度人之各种刀剑鞘喜用红、绿绒。埃及人喜用红绒。

15. 鸟羽。其一为黑鹭毛，名为"Kalghi"。印度锡克人（Sikhs）喜用此长黑羽毛装饰其战盔、军帽。此羽甚稀贵，因黑鹭鸟之一翅仅有一长羽毛可用也。其羽毛系用金丝或银丝连接以装盔上。其二为孔雀毛。

伊斯兰诸族，尤其是印度各族常视孔雀为战神之神鸟或圣鸟。印度拉其普特人（Rajpoots）之武士喜用孔雀毛饰其冠帽。波斯古武士之盔上亦插羽毛，唯并不推重黑色。土耳其及蒙古人之盔亦均有小管为插羽毛之用。

以上为伊斯兰诸民族兵器之各种配料及装饰品也。此类古兵器为全世界最坚良优美、最豪华富丽、装饰最精致及最具艺术性之兵器。1798年，后来称皇之拿破仑·波拿巴曾远征埃及，与土耳其、阿拉伯、埃及人之联军骑兵相遇，一击而破之。战胜后，拿破仑竟至不能约束其素有纪律之大军。盖因法国士兵发现敌军死士均身佩贵重之兵器，金银、宝石耀目动心，咸争先攘夺以为战利品，虽拿破仑本人亦不能禁制好奇心而择取其佳者携归，至今犹陈列于巴黎拿破仑陵寝中之东方兵器博物馆内。此外，东方古兵器，尤其是伊斯兰各族之古兵器尚有人工装潢之饰品四种，今述其概略如下：

1. 柯夫特嘉里（Koftgari，即镶嵌金丝工艺）。此种镶配之法，系先用利器将欲装之刃或他物砍、切、刻划成深而窄之槽痕，此多数槽痕系备装嵌花样者。然后用针或钢丝细挖槽底使平。其花样则用一种名为"Cherma"之小器具雕镂之，此器具极简单，仅一钻、一钉、一锤而已。花样以金丝（或银丝）为原料，先将金叶抽成细软之丝绕于一圆轴上，工人乃执软金丝之一端将其撤于刃或他物面上之凹形槽痕内，以小钻及小锤轻敲轻垫轻压，使之嵌入槽中，衔接平滑，或作凸体形。长于此道之工人，仅见其手执金丝来回撤压，前后左右不停锤钻，不多时刃面之金花样已成矣。然后将刃置于微热之处，用名为"Mobari"之玛瑙片磨擦之使光，嗣后再用一种石灰汤洗濯之，于是金光全露而功成矣。金在槽痕中塞满而其面适与刃面平，即应有凸出之处亦圆润丰顺，抚之毫不碍指，一体平滑。挖之抽之箍之亦不出槽，且能坚固耐久。常有数百年或千余年之古刀剑血斑点点而其金花及金字铭仍灿然如新，耀日夺目，平滑坚固而一如往昔。此实伊斯兰民族工艺之特彩，可以自豪者也。①近数百年来非穆斯林或欧美人常仿制此种工艺，欲窃柯夫特嘉里之美而以小金叶替代金丝，其金光未尝不美，惜并不能作凸体花形，即其平体花形及字铭亦不能经久，不至数十年即有出槽断落之虞，可见古工之难及矣。

2. 珐琅（Enamel）。珐琅工艺即北平昔时所谓之景泰蓝是也，北平及汉口等处均有此种出产。唯中国之珐琅并非伊斯兰民族之所谓珐琅。盖因珐琅有两大类：一为Cloisonné，即中国之景泰蓝。其法系在金底、银底或铜底之物件面上另用小铜条（或金、银条）竖镶其上，各自相隔成格做成各种花鸟或其他范型，再将各种颜色之石屑置诸格中，用烈火熔化或逐渐倾入各小格之中，冷后磨之使平、擦之使光则珐琅成。一为凹凸式，即穆斯林及欧洲人之珐琅。其法不用格子，乃即将金片、银片或铜片制成之各种物件就其内面以锤打之，使其体凸凹而做各种花鸟或其他形状，再将各种颜色之石屑置之凹槽中，用烈火熔化或逐渐倾入其器体上，并须遍及于凸体各处，冷后磨之使平、擦之使光以成珐琅。此第二法较第一法为难能，因既无格子而仅有凹槽，且槽亦不深，与凸处弯曲衔接，于是倾注溶石之工作极难，稍不留意液质即溢出而败事矣。唯功成之后实较有格子者更美也。凹凸式珐琅工艺之来源甚古，埃及人在4000余年前即知此法，欧洲各国博物馆中即有埃及人所制之石灰底质及石、陶底质之珐琅器陈列。据英人伯德伍德（Birdwood）所著之《巴黎博览会印度部分手册》一书之第57页观之，凹凸珐琅艺术盖起自上古时代，为图兰尼安人（Turanian）工艺之一种。然英国古兵专家塔顿爵士以为其来源或不如是之远，并谓如果属实则其术应存留于南印度地方，而事实证明，西北印度之古珐琅器实较为优美，故恐系穆斯林将其术传入印度之西北方者。且印度珐琅酷肖波斯珐琅，其来源必为波斯无疑。此说或符事实。至塔顿谓中国珐琅术亦系穆斯林自中国之西北部传入

---

① 商代鼎觚、周代刀剑之嵌金丝者，其手工亦甚精固。

者，故其始仅及北方，又谓中国珐琅酷肖阿拉伯人之工艺，恐系阿拉伯人传至中国者，均不尽合于实际而尚待证实也。无论如何，古时珐琅美术确有数种而均以金、银或铜为底。据云，最佳之古珐琅系产自波斯、克什米尔及印度西北之德里、拉合尔、信德、斋浦尔（Jaipur）等处。唯波斯及印度之珐琅则为凸凹式。中、日古珐琅质，其白色常夹黑点，颇少纯白之品；波斯、印度之白珐琅则洁白如雪，工细而物美，惜乎已不可多见矣。波斯、印度及尼泊尔等民族之王公贵族，在昔均喜用珐琅柄、鞘之刀剑，尤以小刀剑为最。其珐琅质极细腻，作花鸟及其他图纹，配色亦极为鲜明。珐琅底质用金、银或铜或镀金之铜，除花鸟字铭外，常以红、绿宝石或钻石镶嵌。其珐琅质极坚固，常有千余年前之物而完整如新、宝光四射者，即失手落地亦不碎，非如景泰蓝坠地或日久即片片剥落也。唯其术已大半失传，波斯及印度人现已不能再制作与古物相类之珐琅。盖因在昔波斯与印度之良工颇有中国旧时习气，仅传其秘法于子孙而不授徒，以期独家坐收其名利，失传之虞盖非所顾也。虽然，子孙之漏泄、外人之侦察，亦有蛛丝马迹可求。据塔顿之记述，波斯及印度人昔时制造珐琅之法，系用一土质之窑灶埋入地内，深约45.7厘米。其下有通风口以添置燃料，其上盖有一层薄石灰，中有细管若干为通风之用。在盖上置小土器若干，有如盘碟之类以承放炼就之玻璃质，于是燃火使其焰自通风管中直射盘碟之下。玻璃质渐着热熔化，乃以各种颜料渗入其中，待至冷时已可用矣。最佳之珐琅仅能于底上得之。首先在器底制就各种花样，使成合式之凸凹形，再将捣磨成末屑之各色珐琅质和水成浆，以之涂填于器底上之各凹凸处，使成花鸟诸形而色泽相谐。然后将所制之物置于灶内，使珐琅质熔合。最难熔化之珐琅质最先置入火中，以次类推，其最易熔化者最后置入。大功告成之后，再加以磨擦之工，于是器成。至所用之各色颜料，系用各种矿石配制而成者。印度旁遮普之伯达布格尔（Partābgarh）之古珐琅更有一种特彩，乃用透明之绿色或蓝色珐琅，于其熔化后尚为液体时，将预先精工绘刻之人形物夹入其中，冷后即为一体，色彩透明，绘象栩栩有生气。此类工艺精巧绝伦，已非现在印度人、波斯人或其他国人所能作矣。

3. 尼叶洛（Niello）。即在白银底上镶嵌黑色纹饰，望之俨然黑珐琅质。此种工艺原系波斯人之发明，伊朗古兵器之柄、鞘常以此术饰之，久之始由波斯传入高加索及俄国，该地方之人呼为"Tula"。高加索人则喜于刀剑之象牙柄、鞘上之饰金外，另用尼叶洛银皮为边饰、段节饰以及长刀小皮带之装饰，又喜全用尼叶洛银皮为小剑之柄、鞘。高加索人之长短铳亦多用尼叶洛银皮装饰，有时夹以金皮。亦有用金底为尼叶洛者，其形式与波斯之器不同矣。尼叶洛之制造法大致如下：先将银底片钻刻成凹形花卉或其他图形，在此各浅凹槽中倾入以银、铜及少量铅质制成之配料，然后用火烧之使其熔化。冷却后以硼砂（Borax）磨擦之，然后再次入火稍烘即取出，任其退热至冷。冷后再加拂拭，其面上黑光即出而柔滑过于珐琅质。其制法与制珐琅略相似，但底片较为柔薄和软而可以曲伸，此为优于珐琅之处。唯因不用矿石及颜料为原料而以银、铜、铅代之，配合较易，制造亦较简单，结果亦只能得一黑色耳。

4. 比德利（Bidri）。此系中印度用以装饰或制作刀剑柄、鞘之工艺。其名系自比德尔（Bider）城名衍出（该城在海得拉巴之西北）。比德利之优点在不变色及不生锈，故能耐久，印度人至今尚用以制日用及服饰之器也。英人布坎南在其1838年出版之《东印度》一书中曾略述比德利之制造法，谓比德利之原料以土著所称之"Jasta"一物为最要。Jasta乃铅之一种或净白铅之类也。布坎南曾亲往观察其工作，见工人取12360粒Jasta，以之与460粒铜、414粒锡相配合。以Jasta之大部分倾入于一土制之斛斗中，锡、铜及余下小部分之Jasta则倾入较小之土斛中，乃用曝干之石灰盖覆之，开有小孔以透气。两斛斗之内外部悉以牛粪裹之。于是在地面掘一小穴，填以干牛粪饼，举火燃之。待粪饼已烧若干时后，始将两斛斗置入穴内，另加燃料盖覆之。至工人认为其内部之物已熔化时乃打开火穴，取出小斛斗而将其熔液倾入大斛斗之内，且以灰屑洒盖熔质之上。为防烧焦起见，另以松脂及蜂蜜混合料若干倾入大斛斗之内，再将大斛斗加热若干时即将熔质倾入熟石灰制成之模型中。冷凝后取出，于钢机上转削成器形。然后以蓝锡水（即铜硫盐素）溶液磨擦，器表即呈黑光色，复入水洗濯使其稍减，以使工人较便于观察其所雕刻之图形。工人钻刻图形之工具为一钢质尖钻，刻成后用形式不同之小剪多具剪之成体，然后用锤、钻将各小银片镶嵌入比德利器之凹槽中，使其坚牢不脱。工成后乃用蛤漆及金刚砂（Corundum）制成之饼块磨擦之，嗣后复用木炭擦之。磨平擦亮之后尚须使其黑斑色泽永久不变，乃用氯化铵（Sal ammoniac）一份、粗制硝酸钾（Unrefined nitre）四分之一份、盐土（Saline earth）一又四分之一份以水调成糊状涂于比德利之上，然后用大萝卜种或芥菜子榨出之油渗以木炭屑轻擦之。擦后放置四日始用水洗濯，则比德利上之黑彩焕然，既不受冷、热水之影响，亦不生锈焉。猛击之固可折断，然寻常极不易碰毁，盖其非含有脆性之物也。比德利初系蒙古人传授之物，始由帖木耳等传入印度西北部之德里，以次由西印度传至中印度之德干。

三、乔克博士之花纹钢刃制造技术研究

伊斯兰诸民族兵器中最为精良之器，允推大马士革刀剑或花纹钢刃，其锋利尖锐在一切良刃之上，若保存得法可用数十年乃至数百年而绝无缺口、损折或锈蚀之虑，此其刃与钢质之所以为贵也。唯是大马士革钢何以能如此之坚固锋锐、天下无匹，何以欧美制钢技术虽称精进深造，而始终未能制出堪与之匹敌之良刃？此两点疑问为研究古兵器者所均欲知其原因之所在也。上述各家著述，于印度及伊斯兰诸族制造花纹钢之各种方法虽言之颇详，然实未曾在科技方面做具体之比较研究。其

他欧美之研究大马士革钢及刀剑者虽能仿造，亦未能解决上述两疑问。至1924年，始有瑞士苏黎世大学冶金学教授乔克博士（Zschokke）利用莫塞所贡献之波斯花纹钢良刃6件，详加化验研究，始使上述两疑问完全获得满意之答复。其研究之结果，以《大马士革钢及其刀剑之研究》（*Du Damassé et des Lames de Damas par*）为名，发表于巴黎《冶金》杂志（*Revue de Métallurgie,* Paris）第21卷11号（1924年11月），今概述其研究如下：

1. 花纹钢之性质与获得花纹之条件

东方民族之大马士革刀剑，实可代表制钢工业中之特别产品。其外表不仅有花纹可见并作青铜色，且其钢质极坚、抗腐蚀力极强，尤其所具之特优韧性，古今专家皆认为绝非近代炼钢技术所能冀及。是以欧洲人士自古以来即致力于探求其制造技术，久而未得其奥。其间虽曾有身入其地之探险者多人将目击之情形笔之于书，[①]惜观察者常乏化学及必要之冶金常识，遂致不能确载其锻冶之方法，阅者亦无法推定其制造技术及其之所以为良刃之原由。直至19世纪初年，科技发展，技术手段进步，始有专家历经艰辛研究而获得花纹钢铸造秘密之一部。其中，以俄国专家之贡献为多，盖因俄国为东方之近邻，与东方民族接近较易之故也。1797—1851年在高加索之兹拉托乌斯特（Slatoust）兵工厂任冶金总工程师之阿洛索夫（Anossov）即其最著之一人焉。[②]数十年后，复有俄国专家切尔诺夫（Tschernoff）对花纹钢之研究做出重大贡献。[③]嗣后其学生别拉叶夫（N. T. Belaiév）继续此项研究，先后刊布研究结果甚

---

① 见贝克（L. Beck）所著《铁之技术史与文化史》（*L' histoire du fer au point de vue de la technique et de la civilisation*），第二版，第一卷之203—269页。
② 其1828—1837年之研究，曾译为德文登载于1843年之《艾德曼俄国科学之文库》（*Archives d' Erdman pour les Sciences en Russie*）。
③ 《大马士革钢》（*Du damassé*），载《金相学家》杂志（*The metallographist*），1899年第3号。

多，[①]其中最重要、最完备者当推1909年之《别拉叶夫工作报告》。俄国学者之外，有奥地利冶金专家施瓦茨（Cécil chevalier von Schwarz）任职于东印度英国冶铁厂，其曾缘此机会考察印度各地旧式冶铁方法，其研究结果刊布后极获时人注意。[②]今就上述诸家之研究所得，概述花纹钢之外质及制造如下：

首先当确认，印度名为Pulat（俄文为Bulat）之花纹钢者，实非焊钢（即用火焊接衔合成块之谓），乃系用坩锅熔炼而成之钢，结构均匀。其质料之特别乃由结晶现象及质点分离而造成。阿洛索夫、别拉叶夫认为，花纹钢之制造方法有三：

（1）印度方法或直接方法。系将有机体（如植物）与碎矿石混合而直接冶炼成钢。

（2）波斯方法。系以印度所产之乌兹钢，加入若干黑铅与植物之混合物进行熔炼，然后经多次渗碳与熔炼之交替而成钢。

（3）退火方法。系将铁质在隔绝空气条件下进行长时间熔炼，然后使其逐渐退火，炼成之钢遂在外表呈现花纹。

阿洛索夫、别拉叶夫曾屡用上述第2法试验而获得无可非议之钢体。据云，试验之条件如下：

（1）铁与黑铅本身及其熔合质须极度纯净。

（2）须择用能长时间维持甚高温度之炉灶。

（3）须用高温使坩锅中之物料完全熔化。

（4）熔质须长时间维持于熔化状态，并须经甚缓慢之退火。

就阿洛索夫与别拉叶夫试验之结果观之，可以断定：真正东方花纹钢系以简单熔化方法所获之物，在缓慢退火凝固过程中，钢体表面可显

[①] 《大马士革钢》（*Du damassé*），圣彼得堡，1906年；《结晶：慢冷钢之结构与性质》（*Cristallisation, Structure et propriétés de l'acier refroidi lentement*），圣彼得堡，1909年；《金属之结晶》（*Cristallisation des métaux*），伦敦，1923年。

[②] 《东印度钢铁工业》（*Sur l'industrie du fer et de l'acier dans les Indes orientales*），载《钢铁》杂志（*Stahl and Eisen*），1921年。

现有光泽之花纹，盖由金属之八面体晶胞（Octaédrique）结晶而成。因地方不同，即矿物与制造方式不同，故所获硬铁（即印度乌兹钢）之功用与享誉亦大不相同。据贝克之记述，今日尚局部产乌兹钢之重要地方为科罗曼德尔（Coromandel）海滨之塞勒姆（Salem）地方及印度西海滨山中Koutsch地方；施瓦茨则谓印度尼儿默儿（Nirmal）附近之Kona Samundrun及迈索尔地方是其较著者。然乌兹钢块在印度各地铸出之后，并不在当地改制，刀剑匕首之类大都在外国制成，如以制造兵器在东方民族中首屈一指之波斯即其最著者。据施瓦茨之记述，乌兹钢块大都由伊斯法罕之波斯商人用骡由印度旁遮普及阿富汗，经艰难之长途运输售至西亚各国以为铸刃之用。因此种钢块亦售往大马士革，故得名曰大马士革钢，盖由欧洲十字军之播扬或东、西方商贾交易而定其名也。

就上述结论言之，吾人对于大马士革刀剑之原料乌兹钢之铸造已获详细记述，然对于此类花纹刃本身之制造方法则尚不甚完备。依阿洛索夫之见解，用钢块铸刃一事极为细致，须用小锤仔细锤打并经多次退火。据切尔诺夫仿造穆罕默德梯形花纹刃之研究，乌兹钢块须割开再事锻延，则钢块上原有之花纹可横现于铸就之刃面，唯须善于维持钢料之温度。阿洛声夫及其他研究花纹刃制造专家之报告一致认为，制刃手续关系刃之良否及价值，极为重要。制造过程须注意维持在近于而绝不超过使铁赤灼之温度下进行，如温度过高，钢料即易碎坏于锤打之下而水纹亦即湮没不复显露矣。花纹刃锻成后，应经淬火及退火始得成器，刃之形状与长宽对表面花纹之分配亦极有关系，刃之良否胥将于此是赖。一般而言，花纹形状越大，纹线越曲转、越联贯衔接，则刃质越佳而刃价越高。阿洛索夫曾依此外表诸点，试将花纹钢分为以下几类：[①]

[①] 见伦兹（E.von Lenz）所著《关于大马士革钢问题之报告》（*De l'acier darnassé, rapport sur l'etat de la question*），载《兵器史丛刊》（*Zeitschr. f. histor waffenkun de*），第四卷第5号，132—142。

（1）条束形。其花纹呈直形之条线或捆束，犹如瀑布。

（2）波形。其花纹亦系直形，然较为短缩，且间以曲线形，犹如下山穿涧曲折而仍直下之流泉。

（3）浪形。其花纹系大曲线形，间以断线及杂点，犹如海浪之翻冲。

（4）网形。其花纹犹如渔网，分出之线纹相互衔接成网。

（5）阶梯形。其花纹普及全刃而将刃面分成若干圈段，其距离大略相等。

此外，尚有若干花纹似不能简单归入某一类，盖此种分类仅有相对之价值，实难为各刃花纹立一完全无缺、兼容并包之分类也。其他著述家或有依刃之颜色或产地以为花纹之评判者，盖因地名之标志常可借以断定刃之良否，于是制造精良、商标脍炙人口之地方遂名誉隆盛、口碑载道矣。此种名称尤以波斯语之名词为多，兹不赘述。

2. 花纹钢之技术特性测试

关于花纹钢，尚有一重要问题有待解答：古代东方真正大马士革钢之技术特性果否如是超卓？是否真非今日欧洲铸钢技术及各国兵工厂制兵技术之所能企及？

阿洛索夫曾谓："曾经良工淬炼及磨砺之优质大马士革刀剑，不能击断亦不能曲之至失去弹性，甚至曲至90度时仍不折裂，一放手则刃体复挺直而仍保持其原有之弹性。"在19世纪以前，据此以检验兵器或可敷用，居今科技昌明之世，阿洛索夫之试验标准已觉肤浅、粗略而不敷用，尤不足判定此类金属之技术特征。是以吾人对于真正花纹刃之近代技术试验结果竟如此缺乏表示惊讶，其原因大概由于花纹刃为贵重稀少之物，收藏家惜其藏品而研究者无法获得技术试验之样品也。职是之故，吾人对于亨利·莫塞先生慨然将藏品中若干良刃贡献以作技术试验之用，表示深切之敬意焉。

莫塞提供试验所用之花纹刃共6件，计短剑2件、长刀4件。为进行比较，吾人又加入现时出产之上等刀剑2件，系制造钢铁产品及兵器最著名之德国索林根（Solingen）钢厂为此试验而特别制造者。以下，首先对试验各器之外形特点做一简单说明：

（1）短剑（试验编号为3号、5号）。外形无特别之点，刃甚宽，刃面平而无槽，刃背呈弯弓形。其中一件之柄为海獭牙质。两刃之花纹甚美，3号刃为浪形，甚为显明；5号刃为网形或阶梯形。两刃均具深褐色，近于青铜色，系花纹刃普遍具有之色泽。

（2）长刀（试验编号为7—10号）。系东方之曲形长刀。各刃之长、宽差别不大，长为74.7～83.7厘米，宽为2.8～3.4厘米。曲度均匀，最大之曲度在接近刃尖一侧，弯曲比（通长l与最大曲度至刃尖距离l_1之比）在2.22～2.31之间，近于固定（图18）。由此可见，其曲形并非遽尔为之，系依经验而确定之最适用曲度。各刃之个别特征如下：

7号刃。花纹不甚美观，属于阿洛索夫所分之波形纹一类。经钢锤之打击，刃之发音甚暗弱。

8号刃。属波形或微弱之浪形花纹。其刃面与刃背色泽不同，近背处为白灰色，近刃处为黑色。经钢锤之打击，刃之发音甚佳而清晰。刃之宽处镌有昔时铸刃名家阿萨德·乌拉（Assad-Ullah）之名。

9号刃。花纹极活跃并有边纹及回旋纹，但亦属于网形或阶梯形。刃之脊上有数厘米长之凹槽数个，刃上所镌阿萨德·乌拉之名嵌金。刃之发音清晰。

10号刃。花纹极为艳丽、高贵，系4刃中之最美而最贵者。刃脊有可见之凹槽数处。刃之发音则异常浊钝。

（3）做比较用之现代产品（试验编号为11—12号）。

11号刃。系人工焊接花纹钢刃。此种刃上之花纹与熔钢之自然结晶花纹迥不相同。焊钢之花纹虽各刃亦不相同，然在同一刃上，则同样形状之花纹于短距离间连续出现，绵延不断，均匀不乱，而熔钢则反是，凡稍有经验之人一望即可辨识。①

12号刃。系现代均质熔钢（Acier fondu au creuset homogène）制品，其外表无特殊之处可言。

对上述试样之试验项目，拟定为下列3项：

（1）物质成分及含量之化学分析。

（2）弯曲及硬度之物理性能测试。

（3）金相结构之显微观察。

现将一试验方法、结果及分析结论陈述如下：

对试样之化学分析与物理性能测试均由瑞士联邦国立原料试验室进行。3号、5号试样仅敷化学分析之用，故无法进行物理性能测试。7—10号试样虽有余钢可供弯曲性能测试，然不足为单向拉伸之测试，因刃之曲度甚大而无法截取足供测试样品之故。此外，刃锋之抵抗损耗力因测试方法未备，此次试验只能放弃。7—10号之物理试验样品系取自刃背，每件尺寸为7.5厘米×0.6厘米×0.35厘米。因刃体坚硬，为保证测试数据之准确不允许加温进行截割，故取样甚为艰难。物理性能测试主要进行弯曲性能与硬度两项。弯曲性能以阿姆斯勒（Amsler）弯曲机进行测试，如图19所示，受试样置于间距5厘米之支柱上，以直径为0.6厘米之试柱在试样中心施加压力，直至试样断裂为止。有关数据由自动记录仪录出。弯曲性能测试既毕，复将试样两头磨平，在布氏（Brinell）硬度机上测定硬度。

上述分析与测试之结果，见图20—22及表1—3。

---

① 人工焊接花纹刃在今日仅有极少数之嗜好家尚用为华丽奢侈或盛仪朝贺之具，于是欧洲仅有数处制兵厂尚聘用特种技师为之精工制造。如德国索林根及其近郊即系铸造刀剑及用具之著名工业区，其处尚有数家制兵厂可以承受私人之特别委托，按照其特制目录样本制造各种花纹焊钢刃。此等厂家之花纹焊钢制造技术，系在昔匠人之家传秘法，故其制作亦在内室为之，绝对严守秘密。因此，此种花纹刃制造之特点，至今尚未能使公众窥其端倪。

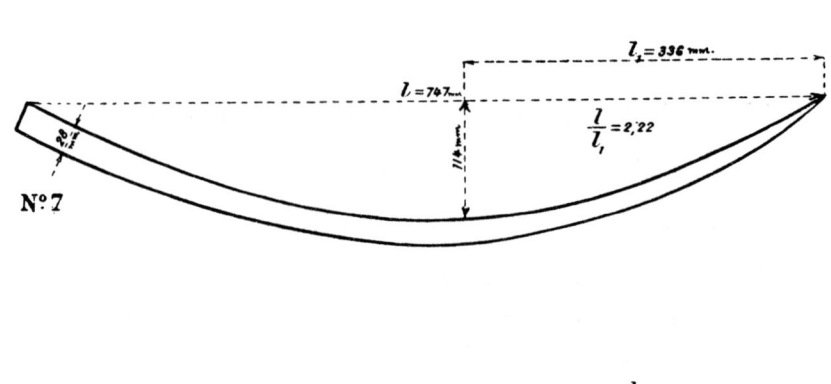

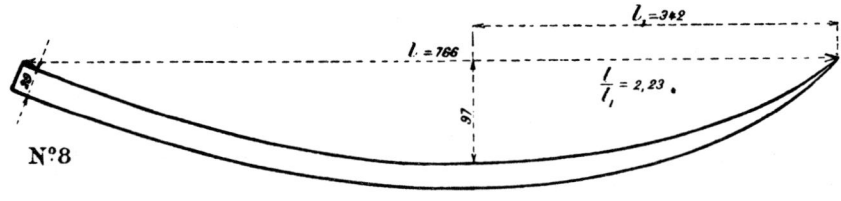

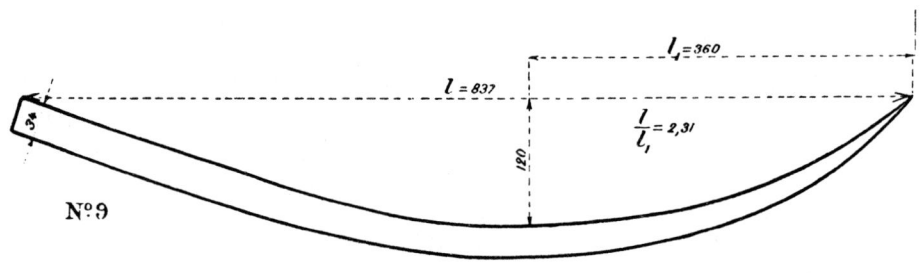

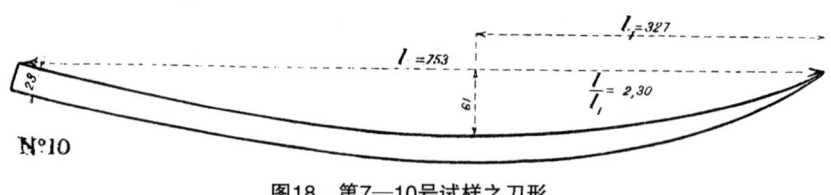

图18　第7—10号试样之刀形

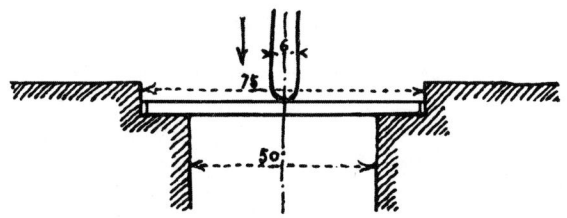

图19 对试样进行压力测试示意图

自物理性能测试之结果而言,[①]作为比较之11、12号试样显然优于7—10号试样,亦即现代之钢制品在弯曲及硬度上均优于昔时之花纹钢。

表1 化学成分分析表

试样号码	元素含量（%）					镍、钴、钒、铬、钨之含量	刃之叩击音质
	碳（C）	硅（Si）	锰（Mn）	硫（S）	磷（P）		
3	1.677	0.015	0.056	0.007	0.086	—	—
5	1.575	0.011	0.030	0.018	0.104	—	—
7	1.874	0.049	0.005	0.013	0.127	—	弱
8	0.596	0.119	0.159	0.032	0.252	—	清美
9	1.342	0.062	0.019	0.008	0.108	—	清
10	1.726	0.062	0.028	0.020	0.172	—	弱
11	0.606	0.059	0.069	0.007	0.024	—	—
12	0.499	0.518	0.413	0.038	0.045	—	—

[①] 物理性能测试图（图20—22）中,β 表示冷弯时材料之抗弯应力,f 表示破裂时材料中央之挠度,A 表示冷弯时外力所做之功（等于曲线下之面积）,α 表示破裂时角度,b 表示冷弯时材料之弹性极限,H 表示材料之布氏硬度。所列有关数据可参看表2—3。

表2 冷弯测试表

试样号码	取样大小		抵抗力 Wi/cm³	抗弯应力			断裂前之弯形	承受压力 kg/cm		断裂时之弯曲角度	
	宽cm	厚cm		绝对值t	t/cm² M/W	平均值		各次测试值	平均值	各次测试值	平均值
7	0.610	0.360	0.0132	0.146	13.8	13.4	0.85	99	94	25	27
	0.605	0.355	0.0127	0.134	13.2		0.74	79		24	
	0.610	0.355	0.0128	0.134	13.1		0.90	103		32	
8	0.595	0.360	0.0128	0.156	15.2	15.3	2.08	304	221	78	59
	0.610	0.360	0.0132	0.173	16.4		1.31	194		48	
	0.610	0.355	0.0128	0.148	14.4		1.34	164		52	
9	0.610	0.360	0.0132	0.128	12.1	11.5	0.65	68	55	24	19
	0.605	0.360	0.0131	0.111	10.6		0.55	61		18	
	0.600	0.355	0.0126	0.118	11.7		0.46	46		14	
10	0.605	0.360	0.0131	0.162	15.45	14.5	0.48	56	63	15	17
	0.610	0.360	0.0132	0.152	14.40		0.59	73		21	
	0.605	0.360	0.0131	0.142	13.55		0.52	59		16	
11	0.610	0.355	0.0128	0.242	23.6	21.6	1.56	321	361	56	69
	0.605	0.360	0.0131	0.213	20.3		2.12	424		89	
	0.605	0.360	0.0131	0.218	20.8		1.77	338		67	
12	0.605	0.360	0.0131	0.310	29.6	30.0	2.78	818	622	96	78
	0.610	0.360	0.0132	0.314	29.7		1.78	497		69	
	0.010	0.355	0.0128	0.314	30.7		1.89	551		70	

表3 布氏硬度测试表

试样号码	测试次数	压痕		硬度HB kg/mm²	平均硬度 HB
		直径mm	面积mm²		
7	1	2.82	6.24	240	216
	2	2.97	6.93	216	
	1	3.03	7.21	208	
	2	2.93	6.79	221	
	1	3.03	7.21	208	
	2	3.08	7.45	201	
8	1	3.08	7.45	201	233
	2	2.78	6.11	245	
	1	2.77	6.03	249	
	2	2.80	6.13	244	
	1	2.87	6.47	232	
	2	2.91	6.65	225	
9	1	3.02	7.16	209	193
	2	3.13	7.69	195	
	1	3.30	8.55	175	
	2	3.34	8.76	171	
	1	3.06	7.35	204	
	2	3.06	7.35	204	
10	1	2.71	5.77	260	248
	2	2.69	5.68	264	
	1	2.82	6.24	240	
	2	2.83	6.38	235	
	1	2.81	6.20	242	
	2	2.78	6.07	247	
11	1	2.14	3.60	417	347
	2	2.37	4.41	341	
	1	2.41	4.56	329	
	2	2.29	4.12	364	
	1	2.43	4.64	323	
	2	2.47	4.79	313	
12	1	2.03	3.24	463	463
	2	2.06	3.33	451	
	1	2.01	3.17	473	
	2	2.02	3.20	468	
	1	2.03	3.24	463	
	2	2.03	3.24	463	

钢球直径9.5mm，载荷1500kg。

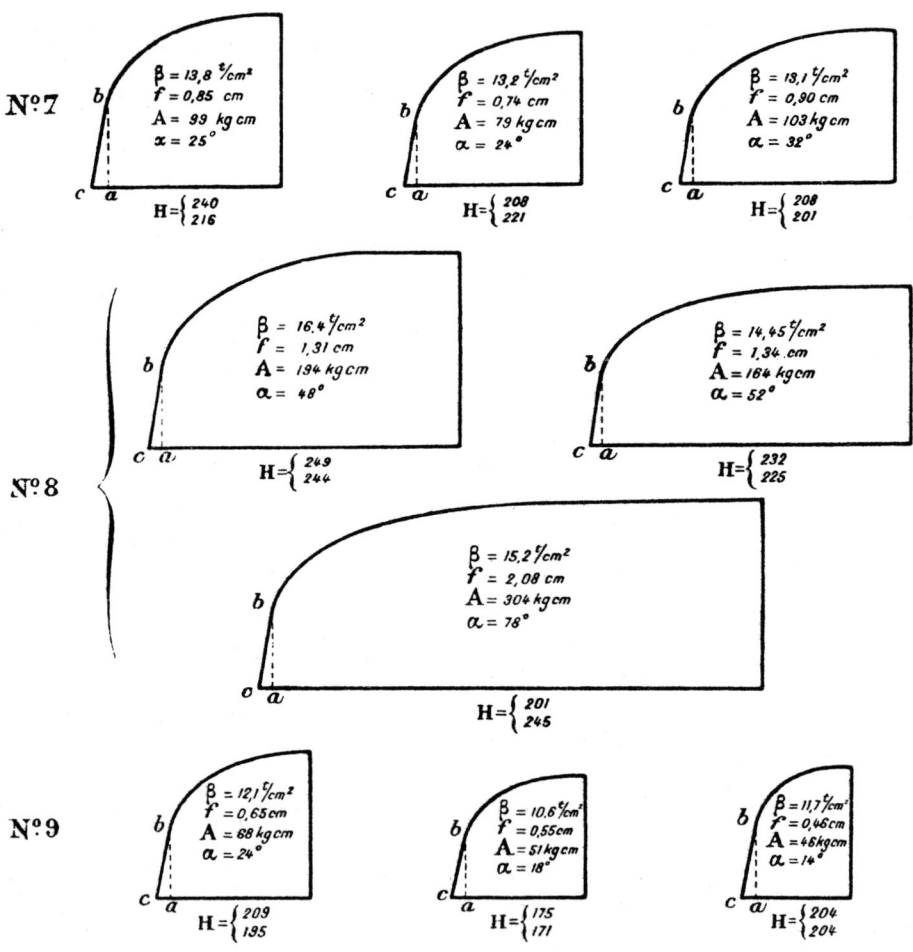

图20　第7—9号试样之物理性能测试

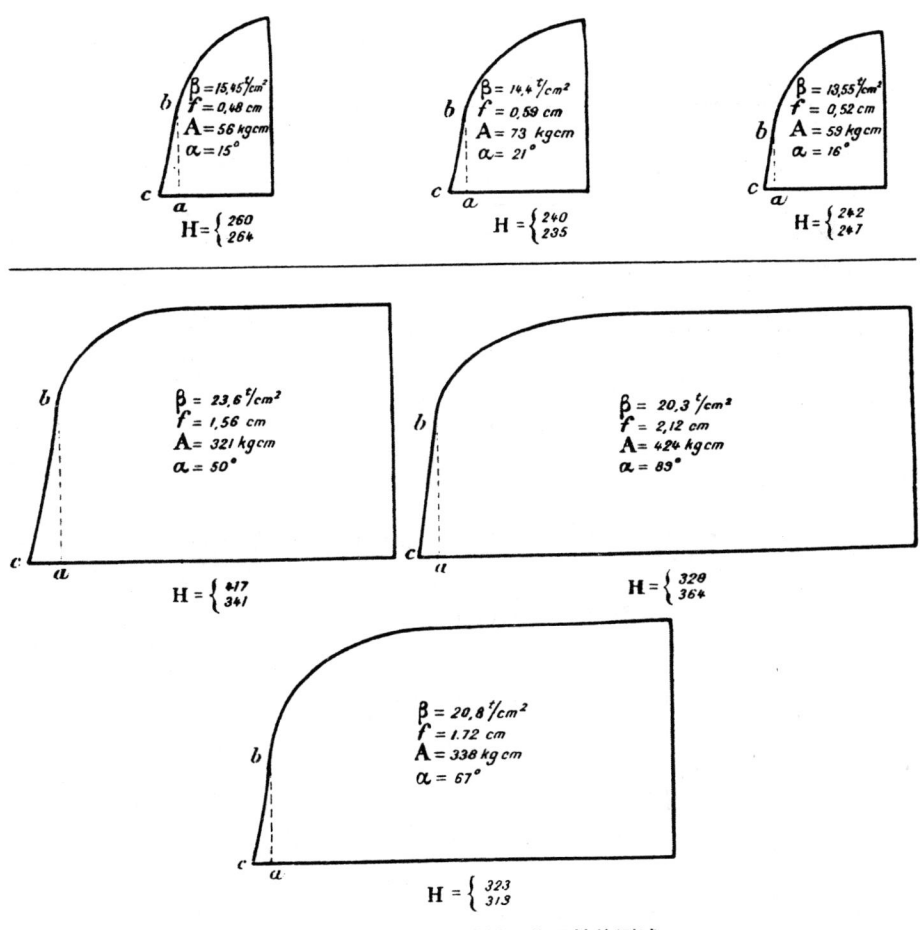

图21　第10—11号试样之物理性能测试

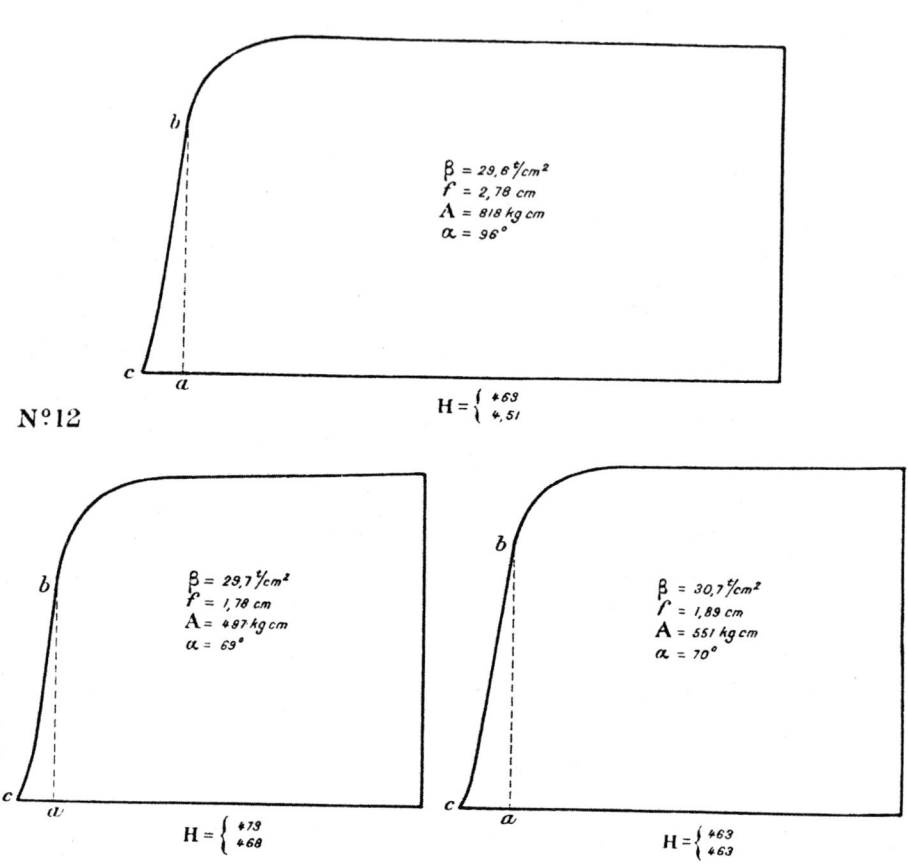

图22　第12号试样之物理性能测试

此结论与塔顿在《印度与东方武器装备》中所言相合，塔顿谓："印度钢在抵抗力及弯曲性两方面从未能及欧洲钢。因印度钢有时太脆，如淬炼太过之刃是也；有时又太柔、太容易弯曲，如南印度人所用之若干刃是也。"

延伸比例及弹性之限度虽未能在测试中测定，然可自曲线图中间接推知。图中之ab线大略代表延伸比例之限度，ac线则表示弹性限度。自总体而言，11、12号试样在弹性方面亦优于7—10号试样。在7—10号试样中，第8号试样之性能明显高于其他3号试样，尤其是A、α两项更为突出。11号与12号之间，匀质熔钢制品之12号在各方面显著优于11号花纹焊钢。

上述结论与一般对于大马士革钢特性之观念甚不相符，然若分析其原因则并无可异之处。因某种金属之内在特性实系于其化学成分及外力与温度之影响。就化学成分分析表视之，各试样之含碳量（C）不同寻常。一般而言，今人对于制工具及兵器之钢质，大都限定其含碳量等于珠光体（Perlite）之含碳量或相差甚少（0.85%～0.90%）。盖因淬炼以前，其钢即仅由珠光体构成，已具高度之同质性与均衡之硬度。然昔时之花纹钢则不同。如3、5、7、9、10号试样之含碳量乃高至1.432%～1.874%，仅8号试样较少，为0.596%。是以8号试样之物理性能指标高于7、9、10号，后者性质偏脆。此点若以其含磷（P）量为0.108%～0.252%参证，尤易解释。如此高之含磷量，在今日任何细钢中已不应有（现今日所容许之最高度为0.030%，第11号试样为0.024%，第12号为0.045%），其所带来之后果乃增大钢之脆裂性，尤其含碳量亦因之而增大。8号试样之含磷量虽高达0.252%，然其含碳量仅0.596%，于是相互补益，其钢之物理性能仍可称为优良。花纹钢之含锰（Mn）量仅0.005%～0.159%，亦为可讶之处。今日已知锰有改善钢质之效，或觅含锰高之矿产，或在冶炼中添加，故现代钢之锰含量一般为0.2%～0.5%。花纹钢之含硫（S）量异常稀少，此点与现代钢相同。硫含量之所以应少者，因金属在暗赤温度下冶锻时极易产生热脆现象，如含硫量过高，即将导致无可救药之脆裂而使冶锻失败。11号、12号试样之元素含量基本符合常情。其含碳量之稀微确可讶异，然12号试样之含锰量为0.413%，含硅（Si）量为0.518%，足以补救之。现代钢中之含硅量一般不高，但若为改良钢之弹性（如制弹簧及发条之特殊钢），则可添加而将含硅量提高至0.5%～2.5%。吾人尤须注意花纹钢中未发现镍（Ni）、铬（Cr）、钨（W）、钒（V）、钴（Co）之类贵金属元素，可见花纹钢绝非以天然陨石制炼，因陨石必含有贵金属元素也。11号、12号试样亦不含贵重金属元素。

在化学分析中，还附带对印度冶炼中所用之沙格矿砂进行分析。所用之试样系余所藏之100克沙格矿砂。经分析，各种成分之含量百分比如下：

　　脉石··················14.80%

　　氧化铝（Al_2O_3）··················0.18%

　　硫酸铁（$FeSO_4+7H_2O$）··················17.67%

　　氧化铁（Fe_2O_3）··················1.70%

　　硫酸亚铁〔$Fe_2(SO_4)_2+9H_2O$〕··················52.32%

　　硫酸钙（$CaSO_4$）··················6.45%

　　氧化镁（MgO）··················2.03%

　　水分··················3.43%

　　各种碱质··················1.42%

1884年巴黎矿业专科学校亦曾对沙格矿砂进行分析，其结果亦附列于此以资比较：

　　磁土粉··················46.60%

　　氧化铁（Fe_2O_3）··················14.00%

　　石灰··················0.80%

　　镁（Mg）··················2.06%

　　盐酸质··················0.08%

　　硫酸质··················18.90%

　　水分及各种碳酸质··················17.56%

沙格矿为坚密岩石，有结晶形裂缝，其颗粒甚细，新采出者具柠檬黄色，带有金属之臭味。此次与1884年对沙格之化学分析结果无甚差异，据此可知，沙格矿之主要成分为硫化铁盐。大概原系硫化性之岩矿，分崩之后，矿中之双硫铁盐与空气中之氧分化合，变为可溶于水之铁硫盐。铁硫盐为酸性，故昔时制兵者以之入水溶解作为显现花纹之腐蚀剂。近人曾以10％之铁硫盐溶液，加入0.5％之硝酸作为腐蚀剂，其功效与沙格矿同样完美。

以金相显微镜对试样之平面与切面进行结构观察，除在原有状态下进行外，复将5号、8号试样加热至一定温度而观察其结构变化。各试样上所取下之观察样品必经磨平，方可便于显微镜观察。在此项准备工作中，已显出花纹钢中各种成分之硬性不平衡，底面上有高下不等之白色凸出物。受试之花纹钢样品几乎均有值得注意之析出物，就此点而论，其与现代钢制品同其价值，唯7号试样几乎全无气孔（Pores），遂含有不洁之质点。取样表面磨平后，几乎均有一层白膜笼罩之，于是以稀释1200倍之硝酸溶液对表面进行腐蚀处理，经二三秒钟之后，花纹即极清晰地显示，纤微毕露。取样中之最佳者呈浅黑色之青铜色泽，系花纹钢刃中之贵重色彩。

显微观察之结果，与化学分析之结果完全符合。在显微镜下，取样表面到处可见珠光体之黑暗块形，其旁则有白色教子（图版五十二至五十九）。此白色粒子，在3、5、7、9、10号试样中系名为渗碳体（Cementite）之铁碳化合物，含碳量高达6.67%；在8号试样中系名为铁素体（Ferrite）之铁碳固溶体，含碳量极低而近于纯铁。然花纹钢与他种化学成分相类（尤其是含碳量相等）之钢之所以不同者，系由于结构有异以及渗碳体与铁素体组合不同之故。例如，在含碳量为1.5%之现代熔钢中，渗碳体呈结晶长针形而沉没于珠光体之暗块中，毫无整齐之状。若以160—550倍之高倍显微镜观察花纹钢，则渗碳体作圆形或颗粒体，集合而延伸为旋回卷缠之条段形（3号、10号试样之显微结构中，此种情形尤为突出）。对此有两项问题值得研究，其一，渗碳体究因何种原因形成如此之个体形状？其二，渗碳体之集合为波形、条形究受何种因素之影响？此两点实为花纹钢研究之关键，惜至今之研究（包括此次研究在内）均不足充分揭示其中之奥妙。

就第一项问题而言，如欲获得渗碳体分子之最大分散度，必须一面甚迅速地将钢块冷却至最低变形温度（690℃）之下，一面在此冷却期间加紧锤锻，竭力阻止结晶之长大而使渗碳体成粒状。格恩（Goerens）认为，^①钢体在650℃～680℃条件下隔绝空气，经长时间淬炼亦可达到此点。盖钢经长时间淬炼，可使更多碳素变为粒状渗碳体，不仅游离部分改变，即珠光体中所含之碳素亦变为细粒状。如是，最后可使珠光体成为块形，而所有渗碳体均沉积于块中而作大小不等之颗粒形。然自各件试样之显微结构图形视之，均无如是清晰之分离现象。反之，在自由渗碳体（8号试样为铁素体）之旁，仅可见及细碎之珠光体，即所谓之索氏体（Sorbite）。

　　对于上述两项问题，前人之研究结论亦不一致。别拉叶夫、古特勒（Gurtler）认为，优质花纹钢之获得，基于高度纯洁之钢料。是项见解经此次测试验证，至少证明其在花纹钢之外观方面不具价值。因6件花纹钢试样之含磷量虽达0.086%～0.252%，然其表面之花纹仍甚美观如法也。据奥伯霍夫（Oberhoffer）、马耶尔（Maryer）之意见，含磷量高适为造成花纹之主要条件。[2]因多数研究者均以轧制或拉拔之钢中时常发现之线形体实为花纹之出发点，而此种线状体之成分若非含有灰渣即含有大量磷素。奥伯霍夫确曾在软钢片及含碳量为1.5%之硬钢上用手铸、手锻方法在钢面上获得花纹，然其美丽与明显均不能与真正大马士革花纹钢相比。昔时印度及波斯人之所以长时间反复锻冶钢料，其首要之目的在于获得较为坚硬之钢体，至于花纹之美丽装饰犹在其次。此点适与别拉叶夫之意见相合，别拉叶夫在其著作中曾言及，印度钢之特别美丽乃属次要目的，且系偶然之结果。至于吾人以花纹为大马士革钢之品质优劣及工艺精细与否之标志，与上述结论并不矛盾。在维持一定温度之条件下，对钢体进行精细之长时间反复锻冶所含之大量渗碳体将变成另一种形式，产生另一种作用，可使含碳量达1.5%之钢降低脆性。职是之故，花纹钢乃获得类似精制耐磨金属（metal antifriction）之体质，因此

---

① 见格恩所著《铁碳合金之固结及变形现象》，哈勒（Halle），1907年。
② 见奥伯霍夫所著《线形体之成分及其热力消除法》（*Considérations sur la structure lineaire, zeilenstruktur, sa formationet son élimination par le'traitement thermique*），载1914年之《钢铁》杂志；《大马士革钢之构造》（*Sur la structure de L'acier damassé*），载1915年之《钢铁》杂志。

种金属亦含有嵌入软底之坚硬结晶之粒子。就刀剑之刃而言，此种体质既甚坚硬，又堪耐用，时虽久而钢中之硬粒子亦不致脱落，无锋口残缺之弊。

就此次测试之6件样品而言，第8号试样乃属特例。其结构与其他试样相反，系由珠光体及自由铁素体构成。据显微图形，在此花纹甚为简单之刃中，其刃锋系属含大量珠光体之金属，其刃背则含较多铁素体。此种结构恰可证明古时铸兵家业已得知珠光体较铁素体坚硬，遂于制造中根据其特点予以恰当之地位。

作比较所用之第11、12号试样之含碳量为0.606%～0.499%。自显微图形视之，11号试样呈现两种异色，系由一硬一软之钢焊合而形成花纹结构；第12号试样系现代熔钢，结构纯一均衡，略具马氏体钢（martensitique）之性质，系由淬炼及冶锻所形成。

自测试之6件古代花纹钢样品之含碳量多寡而论，如前所述，仅第8号试样合乎常规，其他5件含碳量均异常之高。然此处所谓之高与常规，系就现在关于钢质之知识断定而言。于是吾人对于古代花纹钢之高含碳量值得研究其系偶然现象或有意造成者，抑系因某种特殊因素而使当时制刃家不得已而为之者乎？吾人似可谓此显然系有意选择者，因只有此类含碳量高之钢可以产出坚硬合度之良刃而无须再加淬炼也。此种钢料之变形最高温度，以受试之3、5、7、9、10号刃言之，为970℃～1100℃。在此种温度下锻冶钢料，尚可使之不致如他种钢质有消灭花纹之危险也。此点在对第5号（含碳量为1.575%）以及第8号（含碳量为0.596%）之取样进行再度加热后之显微观察中得到证实矣（图版六十、六十一）。

第5号取样在900℃条件下，结构尚无明显变化；及温度上升至1000℃，则钢中原有之条段体即完全改变，成为含渗碳体白针之暗色底钢块。第8号试样因含碳量较少，故在750℃之温度下，其钢之条段体已大形改变；迨至850℃，其结构则完全改变，成为夹带铁素体细针之珠光体光明条块。是以吾人之测试结果，可以图23所示之铁碳平衡图证实古代制刃专家从实践得来之妙法（上述5号、8号试样之加温变化，可分别参阅图中之C、A斜线）。阿洛索夫先吾人做试验时，已声明刃之冶锻及淬炼不能超过一定之温度，此点已由显微图形证明，受试之5件样品在淬炼中未经受高温。因就普通合法之淬炼工艺而言，如钢刃烧炙稍至最高变形点即相变之临界点以上再经淬火，则钢料之花纹将完全丧失而变为类似纯一马氏体钢之质体矣。

3. 研究结论

此次测试之目的，本在于获得昔时大马士革花纹钢刀剑之准确技术特性，以便与现代制兵厂之产品进行比较。然比较之结果则稍出意外，即现代钢刃不仅在质地上可与东方古刃相颉颃而毫不相让，抑且有胜过之处。虽然，吾人亦未敢仅就此次测试结果而评判大马士革钢及所有古代花纹钢刃也。此次受试各古刃特性之所以微弱者，实因其化学成分颇具缺陷之故，尤其是含磷量太高，若获一化学成分无缺憾之钢刃测试之，则结论或有不同。然至今为止，吾人尚未见他处对东方古刀剑进行堪与比较之同类测试，且恐并无较此次测试更佳之刀剑样品。施瓦茨在其上述著作中曾言及，印度有数处铁矿极为纯洁稀有，可产生理想之佳钢。一处为印度钱达县（District Chanda）Pipugaon地方之磁铁矿，其成分为：四氧化三铁（Fe_3O_4）占94.50%，二氧化硅（SiO_2）占4.50%，碳酸钙（$CaCO_3$）占0.60%，氧化铝（Al_2O_3）微量；另一处为印度自古至今之著名产钢地，海得拉巴辛格雷尼（Singareni）地方之磁铁矿，其成分为：四氧化三铁（Fe_3O_4）占92.92%，二氧化硅（SiO_2）占4.19%，硫（S）占0.05%，磷（P）微量，水气占2.47%。

至于前述奥伯霍夫之结论即被否定，仍有一问题在焉，即：良刃之铸造是否宜用化学成分无缺点、含碳量合乎常规之现代钢，或宜用由珠光体及渗碳体构成之高碳素花纹钢？此外尚有一未明了之问题，即真

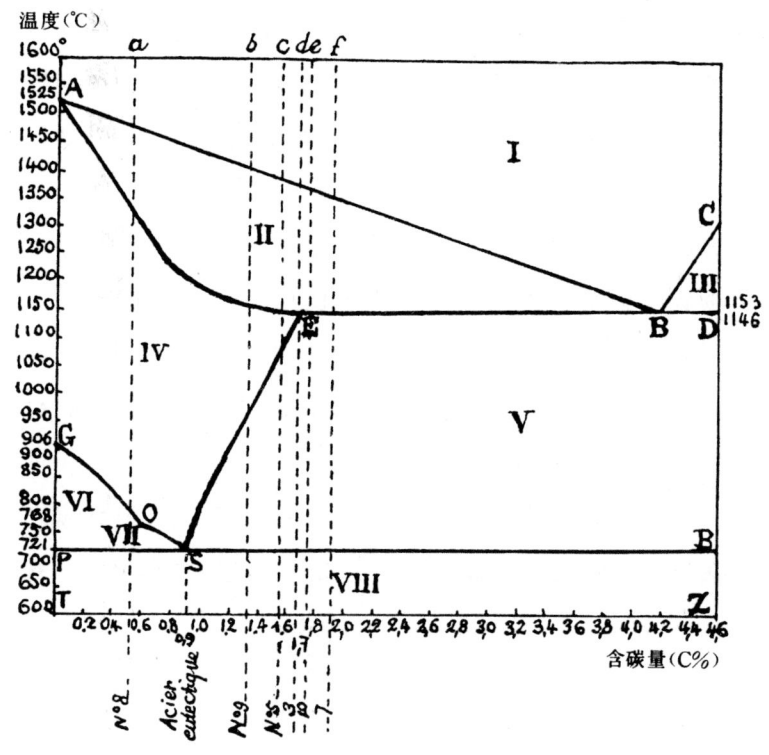

图23 花纹钢刃之铁碳平衡图

正之大马士革钢花纹是否如古时研究者所言,系钢之第一步结晶现象,尤其是流质钢在缓慢冷却过程中在表面显示之花纹现象;或系如奥伯霍夫所言,此乃由线形体所组成者?至少在兵器之科学及技术方面,吾人甚盼此问题可得到最后之圆满解决,尤盼望与使用坩锅炼钢之钢厂合作而实地试验以解决之。虽然大马士革花纹钢问题在今日实际上已无甚重要,因无论如何制造此种钢料较制造普通钢材费时既多而又昂贵也。阿洛索夫在1841年曾有言曰:"今后,战士仍将用花纹钢刀剑作战,农夫、工人亦均将用花纹钢工具工作。"此仅系一种愿望而已。盖昔时之冷兵器今已失其重要性,故此方面之特殊要求已不再对钢铁制造起作用矣。至于古代使用大马士革刀剑之战士冲锋陷阵之奇功异绩,实由于钢质之外之因素,如东方刃形之特别弯曲,与欧洲骑兵所用之近于直形之刀剑大相径庭,即是其最著者。欧洲人用此种直刀砍劈,而东方人则用其弯刀切割，常使敌人之头顺其刀而滚下。其次则刀剑之截面形状及其磨砺之法亦不同，东方人精心磨砺其刀剑之锋，因而异常尖锐锋利。至于东方人腕力异常强大，使用刀剑又异常精娴纯熟，特具妙法，此亦原因之一也。

磨砺刃锋一事，尚有一点应注意及之，即刃锋在使用时如失锋，系由于钢质太柔之故；如缺口，系由于钢质太硬或太脆之故。由此观之，花纹刃赖其钢之特殊性质（硬颗粒包含于较软之底块之中）而不易缺口，此点上实较现代淬炼之纯钢更为优良。然此项性能实非易测定，仅可据实用为其可信之评判。然吾人此次测试，确将昔时大马士革刀剑之神秘光环为之戳破，使吾人不能不赞叹东方古制兵家之高超艺术，尤其在技术手段与工具极为简陋之古代而能有如斯结果，殊令人钦慕不已。

四、夏尔·毕丹之花纹钢兵器制造研究

1.对乔克研究之补充意见

乔克博士之研究，可谓为自古迄今对于大马士革钢及花纹刃之绝无仅有之科学技术测试。虽详尽无遗，然其结论则不无畛域之见，且对于陨石制刃一层亦未臻明了。此因乔克未曾游历东方，又非研究古兵器专家之故。然乔克似亦自知其缺点，故设有疑问数点，声明未能解决而盼望他人为之解决焉。乔克之研究报告前有法国古兵器收藏家及研究专家夏尔·毕丹所作序文一篇，可补乔克在东方兵器研究方面不足之处，爰译述于此以资参考：

花纹钢有两种，一为印度、波斯等地之天然结晶花纹钢，一为马来群岛及欧洲之人工焊接花纹钢。乔克博士试验样品之提供者、东方古兵器收藏家亨利·莫塞，专重东方结晶花纹钢刃而鄙视焊接花纹钢。此固因莫塞氏曾居住波斯、印度及其他穆斯林所居之地方，深知结晶花纹钢之质地最为优良，非他钢之所能及；亦因莫塞之足迹未曾及于马来群岛，仅觉马来刃外形之粗糙，遂不觉对焊接花纹钢起鄙夷之见也。一日，余偶语之曰："吾济欧洲人对于焊接花纹钢实有天然之兴趣，一则因6世纪起即有史书记载欧洲人业已能制此种钢铁，嗣后加洛林王朝（8—10世纪）之刀剑几全用此种钢铁制造；二则因中世纪以来欧洲之著名制兵厂，如德国之索林根及克林根塔尔（Klingenthal）两地之各名厂所制造之焊接花纹钢刃均闻名遐迩，盛极多时也。"莫塞摇首而不置可否。余又进而语之曰："况且波斯人亦不得已而采用焊接花纹钢以制造其火器之枪管，因结晶花纹钢不能胜其任也。"莫塞乃答曰："就火器言之，或如君言；若就刀剑之刃言之则完全不同，此等地方唯结晶花纹钢堪胜其任尔。"余续言曰："结晶花纹钢性脆，君之藏器中有一名刃数件业已破裂，岂非明证乎？"莫塞仍摇手曰："此种名刃不易破裂，除非由不谙武艺之人用之乱砍乱劈，犹如用棍棒然，则钢质乃易脆矣，且君所言之裂痕更可借此证明波斯制刃家非凡之技术及钢质之超越。试观此刃，其金字铭文名为卡伯·阿里（Kalb Ali），系伊斯法罕地方制刃名家阿萨德·乌拉之子，亦名刃也。其刃上裂痕系由于用刃失当、打击失手错误而来，嗣经波斯人为之焊接，宛然无缝天衣，裂纹竟不可见。除非用印度沙格矿之溶液擦之，刃面伤痕始略变颜色而可辨认受焊裂纹之所在。故此焊刃者在18世纪焊接此刃时，曾留其名（Schan Abbas）于制刃家名铭之旁，并注明年月日。试问焊接花纹钢刃能经如此修补而历百数十年不变乎？"余为之语塞，细观莫塞所藏诸器，余亦深觉结晶花纹钢异常美丽精致而犀利无比，迥非他种钢刃之所能及也。于是婉促莫塞牺牲名刃数具以便乔克教授从事技术测试，以与现代欧洲良刃相比较。莫塞以为然，慨然出其良刃6件，于是乔克之试验乃得成功。乔克在刊布其研究成果时，复嘱余为序，余乃略抒己见，为之补充数语如次。

  乔克教授认为，结晶花纹钢虽然甚为超卓，但今日已亚于欧洲现代大钢厂所能制出之钢。德国索林根钢厂曾为乔克之试验提供2件钢刃，以资比较。所可惜者，乔克未曾同时测试马来人之克力士剑刃。盖因马来之克力士确系用钢及陨铁腐蚀焊合而成者，与大马士革刀剑并不相同。若测试及此，乔克之结论必更为可观。

  乔克教授之结论认为，结晶花纹钢之化学成分不容承受高温淬炼。此点使余忆及东方一种甚奇异之习俗，即若干花纹钢刃之所谓"空气淬"是也。据云，此法乃系于刃甫成而犹赤热时由一乘快马之骑士拖刃急驶以淬之。其所以不用其他流质淬者，适因空气淬较为柔和匀缓，对于碳、磷含量较高之刃较优于猛烈之水淬也。乔克教授结论之末甚为谦虚，谓花纹钢尚有若干问题有待解决，然吾人认为，至少在其业已研究之各点上，有关问题业已得完全之最后解决。若在其他方面花纹钢尚有可注意之处者，此则因与兵器研究有关，为乔克所未曾顾及也。

  大马士革花纹钢系作为制造刀剑之原料而著名于世界，如移作别用则可能损及其高尚之品质。是以吾人不能将研究花纹钢与花纹刃分为两事，尤其是花纹钢特别锋利之特性，迥非任何其他钢材所能企及，即较为纯结坚硬且各种抵抗力均较大之钢亦不如之。此特性无疑系由刃锋钢上各小质点硬度不等之故，于是产生一种锯齿作用，非人目所能见及，亦非人手所可抚摸。依吾人之见，此实为用以制刃之花纹钢之主要特长。此种特性虽未引起乔克教授之注意，然花纹钢之此种特质未曾逸出其测试之范围。因乔克于研究花纹钢刃之缺口问题时曾谓："花纹刃赖其钢之特殊性质（硬颗粒包含于较软之底块之中）而不易缺口，此点上实较现代淬炼之纯钢为更优良。"然花纹钢刃之特殊性质，非如乔克所言不易缺口而已，尚有特别锋利非任何他种刃锋之所能及之特性，此买花纹钢刃最大、最主要之效能，而花纹钢之真正秘密亦在此焉。乔克教授乃不求而得之，事实上已指出此种特质之存在，此其所以可注意也，此亦可以证明乔克教授此次研究之精细尽心矣。

乔克教授又言及东方人刀剑术之精巧，可挥刃而割裂向空掷出之丝巾。此种事颇类于小说中武术佳话，然实经过无数人之目击，为确凿之事实。吾人尚可补充一语，即东方人之挥刃割巾，即系伊等充分利用花纹钢刃之特别锋利性。至于此种锋利之特性，伊等系由经验知之，当时并未明了其科学原因也。

2. 不同地区之花纹钢兵器制造

毕丹作序时，对乔克教授之偏见虽难以明加指摘、详示纠改，然已婉词陈述其所未曾详加研究之点矣。吾济观毕丹之语，益可坚信花纹钢刃至今尚为天下无敌之良刃也。毕丹对于大马士革钢或花纹钢之研究极深，数年后复刊布名为《大马士革钢》（*Les Damas*）之论文，极有价值，[①]兹为译述于下：

> 欧洲人一般所谓之大马士革钢，系指一种带有花纹脉络之金属而言。此种花纹或隐或显，有时在锻冶时即已露出，然普通情况下则须经酸素（Acides）之腐蚀，始全部显露。"Damas"一字之来源显然出于东方，然如谓世界花纹名刃悉在大马士革制造，则谬误矣。大马士革邻近地中海，系从前沟通欧亚之通商要道，尤为东方货物输入欧洲之商业中心，于是货之所来之地遂被认为系货所生产

---

① 载《金银镂工制刃技术月刊》（*Revue générale de la Coutellerie de L'orfèvrerie*），第105—112号，巴黎，1929年。

之地，此盖常有之事也。在欧洲，有3种货物均被"Damas"之名称，除花纹钢外，一为织有花纹之绸缎，一为饰有波形花纹或金银镶花之金属制品，均因以前皆由大马士革输入之关系。是以世界花纹钢名刃虽有大马士革所制造者，但大多数则产自印度及波斯，从前仅经大马士革而输入欧洲，遂因此地而得名。在昔用此名称最广者系欧洲制造枪锐之人，此辈在近代纯钢之坚韧性尚未炼就之时，大都利用一种焊接之钢布铸造贵重猎锐，遂称此钢布为"Damas"。但此种钢布绝对与印度或波斯名刃之花纹钢不同，内质既异、外表亦殊，制造方法与钢之特性亦均不同，今虽沿袭旧习而仍称之为"Damas"，然两者之差别不可不明，然后始能为东方花纹钢之研究。

结晶花纹钢为东印度之特产，不难辨认。就外形而论，土耳其产品之花纹呈翻卷形，其脉络犹如玛瑙或西伯利亚之孔雀石（Malachite）；波斯出产之溶冶花纹钢，其脉络犹如丝绸之织纹，光泽夺目；而印度出产之花纹钢，其横行脉络常作数十层之云梯形，即所谓穆罕默德梯，尤为奇巧名贵。凡此诸种结晶花纹，均不难细心一看而知为天然之珍品也，人工焊接花纹钢显系模仿天然结晶花纹后之产品也。至于结晶花纹钢之最先产地，据欧洲古书之记载似可定为印度，近年各国冶金专家搜寻研究之结果亦与此相符。然印度花纹钢之发现及利用究始于何时，此实为难于详答之问题。印度人之掌握锻冶之术恐在世界任何其他民族之先，远古之印度人即知冶炼金属，且曾得精良之方法，唯嗣后曾失传至数百年之久。现在印度德里东南库杜布高塔旁之清真寺遗迹内有1500年前所铸之大铁柱，高出地面6.75米（另一半陷于地下，故其总高度约有12米），其距地1.5米处之直径为1.65米。如此巨大之铁柱，在19世纪之前欧洲断不能为之，然据柱上之铭文推测，该柱乃建于4世纪。印度工匠所掌握之冶铸技术，靠口耳相传而维系于家内，奉为至宝，从不漏泄于外姓，外国人更无从窥其秘密矣。职是之故，14世纪之蒙古征服乃使印人失去其世传之冶铸秘法，印度之制兵及冶铁匠师悉被蒙人掳往撒马尔罕。^①自此之后，印度之兵器制造大受打击，在帖木耳之后数世纪犹未能复兴旧业。直至莫卧儿帝国崩溃已甚久，印度人犹用外国刃以为刀剑而名之为"Feringhis"，且有用马来人焊接花纹刃以为刀剑者。印度固有之制兵艺术仅在刀剑柄鞘之装潢及其形制上保有一隅之地耳。然印度之刃质虽受影响，装饰则反增富丽。据欧洲旅行家当时之记载，印度之武器装备以至马装、象装，非但金银耀目，抑且大都镶嵌各种宝石，工艺细致，纹饰艳丽，其豪富华美之气概不可一世，真有如《天方夜谭》中所描绘之景象焉。然蒙古之征服却促使印度结晶花纹钢料之输出。缘古时印度人既视冶铸术为秘宝，故一向禁止其所产花纹钢出口。及帖木耳掳获印度工匠使之铸兵，因撒马尔罕所有之铁质不佳，乃不得不改用印度所产之铁块。于是印度之铁块遂开始向外输出，而土耳其及波斯与布哈拉等地亦同时获得印度秘守多年之花纹钢料焉。嗣后，因印度之制兵术渐疏，故印人常将其名铁送入波斯，倩波斯匠师为之制造印度式武器，故斯时之印度刀剑常有波斯匠师之签名，而波斯人之制兵技术亦因之而驰名于世。

土耳其人之铸刃，以择善而从为主义。古时土耳其人专喜用花纹钢制兵，后来炼钢技术演进，土耳其以邻近欧洲关系而兼用纯钢，或以结晶花纹钢夹钢制刃，或用焊接花纹钢夹钢制刃，或全用纯钢制刃。图版六十二所示之第2号刃系昔年土耳其属地波斯尼亚省总督奥斯曼帕夏（Osman Pacha）之物，制刃者系当时最负盛名之匠师波斯尼亚克（Bosniaque，1782—1865），刃脚有其名铭。此刃历百余年而未装柄鞘，光彩如新，可知物主珍藏之秘也。

---

① 见沙畹所著《蒙古人及鞑靼人征服亚洲》（*Conquêtes en Asie Par les Mongols et lesTartares*），第156页。

吾人苟欲知其刃系波斯或印度或土耳其之物，则可就刃之外形以分别之。盖此各种民族所用刀剑之刃形均各不相同也。如土耳其长刀（Qilid）之刃，在占全刃约三分之一之近刃尖处刃体陡然加宽而曲，其近柄部之三分之一为直形，脊背作T字母形，血槽颇宽，刃之中部忽然弯曲，是以刃之上半身直、下半身弯，其角度显而易见。如斯刃形，因土耳其人刀法特别之故，而其刃鞘亦不得不于鞘脊开一缺口，使刃之直体先于此出若干寸，然后全刃方能出入于鞘。印度刀之全体颇宽，有时刀尖更宽作弓形，其曲度自刃之中部起，弯曲平匀而无突陡，脊背从不作T字母形，均有一条或数条血槽。其显著之特点为刃锋作坡形，距锋口仅0.3～0.4厘米即为厚面，类似剃刀，有时刀锋呈锯齿形。波斯刃反是，均系窄体，其最宽处不过2.5～3.5厘米，自刃之近柄处起逐渐缩窄，至端部而成尖矣，从不在刃尖加宽。其曲度则起自刃脚而均匀弯曲，曲度大而匀，故无庸在鞘上开口。波斯刃无血槽，脊背从不作T字母形，刃之切面为一等腰三角形，非如印度刃之坡形。简言之，波斯刃之刃锋自刃脚至刃尖均与全刃混然一体，全刃皆呈锋利之状，故波斯刃无论刺、割皆可称绝。或谓波斯刀太曲、太窄，如砍劈用力过甚则可能折断，然波斯人从不以刀砍劈，系借助冲力锯割敌体而使全刃皆入无抵抗力之肉体，此盖东方人刀法之绝技，非欧洲人所能学得也。波斯刃从不加金银珠宝之装饰，至多不过在刃脚处铭刻匠师之名或《古兰经》语，此又一与土耳其及印度刃不同点。波斯刃唯一美丽之点在其刃上之结晶花纹，此实为波斯人最注意之事，故不欲以装饰掩盖其花纹。波斯花纹钢刀剑之佳美高尚，盖为近代数百年世界无匹之物也。特点既明，乃可为下列之阐论：

（1）土耳其方面：

a. 常可见及用波斯刃装制之土耳其刀。

b. 土耳其人非但用印度出产之结晶花纹钢制刃，且自铸焊接花纹钢，精工锻炼以制旧式燧石枪铳之管，欧洲人曾袭取其法以制挠卷花纹钢（Damas frisé）而名之为土耳其花纹钢。

c.土耳其人亦曾用邻近地中海或欧亚交界处之叙利亚及波斯尼亚（Bosnie）等地所产之纯钢制刃，此种土耳其刀有时亦可见及，唯不甚多。

（2）印度方面：

a.自蒙古征服之后，印度制刃术中衰，嗣后印人广用外来佳刃，不问为波斯、土耳其、布哈拉或马来之物，唯柄与鞘则纯用印度质料及形式。降至欧人东进，印度人且用欧洲钢刃制刀，唯系普通军队所用，其数亦不多。沦为殖民地后，传统制刃业全失，更无印度良刃可言矣。

b.昔年印度人所用之波斯刃均有血槽，或系印度物主嘱波斯匠师为之，或系印度制刃者所改造，以后者为较多。

（3）波斯方面：

波斯人从未采用任何其他民族所铸之刃。波斯人之铸刃术精巧绝伦，且其地邻近撒马尔罕及土耳其，交通方便，印度出产之结晶花纹钢输入亦甚早，波斯人铸刃之称雄亦由此物质条件而促进。莫卧儿帝国统治时期，曾以优礼厚俸召致波斯铸刃师及装配刀剑之良工，土耳其人亦然。故波斯刀剑实以此为识别，如刃非波斯产而柄鞘系波斯之物，则其刀必非波斯物，因波斯人从不用外国刃也；反是，非但印度、土耳其及蒙古之名刀常系波斯刃，抑且阿富汗、阿尔巴尼亚、阿拉伯、埃及等民族之名贵刀剑，亦常有用波斯人所制之刃而装配其本国柄鞘者。

第3章
马来古兵器之制造

一、马来古兵器制造之源流

马来民族之文化甚古，其分布区域极广，自菲律宾至印度均马来人之居住地，不限于现在之马来群岛及马来半岛也。以爪哇出土之猿人化石观之，马来文化之悠久不在中国、印度或世界任何古民族之后。近年爪哇等地复掘出旧石器时代之石兵不少，而中石器时代及新石器时代之石兵出土更遍布马来群岛及马来半岛各地，其中颇多与中国出土石兵同形者。马来铜兵出土者不多，就马来铜鼓与达雅克人之铜兵遗型及马来古铁兵之形制泛论之，马来民族之铜器文化及其初期铁器文化确有源出南中国之可能。蚩尤战败，南方古吴越文化民族渡海南下以至马来群岛，传授造铜器之艺术；迨至楚人灭越，越族悉数南迁，二次再入马来群岛，复传授铁器之制造法；秦逐术者，吴越铸兵家第三次徙至马来，传其绝学，此实马来克力士花纹刃之由来也。然欧洲研究家尚未注意及此，故其主张不无异同。如英人加德纳（G. B. Gardner）系毕生研究并收藏马来古兵器之一人也，其谓："克力士显为马来民族固有之兵器。近年来在荷属马来群岛、爪哇、马六甲及印度Johore河（柔佛河，现属马来西亚。——编者注）边等处均曾掘出或发现原始时代之石兵，其中有作象鼻等形者，颇与古代克力士之形式相近，可见克力士之来源甚古，或者竟脱胎于石器时代及铜器时代之矛头亦未可知。古矛头固有作火焰形或波动形者，不仅马来一族为然也。"[①]亚洲其他民族，尤其是亚洲南部之印度、尼泊尔、缅甸、泰国、柬埔寨诸民族，在昔均曾有佩用克力士短剑之习惯，然其剑均来自马来，故伊等亦均以马来之物视之，至今犹然也。据现代专家之论断，古代克力士系直形而非曲形，如今日各博物馆可见之小型满者伯夷（Majapahit）克力士，颇似脱胎于海中雷鱼（Ray）之骨者。故有谓马来人起始用有毒之雷鱼骨刺为兵器，久之始改用金属仿制为小型克力士，仍以毒品敷浸刃尖，刺人不必深入，过皮即可杀敌。至于曲形，即所谓火焰形或波形克力士约在15世纪时始行普用，英人及印人有谓波形克力士源出于印度者，所持理由有二，一谓印度此种曲形刃器甚多，二则马来人早年曾受印度文化影响。然此两件依据皆甚脆弱，印度人自古即喜用野山羊曲角为刃，类于匕首，后来仿此形式以造钢匕首，或者马来人见而效法亦未可知也。然马来人并不全喜用波形刃，恪守古法之士仍多以直刃为较佳之器，故直刃克力士实较波形为多。收藏家及游历家之多收波形者，盖亦好奇心理所使然耳。故今日世界人士大都承认克力士为马来民族自古固有之兵器，非由外族传授者（图24）。

马来克力士之特异，除刃形不同一般、刃质精良外，刃上之花纹亦居其一焉。其变化之多方、纤细如须发，即大马士革刀剑之花纹亦较之逊色矣。马来神话中所谓妻子之发显露于赠其丈夫之剑刃，[②]非妄言也。前曾言之，马来克力士属人工焊接花纹刃。此种花纹，来自于铸刃时所用之天然陨铁，其铸造技术出于马来匠师之独创而自成一家，为他民族手工之所不能及。在昔曾由吾国吴越良工之传授极属可能，或后来略受阿拉伯人制造花纹刃之影响亦未可知，然未必如加德纳所断定之纯系阿

---

① 见加德纳所著之《克力士及其他马来兵器》，新加坡，1936年。
② 马来旧俗，每人腰插三件克力士剑，一为家传或父授之物，一为结婚时妻子所赠，一为自行选置之物。

拉伯人传授者，因阿拉伯人之手工并不如是精细也。

自马来历史观之，以13世纪末兴起之满者伯夷（Majapahit）王国统治时期为马来铸刃术之全盛时代。其最著名之铸兵地在爪哇岛之东部，即满者伯夷王国之左近，如北加浪岸（Pekalongan）、萨马朗阿（Samalanga）、南望（Rembang）、苏腊巴亚（Surabaya）及巴苏鲁安（Pasuruan）等地是也。自13世纪至15世纪，爪哇之铸兵中心似为满者伯夷、帕亚查兰（Pajaiaram）及谏义里（Kediri）等地。满者伯夷王国崩溃之后，工匠流散，徙入巴厘岛者居其大半，其他则移居各地，如马都拉岛之邦卡兰（BangKalan）、苏拉威西之望加锡（Macassar）与波尼（Bone），以及婆罗洲南部之坤甸（Pontianak）、肯达旺岸（Kendarwangan）、松巴哇（Sumbaw）与北部之文莱。近代之铸兵中心为梭罗（Surakarta）与日惹（Djokjakarta）等地；苏门答腊中部之米南加保王国，直至18世纪时尚辖有亚齐、因德拉普拉（Indrapura）、巨港（Palembang）等地，亦以善铸兵而闻名于南洋。

二、马来克力士之制造技术

马来古兵器中最要之原料系天坠之陨铁。此种陨铁并非马来独有，凡经历铜铁并用时代之民族亦或有以陨铁制器之事，唯因所得陨铁无多，且有铁矿可采，故未曾引起注意。而马来群岛则极乏铁矿，在昔几视铁为神物，欧洲旅行家斯考顿（Gautier Schoute）在其著作中曾述及，伊在马来购物甚多而仅以无用之锈铁、废铁为代价。故马来人最初之知有铁乃系陨铁，因其稀少而贵重也，乃并陨铁所制之克力士亦以神物尊视之。在昔自天而坠之陨铁得拾获后，均须交与各地亲王而归王室所有。制刃匠师每次须向王室纳款，始获允准发给若干。匠师亦无存铁，

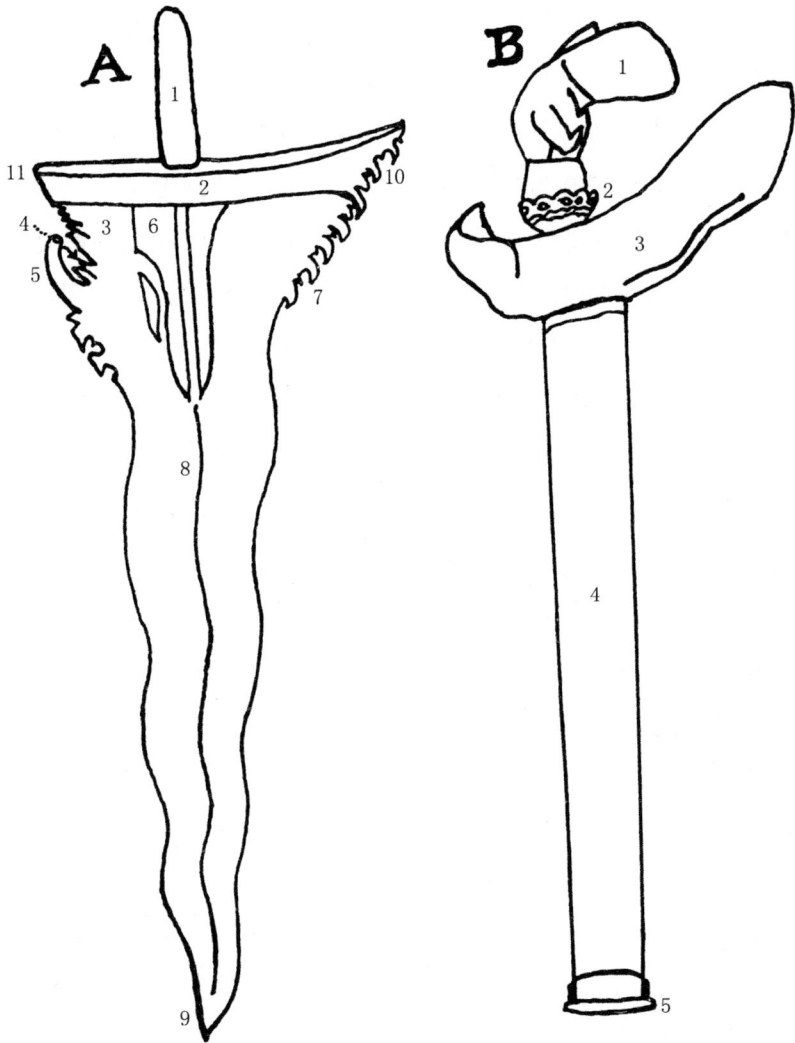

图24 马来克力士剑与柄鞘各部分名称示意图

A.剑体

1.Tangkai或Paksi：柄舌。2.Ganja：护手。3.Gandik。
4.Lambai gajan：象牙。5.Belalai gajan：象鼻。6.Kambing Kachang。
7.Janggut。8.Tulang keris：凸起的中心棱纹（少见）。
9.Hujong keris：剑尖（有时称mata，虽然此字可指刃之整体）。
10.Aring：护手尖端。11.Dagu：护手钝面。
（4、5一般总与11一起位于刃之同一面）

B.柄鞘

1.Hulu keris：柄。2.Pendongkok：柄底部之环状物。
3.Sampir：鞘之横档。4.Sarong：鞘（有时亦以此语称鞘之全体）。
5.Buntut：鞘之端口。

除非托其制刃者因故不制，则其铁乃可移作别用。然马来群岛仅最大之爪哇岛完全无铁可采，米南加保有铁矿可采，苏门答腊之北海滨海滩沙中杂有铁质，巴厘岛及龙目岛（Lombok）亦有铁些许，在昔皆得马来人之取资，晚近更有舶来之铸铁自中国、波斯湾等地输入。然而马来人仍不放弃以陨铁制造克力士之神秘性，陨铁以外之钢铁仅为附庸而掺用焉。①盖因马来人知陨铁制刃坚韧而不碎折，刃上之花纹亦非陨铁不能获致，故直至18世纪，马来人始终以天然陨铁为制刃之唯一珍品。是以马来语中之"帕莫"（Pamor）一词，初仅指陨铁及缘之所出之刃上花纹而言，后渐指含有陨铁之合金乃至一切混杂之金属。天然陨铁制刃之所以坚硬耐用，盖因其中含有镍等微量元素，能显著提高刀刃之硬度、强度及韧性故也。迨至荷兰人占领马来群岛之后，渐以镀镍之钢制品输入爪哇，马来人乃起而利用此等原料以制克力士。艺巧之匠师虽能以镍与柔铁或钢制成与天然陨铁刃相仿之刀剑，②然其实质仍不如前者之坚固耐用，不能损及帕莫花纹刃之信誉及用途也。

兹摭欧美研究者著述之要点，阐论克力士之制造方法于下。③

1. 制刃

马来克力士系由多种工匠或手艺人合力制成者，各种匠人各负其特定之任务。此类匠人，在马来语中分别称之为：

Pengukr，制柄者

Tukang-Warangka或Tukang-Merang-Gi，制鞘者

Kemasan或Tukang-Mas，金匠

Tukang-Perak，银匠

---

① 据1800年英人纽博尔特（Newbolt）之记载，斯时马来土著曾用苏拉威西与爪哇之陨铁，以一与三之比掺勿里洞（Billiton）等地之杂铁以铸兵。
② 此种刀刃以酸素濯拭后，钢质变黑而镍质变亮，在黑底上显出美观之左右回环曲线。
③ 见霍尔施坦所著之《研究东方兵器之贡献，印度与马来》（Contribution à l'étude des armes Orientales, Indes et Malasie），巴黎，1931年。

Tukang-Kuningan或Tukang-Tambogo、Sayang，铜匠

此外尚有画匠、漆匠、料匠等人，以及负责磨濯刃面以使花纹显露者。马来制鞘者在公共市场或露天商场营业，集同业为团体，其中并有修理柄鞘饰品之工匠。①上述诸匠中，以铁匠（马来语称之为Tukang-Besi）为最高级，可为诸匠之首领。铸刃之铁匠，马来人亦尊称之为安普（Empu）。安普之职，系父子相传之家业，不泄奥秘于外人，且得众人之尊敬与优待，享有特权。14世纪时，满者伯夷之Brow-Gaya王曾赐给各安普每人1000"Tchatcha"采地，②连同地上之房产、人口及租税均归安普所有。故至今爪哇之名人传记中尚详载古时最有名望安普之姓名、家世，昔时之安普至有与王族同葬者，可见旧时安普地位之崇高矣。安普除受各地王室常年聘用制兵外，尚为其他人等制兵，人亦尊称之为邦台（Pandi），即专门家之意。

安普铸刃之方法及程序大致如下：

铸刃之先须举行一种名为"苏登"（Sudjen）之仪式，意在驱邪迎神，其神名为"德米尔"（Demir）。祭祷既毕，铸造开始。安普乃取预定面积之钢片3块，中间夹以2片帕莫薄片而合冶之，将之压扁成条片，然后剪成2或3块，③层叠垒堆之再入火烧铸。烧后再剪再叠而复入火烧铸，如是辗转为之，以至达到预定之目的而后已（图25）。如欲刃上组成曲折而下之花纹，则须将初次剪就之2块钢铁混合质于烧压后用力曲挠之，方向或同或异，嗣后再行入火铸合之。工作之际，须仔细将铁块卷转一次挖出若干以为甘加（Gandja）或剑格之用。古代马来刃纯用帕莫制成，今日已不多见。次古之马来刃均在如是铸炼而成之2块原料中夹入一较宽之纯钢片，其外溢之部分即为刃锋及锋尖，是以次古及近代

---

① 见坦贝格（C. P. Thamberg）、莱佛士（S. Raffles）、克劳弗德（Crawford）关于马来之著述。
② 每Tchatcha约当一人一日能耕种之地。
③ 剪切铁片之工具，系一种名为"勒帕"（Lepa）之冷剪，其一把固定于一长柄之上以加大力量，此为马来铸刃工匠必备工具之一。马来匠师能制造极精巧之克力士，然其所用工具极简单，除"勒帕"（Lepa）剪外，不过一火炉、一铁砧及锤、锉等数事而已。

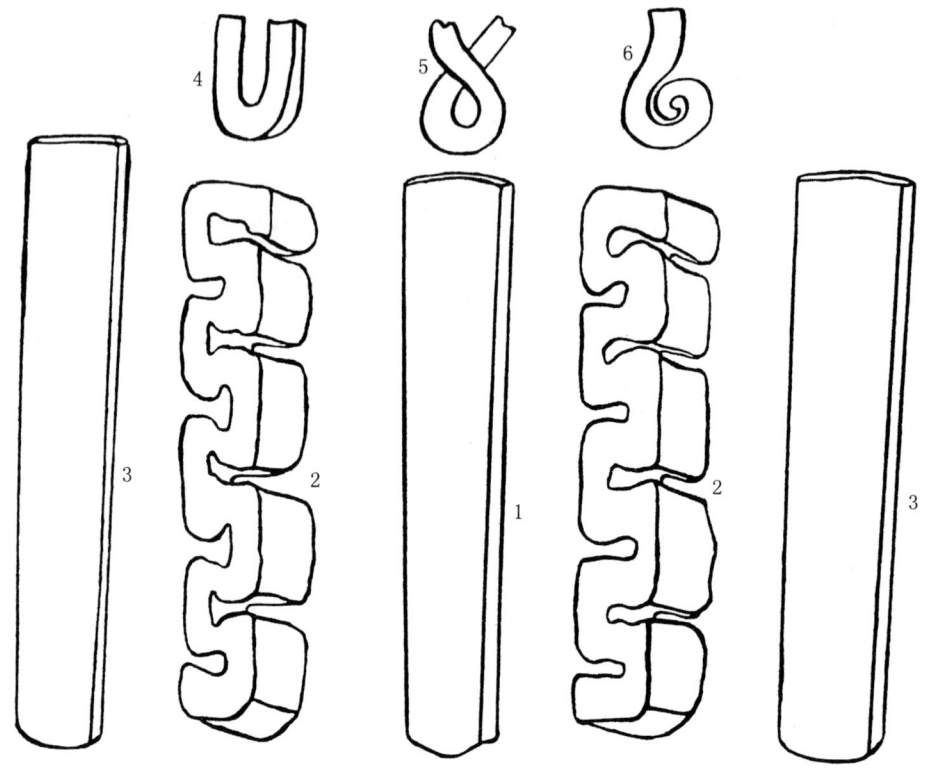

图25 克力士刃体之制造

1.夹于帕莫铁中间之钢片。2.帕莫铁。3.加于帕莫铁之外之钢片。以上1—3之5件钢铁料依次层叠后,即为焊锻之原始材料。4—6.帕莫铁在刃体上部扭合以为克力士之护手。

之马来刃其尖与锋绝无帕莫痕迹,而刃之两平面显露之帕莫乃名为登背（Tepi）帕莫。制刃之条块既照预定堆叠之数目以次炼就,乃开始铸造刃形。将此条块打成三角切面形,中脊以降为锋、为锷、为尖,刃或直或曲、或作辗转曲折之波浪形,再将近柄处切锻成剑格及其两翼不等形。刃体为波形之克力士,须将切成曲形之刃体入火烧之,其不曲折部分则迅速用水冷却之,然后将刃面向上而锤打其未经水冷之部分。每一波形须烧一次、锤一次。某些种类之克力士,尤其是北大年（Patani）所产者,其波形系用锉磨之法得之。然亦仅迈莱拉（melela）克力士及白西巴利（Besi bari）用之,因帕莫花纹可被锉磨而失其美丽,或失其辗转随波体之整齐焉。刃成之后,乃进行名为"Marangi"之濯拭,其法系用浸润鲜柠檬汁及砒霜水之布片濯擦刃面，则帕莫花纹之光亮悉露，作银白色呈现于暗色钢片之底上。或有在濯拭以前将克力士浸入加有硫化物及食盐之沸腾米汤中，烧煮三四小时者。此种烧煮可使钢色变黑而不影响钢质，刃上之花纹亦能悉显。于是乃做装饰增美之工作（爪哇语谓之Di-Ragusakan），其法系用极细极小之剪刀以为锉、刺、挖、雕之工作，有时以细如针之剪尖在刃上挖成许多小孔、小槽，作花卉、鸟兽等形体，按图为之，名为"Prabot"，有时亦镶嵌金、珠、宝石。最后乃为"Njapuh"，即淬刃工作。若干欧洲研究者谓马来刃无淬火工作，此实大谬不然也。其法乃将刃烧红浸入热达沸点之可可油中淬一二分钟，刃之近柄处以上不淬。达雅克人之淬刃方法有二，一为将烧红之刃直接入水淬之，一为将欲淬之刃架于烧热之铁条上间接加温，烧至刃上显现原来颜色时再入水淬之。[①]淬后刃成，安普须再为祷礼，仪式较前简单，仅以糖或檀香数块掷入铸刃之炉中，尔后用克兰勒（Curenne）所产之黄色油膏涂于刃上。此种油膏名为Boren，土著之订婚者及宫中男女舞班均常涂之，盖马来古人均以克力士为活物，视为不亚于人之灵器也。此点颇似于在昔吾国与日本对于刀剑之神秘观念矣。前述刃上之挖刺工作，可能损及帕莫花纹之一部而使之湮没，于是须作第二次濯拭（Marangi）工作。此次濯拭须特别仔细，安普往往费时馨日以为之，俾使刃上之光亮合式、映日耀辉。

据以上所述可知，克力士之制造至为艰难精细，一良刃之成，往往须费数月之工，因其中尚包括安普择吉日工作之迷信观念在内矣。安普制刃之主要着眼点在钢料之堆叠锤打与帕莫花纹之制作。钢料之堆叠锤打，前已言之，一般自5层（3片钢夹2片帕莫）开始，若锻打平均后剪切为4块堆叠冶锻则已有20层，以之切分为二而夹以纯钢片成刃，已达41层矣。此尚为最少之层数，富贵之家或王者之刃，常有由600层钢铁锻成

---

① 见英人所著之《婆罗洲土著》（*Pagan Tribes of Borneo*），第一卷，伦敦，1910年。

者。荷兰之戈勒曼（Gröneman）博士，系马来克力士之专门研究者，其尝倩马来安普为之铸刃而亲往观察研究其作业。据云，此安普系马来民族中硕果仅存之一人，能知往昔制造克力士之一切秘密及祝诅等仪式。其曾费时一月余而为戈勒曼锻就一577层之克力士，先后入火500余次，每次锤锻之工均极精细。[①]至于刃上之帕莫花纹，可由委托制刃之物主选定，换言之，铸刃之安普能使刃上之帕莫纹随心所欲形成各种图形，望之惟妙惟肖。马来制刃家所奉为圭臬者，乃使刃上之花纹作叶形或羽毛形，由刃之中脊起各向左右平分，作横向两出形。马来之刀剑大都无护手，除柄鞘之装饰外，刃上之花纹极为重要，此项艺术为其他任何民族之刃所不能及，虽工作极度困难，马来人亦不以为意。马来较古之克力士，近柄处平滑无棱，刃部之花纹乃可延长至与刃一体之柄部。其次古之克力士则刃首有略高于刃之垠，似护手而非护手，即马来人所谓之"Gandja"。带"Gandja"之刃若为设定之花纹，则方法更为精细。在成刃之钢体上，制刃者乃安置无数之铁线与钢线，精心使与中部钢体相密接凑合而作所预设之图形，使每一铁线、每一钢线均妥置于目的地而发生预定之效果。如中部之线作流水顺流形，则两边之线均布置作流水触岸、迂折回环、绕护中流而泻下形。如此艰难之工作，马来人均以一锤从事，既不凿刻，亦不锉磨。刃经砥砺之后，污垢既去，乃以酸素等质洗濯并攻蚀刃面，使其花纹格外显露，应为较显之处则攻蚀更深，使钢铁之脉络悉露无遗。此外尚有一法为安普所用者，如欲在刃上制成石子为滩之河岸图形，则将铁线在刃之两面与帕莫铁混合而使之脉络随刃锋向刃背曲流，再细心锻刃使预设之图形不变，刃成后再以酸素专门攻蚀帕莫铁之部分至距刃边约2毫米为止，刃锋则砥砺为石子岸形（图版六十三之1、2两号）。帕莫铁经酸素攻蚀之后成为粒形，颇似河边石子，护岸随流而不断。此法可使刃背亦露石子之形。

---

① 见《国际人种学汇刊》（*Internationales Archiv für Ethnographie*）。

2. 帕莫花纹

帕莫花纹之繁复既如上述，据戈勒曼引述文特（M. Winter）著述之所示，专就爪哇一岛而论已达26种花纹之多。今将其马来称谓及所指纹形译述于下：

Adeg-Saper　向上之帚形

Adeg-Tiga　三条直线

Batu-Lapak　石鞍形

Benda-Sagada　嘉禾形

Blarak-Ngirid　可可树之干叶并列形

Katiga-Warna　三色形

Keranga-genubalCarang　隐身花纹

Kendegan　四方长盒形

Lawa-Satukel　线索形

Ombak-Ing-Todja　水中波浪形

Ombak-Mas　金浪形

Pandar-Biretot　Pardarus之剪叶形

Pudak-Sategal　Pardarus之自然叶形

Ronduro　野棕榈树形

Sekar-Blimbing　Blimbing之花形

Sekar-Lampes　合叶野蔷薇花形

Sekar-Ngadeg　矗立直上之花

Sekar-Pala　肉豆蔻栽树之花

Sekar-Temu　姜花

Sulur-Ingin　翻出之树根

Tambal　杂色花纹

Udan-Mas　黄金雨

Udjong-Gurong　山峰形

Walang-Siron-Dukan　刨花上蟋蟀或螳螂阵列形

Wengkong　涧岸或边围形

Wos-Wutah　散米形

戈勒曼又在一古代抄本中觅获下列4种帕莫花纹名称：

Adeg-Bjos　直形齐一有规则之图形

Tepen　四边之花纹

Uler-Bulut　放黄光之小萤虫

Untu-Walang　螳螂或蝗虫之颊或齿

此外尚有18种名称戈勒曼未述其含义，或因未获详确之解释，或因其含义与图形不符，或因无法译述其意义。今亦将其马来名称列下：

Adu Mantjong

Alip

Babakan Delisem

Blarak-Pinerit

Blarak-Sinerat

Borang-Serenteng

Kol Buntet

Kudong

Pager Gunong

Pantjing Kulina

Sadasa Kler

Sampir

Sanglur

Simar Timandu

Tjantal

Uwer

Widji-Timun

Lintang-Kemulus

上列诸名可谓繁杂，但各种帕莫花纹之普通形状或可以较简单之公式概括之。是以戈勒曼曾谓可以下列5种式样包括一切，其余形式均从此中推阐而出。其详如下：

（1）Wos-Wutan或Beras-Wutah。此二词均谓散播之米粒。此帕莫纹之中脊（Dada）及两锷、两腊均与登背帕莫相似，为平行线形，左右弯转扩大作云体形、圆转或长伸，在刃脚一边，此云体变成小圆圈。

（2）Sekar-Pala。其意义原谓肉豆蔻树之花。其花纹系作集团微曲光线形，有如棕榈树或芭蕉树叶之脉络形，自刃脊浮出而向上合抱，其巅常曲成四边形。此四边形有如登背帕莫，常作左右弯曲转形而与刃锋之内面作平行线形。如倒执此类刃而使其尖下垂，则其花纹如火如荼、纷纷上拥，有如多层叠垒之状，毋宁谓为具有火山狂焰之观。

（3）Sekar-Ngadeg。义为矗立直上之花。此帕莫纹由3组线纹组成，其中一组由中脊直流而下以达刃尖，左右二组则与登背帕莫相同，向腊锷方面流下。第一组之线纹反微曲，其他二组较为波动。在刃面上尚有极细微之线纹若干，亦作平行线形向下流动。

（4）Blarak-Ngirid。其义为可可树之干叶并列形。此种花纹与Sekar-Pala纹略有关系。其线纹与登背帕莫相似，贴近腊锷，然较为细腻，其光线之集团较为弯曲，自刃脊浮出向上合抱，其中间露出天然之帕莫而于各处组成曲线团。如将刃平持，则可见及刃面不平之点随处凸出，有如遍地丘峦，重重叠叠作层峰叠嶂之状。其根基均倾向刃脊一面，其巅首则直立贴近登背帕莫，其下线纹则如曲流之小溪。

（5）Sekar-Temu。义为生姜花或姜类植物之花。此种花纹并不真像其名，其特点为：刃脊上毫无线纹，其登背帕莫系由极细腻之线纹组成，长短不等而微曲；刃面则显露不规则之大型曲线，回环卷绕，其凹形向外。如将其刃平持，其图形亦似岗下曲流溪水之波皱，然较之

Blarak-Ngirid纹则此形水流较暗而波动亦较晦。

3. 柄鞘装饰

除帕莫花纹外，克力士之柄及鞘亦可为马来民族艺术之代表物。其形式至为复杂，其雕刻装饰至为精美贵重，既非吾国与日本刀剑所可冀及，抑且可与伊斯兰诸族兵器相颉颃而无逊色。其柄小而式样甚多，因克力士之握执系将柄首置于掌中，故柄首大都作圆形或小杖头形，其质料则用象牙、金、银、硬木，镶嵌珠宝者居多。衔接剑体与柄之圆帽则用金、银或铜质，镶嵌宝石者居多（图26）。鞘大都为硬木质，其外另有鞘套，以金质、银质或黄铜质居多，钻刻花、鸟、兽形，极为精细。一般言之，克力士之鞘原仅用硬木两片黏合而成，因恐其分坠，故鞘之下部常以绳线等物缠之。嗣后乃于其外加以铜、银或金质之薄鞘套。马来刀剑之鞘可分为下列7种（图27、28）：

（1）北方式。来自霹雳（Perak）及马来亚。简单而上方，下面亦作方形，常镶鱼骨。

（2）巴厘岛式。鞘之全身及下部一般为圆形，常镶包金属。

（3）马都拉式。鞘之上部平大。

（4）巴哈里（Bahari）式。鞘长窄，下部镶金属而上部作双口之碗形。

（5）布吉斯（Bugis）式。鞘之下部作斧形。

（6）爪哇式。鞘之上部特异。

（7）吉兰丹（Kelantan）式。鞘之下部常包银作方形。

马来各地之克力士佳品，允为马来制刃艺术之充分体现。以图版六十三所示之器言之，第4号直形克力士之刃体作双分叶形，刃端近柄处有向下凸出之小棱角，一面4对、一面2对。其甘加向一面平突，他面则刃之略出部分作平形。第5号克力士系巴黎东方兵器收藏家勒贝尔（J. Reubell）之藏器，其柄与鞘皮均系黄金质，雕细花并镶嵌珍珠多粒，华

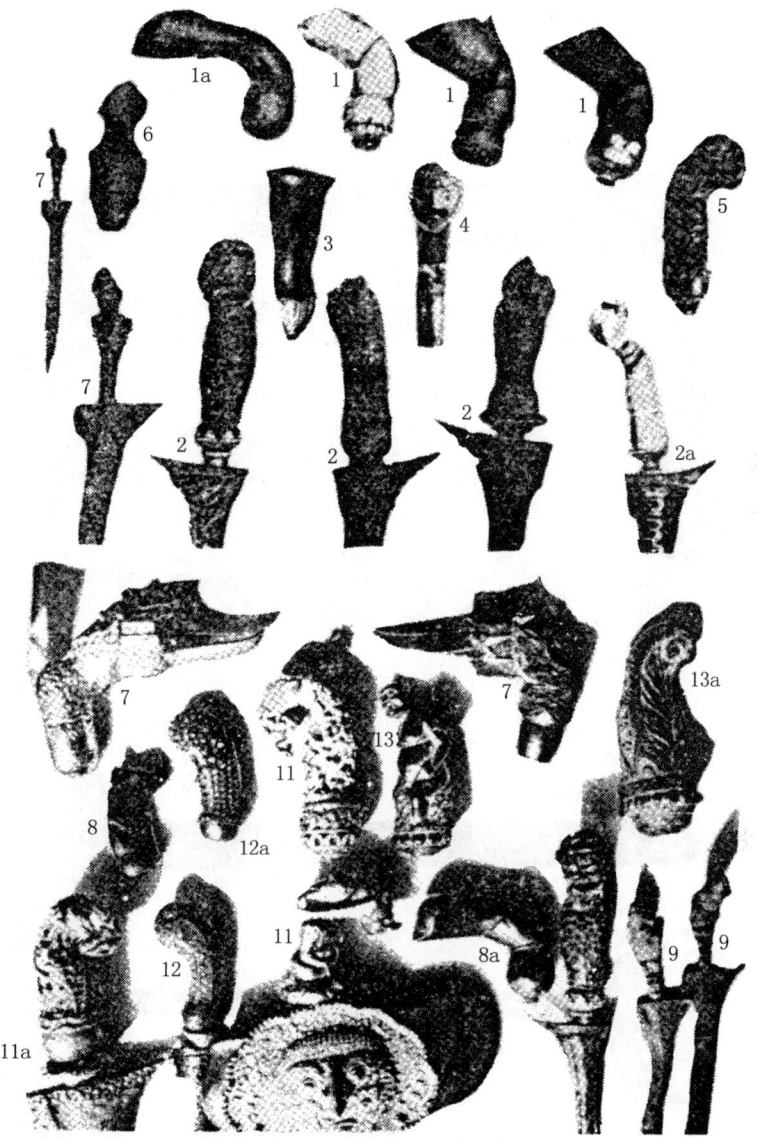

图26 克力士之各种柄形

1、8. Jawa demam,加瓦丹马式克力士。2、10. 巴哈里式克力士。3. 布吉斯式。4、12. 爪哇式。5、11. 马都拉式。6. 马来式。7. Hutu Pekakak,胡图帕卡卡式克力士。9. 满者伯夷克力士。13. 巴厘岛式。

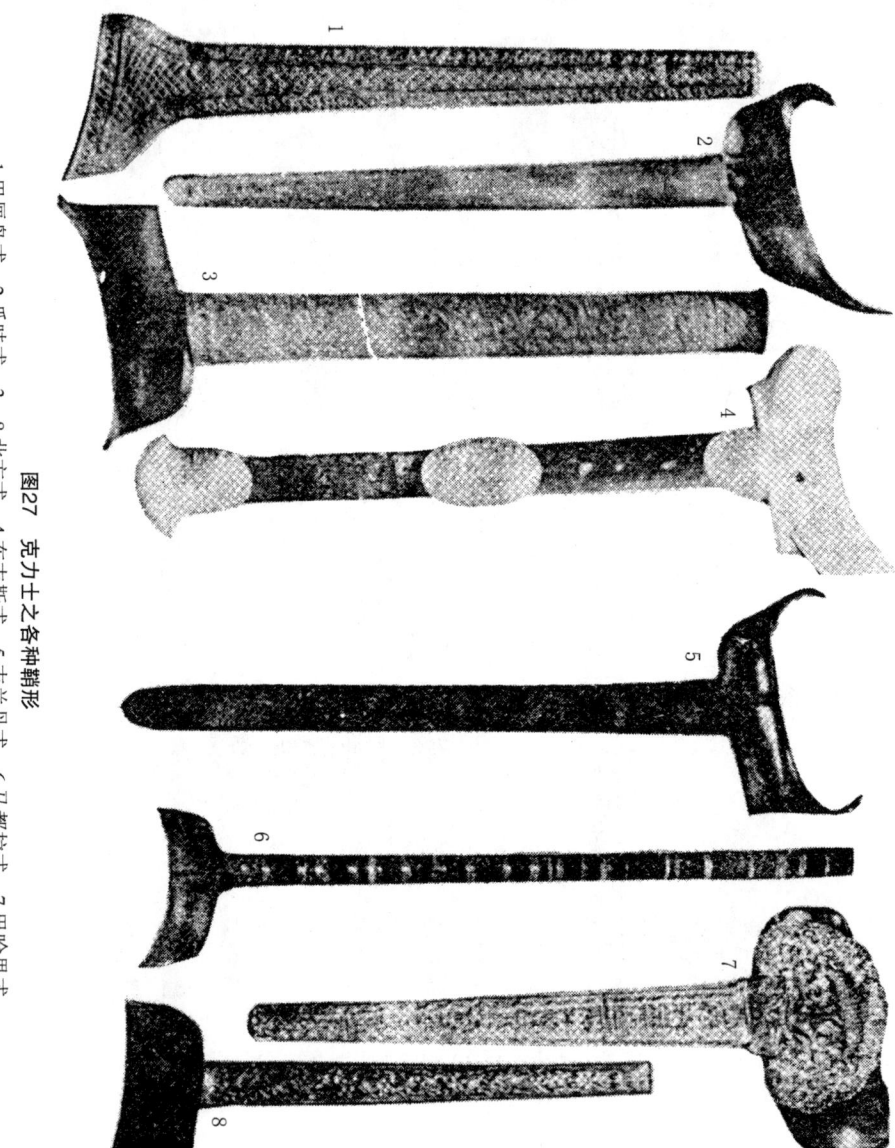

图27 克力士之各种鞘形
1.巴厘岛式。2.爪哇式。3、8.北方式。4.布吉斯式。5.吉兰丹式。6.马都拉式。7.巴哈里式。

附录·第3章 马来古兵器之制造

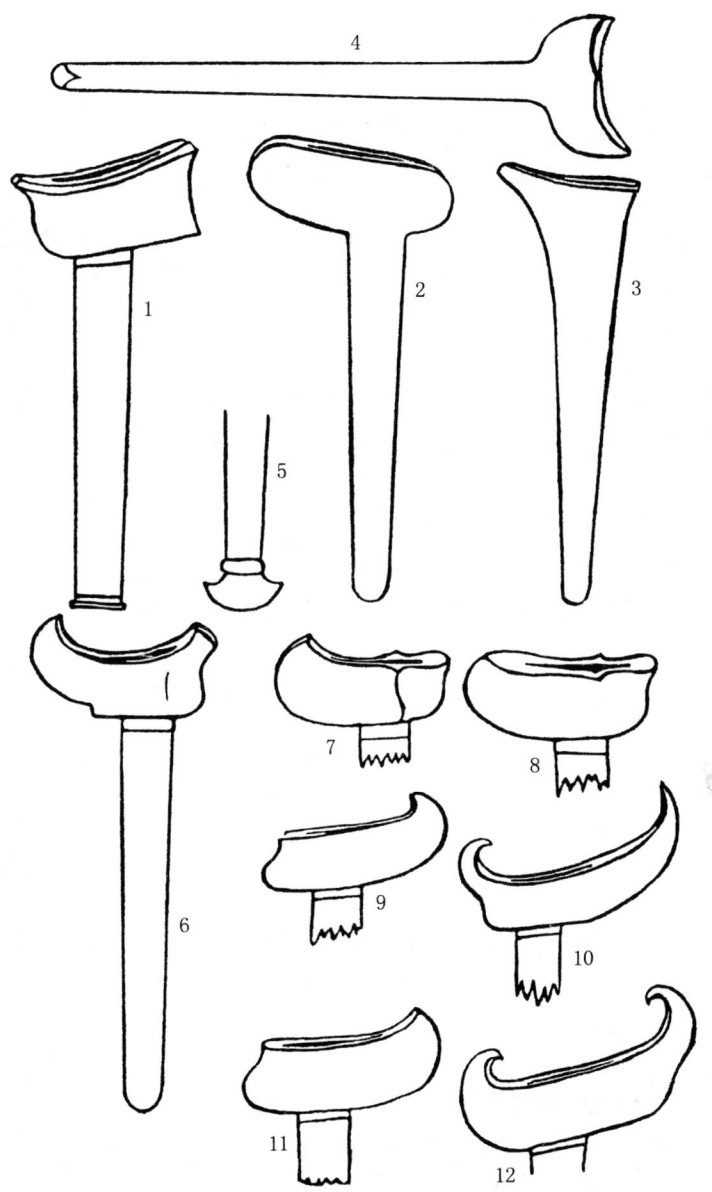

图28 克力士之木质内鞘形式

1.北方式。横档与端口为方形,若端由如5之形则为布吉斯式。2.巴厘岛及马都拉式。3.巴厘岛式。4.巴哈里式。如插入银质外鞘,则端口通常为1所示之方形。6—11.爪哇式。12.吉兰丹式。端口为圆形,若插入银质外鞘则端口为1所示之方形。

美异常，想系马来王族或贵人之物。其十曲之刃亦作左右出叶形，刃之近柄中端有一凸体花形或冠形，其刃锋一面亦有花形，甘加突出之处有三小角向下，他面则刃之突出部分作圆浪头形。第6号克力士为巴黎东方兵器收藏家吕芬（G. Rufin）之藏器，此刃尤形奇异，其花纹乃左右出作驼鸟羽毛形，甘加外面上嵌有大宝石5粒，凸出可见，下有小角三。他面则刃端有一卷角，向两小尖卷进，形如鹦鹉之喙，精美细致逾恒。马来剑刃往往作龙蛇形，如此处图版六十三之第8、9、10、11、12、13、14等号均是，皆系收藏家加德纳之藏器也。此外，马来人在帕莫花纹之上所加之装饰亦常作蛇形（此即印度及马来人所谓之蛇神"Naga"），其圈形体常蜿蜒于全刃，尾达刃尖，蛇首常戴有镶嵌钻石之金冠而向刃之上端近柄处昂头吐舌。护手（Vadira）之背面亦作同样装潢。此类克力士常为王者之物。晚近马来人以镍与钢焊锻制造之刀刃，其银质柄亦常作Naga神蛇之形，其两腮作鳄鱼形，上唇作象鼻形，唇之极端作手形，执有匕首或兽牙。

三、马来制兵质料之性质

就上述制造方法观之，马来兵器之质料属于人工焊接花纹钢。现代工业中所谓之焊钢，系将两种钢条束成一捆而烧至赤灼，待其可以熔接粘焊时，再用机械锤或人工锤进行锻焊而使之紧合。若不用两种钢条而以一半钢条、一半铁条掺合，使各面叠换之数目相等，则锻焊后即成焊接花纹钢。此种钢块若以酸性之化学溶剂蚀其表面，铁呈白色而钢现黑色，可产生与结晶花纹钢相仿佛之花纹。若在锻焊前对呈现之花纹进行仔细计算与安排，并在锻冶过程中进行适当之曲挠扭折，其花纹亦略可与结晶花纹钢相比拟。对马来兵器制造有深详研究之法国古兵专家夏尔·毕丹认为，①焊接花纹钢系模仿结晶花纹钢为之。其谓，结晶花纹钢既为世界之珍物，遂有思以仿制者。然结晶花纹钢之原料主要产自印度之海得拉巴与印多拉，冶铸匠人又极其保守秘密，殊令外人无从仿制，于是他方之工匠乃别出心裁，将铁与特质之钢焊合而并用之，焊接花纹钢盖因此而产生焉。依吾人之见，此不过揣想之词，事实未必如此。马来人固然对于帕莫花纹尊崇有加，而其原因则缘此花纹乃掺用陨铁与冶锻次数之标志焉。经多数欧洲科学家之化验分析与详细研究，公认马来刃之所以用陨铁作刃锋及刃尖者，系欲使其刃不易碎裂断折之故。而锻焊手段之采用，则与陨铁来源之稀少有大关系也。

纯钢之性脆而须用他术增加刃体之坚韧一事，非但东方民族早已知之行之，即欧洲民族自中世纪以来亦已注意及此。在5世纪之中世纪初年，欧洲人已习制以铁为骨而以钢为表皮之两合刃（Lames cementles），并在13世纪时臻于全盛。自14世纪起，复有套夹刃（Lames fourrees）之出现，即将一钢片焊夹于两铁片之中，钢居中而铁居外，恰与上法相反，唯钢片须略长于铁片，俾使刃尖及刃锋均系钢质而非外包之铁质，其刃乃能锐利。此种套夹刃在东方民族中亦有悠久之历史，如日本民族之刃系用铁与钢套夹而焊制者，土耳其、高加索及马来民族之刃系用常钢与花纹钢套夹焊制者，皆属此法也。虽锻焊之技术容有不同及精粗之分，但其实用之目的则一。婆罗洲土著所用之佩塘帕兰刀，其直形刃体之锋面常有帕莫花纹，然其仅及刃面之半，且自刃尖绕至刃背而止。于斯可见，马来人初在陨铁中加入寻常钢质以铸刃，原意不过使其不断折，因两质混合而另生艺术装饰之意向，焊接花纹刃遂成为马来刀剑之主流。职是之故，马来之安普并不专倚帕莫花纹为刃之装饰，王者所用之克力士，常有在帕莫花纹之上，另以金叶镶嵌于近柄处而作各种纹饰，其工艺极为精细，不亚于波斯或印度人之同类艺术。是故夏

---

① 见毕丹所著《焊接花纹钢及马来花纹钢》，载《金银镂工制刃技术月刊》，第110—111号，巴黎，1929年。

尔·毕丹尝谓："从前欧洲人之研究马来古兵者，曾以为帕莫系一种装饰品，与马来人之信仰神灵及符咒驱邪有关，今已证明此种观念系属错误。马来古人必已发明花纹钢之冶铸，且必已知悉焊接之刃实较熔冶单铸更佳，是以马来古人仅用熔钢为田器而专用焊钢为兵器，并非不知用熔钢也。因此，吾人可以测知马来人之心理及帕莫之主要意义均系侧重焊锻之术，即以实用为目的而具有科学、艺术之意义，并非如前人所臆测之神灵符咒之意也。"

夏尔·毕丹所谓马来古人必已发明花纹钢之冶铸而并非不知熔钢之论，殆非虚言。因其即曾藏有纯以陨铁锻冶之马来古刀剑也。毕丹所藏之两件古器（见图版六十三），其柄、刃为一体，均系用一块铁锻成。柄作偶像形，似系蹲坐或祈祷之状。第1号器与欧洲铁器时代初期之刀形相类似，颇近于土耳其雅达坎（Yatagan）刀之刃形，重82克，通长24厘米。其中，柄长为6厘米。柄之长度如此之短，与马来人使用克力士之方式有关。①柄上之偶像形眼部穿孔，且可为挂刀之用。其刃体系完全用锤锻冶而成，既未经锉磨，亦未用钻凿，或因斯时爪哇人尚不知用锉凿之具，或因爱惜其陨铁之故。此刀之形制甚古，其来源想尤为古远。其第2号克力士直剑通长26.5厘米，重100克。此刃与1号器不同之点，在于其刃锋系用卷锋再打之法以增其锐利与坚固者，故刃之中部可看出一中流钢体形，此实偶然之形，并非有意为之。盖因斯时马来人尚未用中部套夹钢片之法，且陨铁较钢尤坚硬，固无须夹钢也。此剑之形制亦古，且多少具有周剑形式。依此两器观之，古时马来铸刃者之智巧可见一斑，因其唯一之工具仅一石锤或一铁锤而已，而能凑合铁之脉络以密折之，迨至锤宽之时复使之张开，此非精于其道者不克为之。图版六十三之第3号曲刃克力士系法国里昂收藏马来兵器最富之古兵专家霍尔施坦（Prosper

---

① 参见《亚洲古兵器图说》之马来兵器部分。此刀亦与吾国河南殷墟出土之铜刀形状相类，至于握全柄之直刺法则与吾国矛形剑之用法相类。

Holstein）之藏器。[①]此克力士已系夹有钢片之焊接刃，霍尔施坦认为斯时欧洲钢殆已输入爪哇，故用以节省陨铁也。此刃虽较长，然其小柄及糙凸不平之刃面均显露节省铁料之用意，刃上之陨铁亦仅用以包裹刃之两面及制柄。其刃形唯一曲，然帕莫之脉络锤打则循此左右曲线甚均匀。霍尔施坦曾请荷兰专家审定此刃之时代，[②]结果认为具有14世纪马来克力士之特点。无论如何，图版之3件克力士虽时代有先后，然皆在18世纪前进入马来群岛。18世纪中叶，马来群岛有含铁之山忽然崩裂，遂使马来之匠师获得大量铁材。该地之Socrakarta亲王乃于1784年2月将其中之半数运入武宫（Kraton）以为铸造克力士之用。近来偶有发现斯时所制之克力士，全用山上之铁而并未加钢，据分析，其化学成分为：铁占94.38%，镍占4.7%，磷占0.54%。因运回之铁不久即用罄，于是该亲王乃于1797年2月将铁山所余之另一半挖下运归，严令省用。自斯时起，此种铁即使用一小块亦须亲王核准。至于马来人在他处采获之帕莫铁，则大都不及亲王所有者之佳，制刃者仅用以制柄，其分量较重，一入手即可知为次等之帕莫。古代马来人用以制刃之帕莫既为天然产品，则纯以帕莫锻造之刃似与印度结晶花纹钢一律而非焊接花纹钢则明矣，故研究马来古兵者，不仅当知近古之马来克力士系焊接花纹刃，尤须知更古之克力士颇近似结晶花纹刃也。

焊接花纹钢之最大优点在于能承受大力之冲击而不致破裂也。是以旧式枪铳之管，在当时条件下唯有以焊接花纹钢为之。盖结晶花纹钢性脆，用以为枪铳之管而极易炸裂也。于是非但前数世纪之欧洲人，即喜

---

① 霍尔施坦毕生专喜购求东方古兵，尤以马来及印度古兵为最，罄巨产以集藏之。中年丧偶亦不复娶，以便旅行亚洲。其所藏之器多罕见之物，早为世界收藏家所艳羡。笔者曾于1923年因夏尔·毕丹之介绍而得见其藏器，时霍尔施坦已年将八十，承为指示一切，极钦其藏品丰美及研究之深邃焉。霍尔斯坦去世之后，遗著由其孤女刊布（即前已引述之《研究东方兵器之贡献，印度与马来》），书中影印其藏器千余件，洵珍籍也。
② 荷兰人自占领马来群岛以来，对于马来古兵曾屡为具体之研究，专家较他国为著名。著者曾参观荷兰各地博物馆，几疑马来古物尽为荷兰人运归，即以莱登（Leyden）一小城中之人种博物馆所藏者而论，马来古兵及武装已有五六千具之多！荷兰私人之所藏者亦富，较欧美任何国人为多。

用结晶花纹钢之波斯、印度、阿拉伯等民族亦不得已而用焊接花纹钢制铳管。其制造之法部分与制刃相同，故为述之如下：

先以铁条50根、钢条50根横直交叉组成长80厘米、宽40厘米之料堆。然后将之置于炉火中烧至赤灼，以焊锻为一块，复用强大之压碾器将之压缩成为12毫米见方之小条，再绞扭并锻平之。再以此种小条杖3～5根为一束，碾之使平，绞扭之使左右互转成为一布条状，然后绕之于一薄铁管上使成圆形，其直径大致与所制火器之管体直径相等。于是将薄铁管毁坏而将如是制成之钢管修之、锉之，使其内外平匀而管口适与所需要之口径相等，然后再加附铜或锡之工作，枪铳之管即成。经酸素攻蚀，管体上之花纹即显露矣。其之所以须将钢布绕于管上，盖系横置钢之脉络以增其对火药爆发之抵抗力也。至于用为原料之铁条亦非随便择取者，如在法国则喜用农人刈草之旧镰刀，因此种刀久经农人冷锤冷打以利其锋，其固结力较大。西班牙人则喜用骡马之旧铁掌，当1808年西班牙人抵抗法军时所用火器大都均系用此种旧铁制造。当时此风甚盛，欧洲其他国家亦袭用之，法皇拿破仑一世之侍卫官亦曾采用此种西班牙枪管。波斯及印度人制造花纹钢枪铳管之法大略相同，唯钢布之制造法则各有不同。如法国人贝尔纳（Léopold Bernard）曾用双布法，即使钢布之切面成等边三角形，以两钢布绕之，里外相合成一体。然自无烟火药发明后，只有纯钢枪炮管可以抵抗其爆炸力，花纹钢逐渐从此领域淘汰，至于刀剑及其他冷兵器则至今尚推花纹钢为最佳之品。

四、克力士以外之马来兵器制造技术

除克力士之外，马来刀类颇多，其刀形亦各异。此类刀剑之最长者可达75厘米以上，然马来人制造之克力士则通长不超过45厘米，非不能制长刃,实因马来人喜为短兵相接之搏战,故恶用长兵也。马来制刃者对于此类刀刃上之帕莫花纹似不甚注意,非如克力士花纹之精细奇巧,亦未专心致志、穷年尽月以求之也。是以普通马来刀刃上之花纹均系自由为之,不求花纹之特别图样,目的专在于以帕莫陨铁将刃之中钢包裹,使其露出为刃锋与刃尖之部位越少越妙。然克雷瓦(Klewang)刀刃上之花纹亦有铸形特别者。此种刀刃在以钢片与帕莫焊锻制成之后,曾将该刃再烧炙一次,复用锤与一钝剪将刃之两面互换锤打之,意在制出横向图形。结果刃上现出丘陵或凸凹之横形,于是制刃者乃用力磨刨刃面,去其凸体,使与刃面平而留其凹槽,再以酸素攻蚀之,则帕莫外层之花纹亦随而显露,有如月晕云绕之星象奇形,非摄影之所能详示。在此种刃背上亦露出帕莫向左又向右往还倾斜之状。

马来人尚有两种较为特殊之制刃技术,可谓系马来民族之特有创造。其一为香刃(Lames parfumées)。据云,在19世纪末爪哇岛尚有香刃可购,其香味极芬烈而经久,常至数百十年而不变。毕丹曾获得一具,有鞘,据云每次出鞘均觉异香扑鼻,藏之20年未尝稍减。其鞘则毫无香气,盖出于刃上所浸染之香料,可见马来制刃艺术之精矣。此刃之中心钢甚美,想必经过浸受香料之特殊处理而具储存之功能者。因刃贵而其装饰亦富,其鞘作舟形,全鞘为一体而与通常之两合鞘不同矣。其鞘之外皮系镏金铜质,柄上之箍系黄金质,钻刻细花并嵌有金钢钻石。另一种技术即所谓毒刃是也。或以蛇毒浸涂于刃之锋尖,或以他毒浸入,使被刺之人无可救药。此种毒品大都均能耐久不变,因马来焊接刃之孔隙甚多,非如熔钢之平整,故浸染流质极易深入,且能久储而不致散失也。近来马来旧时毒刃几于绝迹,其难觅获殆与香刃等。

马来刀剑偶有铭名者,则以穆斯林物主居其多数。毕丹曾获一马来"Weddung"短刀,系马来王者或酋长之侍卫所佩用者。刃重而厚,近尖一部分甚宽,可为杀人之用,亦可猎虎豹、砍蛇虫,且可伐木刈草、削劈杂物。刃长34厘米,刃之近尖最宽处为45毫米。近柄处有制刃者之凸体阳文名铭。柄为乌木质镶银，作鸟首形；鞘为镶花银质，刻双蛇形。马来人旧习，一人常佩有3件克力士，而插戴此"Weddung"刀之侍卫则常身有刀剑4具。在昔马来人身佩之三刀均系陨铁制或陨铁与钢合制者，降至近代则三器中常仅一具含陨铁，其他均以常钢制成，且此含陨铁之剑多系祖先遗传之物，非其本人所置备也。近代马来刀亦有华侨制造之物，如无槽曲刃类似明代刀形之腰刀是也。此种刀非用陨铁制成，然制法则与马来刃无异，但中部钢较厚（约2.5毫米），故刃体较重，想系中国人腕力较大之故。刃上亦有花纹，柄体则带马来形。至于马来其他兵器之铸造较为简单，已无缕述之必要矣。

第4章
缅甸古兵器之制造

缅甸文化亦颇古远，历年出土之石器颇多与越南及柬埔寨出土物同形者。但缅甸自属英统辖以来，其发掘事业未有发展，是以缅甸之石器时代文化，尤其是铜器时代文化，近年来盖无甚发现，铜兵亦罕见焉。19世纪末年，英国驻缅当局曾令缅甸全国民众将其古兵器及新兵器一律送至仰光博览会陈列，缅刀及其他著名兵器悉聚于斯，事后几于悉数运往英国，其佳品除大半入大英博物馆外均归英国私人所有，亦有被销毁者。致令今日之研究缅甸兵器者，即亲赴缅甸，恐亦无从着手矣。

缅甸人在昔极勇敢好战，且宁愿全部牺牲亦不屈服，故当英人征服印度时曾屡为缅军所败，苦战多年未能得手。后因联合泰国合兵略取缅甸，缅王始不得已而订城下之盟焉。关于缅甸兵器之著述极为罕见，兹据所得寓目之资料略述缅甸人制造铁兵之方法如下。[①]

---

① 见贝尔（E. N. Bell）所著之《缅甸钢铁工业专论》（*A Monograph on Iron and Steel Work in Burma*），仰光，1907年。

一、缅甸之传统冶铁技术

缅甸古代铁工技术之来源,至今未获确据,历史中关于此节亦只能存其疑问。吾人虽知追随克谢尔克谢斯(Xerxes,公元前485—前465年之波斯雄主)以至马拉特(Marathas)之印度古代商人均曾身佩铁兵,然不知此种铁兵是否来自缅甸王国,亦不知斯时缅甸除与其东方邻国交往外,是否已与西方诸民族通商。据缅甸古书之记载,阿奴律陀大王(King Anawrahta)及其后代诸王之兵士卫卒,均身佩弓箭、腰悬刀而手执矛。此种兵器均系缅甸人自制,其铸铁厂在波普(Popa)火山附近,缅甸各书及民间传说对此波普火山及缅甸早期铸铁历史颇多神话。如传闻谓,公元前442年缅甸地方曾发生大地震,震后在平原上发现波普大火山之巅,但传说与载籍均未言此火山曾出火若干时及何时熄灭。欧洲人则认为,距今仅2400余年尚有火山出现,为期太近,以地质学眼光视之似难置信。缅甸人则坚持其说,且谓茂庭德(Maung Tin Dé)之大名即代表火山神灵而来。据缅书所载,茂庭德为4世纪时人,系一铁匠之子,有奇才异能,能以双手各执一须常人20人方能举起之锤,锤打之时火山震动,发声如雷,旁观之人莫不震骇作恐。其地之王名为泰高(Tagaung),深惧此力士之威望,乃娶其妹修美亚(Saw Meya)为后,诱致茂庭德于宫中暗杀之,与其妹同时火葬。二人死后,民间崇拜信仰更甚,乃尊之为波普火山之神。于是茂庭德遂成为缅甸铁工之师祖,缅甸著述家沙耶标(Saya Pyo)曾在《达尔微》(Dalwé)一书中详图其一生业绩。贝尔认为,缅甸兵器之感受欧洲影响而逐渐改变,乃始于缅历960年(即公元1598年)而由葡萄牙人开其端。是时有缅名为牙清加(Nga Zinga)之葡人菲利浦·德·布里托(Philip de Brito)者,获缅王之允许,携葡人男子500名、女子300名及2000名土著租住于缅甸沙廉(Syriam)地方,因其不久即据地称雄,欲征服下缅甸,遂遭缅人之忌。阿瓦（Ava）地方之王名为阿那毕隆（Anauk-Pet-Lum）者乃率兵攻杀死牙清加，放逐其余众于瑞帽（Shwebo）、迪贝因（Tabayin）、阿敏（Amyin）等地，并将其中谙习铸铁术之俘虏组成一铁匠团，设一名为唐佶文（Than-gyet-Wun）之官以统率之，是年为缅历975年（即公元1613年）。在设置此铁官之前，缅人采铁之法至为简陋，且仅限于王室之用。王室需铁时，由王命某乡中之官员采进某处之铁，并不拘于产铁之区，其所需数量若干、成色质料若何均由王命示知。自组织葡萄牙俘虏成一经常铸铁之铁工团以后，原料之供给乃获继续不断，于是铁遂与红宝石、黄金、漆料并列为缅王4种专利品。铁官唐佶文位同一部之长，非但管理铁之专利事项，抑且为其治下民刑案件之裁判官。其官署设于曼德勒（Mandalay），属官有三，名为唐木（Than-hmus）者接受唐佶文交下之铸铁命令；唐木之下有属员唐加（Than-gaungs），每人管理熔铁炉5～6炉，每一炉由名为唐阿速木当（Than-asuahmudans）或唐佶他摩（Than-gyet-thamas）之火工5人司之；名为塔塔美达（Thathameda）者系于铸铁停工时管理工人事务之人，开工时则不过问。现在缅甸之瑞帽即系当年铸铁重地。各书中又载有一名为卡帕坦（Captain或Chipatti）之意大利人，亦曾获缅王特许采掘萨塔（Sattha）之铁矿而在实皆（Sagaing）铸铁。此外，德耶谬（Thayetmyo）之弥杜（Myedu）、马圭（Magwe）、央米丁（Yamethin）及敏建（Myingyan）之巴额（Panga）等地方，尤其是波普之西部及南部均系产铁地方，其中以波普左近之铁质最佳。在缅甸王统治下之各荒僻地方至今尚有熔铸粗铁之处，如克钦山附近之马鲁（Marus）、掸邦（Shan State）、桑巴（Samba）、莱卡（Lai-hka）以及班茂（Banmauk）之丹当（Thandaung）、莱卡斯（Laikas）等地均是。是以缅王室当时虽置铁官唐佶文并据有铁的专利，但仍有一种名为唐波图杰（Than-bo-thugyis）之私自铸铁者，自行铸铁，且能以所铸之铁制兵。此种私家铁工，昔年并未受何阻挠妨碍，唯不时须向唐佶文官署公开乃至私下献纳若干捐款耳。据云，生铁之由外国输入者实始自蒲甘曼（Pagān Min）时代，嗣后本地土铁之贸易即日益衰微，然缅甸人制造各种铁器之手工业在本世纪初尚能存在以供给土人购用，唯不复制造旧式兵器也。此非缅人不能制造，实因英人占领缅甸后即颁布禁制军械法律，禁止缅甸铁工制造兵器，并大搜缅人藏兵，意在泯灭缅人反英之意识。于是四海闻名之缅刀遂等于广陵散尽，无处可觅矣。据贝尔在《缅甸钢铁工业专论》中之记载，伊虽系英国人且在本地政府任职，迄未能获得关于缅甸古兵器之各种研究材料。官府中人讳莫如深，缅人之藏有古兵者更不敢告人，秘之唯恐不密，于是研究缅甸古兵器者只能望洋兴叹而已。

在缅甸掸邦行政院1889—1890年报告中，有英国人斯特林（G. C. B. Stirling）所作之第13附件，专论缅甸铁，兹为译述如下：

缅甸掸邦之铁矿系采自莱卡之Loi Namleen小山，其北部有三矿坑，稍远之山脊下有工厂多家，系现在出铁之所。每一炉用2工人，即熔铁者及其助手。熔铁者每日往矿坑采矿2筐，恰合一炉之需；其助手则预备松木烧成之木炭以为熔铁之用。炉有两口，下口容纳木炭，堆平排高以收聚热力。采得之矿料击成碎块由上口装入，与木炭混合隔置。炉边有竹管连通鼓风器。一般于半夜2时启火熔矿，至日出时为止。然后将缅语称为"Kaung"之熔结铁块自炉底取出。每炉之用料视其所需要之品质而定，曾见以22.7公斤之矿料熔炼4小时成约4.5公斤之铁块。炉工大都工作4日获4铁块，即偕其助手携以售之于市上小店，价值6阿纳（Annas）至1卢比（Rupee），此为缅甸人制卖生铁之大概情形。至于缅甸铁工，则每人手下均有工人3~6人，既购入生铁，亦如熔铁者辛苦工作至4日之久，第5日则往市店中售其所制之铁器，再购生铁应用。其炼制之法，系先将市售之铁块入炉烧热，锤打使成平条，然后切成若干长块以与欲制之器相符合。工作时6人均须合作，铁匠执钢而转动之，1人拉风箱，4人锤铁。有时添工，则以小铁块酬之。木炭如系购入，其价为3阿纳一篓。所制铁器以铲、斧、三足架、锄、"Dagauk"刀、剪子、夹子等器为大宗，其价在1～7卢比之间，至于刀、剑、枪、矛等兵器则早已禁止制造矣。现时此种铁工愈形式微，虽辛勤工作亦难以维持生活，故均兼农耕为生。

外国铁料自缅甸腊戌（Lashio）一带地方输入售卖，其价虽高，然土产铁之品质不如外国铁，于是缅甸铸铁者愈不能生存而被天然淘汰。昔时中国铁贩每6个月来缅甸一次，3人为一组，售卖中国铁或本地铁，一次可获利300～500卢比。中国人亦贩钢入仰光，其价为1卢比1威士（Viss）。此种商人除刀、斧外亦销售其他铁器，甚至寺庙内之钢铁围栏亦均包售。在缅甸克钦（Kachin）有聚族而居之铁匠村，其技术皆在家内传授而不传异姓，且不许嫁娶异地同姓之人。所制铁器以刀与矛头及厨房器具为多，其他铁器则由中国贩来，自密支那（Myitkyina）输入。即以战刀而论，缅名为"Mainsadas"者亦以自中国运来者为多。在掸邦之南部如孟贡（Möng-Kung）及杰迪曼珊（Kehsi Mansam）等地亦制造缅刀，且曾享有盛名，每年由汉甘（Hamngai）行商大宗购入，装柄、鞘后运至泰国及他处出售，获利颇丰。但自洋货输入以后，因其品质较佳而使小商贩、铁匠之生活日艰，于是土产铁器之货源日稀而中国铁贩亦渐绝迹，仅交通不便利之偏僻地区尚有商贩之踪迹，出售传统之土产铁器。至于纯钢一物，则缅甸人自古以来恐均未能炼造，故其军队之刀均系铁质，在缅王曼同（Mindon）时代，仅其王军所用之刀外有一层极薄之钢皮耳。直至欧洲人以大宗钢器输入，缅甸始有钢器，然大都购其已成之器而并不自行仿制。即欧洲人在缅甸开钢铁厂者，其制造业亦甚微，仍以销售舶来品为较便利。此系19世纪下半期以来之情形也。

二、缅甸刀之制造

旧时缅甸有一种过路铁匠,仅师徒二人,最重要之器具为一种鼓风器。此种鼓风器之最普通者名为"Mat-tat-po",系一直形立体风箱;较佳而贵之风橐名为"Papo"或"Ton-lon-po",即欧人所谓之蛙式鼓风器(Frog-bellows),价值约30卢比,故一般匠人用此者较少。缅人之鼓风大都以脚为之,据云较为均匀,且可用手做事。其所用之其他工具有锤、剪、凿锥、锉、刮刀、铁砧、铁夹、水桶等。此类工具之形式甚为统一,各处均同,唯铁砧之大小厚薄略有不同。至于所制之铁器,其最有兴趣而又最为缅甸人所崇拜者当推缅刀(缅人呼之为"Da",图29)。

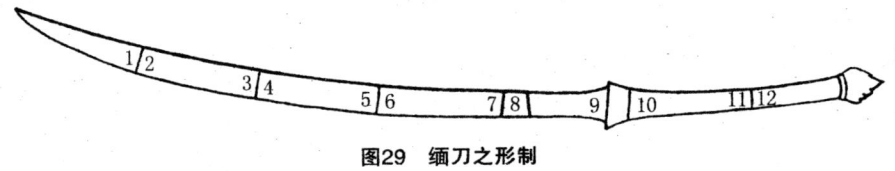

图29 缅刀之形制

缅甸各地所制之刀,其最佳之品均系混合刃,从未发现纯钢刃。据一曾在缅王宫中执役之老铁匠所记载,[①]即在曼同及锡袍(Thibaw)两缅甸雄主时代,其王军所用之刀亦系以铁为心而用钢为皮者。至今此种制刀方法尚可见于缅甸边远荒僻之地。其法系先将所制之刀或战斧烧红,然后将烧红之薄钢片包裹于其刃上而用力锤打,使之混合为一体。冷后再行入火烧红锤打,如是辗转以至10次之多,直至钢与刃体完全熔合为止。缅甸上钦墩县(Upper Chindwin)之制刃方法为:先将生铁铸成器形,将薄钢片一条置于铁刃之上然后用磁土包其体外,厚约如铜币。乃用铁钳夹置火上烧之使红,则磁土中途剥落而刃铁与钢片已熔为一体。

---

① 此人于1870—1871年曾在缅王宫中为王军兵器镀钢或包钢,月领工资50卢比。

取出略加磨锉，仅将刃尖包以薄磁土，入火烧至红色，取出立即浸入水中淬之（缅人以油淬刃之成绩极佳，因油太贵，故小铁匠大都用清水淬刃），至刃变白色时取出水外悬之或平置之。此后，刃色尚能依次转变为黄色、暗绿色或亮乌色，每色均具各自之特性，制刃者应根据所需择其刃色而将刃取下作最后之淬水。如在刃变黄色之时淬之，则刃质刚硬而易折断；暗绿色之时淬之，则不刚不柔，不易折断，而最合于普通用途；亮乌色之时淬之，则刃质偏柔，有时且可以围之于腰，缅人称之为软刀。

此外，缅人尚有一种混合不同种类之铁以熔铸兵器之法，大约系缅人将铁之质量分为三级时所遗留之方法。缅人所谓之铁之量级为刃背铁（A-Hnaung-than）、刃边铁（A-Thwa-than）及最名贵之风箱铁（Po-u-than），即黏附于鼓风器口上旋又脱落之铁砂，此种铁亦为古代炼金术士所看重。古代缅甸人铸刀之时，先将刃背铁及刃边铁分而铸之，成后再用绞扭锤锻使熔合为一体。两种不同级之铁熔合有脉络可辨，同级之铁则无脉络。缅甸古书载有制造不同级铁之方法3种，其详如下：

1. 采用野刺梨类植物数种烧之成灰，浸入水中溶化之，将水过滤、蒸发后获得名为"Euphorbia"盐之固体。将之与等量之铁砂混合密闭于一罐中，然后将此罐置于火中高温加热。待罐中之混合物缩减至原体积之八分之一时，即成所谓之刃边铁。

2. 如制锥、钻、冷剪或刺刀等器，则选用面积及形式相称之佳铁块，置于距地面约15厘米之炉底之下1~6个月。经此种方法处理之铁，其硬性较强，可以剪割或锥钻其他金属。此方法名为"Hnat-thi"。

3. 如炼制火绒盒（Mi-gat-than）之钢，则取铁砂2份、盐1份、塘边污泥1份合而冶铸之，经高温烧炼而成钢质。

昔时缅甸小铁匠所制之刀有11种：

重体花纹刀（Heavy Dama）

苗刀（Da-Hmyaung）或匕首

尖刀（Da-V-Gyum）

锐刀（Da-She）

割烟叶之细刀（Da-mauk）

掸邦花纹刀（Sham dama）

割粟杆之镰刀（Pyaung-yo-zin dama）

小刀

织工所用之织刀

猎狐狸及砍小树之刀（Tan-hli-da）

猎刀（Dazu）

以上所列可以包括缅甸民众寻常日用之刀，但有许多小地方尚有土名，物同而名异；有时形式同而面积大小与物之重量亦异，此系小节，无庸赘述。若专就兵器而论，缅甸铁工均能铸造矛头、箭镞，前已言之。至于刀，则能造"Da-lwé"及"Hnget-Kyidaung Da"，系武士日常佩戴于军服外之物。英人之禁制军械法律虽早已在缅甸本境实施，然在掸邦及亲山（Chin Hills）等处，不久前尚制造短铳及口有大帽之迫击炮，掸邦南部之夏道（Hsam-tao）、Wi-Pyu与班扬（Pang Yang）等地亦尚制造燧石枪铳及台形铜帽发火之土枪。上述枪铳之管系以中国输入之坚铁条制造，至于制锤、斧、弹簧等工具之钢亦均来自中国。枪铳之价格，在景栋（Kengtung）不过6～25卢比。其中有一种马铳甚奇特，下藏一刀，乃以铳管为柄，急迫时可抽铳管而出其刃以搏杀。此器系属缅人之创制品，不知是否系华人所传授者。缅甸金达（Kindat）地方有一种以竹为柄之大斧"Kun"；直圹（Thaton）地方则有一种名为"Dagaw"之笨重镰刀，至今尚有用之者。

图版说明

图版一

1—2号为波斯刀剑，柄鞘镶嵌珍珠、宝石。3—7号为印度刀剑，除第5号为珐琅柄外，均为金柄或嵌金柄。俄国彼得堡皇村别宫藏品。

图版二

1—4号系波斯王献与俄皇之物，除第4号为珐琅柄鞘外，均镶嵌宝石。5—7号为印度短剑，除第5号为玉柄外，其他均为珐琅柄鞘。俄国彼得堡皇村别宫藏品。

图版三

1.插羽鹿皮盔。2.带角鹿头盔。3.北部高山人之藤盔。4.山羊皮帽。5.雅美人之藤盔。6.独木盔。7.椰树皮甲。8—10.皮腰袋，其中8号为皮鞘木柄小刀，10号为烟盒。采自林惠祥《台湾番族之原始文化》。

图版四

1—3.太刀。4—6、11.短刀及小刀。7—10.刀之护手。12—16.起花嵌金银之箭镞。17.小铳。18.燧石枪。19.绘龙纹漆皮胸甲。20.皮盾，凸出之花纹作蚌形。

图版五

此系该博物馆远东陈列室所展示之日本武器装备。其中，A为长刀、薙刀，B为长矛、长枪，C为长腰刀，D为短腰刀，E为小刀，F为战盔，G为铠甲，H为假面，I为持弓披甲之士兵，J、K为披甲之骑兵。

图版六至图版十二

此7幅图版中所示之27件马来克力士，系法国里昂古兵收藏家霍尔施坦（Holstein）之藏器。霍尔施坦一生馨其家产搜集印度、马来古兵，计有藏品千余件，此27器洵为世界稀有之珍品。现此项藏品归其女弗兰特（Frante）夫人所有，笔者于1936年6月承该夫人之慨允，惠赠摄影图片，特此志谢。图中之文字说明系笔者所加。

图版十三、图版十四

夏尔·毕丹所藏马来刀。

图版十五

1—2号系拉琌（Lanao）地方摩洛人所用之水牛皮铠甲。3号系摩洛人之红铜丝环铠甲，甲上所镶之大片系水牛角制。4号为摩洛人之红铜盔，盔形作西班牙式，盔饰系摩洛人习见之形式。采自马尼拉菲律宾国家博物馆所赠图片。

图版十六

此系印度王公于1875年、1876年进献于英国皇储太子之印度与尼泊尔古兵器。伦敦莫尔伯勒宫藏。

图版十七

此系印度王公进献于英皇爱德华七世之印度珍贵古兵器。伦敦桑德灵厄姆宫藏。

图版十八、图版十九

此系印度王公于1875年、1876年进献于英国皇储太子之印度珍贵古兵器。伦敦莫尔伯勒宫藏。

图版二十

夏尔·毕丹所藏印度古兵器。

图版二十一

右组为曲形短剑。刃有中脊，均系花纹钢良刃。其中，1—4号为雕有人形之牙柄，5、8—9号为刻花钢柄，6—7号为獭牙柄，10号柄鞘上嵌有宝石。左组为直形短剑。牙柄刻花及珐琅质鞘者居多，刃上大都嵌金有铭，6、8—9号之柄鞘雕镂甚美。6、10号均附有一小刀，6号之小刀插于鞘外，10号之小刀与短剑同鞘。

图版二十二

夏尔·毕丹所藏伊朗古兵器。

图版二十三

1.松古尔卢（Sungurlu）所发现之佩曲兵与剑之战士形象石刻。2—3.Kargarnis地方发现之石刻，图中之战士均一手持矛一手握刀，2号之战士佩有一长剑，3号之战士戴盔背盾。土耳其安卡拉博物馆藏，采自1935年该国古物保管委员会（Türk Tarihi Tetkik Cemiyet）所赠之摄影图片。

图版二十四

均Kargamis发现，安卡拉博物馆藏。采自1935年土耳其古物保管委员会所赠之摄影图片。

图版二十五

此两件铁战盔之直径为21厘米，均15世纪物。伊斯坦布尔之托普卡珀宫博物馆藏品。自本图版至图版三十，均采自1935年土耳其古物保管委员会所赠之摄影图片。

图版二十六

铁盔之直径为23厘米，钢网甲长82厘米，甲上之钢片嵌银起花有铭。15世纪物，托普卡珀宫博物馆藏。

图版二十七

铁盔之直径为21厘米，背心甲长55厘米，上镶绣黄花之红绒边。16世纪物，托普卡珀宫博物馆藏。

图版二十八

1.铁底金花盔，直径21厘米。2—3.铁底金花护腕，长41—44厘米。均16世纪物，托普卡珀宫博物馆藏。

图版二十九

铜质镶金星，长61厘米。16世纪物，托普卡珀宫博物馆藏。

图版三十

曲形长刀，即Kilici。刃上均有嵌金铭文，系奥斯曼帝国苏莱曼大帝之物，各刃上血痕宛在。1、4号长92厘米，4号刃三面嵌珠并铭有伊斯兰历977年字样；2号长1米，3号长93厘米。16世纪物，托普卡珀宫博物馆藏。

图版三十一

夏尔·毕丹所藏高加索古兵器。

图版三十二

自此至图版五十，均笔者剑庐藏兵之摄影。笔者先后居留国外20余年，游踪遍及各大洲40余国，每见亚洲古兵之佳者，辄以金易之，此剑庐藏兵数百器之由来也。此数百器中，除已采入《中国兵器史稿》外，复去除欧美人所称东方兵器而实非亚洲兵器者（如东非各族之兵器）、收藏不多之日本兵器，以与亚洲兵器有直接关联之170余器图示于此。均亚洲古兵中之佳品，其间颇有欧美各国博物馆及收藏家所勤求而未获者，亦有特别珍贵而难觅其匹者。现按编号各为详述如下：

1.波斯战盔。纯钢质，顶有锥形长尖，盔前有护鼻口具，护项网由双层细环套成。盔体上之花纹及波斯文格言均嵌有金丝，圆顶上有人物花鸟纹组成之9个圆晕，圆晕外复有雕花。16世纪物。

2.波斯盾。钢质，内衬红绵布。盾之全体均刻有鸟兽花卉纹饰，中央凸起之4圆小体上亦刻花。中部及近边大圈有波斯文格言及年份。与上盔成套，系16或17世纪物。

3.波斯护腕甲。尖长形凸体，长段为护腕钢甲，有厚边，通体刻有鸟兽花卉纹饰；短段为护手套，手面系用钢网，手心系白皮套。与1、2号盔盾成套，16世纪物。

4.波斯战盔。钢质，盔形与1号盔相同，唯护鼻口具之形状略异，盔径稍大。盔上刻有鸟兽花卉纹3处，边有波斯文铭，均嵌金丝。似为16世纪波斯皇族之遗物。

5.印度战盔。钢质，较上两盔为小，盔形较尖，护项网较短且系单层，护鼻口具之形状亦略异。盔上所雕之花鸟及人形镶嵌银丝，工艺不如波斯盔之精细。盔边8圆形纹饰中有锡克文大字，似系17、18世纪印度锡克酋长之遗物。

图版三十三

6.波斯人头锤。铜质中空，柄之两端及头之角部、须部均起花嵌金丝。锤体作人头形，眼鼻耳口齿须俱全，巅有小台形顶及左右二角。角作三叉形，类鹿角。脑后有镶金字铭，想系人名。17世纪物。

7.印度猴锤。铜质中空，锤体作曲腿猴形，尾前垂腿际，右臂向上直伸成为锤柄，制作工艺甚精细。17世纪物。

8.波斯月形斧。钢质，斧体为双月牙形，斧尖为双叉形，斧身有嵌金丝之花鸟形纹饰。似系Dervishes民族之兵器，17或18世纪物，原俄国第比利斯（Tiblis）贵族祖巴洛夫（Zubalof）亲王所藏。

9.波斯短斧。钢质，斧体饰有嵌金丝之花纹，刃锋作波形。斧柄木质，中端包黑皮，两端包起花银片。16世纪物，原祖巴洛夫亲王所藏。

10.土耳其笋形锤。其钢质锤体类一不直之笋，一端尖锐，一端圆平，饰有螺旋形嵌金花纹。木柄包黑皮，柄端有银帽，近柄处有一圆形丝带。系Djokan人之武器，16世纪物。波斯人亦喜用此类笋锤，形制相同。

图版三十四

11.弹药带。带上饰有圆形齿边银质凸形碟7个，上刻旗花月星等形花纹并有黑色珐琅。此系阿尔巴尼亚土著酋长之腰带，17世纪物。

12.火药壶。此壶系以真龟之壳制成，其腹系银质，嘴亦银质，腹部有字码数个。系16世纪威尼斯贵族之物，原祖巴洛夫亲王所藏。

13.火药壶。此壶以树根制成，木质紫红，极坚硬，壶嘴为铁质。壶身刻有三猎犬逐一鹿及一野豕。佩带为毛织物，有三头带垂。系16世日尔曼贵族之物，原祖巴洛夫亲王所藏。

14.波斯火药壶。此壶长仅及一手掌，形如小羊角，壶体及盖均以象牙或海獭牙制成，刻有粗纹。其蒙口腹之钢片雕有花纹及波斯文，镶嵌金丝。17世纪物。

15.银质火药壶。此壶雕工甚细，镂为珠形及花卉。形状甚小，如英人之烟袋。系17世纪时阿尔巴尼亚酋长或贵妇猎枪之物。

16.土耳其火药壶。此壶形如小羊角，全体铁质嵌金，镂成花纹，并嵌有土耳其文奥斯曼名铭。17世纪物。

17.弹药囊。囊为黑皮质，内容弹药筒9枚。弹筒系黄木质，乌木顶盖。系18世纪高加索切尔克斯人之物。

18.火药壶。形如葫芦，漆皮质，上绘伊斯兰教风格之人物花纹。似系17世纪阿富汗人之物。

19—20.非洲骆驼骑士火药壶。均木质包皮，20号之壶腰上有白黑藤席质编饰圆圈。18世纪物。

图版三十五

21.枪管系手工制成，中圆而外作六角形，钢质刻花；扳机钢质嵌软银丝起花。枪管出口及枪柄均嵌软金丝，柄上之花以红珊瑚为瓣、明蛤为叶、银丝为枝干，通体为一直上之花卉。枪上铭有哈比卜（Habib）之名及编号110215。出于阿尔及利亚，原祖巴洛夫亲王所藏。

22.枪管钢质，完全以金丝金片镶嵌，俨如金质。管之下端近柄平面上有嵌金之"Chemkhal Sahibihon Aba Moslem Khan"名铭。木质枪柄枪壳，全用银片包裹，银上复用黑珐琅起花，四银环套亦然，俨如银柄壳。扳机及枪通条之上部均系钢质，镶嵌金丝。枪托之大头系一大块象牙，嵌有银条花纹。出自高加索，原祖巴洛夫亲王所藏。

23.枪管用优质花纹钢制成，下端有阿里（Ali）之名铭。红木枪壳，牙柄，柄体满嵌象牙圆圈。全枪有大银环套10枚，其中3枚为黑珐琅银质。出自阿富汗，原祖巴洛夫亲王所藏。

24.枪管铜质,镶嵌银丝作花卉形,管身用银丝及铜丝10段缚绕于枪壳上,发火铜机有雕刻。柄体花纹镶嵌红珊瑚、明蛤片、象牙片及铜片。出自摩洛哥。

25.枪管纯钢质制,嵌金丝,枪柄及燧石架之木上用黄金、象牙、乌角及黄铜等物镶嵌成碎锦图形。发火钢机有雕刻。柄以一方体浅色木制成,此系库尔德及土耳其人旧式火枪之特点。原祖巴洛夫亲王所藏。

26.枪管及其他部件均纯钢质,雕镂花卉人物。枪上刻有撒丁岛之标志,系18世纪该岛酋长之物。原祖巴洛夫亲王所藏。

27.枪管厚钢质,内圆外八角形,枪柄、枪壳及枪通条均硬木质,外包象牙,因柄壳宽大,故远望俨如象牙枪。牙面刻有男女人物、鹰、猫头鹰、小鸟、狮头、鞑靼人头等花纹。15世纪物,原祖巴洛夫亲王所藏。

图版三十六

28.此铳之铁质部分均满嵌金丝及黑珐琅金片,木质部分均用黑珐琅起花,以银皮及金片包裹。系18世纪高加索或北高加索王族之物,原祖巴洛夫亲王所藏。

29—30.金银双铳。镜管用花纹钢制作,木质部分用黑珐琅起花包金银皮。18世纪北高加索贵族之物。

31.此铳钢管下段有一星形记号,嵌金叶。木质部分包黑珐琅及银皮银珠,外以黑皮补缀。出自高加索,原祖巴洛夫亲王所藏。

32.铳管钢质,刻四乘马人、一美女及花卉等凸体花纹,镶嵌金丝。木质部分包黑珐琅、金、银片及银珠。出自高加索,18世纪物。原祖巴洛夫亲王所藏。

33.铳管钢质,嵌珊瑚及银,中露一小段,雕有符号、狮头及乘马人之半面等凸形花纹。柄及壳均用攒花银片包裹,片带银珠及嵌金。铳柄之上面以大红珊瑚嵌作花瓣形。系18世纪时土耳其一属国王族之物。

34.铳管钢质,中部雕有嵌金标志字母,全体用攒花带黑珐琅银片包裹,有花纹及记号甚多。出自阿尔巴尼亚,18世纪物。原祖巴洛夫亲王所藏。

35.铳管及燧石座钢质刻花，柄、壳及套均包装金攒花银片，花纹甚细。出自阿尔巴尼亚，18世纪物。

36.铳管钢质，雕作双头鸟形。木质部分均包攒花银片。系18世纪时阿尔巴尼亚贵族之物，原祖巴洛夫亲王所藏。

37—38.锤柄双铳。钢质铳管上有18世纪德国著名兵器制造家克里斯托夫·屈纳特（Joh. Christoph Kuchenreiter）之名铭，另刻有骑士、驰马等纹饰。柄、壳为红木质，镶嵌银丝及红珊瑚、明蛤片。出自土耳其。

39—40.银珠双铳。钢质铳管刻花。红木柄、壳均嵌银丝、银珠及红珊瑚。银珠作双圈珠花形，柄端似珠冕形。出自埃及，18世纪物。

41—42.双铳。铳管、燧石座及柄端均钢质刻花。红木柄壳刻花，嵌小锐角长方形银片、银丝，正面有一凸体大花形。系17世纪埃及贵族之物。

43—44。象牙双铳。钢质铳管上有17世纪意大利著名兵器制造家拉扎里诺·科米纳佐（Lazarino Cominazo）之名铭。钢燧石座及扳机护指均刻有龙凤头及路易十五时代装束之人头。红木柄下端包有攒刻四叶野鸡头草之钢片。柄及壳全嵌象牙及小明蛤片，作犬与野猪、象等兽形及花卉。18世纪物。

45—46.喇叭形大双铳。钢质铳管刻花嵌银。红木柄、壳嵌银丝，作缭绕形花纹。系17世纪土耳其酋长之物，原祖巴洛夫亲王所藏。

47—48.小双铳。钢质铳管上铭有制造地意大利之皮斯托亚（Pistoya）名号。燧石座、护指片及左右点缀钢片刻有五人头形、五男女上身形，及作路易十五时装束之三妇女。红木柄及壳亦雕有花纹。系18世纪时猛特雷格洛民族之物，原祖巴洛夫亲王所藏。

49.钢质铳管雕花，镶嵌金丝。柄作锤形，红木柄、壳嵌有圆花形、制钱形及垒方形象牙片，中部雕有一鹿、一鹰、一犬。铳上佩有小红珊瑚之金银丝绳带一条。原祖巴洛夫亲王所藏。

50.铳管钢质雕花。铳柄全包花银片,柄端刻作猎犬形,上部作花卉形。红木铳壳,上端有一银套。17世纪物,原祖巴洛夫亲王所藏。

图版三十七

51.双锋直形长剑。刃体中有一细直凸垠。上部嵌金字铭系波斯王"Khatcher Naserd Ding"之名。钢柄直形,攒刻花鸟及半身人体形,嵌金叶。系数世纪前之物。

52.曲形长刀,即Shamshèr。刃体花纹钢制,象牙质柄,木鞘外包黑皮。刀刃、柄端、护手、刀鞘上之两套环及鞘下端之钢套有嵌金《古兰经》语,并有波斯文名铭。系16世纪波斯王族之物。

53.同上。花纹钢刃,护手上有嵌金《古兰经》语。鹿角柄,上下缠有金丝。皮鞘下端罩有银质套耳。15世纪波斯贵族之物。

54.同上。刃之中部有深槽,近柄处深刻凸体金字古阿拉伯文。护手及刀柄之曲端亦嵌古阿拉伯文或波斯文之金字及名铭。象牙柄,柄上亦有铭文。16世纪物。

55.短剑,即Khanjan。花纹钢双锋刃。象牙柄,两面凸雕有波斯男女人形,上下端刻人名及《古兰经》语。16世纪波斯贵族之物。

56.同上。双锋花纹钢刃,近柄处攒刻狮擒长颈鹿花纹,余皆与上号相同。

57—58.同上。此二剑式样相同,花纹钢刃,中有凸垠。海獭牙柄,黑皮鞘。16世纪物。

59.同上。花纹钢刃,刃之中部有凸垠,两边亦有细凸垠,近柄处攒刻野兽争斗及花卉形。黑钢柄嵌金丝甚富,有文字及名铭。15世纪物。

60.短剑,即Kama或Qama。刃、柄及鞘均钢质,刃之近柄处攒刻猛兽形,刃中部及两边均有凸垠。柄、鞘上均满刻花鸟果叶等凸体花纹。17世纪物。

61.曲形短刀,即Peshkabz。刃之两端嵌银丝,有苏莱曼苏丹(Sultan Suleimanthe Magnificent)之名铭。刀刃、柄及鞘均纯钢质,柄鞘上雕刻花卉。17世纪物。

62.短剑，即Khanjan。花纹钢刃，中部及边有凸垠，近柄处刻猛兽互噬形。白玉柄，嵌银丝及多数小金块。17世纪波斯贵族之物。

63.同上。黑色花纹钢刃，钢柄刻有花卉及《古兰经》语。黑皮鞘。17世纪物。

64.直形小刀，即Bichaq。刀与鞘均钢质，刃上蚀印阿拉伯及土耳其铭文。刀柄钢质嵌金丝，九角形。黑皮鞘之两端均攒刻花卉，中有一银条为之衔接上下。17世纪波斯或土耳其酋长之物。

65.同上。花纹钢刃，象牙柄鞘雕刻花卉并镶嵌红宝石及铜块。系17世纪波斯或土耳其贵族妇女之物。

图版三十八

66.长刀，即Schachka。纯钢质刃，中部有一深槽，旁有两小槽。柄包厚金叶及缠金线。银质起花护手，黑皮鞘。系高加索土王夏米尔（Chamyl）之物。

67.同上。刃中部有一长深槽，旁有二短槽，刃上端嵌金丝，刻一握长刀之匈牙利骑士，下有铭文及嵌金《古兰经》语。象牙镶金柄，上下有两金星。木鞘外包象牙嵌金丝，每面各有黑珐琅银片4块，鞘之套环与鞘带均饰黑珐琅嵌金银片。原祖巴洛夫亲王所藏。

68.直形短剑，即Kindjal。刃有凹槽，并有制刃者名铭。象牙嵌金丝柄及鞘、柄上有二金星。鞘后插二小刀，一作圆体形，象牙嵌金柄，柄上有嵌金名铭。鞘后牙片上刻有嵌金丝之星及月牙形。原祖巴洛夫亲王所藏。

69.同上。刃有窄槽，两面有嵌金叶之狩猎纹饰，近柄处有嵌金波斯文古诗二句。黑牛角柄、黑皮鞘，上有金银饰品。系15世纪高加索或波斯贵族之物。

70、73—76、同上。此5件之刃上均有深槽，嵌金丝。牙质柄，上下有镶金钢质星钉。饰银黑皮鞘。17或18世纪物。

71—72.同上。刃上有槽，黑珐琅银质起花柄鞘。柄端作俄教士冠帽形，有俄国登记标志。系18世纪俄国贵族之物。

77.同上。纯钢刃，中部有两深槽。象牙质柄，上下两端为明亮钢质，上端作蚌壳形。下端镶嵌小铜铁多块成八字形。鞘包紫绒，上中下三钢套均用多数小铜铁块嵌成花纹。系17世纪时西伯利亚或哥萨克人之物。

78.直形短剑。纯钢刃，上有宽凹槽，刃中刻一圆形徽铭。带白点碧玉柄。剑鞘两端有白钢长套，上钻凹点组成叶形，钢套互对处各自向内凹入，与别剑不同。系16世纪时西伯利亚人之物。

图版三十九

79.腰刀，即Qilidj或Pala。刃近背处中段有一凹槽，下端有两细凹槽，互相衔接。近柄处镶嵌金质花纹、图章、制刃者之姓名及伊斯兰教格言两句。压花黄铜柄及鞘，并攒刻花纹，镶铜珠组成葵花或念珠形，上镶嵌红绿宝石及红珊瑚550块，用镀金银丝穿连于纹饰上。刃鞘之背面镀金铜片上攒刻各种花卉形，并铭有伊斯兰历1175年年份。系18世纪中期土耳其贵族之物。

80.腰刀，即Qilidj。刃上有二大深槽，近背之槽又大半判分为二小槽，刃上有金字铭文。柄及护手全包黑珐琅镀金银片，花纹甚富。刃鞘用七段黑珐琅镀金银套接成。16世纪前之物。

81.腰刀，即Pala。刃身两面嵌金丝、金条作花卉、吐舌龙蛇、月牙、星等花纹。刃之左右刻有金字铭文及制刃者之姓名。刃上尚带有血斑多处。黑牛角柄镶嵌金片，黑皮鞘。十字形护手及鞘套均黄铜质刻花。15世纪前之物。

82.腰刀，即Qilidj。纯钢质刃，近刃背处有大半段宽形凹槽。近柄处有凸体铭文，下有一叶形带花纹图记略嵌金丝，左有两徽铭上有金字及一金月牙。钢质十字形护手，中嵌银丝。犀牛角刀柄，弯头有一金钉。黑皮刀鞘两端之长钢套及其两钢套环均镶嵌银丝，作俄国式花纹。17世纪物。

83.同上。花纹钢刃，近背处有一窄槽，继之以一深槽，近柄处两面均有阳文《古兰经》语，下有叶形图记、金字及一金月牙。十字形护手中部嵌金银丝作花卉形。深黄犀牛角柄，圆头有一金钉，中体嵌有银片。黑皮鞘两端之钢套及套环满嵌银丝，作花卉形。17世纪物。

84.同上。纯钢刃，近背处有二窄槽，继以一宽槽。近柄处刻有阳文《古兰经》语，下有镶金图形，其左有二徽铭，另有金丝铃记。银护手上有土耳其戳印。深黄犀牛角柄，中部为雕花银质。黑皮鞘之两端长套及两套环均起花银质，盖有土耳其戳印。系17世纪土耳其高级骑士之物。

85.弯刀。纯钢质刃，无槽。银质十字形护手。黑色犀牛角柄，有两起花银片夹之。红绒鞘，鞘套及套环均系银质，鞘套压有凸体花卉形。

86.腰刀，即Qilidj。纯钢质刃，无点缀。雕花铜质十字形护手。黑色犀牛角柄，有雕花铜片。黑皮鞘，鞘套及套环均系带花边之铜质，上端铜套靠刃锋之一面仅具半体，缺处作云体形。18世纪贝都因人（Bedouins）之物。

87.童刀。简单纯钢质刃，上有嵌金铭文。十字形钢护手及柄上钢片均镶嵌金丝。深黄犀牛角质柄。红绒鞘，鞘套及套环均系钢质嵌金。18世纪物。

图版四十

88.长腰刀，即Kalliondji Bitchagui。纯钢刃，中部有嵌金丝之长花卉纹，中夹一椭圆形，嵌土耳其文金字铭文。柄、鞘与刃上之嵌片均银质压花，柄与嵌片上刻花卉与船舶形，圆体银鞘上刻旗帜、教堂、兵船、帆船、狮、蟒、无首人身、花卉等形。

89.同上。纯钢质刃，无槽，由两攒花银板夹连柄上。压花柄鞘，柄上有三花片，鞘上之花纹作帆船、兵船、刀、斧、旗帜、教堂、蟒蛇等形，并有伊斯兰教口号。

90.同上。白刃，近刃背处有一小窄槽。衔接刃柄之两银片均压花，凸形隆起甚高，包刃部分宽而长，故刃锋甚短。银质镀金圆柄，柄上攒刻花纹作炮、斧、花卉等形。圆体刀鞘亦系镀金压花银片制成，凸形花纹作帆船、兵船、刀、斧、炮、旗帜、蟒蛇、花卉等形。鞘之上端有隆起银圈15个。19世纪初年物。

91.长腰刀，即Yataghans。刃近背处有一小窄槽，上端衔柄之银片雕工甚细，每面嵌有红珊瑚2枚。刃之上部镶嵌金丝，上作叉形，下作花形，中有《古兰经》语，中有印章及制刃者名铭。海獭牙柄，柄背嵌有红珊瑚7枚及镀金铜星数枚。压花镀金银质鞘，凸形花纹作炮、刀、斧、旗帜、花卉等形。鞘上端有银圈5个，系用银丝银珠做成，每两圈之间嵌有古圆红珊瑚一圈，用金银镶衬，与柄背之珊瑚相配合。系18世纪时土耳其贵族之物。

92.同上。刃上无槽，左面有印章，右面刻有刀形。衔柄银片攒有花纹。海獭牙柄，上嵌宝石6枚。压花银质鞘，上有银丝凸圈4个，下系一小银练，练端悬古红珊瑚一块。18世纪物。

93.同上。刃简单，衔柄银片作银网形，上嵌斜方形小银片多块及银珠。银质柄，嵌有圆红珊瑚14枚，柄头左右两面嵌有斜方小银片多块，绕以银丝。压花银质鞘，上端套银丝圈环30余个。18世纪物。

94.同上。刃左面有一图章，背上刻有字迹。衔柄银片及细银柄均黑珐琅起花银质。压花银质鞘，上端作套圈形，下端作花或蚌壳形，两边作牙形，中作半月形之套圈形。18世纪时阿尔巴尼亚贵族之物。

95.同上。刃简单，衔柄银片略刻花纹。压花柄及鞘，鞘上端作圈套形，下端作一带上身之蟒形。18世纪物。

图版四十一

96.长腰刀，即Yataghans。刃上无槽，钤有一印章。衔柄之银片攒有花卉纹。黑犀牛角柄，前后有攒花银片夹护。鞘套为压花银质，上有花卉、果品、大叶、帆船、旗帜等纹饰，鞘尖作冠形。18世纪土耳其或埃及贵族之物。

97.同上。刃近背处有一凹形小槽,上中部镶嵌金丝甚富,两端作土耳其纹饰,中部有嵌金格言及制刃者姓名、伊斯兰历年份,刃之左面嵌有《古兰经》语。衔柄钢片镶嵌金丝,作土耳其纹饰。海獭牙柄,中有嵌金铜片。红绒鞘,压花镀金银质鞘套,满体作花卉形,鞘尖作蟒头形。

98.同上。刃上无槽,有镶嵌银丝之土耳其及阿拉伯铭文、《古兰经》语。衔柄之钢片嵌有银丝,作人字叶形。黑牛角柄,镶嵌铜片。系18世纪下半期土耳其骑士之物。

99.同上。刃近背处有两深窄槽,刃中部及刃背均镶嵌金丝,有花纹及字铭。衔柄钢片上镶金甚富。柄为老海獭牙质,中有镶金钢片夹之。黑皮鞘,下鞘套已失,上鞘套为压花铜质。

100.同上。刃之近背处有两细窄凹槽,刃上用银丝及少数金丝镶嵌作花纹及土耳其、阿拉伯文,衔柄钢片亦满嵌金银丝。黑皮鞘,鞘套系压花铜质。

101.同上。刃近背处有一细窄凹槽,近槽处镶嵌金丝,作花卉及铭文,右面有《古兰经》语。衔柄钢片、钢套均满嵌金珠作花形。古海獭牙柄,最高处有一大绿宝石。

102.同上。刃无槽,两面有凹形花纹并钤有印章,左面有名铭,刃背上有带字之黑珐琅银片。衔柄片及柄均黑珐琅起花银质,作圆长碎花形。红绒鞘,鞘套压花银质,鞘端作冠形。14世纪物。

图版四十二

103.短剑,即Kanjar或Hantchar。双锋花纹钢刃,中部有一凸垠。黑牛角柄。银质鞘,上中部镶嵌银丝银珠及斜方银块多件组成花卉纹,下部用银珠丝圈绕,鞘尖作火焰形。刃系17世纪物。

104.同上。双锋刃,无垠无槽,中部有一印章。老海獭牙柄。黑皮鞘,钢质鞘套镶嵌金丝,中部有一星形,四周有花纹缘边。18世纪物。

105.插腰小刀,即Bichaq或Bitchac。刀刃上有印章及长形攒花。衔柄片及柄均黑珐琅银质镶金，柄上有金珠20余粒。压花银质鞘，上有船舶、旗帜、花卉、大蛇等纹饰。鞘尖作蟒头形。18世纪物。

106.同上。黑色花纹钢刃，近背处镶嵌金丝作花卉形，并有阿拉伯及波斯铭文。衔柄片银质嵌金。带小红点之深绿色宝石柄，柄头金座内嵌有印度红宝石3粒。压花镀金银质鞘。鞘上挂有一镀金银练，练头有一金银珠集成之空心小球。系17世纪时土耳其王族之玩物。

107—108.同上。刃无特点，衔柄片黑珐琅银质。黑犀牛角柄，压花银质鞘。18世纪物。

109—112.同上。此4件形制大致相同。纯钢质刃，衔柄片为云形银片。柄及鞘为压花银质。均系18世纪初土耳其贵族之物。

113.短剑，即kama或Qama。双锋刃，无垠无槽，两面刻有土耳其铭文及月牙星形。紫黑色钢质柄及鞘。系19世纪土耳其士兵之物。

114.小刀。刃简单。牙质或骨质柄，攒花银鞘。19世纪物。

图版四十三

115.长剑，即Khanda。双锋刃，下段有曲挠性。近柄处包有镶嵌金丝之钢片，中部延伸出一长条，向外面边上缘有钢质镶金之齿形花边，缘边处刃不露锋。嵌金钢柄。15世纪物。

116.同上。花纹钢刃，近柄处包有镶嵌金条之钢片，片上另有衔柄镶金尖形钢片2块，刃之外边有铜质嵌金齿形边。嵌金钢柄。原鞘已失（现有之红绒鞘系后人另配），仅存一鞘尖之钢套，满镶金丝作花卉形。15世纪物。

117.长刀，即Talwar。偏近刃背方面有三凹形深槽，近柄处及刃背均镶嵌金丝，内有铭文。钢柄及护手嵌银起花。绿绒套，钢质鞘套及套环亦嵌银起花。18世纪物。

118.同上。刃平，无槽无垠。全刃攒刻凸形象、虎、鹿、牛、蛇、鱼、孔雀、长颈鹿、猎人、树木、花草等纹饰，皆作争斗奔逐形。钢或铁质柄镶嵌银丝银块，作印度圆花纹形。柄之中部有字，惜已难辨认。

17世纪物。

119.同上。刃之近背一面全体刻作锯齿形，刃之锋一面上下两段均制作波浪形或云形，每一纹中复夹一钉，仅中部一小段作常刃锋锐形。十字形柄及近柄处嵌银起花，下有印度文字嵌银印章。17世纪物。

120.同上。刃偏背处有一凹形深槽，近柄处嵌银起花，并有名铭。柄上嵌银作碎花形纹饰。17世纪物。

121.同上。花纹钢刃。柄上嵌银作碎锦花纹。16世纪物。

122.长刀，即Abbasi Talwar。花纹钢刃，近背处有一细凹长槽。柄上嵌银作碎锦花卉形。16世纪物。

123.长刀，即Talwar。刃之一侧全作锯齿形，另一侧仅下端作锯齿形，近背处有两小槽，刃之下部作鸟喙微张形。刃上有嵌金伊斯兰历年份及名铭。镶银钢柄作几重圈绕之碎花形。17世纪物。

124.同上。刃之中部有一凹槽及一图记。刀柄上镶嵌银丝银块，作碎锦圈绕之花叶纹饰。木质黑皮鞘虽已腐朽，恐非原物。16世纪物。

125.同上。刃有两凹形槽，并刻有三星图记。柄身镶嵌金丝金块，作碎锦长圆花卉纹饰，四面缘边作锯齿形。16世纪物。

图版四十四

126.短刀，即Kastane。钢刃，上端包有起花银片。护手为蛇鸟形，柄制成龙首或蛇首形，均系铜质包银。刀鞘为压花银片制成，分三段银套拼接，可卸下擦拭，鞘端作带海潮之龙卵形。鞘之最上端开长圆缝口以容纳刀刃近柄处之凸出部分。16世纪锡兰岛土著酋长之物。

127.同上。钢刃，无护手。龙首形刀柄银质包金，两龙眼嵌印度红宝石。压花银质鞘，可分为二段，鞘端作蛇首吞卵形。16世纪时锡兰岛土著酋长之物。

128.短剑，即Katar。纯钢质刃，刃尖凸然隆起，其上有叶形凹槽二；再上则刃为平面，中有一雕刻植物形纹饰之凸形垠，均镶嵌金丝作花卉形。嵌金钢柄，镂花钢鞘嵌金起花。系16世纪时印度王公之物。

129.同上。刃之上部刻一囊形或盂形片,由一细凸垠接连于刃尖,此片上嵌金作碎锦花卉形。柄部镶金丝,两体上雕刻凸体铭文,有《古兰经》语。刀鞘已失,仅存一嵌金起花之鞘尖小钢套,后人配一红绒鞘承之。15世纪物。

130.同上。刃中藏有暗刃,上半段微凹而平,雕刻阳文花鸟纹饰,镶嵌金丝。柄之两直翼及横杆均钢质嵌金。无鞘。16世纪物。

131.短刀,即Piha-Kaetta。刃近背处有凹形宽槽,近柄处有雕作浪形之铜座与柄衔接。包银象牙质柄,亦刻有海浪形。檀香木鞘。14或15世纪物。

132.同上。刃近背处有一宽槽,近柄处有雕作浪形之古铜座衔接刀柄。镶银深黑色古象牙质柄,亦刻有海浪形,上端包以压花银帽。古沉香木鞘,红黑色,上端有长银套,下端镂为浪形。13或14世纪物。

133.曲形短刀,即Kukri。刃近背处有两槽。钢柄嵌银作碎锦集团之花卉形。木底黑皮鞘。16世纪物。

134.短剑,即Kanjar。黑色花纹细钢刃,双锋,中有一垠。近柄处嵌金作花卉形,钢柄嵌金作织锦花纹形。15世纪物。

135.短剑,即Kama。花纹钢刃,刃之三面均有嵌金字铭。银质攒花包金(或镀金)护手,象牙柄。银质鎏金鞘,鞘尖作火焰形。16世纪物,原祖巴洛夫亲王所藏。

136.直形长刀,即Salawar Yatagan。刃平而宽,近背有边,自首至尾刻有狩猎纹饰,内有猎人、禽兽及树木花草等。象牙圆柄,无鞘。17世纪物。

137.匕首,即Maru。双锋刃,中部凸起作三角形。钢片护手,黑羚羊角柄。无鞘。18世纪物。

138.同上。双锋刃,中部隆起,全刃左右弯曲如马来克力士之形。铜片护手,黑羚羊角柄,柄尾尖可刺人。18世纪物。

245.短剑,即Katar。平刃大半雕刻印度花纹,刃锋锐利。

图版四十五

139. 短剑，即Kanjar。黑色花纹钢刃，双锋，两边及中部有凸垠。白玉柄，柄端雕为莲蓬形，上嵌绿、紫、红宝石各一枚（径14—18毫米）；柄身以金丝及绿松石、红宝石嵌作花卉形。蓝绒鞘，鞘套为压花赤金质，嵌有红、蓝宝石及祖母绿、绿松石近400枚。此剑共有宝石444颗，系16世纪时王者之物。

140. 同上。双锋花纹钢刃，两边及中部有垠。白玉柄，柄体用金丝及62块红宝石镶嵌成花卉形。剑鞘已失。16世纪物。

141. 直形短剑，即Jamdhar Katari。花纹钢双锋刃，刃之上部嵌金作花卉形。碧玉柄，下端镶嵌金丝，上端有一大颗红宝石。碧玉挖花鞘，金鞘套，鞘体镶嵌金丝及深红宝石37颗。17世纪物。

142. 短剑，即Kanjar。刃中部有一凸垠，近柄处嵌金作缠绕花卉形。白玉柄，上下两端镶嵌宝石作花卉形，计有红、蓝、绿宝石113粒及钻石10枚。绿绒鞘，鞘套为嵌宝石之白玉质，计有红、蓝、绿宝石73粒及钻石20枚。此剑计有宝石216颗，均用金座半嵌入玉内作花卉形，另嵌金丝为枝为蒂联成一气。17世纪物。

143. 同上。刃之两边及中部均有凸垠，全体嵌金作阿拉伯文《古兰经》语。剑柄与鞘套均白玉质，嵌宝石170余粒，用金丝联成花卉形。17世纪物。

144. 同上。花纹钢刃，近锋处有极细之凸垠，上端刻有阳文花纹。碧玉柄，刻有花卉，花之中心嵌有红宝石10粒。红绒鞘，鞘套银质包金，并攒刻花纹，上有图印。17世纪物。

145. 同上。花纹钢刃，两边及中部各有宽垠，上端有金丝镶嵌之反钟形，其中花纹甚富。汉白玉柄，白底黑纹中带血丝，嵌红、蓝宝石3颗作花卉形。黑皮鞘，鞘套银质包金并压作细碎花卉形。15世纪物，原祖巴洛夫亲王所藏。

146. 插腰小刀，即Bichaq。花纹钢刃。白玉柄，上端有一红宝石。红绒鞘，鞘套银质包金。17世纪物。

147.同上。欧洲制刃，上有法文制刃者姓名。褐色玉柄，上端有一银星。17世纪物。

148.短剑，即Katari。刃之上半段作刀形，下半段作剑形，刀与剑形之变换用凸形垠自背转弯法过渡，故仅下部有中垠。刃之全体用无数小银星及银丝镶嵌成印度碎锦形。深黄色玛瑙柄，嵌有银片及一枚宝石。红绒鞘，鞘套系镂花银片。14世纪以前物，原祖巴洛夫亲王所藏。

149.短剑，即Kanjar。钢刃曲形，中部凸起，两边作锯齿形或波纹形，镶嵌金丝。乌玛瑙柄，黑皮鞘。16世纪物。

图版四十六

150.短剑，即Kanjar。双锋刃，中作凸形。长工字形柄及微曲之剑鞘系古铜底珐琅质，其花纹有红蓝白黑紫诸色，柄端镶一巨大之钻石。16世纪波斯王族之物。

151.同上。纯钢双锋凸形刃，上镶金丝。柄及鞘系鎏金铜底之珐琅质，饰波斯风格之花卉纹，有白黑蓝红紫诸色。柄端镶一大粒红宝石，四周有22颗钻石围绕。17世纪物。

152.短剑，即Chilanum。纯钢刃略曲，衔柄片鎏金。柄及鞘套均系铜底珐琅质，深绿色底，花瓣白色，以蓝紫及黄色烘衬。鞘系木质彩绘，深绿色底，上绘白花金叶，加青黄色陪衬。13或14世纪印度王公之物。

153.短剑，即Kanjar。刃系最精美之花纹钢，单锋，刃上有五细槽，近柄处镶嵌金丝。老象牙质柄，全体深刻凸形花卉甚富。鞘及套环均银质黑珐琅起花，工艺甚精细。16或17世纪时波斯或北高加索贵族之物。

154.此即图版三十八之72号。

155.此即图版三十八之71号。

156.日本短刀。刃上有三个日本字。衔柄片铜质鎏金，刻有花纹。柄鞘均系鎏金底，配有银质上下护片。金底上镶嵌凸出之各色明蚌小片甚多，作碎锦花卉与花篮形及一雄鸡形，均系用银质制成者。其珐琅之部分作两鸭形。鞘上小刀之柄及鞘套环均系钻花银质。18世纪物。

图版四十七

157.直形长刀,即Karde。花纹钢刃,两边及上端均有凸形缘边,刃背及近柄处镶嵌金丝。老海獭牙质柄,中部钢片满嵌金丝。柄上镶有祖母绿、红宝石19颗及碧玉3枚,均用金座半嵌入柄内,另用金丝联贯作枝叶形。刀鞘系压花金质,饰花卉及波浪形纹饰。鞘之上下两段满嵌宝石,计有祖母绿与红、蓝宝石227颗及红珊瑚42块、碧玉13块,均用金座半嵌鞘内。系15世纪布哈拉国王之物。此器之放大形见图版四十八。

158.同上。花纹钢刃,刃背刻有花纹。黑犀牛角柄,压花银鞘。鞘上端镶嵌蓝宝石168粒及红宝石数枚。16世纪物。

159.曲形短刀,即Peshkabz。花纹钢刃,三面有边。烟色玛瑙质柄,用一银圈及一钢座与刀衔接,钢座上镶金丝作花卉形。绿绒鞘,鞘套系镂花银片。17世纪时阿富汗酋长之物。

160.同上。纯钢刃,三面有边。老骨质柄。褐色绒鞘,鞘套仅存上套,系压花铜质。16世纪阿富汗或阿拉伯人之物。

161.插腰小刀,即Bichaq。花纹钢刃、刃尖镶嵌金丝。象牙质柄,中部钢片镶嵌金丝。红绒鞘,鎏金铜鞘套。16世纪布哈拉或土扈特人之物。

162.同上。花纹钢刃。象牙质柄,一面刻为全身人形,另一面刻有甚难辨识之文字。紫绒鞘,鞘套压花铜质。16世纪物。

图版四十八

179.长刀。纯钢质刃。柄为压花银质,作龙形及海潮或云体花纹,无护手。银质鞘,上端有银丝织圈数匝,下端为压花之云龙花纹。16世纪暹罗贵族之物。

180.短刀。暗花纹钢刃,刃背中有一垠平分两槽。象牙质柄,近刃处一小段有银套,上下有银珠圈,中嵌花瓣形之红珊瑚一块。银质鞘,用四匝银珠套环将鞘分为三段,中节加爆银丝,圈绕作一大斜方形,嵌有红、蓝宝石3颗。17世纪缅甸酋长之物。

181.短刀。纯钢刃。银质柄，中段用竹丝圈绕。木底银套鞘，上下各镶嵌一银丝制四瓣之花，中段有一银珠套环及5个竹编套环。18世纪物。

图版四十九

182.克力士剑。花纹钢刃，刃中有尖垠。老象牙质柄，柄下有一杯形鎏金银座与刃衔接，座上之花纹以90粒红宝石与青蓝白各色珐琅质镶嵌而成。压花银鞘，上有5粒红宝石与各色珐琅嵌成之花纹，鞘尖鎏金。17世纪时马来群岛中之巴厘岛酋长之物。

183.同上。花纹钢刃。老黄牙质柄，刻作花卉及天马形。木鞘外包压花银片，饰花、鸟、蛇、狐、猿、山等纹饰。10世纪物。

184.同上。花纹钢刃。老象牙质柄，柄上镂有飞马、飞龙、狮头、野猪、花鸟、鳞介等花纹。马来硬红木质鞘。14世纪物。

185.同上。花纹钢刃，上端近柄处挖一曲形深槽，左右各有较宽之浅槽。红木质柄，下有带珠铜座。鞘套为压花镀金黄铜质，饰有象、牛、马、鹿、花草花纹。17世纪爪哇贵家之物。

186.短刀。直形钢刃，无护手。柄鞘均压花银片制成，上饰花卉及套圈纹饰。18世纪巴厘岛贵家之物。

187.宽刃短刀，即Badak。纯钢刃，近背处有一窄深槽，背上刻有双行横画，无护手。深绿色犀牛或水牛角柄，刻作龙首形。红木鞘，上下两端各用角质圈套装饰，鞘身有角制套环8枚。17世纪物。

188.决斗刀。花纹钢刃。黑犀牛角柄，有雕花之小护手。红木鞘，上有花格装饰。16世纪物。

189.小刀。黑牛角柄，作蛇头形，上端嵌小圆牙块3枚。木鞘，下端有舟形护手。18世纪物。

190.小刀。钢刃简单。木柄。黑牛角鞘，下端有白骨装饰。18世纪物。

191.小刀。钢刃简单，形微曲。黄牛角柄。黑牛角鞘，下端有白骨装饰，上端有舟形小护手，雕镶小白骨星。18世纪物。

192. 小刀。直形钢刃。黑牛角柄。木鞘上下两端有黄黑牛角装饰。18世纪物。

193. 小刀。钢刃简单，近于直形。黑牛角柄。乌木鞘，下端有白骨装饰，上端有黑牛角舟形护手。18世纪物。

194. 短剑。钢刃双锋，中有尖垠，铜片护手。黑牛角柄。黄色硬木鞘。18世纪物。

图版五十

225. 埃及苏丹刀。刃上刻有非洲黑人文字及阿拉伯文经语。226—227. 的黎波里（Tripoli）刀。228—229. 卡比尔人（kabyle）之Flissaks刀。230. 埃塞俄比亚刀。231. 刚果不知名兵器。232. 刚果刀。233. 苏丹标枪头。234—235. 突尼斯刀。236. 苏丹刀。237. 埃及短剑，鞘背插一小钢签。238. 苏丹短剑，鞘端有皮条制成之拂状饰物。239. 埃及小刀。240. 苏丹小刀。皮鞘下端饰有同色皮条制成之拂状物，其外表骤视之如一蝇拂。

图版五十一

1、4. 若利（H.L.Joly）所藏。2. 英国皇家学会会员科利（Y.N.Collie）教授所藏。3. 西摩·特罗尔（H.Seymour Trower）所藏。5—6. 由稻田（Inada Hogitaro）提供。采自《刀剑与鲛》。

图版五十二至图版五十九

上图系试样中部表面花纹放大3倍之形状。均刃背在上、刃锋在下（图版五十四中之此图疑倒置）。此图右侧附图系试样剖面形状。

中部两图系试样平面之显微组织，放大倍数均标于图之下。

下部两图系试样横剖面之显微组织，放倍数均标于图之下。

（按：图版五十五中，左侧两图系平面显微组织，右侧两图系横剖面显微组织；其取样系采自接近刃背处。）

图版六十

上两图系未经加热时之显微组织,参见图版五十三之下部两图。

中两图系加热至900℃时之显微组织;下两图系加热至1000℃时之显微组织,放大倍数均标于图下。

图版六十一

上两图系未经加热时之显微组织,参见图版五之右侧两图。

中两图系加热至750℃时之显微组织;下两图系加热至850℃时之显微组织,放大倍数均标于图下。

图版六十二

1.16世纪波斯制刃名家艾塞德·欧莱(Assad Oullah)所制梯形花纹钢名刃之一。原莫塞(Moser)藏品,现藏于伯尔尼历史博物馆。2.土耳其制刃名家穆罕默德(Mohamed Le Bosniaque,1782—1865)所制之刃。3—4.系2号刃上之嵌金铭文,4.系制刃者名铭。5.中心夹钢之土耳其焊接花纹钢刃(Yatagan)。

图版六十三

1—2.纯以陨铁制造之马来古刀,夏尔·毕丹藏。3.克力士剑,14世纪物。霍尔施坦藏。4—5.带有神蛇与流水花纹之克力士剑。6—8.爪哇克力士剑。其中,6号系锻冶达500次之577层刃体,戈勒曼藏;7号之刃纹作左右双叶形,霍尔施坦藏;8号为叶形刃纹,金柄上镶嵌珍珠,勒贝尔藏;9号刃纹作驼鸟羽毛形,凹凸不平,垠上嵌宝石,吕芬藏。10—17.马来刀剑上之各种帕莫花纹,加德纳藏。

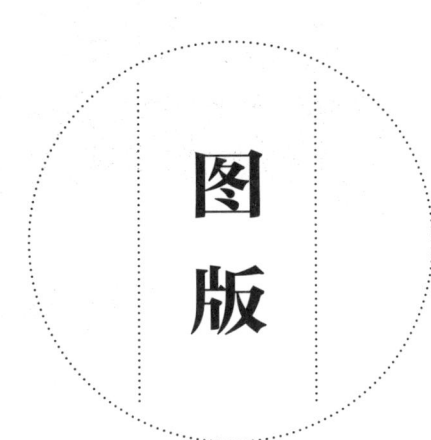

图版

图版一 波斯及印度精美刀剑

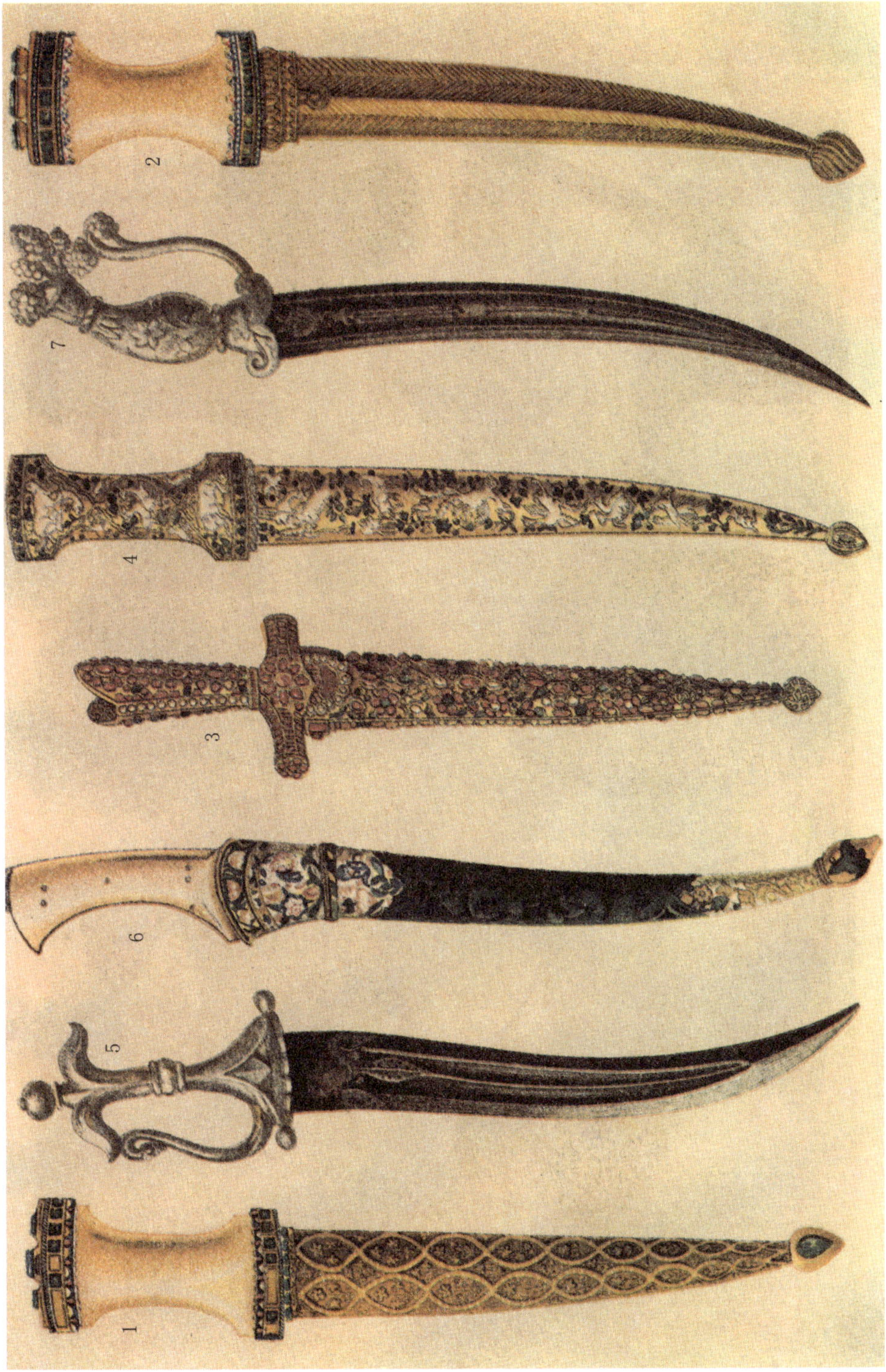

图版二　波斯及印度精美刀剑

图版三　台湾高山族甲胄及附件

图版

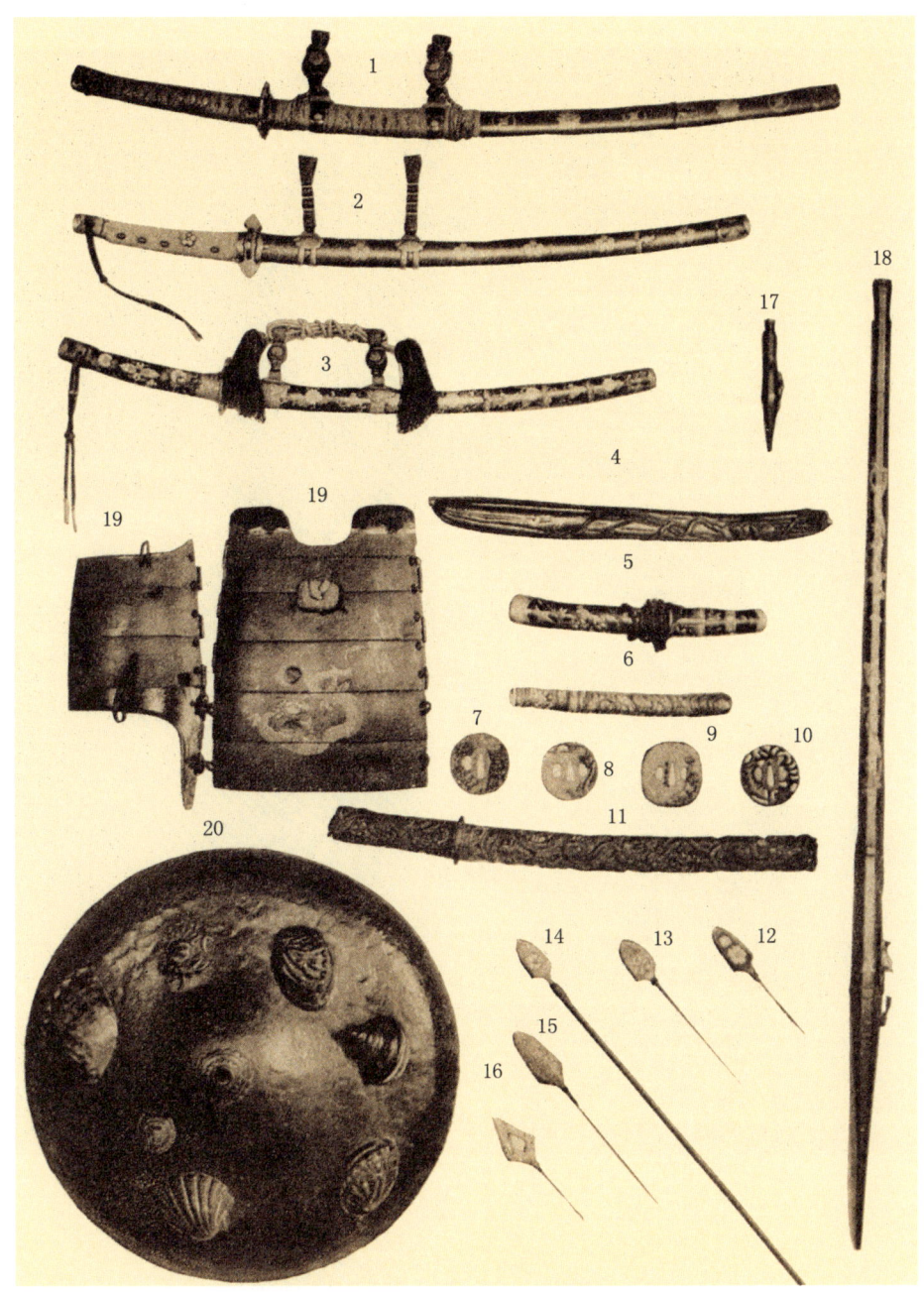

图版四　夏尔·毕丹所藏日本古兵器

411

图版五　佛罗伦萨斯提波特博物馆所藏日本古兵器

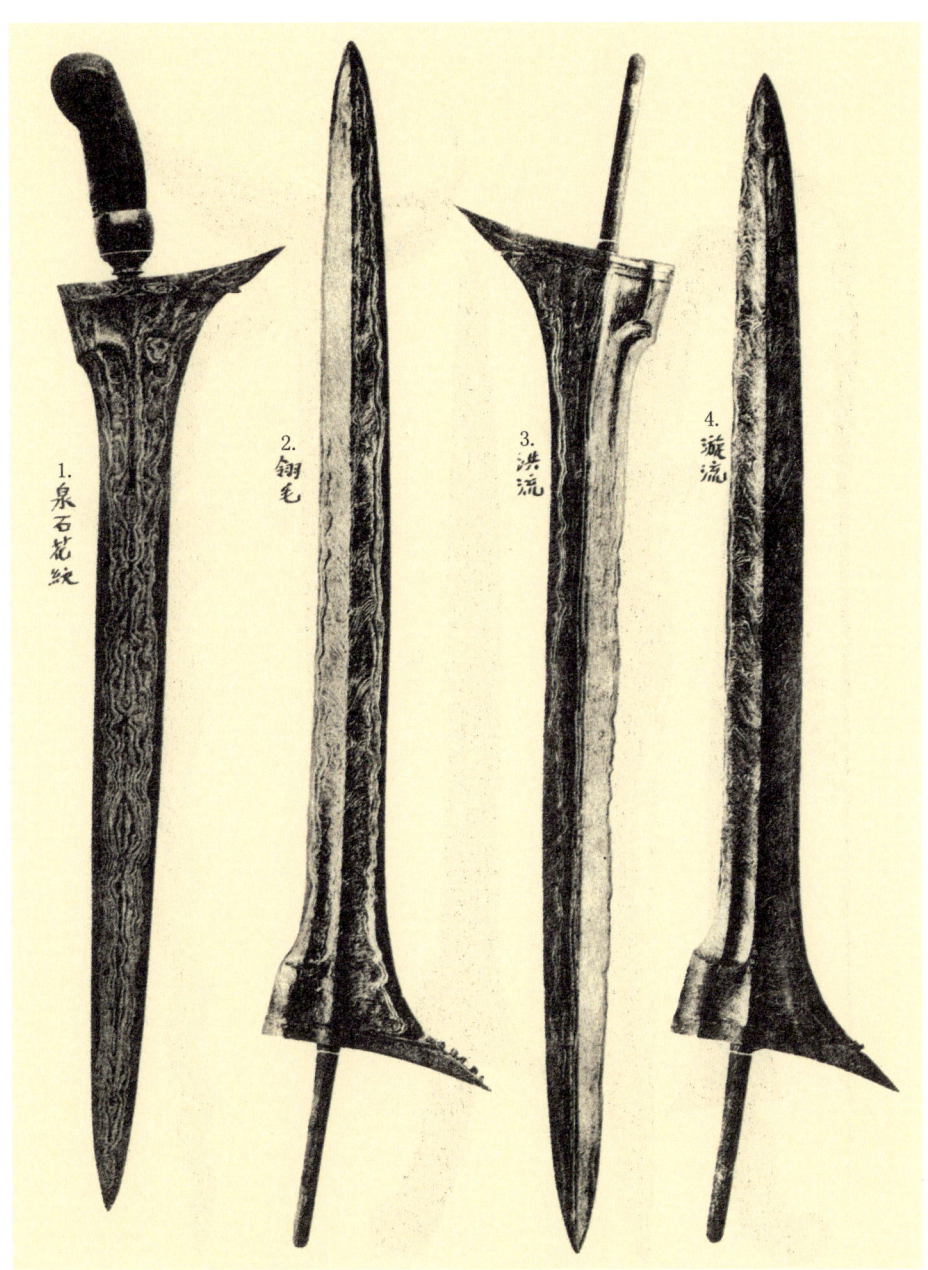

图版六　霍尔施坦所藏马来克力士剑

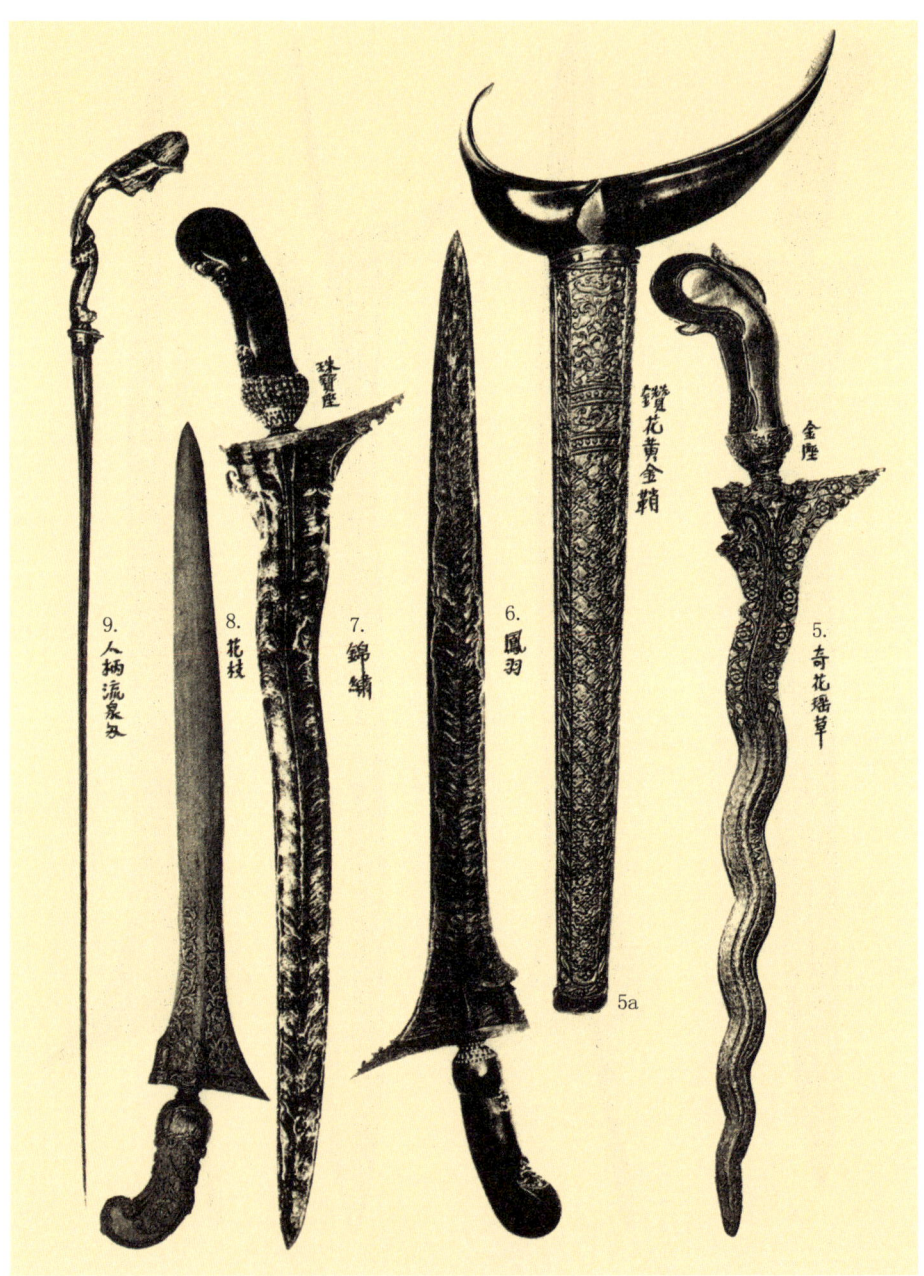

图版七　霍尔施坦所藏马来克力士剑

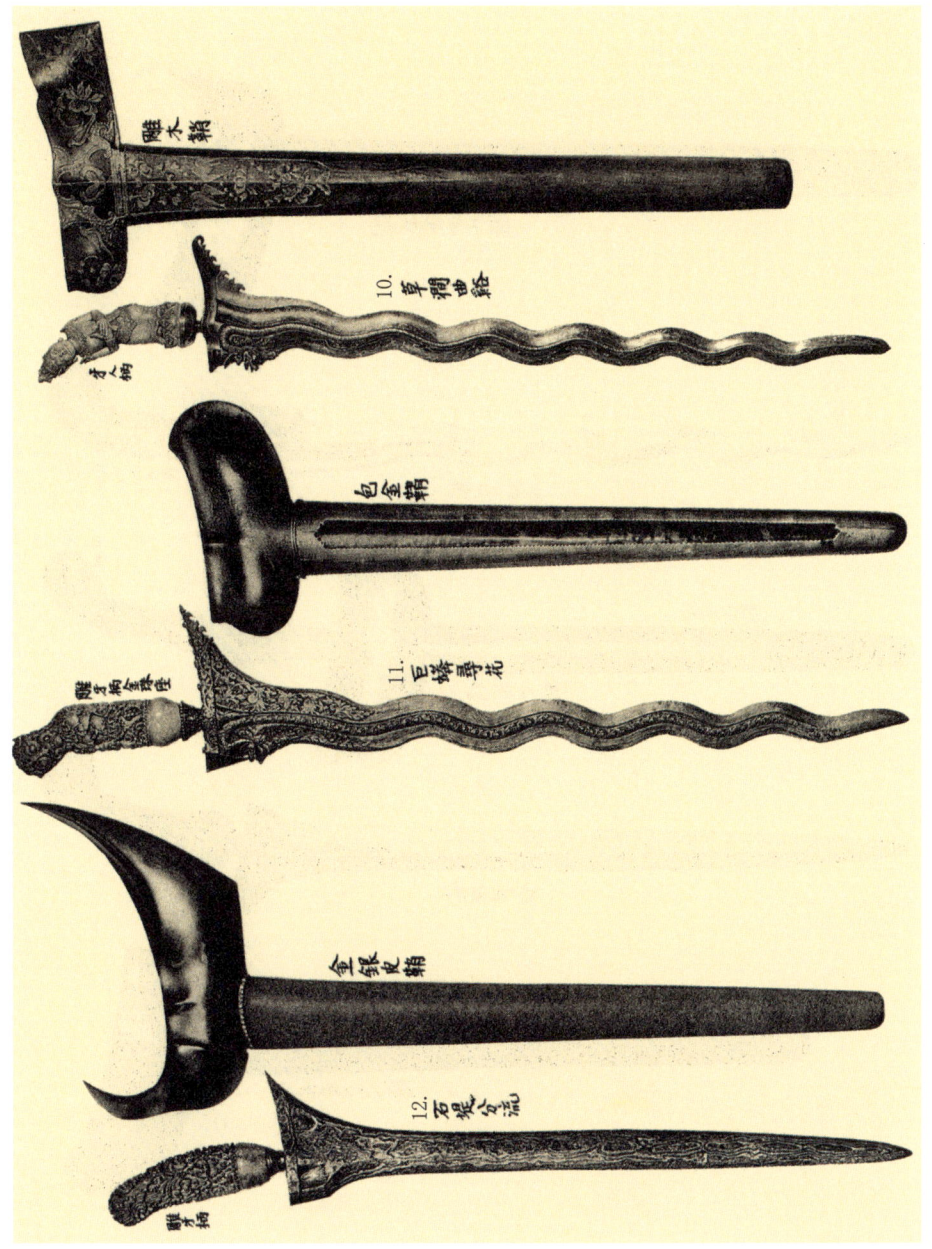

图版八 霍尔施坦所藏马来克力士剑

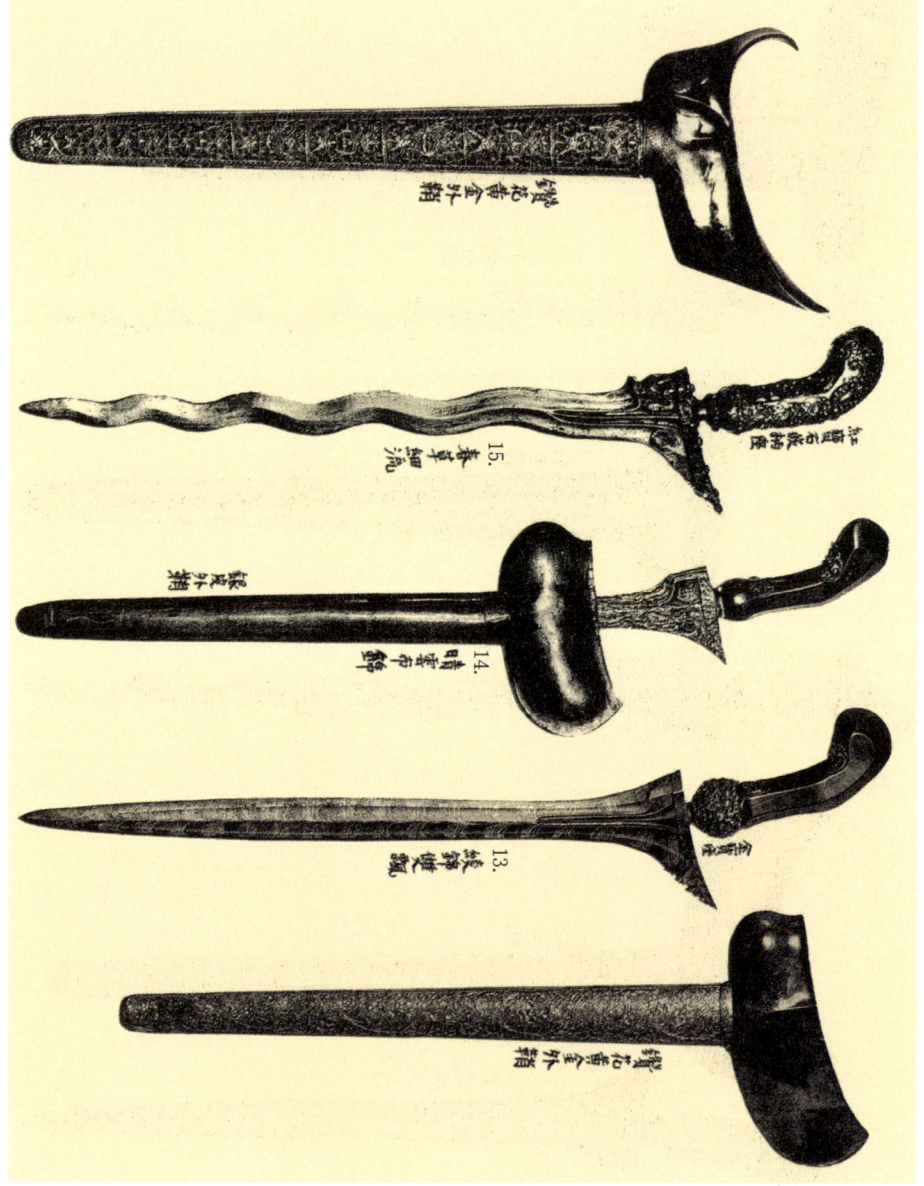

图版九　霍尔施坦所藏马来克力士剑

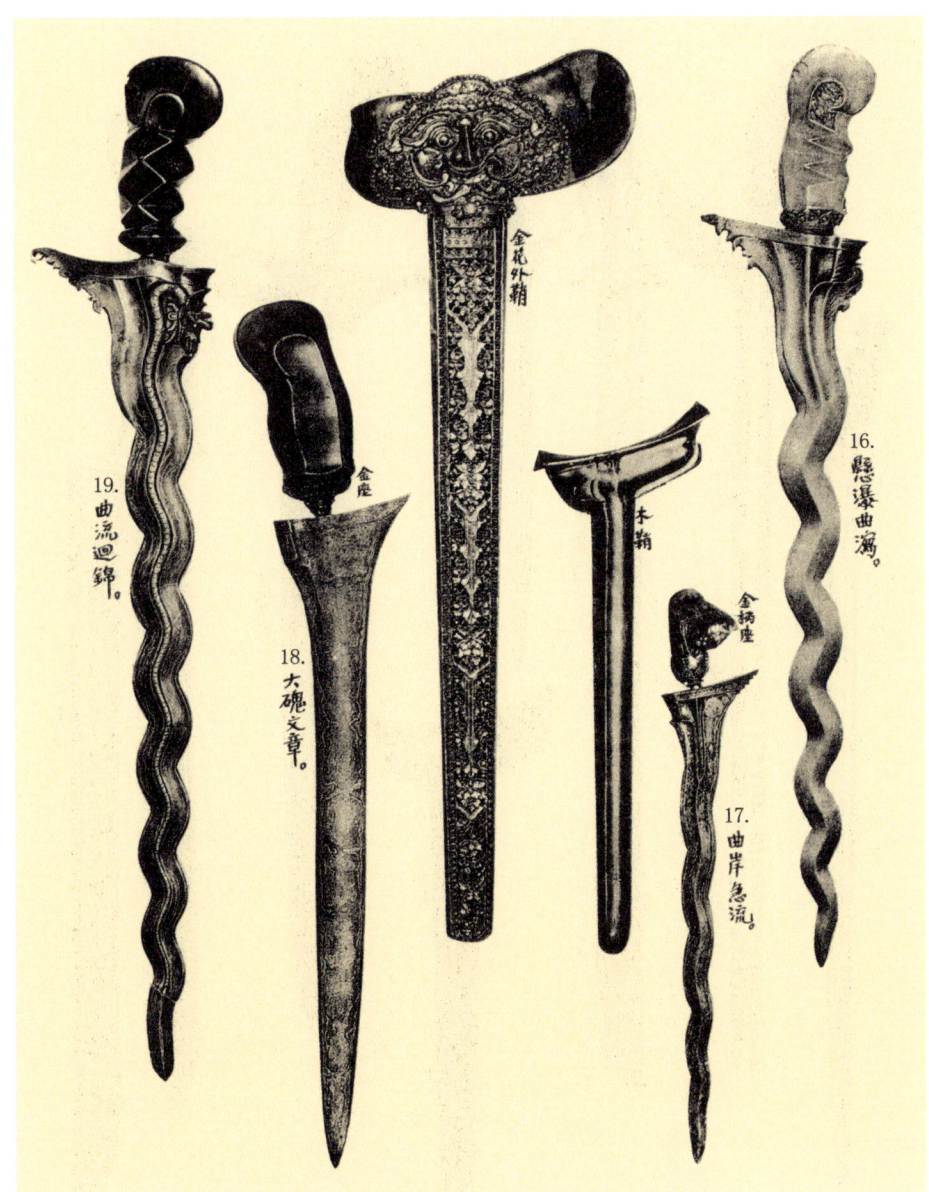

图版十　霍尔施坦所藏马来克力士剑

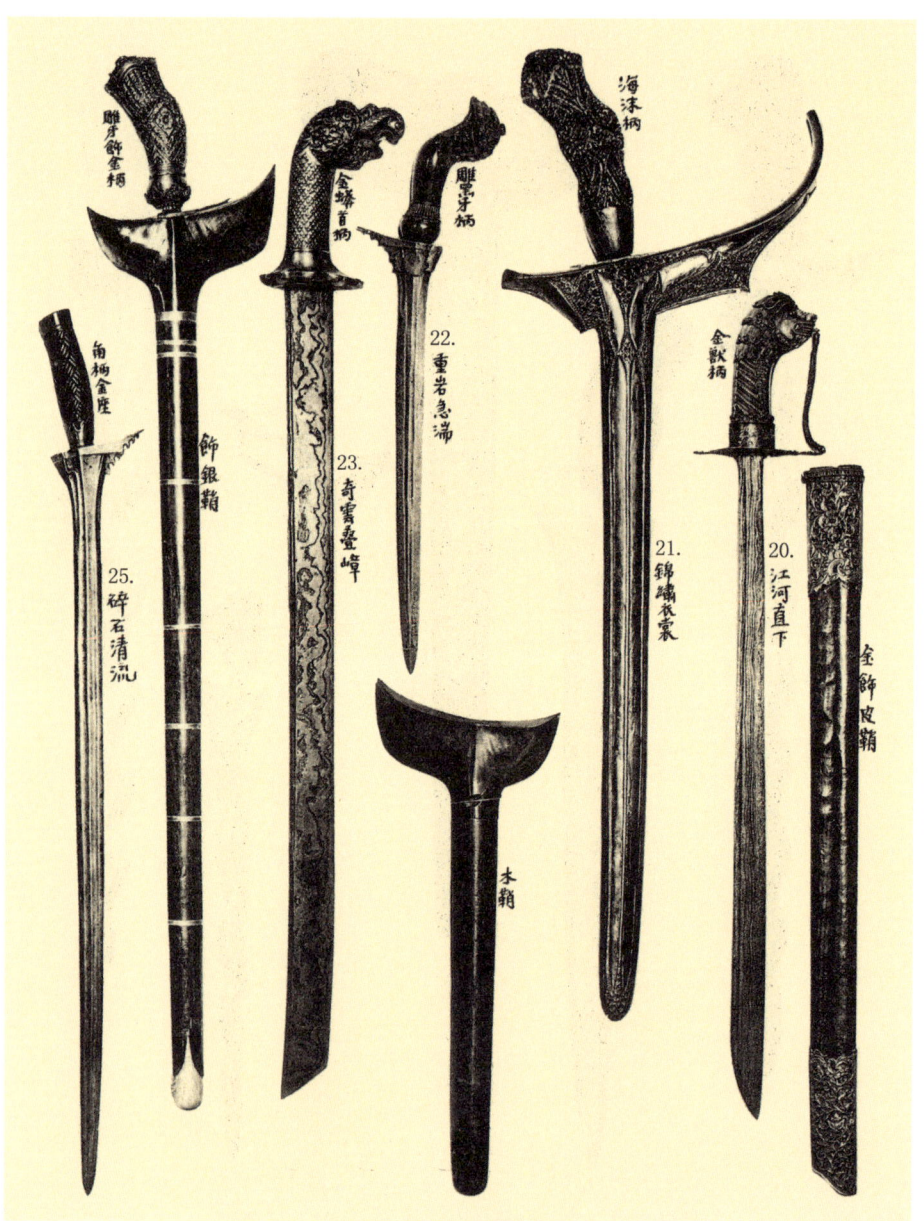

图版十一　霍尔施坦所藏马来克力士剑

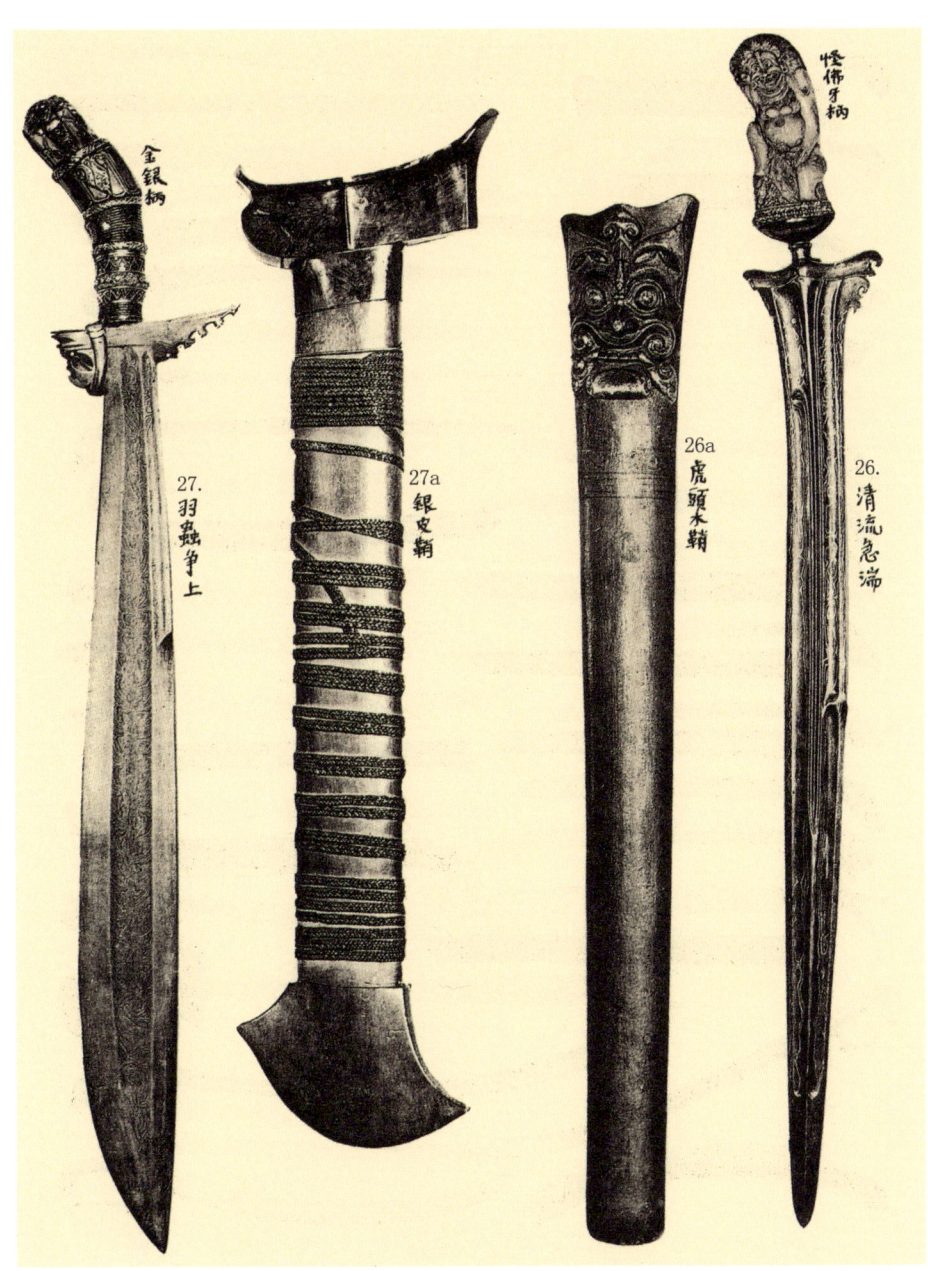

图版十二　霍尔施坦所藏马来克力士剑

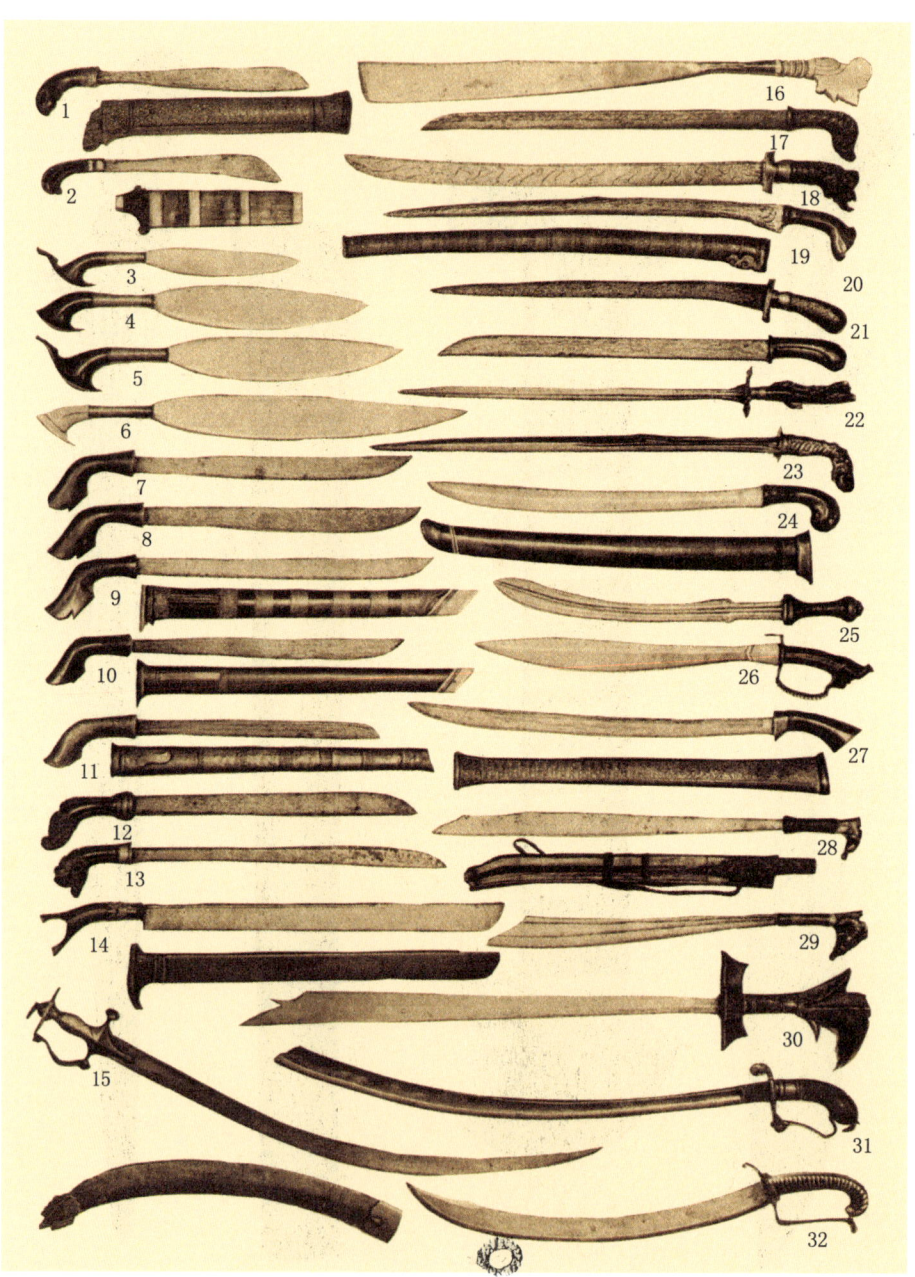

图版十三　夏尔·毕丹所藏马来刀

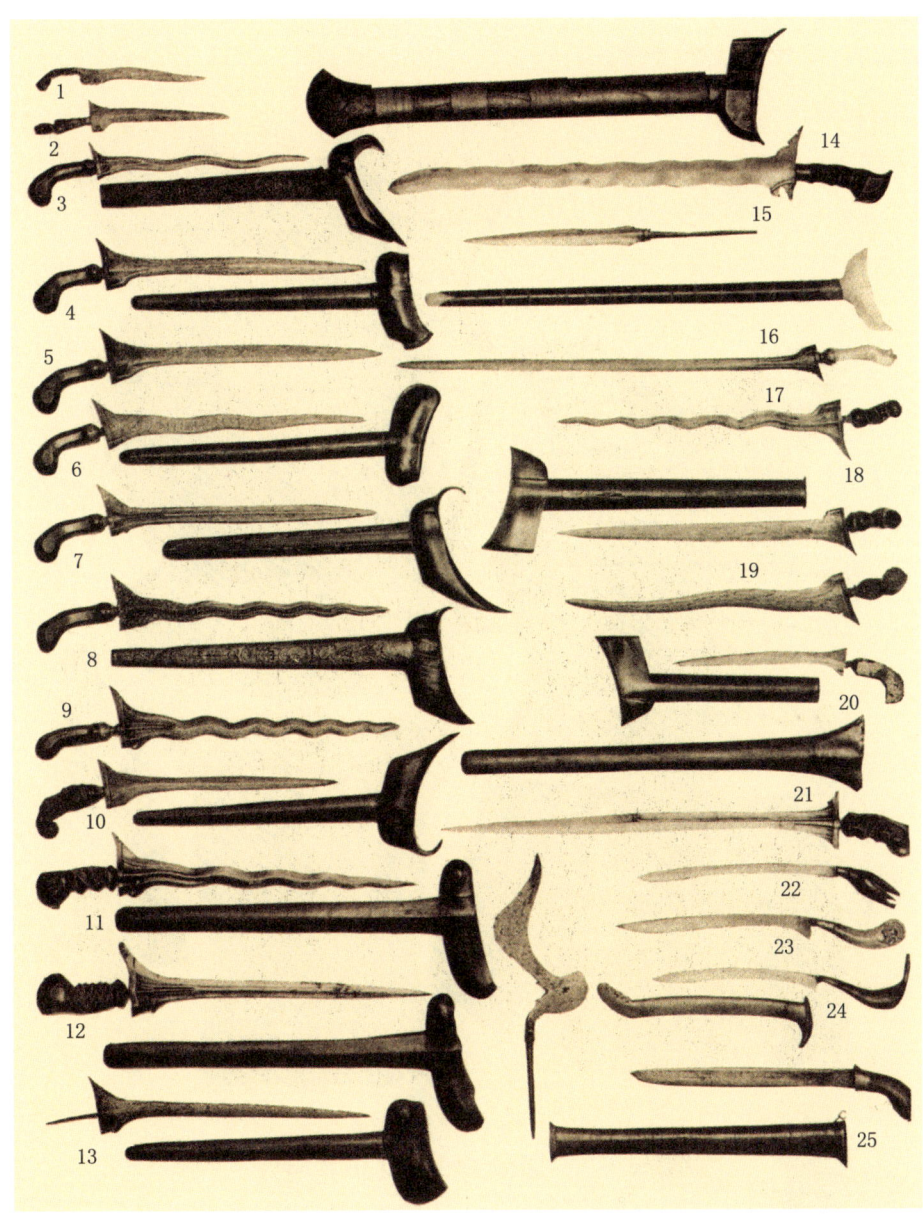

图版十四　夏尔·毕丹所藏马来刀

图版十五　菲律宾土著之旧式甲胄

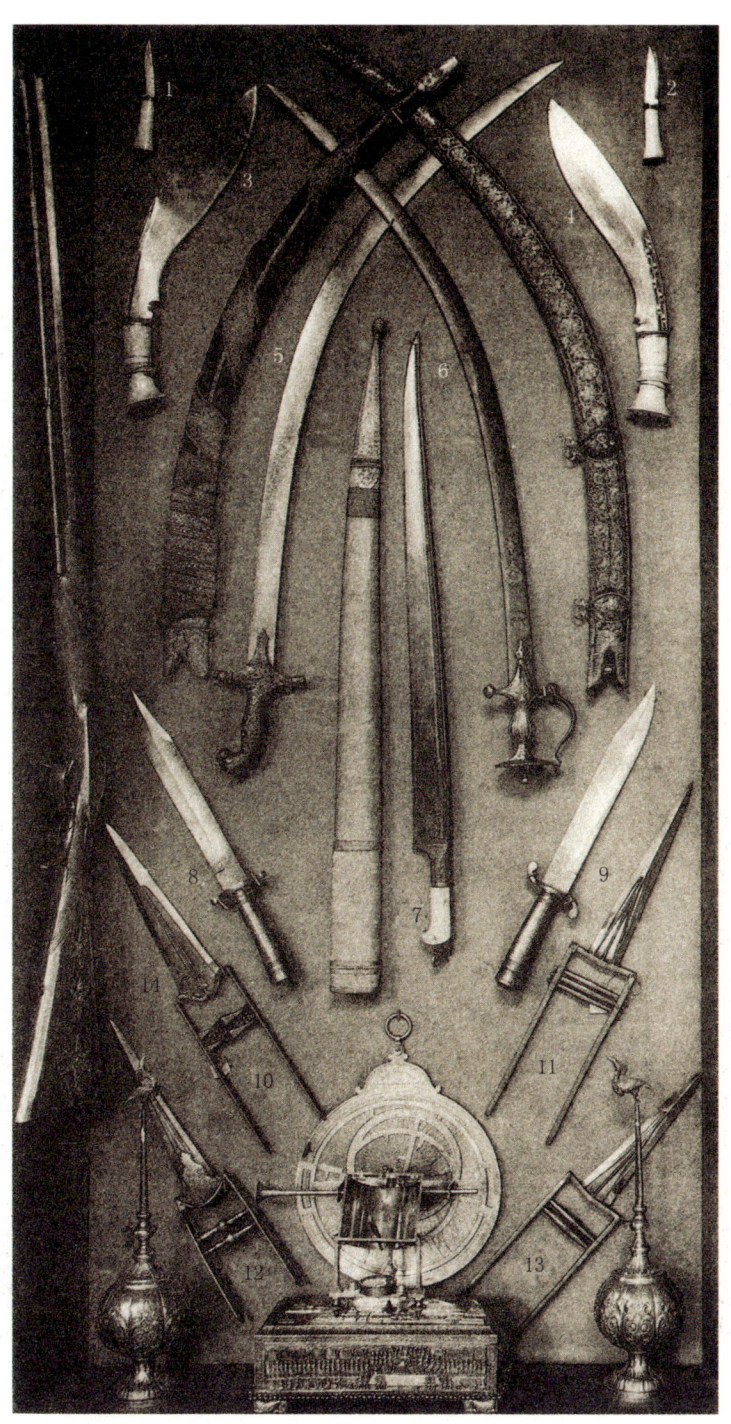

图版十六　伦敦莫尔伯勒宫所藏尼泊尔古兵器

图版十七　伦敦桑德灵厄姆宫所藏印度古兵器

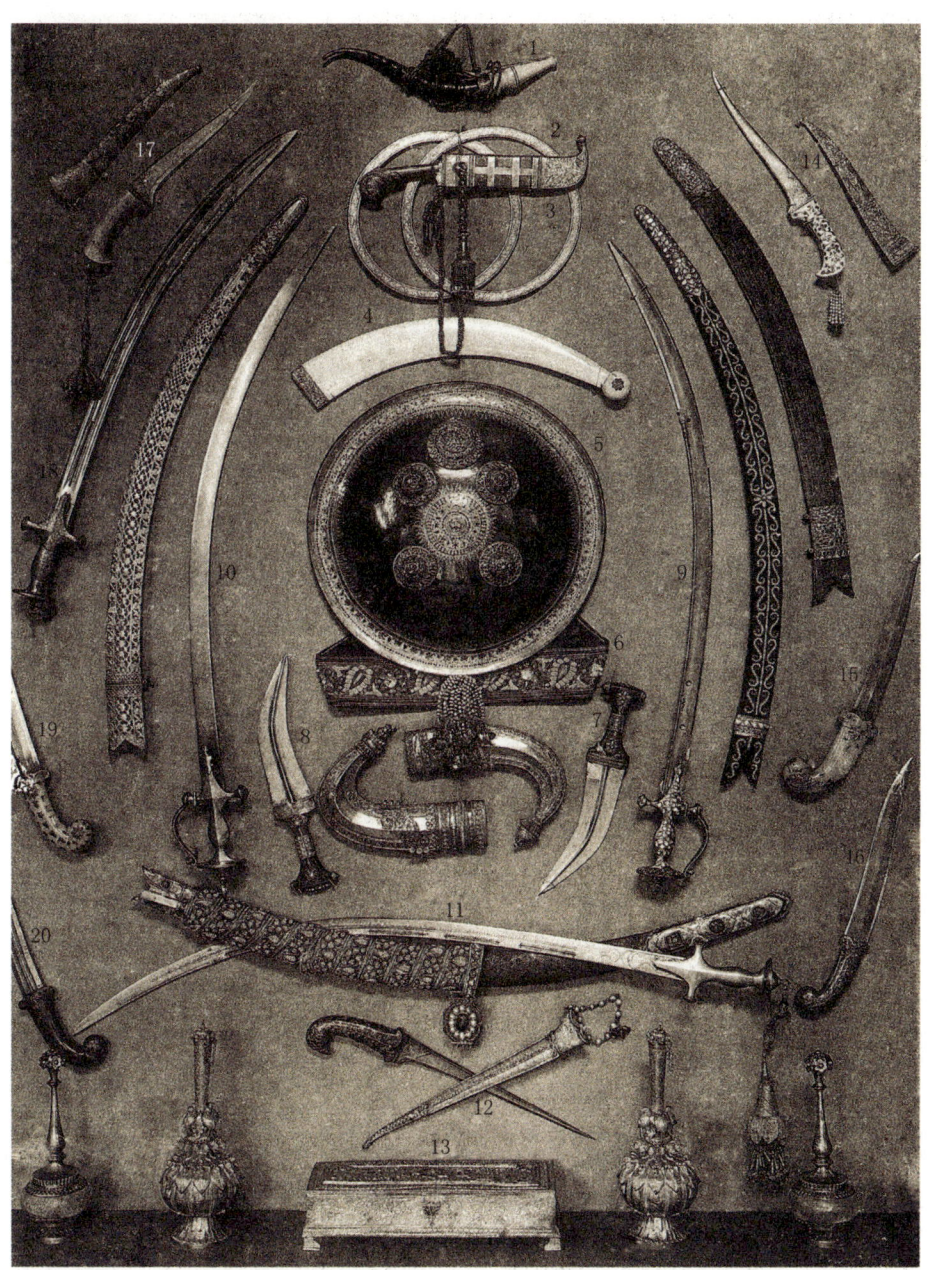

图版十八　伦敦莫尔伯勒宫所藏印度古兵器

图版十九　伦敦莫尔伯勒宫所藏印度古兵器

图版

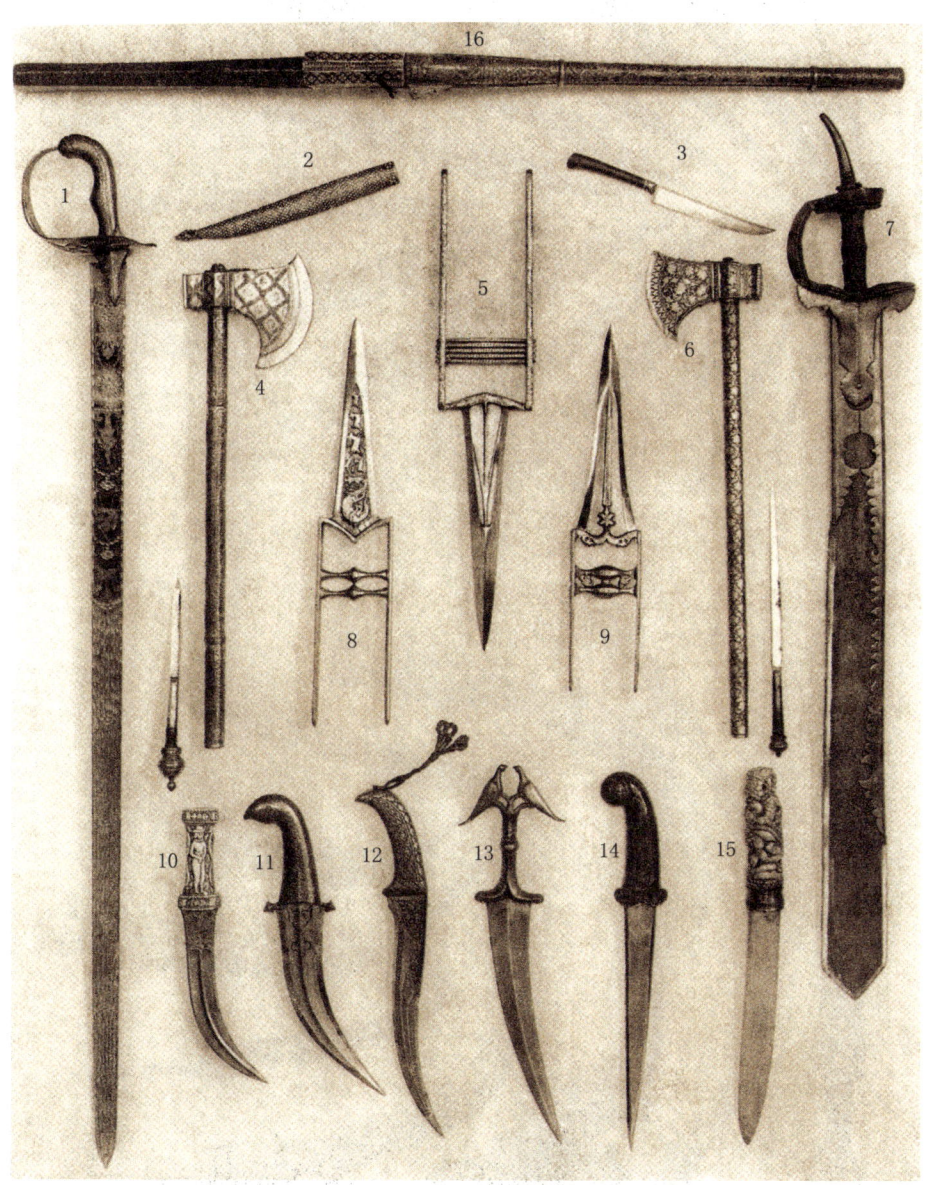

图版二十　夏尔·毕丹所藏印度古兵器

427

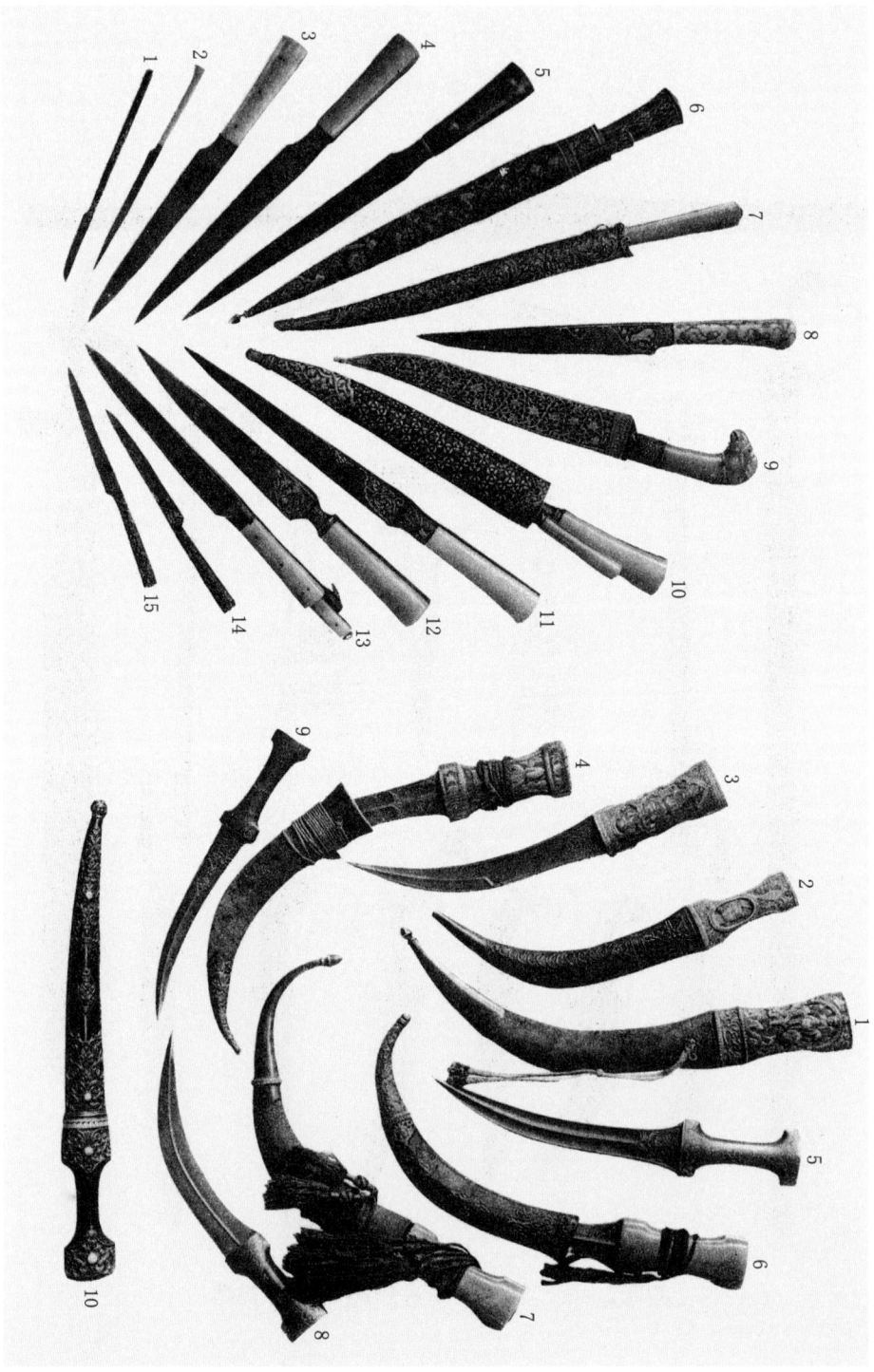

图版二十一　伯尔尼历史博物馆所藏伊朗古刀

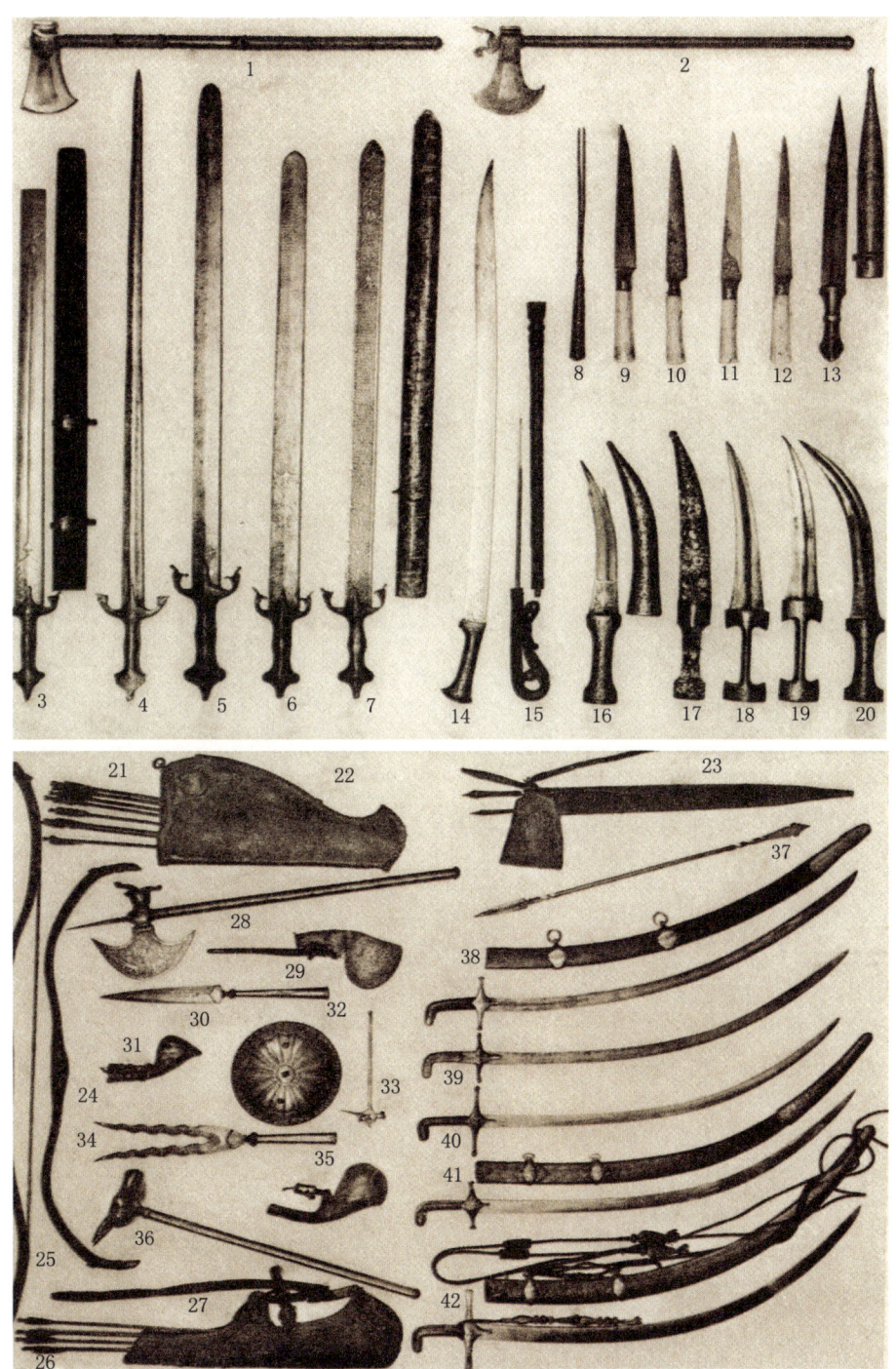

图版二十二　夏尔·毕丹所藏伊朗古兵器

图版二十三　古突厥战士及装备

图版二十四　古突厥战车

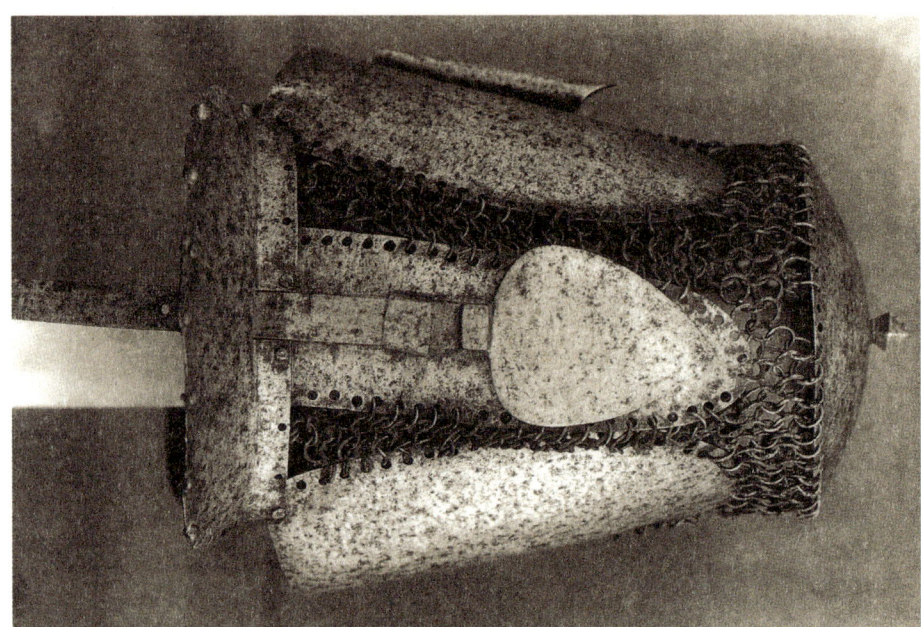

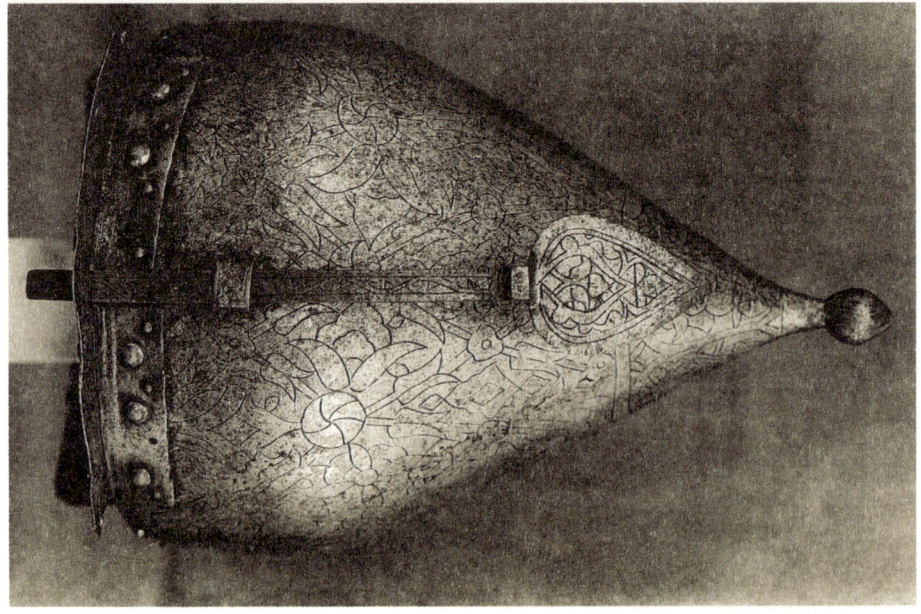

图版二十五　托普卡珀宫博物馆所藏土耳其战盔

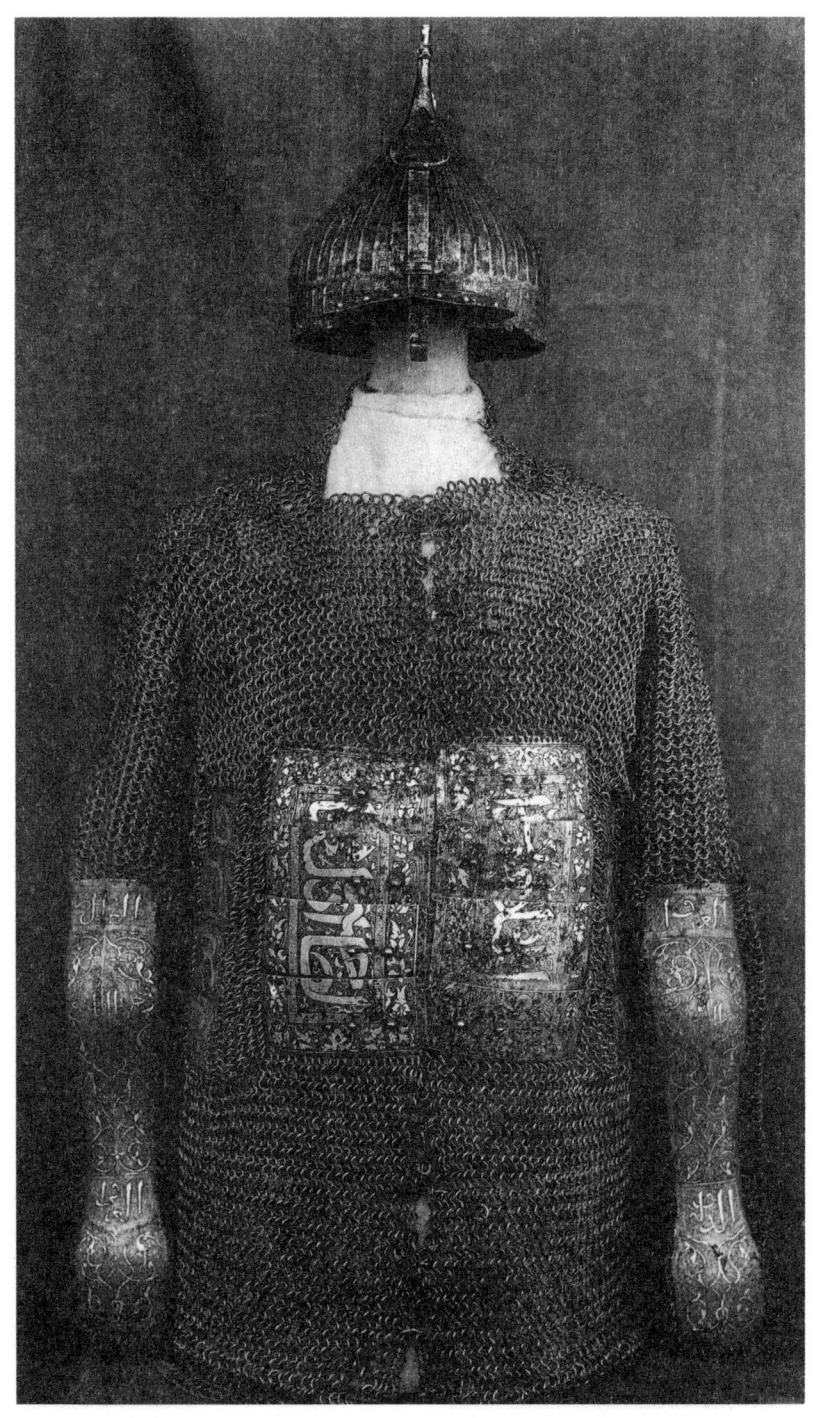

图版二十六　托普卡珀宫博物馆所藏土耳其甲胄

图版二十七　托普卡珀宫博物馆所藏土耳其甲胄

图版二十八　托普卡珀宫博物馆所藏土耳其甲胄

图版二十九　托普卡珀宫博物馆所藏战马蒙面甲

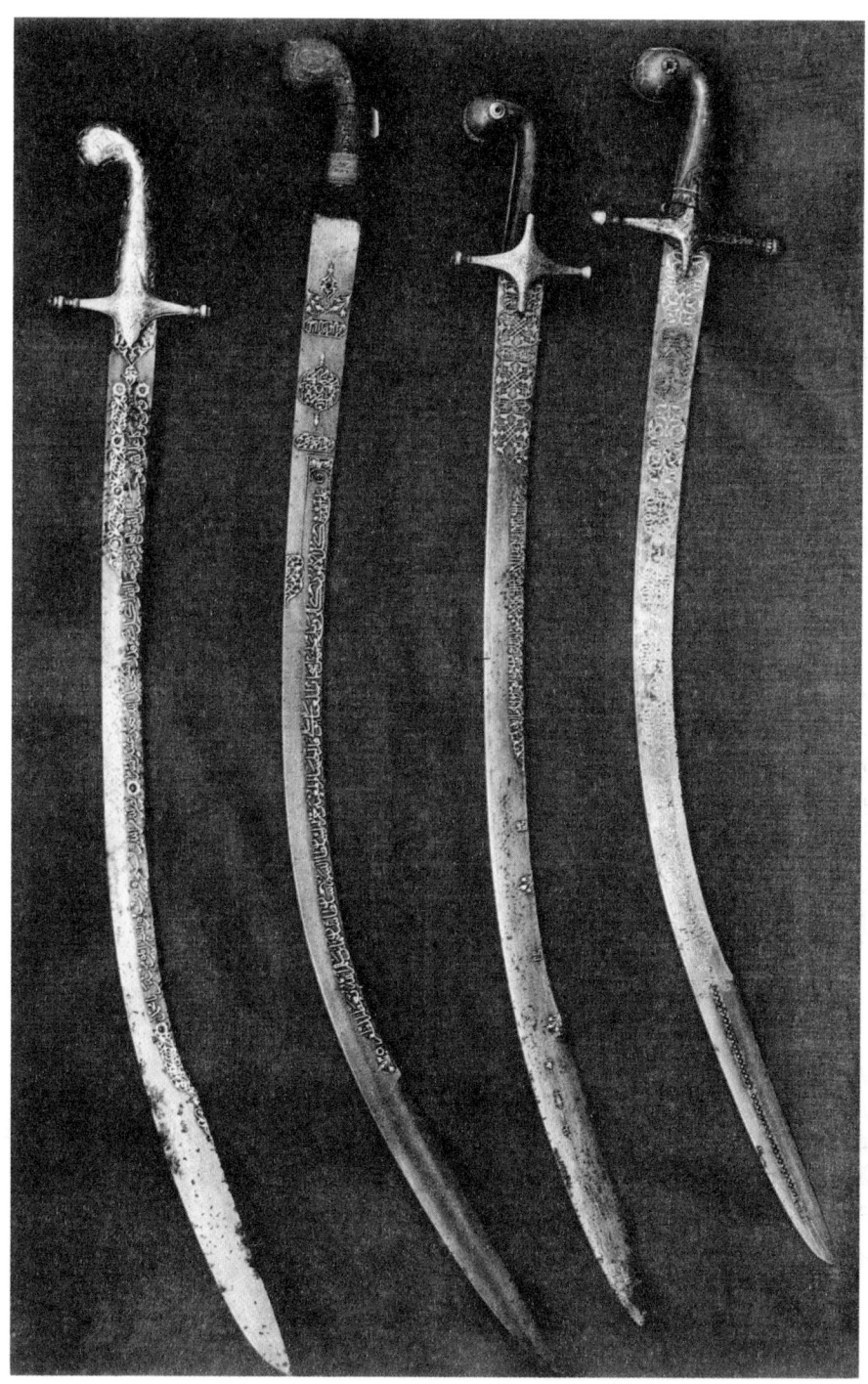

图版三十　托普卡珀宫博物馆所藏土耳其长刀

亚洲古兵器图说

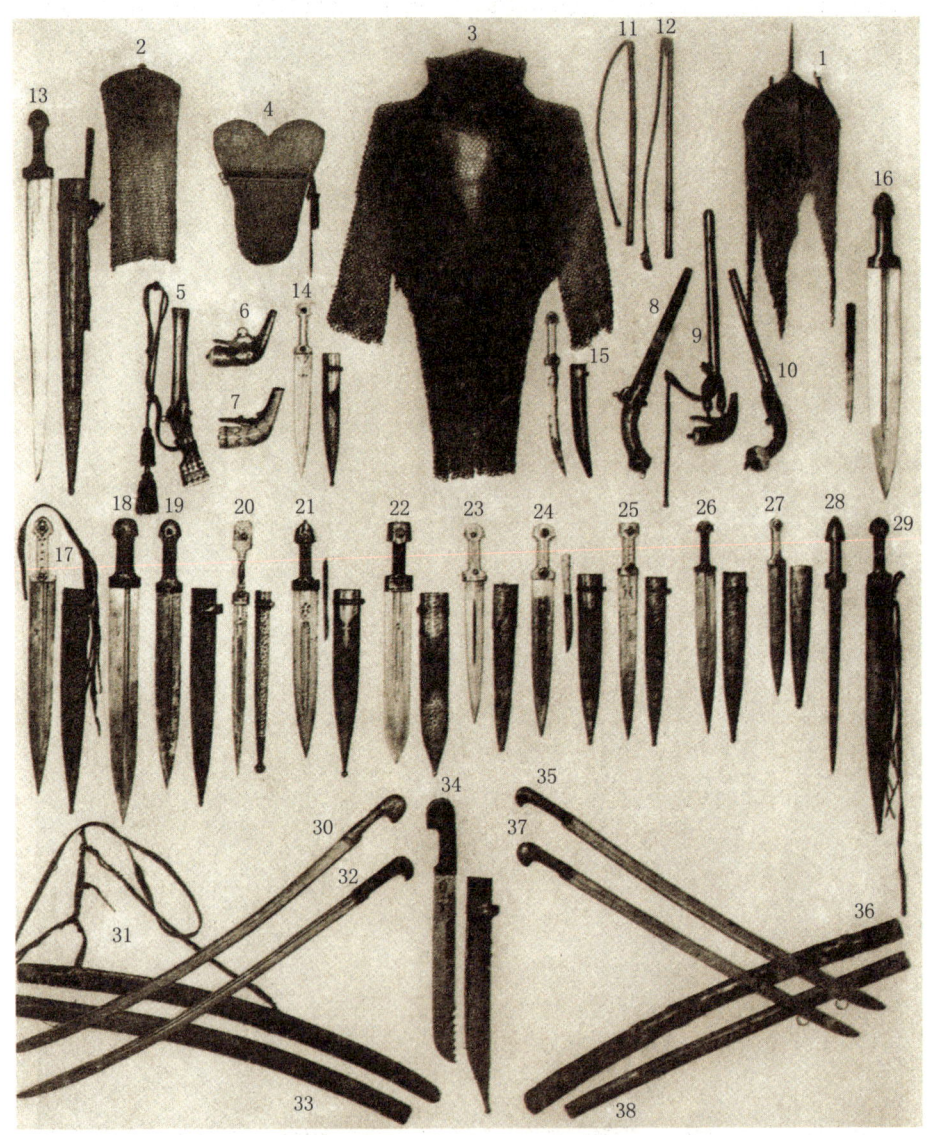

图版三十一　夏尔·毕丹所藏高加索古兵器

图版三十二　剑庐所藏穆斯林所用之护身具

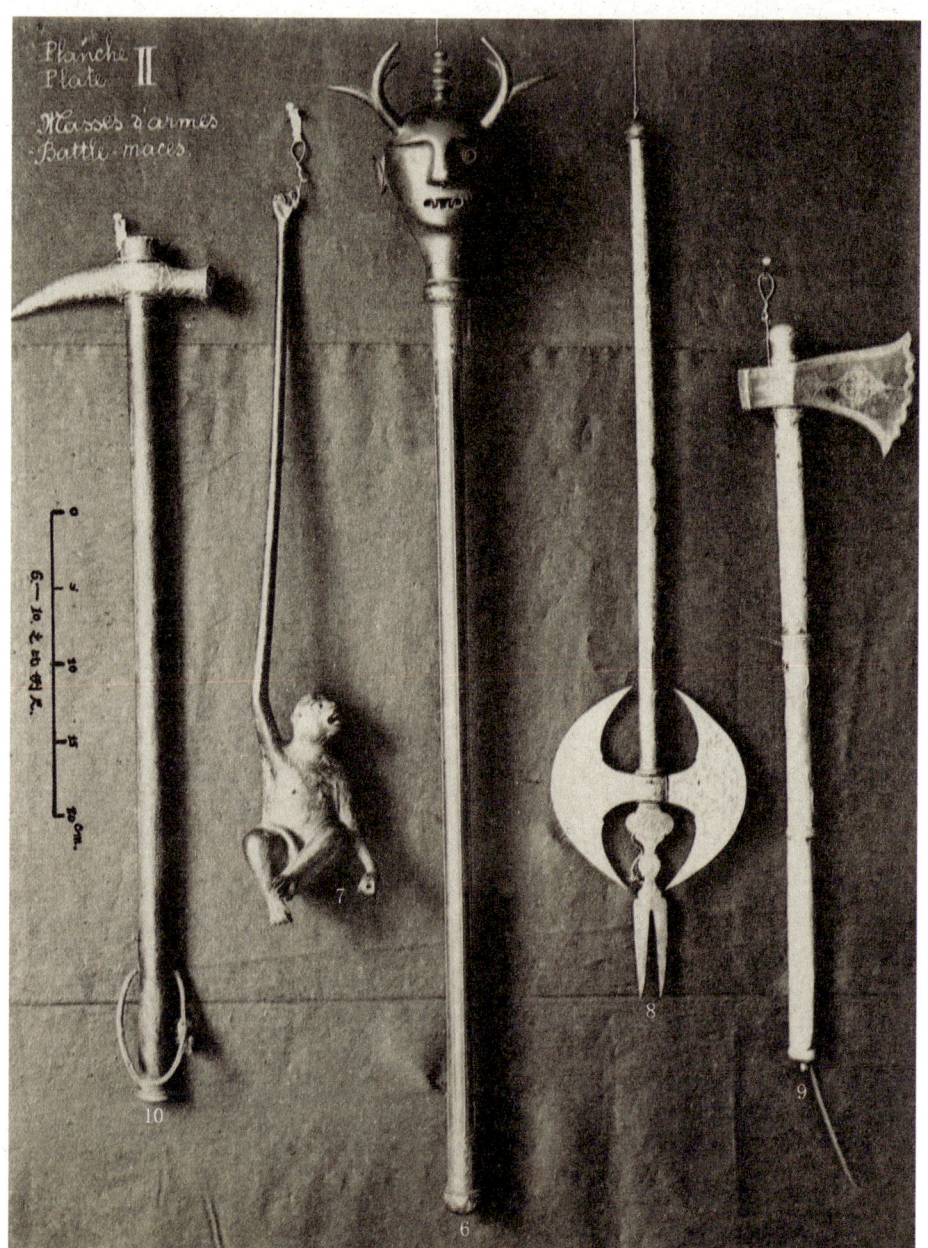

图版三十三　剑庐所藏穆斯林所用之古兵器

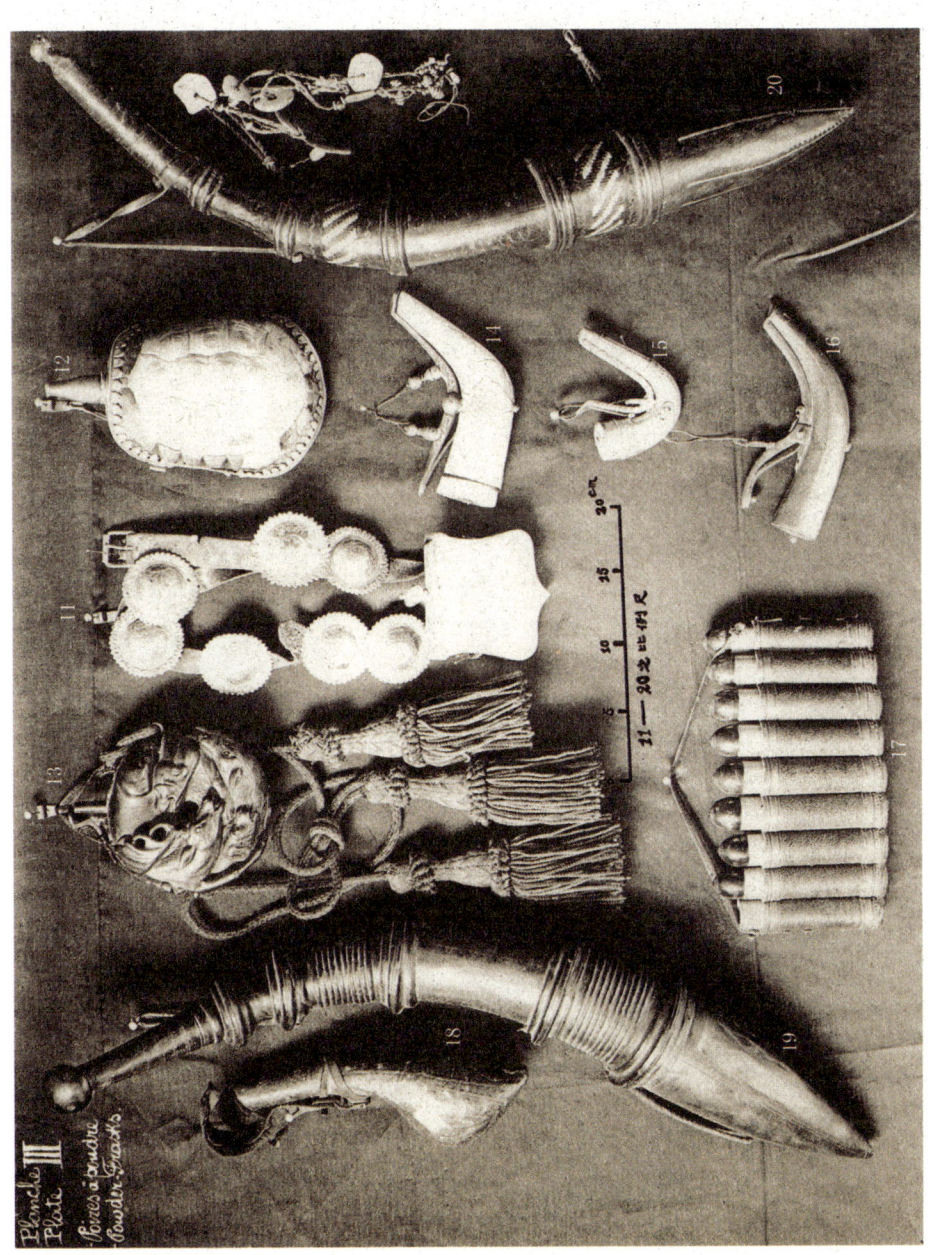

图版三十四　剑庐所藏旧式火器之弹药壶

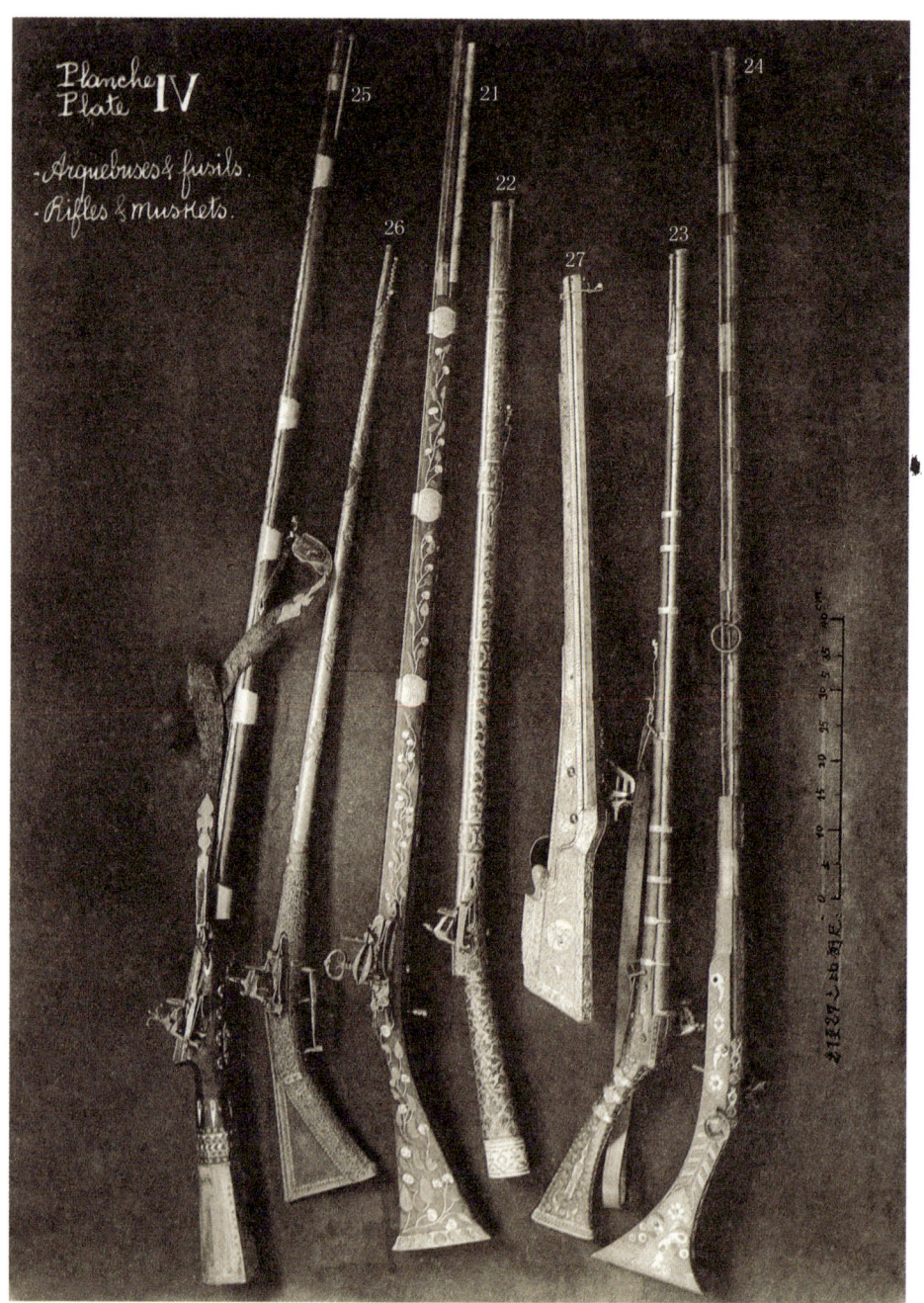

图版三十五　剑庐所藏燧石枪

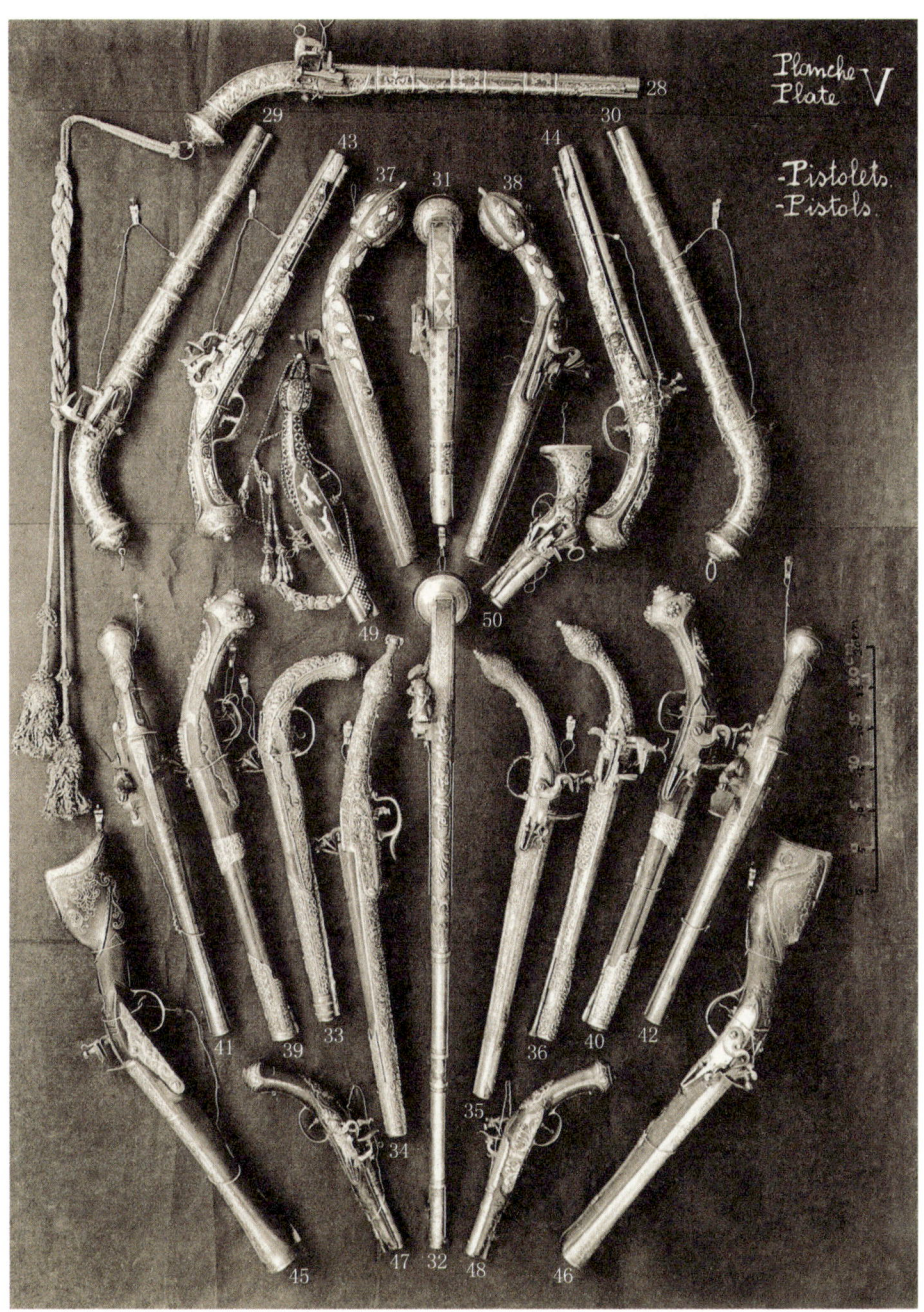

图版三十六　剑庐所藏燧石铳

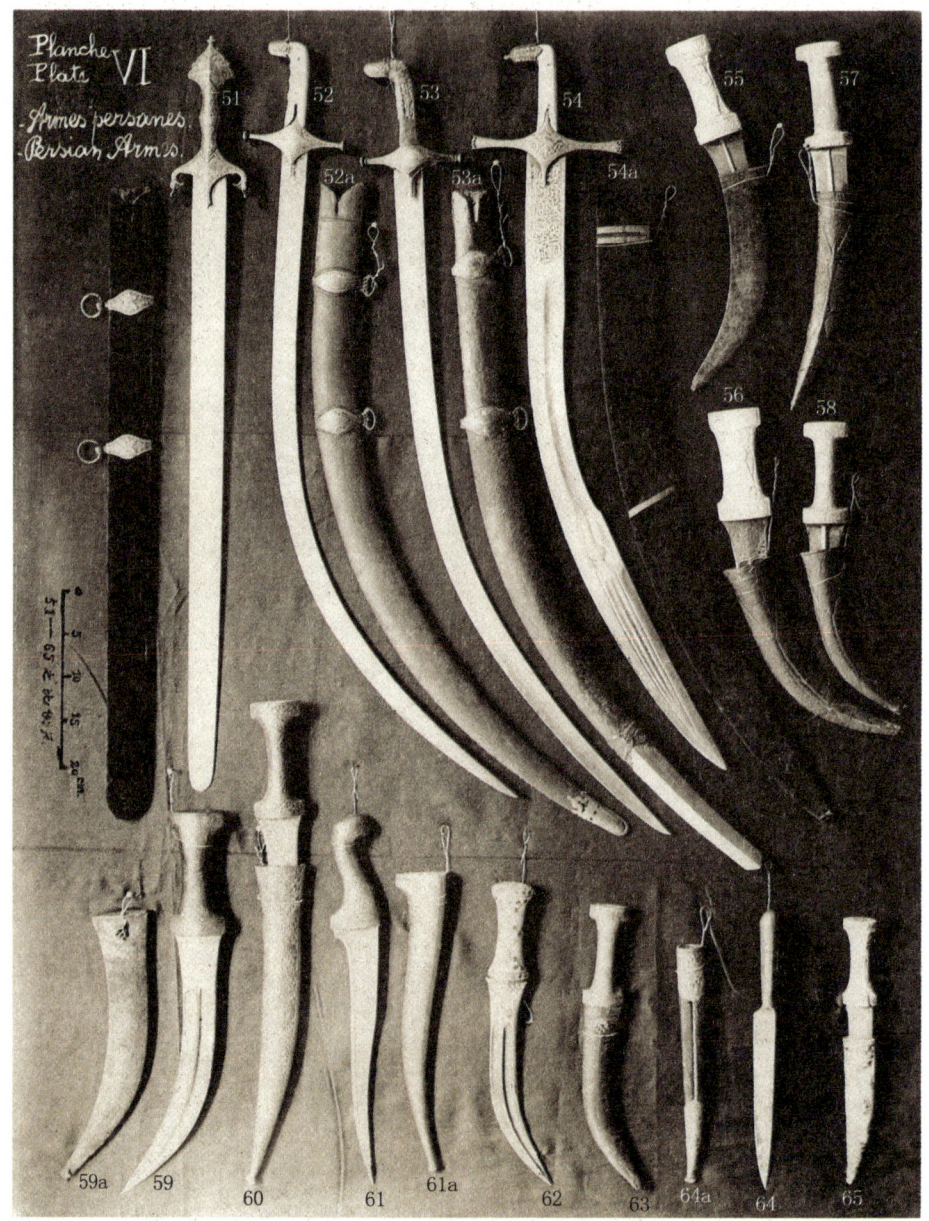

图版三十七　剑庐所藏伊朗古刀剑

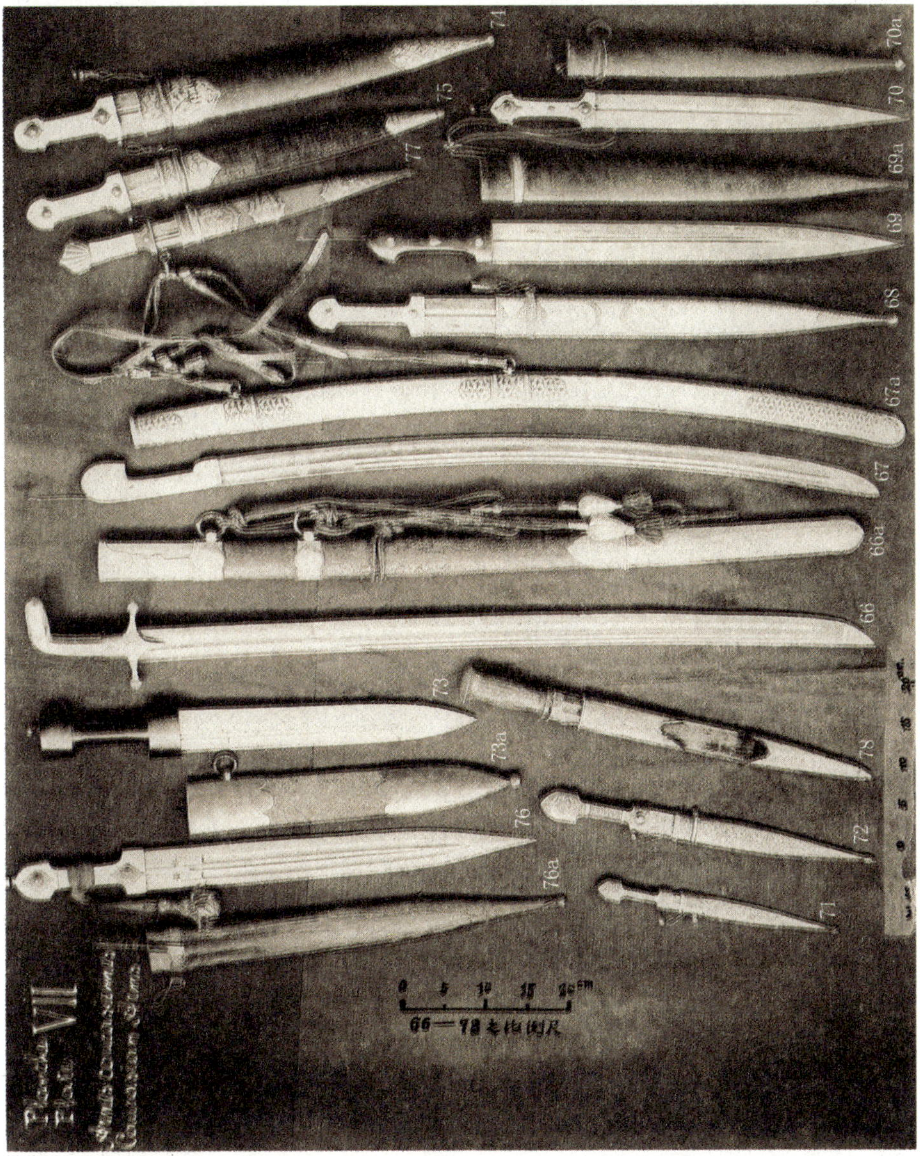

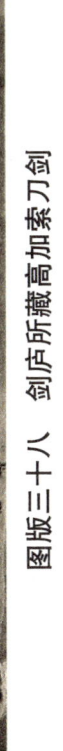

图版三十八 剑卢所藏高加索刀剑

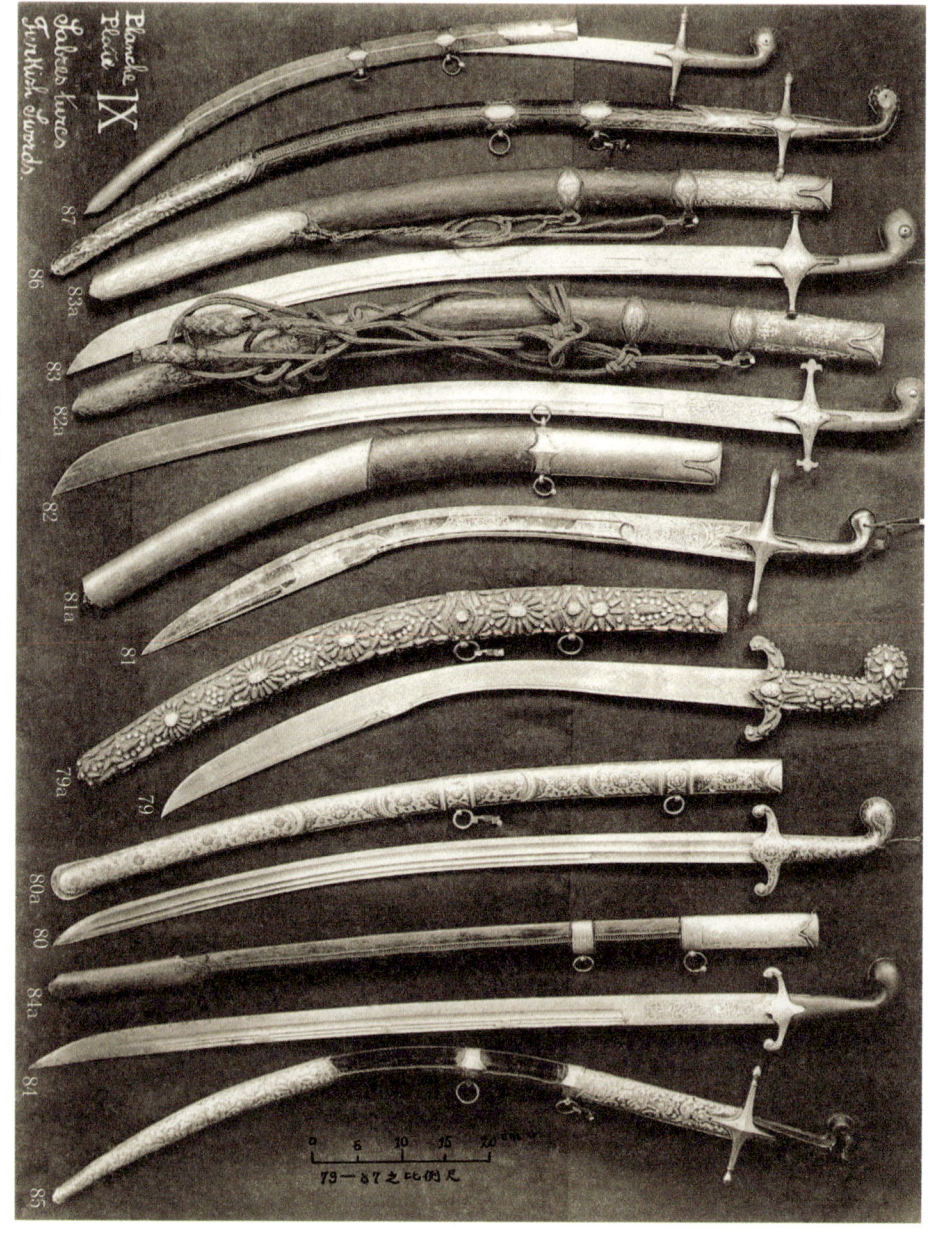

图版三十九 剑庐所藏土耳其马刀及腰刀

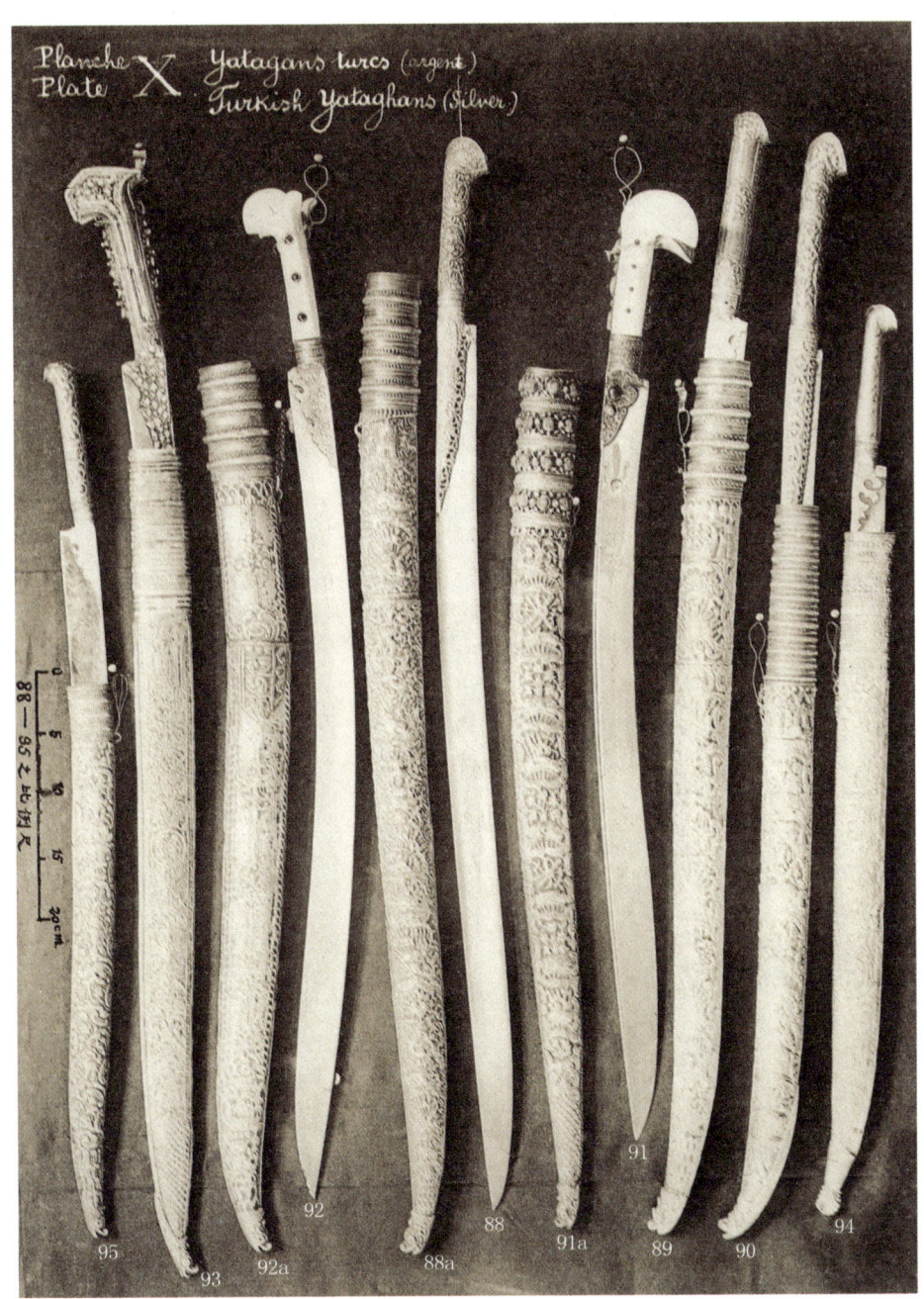

图版四十　剑庐所藏土耳其长刀

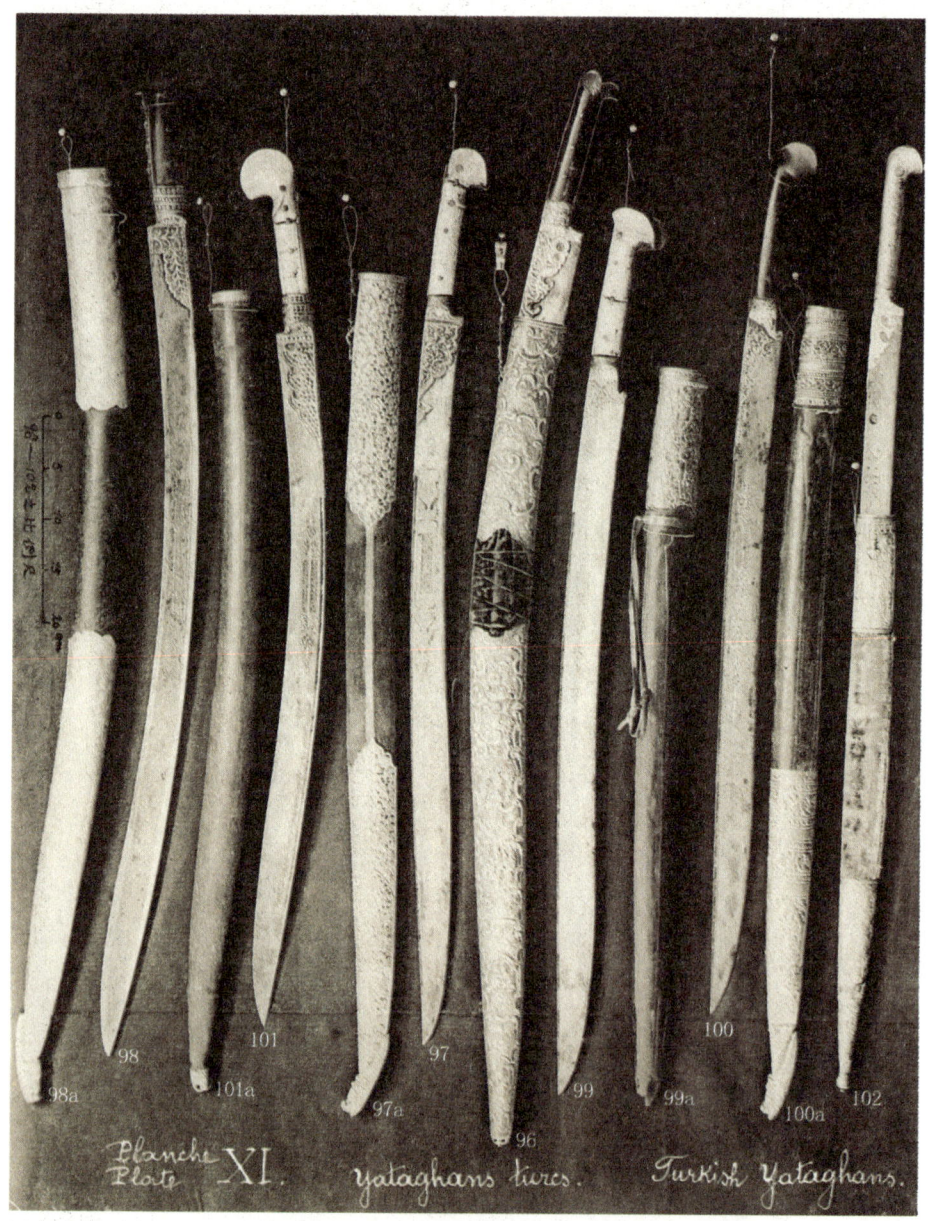

图版四十一　剑庐所藏土耳其长刀

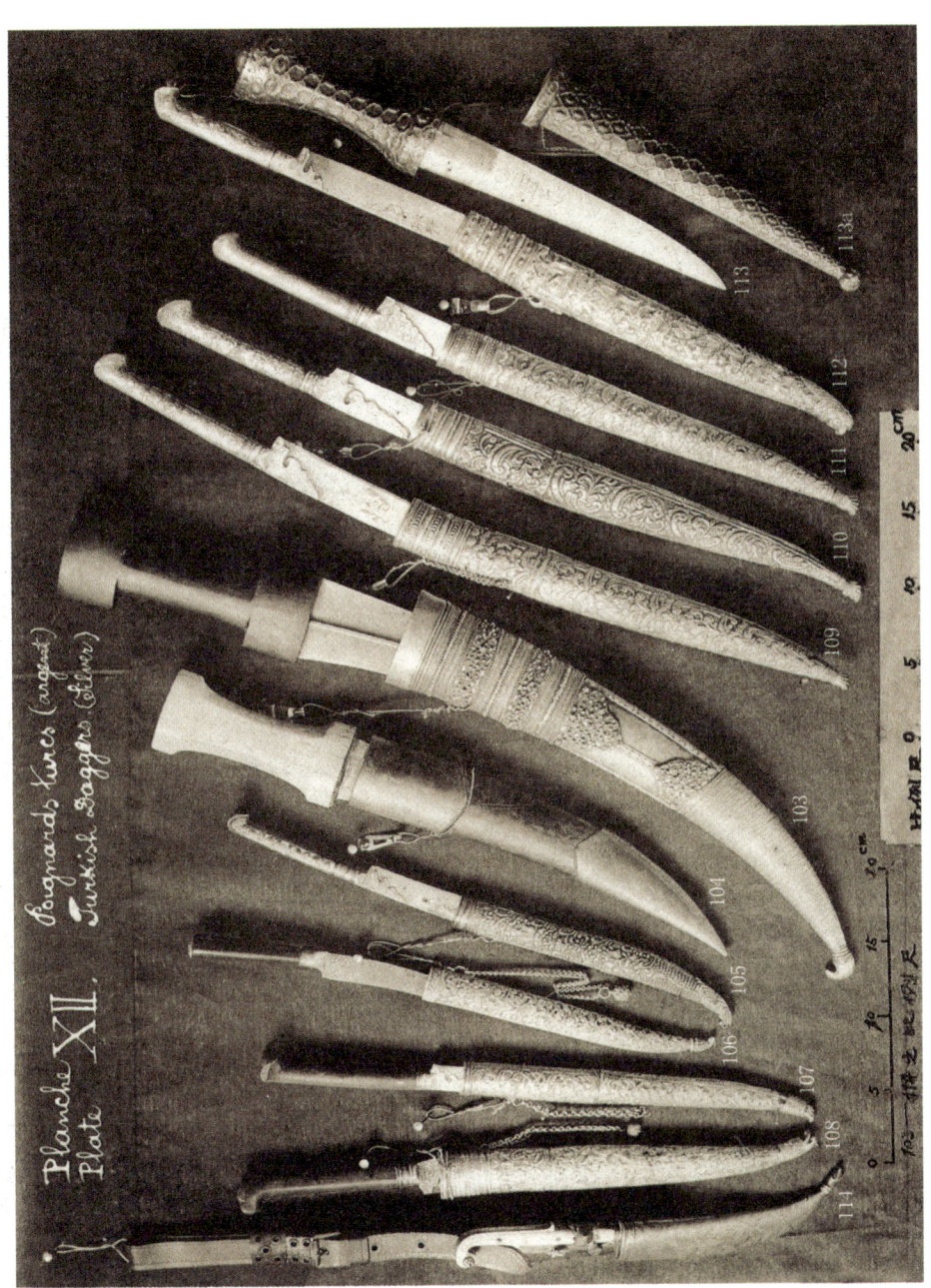

图版四十二　剑庐所藏土耳其短剑

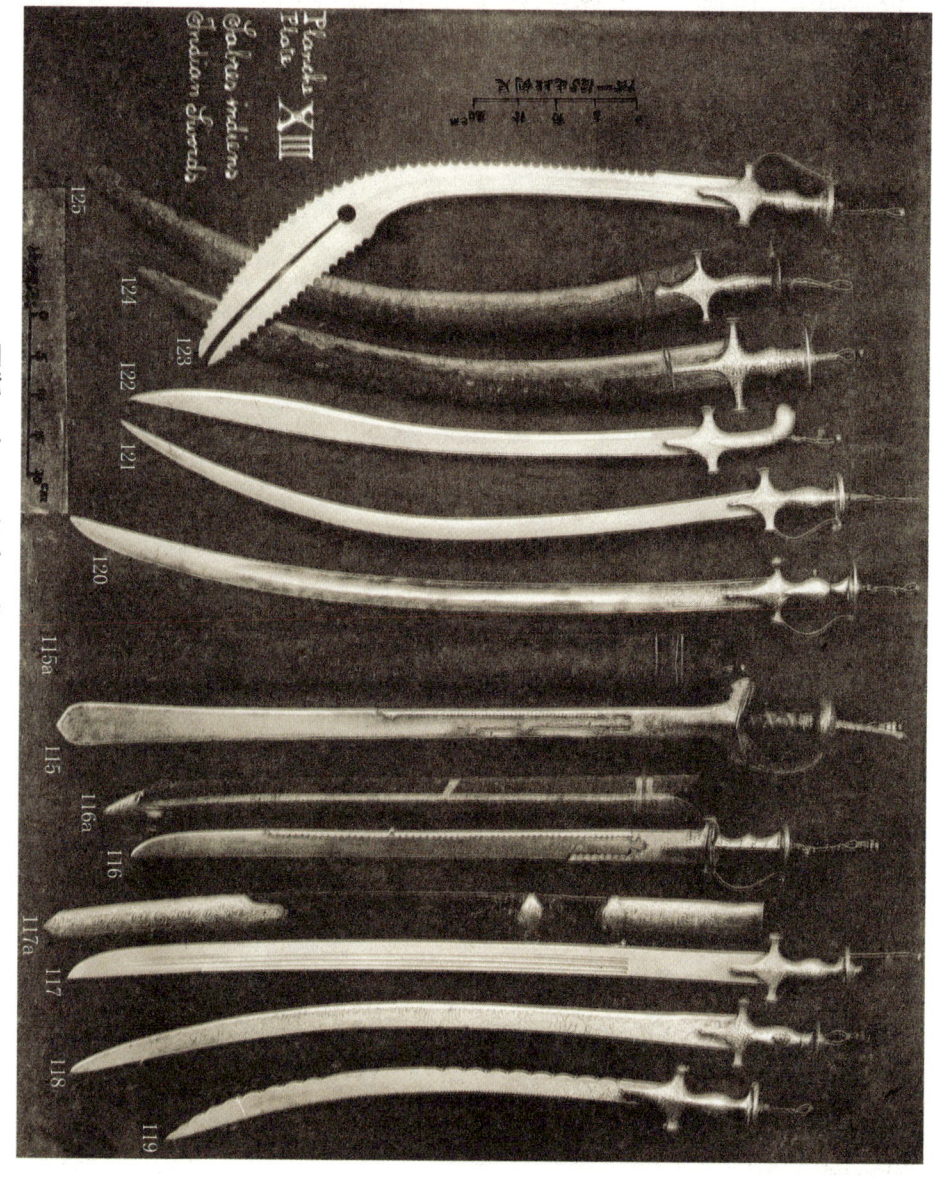

图版四十三 剑庐所藏印度马刀及腰刀

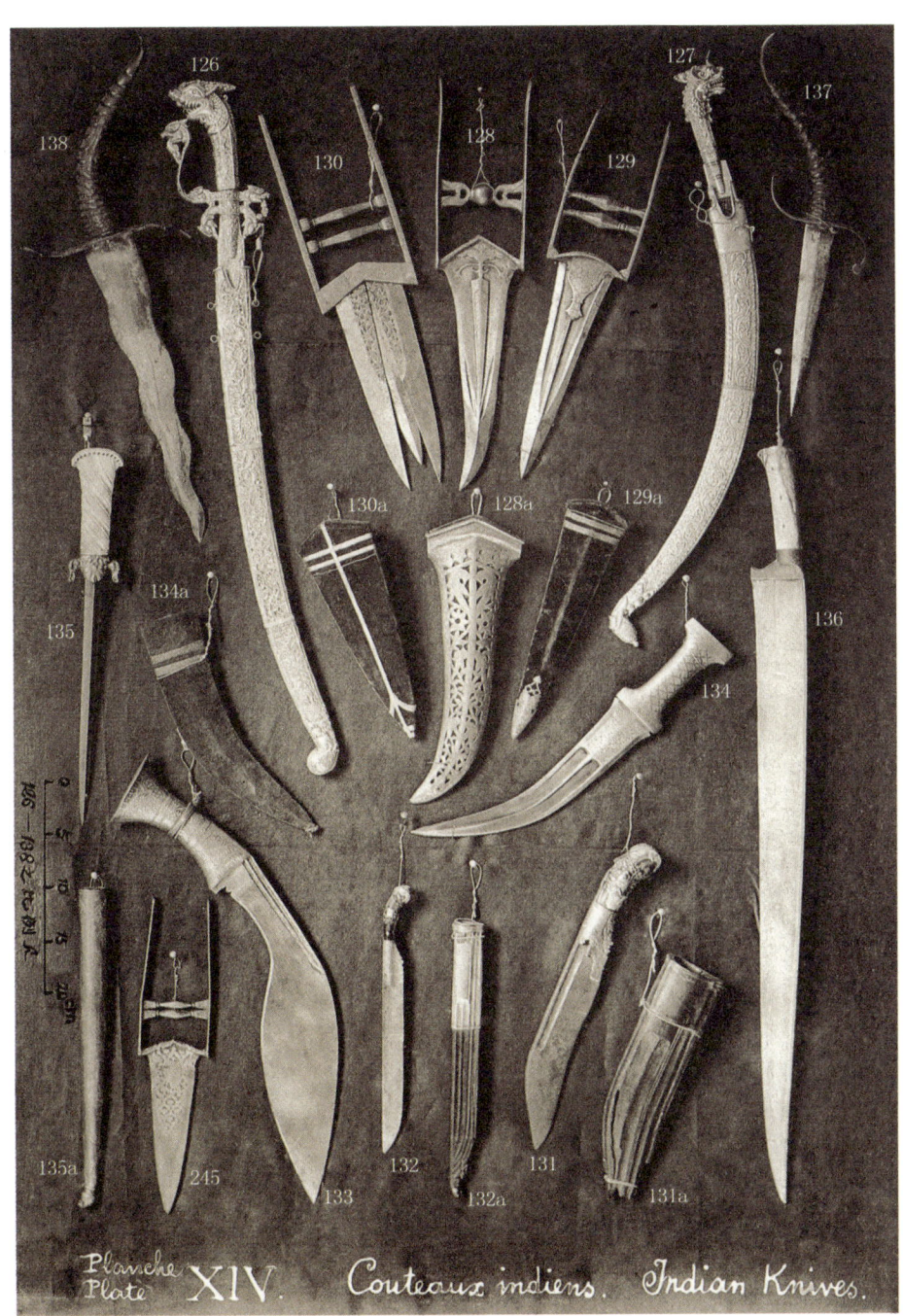

图版四十四　剑庐所藏印度短刀及异形刀

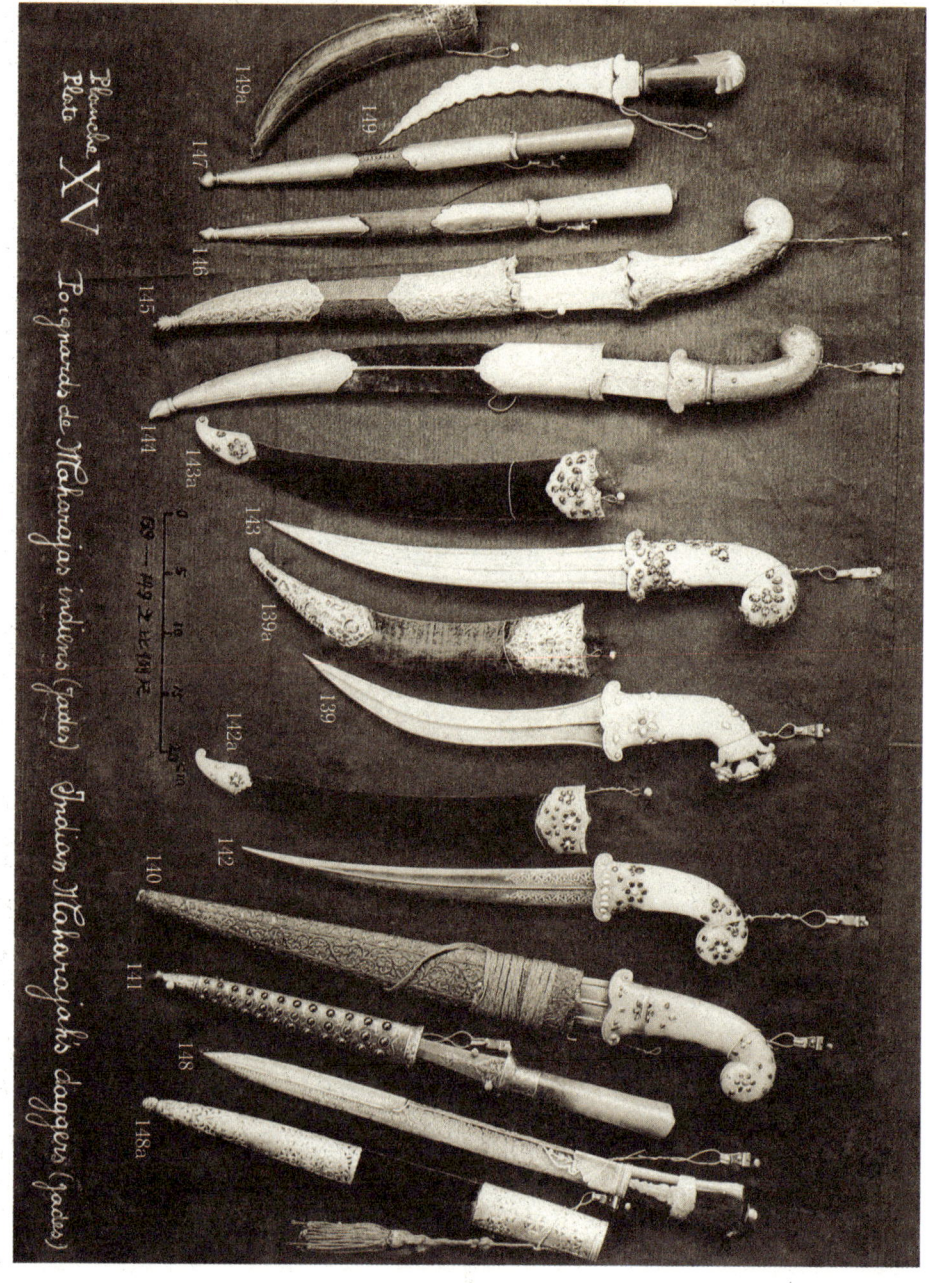

图版四十五 剑库所藏印度短剑

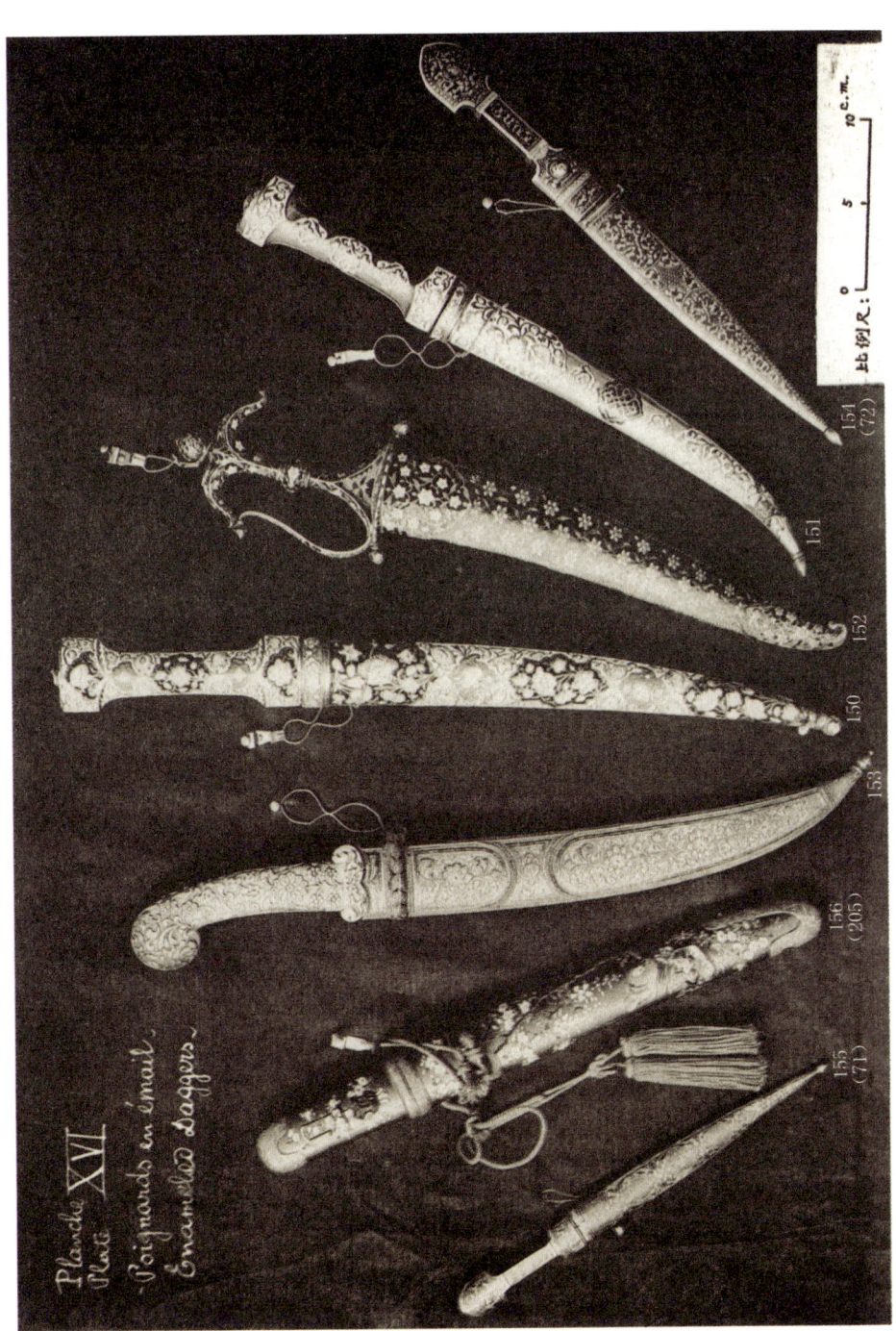

图版四十六 剑卢所藏珐琅柄鞘短剑

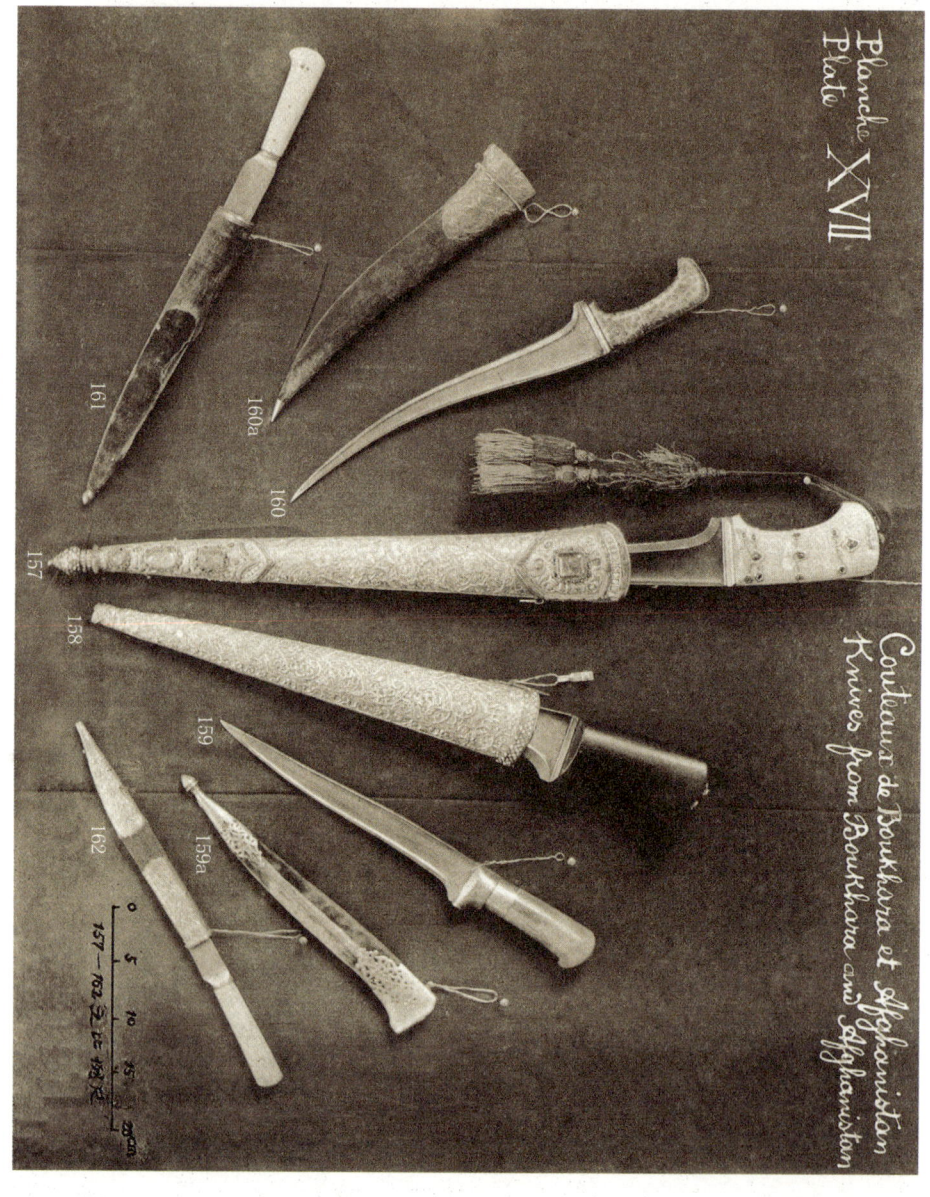

图版四十七 剑庐所藏阿富汗及布哈拉刀

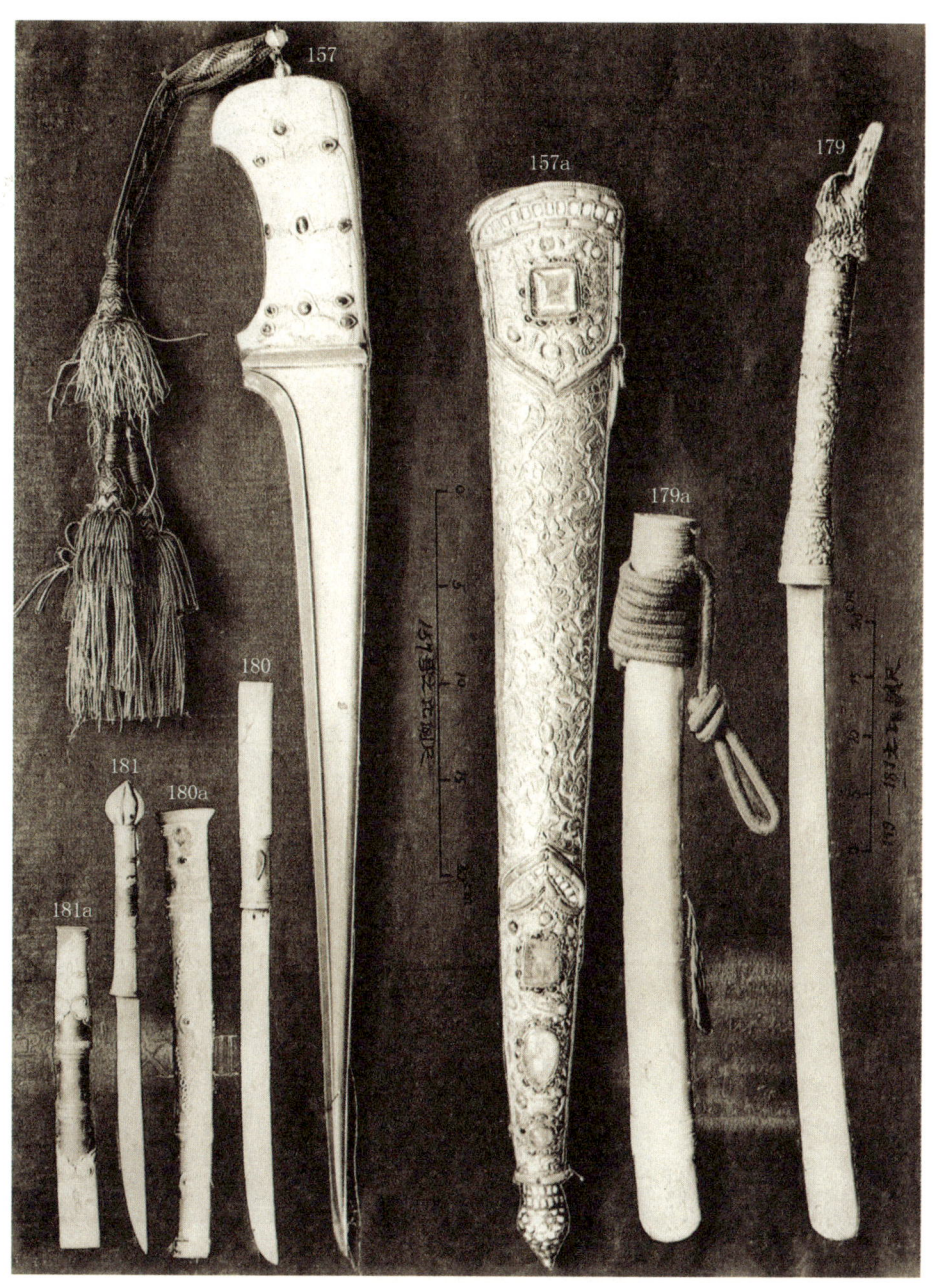

图版四十八　剑庐所藏暹罗缅甸及布哈拉刀

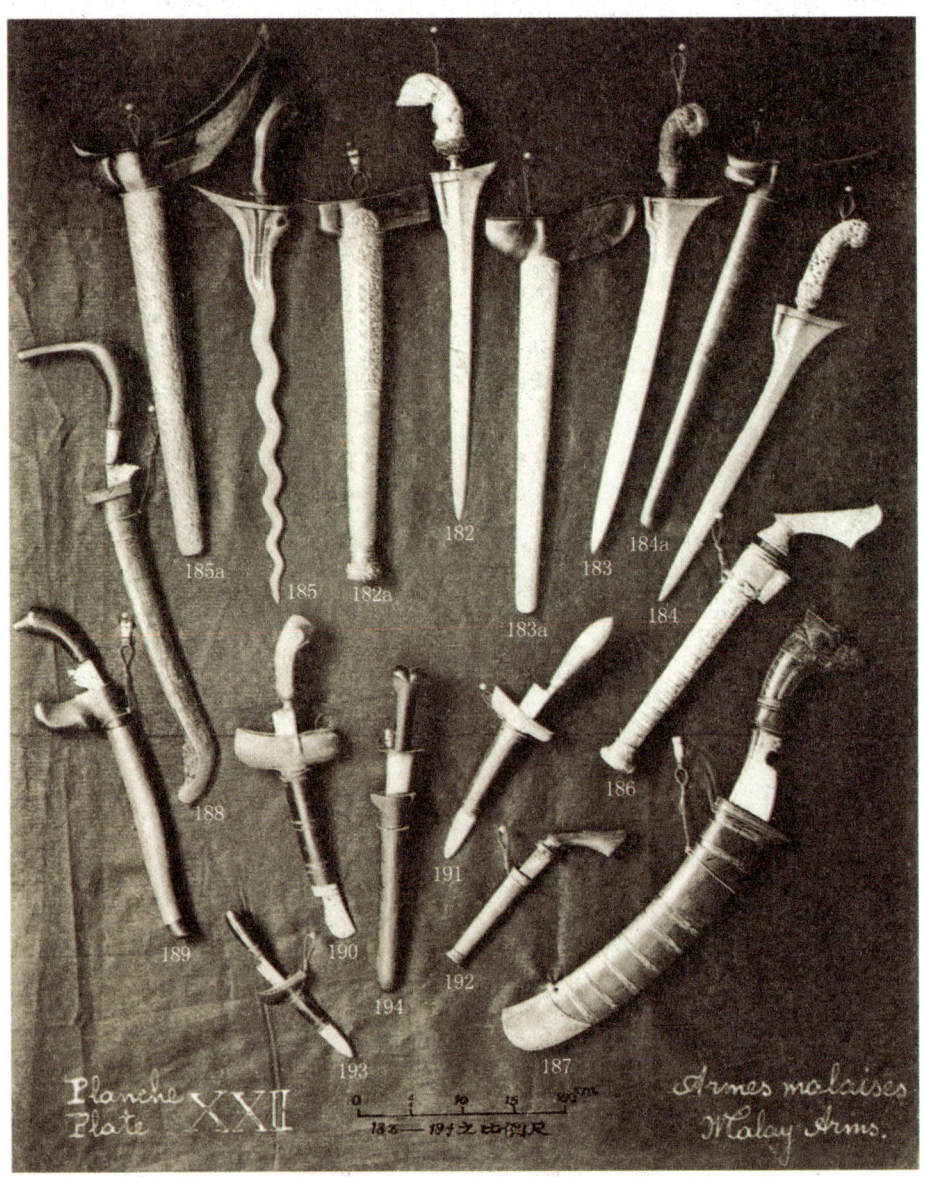

图版四十九　剑庐所藏马来刀剑

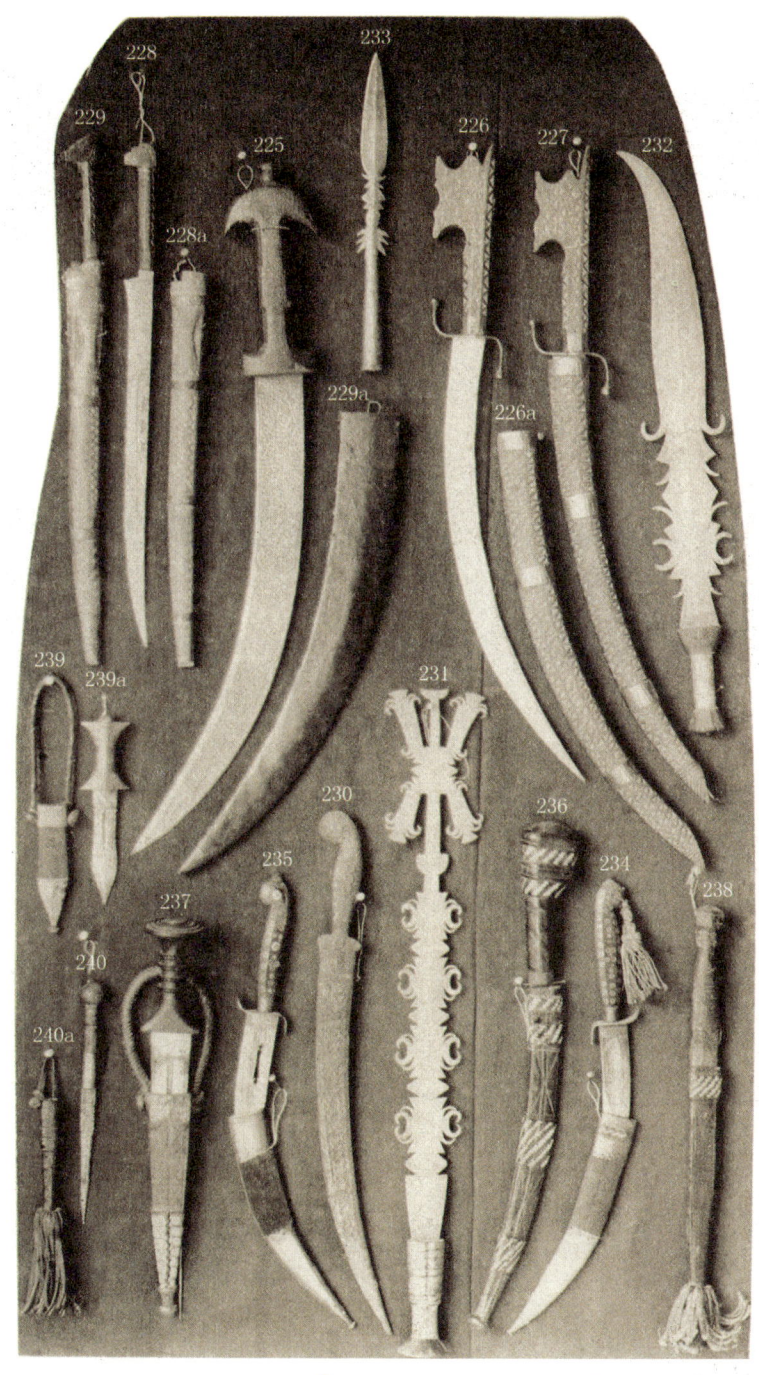

图版五十　剑庐所藏东非各民族刀剑

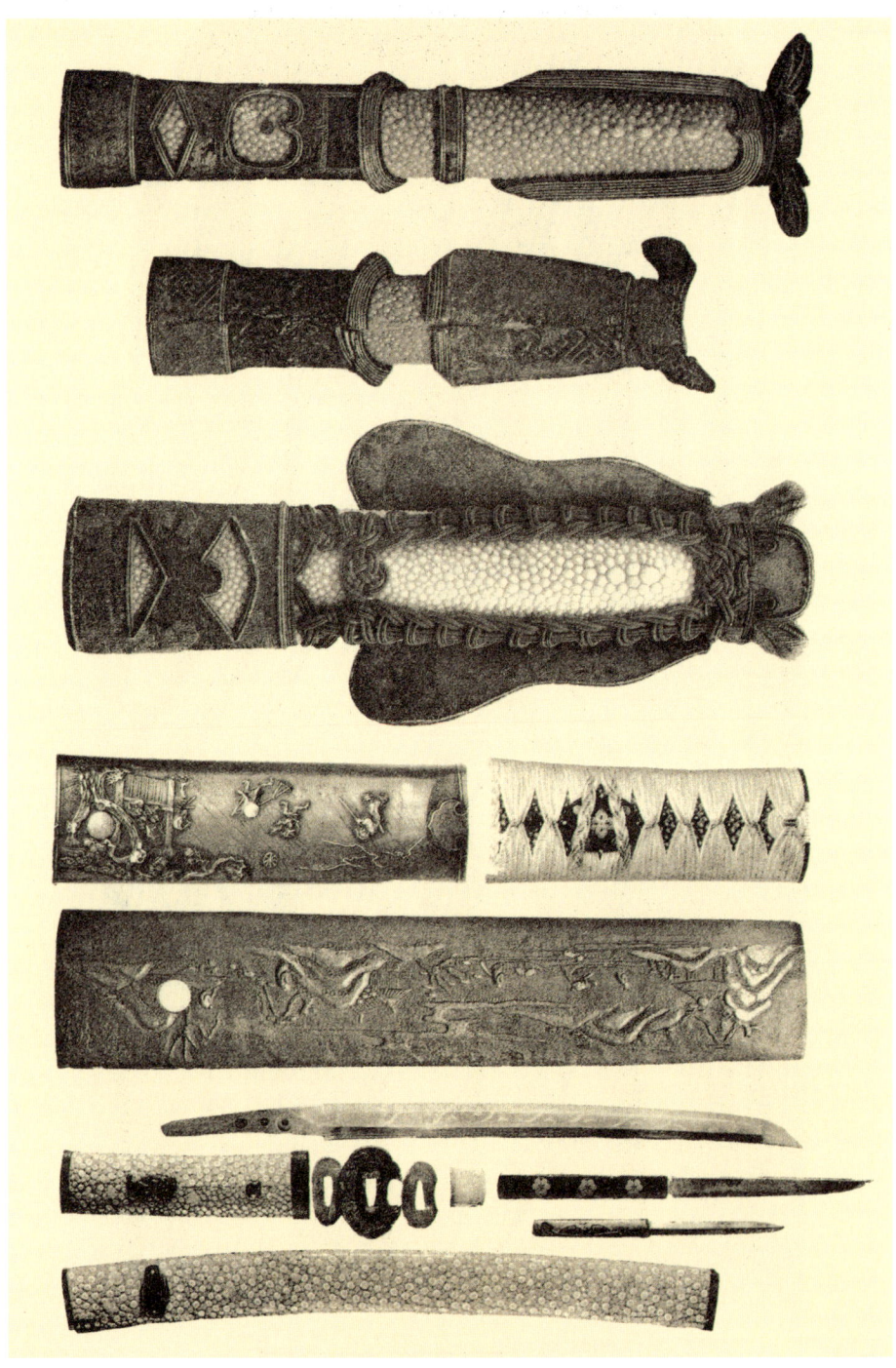

图版五十一　日本刀之鲛鞘及其饰品

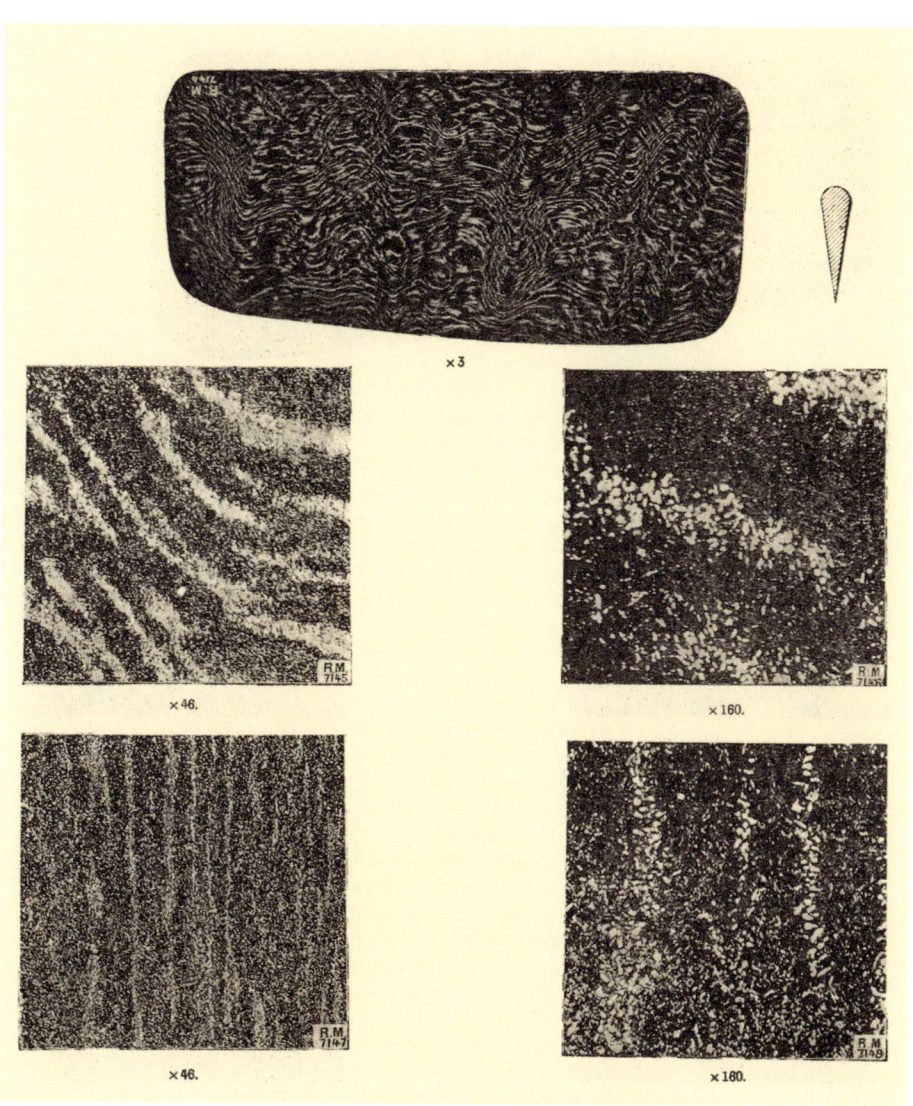

图版五十二　第3号试样之金相显微图

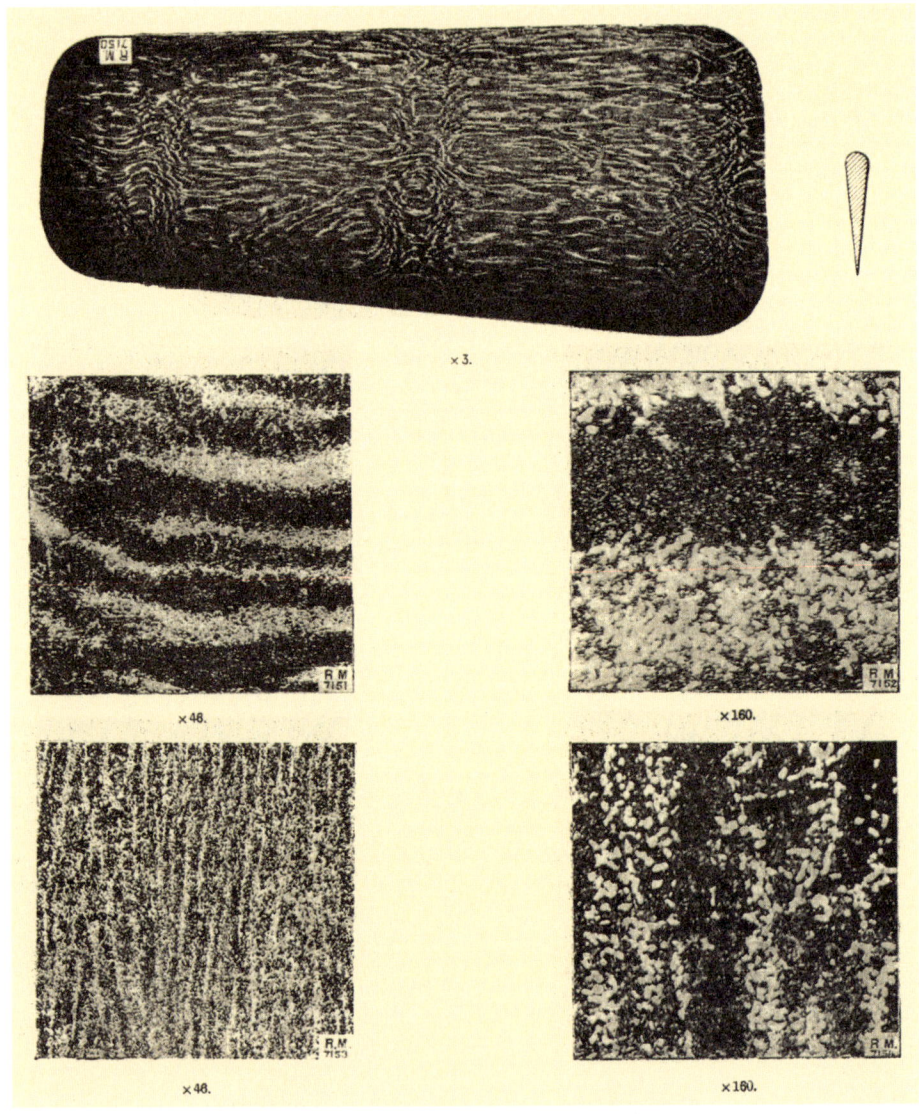

图版五十三　第5号试样之金相显微图

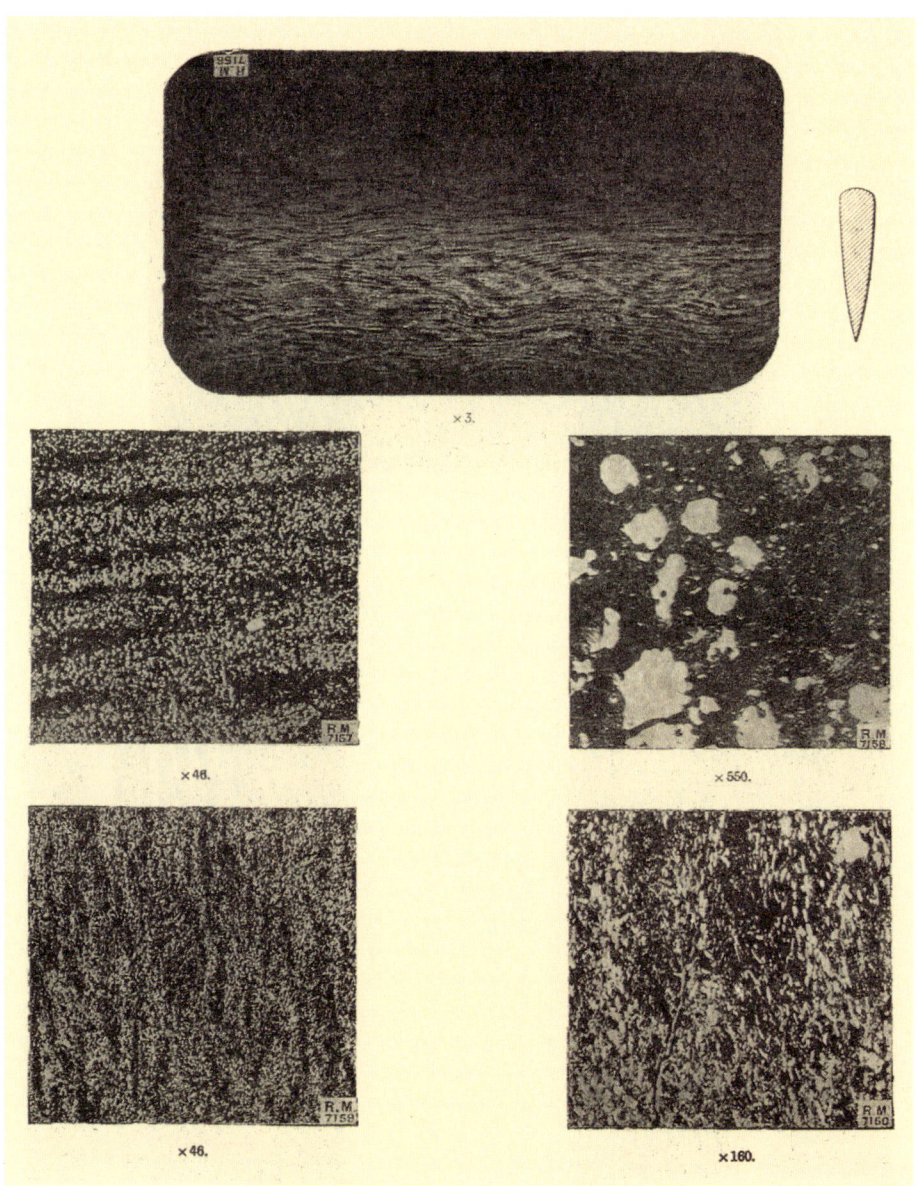

图版五十四　第7号试样之金相显微图

亚洲古兵器图说

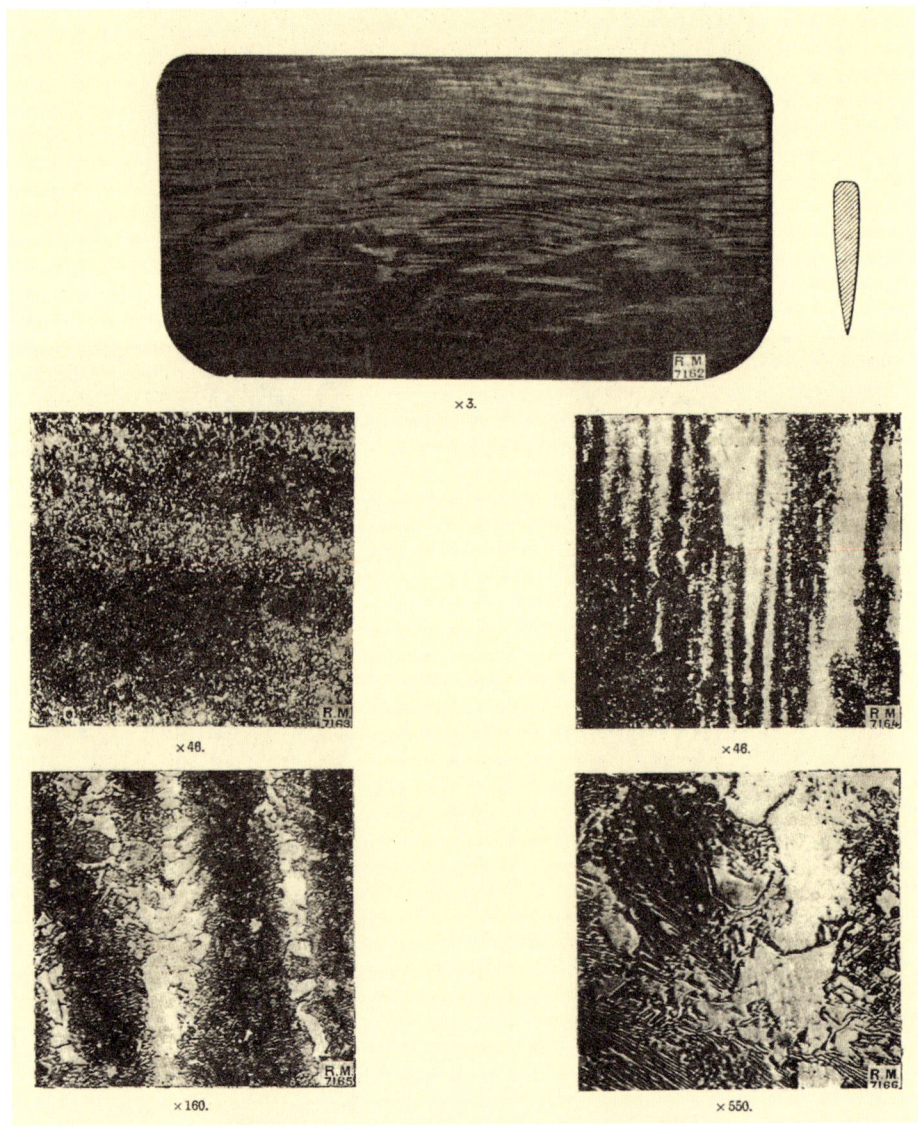

图版五十五　第8号试样之金相显微图

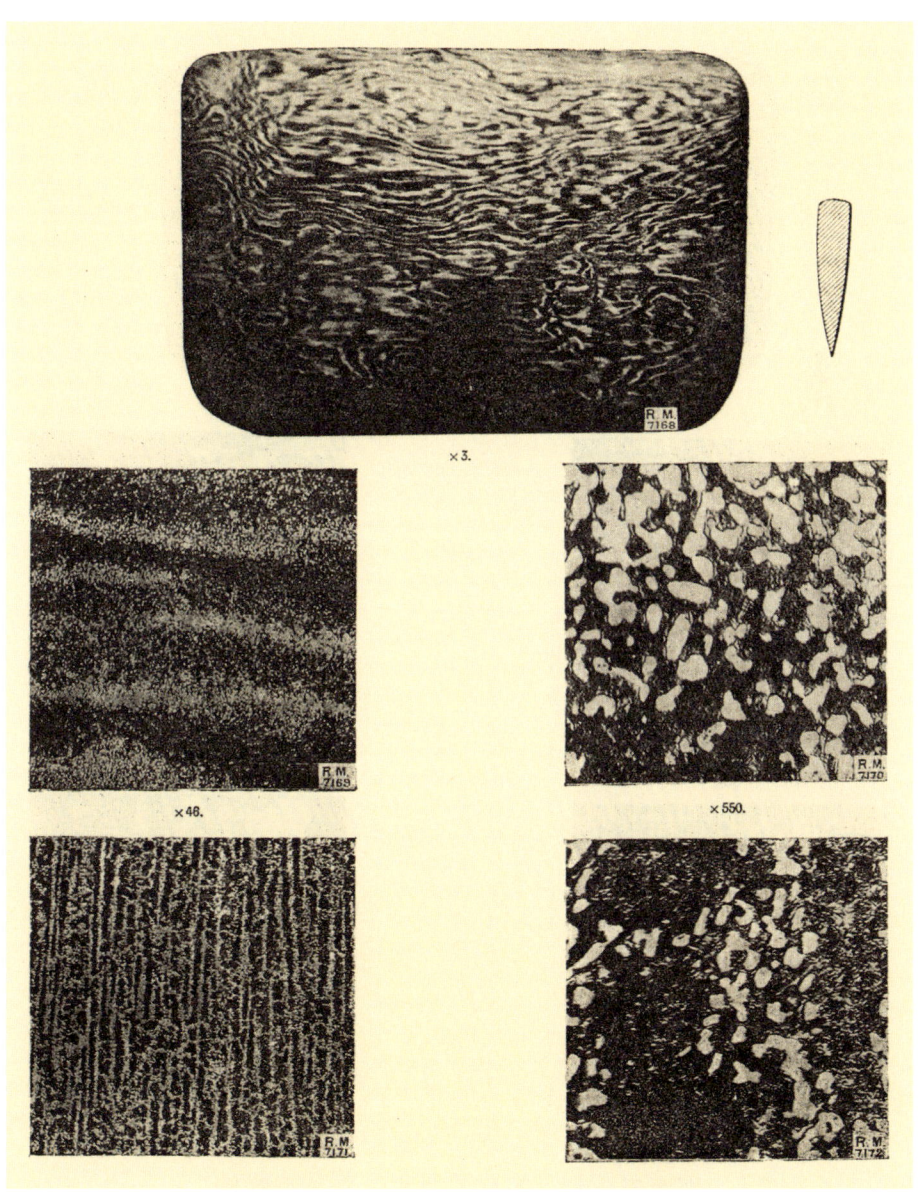

图版五十六　第9号试样之金相显微图

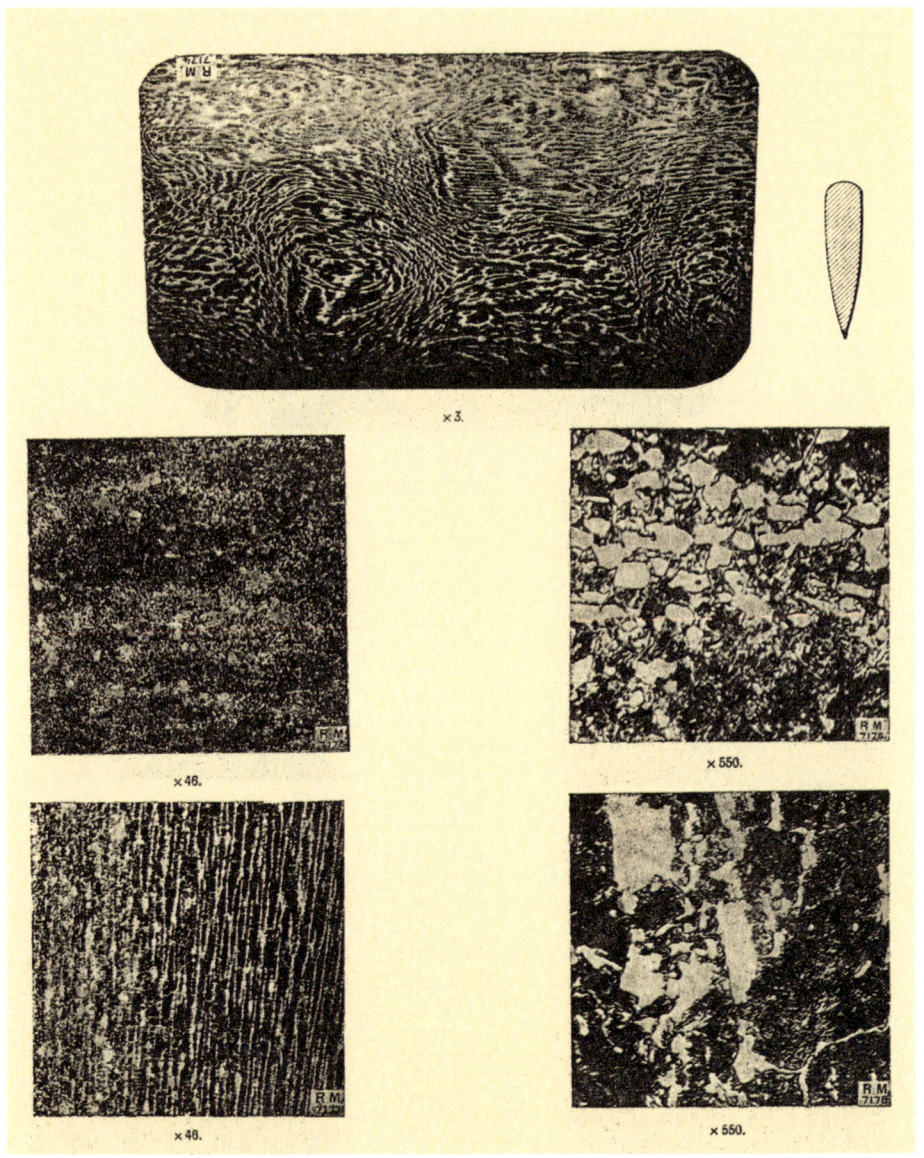

图版五十七　第10号试样之金相显微图

图版

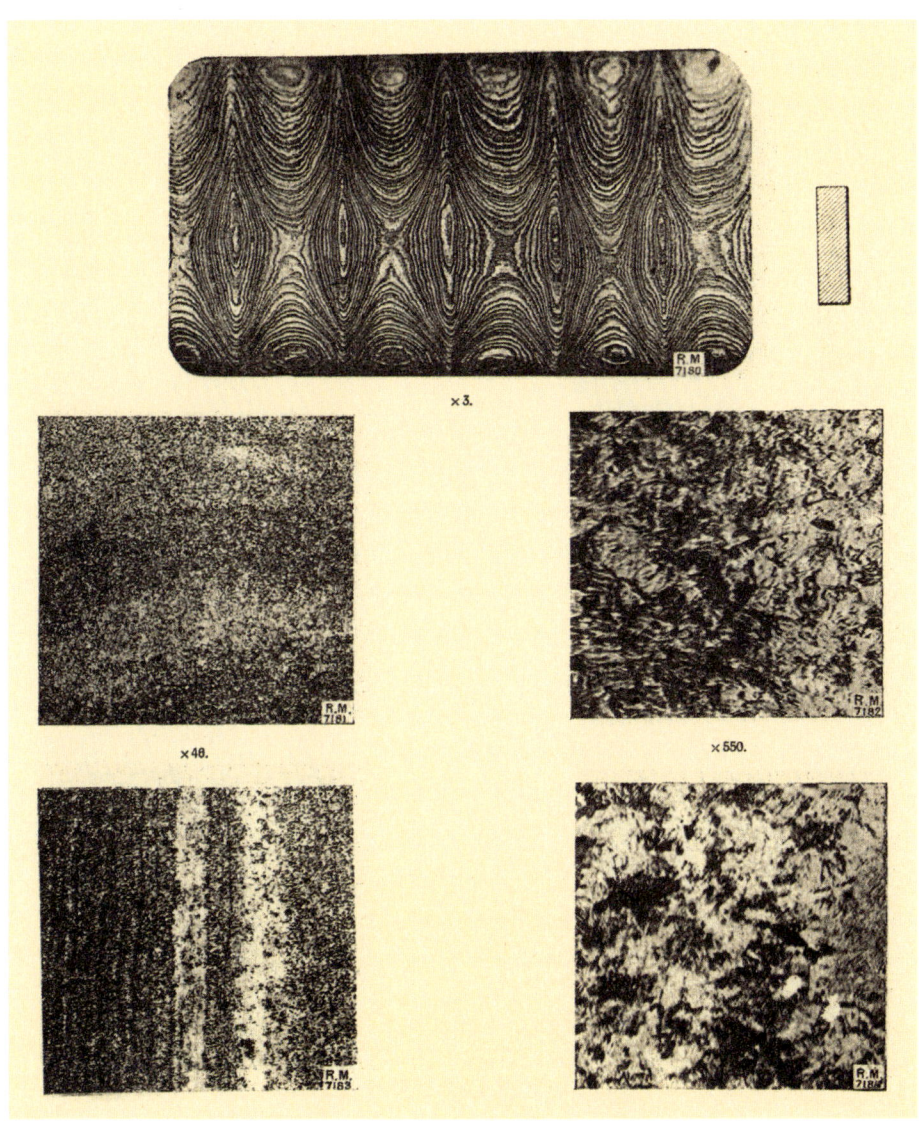

图版五十八　第11号试样之金相显微图

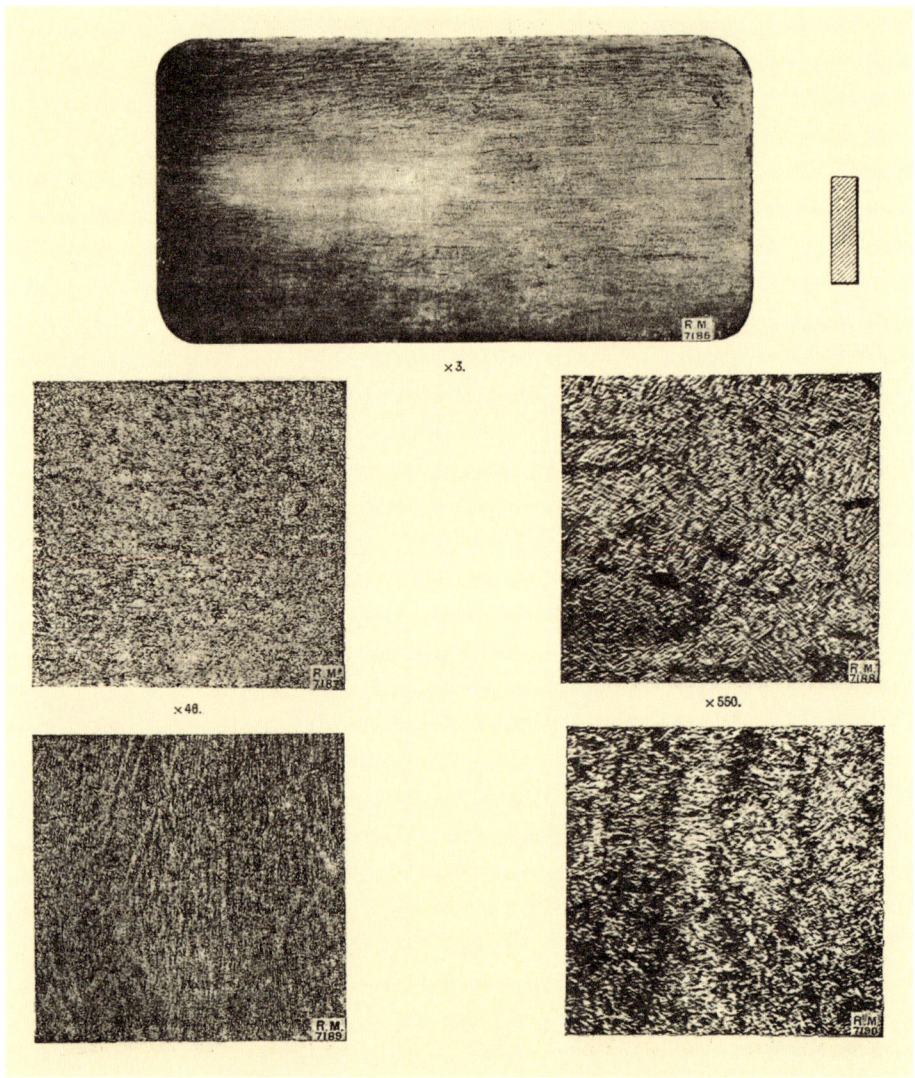

图版五十九　第12号试样之金相显微图

图版

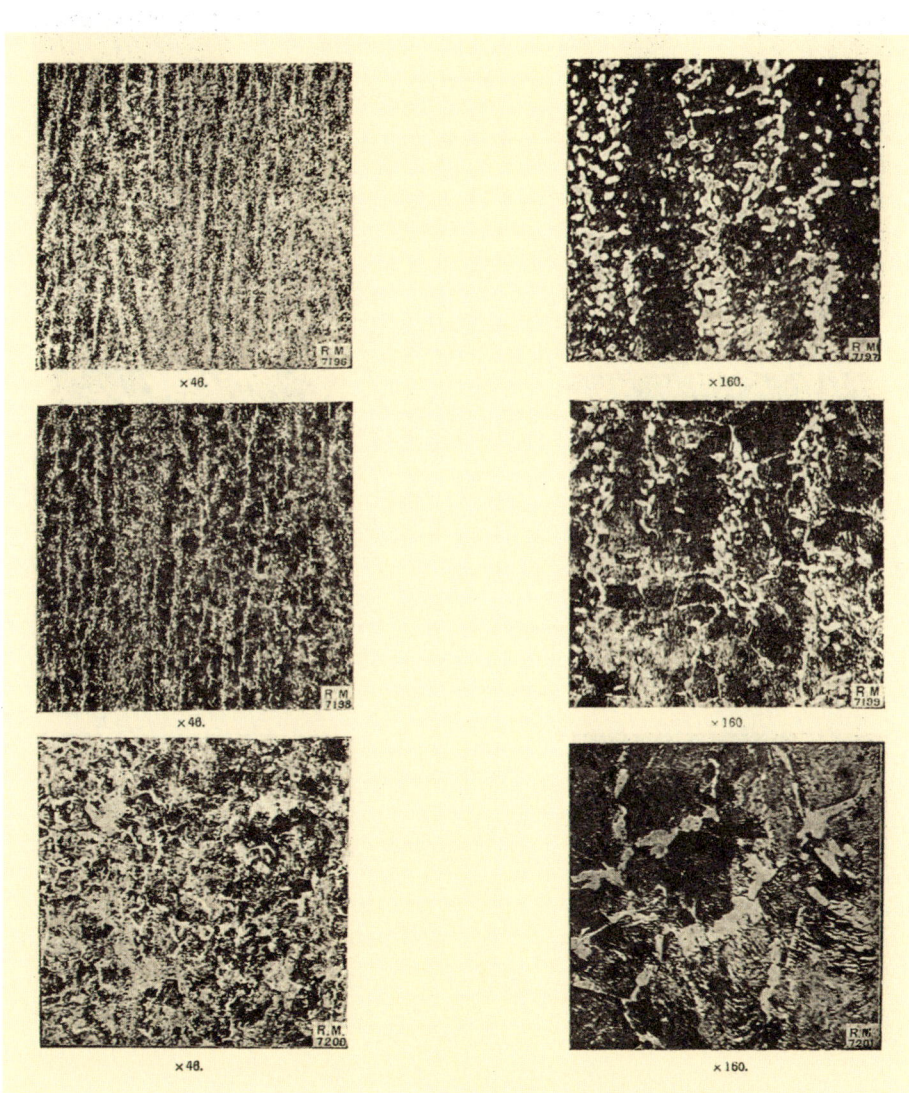

图版六十　加热后之第5号试样之金相组织变化图

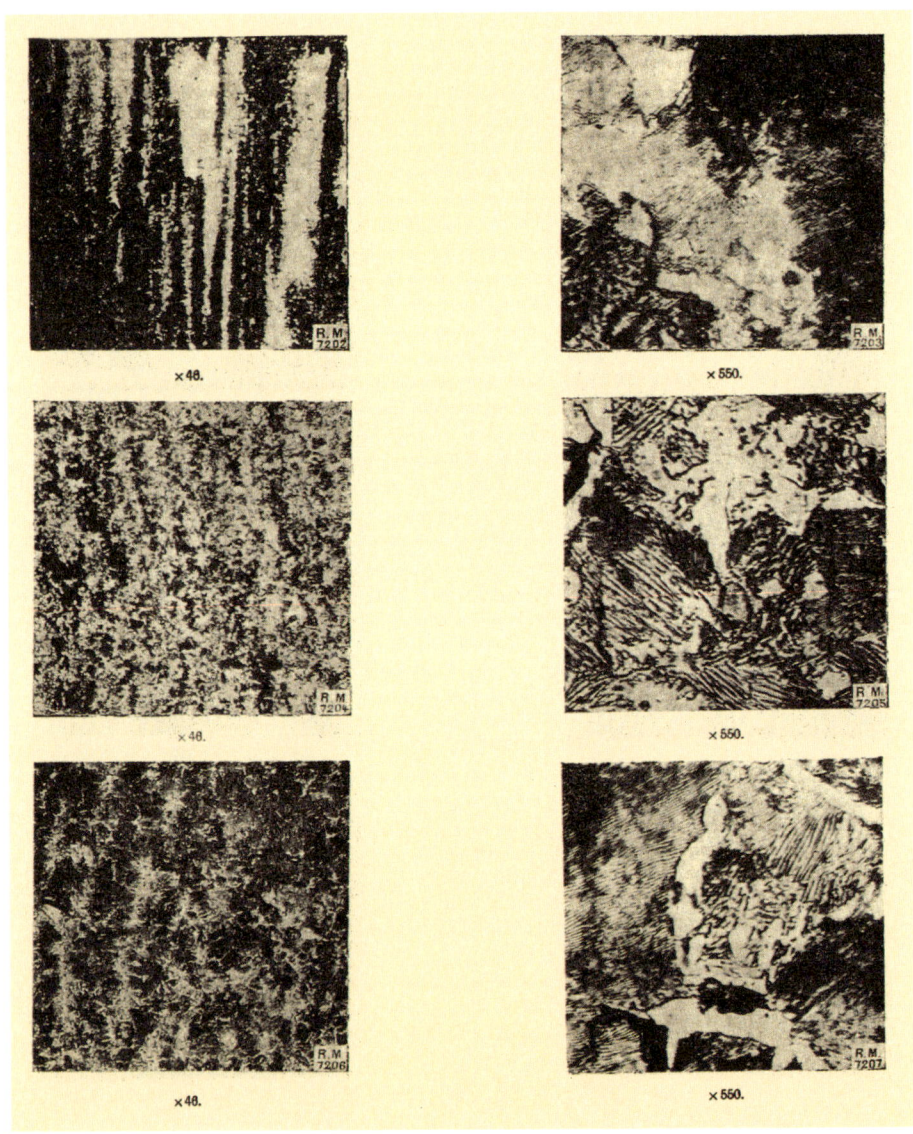

图版六十一　加热后之第8号试样之金相组织变化图

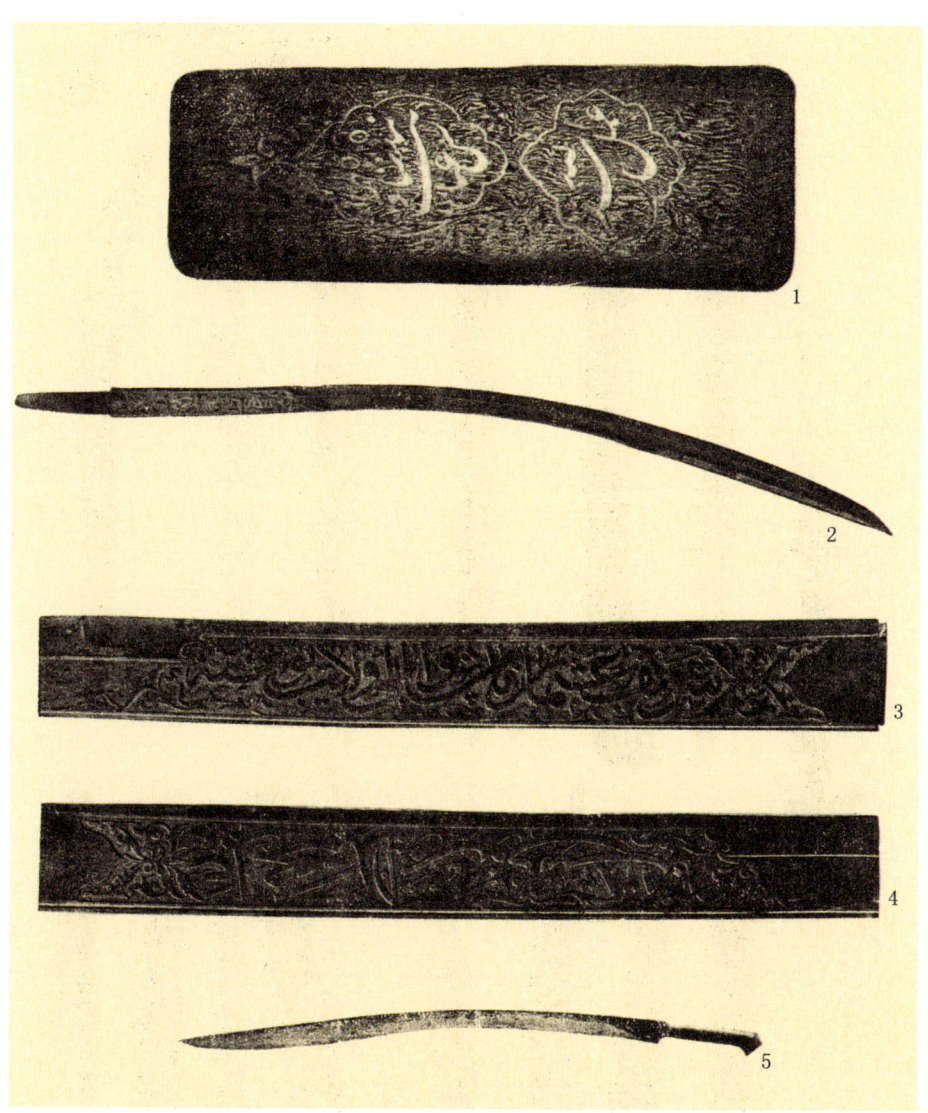

图版六十二　大马士革刀剑上之花纹与铭文

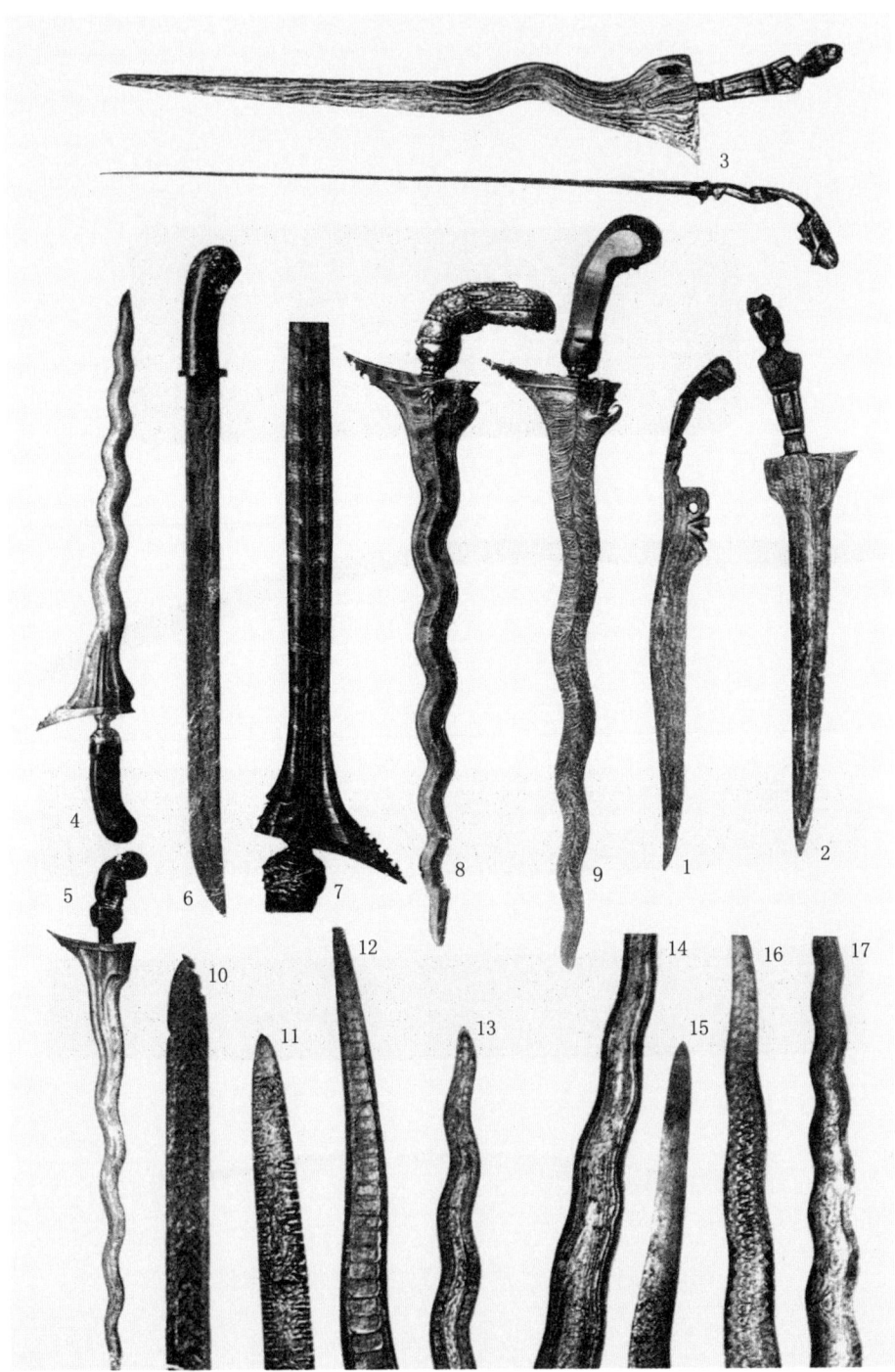

图版六十三　马来克力士之刃形与花纹